W0073480

KARL-MAY-VERLAG
BAMBERG · RADEBEUL

ERICH WULFFEN

KARL MAYS INFERNO

Herausgegeben von
Albrecht Götz von Olenhusen
und
Jürgen Seul
unter Mitarbeit von
Sigrid Seltmann

KARL·MAY·VERLAG
BAMBERG·RADEBEUL

Inhaltsverzeichnis

© 2017 Karl-May-Verlag, Bamberg
Alle Urheber- und Verlagsrechte vorbehalten
Deckelbild: Karl May im Old-Shatterhand-Kostüm,
Foto von Alois Schießer
Druck: Finidr, Český Těšín
ISBN 978-3-7802-0561-2

www.karl-may.de

I *Karl Mays Inferno* und das Dilemma seines Biografen

> „Die Autobiographie Mays ist ergreifend, auf-
> rüttelnd und ein bleibendes Denkmal des deut-
> schen Schrifttums wie der Kunde vom Menschen
> in seiner tiefsten Erniedrigung und in seinem
> höchsten Bemühen. Sie ist endlich, und darin
> dem Phänomen Karl May durchaus gemäß, ein
> Leben als Traum durchschritten und ein Traum,
> der dem traumhaften Täter rückschauend Leben
> dünkt."
> **Otto Forst-Battaglia, 1966**[1]

> „Den Versuch zu unternehmen, ein Leben als
> eine einzigartige und für sich selbst ausreichende
> Abfolge aufeinander folgender Ereignisse zu be-
> schreiben, ohne eine andere Bindung als die an
> ein Subjekt, dessen Konstanz zweifellos lediglich
> in der des Eigennamens besteht, ist beinahe so
> absurd, wie zu versuchen, eine Metro-Strecke zu
> erklären, ohne das Streckennetz in Rechnung zu
> stellen."
> **Pierre Bourdieu, 1990**[2]

Es war der Silvesterabend 1931/32, irgendwann gegen Mitternacht. Im sogenannten Kaminzimmer der Villa „Bärenfett", jenem Blockhaus „nach
nordamerikanischem Vorbild"[3] im Garten des ehemaligen Wohnhauses von
Karl May (1842–1912) im sächsischen Radebeul, Kirchstraße 5 (heute Karl-
May-Straße 5), vollzog sich ein denkwürdiges Schauspiel: Die Witwe des
Schriftstellers, Klara May (1864–1944), hatte einige ihrer getreuen Freunde
und Wegbegleiter zusammengerufen; nicht nur, um das sich ankündigende
neue Jahr festlich zu begrüßen, sondern um ein aus ihrer Sicht schändliches
Manuskript im Kaminfeuer zu vernichten. Es handelte sich um eine Biogra-
fie mit dem Titel *Karl Mays Inferno* von Dr. Erich Wulffen (1862–1936) –

---

[1] Otto Forst-Battaglia: *Karl May. Traum eines Lebens – Leben eines Träumers. Beiträge zur Karl-May-Forschung* Band 1. (→ Forst-Battaglia: *Karl May* [1966]). Bamberg 1966, S. 79.

[2] Pierre Bourdieu: *Die biographische Illusion.* In: Erika M. Hoerning/Peter Alheit: *Biografische Sozialisation.* Stuttgart 2000, S. 51-60 (58).

[3] Stadtarchiv Radebeul (Hg.): *Stadtlexikon Radebeul. Historisches Handbuch für die Lößnitz.* Radebeul ²2006, S. 201.

eine kriminalpsychologische biografische Studie über die Hintergründe und Ursachen der Vorstrafen des Schriftstellers, die in den Augen der Witwe einen geradezu blasphemischen Angriff darstellte. Es war nicht Klara May selbst, die das Manuskript auf die brennenden Holzscheite des Kamins warf, sondern ein enger Freund. Die Witwe glaubte in diesem Moment im Sinne des 1912 verstorbenen Gatten handeln zu müssen und dadurch dessen Ansehen zu schützen; die übrigen Anwesenden, jedenfalls die meisten von ihnen, werden das vermutlich ebenfalls angenommen haben.

Für den nicht anwesenden Wulffen, der von dem Autodafé wusste, dürfte es die schwärzeste Stunde in seinem Leben als Wissenschaftler und Autor gewesen sein. Der renommierte Jurist zählte zu jenen Kriminologen und Kriminalpsychologen, die gerne bekannte und aktuell in der Öffentlichkeit diskutierte Fälle aufgriffen, analysierten und kommentierten. Mit seinen erfolgreichen Studien dieser Art hatte er in den vergangenen Jahren und Jahrzehnten einiges Aufsehen erregt. Ein bezeichnendes Beispiel hierfür war seine ersichtlich ohne Einblick in die Ermittlungs- und Strafakten, sondern nur aufgrund von Presseberichten verfasste Studie über den heftig diskutierten Mordprozess gegen den Rechtsanwalt Carl Hau[4] vor dem Schwurgericht des Landgerichts Baden-Baden. Als psychologisch versierter Strafrechtler hatte Wulffen mit einer gekonnten Mischung aus analytischem Scharfsinn und forensischer Erfahrung die zulasten des Angeklagten ausgefallene Beweiswürdigung untersucht. Er hatte auch nicht mit Kritik an einem der Gutachter und der seines Erachtens nicht sonderlich guten Verteidigung gespart. Seine heute noch lesenswerte Untersuchung zeigt ihn auf der Höhe einer sowohl populären wie tiefgründigen, aber auch für Laien lesbaren und verständlichen biografisch-juristischen Befähigung, spektakuläre Straftaten und die Aktionen der Akteure bei den fälligen Sanktionen abgewogen, mit Empathie und Sachkenntnis durchsichtiger erscheinen zu lassen und zugleich die Beziehungen zwischen Justizverhalten und Reaktionen der Öffentlichkeit zu verbessern, ohne sich auf journalistische Neigungen zu sensationeller Berichterstattung einzulassen.[5]

---

[4] Carl Hau (ursprünglich Karl Hau, 1881–1926): Deutscher Rechtsanwalt, der im Juli 1907 in Karlsruhe wegen Mordes an seiner Schwiegermutter in einem Indizienprozess zum Tode verurteilt wurde. Aufgrund einer Begnadigung zu lebenslanger Zuchthausstrafe verbrachte er 17 Jahre in Haft, bevor er auf Bewährung freigelassen wurde. Im Jahr 1925 widerrief das badische Justizministerium unter anderem wegen Haus eigenen publizistischen Darstellungen des Falls die Strafaussetzung. Auf der Flucht nach Italien beging Hau am 5.2.1926 Selbstmord. – vgl. u. a. Reiner Haehling von Lanzenauer: *Das Strafverfahren gegen den Rechtsanwalt Karl Hau.* In: *Zeitschrift für die Geschichte des Oberrheins.* Band 153 (2005), S. 545-568; ders.: *Angeklagt wegen Mordes: Rechtsanwalt Karl Hau.* In: *Jahrbuch der juristischen Zeitgeschichte* Band 7 (2005/2006). Berlin 2006, S. 389-414; Carl Hau: *Das Todesurteil. Die Geschichte meines Prozesses.* Berlin 1925.
[5] Vgl. Erich Wulffen: *Kriminalpsychologie im Mordfall Hau.* In: Jürgen Seul/Albrecht Götz von Olenhusen (Hg.): *Erich Wulffen – Zwischen Kunst und Verbrechen. Kriminalpsychologische Aufsätze und Essays.* (→ Seul/Götz von Olenhusen: *Erich Wulffen*). Berlin 2015, S. 24-26 und S. 126-144.

So wie sich ferner Wulffens Neigungen und Begabungen bei der Untersuchung der Vita eines Hochstaplers wie Manolescu[6] in einem Schlüsselroman[7] bewährt hatten, so war klar gewesen, dass er auch an der – kriminologischen – Biografie Karl Mays sein lebhaftes Interesse besaß, zumal er bereits als junger Staatsanwalt Zugang zu den Prozessakten besessen hatte. Dieses Interesse lag auch auf der Linie anderer, die sich wie etwa der Psychoanalytiker Wilhelm Stekel[8] mit den Zusammenhängen zwischen Verbrechen, Neurose und schriftstellerischer Tätigkeit befassten und dazu Material sammelten und publizierten.[9] Zugleich steht der Dresdner Jurist damit in einer Reihe mit Berufskollegen der Gegenwart wie etwa Ferdinand von Schirach (*1964)[10], dessen romanhafte, brillante Aufbereitungen tatsächlicher Straftaten u. a. 54 Wochen lang die Bestseller-Liste des *Spiegels* anführten. Aber die Unterschiede sind ebenso deutlich. Schirach versteht sich als Jurist und Romanschriftsteller, als belletristischer Autor von Fiktionen; Wulffen dagegen in seiner Rolle als Schriftsteller zugleich als juristisch geprägter Kriminalpsychologe, für den die Einsicht in die Psyche des Kriminellen und die Erklärung seiner Motive und seines Verhaltens im Vordergrund stehen.

Der erste Kontakt zwischen Erich Wulffen auf der einen Seite sowie Klara May und dem Geschäftsführer und Mitgesellschafter des Karl-May-Verlags Dr. Euchar Albrecht Schmid (1884–1951) auf der anderen Seite fiel in die

---

[6] Georges Manolescu (1871–1908): Rumänischer Hoteldieb, Heiratsschwindler und Hochstapler. Im Verlag von Paul Langenscheidt erschien seine Autobiografie mit dem Titel: *Ein Fürst der Diebe.* Berlin 1905. – Verblüffenderweise hatte sich Langenscheidt im Februar 1907 an Karl May gewandt, um ihn mit der Abfassung des zweiten Teils der Memoiren von Manolescu zu beauftragen. Darüber schreibt May: „Langenscheidt, den ich gar nicht kannte, schickte mir den von ihm herausgegebenen Band Manolescu. Er fragte mich, ob ich gesonnen sei, ihm einen zweiten Band dazu zu schreiben. Ich war erstaunt über diese mehr als sonderbare Zumutung und schickte ihm sein Buch zurück". In: Karl May: *An die 4. Strafkammer des Königl. Landgerichtes III in Berlin.* Erstveröffentlichung aus dem Nachlaß (→ May: *An die 4. Strafkammer*). Bamberg 1982, S. 133.

[7] Erich Wulffen: *Georges Manolescu und seine Memoiren. Kriminalpsychologische Studie* (→ Wulffen: *Manolescu*). Berlin [1907].

[8] Wilhelm Stekel (1868-1940): Österreichischer Arzt und Psychoanalytiker, der in der frühen Geschichte der Psychoanalyse eine bedeutende Rolle spielte.

[9] Siehe dazu Albrecht Götz von Olenhusen: *„Haben Sie Tagträume?" Karl May und Wilhelm Stekel.* In: *Mitteilungen der Karl-May-Gesellschaft* (→ M-KMG) Nr. 137/2003, S. 22-30; Erich Wulffen: *Kriminalpsychologie. Psychologie des Täters.* Ein Handbuch für Juristen, Justiz-, Verwaltungs- und Polizeibeamte, Ärzte, Pädagogen und Gebildete aller Stände. Enzyklopädie der modernen Kriminalistik. (→Wulffen: *Kriminalpsychologie*). Berlin 1926 und Hamburg 1931, S. 350-374; zu Stekel siehe Francis Clave-Lowes: *Freud's Apostel: Wilhelm Stekel and the Early History of Psychoanalysis.* Gamlingan 2010. – May hatte Stekels Anfrage vom 20.11.1911 positiv beantwortet, aber erklärt, er werde seine Fragen mit interessanten Ausführungen, aber nicht etwa mit „Krankhaftem" (Quelle: Wilhelm Stekel: *Die Träume der Dichter. Eine vergleichende Untersuchung der unbewußten Triebkräfte bei Dichtern, Neurotikern und Verbrechern.* Wiesbaden 1912, S. 106) beantworten. Wegen Mays frühem Tod kam es zu keiner ausführlicheren Antwort. In seinem Werk hat Stekel die neurotisch geprägten und zu jedem Verbrechen disponierten seelischen Abgründe von berühmten Autoren mit der Freud'schen Methode (wiewohl er von Freud abgefallen bzw. von diesem wie C. G. Jung, Adler und andere verstoßen worden war) dokumentiert und analysiert.

[10] Ferdinand von Schirach: *Verbrechen.* München 2009; ders.: *Der Fall Collini.* München 2011, u. a.

Zeit nach dem Ersten Weltkrieg. Die immer wieder auftretenden Angriffe gegen May hatten E. A. Schmid auf den Plan gebracht, dass die Betreuung des May'schen Werkes mit einer möglichst positiven, aber wissenschaftlich fundierten Aufarbeitung der „dunklen Vergangenheit" im Leben des Schriftstellers einhergehen sollte. Dabei sollten die kriminellen Abschnitte der Vita Mays in einem psychologisch verständlichen Licht aufgezeigt werden. Das war ein kluger Ansatz, denn E. A. Schmid war bewusst, dass gerade die Verdeckung der strafrechtlich relevanten Frühzeit Gelegenheit zu den massiven Angriffen von allen möglichen Seiten und zum publizistischen Niedergang gegeben hatte. Mit dieser Ausrichtung wollte der Verleger das Bild Mays in der Öffentlichkeit so zurechtrücken, dass einerseits dem Schriftsteller Gerechtigkeit widerfahren, andererseits aber nichts Fragwürdiges unter den Teppich gekehrt oder verschwiegen werden sollte. Nur auf diese Weise, so war das richtige verlegerische Kalkül gewesen, würde auch die dunklere Seite des Autors im Kontext der zunehmend wieder erfolgreichen, für die Jugend bearbeiteten Erzählungen nicht unterdrückt, aber im Gesamtzusammenhang der biografischen Entwicklung begreiflich werden. E. A. Schmids Tendenz musste – ausgesprochen oder stillschweigend – mit der seit jeher obsessiven Neigung Klara Mays kollidieren. Ihr lag daran, nur eine hagiografische Biografie zu fördern, bis hin zu groben Verfälschungen und der krassen Aktenvernichtung. Dass dieser Gegensatz in den Intentionen zu keinem guten Ende führen konnte, erscheint aus heutiger Sicht zwangsläufig. Dies gilt umso mehr, da mit Erich Wulffen ein unbestechlicher Wissenschaftler als Autor gewonnen wurde, der zwar bei seiner Arbeit Rücksichten nahm, jedoch für keine Vertuschungen und Beschönigungen der May'schen Vorstrafen zu haben war.

Die Ereignisse am Silvesterabend 1931/32 sorgten dafür, dass ein biografisch-juristisches Glanzstück von den Flammen im Kamin der Villa „Bärenfett" vernichtet wurde. Zum Glück aber hat sich eine Abschrift des Originalmanuskripts erhalten, die nunmehr mit vielen Jahrzehnten Verspätung doch noch der Öffentlichkeit übergeben werden kann.

Die Idee einer juristischen Biografie

Wulffens *Karl Mays Inferno* ist, auch mit seiner bezeichnenden Anlehnung an den Strindberg'schen Titel[11], in mehrfacher Hinsicht exzeptionell. Als erste

---

[11] Der schwedische Schriftsteller Johan August Strindberg (1849–1912) erlebte Mitte der 1890er-Jahre nach einer kurzen, von schweren Auseinandersetzungen geprägten und schließlich geschiedenen Ehe eine ausgesprochen düstere Lebensphase, die von Wahnvorstellungen, Realitätsverlust und Depressionen geprägt wurde. Sie wird „Inferno-Krise" genannt, da Strindberg die Erfahrungen dieser Zeit vor allem in dem Roman *Inferno, Legender* (Stockholm 1897) in Form von autobiografischen, teilweise verklärten Aufzeichnungen verarbeitete.

ernsthafte, fundierte, anspruchsvolle und eindringliche Lebensbeschreibung unterscheidet sie sich grundlegend von zahlreichen vor allem nach der Jahrhundertwende von guten Freunden, ergebenen Anhängern, Gegnern aus verschiedenen Lagern und erklärten Feinden publizierten, biografisch-polemisch grundierten Schriften. Sie hat zudem den Vorzug, dass ihr Verfasser noch auf Archivalien fußen konnte, die damals noch nicht unterdrückt, vernichtet oder ein Raub der Flammen einer ausschließlich hagiografisch orientierten Witwe geworden waren. Auch konnte Wulffen in Teilen auf persönlichen Informationen von Zeitgenossen wie Klara May, E. A. Schmid und einigen anderen aufbauen, die Karl May persönlich nahegestanden oder ihn näher gekannt hatten, sowie auf einschlägige Literatur zum sogenannten Karl-May-Problem und auf zunehmende wissenschaftliche Forschungen aus verschiedenen Gebieten mit durchaus interdisziplinärem Anspruch zurückgreifen. Die Biografie hat trotz des harschen, vom Verfasser nun gar nicht erwarteten Verdikts Klara Mays – die alle ihr als belastend erscheinenden Momente, welche das leuchtende Bild von Karl May aus ihrer Perspektive verdunkelt und biografisch verkannt und verfälscht hätten, nicht nur unterdrückt, sondern wo immer möglich ganz aus der Welt und Nachwelt verbannt sehen wollte – erfreulicherweise das symbolträchtige Autodafé von Ende 1931 in Abschriften des Karl-May-Verlags überdauert. Diese haben sich im Verlagsarchiv und erstaunlicherweise sogar noch in einem weiteren Exemplar auch in Wulffens Nachlass[12] erhalten; Letzteres hat vermutlich durch Verkäufe des Sohnes Hasso Wulffen (1895–1984) nach dem Zweiten Weltkrieg den Weg in andere Hände gefunden. Diese nach unseren Recherchen wohl noch existierende Abschrift einer wahrscheinlich maschinenschriftlichen Vorlage konnten wir leider nicht mit unserem Exemplar vergleichen. Doch erschien uns dies auch nicht dringend notwendig. Unsere Transkription, mit ausdrücklicher Zustimmung von Lothar und Bernhard Schmid nach einer Abschrift von E. A. Schmids Ehefrau gefertigt, kann für sich in Anspruch nehmen, eine nach unserem Befund getreuliche Wiedergabe des Originalmanuskripts zu sein. Denn die maschinenschriftliche Abschrift, die 1929 nach Ablieferung des Originals im Verlag gefertigt wurde, war nicht nur wegen Wulffens nicht leicht lesbarer Handschrift notwendig, sondern wurde auch durch E. A. Schmids Augenleiden erforderlich. Klara May, die Wulffens eigentümliche, sehr gewöhnungsbedürftige und zum Teil schwer zu entziffernde Handschrift als für sie unlesbar kritisiert und sich noch vor der Abfassung durch den Autor sogar ausdrücklich bereit erklärt hatte, die Biografie vor Drucklegung erst gar nicht zu lesen, sah in ihr nach der dann doch Anfang 1929 erfolgten Lektüre ein der Biografie Mays und seines kriminellen Vorlebens gar nicht entsprechendes, inhumanes Werk eines Staatsanwalts, das

---

[12] In dem an die Sächsische Landesbibliothek – Staats- und Universitätsbibliothek Dresden (→ SLUB Dresden) 1975 durch den Sohn Hasso Wulffen übergebenen und noch heute aufbewahrten Nachlass (Signatur: Msc v. Dresd. App. 1832) findet sich allerdings keine Abschrift des *Inferno*-Manuskripts.

niemals veröffentlicht und unbedingt auch für alle Zukunft vernichtet werden müsse. Sie selbst hatte sich, wie der Briefwechsel mit Wulffen ergibt, eine ganz andere, eben die Zeit der Verfehlungen als Lehrer, der kriminellen Handlungen, der Strafen und Verurteilungen allenfalls streifende, keinerlei nachteilige oder bislang unbekannte belastende Details herausarbeitende oder gar erstmals neu erwähnende Lebensgeschichte vermutlich nach Art eines Hymnus auf Leben und Werk vorgestellt.

Auch E. A. Schmid hatte, wie der von uns erstmals dokumentierte Briefwechsel mit Wulffen zeigt, durchaus andere Vorstellungen von der geplanten Biografie gehabt. Während Klara von einer Erwähnung der Vorstrafen und Haftzeiten gar nichts wissen wollte, ging es Schmid nicht um Vertuschung oder Beschönigung, sondern um ein nach wissenschaftlichen Maßstäben erarbeitetes Werk, das die Frühzeit der dubiosen, von Gerüchten, Fehldarstellungen und Vermutungen umrankten Biografie des Schriftstellers in einem milderen, verständlichen Licht erscheinen lassen sollte. Sein Konzept zielte auf ein empathisches, die positiven Seiten Karl Mays hervorhebendes, dabei die negativeren Momente nicht verschweigendes, aber für Forscher wie Leser begreiflicher und durchsichtiger gestaltendes biografisches Werk, als Gegengewicht und Korrektur zu den vielen Fehldarstellungen und aggressiven Voten der kirchlichen und pädagogischen Gegner aus den Jahren der Karl-May-Hetze, den feindlichen Attacken eines fanatisch angreifenden Journalisten wie Rudolf Lebius (1868–1946) und oberflächlichen Pressereportagen und Kommentaren unterschiedlichster Provenienz und Qualität. Eine ins Positive gewendete, aber wahrheitsgemäße psychologische Darstellung sollte dem Ansehen und Andenken des Schriftstellers und den Zielen des Verlages bei der Neubewertung des Werkes als erfolgreiche und akzeptable Jugendliteratur dienen. Die Korrespondenz Erich und Camilla Wulffens erweckt den Eindruck, dass die umfängliche sachlich-rechtliche Hilfe Wulffens für Klara May und die emotionale Anteilnahme am schweren persönlichen Schicksal des Ehepaars – die, wie es scheint, nicht gespielt oder berechnend war – eine freundschaftliche Gesinnung und enge Beziehung Klara Mays zu Wulffen hatten entstehen lassen. Für Klara May mag dies hinreichende Garantie geboten haben, dass Wulffen sich ganz in ihrem Sinne äußern werde. Sie wird seinen Hang zur unbedingten Wahrheit der kriminalhistorischen Wissenschaft, wie er sie verstand, und zur anhand der Akten belegbaren Kriminalpsychologie nicht realisiert haben; vermutlich hatte sie seine kriminalwissenschaftlichen Theorien und Werke niemals richtig zur Kenntnis genommen, geschweige denn gelesen. E. A. Schmid wiederum hatte sich wohl der irrigen Hoffnung hingegeben, dass sich Wulffen, der ja mit einigen Rückfragen an ihn herantrat, an den Duktus seines Exposés und seiner in der Korrespondenz geäußerten Ansichten halten werde. Während der zweijährigen Arbeit an der

Biografie dürfte Wulffen sich aber anhand des Aktenmaterials sowohl von allen denkbaren Eingrenzungen der Witwe gründlich entfernt, als auch die gutgemeinten Hinweise E. A. Schmids in den Wind geschlagen haben. Liest man die Biografie, so hat sich Wulffen in der Tat nach Art eines positivistisch geprägten Dokumentaristen primär an die für ihn ersichtlichen „Fakten", an die „Tatbestände" der Sanktionsinstanzen gehalten und diese gerade weniger kritisch historisch oder kriminalpsychologisch durchleuchtet, sondern als retrospektiver Richter sein „Urteil" in Form einer scheinbar über jeden Zweifel erhabenen Dokumentation eines frühen, unverbesserlich scheinenden Hochstaplers, Betrügers, Diebs und Wiederholungstäters entwickelt.

Dass dies alles in derart geballter, dokumentierter Beweisführung weder bei Klara noch bei E. A. Schmid – aus je durchaus unterschiedlichen Gründen – auf Zustimmung und Bereitschaft zur Publikation stieß, vielmehr bei Klara den schon früher allenthalben realisierten Zerstörungswillen, ja eine Vernichtungswut auslöste, wird auf der anderen Seite auf Wulffen wie ein Schock, auf den er ebenfalls nicht vorbereitet war, gewirkt haben. Dabei ist mit zu berücksichtigen, dass Wulffen sich ja jahrelang als Berater Klaras – auch gegen E. A. Schmid und dessen Anwälte – größte Verdienste und Anerkennung erworben hatte, und dies, wie sich den Briefen Camilla Wulffens entnehmen lässt, ohne finanzielle Entschädigung oder Vereinbarung eines Honorars für juristische Beratungen, Entwürfe von Verträgen zwischen Klara May und E. A. Schmid oder für den Entwurf eines ihrer vielen Testamente. Man könnte sogar den Eindruck gewinnen, dass Wulffen, wie sein Briefwechsel mit Klara einerseits und mit E. A. Schmid andererseits aufzeigt, durchaus zwei Gesichter hatte. Dies mag mit seiner Fähigkeit zusammengehangen haben, dass er sich intuitiv sowohl in die Lage der Witwe als auch die des Verlegers zu versetzen vermochte.

Sein Beitrag dazu, die launenhafte, zu schnellen emotionalen Ausbrüchen und Entscheidungen neigende Klara May vor allzu unklugen Beschlüssen und Aktionen zu bewahren, lässt sich aus der Korrespondenz um die Schlichtung, um neue vertragliche Einigung im Karl-May-Verlag und aus dem zunehmend freundlichen Briefwechsel mit E. A. Schmid ablesen. Auch hier scheint Wulffen zu schnellen Wandlungen und Anpassungen fähig gewesen zu sein. Ein schlagendes Beispiel: Im Auftrag Klara Mays schreibt er an E. A. Schmids Anwalt die unverhohlene Drohung, diesen als Geschäftsführer notfalls abzusetzen und einen anderen, Klara Mays Wünschen willigeren zu bestellen. Nicht lange Zeit danach ist Wulffen auch eine Art Freund und Autor des Verlags als Mitarbeiter am Jahrbuch und unversehens – nach der vertrauensvollen Vorstellung Klara Mays – Mays Biograf. War er zuvor als Vertreter und Berater Klara Mays noch Schmids Gegner oder mitunter auch eine Art Schiedsrichter zwischen den beiden, wird er nunmehr sein willkommener Bundesgenosse!

11

Nur Klara May bleibt in dieser diffizil angelegten Gemengelage, was sie immer gewesen war: die getreue Wahrerin des Erbes, des Nachlasses und ihres Bildes von Karl May. Es gibt bei aller nach außen zutage tretenden Harmonie seit Mitte der 1920er-Jahre kaum eine – im Nachhinein betrachtet – konfliktträchtigere Konstellation unterschiedlichster Charaktere, Befindlichkeiten und Interessen.

Die Biografie Karl Mays hatte bislang unter keinem guten Stern gestanden. Wulffen scheint sich, vielleicht in der Überzeugung, schon früher mit komplexen Biografien von Kriminellen gut und erfolgeich fertig geworden zu sein, in der Illusion sicher gefühlt zu haben, dass es ihm auch dieses Mal und jetzt erst recht gelingen werde, ein Meisterwerk mit der Aussicht auf höchstmögliche Anerkennung der Karl-May-Leser zu schaffen. Aber schon sein Protagonist hatte ja so vielen Personen Rätsel aufgegeben. Wulffens Biografie ist ein schon klassisch zu nennendes Beispiel dafür, wie ein Autor an seiner Aufgabe scheitern kann oder gar scheitern muss. May als ein Klassiker der erfolgreichen Kolportage, dann ebenso erfolgreicher Reiseromane bzw. Reiseerzählungen hatte es verstanden, seine Vergangenheit geheim zu halten, sich zu tarnen, seine Vita mit der Aura der Fiktionen und Geheimnisse zu umgeben, sie in Novellen und Romanen zu verarbeiten und zu verbrämen. Nur wenige Zeitgenossen wie Familienangehörige mögen intensivere und eindringliche Kenntnisse von seiner Vergangenheit gehabt haben. Und viele Jahre lang hielt er gegenüber verlegerischen Vertragspartnern und vermutlich auch vielen anderen den Mythos des immer auf Reisen befindlichen Autors aufrecht. Selbst als er erstmals Einblick in seinen Werdegang und Lebenslauf zu geben schien, in seinem angeblich ersten autobiografischen Text von 1896, lief das wiederum auf eine grandiose, der Selbstbeweihräucherung und Eigenwerbung dienende Täuschung der Öffentlichkeit hinaus.

Wulffens ,Material' waren also – neben dem Werk und den autobiografischen Teilstücken, der *Beichte*, den Prozess-Schriften, der Autobiografie – als einzige ihm verlässlich und aussagekräftig erscheinenden Unterlagen die Akten – und diese in Relation wiederum zu den eigenen Aussagen Mays und den wenigen, noch als Aussagepersonen oder Zeugen dienlichen überlebenden Zeitgenossen.

Sigmund Freud hat sich bekanntlich einer Biografie über ihn entschieden widersetzt, weil sie doch als lügenhaft ausfallen müsse. Wer sich May zuvor biografisch genähert hatte, war entweder Gegner oder gläubiger Anhänger, Freund oder Feind. Karl May scheute keine Mühe, jeden Einblick in die Vergangenheit auch mithilfe von Anwälten und Gerichten zu unterbinden. Manche seiner Schriftsätze, die seine Juristen so oder ähnlich zu übernehmen hatten, lesen sich als äußerst geschickte Verfälschungen von Motivationen und Sachverhalten. Eine wahrheitsgemäße Biografie oder Autobiografie zu Mays

Lebzeiten stand ja ohnehin ganz außerhalb aller Überlegungen. Wulffens Aufgabe war, auch wenn weder Klara noch E. A. Schmid und am wenigsten Wulffen selbst das wahrhaben wollten oder auch nur in Betracht zogen, ein totales Vabanquespiel. Man ist leicht versucht, an einen Ausspruch des einer Biografie abgeneigten zeitgenössischen Schriftstellers von Spionageromanen und Bestsellern, John le Carré[13], zu denken: Wer eine unglückliche Kindheit gehabt habe, sei ziemlich gut befähigt zum Erfinden seiner selbst. May hielt die Fiktion der Wahrheit seiner Biografie in Romanen und Vorträgen lange Jahre erfolgreich aufrecht. Ihm blieb auch keine andere Wahl, wollte er nicht seine Existenz und seinen Erfolg selbst gefährden oder konterkarieren. John le Carré hat im Gegensatz dazu offen bekannt: „Ich bin ein Lügner. Ich bin zum Lügen geboren, dazu erzogen worden, von einer Branche darin ausgebildet worden, die das Lügen als Lebensunterhalt betreibt, habe das Lügen als Schriftsteller praktiziert, Als Schöpfer von Fiktionen erfinde ich Versionen meiner selbst, aber niemals die Wahrheit, wenn es denn überhaupt eine gibt."[14]

Seine horrenden Kindheitserlebnisse und frühen Prägungen werden in Fluchten – mutatis mutandis – ähnlich wie bei May und zu Normabweichungen geführt haben, die in Leben und Werk ihren Niederschlag fanden: das biografische Dunkel der Geheimdienste als Beruf und Roman, die permanente Täuschung des Publikums, die Zwiespältigkeiten und schillernden Ambivalenzen des Charakters mit seinen systemkonformen oder systemwidrigen Manifestationen in Werk und Vita.

Als Karl May seinen ersten fiktiven autobiografischen Text, *Freuden und Leiden eines Vielgelesenen*[15], veröffentlichte, der im Grunde eine fiktionale Reportage über einen einzigen Tag als Autor in der Villa „Shatterhand" darstellt, lieferte er in dieser mit wenigen faktischen Elementen durchmischten Darstellung eines Dienstags voller unwahrscheinlichster Ereignisse eine Art Blaupause für spätere biografische Ergüsse – man darf sie alle nicht für bare Münze nehmen, sondern als Egodokumente mit spezifischen Intentionen und mit einer gekonnten Mischung aus Fakt und Fiktion, aber mit erzählerischem Geschick und dem Anspruch auf (subjektive) Wahrheit. Auch Wulffen ist diesem Karl May, den er als erfolgreichen Autor von Romanen und viel begabteren Schriftsteller gewiss bewunderte, aufgesessen. Wulffens Wahrheit ist, wenn man will, im Grunde nicht glaubwürdiger als die der Roman- und Erzählungswelt Mays. Sie ist nur eine Seite einer Medaille und womöglich nicht einmal die richtige. Das Phänomen Karl May und sein Rätsel, das als Karl-May-Problem Wissenschaften und Leser beschäftigte, blieben letztlich

---

[13] John le Carré (eigentlich David John Moore Cornwell; * 1931): Englischer Schriftsteller, der vor der literarischen Karriere für den britischen Geheimdienst gearbeitet hat.

[14] John le Carré: *Der Taubentunnel: Geschichten aus meinem Leben*. Berlin 2016, S. 338.

[15] Karl May: *„Freuden und Leiden eines Vielgelesenen".* (→ May: *Freuden und Leiden*). In: *Deutscher Hausschatz in Wort und Bild*. XXIII. Jg. (1896/97) Nr. 1, S. 1-6, Nr. 2, S. 17-21.

auch einem sich als Kenner aller Materien verstehenden Biografen trotz aller Mühen verschlossen. Wer diese Biografie Wulffens liest, wird sie, aus welcher Ecke der Karl-May-Leser er auch kommt, mit einem Unbehagen beenden, das uns als Herausgeber nicht fremd war, je näher wir der uns unbekannten Genese, den Widersprüchen und Besonderheiten ihrer Entstehungsgeschichte kamen. Ein wenig fühlten wir uns zuweilen wie die zu spät gekommenen Gäste an einem schon großenteils abgegessenen Abendbrottisch. Was Wulffen und andere vor und nach ihm übrig gelassen hatten, schien nicht ohne Weiteres essbar oder blieb im Halse stecken. Es ergibt sich eine Mischung aus Trauer und Heiterkeit über das Wohl und Wehe eines Opus, das – entstanden aus den Zwängen und Ambivalenzen seines Autors, dessen spezifischer Perspektive sowie der seiner „Auftraggeber" und seiner Umwelt – mit dem je eigenen Bild des Protagonisten in Leben und Werk doch so wenig Ähnlichkeit aufweist. Der der Wahrheit und Gerechtigkeit verpflichtete Richter, der Biograf, sprach ein Urteil, das genau genommen auch ein Vor-Urteil ist, das weder der Witwe noch dem Verleger noch den heutigen Lesern umstandslos gefallen mag.

Das Veto der Witwe

Was zwischen Klara May und Erich Wulffen nach dem Entschluss, ihn mit der Aufgabe zu betrauen, in den Jahren 1926 bis 1928 noch generell oder in Einzelheiten besprochen wurde, ist unbekannt. Vermutlich waren die Kontakte spärlich und Wulffen wird die Witwe kaum am Fortschritt haben teilnehmen lassen oder Details mit ihr besprochen haben. Die vorher engeren Kontakte auch der Familien scheinen sich in diesen Jahren deutlich verringert zu haben und die einst emotional sehr nahe Verbindung ist distanzierter oder gar kühl geworden. Klara May glaubte jedenfalls, dass sich mit der Publikation faktisch die Karl-May-Hetze der letzten zehn Lebensjahre des Schriftstellers wiederholen würde, ja müsse. Dieses Jahrzehnt hatte auch bei der Dichterwitwe deutliche, man kann sagen: traumatische, Spuren hinterlassen. Die Anschuldigungen privatester Natur, ihre Beziehungen zu Karl May und dessen erster Ehefrau Emma Pollmer (1856–1917) sowie ihre eigene Vergangenheit als spiritistisches Medium und gemeinsam durchgeführte gläubige Veranstaltungen von Séancen betreffend, die vor allem durch den Erzfeind Rudolf Lebius sensationell verbreiteten peinlichen und intimen Fakten und krassen Verleumdungen im Kontext der Ehescheidung, die Kontroversen mit Emma, die Aufdeckung der Vergangenheit Mays in den Versionen von Lebius und der Kampf gegen eine Phalanx kirchlicher Gegner sowie gegen die Verlage Münchmeyer und Fischer werden sie gewiss nicht unberührt gelassen haben. Dass Lebius nach den jahrelangen publizistischen und forensischen Verfolgungen nun in den 1920er-Jahren mit gleichen Methoden, Mitteln und Machenschaften erneut – wie innerhalb des Briefwechsels gezeigt werden wird – zu gefahrdrohenden Schlägen ansetzte, muss sie schwer getroffen, geängstigt und die früheren schweren Erlebnisse und Befürchtungen wieder aktiviert haben. In ihrer Perspektive hatten die Strafakten als Mordinstrumente den Tod des Gatten herbeigeführt.

E. A. Schmids Intentionen, die sich gleichfalls sehr gut aus der Korrespondenz mit Wulffen ablesen lassen, waren, was Klara May schwerlich entgangen sein kann, aber durchaus andere. Doch neigte sie ohnehin dazu, ihre eigenen Wünsche, Vorstellungen, Fantasien und Erinnerungen an die Vergangenheit in ihrem Sinne umzudeuten. Dafür gibt es zahlreiche, hier nicht näher aufzuzeigende Beispiele. Zu der Zeit jedenfalls, als es um die Auswahl eines Biografen und um die damit verbundenen Ziele des Verlagsleiters ging, der dazu ein sehr aufschlussreiches Exposé verfasst hatte, waren die Beziehungen von Klara May zu E. A. Schmid nicht ohne erhebliche Spannungen und von ganz realen Differenzen in einer Reihe von Punkten geprägt. E. A. Schmid ging es vordringlich um eine wissenschaftliche, die jahrzehntelang schon mehr oder weniger heftig diskutierten Vorstrafen nicht verschweigende, aber diese Momente der Vita kriminalpsychologisch analysierende und verständlich deutende Biografie, die von einem anerkannten und mit der Witwe und dem Verlag verbundenen Autor stammen sollte, von dem keine neuerlich negative Wirkung auf das Bild und Werk Mays ausgehen würde. Dass sich in Anbetracht der unterschiedlichen, durch Vergangenheit und gegenwärtige Differenzen belasteten Persönlichkeiten und Charaktere, mit ihren divergierenden Voraussetzungen und Interessen das Unternehmen eher als ein Versuch der Quadratur des Kreises erweisen würde, gehört zur im mehrfachen Sinne des Wortes merkwürdigen Vorgeschichte und Genese dieser Arbeit Wulffens über den „seltsamen Mann"[16].

Biografie eines „seltsamen Mannes"

Wulffen selbst war als Dresdener Staatsanwalt mit einem Ermittlungsverfahren[17] gegen Karl May betraut gewesen und daher über den „Fall May", oder

---

[16] Heinz Stolte: *Einführung des Herausgebers*. In: Forst-Battaglia: *Karl May* (1966), S. 7.

[17] Strafverfahren ./. Karl May und Klara May. Kgl Landgericht Dresden, Az.: St. VIII 201.09. [Zweites] Staatsanwaltschaftliches Ermittlungsverfahren wegen betrügerischer Handlungen zur Ermöglichung der Ehescheidung. Gegen die Einstellung des Verfahrens am 8.7.1909 hatte das mit Emma Pollmer befreundete Ehepaar Häußler Beschwerde eingelegt. In seinem Amt als Staatsanwalt bestätigte Wulffen mit Beschluss vom 24.9.1909 den Einstellungsbeschluss, vgl. Rudolf Lebius: *Die Zeugen Karl May und Klara May: ein Beitrag zur Kriminalgeschichte unserer Zeit.* – Reprint der Ausgabe Berlin-Charlottenburg 1910 / mit einer Einführung von Jürgen Wehnert (→ Lebius-*Reprint*). Lütjenburg 1991, S. 131.

besser gesagt: die „Fälle", schon früh recht gut unterrichtet.[18] Er hatte, was ihm im Hause May sicherlich viele Pluspunkte beschert hatte, das Verfahren eingestellt, denn die einzige unmittelbare Belastungszeugin Emma May, die sich jetzt auf ausdrückliches Verlangen Mays nur mehr Emma Pollmer nennen durfte, erschien in ihrem Aussageverhalten Wulffen mit Recht als unzuverlässig, als seelisch labil und wenig glaubwürdig. Sie hatte als Zeugin einerseits zu Zeiten für May positive Erklärungen abgegeben, was gewiss auf ihre Unterhaltsansprüche und auf Einflüsse ihrer alten, ihr immer noch zugeneigten Freundin Klara zurückging, sich andererseits aber auch – je nach Einfluss- und Interessenlage – als vorwiegend zu negativen Äußerungen neigende Person gezeigt, zumal dann, wenn Dritte ihre Suggestibilität ausnutzten, vor allem Lebius mit Geldzuwendungen und haltlosen Versprechen. Ihre je nach Sachlage beeinflussbare Natur lag auf der Hand. Zudem hielt Wulffen, dem die spiritistische Einstellung und Überzeugung Emmas aus den Akten nur allzu gut bekannt war, sie auch deswegen für eine wenig überzeugende Belastungszeugin.[19] Dass Wulffen freilich in verschiedenen wissenschaftlichen Werken deutlich erkennbar May mit seinem kriminellen Vorleben als prägnantes Beispiel angeführt hatte, wird seinerzeit sowohl Letzteren, dessen heftige Reaktion gegen Wulffen bekannt ist, wie auch Klara gegen ihn eingenommen und zu seiner Einschätzung als unbarmherzigem Juristen geführt haben. Wulffens Perspektiven auf den Fall May, die sich freilich in verschiedener Hinsicht verschoben, verändert, ja im Laufe der Jahre geradezu gewandelt hatten, erschienen E. A. Schmid und Wulffen selbst zunächst Anfang der 1920er-Jahre, trotz oder gerade wegen seiner guten Beziehungen zu Klara May und in der Folge dann auch zu Schmid, nicht als positive Auspizien für einen Biografen, der ja zwangsläufig auch auf das Vorleben vor der Zeit der schriftstellerischen Anfänge und späteren Erfolge würde eingehen müssen. Denn Wulffens Intention zielte auf die kriminalpsychologischen Überlegungen. Die waren sein Interesse und sein Metier. Er scheint zu Beginn der Diskussionen eher Klara Mays Haltung zugeneigt zu haben, die Geschichte der Vorstrafen und Gefängnis- und Zuchthausaufenthalte doch besser ganz unter der Decke zu halten, jedenfalls nicht in den Vordergrund zu rücken, geschweige denn sie zum Gegenstand einer kriminologischen oder kriminalpsychologischen Darstellung zu wählen. Die noch etwas hysterisch zu nennende Reaktion auf Lebius' neue Angriffe in der Presse[20] mag durch Sorgen E. A. Schmids um das Ansehen von Autor und Verlag nicht verringert worden sein. Wulffen

---

[18] Zum Werdegang Wulffens und seiner Zeit als Staatsanwalt vgl. u. a. Jürgen Seul: *Erich Wulffen – Ein Leben zwischen Kunst und Verbrechen (I).* In: *M-KMG* Nr. 153/2007, S. 6-23.

[19] Zum Spiritismus im Hause May siehe u. a.: Hans-Dieter Steinmetz: Zwischen Skepsis und Glauben. Karl Mays Weg zum Spiritismus. In: *Karl May Haus Informationen* (→ *KMHI)* Nr. 18/2004, S. 15-50.

[20] Siehe die im Briefwechsel dokumentierten Vorgänge im Jahr 1924.

hingegen schätzte Lebius als weniger gravierend ein. Er hielt ihn für einen leichtgewichtigen Verleumder ohne große Außenwirkung. Er wird mit Recht der Ansicht gewesen sein, Beachtung werde diesen Gegner nur aufwerten, und riet ebenso wie E. A. Schmid von einer neuen prozessualen Auseinandersetzung mit ihm ab.

Aus bisher ungeklärten Gründen stellte Lebius seine gegen Karl May gerichteten Angriffe ebenso unerwartet wieder ein, wie er sie begonnen hatte. Auch E. A. Schmids Rechtsvertreter wird einen neuerlichen Prozess gegen Lebius als kontraproduktiv eingeschätzt haben. Reiche forensische Erfahrung und souveräne pragmatische Lebensklugheit zeichneten Schmid wie auch Wulffen aus – im Gegensatz zu der oft spontan und emotional reagierenden, durch egozentrische Launen, Vorurteile, Fehleinschätzungen und besessene Konzentration auf Mays Erbe geprägte Klara May.

Deswegen ist es besonders bemerkenswert, dass Wulffen sich erst auf sehr nachhaltiges Drängen Klara Mays, wie wir aus dem sehr glaubhaften Zeugnis von Camilla Wulffen (unbekannt–1946) wissen, gewissermaßen gegen seine eigene, wohlbegründete ursprüngliche Haltung überreden ließ, sich mit *Karl Mays Inferno* wissenschaftlich-literarisch zu befassen. Klara May, die unmittelbar Beteiligte an den fatalen Konflikten seit der Jahrhundertwende, die selbst auch indirekt oder direkt ihr Opfer geworden war, wollte, wie sich dann herausstellte, zusammen mit E. A. Schmid gegenüber den neuerlichen Angriffen des unsäglichen Rudolf Lebius und dessen Veröffentlichungsreihe, gestützt auf die früheren, von Fälschungen und Verleumdungen, aber auch von Aktenauszügen aus Strafakten strotzenden Zeitungsfolgen, ein möglichst fundiertes unangreifbares Gegengewicht präsentieren. Hier lag also ein unmittelbares sehr durch die aktuelle Situation bestimmtes Motiv für die persönlichen und im Ergebnis gleichlaufenden taktisch-strategischen Überlegungen Klaras und E. A. Schmids, wenn sie auch durchaus von unterschiedlicher Zielrichtung und Substanz geprägt waren. Beide sahen, nachdem Wulffen endlich überredet oder überzeugt worden war, in der Biografie wohl auch mehr oder weniger bewusst eine Art Auftragsarbeit eines der Witwe wie dem Verleger wohlgesonnenen und dem Werk Mays verpflichteten Publizisten und Wissenschaftlers. Wulffens jahrelange beruflichen und privaten, immer enger gewordenen Kontakte mit Klara May lassen sich in dieser Edition erstmals gut und viel detaillierter, als bisher möglich war, mit neuem Archivmaterial belegen, und sie zeigen auch, dass Klara May es auf geschickte Art und Weise geschafft hatte, ihn zu ihrem schon fast ergebenen Verbündeten, zum engagierten Interessenvertreter und Freund und dahin geneigt zu machen, dass er in den nicht geringen vertraglichen Differenzen mit dem Karl-May-Verlag sich als *ihr* Vertreter und in merkwürdiger Interessenkollision sogar als eine Art Vermittler und zudem als Schiedsrichter zwischen ihr und dem Verlag bewährte. So gesehen ist das bisher unbekannte Manuskript Wulffens im Kontext der Archivalien zur Entstehungsgeschichte, facettenreich und fatal zugleich, ohne Übertreibung aus Sicht der Herausgeber dieser Edition eine Sensation ersten Ranges, die Ausblicke und Einsichten in ganz verschiedene Richtungen ermöglicht. Somit ist nicht nur die kriminelle Frühgeschichte Karl Mays mit all ihren ambivalenten und rätselhaften Wendungen angesprochen. Auf die Geschichte der Kriminalwissenschaften wie auf die komplexe Frühgeschichte des Karl-May-Verlags fällt ein neues, überraschendes Licht. Neben dem Trio Klara May, E. A. Schmid und Erich Wulffen – mit ihnen präsent auch immer der „steinerne Gast" Karl May – sehen wir weniger im diffusen Halbdunkel oder in mythologener bengalischer Beleuchtung die wechselnden Anfänge einer genuin wissenschaftlichen Erforschung des „Karl-May-Problems" aus scheinbar profaneren Anlässen, angetrieben von der Abwehr gegen die neuerlichen Angriffe des Lebius. Und so ist nicht ohne Ironie zu registrieren, dass im Anschluss an die ursprüngliche, ahistorische Aktenvernichtung Klara Mays am Ende die allererste wissenschaftlich fundierte Biografie entstand – mit allen Defiziten und Schwächen. Zugleich erfüllte sich der von E. A. Schmid vorangetriebene Wunsch nach einer fachmännischen Rehabilitierung Karl Mays.

Interessenkollisionen

Wulffen stand, aus welchen Motiven seit 1920 auch immer, ganz auf Klara Mays Seite, wobei er sich als Berater, Vertreter, Mittler, als überaus eifriger Interessenvertreter gegen den sächsischen Staat, dessen Regierungsvertreter und das Staatsarchiv einsetzen ließ und last but not least gegen E. A. Schmid und den Verlag auf Seiten der Mitgesellschafterin. Er wurde damit wohl auch nicht ganz ohne eigeninteressierten Hintersinn zu einer langjährigen Vertrauensperson Klaras. Erst Mitte oder gegen Ende der 1920er-Jahre wurde das Ehepaar Wulffen innerhalb Klara Mays Umfeld und Entourage durch ein anderes befreundetes Ehepaar ersetzt. Die Entfremdung mündete dann darin, dass hinter Wulffens Rücken unversehens ein anderer eine enge freundschaftlich und rechtlich geprägte Vertrauensstellung, wiederum auch in Klaras Interessen gegen E. A. Schmid, erhielt, ein Positionswechsel, welcher von Wulffen, der davon später Kenntnis bekam, als schwere Kränkung und als hinterlistige Aktion der Witwe empfunden worden ist. Ihrem paranoiden Argwohn war nicht entgangen, dass sich zwischen Wulffen und E. A. Schmid eine recht positive Beziehung entwickelt hatte. Sie wird ihm, ehedem ergebener und jetzt mindestens noch potenzieller Verbündeter, vielleicht irgendwann nicht mehr ohne inneren Vorbehalt über den Weg getraut haben. Als er noch zu ihren bevorzugten Beratern und engagiertesten Interessenvertretern zählte, ging es um vertragliche, gesellschaftsrechtliche und für Klara May, den Karl-May-Verlag und die Karl-May-Stiftung, die dabei nach allen Vertragspflichten und Testamenten auch stark involviert war, um substantielle Konflikte, krasse Gegensätze und handfeste finanzielle Auseinandersetzungen, auch um die aktuelle und künftige Macht im Karl-May-Verlag und über Mays Werk und Nachlass, um seine gegenwärtige Deutung und seine Bedeutung für die Zukunft. Sie tun hier im Einzelnen nichts direkt zur Sache, bilden aber einen wichtigen und auch direkt oder im Subtext der Dokumente lesbaren Hintergrund, der die allzeit fragilen Beziehungen im Karl-May-Verlag mit allen seinen Entstehungs- und finanziellen Dauerbedingungen ebenfalls beträchtlich belastete. So wie Klara May ihre Interessen in punkto einer nur positiv zu sehenden Aktenerhaltung oder der Preisgabe zur Vernichtung ihr negativ erscheinender Archivalien und ihr eigenes Geschichtsbild als Erbin und selbstdarstellerische Treuhänderin Mays mit größtmöglicher, geradezu obsessiver Haltung zur allgemeingültigen Haltung im Umgang mit dem Schriftsteller bestimmen wollte, so energisch und unter Heranziehung anwaltlicher Hilfe, zumal durch Rechtsanwalt Rudolf Netcke[21], aber eben auch immer stärker durch Wulffen selbst, war sie darauf aus, ihre Vorstellungen zur Wahrung des vermögenden Erbes, des geschönten Bildes und des nun dank E. A. Schmid neu und gut zu verwertenden Nachlasses Karl Mays neben ihren eigenen Vermögensinteressen durchzusetzen. Wulffen scheint in diesen Jahren und in der Zeit, in der er dann an der Biografie arbeitete, nicht bewusst gewesen zu sein, dass sich Klaras Haltung ihm gegenüber gewandelt, die zuvor viel engere Beziehung jetzt anderen Persönlichkeiten und freundschaftlichen Bindungen Platz gemacht hatte. Sie unterlag nun neuen Einflüssen und Einflüsterungen in der kleinen Schar ihrer Freundinnen, Freunde und Bewunderer. Bis zum Streit um die Biografie und bis zum großen Eklat zwischen 1929 und 1932 scheint sich auch Wulffen selbst einigen tiefgreifenden Illusionen über Klara Mays wahre Einstellung zu ihm und über deren insgeheimen Veränderungen hingegeben zu haben. Der von einer gewissen Eitelkeit und Selbsttäuschungen nicht freie, aber doch bei allen freundschaftlichen Bezügen zur sachlichen Diskussion und Auseinandersetzung neigende Jurist sah jedenfalls dann vielleicht weniger in der gänzlich unerwarteten Ablehnung seines Manuskripts, jedoch umso mehr in der Überantwortung an einen halböffentlichen Feuertod nicht so sehr einen pathologisch zu deutenden Vorgang der engsten und treuesten „Verehrergemeinde" um Klara May, sondern eine so exorbitante Missachtung und tiefe Kränkung, dass der Bruch letzten Endes nur mehr ein totaler und unheilbarer sein und bleiben konnte. Es gehört in diesem Kontext überhaupt zu den sehr schwer erklärlichen Rätseln, dass ein so kluger

---

[21] Franz Heinrich Rudolf Netcke (1872–1947): Dresdener Rechtsanwalt, der nach 1908 Karl May in zahlreichen Prozessen vertrat. Nach Mays Tod fungierte er auch als Rechtsbeistand von Klara May.

und erfahrener Jurist und Menschenkenner wie Wulffen, der – nach 1918 voller Genugtuung rehabilitiert und aus der Verbannung in die Zwickauer Provinz nach Dresden zurückgeholt – nun beamteter Ministerialrat im sächsischen Justizministerium geworden war, sich gleichzeitig neben seiner amtlichen Funktion als Interessenvertreter und Berater der Witwe gegen sein eigenes Justiz-Ministerium und seinen Arbeitgeber, den sächsischen Staat, in Stellung bringen ließ und mit erstaunlicher Insistenz und mit allen seinen damals eingesetzten Beziehungsmitteln in mehrfacher Interessenkollision faktisch *gegen* seinen staatlichen Arbeitgeber agierte. Es lässt sich vermutlich nur durch Klaras raffinierte Fähigkeit erklären, sich Bundesgenossen zu besorgen, und vielleicht auch dadurch, dass Wulffen in einer Form der Überidentifikation mit May und Klara Mays besonderen Interessen sich zu einer solchen, jedem historischen Sinn und jedem juristischen Archivrecht, von der auch in Sachsen jahrhundertelang geübten Archivpraxis ganz zu schweigen, widersprechenden Parteilichkeit hat hinreißen lassen. Vielleicht ist das Wort, dass er sich hinreißen ließ, sogar fehl am Platze. Denn die Demarchen beim Ministerium und bei der Regierung zogen sich lange hin. Wulffen hat also keineswegs unüberlegt oder überstürzt gehandelt. Wahrscheinlich hatte er auch das dringende Empfinden, er habe gerade in Anbetracht seiner früheren öffentlichen Demaskierung von May als Prototyp des Hochstaplers, dessen Anlagen ihn dann zum Schriftsteller mutieren ließen, an Karl und Klara May einiges gutzumachen. Auf Mays Bitten, das Buch mit den ihn inkriminierenden Passagen zurückzuziehen oder zu ändern, hatte Wulffen damals zwar erklärt, er werde mit seinem Verleger Kontakt aufnehmen, sah sich jedoch nicht zu Korrekturen im Stande. Dass eine Veröffentlichung von nur 40 Jahre zurückliegenden Straftaten, Anklagen und Urteilen nach jahrzehntelangem Stillschweigen im Grunde schon damals nicht *lege artis* war, dass Preisgabe von amtlichem Wissen über eine nun hochanerkannte und prominente Persönlichkeit dienst- und persönlichkeitsrechtlich unerlaubt sowie auch und gerade für einen Staatsanwalt ganz unangemessen war, lag auf der Hand.

May war in Wulffens Buch damals nicht nur für Eingeweihte und Kenner sofort erkennbar. Und Lebius hatte von dieser fachlichen Stellungnahme eines bekannten Juristen, Autors und Kriminalpsychologen sogleich zum Nachteil Mays Gebrauch gemacht.

Schuld und Scham?

Wir wissen nicht genug darüber, möchten aber annehmen, dass die Teilnahme an einem doch sehr irrationalen Akt der Witwe ihn später insgeheim schwer

20

gereut hat. Die unersetzlichen Strafakten, die Klara May vernichten ließ und die in Gegenwart des Archivdirektors, Klara Mays und Wulffens „ordnungsgemäß" im Keller des Staatsarchivs Dresden in Flammen aufgingen, müssen in Wulffens Gewissen künftighin ebenfalls eine keineswegs leichte Last gewesen sein. Im Laufe der Jahre wird das alte Schuldgefühl, May in den wissenschaftlichen Publikationen rechtswidrig der Öffentlichkeit vorgeführt und Lebius Gelegenheit zur Nutzung seines Urteils verschafft zu haben, durch ein neues ersetzt worden sein, dass er sich gegen seine eigene Überzeugung leichtfertig zum Gehilfen und Mittäter eines ahistorischen Gewaltaktes missbrauchen ließ. Und so muss, wenn man sich über Wulffens psychologische Befindlichkeit Gedanken macht, die Verbrennungsaktion von 1931, die sich nun auf einmal gegen ihn und sein Werk selbst richtete, als eine heftige narzisstische Kränkung, unberechtigte Herabwürdigung und als feindlicher Akt gewirkt haben, der ihn besonders traf, weil er ja sogar vor den Augen und unter tatkräftiger Mitwirkung derjenigen geschah, die in der freundschaftlichen Wertschätzung Klara Mays die Stelle Wulffens eingenommen hatten. In Wulffens rationaler Erklärung las sich das so, dass er sich nun nur noch als jahrelang missbraucht und benutzt vorkam. Aber der damit für ihn verbundene Verlust an Achtung und Würde ging emotional, wie der Briefwechsel aufzeigt, viel tiefer. Er wird nicht nur Klara die Schuld gegeben, sondern, wie der heftige Duktus seines Abschiedsbriefes[22] an Klara zwischen den Zeilen erkennen lässt, insgeheim und unbewusst seinen eigenen Anteil an dieser Entwicklung seit 1920 gespürt, aber verdrängt und in eine grundsätzliche Trennung von Klara und seiner eigenen Vergangenheit und den damit verknüpften Enttäuschungen umgemünzt haben. Nur auf diese Weise vermochte er sein seelisches Gleichgewicht annähernd wiederzugewinnen.

Doppelte Spiele

Wie die Korrespondenzen und Abläufe, die wir hier erstmals so vollständig wie möglich publizieren, zeigen, wäre es ohne die informellen Gespräche Wulffens innerhalb der Regierungskreise, mit dem Ministerpräsidenten und gewiss auch mit dem Justizminister, ohne seine Parteibeziehungen zu Mitgliedern und Vertretern der in den wechselnden zeitgenössischen sächsischen Regierungskoalitionen wirkenden Kräfte von DDP und SPD, und ohne die wirksame recht ausgepichte Formulierung der beispiellosen Anträge Klara Mays an die sächsische Regierung niemals geglückt, die Strafakten dem Feuer im Staatsarchiv zu überantworten. Dabei werden wohl auch aus

---

[22] Erich Wulffen: Brief an Klara May vom 17.5.1932; siehe Wiedergabe im dokumentierten Briefwechsel.

der Sicht der sächsischen Entscheidungsträger die jährlichen finanziellen Zuwendungen der Dichterwitwe an die staatliche Stiftung, die in einer eigenen Aufstellung dem Antrag zusätzliche Gründe und eine gewisse scheinbare Legitimation verschafften, eine Rolle gespielt haben. Dass einerseits der der Verbrennungsaktion sich mit Recht widersetzende Staatsarchivdirektor Teile der Akten glücklicherweise (damals sicherlich hinter dem Rücken Klara Mays, Wulffens und gegen die Gesamtregierungsentscheidung) abschriftlich überleben ließ, dass andererseits Wulffen in einem weiteren Interessenkonflikt Abschriften der zur Verbrennung freigegebenen Akten sich selbst irgendwann beschaffte (was er Klara May wohlweislich verschwiegen haben dürfte, nachdem er davon vielleicht durch den Archivdirektor Wind bekommen haben muss) und für die Biografie nutzte (was sie später so heftig kritisieren sollte), zeigt in der gesamten doch recht pikanten Konstellation Wulffen nicht gerade in einem günstigen, jedenfalls in einem Licht, das auf eine ambivalente Interessendurchsetzung in eigener Sache hinter dem Rücken der Freundin und Mandantin schließen lässt. Wulffen erwähnt 1932, dass Klara May ihn erneut für eine Aktenvernichtung einsetzen wollte, was er abgelehnt habe.[23] Sein wohl unbewusstes doppeltes Spiel, seine sichtbare Ambivalenz, die sich später in punkto Aktenvernichtung zeigte, manifestiert sich deutlich, und seine bewusste oder unbewusste Fehldarstellung in der selbst für unkundige Leser etwas blauäugigen Einleitung zur Biografie, weder Klara May noch E. A. Schmid hätten irgendwann oder irgendwie Einfluss auf seine Darstellung genommen, wird durch den Briefwechsel widerlegt. Denn beide haben es doch, was Wulffen schwerlich entgangen sein wird, mindestens versucht, und er seinerseits wird weder Klara noch E. A. Schmid den Eindruck vermittelt haben, er sei in dieser Hinsicht ganz und gar unzugänglich.

Illusionen

Biografie und Korrespondenzen zeigen über die Jahre hinweg, welchen Illusionen, man kann auch sagen: kognitiven Dissonanzen, die drei Beteiligten unterlagen und von was für ganz verschiedenen Hoffnungen, Erwartungen, Vorstellungen und Interessen sie geleitet wurden, die aber erst zum bitteren Ende zutagetreten sollten. E. A. Schmid hat seine Vorstellungen über das Exposé hinaus allerdings mehrfach bei Wulffen sogar schriftlich als Hinweise und Anregungen niedergelegt. Betrachtet man das Ergebnis, muss man zu der Erkenntnis gelangen, dass Wulffen diese Vorschläge, wenn er sie als mehr oder weniger verbindlich subjektiv realisiert haben sollte, jedenfalls kaum einmal berücksichtigt hat. Dass das Unternehmen dann in der von niemandem

---

[23] Ebd.

vorhergesehenen, geschweige denn geplanten Katastrophe enden würde, auf Grund deren zwar das Originalmanuskript nicht der Vernichtung entging, aber immerhin in Abschriften überdauerte, die jahrelange Freundschaft und Verbindung Klara Mays mit Wulffen jedoch vollständig in die Brüche gehen musste, während dessen Beziehungen zu E. A. Schmid seltsamerweise zwar grundsätzlich tangiert, aber letztlich nicht zerstört wurden, gehört zu den – jedenfalls soweit die Akten das hergeben – psychologisch besonders bemerkenswerten Umständen, die sich nicht ohne Schwierigkeiten erklären lassen. Klaras doch etwas naive Fantasie und Fehldeutung, nicht sie, sondern eben Wulffen oder gar Schmid hätten alles verschuldet und das Desaster zu verantworten, und ihrem doch sehr heuchlerischen Brief könnte es gelingen, die alte Freundschaft wiederherzustellen, mündet in einem Schreiben, dessen schamlos anbiedernder, die Realitäten nicht zur Kenntnis nehmender oder verdrängender, auch nicht sonderlich ehrlich klingender Duktus das ganze Elend nur noch verschlimmerte. E. A. Schmids Haltung zwischen Klara May und Erich Wulffen ist ebenfalls mangels genauerer Überlieferung und Kenntnissen aller Vorgänge schwer zu entschlüsseln. Er musste jedenfalls mehr oder weniger geschickt lavieren und fühlte sich gezwungen, den ihm schwer gefallenen Vermittlungsversuch (wenn es denn nur ein einziger gewesen sein sollte) nolens volens zu unternehmen. Auch er wird gewusst haben, dass die traumatisierten Temperamente angesichts der Vorgänge unbelehrbar, unversöhnlich und in vielerlei Hinsicht nicht mehr auf einen gemeinsamen Nenner zu bringen waren, nicht einmal in einer Art oberflächlichem Scheinfrieden. Die in ihren gegensätzlichen Wahrnehmungen, Wertungen und Haltungen und den expliziten wie untergründigen Emotionen so ungemein sprechenden Briefe werfen zugleich als stets kritisch zu lesende Egodokumente auch einiges Licht auf die wechselnden Haltungen der Beteiligten, ihren aktuellen und historisch gegebenen Kontext und nicht nur auf die im Zentrum stehende Biografie Wulffens, die einiges an untergründigen Widersprüchen und Zweifeln des Autors nur erahnen lässt. Er wird wohl der illusionären Auffassung gewesen sein, dass seine Theorie von der Normalität der frühen Kriminalität, von Mays normalem Entwicklungsgang und Milieu selbst bei der so anders gestimmten Klara auf Zustimmung stoßen würde, vor allem, wenn sie einsähe, dass die Latenz der Kriminalität eine Konstante und bei vielen bedeutenden Schriftstellern und Künstlern als „normal", nicht als pathologisches Moment, angelegt sei. Eine gründlichere Fehleinschätzung der Psychologie Klara Mays konnte dem Kriminalpsychologen schwerlich unterlaufen. Er wird gewusst haben, dass die Dichterwitwe seine wissenschaftlichen Schriften kaum gelesen oder goutiert hatte. Sie wiederum mag zwar realisiert haben, dass er ein durchaus erfolgreicher Schriftsteller auf dem Gebiet der Kriminalromane und populären kriminalistischen Literatur war, doch wird sie sich kaum genauere

Vorstellungen über den Inhalt der Biografie gemacht und in ihrer Fantasie einfach vorausgesetzt haben, dass Wulffen die „Mordinstrumente" der Gegner Mays im Dunkeln lassen würde. Einzelne Kapitel wurden weder dem Verlag noch ihr vorgelegt. Als umso heftigerer Schock muss dann das Manuskript auf sie gewirkt haben.

Das war gewiss nicht vorgespiegelte Ablehnung und Enttäuschung, sondern ein schwerer Schlag gegen das von ihr völlig anders gesehene und gepflegte Image Mays. Sie wird sich wohl auch Sorgen gemacht haben, wie missverständlich und erneut abwertend viele Passagen und Kapitel auf unbedarfte Gemüter wirken würden. Dass diese Art der biografischen Darstellung nicht auf der Linie hoher und in jeder Hinsicht unanfechtbarer Wertschätzung Mays lag, konnte nicht zweifelhaft sein. Da halfen eben die Ehrenrettung der fehlenden Pathologie und die Betonung der Normalität des jungen Mays keineswegs. Sie mussten es sogar erst recht verschlimmern. May selbst hatte in seiner eigenen Biografie seine psychischen Besonderheiten, unter geschicktester Nutzung des Fachbuchs von Wilhelm Griesinger[24], herausgehoben. Solche Widersprüche werden Klara May nichts gesagt haben. In ihren Briefen an Wulffen bricht alles an subjektiven Empfindungen, heftigen Gefühlsaufwallungen und Enttäuschungen hervor.

Wie wählt man einen Biografen?

Wie unter der Ägide des langjährigen erbarmungslosesten und gefährlichsten Prozessanwalts und May-Gegners, Rechtsanwalt Oskar Gerlach[25], oder des Landgerichtsdirektors Albert Hellwig (1880–1950), der sich ebenfalls als Biograf angeboten und Zugang zu den Strafakten gewünscht hatte, eine Lebensgeschichte ausgefallen wäre, kann man nur vermuten. Dass dann die perfiden Prozessgeschichten der Jahre seit der Jahrhundertwende, die Wulffen und E. A. Schmid bewusst nicht Revue passieren lassen wollten, hätten einbezogen werden müssen oder können, ist eine naheliegende Annahme. Das hätte jedenfalls die Perspektiven der Gegner Mays, die von Gerlach vertreten wurden, und deren Interna beleuchten können. Denn Handakten beteiligter Anwälte

---

[24] Wilhelm Griesinger: *Die Pathologie und Therapie der psychischen Krankheiten*. Braunschweig ³1871. – Dieses Werk findet sich in Mays Bibliothek in der Villa „Shatterhand" in Radebeul. Unterstreichungen oder sonstige Einträge aus der Feder Mays sind in diesem Bibliotheks-Exemplar nicht enthalten.

[25] Oskar Hermann Gerlach (1870–1939): Dresdner Rechtsanwalt und Notar. Wie zuvor bereits sein Vater war Gerlach Rechtsvertreter des Münchmeyer-Verlags und auch von Adalbert Fischer im Streit gegen May. Im November 1903 gelang es ihm, Mays Strafakten gerichtlich herbeiziehen zu lassen. Auf diese Weise konnte Lebius die alten Akten einsehen und geschickt (u. a. durch Weglassen bestimmter Passagen und Dokumente) in seinem Sinne nutzen. Im Jahr 1907 erstattete Gerlach, nachdem May am 11.2.1907 den Parteieneid geleistet hatte, Anzeige wegen Meineids bzw. Verleitung zum Meineid (vgl. Kgl. Landgericht Dresden: Strafverfahren ./. Karl May & Genossen wegen Meineid und Verleitung zum Meineid im ersten „Münchmeyer"-Prozess – 2 V. 21/02.).

und deren Korrespondenz mit ihren Mandanten pflegen normalerweise nicht den Weg in Archive zu finden, obwohl sie über die eigentlichen Gerichtsakten hinaus wichtige Aufschlüsse über interne Motive und Interessen, die sich nicht immer in Schriftsätzen niederschlagen, zu geben vermögen. Wulffen und Schmid haben in ihrem, sicherlich nicht im Einzelnen abgesprochenen, aber generell akzeptierten Konzept die Prozesse seit 1900 bewusst ausgeschlossen. Eine kriminal-psychologische Biografie konnte daher nur die frühe Zeit der kriminellen Handlungen behandeln. Das war auch E. A. Schmid klar. Er wird nach allem, was bekannt ist, weder mit einem solchen Werk Wulffens noch mit einer Reaktion wie der von Mays Witwe gerechnet haben.

Ein alter Feind wird Freund

Sonderbarerweise hatte Klara May gegen Oskar Gerlachs Mitwirkung, der zu einer Arbeit unter der Oberhoheit von Wulffen bereit war, nichts eingewendet.[26] Das mag damit zusammenhängen, dass sie aus der Ehe mit Karl May und den langjährigen Kämpfen mit so vielen Gegnern erfahren und gelernt hatte, wie geschickt ihr Mann oftmals durch direkte Kontakte und Konfrontationen mit scheinbar unversöhnlichen Gegnern diese zu neutralisieren oder in Verbündete zu verwandeln verstanden hatte. Auch hatte sich Gerlach bekanntlich bei Mays Tod mit einem lyrischen Anfall von Anhänglichkeit und Bewunderung als reuiger Sünder und heimlicher Verehrer Mays inszeniert. Albert Hellwig hatte sich schon früh mit den kriminalpsychologischen Aspekten befasst und schien E. A. Schmid durchaus als geeignet. Sein Aufsatz war im *Karl-May-Jahrbuch*[27] erschienen und schien die Revision des Geschichtsbildes einzuläuten oder jedenfalls Aussicht auf eine neue Perspektive zu liefern. Klara May wird Wulffen wohl wegen seiner amtlichen Funktion, seines Einflusses und seiner Bereitschaft, ihre Interessen wenigstens in den Anfängen geradezu rückhaltlos und effektiv bei der Auslöschung aller biografischen Belastungen zu vertreten, als der geeignetere Bundesgenosse erschienen sein. Da sie ihn schon in ihren Aktionen betreffs der Akten so umstandslos einsetzen konnte, dürfte sie angenommen haben, dass er auch in Darstellung und Diktion der Biografie bereitwillig ganz auf der Linie ihrer hingebungsvollen, den Ruhm und das Nachleben des Schriftstellers wahrenden und mehrenden Intentionen liegen würde.

---

[26] Albrecht Götz von Olenhusen/Jürgen Seul: *Auf den Spuren von Karl Mays Inferno. Erich Wulffen und Karl May.* In: *Karl-May-Welten III.* Hrsg. von Jürgen Wehnert/Michael Petzel. (→ Götz von Olenhusen/Seul: *Auf den Spuren von Karl Mays Inferno*). Bamberg/Radebeul 2009, S. 63-79 (64-66).

[27] Albert Hellwig: *Die kriminalpsychologische Seite des Karl-May-Problems.* In: *Karl-May-Jahrbuch (KMJb) 1920.* (→ Hellwig: *Die kriminalpsychologische Seite*). Radebeul bei Dresden 1920, S. 187-250.

Dass ein so bedeutender Gelehrter, Forscher und Liebhaber des May'schen Werkes wie Otto Forst-Battaglia (1889–1965) keinen Aktenzugang erhielt, was sicherlich auch auf Klara Mays Konto ging, kann man nur bedauern. Seine 1931 veröffentlichte essayistische Skizze[28] hätte, wie das postum 1966 erschienene grandiose Werk beweist, sicherlich von der Einsicht in die Akten profitiert und Karl May schon damals mehr als Ehre eingetragen. Nach den unter Mitwirkung von Wulffen Anfang der 1920er-Jahre beendeten Konflikten zwischen Klara May und E. A. Schmid schien es Letzterem nicht nur sinnvoll, sondern auch konsequent, den ausgewiesenen Juristen und Kriminalpsychologen Wulffen allein, ohne Mitwirkung Dritter wie Gerlach, Hellwig oder auch prominenter Psychiater, die E. A. Schmid in seinem Exposé erwogen hatte, die Aufgabe zu überlassen. Aber auch er muss sich der dann enttäuschten Erwartung hingegeben haben, dass ein Werk Wulffens, dessen andere Arbeiten ja bekannt und hochanerkannt waren, nicht nur die Billigung Klara Mays finden, sondern zweifellos auch den Interessen des Verlages und dem Werk Mays dienlich sein würde.

In seiner ersten fulminanten Analyse *Vorläufige Bemerkungen über die Straftaten Karl Mays* hat Claus Roxin (* 1931) bereits 1971 geschrieben: „Alles, was sich dazu heute schon sagen lässt, kann nur vorläufig sein. Denn das Quellenmaterial, das allein eine sichere Diagnose ermöglichen und vielleicht auch über Mays Verantwortlichkeit zur Zeit der Tatbegehung genaueren Aufschluss geben könnte, ist unveröffentlicht. Noch fehlen uns die umfangreichen Akten und Dokumente, die Hoffmann und Plaul in jahrelanger Arbeit zusammengetragen haben. Noch ist Erich Wulffens mehr als 40 Jahre alte (!) Arbeit über ‚Karl Mays Inferno‘ unbekannt und ungedruckt; sie muss der Forschung auch deshalb zugänglich gemacht werden, weil Wulffen Akten verwerten konnte, die später vernichtet worden sind.“[29]

Roxins Anmahnung und seine Vorhersage, dass bis zum Druck des Gesamtmaterials noch Jahre vergehen würden, hat sich mehr als bewahrheitet. Seine Analyse der Straftaten Mays und seines Charakters, auch seiner Pathologie, wird überdauern. Woran die einmal in Aussicht genommene Edition des Manuskripts von Wulffen, die Heinz Stolte (1914–1992) zusammen mit dem Karl-May-Verlag vor Jahrzehnten in Angriff nahm, gescheitert ist, wissen wir bisher nicht. Als Germanist und genauer Kenner des Mayschen Werkes war Stolte für den Verlag gewiss eine gute Wahl.

Vermutlich hat sich der damals für das Verlagsprogramm zuständige Roland Schmid (1930–1990) dafür entschieden, statt der vorgesehenen Publikation des Manuskripts von Wulffen als ersten Band der *Beiträge zur Karl May-Forschung* doch lieber Forst-Battaglias souveräne und nach Stil und

---

[28] Otto Forst-Battaglia: *Karl May. Ein Leben, ein Traum.* Wien 1931.

[29] Claus Roxin: *Vorläufige Bemerkungen über die Straftaten Karl Mays.* In: *Jahrbuch der Karl-May-Gesellschaft (JbKMG) 1971* (→ Roxin: *Vorläufige Bemerkungen*). Hamburg 1971, S. 74-109 (94/95).

Gehalt überragende Biografie zu veröffentlichen, auch in einer Edition durch Stolte.[30] Dessen Wulffen-Edition muss allerdings bereits länger vorbereitet gewesen sein. Dass sie dann doch so lange in der Versenkung verschwand, mag auch damit zusammenhängen, dass Roland Schmid im Gegensatz zur Biografie von Forst-Battaglia bei Wulffens Werk neue Missverständnisse, Fehldeutungen und Irritationen befürchtete. Vergleicht man beide Werke, dann wird klar, dass sich der Verleger für die elegant geschriebene, eindringliche und in jeder Hinsicht gut begründete und mit psychologischem Scharfsinn verfasste Biografie eines in vielen Bereichen sattelfesten, hochanerkannten und klugen Gelehrten entschieden haben muss. Und er wird sich von ihr auch mehr in Hinsicht auf einen verlegerischen Erfolg versprochen haben.

Dass Wulffens Werk nach langen Forschungs- und editorischen Vorarbeiten unter Einbeziehung bislang ganz unbekannter Archivalien aus unterschiedlichen Quellen und Archiven jetzt vorlegt werden kann, ist außerordentlich erfreulich. Es handelt sich nicht nur um eine längst überfällige späte Dokumentation, die die Biografien Klara Mays und Erich Wulffens in einigen wichtigen Bezügen besser erhellt, sondern aus Sicht der Herausgeber um einen höchst aufschlussreichen Gegenstand, an dem sich nicht nur die Biografie Mays in der Sicht Wulffens genauer und fundierter studieren lässt, sondern sich auch Genese, Methoden, Gestaltung und – unter Einbeziehung von zeitgenössischen Erkenntnissen und Kontexten – Wirkungen von Biografie und Werk, auch in ihren Reflexen auf den Biografen selbst, erkennen lassen. Sie zeigt auch das komplexe Kräfte-Parallelogramm dieser Jahre auf, in denen der Verleger nach schwierigsten Anfängen und einigen Rückschlägen dem Schriftsteller May zu einem postumen langjährigen Erfolg verhalf. Sie erscheint nun zu einem Zeitpunkt, da zahlreiche bedeutende Biografien und wissenschaftliche wie biografische Forschungen über Karl May sowie Dokumente zum Autor vorliegen, die jetzt im Vergleich mit Wulffens Werk betrachtet werden können.[31] In nahezu allen oder jedenfalls sehr vielen davon

---

[30] Forst-Battaglia: *Karl May (1966)*. Forst-Battaglias psychologisch wie soziologisch bedeutsames Werk hat Heinz Stolte eingeführt (S. 5-10), und in dem Nachwort von Roger Forst-Battaglia wurde mit Recht festgestellt, dass der Verfasser „das Gesamtbild einer Dichterpersönlichkeit aus genealogisch-historisch-soziologischen, nicht minder denn aus ästhetischen und weltanschaulichen Gesichtspunkten heraus" gedeutet habe (vgl. S. 208-215 [212]).

[31] Siehe als Auswahl: Claus Roxin: *Mays Leben*. In: Gert Ueding (Hg.): *Karl-May-Handbuch*. In Zusammenarbeit mit Klaus Rettner (→ Ueding: *Handbuch*) Würzburg ²2001, S. 61-66, 67-111; Hermann Wohlgschaft: *Karl May. Leben und Werk* Bände 1-3 (→ Wohlgschaft: *Karl May 1-3*). Bargfeld 2005; Helmut Schmiedt: *Karl May oder Die Macht der Phantasie*. (→ Schmiedt *Macht der Phantasie*). München 2011; ders.: *Der Schriftsteller Karl May*. Husum 2000; Christian Heermann: *Winnetous Blutsbruder*. Bamberg/Radebeul 2002; Walther Ilmer: *Karl May – Mensch und Schriftsteller. Tragik und Triumph*. Husum 1992; Gerhard Klußmeier/Hainer Plaul: *Karl May und seine Zeit. Bilder, Dokumente, Texte*. Eine Bildbiografie (→ Klußmeier/Plaul: *Karl May und seine Zeit*). Bamberg/Dresden 2007; Hans Wollschläger: *Karl May. Grundriss eines gebrochenen Lebens*. Göttingen 2004 (Reinbek 1965); Hans Hintz: *Liebe, Leid und Größenwahn*. Würzburg 2007; Harald Eggebrecht (Hg.): *Karl May, der sächsische Phantast*. Frankfurt a. M. 1987; Sabine Benecke/Johannes Zeilinger (Hg.):

spielen aus unterschiedlichen fachlich-speziellen oder interdisziplinären Perspektiven die Vorgeschichte, die Wandlungen, die biografischen Elemente im Werk und seiner Wirkung, die historischen Erkenntnisse zur Biografie selbst, die kriminologischen und kriminalistischen Aspekte eine bedeutende Rolle. Zur kriminologisch-soziologischen Bewertung der frühen Jahre der Vaganten- und Straftatenzeit sind – auch und gerade im Vergleich zu Wulffens Studie – die großartigen und eindringlichen Analysen und Deutungen von Claus Roxin unentbehrlich.

Erich Wulffens Werke sind – anders als etwa die seines Zeitgenossen und Antipoden im österreichischen Graz, Hans Gross (1847–1915) – in der Geschichte der Kriminalwissenschaften, der Kriminologie und ihrer Methoden eher an den Rand oder ganz aus dem Gesichtsfeld geraten.[32] Wulffen und Gross haben etwa zur gleichen Zeit mit ihren einflussreichen Handbüchern für Richter, Staatsanwälte und Polizei und mit ihrem Werken zur Kriminalistik und Kriminalpsychologie Epoche gemacht. Gross gilt als einer der einflussreichsten und wirkungsvollsten Begründer der auch interdisziplinär ausgerichteten Kriminalwissenschaften um die Jahrhundertwende in Europa, mit beträchtlichen Ausstrahlungen in die USA, bis hin in die Belletristik. An seiner berühmten Zeitschrift hat – neben den wichtigsten international und national wirkenden Gelehrten in Europa – auch Wulffen mitgearbeitet. Beide einte das Bemühen, für die Erforschung und Ermittlung der forensischen Wahrheit alle damals verfügbaren Mittel bereitzustellen oder den Horizont zu erweitern, namentlich auch durch Blick auf Nachbar- oder sogenannte Hilfsdisziplinen.[33] Wulffen hat ersichtlich in seinen Arbeiten auch die

---

Imaginäre Reisen. Bönen 2007; Martin Lowsky: *Karl May.* Stuttgart 1987; Jürgen Seul: *Old Shatterhand vor Gericht. Die 100 Prozesse des Schriftstellers Karl May* (→ Seul: *Old Shatterhand vor Gericht*). Bamberg/Radebeul 2009; Dieter Sudhoff/Hans-Dieter Steinmetz: *Karl-May-May-Chronik* Bände I–V (→ Sudhoff/Steinmetz: *KMC I–V*). Bamberg/Radebeul 2005-2006.

[32] Vgl. Karl-Ludwig Kunz: *Kriminologie.* Bern u. a. [6]2011; Bernd-Dieter Meier: *Kriminologie.* München [4]2010; Frank Neubacher: *Kriminologie.* Baden-Baden 2011; Peter Strasser: *Verbrechermenschen. Zur kriminalwissenschaftlichen Erzeugung des Bösen* (→ Strasser: *Verbrechermenschen*). Frankfurt a. M u. a. 1984, mit ausführlichen Darstellungen von Geschichte und Entwicklung der Theorien und der Wissenschaftsgeschichte. – Zu Wulffens Rolle in der Kriminologie seiner Zeit und im Kontext der Entstehung von *Karl Mays Inferno* siehe: Albrecht Götz von Olenhusen/Jürgen Seul: *Der Kriminologe Erich Wulffen und „Karl Mays Inferno".* Zum Verhältnis von Kriminologie, Kriminalpsychologie und Literatur. In: Christian Bachhiesl/Sonja Maria Bachhiesl/Johann Leitner (Hg.): Kriminologische Entwicklungslinien. Eine interdisziplinäre Synopsis. Wien/Berlin 2014, S. 325-342.

[33] Christian Bachhiesl: *Zwischenindizienparadigma und Pseudowissenschaft.* Wien u. a. 2012; Peter Becker: *Zwischen Tradition und Neubeginn: Hans Gross und die Kriminologie und Kriminalistik der Jahrhundertwende:* In: Albrecht Götz von Olenhusen/Gottfried Heuer (Hg.): *Die Gesetze des Vaters.* Marburg/L. 2005, S. 290-309; vgl. ferner die Beiträge von Gernot Kocher: *Das K.k. kriminalistische Universitätsinstitut in Graz.* In: Christian Bachhiesl/Sonja Maria Bachhiesl/Johann Leitner (Hg.): *Kriminologische Entwicklungslinien* (→ Bachhiesl u. a.: *Kriminologische Entwicklungslinien*). Wien/Berlin 2014, S. 21-33, Gerhard M. Dienes: *„Alles ging über das Durchschnittsmaß".* In: Bachhiesl u. a.: *Kriminologische Entwicklungslinien,* S. 35-49 und Thomas Mühlbauer: *Die Ausbildung des praktischen Juristen (reloaded).* In: Bachhiesl u. a.: *Kriminologische Entwicklungslinien,* S. 51-65;

Methoden, Mittel und Erkenntnisse des älteren Hans Gross in Teilen rezipiert wie umgekehrt. Doch während Gross ganz praktischer Jurist, Staatsanwalt und Untersuchungsrichter war, dann Universitätslehrer mit pragmatischer Erfahrung und historischer Ausrichtung, etwa durch sein mit unablässiger Energie schließlich erreichtes Kriminalmuseum an der Universität Graz, kam Wulffen deutlich zunächst über die Literaturbegeisterung zur Kriminalpsychologie, zur kriminologisch fundierten Biografie von unterschiedlichen Verbrechern und Deliktsformen und schließlich zum damals erfolgreichen populären Kriminalroman und zum Film, vielfach gelesen und zum Teil auch dem Genre der kolportagehaften Trivialliteratur zuzurechnen, aber heute weitgehend in Vergessenheit geraten.[34]

Das Paradigma der Erzählten Kriminalität

Wulffens Kriminalpsychologie und viele seiner belletristischen Werke sind heute eher Teil einer Debatte um „Erzählte Kriminalität", um Typologie und Funktion von Narrativen in Strafrecht, Publizistik und Literatur.[35] So gesehen ist sein Werk zum großen Teil der wahrheitsbegründenden Erfahrung von Kriminologie und Kriminalpsychologie am Beispiel von Größen der Literatur und sensationeller Kriminalprozesse und ihrer Protagonisten wie Georges Manolescu (1871–1908) und Ignaz Strassnoff (1868–1933) oder dem Mordfall Hau in Baden-Baden gewidmet.[36] Gerade dieser auch heute noch – nach Jakob Wassermann (1873–1934)[37] – beachtete Kriminalfall wird von Wulffen in einer noch immer lesenswerten Studie subtil untersucht. Und dies wohlgemerkt ohne Einsicht in die Akten, sondern nur auf Grund von Presseberichten. Er sieht, wie in der literaturwissenschaftlichen Forschung

---

Gerhard Dienes/Ralf Rother (Hg.): *Die Gesetze des Vaters*. Wien u. a. 2003; Stefan Pollak/Annette Thieraus: *Hans Gross und seine Zeitschrift. Der Geburt der wissenschaftlichen Kriminalistik*. In: Christian Bachhiesl/Gerhard Dienes/Albrecht Götz von Olenhusen/Gottfried Heuer/Gernot Kocher (Hg.): *Libido & Macht. Psychoanalyse & Kriminologie*. Marburg 2013.

[34] Peter Becker: *Verderbnis und Entartung. Eine Geschichte der Kriminologie des 19. Jahrhunderts als Diskurs und Praxis*. (→ Becker: *Verderbnis und Entartung*). Göttingen 2002; Richard F. Wetzell: *Inventing the Criminal. A history of German criminology 1880-1945*. University of North Carolina 2000; Imanuel Baumann: *Dem Verbrechen auf der Spur. Eine Geschichte der Kriminologie und Kriminalistik in Deutschland 1880 bis 1980*. Göttingen 2006.

[35] Jörg Schönert: *Bilder vom „Verbrechermenschen" in den rechtskulturellen Diskursen um 1900. Zum Erzählen über Kriminalität und zum Status kriminologischen Wissens* (→ Schönert: *Bilder vom „Verbrechermenschen"*). In: Jörg Schönert zusammen mit Konstantin Imm und Joachim Linder (Hg.): *Erzählte Kriminalität*. Tübingen 1991, S. 497-531.

[36] Siehe dazu z. B. Erich Wulffen: *Kriminalpsychologie und Psychopathologie in Schillers Räubern*. (→ Wulffen: *Kriminalpsychologie und Psychopathologie in Schillers Räubern*). Halle 1907. Hrsg. von Jürgen Seul unter Mitarbeit von Annette Ziegler. Berlin 2007. – Das Buch enthält die bislang ausführlichste Bibliografie von Wulffens Schriften (S. 93-110).

[37] Jakob Wassermann: *Der Fall Maurizius*. Berlin 1928.

diskutiert wird, primär die nahe Verwandtschaft von kriminalpsychologischer Forschung und Literatur. Wissenschaftliches und künstlerisches Schaffen sind für Wulffen nicht zu trennende Bereiche, Literatur und Literaturgeschichte Quellen von empirischem Wert für die Kriminalpsychologie. Der Dichter und Schriftsteller sublimiert die latent in jedem Menschen vorhandene kriminelle Konstitution in Kunst und Literatur. Das wiederum lässt Rückschlüsse auf die psychischen Momente der Verbrecherseele zu.[38] Die Empirie der Kriminalwissenschaften sieht Wulffen in der Literatur bestätigt. Es gibt bei ihm im Gegensatz zu Cesare Lombroso (1835–1909)[39] keinen „geborenen Verbrecher", wie er 1926 zum Zeitpunkt der Entstehung der Biografie Mays ausführt[40], sondern die kriminogene Latenz ist in eine vor allem an der Weltliteratur aufgezeigte anthropologische Konstante. Wulffens kriminalpsychologische Grundhaltungen lassen sich sowohl an seinen, durchaus traditionellen kriminologischen und kriminalpsychologischen Schulen und ihren Fortentwicklungen verpflichteten, wissenschaftlichen Arbeiten wie an seinen rechtspolitischen Überlegungen, die der modernen Kriminologie vorsichtig einigen Tribut zollen, und an seinen Romanen demonstrieren. Hier ist oft der kriminalpsychologisch versierte Jurist, als der er sich auch in der Belletristik gerne selbst ein positives Portrait verschaffte, eine Hauptfigur, der sich als Anhänger der „neuen Schulen" bekennt, wie der „Freirechtschule"[41], oder als Vertreter einer deutschen, gegen die amerikanischen kriminalistischen Einflüsse gerichteten Reformjurisprudenz[42]. Wulffens justizkritische und reformfreudige Haltung musste mit den traditionellen Richtern und Staatsanwälten kollidieren, vor allem als er, in Form einer satirisch-polemischen Abrechnung, die – ob zu Recht oder zu Unrecht, ist ungeklärt – als Schlüsselroman und bewusst bösartige Karikatur der Dresdener Justiz interpretiert wurde, seine realen Erfahrungen innerhalb der Justiz und Staatsanwaltschaft zu einem skandalversprechenden Gemälde verarbeitete, das seinen weniger großzügigen Kollegen so nahe und auf die Nerven ging, weil Wulffen sie wohl allzu sehr aus der Nähe portraitiert hatte, sodass ihn schließlich der Staatsanwalt wegen dieses Romans, *Frau Justitias Walpurgisnacht*[43], mit einem Disziplinar-

---

38 Wulffen: *Kriminalpsychologie*, S. 368, ders.: *Kunst und Verbrechen*. (→ Wulffen: *Kunst und Verbrechen*). In: *KMJb 1925*, S. 267-318 (insbes. S. 270ff.).

39 Cesare Lombroso: *L'uomo delinquente. In rapporto all'antropologia, alla giurisprudenza ed alle discipline carcerarie*. Turin, Bocca, 1876. [dt: *Der Verbrecher in anthropologischer, ärztlicher und juristischer Beziehung*. Hamburg 1887].

40 Vgl. auch Erich Wulffen: *Cesare Lombrosos Lehre vom Verbrecher*. In: Seul/Götz von Olenhusen: *Erich Wulffen*, S. 71-76.

41 Vgl. zum Beispiel Erich Wulffen: *Vorgelesen, genehmigt!* Berlin 1917.

42 Vgl. Erich Wulffen: *Der blaue Diamant*. Leipzig 1919.

43   Erich Wulffen: *Frau Justitias Walpurgisnacht*. Berlin 1913. – Nach Wulffens Einschätzung, dass die Strafgesetzgebung und der Strafvollzug auf der einen Seite sowie die psychologischen Ausbildung der Juristen auf der anderen Seite unzulänglich seien, entstand 1913 der Roman *Frau Justitias Walpurgisnacht* – ein Werk, das stilistisch an die Spottgedichte Heinrich Heines erinnert. Dass

verfahren überzog. Der drohenden Entlassung aus dem Staatsdienst wegen Schmähungen und Beschmutzung des eigenen Nestes entging er jedoch. Der Frontalangriff gegen den bei den Kollegen wohl nicht allenthalben beliebten oder auch beneideten Juristen gedieh erst gar nicht bis zur Eröffnung vor dem Disziplinargericht. Das Verfahren wurde, bevor es überhaupt richtig begann, auf höhere ministerielle Weisung niedergeschlagen und die vorbereitete Anklage mit dem Ziel der Entlassung aus der Justiz gelangte nie vor Gericht.

Vermutlich werden Wulffens hohes öffentliches Ansehen, seine Popularität als Romanschriftsteller und die Furcht vor einem peinlichen öffentlichen Skandal den Ausschlag für eine geräuschlose Lösung gegeben haben. Die Folge wäre sonst eine allgemeine Diskussion in der Presse über bürokratische, autoritäre und „volksfremde" Justiz sowie über die Frage, wen Wulffen denn in concreto gemeint oder bis zur satirischen Kenntlichkeit abkonterfeit hatte, gewesen. Eine Anklage oder gar schimpfliche Entlassung wegen des Romans hätte sicherlich die Kritik der Öffentlichkeit an einem derartigen Akt obrigkeitsrechtlicher Zensur hervorgerufen. Das Ministerium ging daher, wie im Wilhelminismus nicht selten, durch Totschweigen und hausintern den stilleren, effektiveren und ebenso treffenden Weg der faktischen Degradierung und strafweisen Versetzung aus der Elbmetropole in die provinzielle Ziviljustiz als Amtsrichter nach Zwickau. Wulffen, ein selbstbewusster, kritischer und wohl im Grunde liberal gesonnener Jurist mit dem Habitus des aufgeklärten Kriminalisten, reformwilligen Juristen und modernen Kriminalpsychologen, musste sich mit Recht in seiner persönlichen und beruflichen Existenz als verkannt und ganz zu Unrecht degradiert empfinden. Es dauerte lange Jahre, bis er nach der Revolution in Sachsen eine verspätete schnelle Karriere machen konnte, die gewiss auch mit seinem Bekenntnis zur Weimarer Republik und seinem Eintritt in die als linksliberal geltende DDP zusammenhing und eine Wiedergutmachung darstellte.

Wulffen selbst damit jedenfalls eine Kritik an der Justiz beabsichtigte, geht aus seinem Brief an Klara May vom 17.5.1932 hervor. Das Werk wurde in Dresdner Justizkreisen als Schlüsselroman aufgefasst, weil man in den auftretenden Personen bestimmte Juristen zu erkennen glaubte, was große Empörung auslöste. Diese Resonanz erinnert an Thomas Manns Roman *Die Buddenbrooks* (Berlin 1901), der die Lübecker Gesellschaft aufgeschreckt hatte. Mann wehrte sich seinerzeit öffentlich gegen die Angriffe, er habe einen Schlüsselroman geschrieben. In seiner Stellungnahme *Bilse und ich* (München 1906) arbeitete er den Unterschied zu der „Schlüssel"-Veröffentlichung von Fritz Oswald Bilse: *Aus einer kleinen Garnison. Ein militärisches Zeitbild* (Braunschweig 1903) heraus. Die Reaktion auf *Frau Justitias Walpurgisnacht* sorgten für eine Strafversetzung Wulffens, überdies als Zivilrichter, an das Amtsgericht Zwickau; vgl. Hauptstaatsarchiv Dresden (→ HStA Dresden), 10706 Disziplinargerichte, Nr. 51: Wulffen, Wolf Hasso Erich; Staatsanwalt in Dresden, wegen Herabsetzung der sächsischen Justiz in einer Veröffentlichung).

Theorien. Empirie. Intuition

Wulffens Faible für kriminalpsychologische Intuition als forensisch-juristische Methode in Verbindung von wissenschaftlicher und künstlerischer Kreativität kam nicht von ungefähr, war vielmehr von grundsätzlichen Annahmen und Deutungen der schönen klassischen und modernen Literatur und dem tradierten Korpus von Fallgeschichten des *Pitavals*[44], aus Presseberichten wie etwa zum Mordfall Hau oder der reichen Kasuistik von Hans Gross' Handbuch und dem *Archiv für Kriminalanthropologie und Kriminalistik*, auch eine genuine Gross'sche Gründung, gespeist. Letztere waren gewiss populär, aber nicht ohne Weiteres allgemeine wissenschaftliche Überzeugung oder genereller Stand der Forschung, wiewohl mit nicht unerheblichem Einfluss auf die Popularisierung modernerer kriminalpsychologischer Einsichten in Täterverhalten und Verbrecheralltag. *Pitaval* und Fallsammlungen enthielten oftmals schon zuvor erzählte Geschichten. Die 60 Bände des *Neuen Pitaval*[45] zielten nicht auf Juristen, sondern auf eine breite Leserschaft. Die Kasuistik wird zur Literatur, bei Wulffen zum Gegenstand der Kriminalpsychologie und der Literatur. Das pflegte Wulffen, wie seine eindringlichen Analysen von Sensationsprozessen wie dem Mordfall Hau in Baden-Baden zeigten, an herausragenden oder öffentlich sehr beachteten Fällen zu demonstrieren. Trotz mancher Zweifel am Verfahren des Gerichts, der Schlüssigkeit der Beweisführung und seiner Kritik an einem der Gutachter entschied er sich neben seiner scharfen Kritik an der Verteidigung dafür, dem Urteil der richterlichen Kollegen beizupflichten. Abweichendes Verhalten wurde von ihm nicht mehr unbedingt mit biologisch-sozialer Determination gedeutet. Der forschende Jurist und Literat Wulffen hing nicht mehr umstandslos am engeren kriminologischen Diskurs der Degeneration als Erklärungsmodell, an „naturalistisch fundierten Mythen"[46] bei der Beurteilung von psycho-sozialen Konstitutionsbedingungen von Individuen oder Gruppen in kriminogenen Milieus. Dennoch findet man ihn nicht in den Reihen derer, für die damals die unvermeidbare und unverbesserliche „moral insanity"[47] als Begriff und Erklärungsmethode die Regel war. Die namentlich bei den Frühexpressionisten und Expressionisten, die sich bekanntlich in der Bewertung der Vorstrafen und des Werks als junge Generation gegen die Vertreter der konfessionellen und pädagogischen Schmutz- und Schundtheoretiker auf die Seite von Karl May schlugen, zutage

---

[44] Ein *Pitaval* ist eine Sammlung von historischen Strafrechtsfällen. Namensgeber ist der französische Jurist und Autor François Gayot de Pitaval (1673–1743), der zwischen 1734 und 1743 eine zwanzigbändige Sammlung von „causes célèbres et intéressantes" zusammenstellte.

[45] Julius Eduard Hitzig/Wilhelm Häring (Hg.): *Der neue Pitaval. Eine Sammlung der interessantesten Criminalgeschichten aller Länder aus älterer und neuerer Zeit*. Band 8, 8. Theil. (→ Hitzig/Häring: *Der neue Pitaval*). Leipzig 1845, S. 1-191.

[46] Vgl. Strasser: *Verbrechermenschen*, S. 60-84.

[47] Moral insanity = engl. Begriff für moralischer Schwachsinn, moralischer Wahnsinn.

tretende Tendenz, den juristisch als Täter definierten Kriminellen als Opfer der Gesellschaft zu sehen, bot für Wulffens im Grunde durchaus staatstreue Seele keine Alternative. Statt der streng juristischen Bestimmung von Sachverhalt, Schuld und Strafe findet sich bei den Frühexpressionisten und ihrer Identifikation mit gesellschaftlichen Außenseitern eine den „Fall" transzendierende „Zeichenhaftigkeit des Geschehens"[48]. Pathologie und Verbrechen werden so literarisch zu „Existenz-Metaphern" gewendet oder, wenn man so will, ästhetisch, ideologisch oder provozierend überhöht. „Rätsel in der Ätiologie des Verbrechens sollen nicht gelöst werden, sondern neue Fragen provozieren."[49]

Nach dem ersten Weltkrieg hatte sich der Umgang der zeitgenössischen Rechtskultur mit abweichendem Verhalten gewandelt. Hatten Psychiater wie Gustav Aschaffenburg (1866–1944), auch ein Referenzautor Wulffens, oder Franz von Liszt (1851–1919), sein akademischer Lehrer, in ihren Standardwerken Tätertypologien in kriminalpolitischer oder psychologischer Sicht entwickelt, die sich von der Degenerationsthese entfernten, so scheint Wulffen zwar Liszts „Zweckstrafe"[50] aufzugreifen, aber doch im allgemeinen Diskurs eine, wie Monika Frommel aufgezeigt hat, eigenwillige Position einzunehmen: Individuen, in denen das Verbrechen in Erscheinung trete, tragen als Verbrecher wie als „Nichtverbrecher und Gute[n] das Prinzip der sittlichen Evolution."[51] Wann eine richterliche Entscheidung ‚richtig' ist, fragte Carl Schmitt[52] im Jahr 1912 in *Gesetz und Urteil*[53]. Mit seiner Formel, sie sei dann richtig, wenn ein anderer Richter ebenso entschieden hätte, wird er bei dem differenzierenden, eher psychologisch gestimmten Wulffen kaum einen Gefolgsmann gefunden haben. Wulffens Kriminalpsychologie sieht den Richter als aufgeklärte, die Wahrheit und die Gerechtigkeit suchende Persönlichkeit. Wulffen ist zwar Staatsbeamter, aber als Wissenschaftler kein kritikloser Etatist[54]. Seine Vorstellung, dass Kriminalität in allen mehr oder weniger virulent sei, ebnet nicht nur die Differenzen zwischen dem Kriminellen und dem Dichter ein, sondern womöglich sogar die zwischen Richter und Angeklagtem. Was dem deutschen Recht wie dem BGB gemäß ist, das ist nach Franz von Liszt aber

---

[48] Thomas Anz: *Literatur der Existenz. Literarische Psychopathographie und ihre soziale Bedeutung im Frühexpressionismus.* Stuttgart 1977, S. 44.

[49] Schönert: *Bilder vom „Verbrechermenschen",* S. 497-531 (524).

[50] Franz von Liszt: *Der Zweckgedanke im Strafrecht. Marburger Universitätsprogramm 1882.* In: *Strafrechtliche Aufsätze und Vorträge.* Band 1 (1875–1891). Berlin 1905.

[51] Monika Frommel: *Internationale Reformbewegung zwischen 1880 und 1920* (→ Frommel: *Reformbewegung*). In: Jörg Schönert zusammen mit Konstantin Imm und Joachim Linder (Hg.): *Erzählte Kriminalität.* Tübingen 1991, S. 467-495 (488).

[52] Carl Schmitt (1888–1985): Deutscher Staatsrechtler, der auch als politischer Philosoph rezipiert wird.

[53] Carl Schmitt: *Gesetz und Urteil. Eine Untersuchung zum Problem der Rechtspraxis.* Berlin 1912.

[54] Mit Etatist wird jemand bezeichnet, der den Staat höher gewichtet als die Gesellschaft.

der „richtige deutsche Durchschnittsphilister, der juristische homme moyen, der keine Seitensprünge macht, pünktlich die Steuern bezahlt, den Nachtwächter freundlich grüßt, die Schlüsselgewalt der Hausfrau im weitesten Umfange anerkennt und die Hauskinder wohlwollend verzieht."[55]

Es mag die allzu strenge Bindung an die Normen, der Versuch, den Täter psychologisch zu verstehen gewesen sein, die Wulffen auch zum immanenten Kritiker der Begriffsjurisprudenz machte, eine Wendung, die ihn an der Freirechtsschule mit ihrem Credo der Wichtigkeit des Rechtsgefühls Gefallen finden ließ. Mit Hermann Kantorowicz (1877–1940) und Eugen Ehrlich (1862–1922), den Rechtssoziologen, geriet die gefühlsbetonte, freie Rechtsfindung in gewisse Distanz zur starren, dogmatischen, begriffsjuristischen Norm. Ihre Methode der Intuition entsprach dem Verständnis von Rechtsgefühl, das schon Rudolph von Jhering (1818–1992) im Jahr 1884 gegen die begriffliche Dogmatik und Praxis beschworen hatte und welches jetzt – gewissermaßen aus eher traditionellen Gründen wie bei Ernst Fuchs (1859–1929) oder bei den „fortschrittlichen" Juristen – mit wachsender Wirkung diskutiert wurde.

Während aber Franz von Liszt nichts von intuitiv ermittelter Wahrheit über Tat und Täter hielt, sollte Wulffen in der ersten Auflage seines Buches *Psychologie des Verbrechers*[56] von 1908 noch Lombrosos Thesen distanzierend diskutieren, in der Auflage von 1925 aber, also zu einem Zeitpunkt, da er sich zur Biografie Mays entschlossen hat, keine anthropologisch herausgehobene Tätergruppe mehr annehmen. Für ihn ist die Kriminalstatistik nur ein Mittel, um den „Weg vom Milieu zum ‚Endogenen' der Verbrechernatur"[57] zu beschreiben. Wissenschaftsanspruch und zunehmende Politisierung führen, so Frommel, zu einer richterzentrierten Verfachlichung. Wulffen erscheint so gesehen fast als ein Prototyp dieser rechtsdogmatischen, rechtspolitischen Entwicklung, jedoch mit kriminalpsychologischem Einschlag. Wie sich die nicht immer konsensfähigen, sondern durchaus widersprüchlichen Tendenzen auf Wulffens Biografie von Karl May und seinem *Inferno* auswirkten, lässt sich an einzelnen Kapiteln seiner Arbeit aufzeigen. Darauf können wir nur beispielhaft hinweisen.

[55] Franz von Liszt: *Die Grenzgebiete zwischen Privatrecht und Strafrecht*. Berlin/Leipzig 1889, S. 16.
[56] Erich Wulffen: *Psychologie des Verbrechers: Ein Handbuch für Juristen, Ärzte, Pädagogen und Gebildete aller Stände*. 2 Bände. (→ Wulffen: *Psychologie des Verbrechers*). Berlin 1908/1913.
[57] Frommel: *Reformbewegung*, S. 489, 491ff. – Ihre generelleren Thesen zur Entwicklung zur juristisch-politischen zweckrationalen Strafeinsetzung, zu Erklärungsperspektiven „Anlage und Umwelt" und der Anpassung an Präventionsgesichtspunkte können hier nicht weiter diskutiert werden. Sie müssten sich auch näher mit Wulffens einschlägigen Theorien, seinen rechtspolitischen Vorstellungen über Strafrecht und Strafvollzugsreform auseinandersetzen. Das ginge aber über die mit der Biografie Mays zusammenhängenden Fragen weit hinaus. Einen Einblick in seine Beurteilung zeitgenössischer Kriminalitätstheorien ist in einem Kapitel nachzulesen, das in Mays Fall an anderen Kriminalitätslehren, an Psychiatrie und Psychopathologie und Kriminologen anderer Richtungen und Provenienz als Wulffens eigener meist wenig gute Haare lässt.

Sie ist aber auch in anderer Hinsicht ein markantes Beispiel für die gegenwärtige Debatte um Biografien und die Theorien der Biografieforschung. Pierre Bourdieu[58] hat in seinem grundlegenden, nach wie vor einflussreichen Aufsatz *Die biographische Illusion* (1986) die Lebensgeschichte als künstliches Konstrukt bezeichnet. Eine lineare Darstellung einer Biografie entfernt das Leben von der Realität, verwandelt es in eine Fiktion. Behörden, Polizei, Gerichte reduzieren den Menschen auf ein fassbares „Objekt" und vernachlässigen oder vermeiden seinen mindestens ebenso wichtigen wenn nicht sogar wichtigeren Platz und Platzwechsel im sozialen Raum. Im Lichte dieser modernen Debatten um Biografien, deren Komplexitäten und um die Rolle in der Historiografie bis hin zu den Überlegungen von Leon Edel[59], die „figure under the carpet", den verborgenen Mythos eines Lebens, zu entdecken und zu enthüllen, erscheint Wulffens *Inferno* als ein bemerkenswertes, kritisch zu lesendes und diskussionswürdiges Exempel für eine Biografie, die zu vier Fünfteln den Biografen, zu einem Fünftel sein Sujet charakterisiert, auch und gerade nach so vielen Jahrzehnten. „As a narrative, a biography turns the life of a historical person into a meaningful and fully intelligible whole that is constructed by the biographer through his or her selection and composition of individual motifs and elements."[60]

Wulffens Karl-May-Biografie muss also als ein komplexes Gebilde in seiner Zeit und auf der Basis seiner Theorien, Dokumente, seiner Erfahrungen und Ergebnisse seiner sozialen Kommunikation gelesen werden. Das ist heute keine einfache Aufgabe mehr. Man mag sie als ein frühes Dokument und als einen Versuch verstehen, sich dem Phänomen Karl May auf kriminologisch-kriminalpsychologische Art und Weise zu nähern. Sie ist aber eben nicht nur das und auch nicht nur die erste May-Biografie, sondern steht zudem am Ende der größeren Werke Wulffens und kann die Züge eines Alterswerks, mit dem er die Summe seiner eigenen Theorien verarbeiten möchte, nicht überall verleugnen. Wulffen verband damit viele Hoffnungen und zweifellos den Ehrgeiz, als Erster zutiefst in den Kern von Mays Wesen und Wandlungen vorzudringen. Er möchte die Probleme der Entstehung des kriminellen Verhaltens, der phänomenalen Selbstsozialisierung, des Charakters des Schriftstellers fernab von irgendeiner Pathologisierung oder partiell

---

[58] Pierre Bourdieu: *Die biographische Illusion*. In: Pierre Bourdieu (Hg.): *Praktische Vernunft. Zur Theorie des Handelns*. Frankfurt a. M. 1998, S. 75-82.

[59] Leon Edel: *The Figure under the Carpet*. In: Marc Pachter (Ed.): *Telling Lives*. Washington 1979.

[60] Volker Depkat: *The Challenge of Biography: European-American Refelctions*. In: *Bulletin of the German Historical Institute* 55, Fall 2014, S. 39-49 (40). – Siehe dort die aktuelle Diskussion der Biografieforschung, auch im Beitrag von Levke Harders: *Legitimizing Biography: Critical Approaches to Biographical Research*. In: Ebd., S. 49-56 – Beide Artikel mit ausführlichen Nachweisen des Forschungsstandes. Biografie wird hier zum Teil verstanden als Rekonstruktion eines Akts der Konstruktion; siehe dazu Thomas Etzemüller: *Die Form ‚Biographie' als Modus der Geschichtsschreibung*. In: Michael Ruck/Karl Heinrich Pohl (ed.): *Regionen im Nationalsozialismus*. Bielefeld 2003, S. 71-90.

eingeschränkten Zurechnungsfähigkeit bei Straftaten human verstehend dar-stellen und zugleich eine Lösung anbieten, die aus seiner Sicht keine Zweifel duldet und sozusagen nichts offen lässt. Am Ende steht „seine Wahrheit" ge-gen die subjektive „Wahrheit" der Witwe.

Wulffen betont seine Interessen, seine Voraussetzungen und die von ihm angestrebte Verbindung von kriminalpsychologischer Fachwissenschaft mit Weltliteratur, mit Rechts- und Kulturgeschichte bereits in der Einleitung des *Inferno*-Textes. Sich selbst und sein Werk reflektiert er mit einer gehörigen Portion Selbstbewusstsein, auch unter Bezug auf seine letzte amtliche Position, die von ihm betonte menschliche Betrachtungsweise als Verantwortlicher für zweifelhafte Rechtsfälle und Gnadensachen in einem „nur gedachten, idealen Justizministerium der Wahrheit und Gerechtigkeit". Hier spricht die Stimme einer von kaum irgendwelchen Zweifeln an seinen Erkenntnissen angekrän-kelten Selbstgewissheit, die nicht einmal die damals schon sehr bekannte These von der Pseudologie bei May gelten lässt. Die Pathologisierung muss Wulffen als schwerwiegender empfunden haben, als abwertende Zuschreibung einer mehr oder weniger nur mehr psychiatrisch zu erklärenden Person. Vielleicht sah er hier eine allzu nahe Verwandtschaft mit der Degenerationslehre. Seine Thesen wirken, als seien sie in der Perspektive des Verfassers auf der Höhe der gegenwärtigen Forschung und angesichts seiner Zusammenstellung und Deutung der Fakten unwiderlegbar. Die kritische Darstellung der Straftaten stellt seine Perspektive in der Pose des unvoreingenommen urteilenden, als Richter fungierenden Strafjuristen und Staatsanwalts vor allem in Verhältnis des Akteninhalts zur Autobiografie *Mein Leben und Streben*[61] dar. Aber – und hier ist der sicherlich einseitig ihren vergötterten Karl nur in strahlendem Licht sehenden Klara in einer gewissen Weise, die ihr aber fern lag, durchaus Recht zu geben – Wulffens letztlich eher hartes, ja fast ein wenig mitleid-loses (Unwert-)Urteil über den angeblich schon als Jugendlicher grundsätz-lich unehrlichen, betrügerischen und auch später noch bewusst lügenhaften Märchenerzähler, der diese Disposition und wenig gehemmte Neigung zur Illegalität und normenverletzenden Existenz dann in und nach der Haft durch Einfluss des Anstaltskatecheten Johannes Peter Kochta[62], aber vor allem aus eigener Kraft auf ein legales Metier verlagert habe, zieht sich trotz man-cher einschränkender Bemühungen durch. Das war aber nicht das, was sich

---

[61] Karl May: *Mein Leben und Streben* (→ May: *Mein Leben und Streben*). Freiburg 1910.

[62] Johannes Peter Kochta (eigentlich Kochte; 1824–1886): Nach seiner Ausbildung als Lehrer war Kochta zwischen 1845 und 1847 als Schulvikar in Radibor und danach als Lehrer an der Crostwitzer Nebenschule in Räckelwitz tätig gewesen. Am 1. Juli 1866 hatte er seine Tätigkeit als katholischer – zugleich – Anstaltskatechet am Zuchthaus Waldheim begonnen. Seine besondere Bedeutung bestand darin, dass er für eine Versetzung Mays in die zweite Disziplinarklasse sorgte, was vermutlich Ende 1871 oder Anfang 1872 erfolgte. Diese Versetzung, aber vor allem auch weitere positive Bewertun-gen durch Kochta, veranlassten May vermutlich auch im Frühjahr 1872 zur Stellung eines allerdings erfolglosen Gnadengesuchs.

Klara May vorgestellt hatte. Die Dokumentation des Lichtwochner-Falls[63] ist dabei nur der Anfang und ein charakteristisches Beispiel. Hier vermag eben der scheinbar unvoreingenommene Biograf die *deformation professionelle* des ehemaligen Staatsanwalts und Richters nicht zu verleugnen. Das zeigt sich, um ein weiteres Beispiel aufzugreifen, in der neuerlichen retrospektiven Verurteilung Mays im Uhrenfall im Gewand der wissenschaftlichen Beurteilung. Trotz der fehlenden, weil vernichteten Chemnitzer Gerichtsakten aus dem Jahre 1862 widerlegt, ja zerlegt Wulffen Mays spätere Darstellung der „Erinnerungslosigkeit"[64] als juristisch sogenannte „Schutzbehauptung" und literarische Märchenerzählung eines Mannes, der sich zum Märtyrer bloß stilisiert habe. Er hat nicht realisiert, dass Mays Autobiografie als Prozess-Schrift konzipiert und gedacht war, von der eine unparteiliche Stellungnahme, von allen Verdrängungen, Illusionen und Selbsttäuschungen einmal ganz abgesehen, nicht zu erwarten ist. Diese Textsorte, die sich im Zivil- und Strafprozess als der richterlichen Beweiswürdigung unterliegende „Einlassung" des Angeklagten oder Beklagten präsentiert, wird jedoch falsch eingeschätzt, wenn sie mit der Elle der juristischen Rhetorik, Subsumtion und Beweisführung zum Zwecke der Überführung des Übeltäters, und sei es retrospektiv, gemessen wird. May hatte sich in der richtigen Erkenntnis, dass Prozesse durch Einfluss auf die öffentliche Meinung leichter zu gewinnen waren als durch noch so ausgefeilte, listige Prozess-Strategien in Schriftsätzen für die richterlichen grünen Tische, für den Kampf mit den Mitteln seines Metiers entschieden. Für Wulffen war die Autobiografie keine literarische und keine prozessuale Leistung, sondern eines seiner Beweismittel, mit dem er Mays Darstellungen aus den Akten, die Zeugenaussagen und damaligen Feststellungen konfrontierte und dies, wie man nachlesen kann, nicht gerade zum Vorteil Mays.

Hier verließ Wulffen, der später viel Zeit und Gründe darauf verwendete, die „pathologischen" Momente schlicht und ohne große Differenzierung sozusagen ins Reich der Fabel zu verweisen, seine von ihm selbst doch als Mittel und Methode der kriminologischen „Erfahrungswissenschaft" gepriesene Intuition.[65] An der Wende des 19. zum 20. Jahrhundert sozialisiert und ausgebildet, plädierte er für eine kriminalpsychologische Analyse des Werdegangs, um den Angeklagten oder Verbrecher „als Menschen menschlich" zu verstehen. Auf diese Einstellung hat er sich, wie es scheint, zeit seines Lebens und Wirkens verlassen. Sein ausdrückliches Credo, nicht moralisieren, sondern Mays „Wesen und sein Menschliches bis in die letzten Züge erklären zu wollen", steht im deutlichen Widerspruch zu den mehr oder weniger versteckt

---

[63] Vgl. Klaus Hoffmann: Der „Lichtwochner" am Seminar Waldenburg. Eine Dokumentation über Karl Mays erstes Delikt (1859) (→ Hoffmann: Lichtwochner). In: JbKMG 1976. Hamburg 1976.

[64] Vgl. May: Mein Leben und Streben, S. 167.

[65] Siehe dazu auch Seul/Götz von Olenhusen: Erich Wulffen, S. 7-35 (11).

doch moralisierenden Vorwürfen, May habe damals und auch später der Mut gefehlt, seine Verfehlungen „freimütig einzugestehen". Das ist die fast als bedingter Reflex zu bezeichnende Haltung des Richters, der – meist nur die Anklageschrift und den darauf sich beziehenden gerichtlichen Eröffnungsbeschluss nach Aktenlage als Richtschnur – auf ein möglichst heilsames, einsichtiges Geständnis, auf das Bekenntnis der Schuld des Täters und den reuigen Sünder setzt. Der Biograf kann hier und an vielen anderen Stellen eben doch die staatsanwaltliche und richterliche Sozialisation nicht verleugnen – Kriminalpsychologie hin oder her. Hier versagt oder fehlt, so will uns scheinen, auch trotz aller psychologischen Bemühungen und Selbstdarstellungen Wulffens als tief in die dichterischen Seelen schauender Forscher die Fähigkeit zur Berücksichtigung der psychischen und sozialen besonderen Umstände und zur Empathie. Denn für ihn ist Karl May auch in seiner Jugend ein überaus intelligenter, durch keinerlei „moralische Erschütterungen" beeinträchtigter Mensch, der keine „üblichen Merkmale einer gestörten Kindheit oder übermächtigen Pubertät" aufweise, sondern eine in Wulffens Perspektive offenbar rundum gesunde geistige Entwicklung. Die versteckt moralin-geprägte Sicht Wulffens tritt auch zutage, wenn er die „erotisch-sexuelle Verfehlung" gegenüber der Ehefrau eines anderen implizit so übernimmt, wie sie sich für ihn aus den auch hier wieder wenig historisch-kritisch bewerteten Dokumenten der schulischen Vorgesetzten des Inkulpaten[66] ergibt. Wenn Wulffen später einmal auf Mays sexuelle Konstitution zu sprechen kommt, beschränkt er sich darauf, die frühen flatterhaften Beziehungen als jugendtypische oder pubertäre Eskapaden zu etikettieren. Und er begnügt sich mit dem lapidaren Hinweis, in punkto Sexualität mit Klara May aus Diskretion überhaupt nicht gesprochen zu haben. Wulffen sieht trotz mancher Eingrenzungen fast überall den „Lügengeist"[67], den die Vorgesetzten des Junglehrers geißelten oder negativ bewerteten, walten und kommt auch hier wieder, obwohl ihm weitere Aufklärungen fehlen, zu dem recht vorschnellen Verdikt, dass der kaum verwarnte May „schon wieder einer Berufsuntreue beschuldigt" wird. Das klingt doch so, als sei dies schon eine feststehende Tatsache und der Täter allemal damals ein unverbesserlicher sittenloser Wiederholungstäter. Dass Wulffen die „dreifache Prüfung des Tatbestandes" als zwingend zum Nachteil Mays wertet, anstatt es zumindest für möglich zu halten, dass eine von Vorurteilen im doppelten Wortsinne beeinflusste Sichtweise dazu führte, den einmal festgestellten Sachverhalt nicht weiter in Zweifel zu ziehen, sondern eben dreimal

---

[66] Inkulpat = Angeschuldigter oder Beschuldigter, aus dem Spätlateinischen inculpare = „beschuldigen".

[67] Carl Wilhelm Otto von der Superintendentur Glauchau: Brief an die Königliche Superintendentur Chemnitz vom 14.11.1861. Stadtarchiv Chemnitz, Archiv der Schulräte, Signatur A I 12/4, Bl. 7-9. In: Klaus Ludwig/Bernhard Kosciuszko (Hg.) *Der Seminarist und Lehrer Karl May. Eine Dokumentation der Aktenbestände.* Eine Veröffentlichung des Fachausschusses „Sicherung von Dokumenten zu Leben und Werk Karl Mays" der Karl-May-Gesellschaft (→ Ludwig/Kosciuszko: *Seminarist*). Hamburg 1999, S. 344-348.

zu wiederholen, und er damit mögliche Fehler der Bewertung völlig ausblendet, zeigt seine Neigung, sich lieber weitgehend auf die Seite der vorgängigen damaligen Urteilsinstanzen zu stellen. Hinzu kommt, dass Wulffen seine Bewertung den Maßstäben seiner Zeit, nicht aber denen früherer Jahrzehnte entnimmt.[68] Das zieht sich durch Wulffens biografische Sachdarstellung hindurch. Im Fokus stehen für uns die biografischen, oftmals im Brustton der Überzeugung vorgetragenen Feststellungen und daraus sichtbaren Einstellungen des Biografen, seine bewussten oder unbewussten Sichten in ihrer Relation zu Akteninhalten, zur Autobiografie im Vergleich und in Anwendung seiner forensischen Erfahrungen und eingeübten Methodik. Umso verständlicher wird für uns psychologisch das unerbittliche und harsche Veto der Witwe, die keinen Sinn für Wulffens Perspektiven, Begriffe und seine Wortwahl zu entwickeln vermochte, aber auch die ihr folgende Entscheidung von Schmid, das Manuskript nicht zu veröffentlichen.

E. A. Schmids Gründe lassen sich vermuten. An Egodokumenten ist leider nicht sonderlich viel überliefert. Zwischen der Ablieferung des Manuskripts, den Lektüren und Differenzen liegen dann bis zu einem Gesprächstermin zwischen Wulffen und E. A. Schmid viele Monate. Des Verlegers Gründe finden eine Erklärung auch darin, dass E. A. Schmid zu diesen Zeiten mit Klara May wieder auf besserem oder sogar gutem Fuße stand. Er war auf verschiedenen „Baustellen" und Ebenen auf sie als Mitgesellschafterin zwingend und fast unauflöslich angewiesen. Dass Klara May sich nicht scheute, bei Konflikten sogar mit der Option zu drohen, einen anderen, ebenso erfolgreichen oder noch besseren Geschäftsführer einzusetzen, war bei ihren wechselnden Gemütszuständen und nicht leicht erträglichen Launen eine wiederkehrende Ankündigung. An einem Wiederaufleben alter, erledigter Kontroversen oder neuen Diskrepanzen konnte ihm nicht gelegen sein. In dem diffizilen Geflecht der Eigentums-, der Rechts- und Verlagsbeziehungen in Bezug auf Mays Werk und literarischen Nachlass sowie in punkto May-Museum (seit 1928 lag die Verlängerung der 30-jährigen Schutzfrist auf 50 Jahre in der internationalen

---

[68] Wie schwierig methodisch, archivalisch und in der Bewertung sich historische bzw. biografische Darstellungen erweisen, zeigt als ein Beispiel die unterschiedliche Würdigung des sächsischen Seminarwesens. Hans-Martin Moderow: *Volksschule zwischen Staat und Kirche. Das Beispiel Sachsens im 18. und 19. Jahrhundert* (→ Moderow: *Volksschule*). Köln u. a. 2007, S. 442-446, hält das wenig positive Bild des sächsischen Seminarwesens für eine Fehlzeichnung, dem eine repressive Natur in religiöser und sexueller Hinsicht nur „unterstellt", aber in tiefenpsychologischer Manier ein erheblicher Anteil an der Genese der fantastischen Persönlichkeit zugeschrieben werde. Anders als etwa Andreas Graf: *Lektüre und Onanie* (→ Graf: *Lektüre und Onanie*). In: *JbKMG 1998*. Husum 1998, S. 84-151, will Moderow auf die damaligen Handlungsoptionen und Erziehungsmaßnahmen der Seminarlehrerschaft abstellen. Er sieht den Fall May nicht als repräsentativ für das Leben im Lehrerseminar an. Negative Wirkungen repressiver Erziehung und Ausbildungsmethoden auf die Psyche zu analysieren, lässt das Seminarwesen auch unter Anwendung zeitgenössischer Perspektiven nicht ins Positive umdeuten. Was mit zeitgenössischen Maßstäben als nicht repressiv anzusehen ist, scheint uns keine angemessene historische Perspektive zu sein, zumal bei einem Verfasser mit erheblichen Vorbehalten gegen tiefenpsychologische Ansätze.

Tendenz und wurde diskutiert, bis sie 1934 auch in Deutschland realisiert wurde, was der stets weit in die Zukunft denkende E. A. Schmid in Anbetracht einer langfristigen Verlagsstrategie im Blick hatte) musste der Verleger letztlich nolens volens die Partei Klara Mays ergreifen. Seine hier erstmals veröffentlichte Notiz über seine gewiss sehr heiklen und letztlich erfolglosen Gespräche mit Klara May und Wulffen und die vergeblichen Aussöhnungsversuche machen das besonders eindrücklich deutlich.[69] Neben der für ihn unausweichlich gebotenen Rücksicht auf Klara May war es aber wohl auch seine eigene Erkenntnis, dass Wulffens Biografie für Mensch und Werk des Schriftstellers May aus menschlichen wie verlegerischen Gründen nicht so hilfreich und nutzbringend sein würde, wie er sich das selbst erwartet hatte. Denn wenn man die Hinweise des Verlegers in der Korrespondenz an Wulffen mit dem Ergebnis vergleicht, dann hat der Letztere sich in seinen eigenen Ansätzen und Überzeugungen und in seiner Methode, eine unvoreingenommene dokumentarisch belegte und mit durchweg und unbeirrbar zutreffenden Wertungen versehene Biografie vor allem der kriminellen Vorjahre schreiben zu wollen und zu können, doch recht weit von den Vorstellungen und Erwartungen des Verlegers entfernt. Wulffens Biografie ist so gesehen ebenso sehr eine Art Illusion im Sinne Bourdieus wie die Illusion Klara Mays, der es allein darum ging, sich den Jahren nach der Haft, dem schriftstellerischen Aufstieg und Erfolg sowie der Bedeutung des Werks zu widmen und alles auszublenden, was nicht in ihr Bild passte oder zu passen schien. Hier manifestieren sich einmal mehr die unveränderlichen Momente der verständlichen, aber eben egomanischen und für die kriminalpsychologischen Erklärungsmodelle Wulffens ganz unzugänglichen Perspektive Klara Mays.

Für Wulffen bleibt es – trotz des einen oder anderen Vorbehalts – explizit und implizit dabei, dass Karl May in seiner Zeit als Jugendlicher, Heranwachsender und junger Mann tendenziell ein überführter Dieb, Hochstapler und Wiederholungsverbrecher war, völlig und ohne jeden Abstrich zu Recht verurteilt, mit einer Aussicht auf eine nach der Haftentlassung unweigerlich folgende erneute kriminelle Karriere, die erst durch den heilsamen Einfluss des Strafvollzugs und des Anstaltsgeistlichen Kochta in eine andere Richtung gelenkt worden sei. Man spürt Wulffens Unsicherheit, wenn er die kriminologisch und kriminalpsychologisch nicht so umstandslos erklärbaren Besonderheiten des Täters und der Taten in den nachträglichen Blick nimmt, in seiner Tautologie den Menschen menschlich zu sehen und zu verstehen sucht. Für ihn, so scheint es, sind diese etwas durchaus Normales und in keiner Beziehung, auch unter Einbeziehung der von ihm breit ausgeführten psychiatrischen, kriminalpsychologischen und sogar psychoanalytischen Forschungen,

---

[69] Vgl. Euchar Albrecht Schmid: Brief an Klara May vom 9.4.1932; siehe Wiedergabe im dokumentierten Briefwechsel.

in irgendeiner Weise pathologisch zu deuten. Wulffen hat alles, was Rang und Namen hat, parat. Seine rigide Ablehnung, irgendeine Form der Pathologie, der mangelnden Zurechnungsfähigkeit zu sehen oder sie in verminderter Form wenigstens ernsthaft zu erwägen, anstatt alles und jedes der Reihe nach schulmäßig abzuhandeln, alsdann mehr oder weniger apodiktisch abzulehnen und kaum einmal tiefergehender zu diskutieren, ist auffällig. Wulffen kennt die gesamte wissenschaftliche und literaturwissenschaftliche, psychologische und psychoanalytische Literatur und scheint doch vor allem die früh sichtbare Qualität des Gewohnheitsverbrechers und permanenten Hochstaplers in vergleichsweise langatmigen Abhandlungen zu bejahen. Er ist so gesehen auch in dieser Biografie eher der affirmativ denkende Jurist. Letztlich läuft alles auf seine eigenen, aus der Weltliteratur gewonnenen Perspektiven hinaus. Verkürzt und pointiert gesagt dienen die Biografie Mays und die kriminalpsychologische Betrachtung der Epoche des kriminellen May ihm als Bestätigung seiner eigenen anthropologisch-literarisch begründeten Thesen, die vor allem im neunten Kapitel entwickelt und in belesenen Vergleichen vorgestellt werden. Auffallenderweise zieht er neben Außenseitern wie Friedrich Salomon Krauss (1859–1938) oder freudianisch geprägten, aber ganz eigenwilligen Therapeuten wie Georg Groddeck (1866–1934), der ihm auch als Literat und etwas abseitiger Analytiker aufgefallen sein mag, sogar den vom ihm ansonsten ganz abgelehnten Sigmund Freud (1856–1939) heran und auch den Dissidenten Freuds, Carl Gustav Jung (1875–1961), nicht aber den ansonsten von ihm selbst durchaus akzeptierten Alfred Adler (1870–1937), ebenfalls ein Dissident Freuds, aber in der auf Freud basierenden individualpsychologischen Variante und politisch auf der sozialistischen Linken des Spektrums. Wulffens gänzliche Ablehnung irgendeiner Pathologie, und sei es in Form einer Neurose, wie sie bei Krauss benannt wird, der May persönlich näher kannte, wirkt im Grunde wie eine Abhandlung, in der der Autor nachweist, dass er alles kennt und ernstlich erwägt, aber doch eklektisch und einseitig nur das akzeptieren möchte, was seiner eigenen Grundthese entspricht. Da findet jegliche Abweichung der Meinungen keine Gnade vor seinen Augen. Das soll die Leistungen Wulffens keineswegs schmälern, man muss ihn aber in seiner Herkunft, wissenschaftlichen Position und speziellen Erfahrung betrachten. Er befand sich in einer delikaten Kalamität, oblag es ihm doch, drei ausgesprochene und unausgesprochene biografische Konzepte zu einem harmonischen, plausiblen und zugleich für beide Auftraggeber, ihn selbst und für eine potenzielle Leserschaft akzeptablen Gebilde zu vereinigen. Zugleich wollte er mit Karl May ein wissenschaftlich zur Bestätigung seiner Kriminalitäts- und Weltliteraturtheorien sich eignendes *magnum opus* vorlegen, dabei den Zielen Klara Mays und E. A. Schmids entsprechen, ohne die eigenen Positionen aufzugeben, schönfärberisch zu bemänteln oder zu verfälschen.

Er verfing sich in diesem unsichtbaren Geflecht widerstreitender Konzeptionen und Erwartungen. Das so zum Teil zu kurze, zum Teil zu lange Prokrustesbett[70] war das fatale Ergebnis vieler Missverständnisse und nicht zu harmonisierender Wunschvorstellungen. Er wird allzu spät, sozusagen post festum[71], erkannt haben, dass er an dieser Aufgabe gescheitert war und scheitern musste, wie er es ja in den Gründen seiner anfänglichen Weigerung schon ansatzweise formuliert hatte, ohne freilich Klara May oder E. A. Schmid dabei persönlich als problematische Hindernisse zu sehen oder sie vor den Kopf stoßen zu wollen mit seinen Thesen und Darstellungen. Bei allen Beteiligten wirkten sich „blinde Flecken" unheilvoll aus. Es war wohl die allzu späte bittere Einsicht in die unüberbrückbaren Widerstände und unterschiedlichen Bewertungen, die bei Wulffen den Entschluss reifen ließ, sich auf den Vertrag mit dem Verlag über Schadensersatz einzulassen. An eine überarbeitete Version und Publikation im Karl-May-Verlag war ersichtlich überhaupt nicht mehr zu denken. Klara Mays Einstellung, das Veto auch des Verlegers, das für Wulffen gleichermaßen überraschend gekommen sein muss, aber auch sein eigenes Selbstverständnis boten an keiner Stelle oder in irgendeiner Hinsicht eine Basis für einen gegebenenfalls „faulen" Kompromiss. Wie hätte der auch aussehen sollen oder können? Ob Wulffen je erwogen hat, sein Heil bei einem anderen Verlag zu suchen, wissen wir nicht. Angesichts der vertrackten und auf keine Weise befriedigend zu lösenden Konstellation wird er vergleichsweise schnell den Vorschlag einer finanziellen Entschädigung ins Spiel gebracht haben. Das Ergebnis war dann der ja auch ominöse Vertrag[72], der einen Schadensersatzbetrag festschrieb, aber zugleich doch wieder eine Art Verlagsvertrag darstellte. Denn darin wurden die Verlagsrechte am Manuskript und das Eigentum daran auf den Verlag übertragen, obwohl der ja (jedenfalls zu diesem Zeitpunkt) unter gar keinen Umständen an eine Veröffentlichung gedacht haben wird. Der Vertrag war letztlich eher als Fessel Wulffens konstruiert, der zuerst – wohl um die Bedenken Klara Mays, die zumindest teilweise auch diejenigen E. A. Schmids waren, zu zerstreuen – angeboten hatte, auf dem Originalmanuskript in roter Tinte festzuhalten, dass es niemals veröffentlicht werden dürfe.[73] Das wird jedoch dem juristisch sehr versierten E. A. Schmid, hierin gewiss im Einvernehmen mit Klara, keine genügende Garantie geboten haben, denn eine solche „letztwillige Verfügung" Wulffens war ja ohne rechtlichen Wert. Der Autor konnte sie jederzeit rückgängig machen,

---

[70] Als Prokrustesbett oder Bett des Prokrustes bezeichnet man redensartlich eine Form oder ein Schema, wohinein etwas gezwungen wird, das dort eigentlich nicht hineinpasst.

[71] post festum = zu spät [lat., „nach dem Fest"].

[72] Erich Wulffen und Karl-May-Verlag: Vertrag vom 14.11.1929; siehe Wiedergabe im dokumentierten Briefwechsel.

[73] Vgl. Erich Wulffen: Brief an E. A. Schmid vom 26.10.1929; siehe Wiedergabe im dokumentierten Briefwechsel.

sich anders entscheiden und mit einem anderen Verlag abschließen. Wulffen wäre vielleicht trotz des Schadensersatzes für die Nichtveröffentlichung im Karl-May-Verlag rechtlich nicht gehindert gewesen, das Werk ganz oder in Teilen anderswo zu veröffentlichen, hatte das aber, soviel wir wissen, keineswegs im Sinn, nicht einmal als reservatio mentalis[74]. So wird der kluge E. A. Schmid auf den Gedanken verfallen sein, sich Manuskript und Nutzungsrechte zugleich zu sichern. Dass ihm anders als Klara nicht an einer Vernichtung sogar der Abschriften gelegen gewesen sein kann, erscheint glaubhaft. Er mag wohl in aller Stille Überlegungen für die fernere Zukunft angestellt haben. Aber auch dafür gibt es keinerlei Belege, weder im positiven noch im negativen Sinne.

Wulffen wäre also wohl nicht ohne Weiteres daran zu hindern gewesen, Teile oder das Ganze in anderer Form und Gestaltung zu veröffentlichen, aber mit einiger Wahrscheinlichkeit hätte das die Nutzungsrechte des Verlags tangiert. Der Vertrag liest sich daher plausibel als Aushandlung der Entschädigungs- und einer Publikationsverzichtskonstellation. Er sicherte den Verlag und Klara May. Es gibt keine Anhaltspunkte dafür, dass Wulffen und E. A. Schmid insgeheim erwogen oder geplant hätten, nach dem Tode Klara Mays das Werk doch noch zu publizieren. Immerhin deutet der Umstand, dass sich Wulffen das Manuskript zu treuen Händen vom Verlag ausgebeten hat und erst Ende 1931 zurückreichte, darauf hin, dass er den Inhalt hier und da ohne Schaden für den Verlag oder für die sensiblen Gefühle der Dichterwitwe für andere Veröffentlichungen, etwa im *Karl-May-Jahrbuch*, zu nutzen gedachte. Wir möchten auch annehmen, dass Klara May im Jahre 1931 – ein wichtiges May-Jubiläumsjahr stand bevor – realisierte, dass Wulffen wieder im leihweisen Besitz des Originals war. Es mag ihrer gern zu Verdächtigungen anderer neigenden Natur geschuldet gewesen sein, dass sie es war, die bei E. A. Schmid in einer Art Panik die Rückgabe an den Verlag erwirkte. Wenn sie vermutete, dass Wulffen womöglich ausgerechnet im Jubiläumsjahr gegen ihren Willen wieder auf Vorstrafen und Haftzeiten öffentlich zurückkommen würde, dann entsprang dies – entsprechend ihrer Einstellung zu anderen Menschen – wahrscheinlich der Befürchtung bzw. dem mehr oder weniger vagen Verdacht, dass der ihr das Verbot der Veröffentlichung nachtragende Biograf ihr damit doch noch direkt oder indirekt Schaden zufügen könnte. In einem der Briefe deutet sie auch an, dass ihr nicht nur die Vernichtung des Originals, sondern auch der Abschriften am Herzen lag. Die Motivationen des Jahres 1922 scheinen immer lebendig und manchmal stärkerer, manchmal schwächerer Antrieb gewesen zu sein.

---

[74] reservatio mentalis = Ein geheimer Vorbehalt (auch Mentalreservation oder reservatio mentalis) liegt vor, wenn derjenige, der eine Willenserklärung abgibt, insgeheim das von ihm Erklärte nicht will. Geheim ist der Vorbehalt, wenn er vor demjenigen, demgegenüber die Willenserklärung abgegeben werden soll, verheimlicht wird; unerheblich ist, ob Dritte Kenntnis davon haben.

Ihr inneres Motiv, ausgerechnet am Vorabend des Jubiläumsjahres die Verbrennung im trauten Verein der Getreuen, des *inner circle* ins Werk zu setzen, manifestierte sich rund zehn Jahre nach der Aktenverbrennung im Staatsarchiv Dresden. Sie wiederholte damit zur eigenen Genugtuung und seelischen Befreiung eine Reinigung des May'schen Nachlasses. Man wird den Eindruck nicht ganz los, als sei ihr Habitus fast schon mit dem Fanatismus einer Sektiererin vergleichbar.

Ihre nicht zu erschütternde Heiligenverehrung des verstorbenen Schriftstellers und die unablässige Legendenbildung, die E. A. Schmids verlegerischen und persönlichen Interessen widersprachen und bei ihr auch zu Fälschungen oder Geschichtsklitterungen führten, blieben in allen Jahren nach 1912 konstant. Diese Kontinuität bei der Wahrung des Erbes, der Erfüllung von Mays ausgesprochenem oder vermutetem Willen war schon durch dessen zwei Testamente angelegt. Sie dekretierten sogar den Wegfall der Erbenstellung für den Fall einer Wiederverheiratung. May duldete, selbst nach seinem Tode, keine Konkurrenz. Klara May scheint das voll und ganz akzeptiert und verinnerlicht zu haben. Als Friedrich Ernst Fehsenfeld die Ausstattung May'scher Werke für eine andere Serie nutzen wollte, hat Karl May das sogleich mit anwaltlicher Beratung zu verhindern gewusst. Er blockierte Veröffentlichungen von Robert Kraft bei Fehsenfeld.[75] Kraft wurde von Klara May erneut im Jahre 1916 aus dem Karl-May-Verlag ferngehalten.[76] Wenn sie in der wechselreichen Werkgeschichte neben ihrer chronischen Meißelarbeit an der Heiligenskulptur des verblichenen Heroen die Rehabilitierung auf ihre Weise, die biografische Legendenfabrikation und mit ihrer Zustimmung zu den Bearbeitungsrichtlinien des Verlages (im Gegensatz zu Mays Intentionen, dass an seinen Texten nichts geändert werden dürfe) auch die lukrativere Neuausrichtung auf den Jugendschriftsteller mitbetrieb, so wird sie sich eingeredet oder damit getröstet haben, dass Mays Werk allenfalls vom leidigen Vorwurf der Anstößigkeit und von Makeln befreit, ästhetisch und sittlich auf eine noch höhere Ebene der feinen und sittlich unanfechtbaren Jugendliteratur gehoben werde. Dass damit auch eine weitaus bessere Verkäuflichkeit einherging, wird sie gewiss auch bejaht haben. Ihr „Sieg" über Wulffen ging ja auch ziemlich zeitgleich mit einer erstaunlichen Erhöhung ihrer Verlagsbeteiligung auf zwei Drittel des Gewinns einher. Bei aller persönlich-ideologischen Besessenheit und Penetranz, die dann auch nicht viel später in ihre unsägliche Anpassung an den neuen Zeitgeist des Nationalsozialismus einmündete, vermochte sie zu

---

[75] Vgl. Karl May: Briefe an Friedrich Ernst Fehsenfeld vom 15.2.1908 und vom 15.8.1908. In: *Karl May's Gesammelte Werke Bd. 92: Briefwechsel mit Friedrich Ernst Fehsenfeld II (1907-1912).* Hrsg. von Dieter Sudhoff/Hans-Dieter Steinmetz. (→ May: *Briefwechsel mit Friedrich Ernst Fehsenfeld II*). Bamberg/Radebeul 2008, S. 39 und 177.

[76] Vgl. Jürgen Seul: *100 Jahre Karl-May-Verlag.* (→ Seul: *100 Jahre Karl-May-Verlag*). In: Bernhard Schmid/Jürgen Seul (Hg.): *100 Jahre Verlagsarbeit für Karl May und sein Werk 1913-2013.* Bamberg/Radebeul 2013, S. 28.

allen Zeiten ihre persönlichen und ökonomischen Interessen in von keinem Anflug von Selbstkritik oder kritischer Introspektion getrübten Einklang zu bringen. Sie wird ihre Hingabe an den Antisemitismus und Imperialismus der Nationalsozialisten schwerlich als Verrat an der jüdischen Herkunft ihres ersten Ehemannes Richard Plöhn (1853–1901) noch an den christlich-humanistischen und pazifistischen Grundauffassungen Karl Mays empfunden haben.[77] In ihren mit beträchtlicher Rücksichtslosigkeit ausgetragenen Konflikten mit Wulffen und E. A. Schmid kulminierten die von Hans Wollschläger (1935–2007) so benannten „schwer erträglichen Einfältigkeiten"[78] und „harmlos begonnenen Retuschen"[79] in einer zwanghaften Hemmungslosigkeit und ohne Sinn für sensible Befindlichkeiten eines eigenständigen Forschers und Wissenschaftlers wie Wulffen. Sie mag ernstlich davon überzeugt gewesen sein, es werde dem Schriftsteller gerecht, Mays Werk so zu verfälschen, dass darin der „Führer als idealer Friedensverkörperer"[80] einzuschreiben sei. E. A. Schmid wusste das zu verhindern. Wulffens unversöhnlich harte Schlussworte waren, bei aller sehr persönlichen Enttäuschung und in Feindschaft umgeschlagenen ehemaligen Freundschaft, in ihrer schonungslosen Abrechnung mit Klara Mays Geist der Unwahrhaftigkeit sowohl treffend wie geradezu vorausschauend in die Zukunft.

Es gehört zu den selten vorhersehbaren Rösselsprüngen der Wissenschaften, dass die Initialzündungen der frühesten biografischen und kriminalhistorischen Forschung auf diesem Feld der Literatur-, Rechts- und Kulturgeschichte in Aktenzerstörungen von Klara May und Schmutzkampagnen zu finden sind.

---

[77] Klara May war Mitglied der NSDAP und begeisterte sich zweiweise für deren Ideologie. So sah sie im deutschen Herrenmenschen Parallelen zu Mays Edelmenschen. Als 1942 während der Vorbereitungen zur 100-Jahr-Feier am Grabmal Mays das Gerücht auftauchte, dass ihr erster Ehemann Richard Plöhn Halbjude gewesen sei, sah sie sich gezwungen, Nachforschungen zu veranlassen und Plöhn exhumieren zu lassen. Sein Sarg wurde mit dem ihrer Mutter Wilhelmine Beibler (1837–1909) Ende April aus dem Grab entfernt und in Dresden eingeäschert.

[78] Hans Wollschläger: *Anmerkungen zu Klara May*. In: Klara May: *Die Lieblingsschriftsteller Karl Mays*. Mit Anmerkungen von Hans Wollschäger. In: *JbKMG 1970*. Hamburg 1970, S. 149-155 (153).

[79] Ebd.

[80] Klara May, zit. nach Ekkehard Bartsch: *Und Friede auf Erden!* In: *JbKMG 1972/73*. Hamburg 1973, S. 93-122 (115).

Danksagungen

Die Herausgeber danken dem inzwischen leider verstorbenen Karl-May-Verleger Lothar Schmid (1928–2013) für die Überlassung der *Inferno*-Abschrift und seinem Sohn und heutigen Leiter des Karl-May-Verlags Bernhard Schmid, der das Editionsprojekt in vielfältiger Weise unterstützt und ermöglicht hat.

Zur langjährigen Entstehungsgeschichte dieser Edition gehört, dass sich Lothar Schmid anlässlich eines Zusammentreffens und einer Diskussion beim Essener Kongress der Karl-May-Gesellschaft im Jahr 2005 bereit erklärte, das Archivmaterial des Karl-May-Verlags dem Miterausgeber (Albrecht Götz von Olenhusen) umfänglichst zur Verfügung zu stellen.

Ohne seine großzügige, der Forschung zugewandte Einstellung, die gleichermaßen seinen Sohn Bernhard Schmid auszeichnet, wäre diese Arbeit nicht möglich gewesen. Beide Verleger boten den Herausgebern die wesentliche Basis für ihre Arbeit durch die Öffnung des Verlagsarchivs – auch für die früheren Arbeiten des Miterausgebers Jürgen Seul. Einige Ergebnisse konnten außerdem auf einem kriminologischen Kongress in Graz sowie einem Symposium des Freiburger Karl-May-Freundeskreises 2016 vorgestellt und diskutiert werden.

Ein besonderer Dank gebührt der Karl-May-Forscherin Sigrid Seltmann aus Berlin, die mit großem Einsatz und Geschick die Korrekturlesungen des *Inferno*-Textes sowie die Transkriptionen der zum Teil schwer lesbaren Handschriften des ebenfalls dokumentierten Briefwechsels zur Entstehungsgeschichte von *Karl Mays Inferno* vorgenommen hat. Ohne Frau Seltmanns Mitarbeit würde das *Inferno* vermutlich noch weitere Jahre ein ungelesenes Dasein fristen müssen. Weitere Unterstützung erfuhr das Editionsprojekt durch Roderich Haug (Bamberg), Reiner Pütz (Zülpich-Ducheven), René Wagner (Dresden), Hans Grunert (Radebeul) Christian Bachhiesl (Graz), Michael Rudloff (Freiburg), Karl Schäfer (Freiburg), André Neubert (Hohenstein-Ernstthal), Jens Pompe (Glauchau) sowie die Sächsische Landesbibliothek – Staats- und Universitätsbibliothek Dresden.

Bei den Vorabeiten und bei dieser Arbeit wurden die Herausgeber und Verfasser von so vielen Persönlichkeiten und Forschern aus dem Kreis der Mitglieder der Karl-May-Gesellschaft, Mitarbeitern verschiedener Archive, Institutionen der Forschung und Wissenschaft unterstützt, dass hier nicht alle genannt werden können. Das bezeugt auch das Quellen- und Literaturverzeichnis. Bei den ersten Transkriptionen des *Inferno*-Manuskripts waren Rita Schlicht und Feekrije Azivovig (beide Freiburg im Breisgau) eine große Hilfe.

Die dem Manuskript Wulffens hinzugefügten Anmerkungen stammen, soweit nicht anderweitig vermerkt, von den Herausgebern, ebenso die sonstigen Ausführungen in den Einleitungen zur Biografie und zu den Dokumenten. Eine umfassende Einordnung Wulffens in die Geschichte der Kriminalpsychologie und der Kriminalwissenschaften ist weiterhin ein Desiderat.

Dr. Erich Wulffen (Mitte der 1920er-Jahre)

Die kommentierende, mit Einleitungen und Zwischentexten versehene Edition versteht sich nach einigen Vorstudien der Herausgeber/Verfasser auch als ein rechtsgeschichtlicher Beitrag zur frühen kriminalwissenschaftlichen Entwicklung nach der Jahrhundertwende sowie zur weiteren Dokumentation und Analyse der rechtshistorisch-biografischen Überlieferung im Kontext der Lebens- und Werkgeschichte des Schriftstellers. Sie kann die reiche literarurwissenschaftliche und philosophische Forschung auch im Sinne einer Historisierung interdisziplinär ergänzen. Die Genese dieser Biografie – Teil einer verloren scheinenden Bibliothek – mag zugleich als Beitrag zur Verlagsgeschichte des Karl-May-Verlags gelesen werden. Die schillernden Konturen der Persönlichkeit und des Wirkens von Klara May in ihrer Relation zu ihrem Umfeld und ihrer freien, eigentümlichen, eigensüchtigen und bis zur Besessenheit gehenden Werkpflege werden dabei einmal mehr deutlich. Eine historisch-kritische Biografie Klara Mays liegt leider bis heute nicht vor.

Albrecht Götz von Olenhusen   Jürgen Seul

II. Erich Wulffen: Karl Mays Inferno (1928)

Einleitung

Vor einer Reihe von Jahren sprachen der Leiter des Karl May-Verlages, Herr Dr. Schmid, und die Witwe Karl Mays, Frau Klara May, mir den Wunsch aus, aus meiner Feder ein Buch zu haben, das eine endgültige kritische Gesamtwürdigung des Falles Karl May bringen solle. Ich gestehe, dass ich in der Annahme und später in der Ausführung des Auftrages zögern zu sollen geglaubt habe. Unter den mancherlei Bedenken, die ich hegte, stand an erster Stelle das Gefühl, es sei über den Fall May in der Öffentlichkeit genug geschrieben worden und nicht zweckmäßig, die zu Grunde liegenden Tatsachen aus der Vergessenheit, der sie anheimzufallen begannen, noch einmal heraufzubeschwören. Des Weiteren waren die einschlägigen Aktenunterlagen nicht mehr alle vorhanden, sodass mit Lücken in den Ereignissen zu rechnen war, deren kritische Ausfüllung das Endergebnis beeinflussen musste, ja gefährden konnte. Schließlich war die Aufgabe vielleicht eine undankbare, sofern das Material nicht immer zu erfreulichen Betrachtungen Anlass bieten würde und einzelne kritische Ergebnisse die Gemeinde der May-Leser enttäuschen konnten.

Ich bekenne aber gern, dass im Laufe der Zeit Herr Dr. Schmid mein hauptsächliches Bedenken zerstreut hat. Er wies darauf hin, dass der Fall Karl May bisher vor allem von den May-Gegnern[81] dargestellt worden sei, dass hierbei vielfach das Motiv der Gegnerschaft und das Vorurteil das Wort geführt und einer streng kritischen Sachlichkeit und Gerechtigkeit zu wenig oder gar keinen Raum gegönnt haben. Da andererseits die Anhänger Mays in wohlmeinender Absicht zuweilen vielleicht auch mehr ihrem Gefühle als einer völlig objektiven Kritik gefolgt seien, so ergebe sich der Zustand, dass zwischen Anhängern und Gegnern und ebenso für die allgemeine Öffentlichkeit eine Reihe Tatsachen in der Schwebe verblieben und nicht aufgeklärt sei. Der Fall May rücke aber nunmehr, etwa fünfzehn Jahre nach dem Tode des Schriftstellers, in den Bereich der Historie, die eine völlige Aufklärung sowohl fordere als [auch] vertrage. Die nochmalige Aufrührung der Tatsachen, die

---

[81] Vgl. eine Auswahl: Lebius-*Reprint*; Ferdinand Avenarius: *Karl May als Erzieher*. In: *Der Kunstwart*. 15. Jg. 1902 (2. März-Heft), ders.: *Ein Zusammenbruch?* In: *Der Kunstwart*. 23. Jg. 1910 (1. Februarheft), ders.: *Der Fall May und die Ausdruckskultur*. In: *Der Kunstwart*. 23. Jg. 1910 (1. Mai-Heft); ders.: *Zu Karl Mays Tode*. In: *Der Kunstwart*. 25. Jg. 1910 (1. Mai-Heft); Hermann Cardauns: *Herr Karl May von der anderen Seite*. In: *Historisch-politische Blätter für das katholische Deutschland* Bd. 129, 1902, S. 517-540; ders.: *Die „Rettung" des Herrn Karl May*. In: *Historisch-politische Blätter für das katholische Deutschland*, Bd. 140, 1907, S. 517-540; Friedrich Wilhelm Kahl: *Karl May, ein Verderber der deutschen Jugend*. Berlin 1908; Ansgar Pöllmann: *Ein Abenteurer und sein Werk*. In: *Über den Wassern*, 3. Jg., 1910, S. 61-69, 91-101, 125-132, 166-174, 235-245, 271-280, 306-319, 493-495; Heinrich Wolgast: *Zum Karl-May-Skandal*. In: *Jugendschriften-Warte*, Januar 1905.

übrigens in den May-Jahrbüchern latent sei, würde durch die endgültigen Feststellungen ausgeglichen werden, die für die Zukunft Zweifel und irrtümliche, auch böswillige Behauptungen verstummen machen sollten.

Mit dieser Begründung war die Aufgabe auf einen einwandfreien, sicheren Boden gestellt und schloss für den gewählten unparteiischen kritischen Sachdarsteller die Bezeugung eines großen schönen Vertrauens ein, dem ich mich nicht entziehen wollte. Wenn ich in meiner letzten amtlichen Stellung als Ministerialdirektor im sächsischen Justizministerium[82] entscheidend damit befasst war, in zahlreichen zweifelhaften Rechtsfällen nach streng sachlicher Prüfung und mit Gerechtigkeitssinn das letzte Wort zu sprechen und das staatliche Gnadenrecht zu handhaben, so hatte die Aufgabe, die der Karl-May-Verlag mir zudachte, mit meiner früheren Dienstpflicht eine Verwandtschaft, die mir die Übernahme angemessen und reizvoll erscheinen ließ. Wenn ich mit der Ausführung nicht eilte, sondern zögernd verfuhr, so geschah es, um die Fragen über den Fall May durch weiteren Zeitablauf noch etwas mehr zur Ruhe kommen zu lassen, um mich in den nicht wenig umfangreichen Stoff vorsichtig und sicher einzuarbeiten und die vorbereitenden Studien angemessen zu erledigen.

Bei der allmählichen Ausgestaltung der Aufgabe, die auch zur Erschließung neuer, bisher unbekannter amtlicher Unterlagen und zur Lektüre vieler Bände des Schriftstellers selbst führte, erwies sich die Übernahme noch von anderer Seite als gerechtfertigt und meinem Persönlichen angemessen. Es ergab sich nämlich, dass die Studie, die ich schreiben sollte, einen für die neuere kriminalpsychologische Wissenschaft willkommenen Gegenstand betraf, der der Anwendung der von mir schon bei früheren Anlässen, zumal in meinen kriminalistischen Lehrbüchern[83] und in meinen kriminalistisch-literarischen Monografien[84], vertretenen Forschungsmethoden Raum gab. Es zeigte sich,

---

[82] Erich Wulffen wurde – unter dem Ministerpräsidenten Erich Zeigner (1886–1949) – am 20.8.1923 zum Ministerialdirektor im Sächsischen Justizministerium und zum Abteilungsvorstand für die Bearbeitung der Gnadensachen, der Strafsachen und des Gefängniswesens ernannt. Bis zu seiner Pensionierung blieb Wulffen unter drei verschiedenen Justizministern der SPD, DVP und VRP in dieser Funktion.

[83] Vgl. u. a. Wulffen: *Psychologie des Verbrechers*; ders.: *Der Sexualverbrecher: ein Handbuch für Juristen, Verwaltungsbeamte und Aerzte: Mit zahlreichen kriminalistischen Originalaufnahmen*. Enzyklopädie der Kriminalistik, hrsg. von Paul Langenscheidt, 1.-11. Auflage Groß-Lichterfelde 1910–1928 und Hamburg 1931; ders.: *Gauner- und Verbrechertypen*. (→ Wulffen: *Gauner- und Verbrechertypen*). Groß-Lichterfelde 1910; ders.: *Das Weib als Sexualverbrecherin*. Ein Handbuch für Juristen, Verwaltungsbeamte und Ärzte. Mit kriminalistischen Originalaufnahmen. Enzyklopädie der modernen Kriminalistik, 1.-3. Auflage, Berlin 1923 und Hamburg 1931 (Nachdruck Flensburg 1993); *Psychologie des Hochstaplers*. Leipzig 1923. Nachdruck der Ausgabe u. a.: Elektrischer Verlag, Berlin 2013.

[84] Vgl. u. a. Wulffen: *Manolescu*; ders.: *Ibsens Nora vor dem Strafrichter und Psychiater*. Halle 1907; ders.: *Kriminalpsychologie und Psychopathologie in Schillers Räubern*; ders.: *Gerhart Hauptmann vor dem Forum der Kriminalpsychologie und Psychiatrie*. Naturwissenschaftliche Studien. Breslau 1908 und Berlin 1911; ders.: *Shakespeares große Verbrecher: Richard III., Macbeth, Othello*. Berlin 1911.

dass der Fall May nicht nur die kriminalpsychologische Fachwissenschaft be-
rührte, sondern in Einzelgebiete der Weltliteratur und Kulturgeschichte ein-
tauchte und gerade hier seine Lösung fand. Diese Erweiterung der Aufgabe
ließ mir ihre Übernahme immer bedeutungsvoller erscheinen. Es ergaben sich
auch Einblicke in die Strafgesetze, in die Justiz und Verwaltung eines einzelnen deutschen Bundesstaates. Altsächsische Kriminalprozesse – vor Einführung der Reichsjustizgesetze – werden aufgerollt, Verordnungen der Verwaltung und Strafentlassenenpflege kommen zur Sprache und erwecken einen
vielleicht nicht vorerwarteten Eindruck. Alles dies durfte den Juristen, den
Kriminalisten mit seiner Aufgabe befreunden. Und schließlich – aber nicht
zuletzt – trat mir in dem Manne, den ich persönlich leider nicht gekannt
habe, das rein Menschliche so nahe, dass es mich bis zum letzten Federzug
gefesselt und ergriffen hat. In der Gewinnung des rein Menschlichen kam für
mich die ganze Aufgabe auf die entsprechende Höhe.

Es verstand sich von selbst, dass bei der Darstellung die ganze bisherige
May-Literatur[85] und insbesondere die Karl-May-Jahrbücher[86] mit ihren Meinungen und Ergebnissen Berücksichtigung fanden, auch wenn meine kritische Prüfung ihnen in Einzelheiten nicht folgen konnte. Schon hier sei nicht
verschwiegen, dass einige Erwartungen der großen May-Gemeinde in meinen
Forschungsergebnissen keine Bestätigung fanden. Auch eine literarische Kritik des gesamten Schrifttums unseres Schriftstellers floss in die große Aufgabe
mit ein.

---

[85] Vgl. Auswahl u. a. Heinrich Rody: *Karl May's gesammelte Reiseerzählungen.* Mai 1900; Max Ditt-
rich: *Karl May und seine Schriften. Eine literarisch-psychologische Studie für Mayfreunde und May-
feinde.* Dresden 1904; Lorenz Krapp: *Das Problem Karl May.* In: *Literarische Beilage zur „Augsburger
Postzeitung",* Nr. 52 vom 27.11.1906; Heinrich Wagner: *Karl May und seine Werke. Eine kritische
Studie.* Passau 1907; Franz Weigl: *Karl Mays pädagogische Bedeutung.* In: *Pädagogische Zeitfragen.*
München 1908; Adolf Droop: *Karl May. Eine Analyse seiner Reise-Erzählungen.* Cöln-Weiden 1909;
Karl May's Gesammelte Werke Bd. 34: „*Ich".* Radebeul bei Dresden, 1. Auflage 1916 bis 20. Auflage
1942; Ludwig Gurlitt: *Gerechtigkeit für Karl May!* (→ Gurlitt: *Gerechtigkeit*). Radebeul bei Dresden
1920.

[86] Die hier angesprochenen *Karl-May-Jahrbücher* erschienen teilweise zeitversetzt von 1918 bis 1935.
Die ersten beiden Bände waren noch von Rudolf Beissel (1894–1986) und Fritz Barthel (1881–
1960) bei der Schlesischen Buchdruckerei, Kunst und Verlagsanstalt von S. Schottländer, A. G. Breslau, herausgegeben worden. Als der Verlagsinhaber, Konsul Schottländer, gestorben war, hatte der
Karl-May-Verlag – ab 1920 – die Publizierung der Jahrbücher übernommen. Zwischen Beissel und
Schmid kam es sehr bald zu einem Zerwürfnis. Aus diesem Grund gab Schmid von 1921 bis 1924
das Jahrbuch dann zusammen mit Max Finke heraus. Als Finke wiederum 1924 überraschend starb,
übernahm 1925 Ludwig Gurlitt (1855–1931) die Mitherausgeberschaft. Nach dessen Tod 1931
wurde Konrad Guenther (1874–1955) sein Nachfolger als Mitherausgeber für die *Jahrbücher 1931*
bis *1933*. Mit dem Jahrgang 1933 wurde die Herausgabe der Jahrbücher eingestellt; zum einen, weil
das Thema May aus ideologischen Diskussionen herausgehalten werden sollte, und zum anderen,
weil sie sich finanziell als wenig lukrativ erwiesen. Zwei rekonstruierte *Karl-May-Jahrbücher 1934*
und *1935* erschienen unter der Herausgeberschaft von Wolfgang Hermesmeier und Stefan Schmatz
2008 bzw. 2011. Als Gemeinschaftsunternehmen von KMV und dem Verlag A. Graff erschienen
1978 und 1979 zwei Jahrbücher, die bewusst an die Tradition der früheren Jahrbücher anknüpften.
Als Herausgeber fungierten Siegfried Augustin, Thomas Ostwald und Roland Schmid.

So übergebe ich meine Arbeit der Öffentlichkeit und verfehle nicht, zu versichern, dass sowohl Herr Dr. Schmid wie Frau Klara May in völliger, peinlichster Zurückhaltung ihrerseits mich meine Darstellung vollständig unbeeinflusst vollenden ließen. So hat mich bei ihrer Abfassung nichts anderes geleitet als der innige Wunsch, ich möchte berufen gewesen sein, als der nach menschlichen Kräften sachlichste und gerechteste Walter in zweifelhaften Rechtsfällen und Gnadenentschließungen in einem nur gedachten, idealen Justizministerium der Wahrheit und Gerechtigkeit zu dienen.

I. Der Seminarist [oder] Sechs ganze Lichte

Eine sorgsame Aktenhaltung hat bis zum heutigen Tage die amtlichen Schriftstücke bewahrt, die sich auf Karl Mays erste Verfehlungen im Waldenburger Lehrerseminar beziehen und deren er selbst im 4. Kapitel seiner Schrift „Mein Leben und Streben“[87] eingehend gedenkt. Die amtlichen Berichte und Gesuche befinden sich in den „Acta Disziplinaruntersuchungen gegen Seminaristen s. w. d. a. betr.“[88], die beim Sächsischen Ministerium des Kultus und öffentlichen Unterrichts im Jahre 1857 angelegt worden sind. Als ich von ihnen Kenntnis erhielt und sie studierte, erfasste mich der Glaube an einen seltsamen Kreislauf der Dinge und Schicksale. Der Mann, dessen letztwillig errichtete segensreiche Stiftung[89] zugunsten armer deutscher Schriftsteller von demselben Ministerium für Volksbildung[90] heute verwaltet wird, tritt in den erwähnten Acta dieser Behörde gewissermaßen seinen merkwürdigen Kreislauf an.

   Es kann mir hier keine andere Aufgabe obliegen, als diese Berichte und Eingaben im Wortlaute zu veröffentlichen. Eine nur auszugsweise Wiedergabe

[87]   *Karl May's Gesammelte Werke* Bd. 34: *„Ich“*. Radebeul bei Dresden, 1. Auflage 1916 bis 20. Auflage 1942, 4. Kapitel *„Seminar- und Lehrzeit“*. – Im Folgenden werden die Zitate von Mays Autobiografie der Erstausgabe entnommen. Nur wenn sich Wulffen ausdrücklich auf den Sammelband *„Ich“* bezieht, wird darauf Bezug genommen.

[88]   Acta, Disciplinaruntersuchungen gegen Seminaristen betr. (1857). Ministerium des Cultus und öffentlichen Unterrichts. Vgl. Hoffmann: *Lichtwochner*, S. 92-104 (104).

[89]   Die Karl-May-Stiftung wurde aufgrund eines testamentarischen Willens Karl Mays errichtet. Eigentlich sollte die Stiftung erst nach dem Tod seiner zweiten Frau Klara errichtet werden. Diese zog die Gründung jedoch vor. Die Stiftungsurkunde, ausgestellt vom Sächsischen Ministerium für Kultur und Unterricht, datiert vom 5.3.1913. – Siehe Hans-Dieter Steinmetz: *Karl Mays Testamente.* In: *M-KMG* Nr. 100/1994, S. 8-12; Albrecht Götz von Olenhusen: *Karl Mays Erben und die Gründung des Karl-May-Verlages.* In: *Archiv für Urheber- und Medienrecht (UFITA) 2001*, Bd. II, S. 535-558, 537ff.; E. A. Schmid: *Karl May's Tod und Nachlaß.* In: *Karl May's Gesammelte Werke* Bd. 34: *„Ich“*. Radebeul bei Dresden 1926, 10. Aufl., 46. bis 50. Tausend, S. 531-590 (584-590); Lothar Schmid: *Zum Nachlass Karl Mays – Eine Erwiderung.* In: *Nachrichten der Karl-May-Gesellschaft (N-KMG)* Nr. 107/1996, S. 10-14.

[90]   Kgl. Ministerium des Cultus und öffentlichen Unterrichts.

würde die Eindrücke verwischen, welche die Urschriften mit ihrem damaligen Amtsstil, mit ihrer Auffassung, ja selbst mit ihrer damaligen Rechtschreibung erwecken. Ein Stück sächsischer Kulturgeschichte steigt vor uns auf. Männer und Charaktere werden lebendig, wir blicken in das damalige Schul- und Seminarwesen[91] hinein. Am wertvollsten für unsern Zweck ist aber die Beleuchtung, die Karl May selbst, der Charakter und Seminarist, von verschiedenen Seiten, von der günstigen ebenso sehr wie von der ungünstigen, erfährt. Denn um es gleich vorauszusagen, die ganze Haupt- und Staatsaktion, die über den damals fast Achtzehnjährigen erging, wurde in den Akten doch im Großen und Ganzen mit einer versöhnlichen Duldsamkeit geführt.

Ich beginne mit dem ersten Bericht[92] des Glauchauer Konsistoriums über Karl Mays Verfehlungen.

An das Königliche Ministerium   Eing. am 11. Januar 1860.
des Cultus und öffentlichen   118.
Unterrichts.

Vortrag des Gesammt=Consistoriums zu Glauchau,
die Entlassung des Seminaristen May aus
dem Seminare zu Waldenburg betreffend.

Hierzu innenbezeichneter Bericht.

Dem Königlichen Ministerium des Cultus und öffentlichen Unterrichts hatte das ehrerbietigst unterzeichnete Gesammt-Consistorium mittelst Berichts vom 29. vorigen Monats kaum angezeigt, daß in dem Seminare zu Waldenburg während des zuletzt vergangenen Jahres erhebliche Disciplinarvergehen nicht vorgekommen seien, als dasselbe durch den hier beigefügten Bericht des Seminardirektors in die Nothwendigkeit versetzt wurde, das Königliche Ministerium auf Antrag des Lehrercollegiums am Seminar um hochgeneigte Entschließung wegen der Entlassung eines Zöglings dieser Anstalt, des Schülers der zweiten Klasse, May aus Ernstthal, zu ersuchen.

Veranlassung zu dem Antrage gab dem Lehrer[-]Collegium der Umstand, daß in jüngster Zeit zwei Entwendungen im Seminar vorgekommen

---

[91] Vgl. Moderow: *Volksschule*, S. 195ff. zur Schulpolitik in den Revolutionsjahren 1848/1850; zur Reaktionszeit nach 1851, S. 253ff.; zum Wandel der Rahmenbedingungen S. 329ff. Der starke Einfluss der Kirche und die Reaktion auf die 1848/1850er-Jahre spielte bei der Disziplinierung der Lehrerkraft und des Seminarwesens eine Rolle.

[92] Gesammtconsistorium Glauchau: Bericht an das Königliche Ministerium des Cultus und öffentlichen Unterrichts vom 2.1.1860. – Vgl. Hoffmann: *Lichtwochner*, S. 92-104 (98) sowie Heinrich Pleticha/ Siegfried Augustin (Hg.): *Karl May. Leben, Werk, Wirkung*. Ein Handbuch (→ Pleticha/Augustin: *Handbuch*). Stuttgart 1996, S. 37.

waren: das eine Mal nämlich waren dem Proseminaristen Schäffler zwei Thaler, das andere Mal dem Seminaristen Haupt 15 N[eu]gr[oschen][93] entwendet worden.[94] Thatsachen, welche den pp. May speziell dieser Vergehen verdächtig erscheinen lassen, haben sich nicht ergeben, obschon er bei seinen Mitschülern allgemein im Verdachte der Unehrlichkeit steht. Wohl aber ist derselbe bei den deshalb angestellten Erörterungen verdächtig geworden, in der Zeit, wo er das Lichtwochneramt verwaltet, mehrere Lichte, in der Absicht, solche zu entwenden, an sich genommen zu haben. Er hat nämlich, wie er zugestanden, während dieser Zeit sechs ganze Lichte an sich genommen und über vierzehn Tage lang in seinem Koffer aufbewahrt, wo sie von seinen Mitschülern aufgefunden und ihm weggenommen worden sind. Nun hat er zwar angegeben, daß er die Rückgabe dieser Lichte nur vergessen habe. Das Lehrercollegium hat ihm aber wohl mit Grund entgegengehalten, daß, da er bei Verrichtung seines Amtes gar keine Veranlassung gehabt habe, mit so viel Lichten in die entlegene Kammer, wo der Koffer gestanden, zu gehen und noch weniger solche so lange Zeit für sich zu behalten, der Verdacht einer unredlichen Absicht allerdings entstehen müsse. Da er nun überdies schon wiederholt zu Klagen über „arge" Lügenhaftigkeit und rüdes Wesen, sowie über Mangel an religiösem Gefühl Veranlassung gegeben, neuerdings auch der Verdacht wider ihn sich ergeben hat, daß er wider ausdrückliches Verbot zu Zeiten Tabak rauche, hat sich das Lehrercollegium einstimmig zu dem Beschlusse vereinigt, bei dem Königlichen Ministerium des Kultus und öffentlichen Unterrichts durch das Gesammte Consistorium anzufragen, ob derselbe aus dem Seminar zu entlassen sei?

Indem nun dem Königlichen Ministerium das Gesammt-Consistorium von diesem Beschlusse hierdurch ehrerbietigst Kenntnis zu geben sich verstattet, erlaubt sich dasselbe die Bemerkung beizufügen, daß nach seinem wiewohl völlig unvorgreiflichen Dafürhalten die Entlassung Mays aus dem Seminar bei der Schwere der wider ihn in Betracht seines sittlichen Verhaltens vorliegenden Klagen, wenn auch nicht jeder cinzclncn

---

[93] Um 1858 war im Königreich Sachsen und einigen thüringischen Kleinstaaten der Neugroschen (Abkürzung: Ngr) eingeführt worden. Seine Bezeichnung diente der Unterscheidung zum alten Groschen. Zum Zeitpunkt des hier genannten Vorfalls entsprach 1 Taler = 30 Neugroschen, 1 Neugroschen = 10 Pfennigen. Nach der Umstellung auf die Reichswährung im Jahr 1873 entsprach 1 Neugroschen = 10 Pfennigen = 1/10 Goldmark.

[94] Angesprochen werden hier Eigentumsdelikte gegenüber zwei Mitseminaristen Karl Mays. Zu den Einzelheiten siehe nachfolgend das Protokoll des „Königlichen Schullehrer-Seminar Waldenburg, den 21. u. 22. December 1859", dessen Original von Mays Witwe Klara vernichtet worden war. Eine Abschrift erfolgte auf Veranlassung des Karl-May-Forschers Hans Zesewitz (1888–1976), die enthalten ist in Klußmeier/Plaul: *Karl May und seine Zeit*, S. 45. – Zu den einzelnen Waldenburger Konferenzmitgliedern: Seminardirektor Dr. Friedrich Wilhelm Schütze (1807–1888), Oberlehrer Carl Gottlob Mertig (1827–1906), Oberlehrer Johann Heinrich Nebel (unbekannt) und Lehrer Alfred Camillo Jacob (1835–1897); vgl. Angaben in Sudhoff/Steinmetz: *KMC I*, S. 66, 72 und 75.

für sich, so doch in ihrer Gesammtheit wohl gerechtfertigt, ja im Interesse der Würdigkeit des Lehrerstandes geboten sein dürfte, hat aber die Entschließung hierüber, sowie eventuell über die von dem Lehrercollegium noch gestellte Frage, in welcher Weise May zu entlassen sei – soweit es überhaupt gegenüber der bestimmten Vorschrift in § 52[95] der neuen Seminarordnung hierfür noch einer besonderen Entschließung bedürfen sollte – dem Königlichen Ministerium anheim zu geben und ist derselben in größter Ehrerbietung gewärtig.

Glauchau den 2. Januar 1860.

Das Gesammtconsistorium.[96]
Friedrich Wilhelm Eduard Neumann
D. Gottlob Eduard Leo
Karl Wilhelm Otto
Friedrich Ernst Petzold.

****

An
das Gesammtconsistorium
Glauchau.
109 1.

Das Min. d. C. p hat auf den Bericht des Gesammtconsistoriums zu Glauchau vom 21ten d. M. [sic!][97] beschlossen, den Zögling der zweiten

---

[95] § 52 der Ordnung der evangelischen Schullehrerseminare im Königreiche Sachsen vom Jahre 1857: Exclusien und ihre Wirkungen: In Betracht des Umstandes schon, daß meist gleich nach Beendigung des Seminarcursus die öffentliche Wirksamkeit eines Zöglings zu beginnen hat und darum es Pflicht ist, so frühzeitig und so vollständig als möglich Bürgschaften für seine Würdigkeit zu verlangen, soll einem aus dem Seminare Weggewiesener der Wiedereintritt in ein Seminar nicht gestattet, auch einem solchen nicht erlaubt werden, die Schulamtscandidatenprüfung vor irgendeiner Prüfungscommission des Landes zu bestehen. Es ist daher jedem Ausgewiesenen von den Seminardirectoren ein Abgangszeugnis nur mit der ausdrücklichen Bemerkung auszustellen, daß er auf Verordnung des Ministeriums des Cultus und öffentlichen Unterrichts von dem Seminare weggewiesen worden sei. Auch haben die Seminardirectoren durchaus nicht zu gestatten, daß Zöglinge durch freiwilligen Abgang einem Antrage auf Wegweisung zuvorkommen, sondern selbst in solchen Fällen und wenn der betreffende Zögling eigenmächtig das Seminar verlassen sollte, die Frage wegen Ausschließung zur Entscheidung bei den bezeichneten Behörden zu bringen.

[96] Zu den Mitgliedern des Gesammt=Consistoriums zu Glauchau: Kanzleidirektor Friedrich Wilhelm Neumann (1799–1880), Superintendent Dr. Gottlob Eduard Leo (1803–1881), Superintendent Carl Wilhelm Otto (1812–1890) und Kanzleirat Friedrich Emil Petzold (unbekannt); vgl. Angaben bei Sudhoff/Steinmetz: *KMC I*, S. 67, 66, 86 und 66. Möglicherweise handelt es sich bei Petzold – so wie es auch von Wulffen angegeben wird – jedoch um Dr. Friedrich Ernst Petzold (1831–1894). Geheimer Rath und Abteilungsdirektor im Kultusministerium. Petzold wurde in Hohenstein (!) geboren.

[97] Richtigerweise muss es heißen: „2ten d.M.". Diese Richtigstellung ergibt sich aus der Logik des Ablaufs sowie der Faktenlage. Der vorangestellte Bericht des Gesammtconsistoriums, auf den sich die Entscheidung bezieht, trägt das entsprechende Datum „2ten d.M."; vgl. ebenso Sudhoff/Steinmetz: *KMC I*, S. 83.

Klasse des Schullehrerseminars zu Waldenburg Karl Friedrich May aus Ernstthal bei Hohenstein wegen sittlicher Unwürdigkeit für seinen Beruf auf Grund von § 51[98] der Seminarordnung vom Jahre 1857 aus dem Seminar auszuweisen. Denn wurde auch das von gen. May selbst eingeräumte Factum, daß er in der Zeit seines Lichtwahreramtes sechs Lichter zurückbehalten und in seinem Koffer länger als 14 Tage verborgen gehalten hat, obwohl dasselbe, bei der Unglaubhaftigkeit der von May hierunter vorgebrachten Entschuldigung, als eine Veruntreuung sich darstellt, an und für sich die Zuerkennung des letzten Strafgrades nicht notwendig zur Folge haben müssen, so gebieten dies doch – wie das Geheime Consistorium ganz richtig bemerkt – die sonstigen über das sittliche Verhalten Mays seiten des Lehrerkollegii vorgebrachten Klagen in ihrem Zusammenhange mit jenem Vergehen. Hiernach ist nämlich, da sich bei dem Angeschuldigten seither schon arge Lügenhaftigkeit, ein rüdes Wesen, Mangel an religiösem Sinn bemerklich gemacht und er auch sonst bei seinen Mitschülern in dem Verdachte der Unehrlichkeit steht, das Vorhandensein der Haupteigenschaften, die zu dem Berufe eines Lehrers befähigen, bei ihm nicht anzunehmen und es wird dadurch seine Entfernung aus dem Seminar zu Notwendigkeit.

Demgemäß wolle das Gesammtconsistorium dem Direktor des Schullehrerseminars zu Waldenburg auf seinen mb.l 636 [?] im Anschluß zurückfolgenden Bericht das Nötige eröffnen, im übrigen denselben auf seine Anfrage, in welcher Weise May zu entlassen sei, auf die bestimmte Vorschrift in § 52 der Seminarordnung verweisen, endlich auch ihm bemerklich machen, daß in künftigen, wegen der Ausschließung eines Zöglings aus dem Seminar zu erstattenden Berichten nicht nur ein bestimmter Antrag der Lehrerkonferenz über die zu ergreifende Maßregel zu stellen ist, sondern auch die vollständigen Niederschriften über die zu Grunde liegenden Erörterungen und Beschlüsse der Lehrerkonferenz denselben beizufügen sind.

Dresden d. 17. Januar 1860   M.d.C.p. v[on] F[alk[en]st[ein][99]

---

[98] § 51 der Ordnung der evangelischen Schullehrerseminare im Königreiche Sachsen vom Jahre 1857: Fälle der Zuerkennung der zwei letzten Grade: Die Fälle, in welchen auf Zuerkennung der beiden letzten Strafgrade, resp. auf gänzliche Ausweisung aus dem Seminare Antrag zu stellen ist, fangen da an, wo sich die geistige Unfähigkeit oder die sittliche Unwürdigkeit eines Zöglings für seinen künftigen Beruf, letztere namentlich in festgewurzelter Trägheit oder in grober Widersetzlichkeit, oder in Irreligiösität, oder in fleischlichen Sünden und andern entehrenden Handlungen, z.B. Eigenthumsvergehen etc., zu Tage legt. Die Lehrerconferenzen aber sollen diese Fälle im Interesse der öffentlichen Wohlfahrt und des Volksschulwesens in ernste und gewissenhafte Erwägung ohne weichmüthige Rücksichten ziehen.

[99] Johann Paul Freiherr von Falkenstein Brief vom 17.1.1860 an das Gesammtconsistorium Glauchau. In: Hoffmann: *Lichtwochner*, S. 92-104 (98). – Johann Paul Freiherr von Falkenstein (1801–1882). Falkensteins erste berufliche Stationen nach seinem Jurastudium in Leipzig waren: Assessor beim

Ich möchte nicht sagen, dass dieser Bericht an die mit so starken Übertreibungen dargestellte Lehrerversammlung in Wedekinds „Frühlings Erwachen"[100] erinnert, freilich vier ehrenfeste Männer in hohem Amt und Würden unterzeichnen mit allen ihren Vornamen dieses gegen den kleinen Seminaristen gerichtete Schriftstück. Ihre Namen sind vergessen, haben wohl nie gelebt; der Name ihres Delinquenten ging über Länder und Meere. Die Anklage der Consistorialbeamten befleißigt sich aber ganz offenbar einer objektiven Darstellung, die zwischen den erweislichen und nicht erwiesenen Tatsachen unterscheidet. Es kann nicht gesagt werden, dass Voreingenommenheit oder ein gehässiger Ton den Bericht diktiert hätten. Was nach dem Bericht des Lehrerkollegiums an Verfehlungen Mays zusammentraf, hätte auch noch Jahrzehnte

Kreisamt sowie beim Stadtgericht Leipzig (1822); Privatdozent nach Habilitation; Rat im Leipziger Oberhofgericht (1823); Hof- und Justizrat in die Landesregierung in Dresden (1827); Geheimer Regierungsrat in das neugeschaffene Innenministerium (1834); Kreisdirektor (Regierungspräsident) in Leipzig, Regierungskommissar für die Universität Leipzig (1835). Falkenstein regte die Gründung der Kgl. Sächsischen Gesellschaft der Wissenschaften an (jetzt Sächsische Akademie der Wissenschaften), zu deren Ehrenmitglied er am 31.10.1853 gewählt wurde. Als Kreisdirektor baute er die 1835 (in ganz Sachsen neu geschaffene) Verwaltungsstruktur auf. Er machte sich um die Leipzig-Dresdner Eisenbahn und die Bayrische Bahn nach Hof verdient. 1844 erfolgte Falkensteins Ernennung zum Innenminister des Königreichs Sachsen. Vier Jahre später musste er als erster aller Minister zurücktreten. Er zog sich auf seinen Landsitz Frohburg zurück und arbeitete wissenschaftlich. Nach dem Scheitern der Revolution im Dresdner Maiaufstand von 1849 wurde Falkenstein 1850 Präsident des Landes-Consistorium, die damals für die wissenschaftlichen Prüfungen der Geistlichen und Schullehrer zuständig war. Auf Wunsch von König Friedrich August II. wurde Falkenstein 1853 Kultusminister. Als Vorstand des Ministeriums des Cultus und öffentlichen Unterrichts trug er für die Kirchen und das gesamte Bildungswesen, um das er sich verdient machte, die Verantwortung (vgl. Moderow: *Volksschule zwischen Staat und Kirche*, S. 283ff.). Hierzu gehörten das erste Regulativ über die Realschulen (1860), der Erlass neuer Ordnungen für Lehrerseminare (1857 und 1866) und die Zulassung guter Volksschullehrer zum Universitätsstudium (1865). Falkenstein förderte auch in besonderem Maße die Universität Leipzig, war beteiligt bei der Gründung des Sächsischen Altertumsvereins und des Neuen Archivs für Sächsische Geschichte. Mit König Johann von Sachsen verband ihn ein enges Verhältnis. Dieser übertrug Falkenstein 1866 auch den Vorsitz im Gesamtministerium. Falkenstein reichte 1871 seinen Rücktritt als Kultusminister ein. Er wurde zum Minister des königlichen Hauses ernannt, was er bis zu seinem Tod blieb. Zugleich war er auf den Landtagen von 1873/74 bis 1879/80 als vom König ernanntes Mitglied Abgeordneter der I. Kammer des Sächsischen Landtags. Allgemeine Quellen: u. a. Otto Kaemmel: *Sächsische Geschichte (1899)*, Göschen, Leipzig. Neuauflage basierend auf der 2. Auflage bei Göschen 1905. Dresden 1995; Karlheinz Blaschke: *Minister des Königreiches Sachsen 1915-1918*. In: Klaus Schwabe (Hg.): *Die Regierungen der deutschen Mittel- und Kleinstaaten 1915-1933*. Boppard 1980, S. 285-294; Julius Petzholdt (Hg.): *Johann Paul Freiherr v. Falkenstein. Sein Leben und Wirken nach seinen eigenen Aufzeichnungen*. Dresden 1882.

[100] Frank Wedekind: *Frühlings Erwachen. Eine Kindertragödie*. 1891 Zürich. – Wulffens Hinweis auf diesen Klassiker von Wedekind (1864–1918) ist vor allem im Hinblick auf die Lehrerkonferenz im dritten Akt interessant. Denn in diesem Stück geht es um den Umgang mit Sinnlichkeit und jugendlicher Sexualität im strengen Erziehungs- und Schulsystem des 19. Jahrhunderts. Als sehr instruktiv empfiehlt sich folgende Ausgabe: Frank Wedekind: *Frühlings Erwachen: eine Kindertragödie*. Mit einem Kommentar von Hansgeorg Schmidt-Bergmann. Frankfurt am Main 2002. Siehe dazu auch die Seminarakte, Schreiben vom 12.10.1860 über die „sexuellen Verwirrungen" im Hinblick auf die Maßnahmen zur „Rettung der Gefallenen" (Kgl. Kreis-Direction: Schreiben an die Seminardirection zu Plauen vom 10.10.1860. In: Ludwig/Kosciuszko: *Seminarist*, S. 206-209; Graf: *Lektüre und Onanie*, S. 84-151.)

später denselben Antrag auf Dimission von der Schule veranlassen können: Karl May steht im Verdacht der Unehrlichkeit; einem Proseminaristen sind zwei Taler, einem Seminaristen 15 Neugroschen gestohlen worden. Sechs „ganze Lichter" werden in Mays Koffer gefunden, die er als Lichtwochner in die Hand bekommen hat. Seine Ausrede klingt unglaubhaft. Wiederholt war über seine „arge" (im Original in Anführungsstrichen!) Lügenhaftigkeit, über sein rüdes Wesen sowie über Mangel an religiösem Gefühl geklagt worden. Schließlich soll er gar wider ausdrückliches Verbot geraucht haben! Die Gesamtheit der Klagen, nicht ihre jede einzelne, lässt May als des Lehrerberufes unwürdig erscheinen. Dementsprechend lautet die Entschließung des Ministeriums. Das Ministerium verfügt die Ausweisung Mays „wegen sittlicher Unwürdigkeit für seinen Beruf" aus genau denselben Gründen, wie sie der Antrag des Glauchauer Gesamtconsistoriums zusammengefasst hat. In dem Zusammenwirken aller einzelnen Beschuldigungen, die erhoben werden, gibt freilich die „Veruntreuung" der sechs Lichter ganz offenbar den Ausschlag; ohne dieses neueste Vorkommnis, gegenüber dem sich der Seminarist überdies in unglaubhafter Weise verteidigt, wäre „die Zuerkennung des letzten Strafgrades" nicht erfolgt. Bemerkenswert ist der Schluss des Schreibens, der in künftigen ähnlichen Fällen die Beifügung der vollständigen Niederschriften über die zu Grunde liegenden Erörterungen und Beschlüsse der Lehrerkonferenz, die also im Falle May nicht mit vorgelegen haben, anordnet. Die Ministerialentscheidung erfolgte mithin lediglich auf Grund des Konsistorialberichtes ohne eigne Nachprüfung der Ermittlungsunterlagen selbst, die also auch als Unterlagen meiner Begutachtung fehlen.

In dieses trockene Aktenwesen hinein murmelt ein lieblicher stiller Quell in dem folgenden Berichte des Pastors Schmidt[101].

An   Eing. am 13. März 1860 / 122
das Hohe Königliche Ministerium   I.I.N.
des Cultus und öffentlichen Unterrichts
zu Dresden.

NB. Die Befürwortung eines beiliegenden Gnadengesuches des aus dem Schullehrer-Seminar zu Waldenburg entlassenen Seminaristen Karl Friedrich May durch den Pastor [sic!] Schmidt zu Ernstthal betreffend.

---

[101] Carl Hermann Schmidt (Ernstthal): Brief vom 10.3.1860 an das Ministerium für Cultus. In: Ludwig/Kosciuszko: *Seminarist*, S. 177 sowie in Hoffmann: *Lichtwochner*, S. 102f. – Aus der „Acta, Disziplinaruntersuchungen gegen Seminaristen betr. (1857). Ministerium des Cultus und öffentlichen Unterrichts. Staatsarchiv Dresden" (vgl. Hoffmann: *Lichtwochner*, S. 92-104, S. 104, Anm. 7) sind laut Mitteilung von Hoffmann die betreffenden Teile entnommen und 1937 an Klara May ausgehändigt worden.

Indem einem Hohen Königl. Ministerium des Cultus und öffentlichen Unterrichts ich Endesunterzeichneter, das beiliegende Gesuch des aus dem Schullehrerseminar zu Waldenburg entlassenen Seminaristen, Karl Friedrich May, von hier, dessen Wiederzulassung auf einem Schullehrerseminar des Landes betreffend, zu übersenden, mir ehrerbietigst erlaube, erachte ich mich für verpflichtet, dasselbe ebenso unterthänig als nachdrücklich zu befürworten.

Als vormaliger Lehrer und nachheriger Beichtvater Mays kann ich aus früherer Zeit bezeugen, daß er als stiller sittsamer Knabe ebenso treuen Fleiß für die Schule, als bei Kindern seines Alters nicht gewöhnlichen Eifer für Gottes Wort und Gottes Haus bethätigte und sich für allerlei Mahnungen stets zugänglich und empfänglich bewies. Dabei verfolgte er, wie auch seine Eltern, trotz ihrer Armuth, das Ziel der Bereitung zum Lehrerberufe mit der beharrlichsten Ausdauer. Nach seiner Aufnahme auf das Proseminar zu Waldenburg um Michaelis 1856 und auf das dortige Seminar 1857 machte er lobenswerthe Fortschritte in den Kenntnissen und wandelte in Sitten untadelig. Davon gaben seine Jahreszensuren und wiederholt bei seinen Lehrern eingezogene Erkundigungen mir bis zu der vorjährigen Prüfung Zeugniss. Erst nach dieser Zeit ist er in die Verirrungen gefallen, die seine Entlassung vom Seminar zur Folge hatten. Berechtigte nun seine Vergangenheit zu der wohlbegründeten Hoffnung, daß er sich würde zu einem tüchtigen und treuen Lehrer ausbilden lassen, so glaube ich einem Hohen Königlichen Ministerio versichern zu können, daß dieselbe auch jetzt noch vorhanden ist. Sowohl nach genommener Rücksprache über das Vorgefallene mit dem Herrn Seminardirektor Schütze zu Waldenburg, als nach den eingehendsten seelsorgerischen Besprechungen mit May und nach längerer Beobachtung desselben habe ich die Überzeugung gewinnen müssen, daß des Letzteren angelegentliche Versicherungen, den Diebstahl, der ihm Schuld gegeben und um deswillen die Entlassung über ihn verhängt worden ist, durchaus nicht beabsichtigt zu haben, Glauben verdienen und ihn nur der Vorwurf einer unachtsamen Vergeßlichkeit und fahrlässigen Säumigkeit trifft, durch welche er den Schein einer beabsichtigten Veruntreuung verschuldet hat. Hatte er sich aber einige Zeit vorher zu einer wirklichen Ausschreitung verleiten lassen und dieselbe mit Lügen zu beschönigen versucht, so hat er dies vor mir als seinem Beichtvater und Seelsorger mit tiefer Reue bekannt und auch bald darauf aus eigenstem Antriebe gebeichtet. Das Verlangen, durch umso größere Treue hinfort in seinem Leben das Geschehene vergessen zu machen, kennzeichnet seitdem seine wenigen Worte und sein stilles Wesen, in ungesuchter Weise. Die fraglichen Verirrungen Mays stehen hiernach in seinem Leben vereinzelt da, tragen weder das Gepräge überlegter Bosheit, noch eines tiefer gewurzelten Leichtsinns und dürften ihm bei der kundgegebenen ernsten Reue um so eher verziehen werden können, als sie gerade in die Periode seiner Jugend fallen, in welcher der Jüngling für allerlei Versuchungen am meisten zugänglich ist und von ihnen am leichtesten überwunden wird. Die empfangene Demüthigung und Züchtigung aber hat ihn in dem entscheidensten Entwicklungsstadium seines Lebens so tief getroffen, daß sie ihm mit Gottes Hilfe für die ganze künftige Lebenszeit als heilsame Warnung und Mahnung zu dienen geeignet ist. Da er übrigens mit entschiedener Neigung dem Lehrerberufe zugethan ist, und sich durch keinerlei Vorspiegelungen bewegen ließ, sich nach eigener Wahl einem anderen Berufe zuzuwenden, so ist nach menschlichem Ermessen wohl zu hoffen, daß ein Hohes Ministerium des Cultus und öffentlichen Unterrichts durch Genehmigung seines Gnadengesuches nicht nur einen tief gebeugten Jüngling und dessen bekümmerte Eltern wieder aufzurichten, sondern auch die Bildung eines rechtschaffenen Lehrers ermöglichen würde.

Der Ehrerbietigst Unterzeichnete waget desshalb im Namen des Herrn das Hohe Königl. Ministerium des Cultus und öffentlichen Unterrichts unterthänigst zu ersuchen,

„Hochdasselbe wolle das Gesuch des Anfang dieses Jahres von dem Schullehrerseminar zu Waldenburg entlassenen Karl Friedrich May aus Ernstthal gnädigst gewähren und demselben den Wiedereintritt in ein Lehrerseminar des Landes huldreich verstatten."

Wollte ein Hohes Königliches Ministerium geruhen, über das beregte Gesuch noch das Fürstlich= und Gräflich Schönburgsche Gesammtconsistorium zu hören, so zweifle ich nicht, daß von demselben gleichfalls die Wiederaufnahme Mays auf ein Lehrerseminar befürwortet würde.

In tiefster Ehrerbietung und unterthänigstem Gehorsam verharrend
Pfarramt Ernstthal den 10. März 1860
Schmidt P.[102]

Bei allem Verharren „in tiefster Ehrerbietung und unterthänigstem Gehorsam" redet der erfreuliche Seelsorger eine freimütige herzerquickende Sprache. Wir hören über Karl May ganz andere Urteile als die Glauchauer Anklagen. Er war ein „stiller sittsamer Knabe", er zeigte einen „treuen Fleiß für die Schule" und einen „bei Kindern seines Alters nicht gewöhnlichen Eifer für Gottes Wort und Gottes Haus", er war „allerlei Ermahnungen stets zugänglich und empfänglich". Auch seine Leistungen auf dem Seminar waren befriedigend.

---

[102] Carl Hermann Schmidt (1826–1901) war ab 1854 Pfarrer (die Bezeichnung Pastor wird von Wulffen an einigen Textstellen irrtümlich gebraucht) in St. Trinitatis in Ernstthal. Im Juni 1865 wurde Schmidt Schlossprediger in Netzschkau, 1868 Oberpfarrer in Burgstädt, wo er bis zu seiner Emeritierung am 1.10.1896 blieb.

Einen Diebstahl der Lichter hat er nicht beabsichtigt, und [nur] der Vorwurf „einer unachtsamen Vergeßlichkeit und fahrlässigen Säumigkeit" kann ihn treffen. Eine frühere Ausschreitung durch Lügen beschönigt zu haben, ist er geständig; deshalb verdient seine Darstellung wegen der Lichter jetzt Glauben. Im Sinne schon unserer neueren Erkenntnis werden die Versuchungen, denen May erlegen ist, mit der Pubertätsentwicklung in Verbindung gebracht. Die – freilich in den nächsten 10 Jahren nicht erfüllte – Hoffnung wird ausgesprochen, der Ausgewiesene werde sich diese Demütigung und Züchtigung für sein ganzes Leben zur Warnung dienen lassen und noch ein rechtschaffener Lehrer werden. Hieran schließt sich Karl Mays[103] eigenes Gesuch, schlicht und einfach abgefasst, darin auch er versichert, dass er die sechs Lichter nicht habe entwenden wollen. Er verspricht „ein treuer Lehrer im Weinberge des Herrn" zu werden!

An das Hohe Königliche Ministerium   Eing. am 13. März 1860.
des Cultus und öffentlichen Unterrichtes,
zu Dresden.

Einem Hohen Königl. Ministerio wage ich eine unterthänigste Bitte vorzutragen.

Ich unterthänigst Endesunterschriebener wurde nämlich auf Beschluß des Hohen Ministerii des Cultus und öffentlichen Unterrichtes in Folge von vorliegenden Gründen, welche Hochdemselben bekannt sind, aus dem Schullehrerseminar zu Waldenburg entlassen. Diese Strafe muß ich als ganz gerecht und dem Vergehen gemäß anerkennen, wage aber doch, dem Hohen Ministerio die unterthänigste Versicherung zu geben, daß auf meine früheren Fehler eine aufrichtige Reue gefolgt ist und späterhin in Betreff der Lichte keineswegs der Wille zu einer Veruntreuung vorlag, sondern daß es nachlässige Säumigkeit von mir war, sie nicht rechtzeitig an den gehörigen Ort zu legen. In Folge dieser That ist meine Vorbereitung zu dem Berufe unterbrochen worden, welchem mich ganz hinzugeben, ich mir zur Lebensaufgabe gemacht hatte. Zwar ist mir von mehreren Seiten der Rath erteilt worden, einen andern Beruf zu ergreifen, jedoch ist die Vorliebe für den Lehrerberuf bei mir so groß, daß es mir unmöglich ist, denselben aufzugeben. So wage ich es denn, Einem Hohen Königlichen Ministerio die ganz unterthänigste Bitte vorzulegen

> „Hochdasselbe wolle in Gnaden geruhen, mir zu gestatten, daß
> ich mich entweder auf der Anstalt zu Waldenburg oder auf einem
> anderen Seminare des Landes fortbilden lassen würde, damit ich

---

[103] Karl May: Brief an das Kgl. Ministerium des Cultus und öffentlichen Unterrichtes vom 6.3.1860. Acta, Disciplinaruntersuchungen gegen Seminaristen betr. (1857). Ministerium des Cultus und öffentlichen Unterrichts. In: Hoffmann: *Lichtwochner*, S. 92-104 (101f.).

als gehorsamer Schüler und einst als treuer Lehrer im Weinberge des Herrn die That vergessen machen könne, deren Folgen so
schwer auf mir und meinen Eltern ruhen!"

In tiefster Ehrerbietung und unterthänigster Unterwerfung unter den Beschluß Eines Hohen Königlichen Ministerii des Cultus und öffentlichen
Unterrichts verharret

Hochdesselben

ganz unterthänigster

Ernstthal den 6. März 1860.   Karl May.

****

An

das Gesammtconsistorium
zu Glauchau
Herr Geh. C. R. Dr. Gilbert[104]

Bei dem Ministerio des Cultus u. ö. U. hat mittels der sub no 788 C
abschriftlich beifolgenden Eingabe der Pfarrer Schmidt in Ernstthal das
gleichfalls abschriftlich beifolgende Gesuch des im Januar d. J. aus dem
Schullehrerseminare zu Waldenburg weggewiesenen Karl Friedrich May
aus Ernstthal um Gestattung seines Wiedereintritts in das Waldenburger
oder ein anderes Seminar des Landes eingereicht und sich dringend für
dessen Gewährung verwendet.

Nun muß zwar das Ministerium, dem Bittsteller den Wiedereintritt
ins Waldenburger Seminar zu gestatten, jedenfalls Bedenken tragen. Dasselbe will aber bewandten Umständen nach in Folge der Verwendung des
Pfarrers Schmidt, welcher dem Ministerio als ein völlig urteilsfähiger und
gewissenhafter Mann bekannt ist, geschehen lassen, daß May in ein anderes Seminar des Landes wieder aufgenommen werde, dafern dem Gesammtconsistorium ein solchenfalls auszuzeigendes Bedenken dagegen
nicht bеigсht, und verordnet Man [?], das Gesammtconsitorium wolle im
letzteren Falle den Bittsteller sofort selbst der vorstehend gefaßten Entschließung gemäß auf sein Gesuch bescheiden.

Dresden den 15. März 1860

M.d.C.u.ö.U.

v. Falkenst.[105]

[Vermerk:] abg.d.17./3.60

---

[104] Ministerialrat Dr. Robert Otto Gilbert (1808–1891); vgl. Sudhoff/Steinmetz: *KMC I*, S. 85.

[105] Johann Paul Freiherr von Falkenstein: Brief an das Gesammtconsistorium zu Glauchau, Geh. C. R.
Dr. Gilbert, vom 15.3.1860. In: Ludwig/Kosciuszko: *Seminarist*, S. 178. Aus der „Akte Kreisschulrat
Glauchau Nr. 54, 1860, Blatt 164", Landesarchiv Glauchau (HStA Dresden). Diese Akte ist nach
Auskunft der zuständigen Archive nicht mehr auffindbar.

An   Eingang am 27. März
das Königliche Ministerium   1860
des Cultus und öffentlichen Unterrichts.

Anzeige des Gesammt-Consistoriums zu Glauchau,
die Wiederaufnahme Mays aus Ernstthal
in ein Landesseminar betreffend.

Dem Königl. Ministerium des Cultus und öffentlichen Unterrichts gestattet sich das Gesammt-Consistorium auf die Verordnung vom 15./18.
[des] Monats ehrerbietigst anzuzeigen, daß dasselbe auch seinerseits ein
Bedenken wider die Zulassung des aus dem Waldenburger Schullehrer-
Seminar weggewiesenen Karl Friedrich May aus Ernstthal in einem anderen Seminare nicht gehabt und daher den pp. May durch den Pfarrer
Schmidt in Ernstthal der Entschließung des Königlichen Ministeriums
gemäß beschieden hat.

Glauchau den 21. März 1860   Das Gesammt-Consistorium
                              Friedrich Wilhelm Eduard Heumann[106]
                              Friedrich Ernst Petzoldt.[107]

Und siehe! Pfarrer Schmidt wird vom Ministerium „als ein völlig urteilsfähiger und gewissenhafter Mann" befunden, seinen und Mays Bitten, der Jüngling möchte in ein anderes Seminar des Landes aufgenommen werden, wird
entsprochen, falls dem Glauchauer Gesammtconsistorium keine Bedenken
beigehen. Binnen weniger Tage antwortet dieses, dass es auch seinerseits Bedenken nicht geltend mache. So haben sich binnen zwei Monaten die Auf-
fassungen der zuständigen Stellen gewandelt! Offenbar hat der Lauf der Zeit
die mildere Beurteilung beeinflusst, vielleicht auch die Meinung, dass die Absicht, die Lichter zu stehlen, doch zweifelhaft bleibe. Man könnte sagen, die
Verweisung an ein anderes Seminar hätte vielleicht sofort mit der Ausweisung
aus Waldenburg genehmigt werden können. Aber man wollte wohl nicht mit
Unrecht abwarten, ob der junge Mann so sehr an dem erwählten Berufe hän-
ge, dass er selber einen Antrag auf erneute Zuweisung stellen werde. In solcher

---

[106] Zu Heumann ließen sich keine Angaben ermitteln.
[107] Friedrich Wilhelm Eduard Heumann und Friedrich Ernst Petzoldt (Gesammt-Consistorium
Glauchau): Brief an das Königliche Ministerium des Cultus und öffentlichen Unterrichts vom
21.3.1860. – Das Gesammtkonsistorium übermittelte mit Schreiben vom selben Tag an den Glauchauer Superintendenten Carl Wilhelm Otto (1812–1890) die Abschrift einer Verordnung des Kultusministeriums wie auch eine Erklärung von Seiten des Gesamtkonsistoriums, wonach keine Bedenken
gegen eine Wiederzulassung Mays auf ein anderes Lehrerseminar bestehe, siehe: Ludwig/Kosciuszko:
Seminarist, S. 179-181.

Weise ist an höheren Schulen auch in späteren Jahrzehnten verfahren worden, sodass im Falle May nichts Auffälliges oder Besonderes verbleibt. Es ist für Mays ganzes Wesen vielleicht bezeichnend, dass es ein Geistlicher war, der ihn nach dem ersten Fall rettete.

So würde nicht lohnen, zu untersuchen, ob wirklich ein Diebstahl der sechs Lichter vorgelegen hat, wenn nicht Karl May selber in seinem „Leben und Streben" eine von unseren Berichten abweichende Darstellung[108] gegeben hätte. Er erzählt, dass die aus den Dillen ausgekratzten Docht- und Talgreste als wertlos einfach weggeworfen oder vom Schulhausmann zu Stiefel- und anderen Schmieren zusammengeschmolzen worden seien. Es sei um die Weihnachtswoche gewesen, zu Hause hätten für den hölzernen Engel der kleineren Schwestern drei kleine Weihnachtslichter, die etwa 18 Pfennige gekostet hätten, gefehlt. Eine der Schwestern habe ihm im Seminar beim Ausräumen der Dillen zugesehen und ihn unter Tränen gefragt, ob man aus diesen Resten nicht kleine Lichter machen könne. Er habe im besten Glauben zugestimmt und der Schwester einige solche Reste eingepackt. Aber ein Seminarist der ersten Klasse habe dabeigestanden, ihn nicht etwa gewarnt, nein, sei „ganz freundlich"[109] gewesen und habe ihn dann – „sein Vater war Gendarm"[110] (!) – beim Direktor angezeigt. Der Direktor sei alsbald gekommen und habe den „Diebstahl"[111] untersucht. Er habe die Lehrerkonferenz zusammengerufen, die ihm „schon nach einer halben Stunde"[112] die Entlassung verkündet habe. Er sei gleich mit der Schwester weggegangen „in die heiligen Christferien"[113], es seien trübe dunkle Weihnachtsfeiertage gewesen. „An diesen Weihnachtstagen löschten heilige Flammen in mir aus, Lichter, die mir wert gewesen waren."[114]

Diese Darstellung trifft nicht zu. Wäre sie richtig, so hätte sich selbstverständlich der Seminarist May mit ihr erfolgreich verteidigt. Es fragt sich deshalb nur, ob der Schriftsteller May, als er 50 Jahre später – 1910 – in seinem „Leben und Streben" den Fall des Lichtwochners so eingehend erzählt, die Erinnerung an die Wirklichkeit verloren und den Bericht in gutem Glauben irrtümlich aus seinem Gedächtnis heraufbeschworen hat. Wie ich Karl May aus seinen späteren Strafprozessen zu kennen glaube, habe ich mich leider freilich nicht überzeugen können, dass er die unrichtige Erzählung im guten Glauben niedergeschrieben hat. Zieht man die Erfahrung anderer in solchen Fällen heran, so ergibt sich die psychologische Tatsache, dass solche

[108] May: Mein Leben und Streben, S. 100-102.
[109] Ebd., S. 102.
[110] Ebd.
[111] Ebd.
[112] Ebd.
[113] Ebd.
[114] Ebd.

folgenschweren und beschämenden Ereignisse, selbst wenn sie länger als 50 Jahre zurückliegen, auch in ihren grundlegenden Einzelheiten nicht vergessen werden, vielmehr mahnend, peinigend vor dem inneren Gesicht des Täters stehen bleiben.

Ich glaube also, dass der Schriftsteller May den Sachverhalt vorsätzlich und bewusst geändert hat. Dafür spricht schon, dass er in Bitternis die Entlassung einzig auf die Entwendung der Talgreste zurückführt und seine sonstigen dortigen Verfehlungen, aus denen seine Unwürdigkeit zum Lehrer abgeleitet wurde, verschweigt. Er verfolgte zu seiner Verteidigung gegenüber den Angriffen in der Öffentlichkeit die Absicht, sich zum Märtyrer kleingeistiger schulischer Verhältnisse zu machen. Sofort arbeitet in ihm die Fantasie. Die kleine Schwester wird in die Erzählung eingeführt und in gar nicht erfreulicher Weise zur Veranlasserin, ja Mittäterin der Entwendung gemacht. Ein Mitschüler der ersten Klasse wird zum freundlich-tückischen Verräter gestempelt und ist – natürlich – der Sohn eines Gendarms. Das ist alles echter May des damals beginnenden Jahrzehnten! Der Wirksamkeit halber wird die Ausweisung aus dem Seminar in die Zeit kurz vor den Weihnachtsfeiertagen gelegt, während sie ja erst am 17. Januar 1860 vom Ministerium verfügt[115] wurde. Selbstverständlich ist das Erinnerungsvermögen der einzelnen Menschen verschieden. Aber diese Umdeutung und Verschiebung des Tatbestandes halte ich unter Berücksichtigung aller Umstände doch für vorsätzliche und bewusste, selbst wenn Einzelheiten in anderem Zusammenhang vorgekommen wären. Auch eine symbolische Darstellung des Ereignisses kann nicht in Frage kommen, da ja May 1910 sich mit den wirklichen Tatsachen verteidigen wollte. Schon bei diesem Ereignis des Jugendleichtsinns, das ja an sich harmlos bleibt, zeigt sich Mays Bestreben, nie und nimmer etwas zuzugeben, was nicht einwandfrei war. Er hätte schalkhaft und lächelnd die Entwendung der sechs Lichter zugeben sollen, hätte auch sonstige Verfehlungen auf dem Seminar einräumen dürfen. Dass er sich dazu nicht aufschwingen konnte, verschuldete ebenso sehr sein schwacher Charakter wie die maßlose Hetze, die gegen ihn gnadenlos eröffnet wurde, seine unerbittlichen Gegner tragen schwere Mitschuld. Das wollen wir nicht vergessen. Niemand von uns kann sagen, ob wir uns im gleichen Falle anders, ob wir uns besser verhalten würden als er.

---

[115] Vgl. Johann Paul Freiherr von Falkenstein: Verfügung an das Gesammtconsistorium Glauchau vom 17.1.1860. Gegenüber May selber wurde die Ausweisung vermutlich erst Ende Januar 1860 bekanntgegeben, wie sich aus einem Schreiben des Fürstlich und Gräflich Schönburgischen Gesammten Consistorium vom 24. Januar 1860 an den Waldenburger Seminardirector Schütze ableiten lässt: „Sie werden hierauf veranlasst, diess [die Seminarausweisung] genanntem May bekannt zu machen und die Ausweisung desselben in Vollzug zu setzen. Im Uebrigen aber werden Sie auf die in dem Berichte vom 28. vor. Mon. enthaltene Anfrage, in welcher Weise May zu entlassen sei, auf die bestimmte Vorschrift in § 52. der Seminarordnung verwiesen, Ihnen auch bemerklich gemacht […]." (Sächsisches Staatsarchiv Chemnitz: Das Schullehrer-Seminar zu Waldenburg betr. Angelegenh. [1851–1866], Blatt 22, in: Ludwig/Kosciuszko: *Seminarist*, S. 66-68).

So verbleibt nur noch die Schlussfeststellung, dass die spätere unwahre Erzählung die unselige lächerliche Entwendung der sechs Lichter in diebischer Absicht vielleicht noch glaubhafter macht, als sie es nach dem Consistorialbericht ist. Offenbar getraute sich der Schriftsteller May nicht, seine schon früher für unglaubwürdig befundene Verteidigung im Seminar der Öffentlichkeit vorzutragen. Freilich hätte er auch das tun dürfen, ohne irgend Einbuße zu erleiden. Aber es beliebte eben seiner Veranlagung, auch hier seine Fantasie spielen zu lassen und ein Märchen zu erzählen! Er steht im Verdacht der Unehrlichkeit; nach seinem späteren tiefen Fall zu urteilen, war dieser Verdacht wahrscheinlich begründet. Er wird – wohl auch mit Recht – arger „Lügenhaftigkeit" geziehen; über diese wird später zu reden sein. Er zeigt „rüdes Wesen". Der „stille Knabe", von dem Pastor [sic] Schmidt spricht, mag sich wohl in den Entwicklungsjahren gewandelt haben; zu Gewaltsamkeiten hat May bei seinen späteren Straftaten gelegentlich geneigt. Er zeigt Mangel an religiösem Gefühl. Hier kann man wohl seiner eignen Darstellung folgen, dass das „Seminarchristentum"[116] ihm ebenso seelenlos wie streitbar vorkam! Man erinnert sich des Religionsunterrichts seiner eignen Schulzeit!

II. Der junge Lehrer [oder] Der Schullehrer ohne Taschenuhr

Aus dem Urteil[117] des Kgl. Bezirksgerichtes Mittweida, das am 13. April 1870 gegen May erging und dessen Einzelheiten später noch zu erwähnen sein werden, wissen wir, dass er 1861 auf dem Lehrerseminar in Plauen[118], wohin er überwiesen worden war, seine Abgangsprüfung als Schulamtskandidat abgelegt hat und gegen Ende desselben Jahres als Hilfslehrer in Glauchau und bald darauf als Lehrer an der Fabrikschule zu Altchemnitz angestellt wurde. Aber schon im Jahre 1862 verlor er diese Stelle, weil er einen „gemeinen Diebstahl" verübte und deshalb eine von dem Gerichtsamt Chemnitz ihm zuerkannte sechswöchige Gefängnisstrafe vom 6. September bis 22. Oktober 1862 verbüßte.

---

[116] May: Mein Leben und Streben, S. 96.

[117] Strafverfahren ./. Karl May. Kgl. Bezirksgericht Mittweida, Urteil vom 13.4.1870 – Abt. II. Nr. 771; vgl. Seul: *Old Shatterhand vor Gericht*, S. 100-104; Hans-Dieter Steinmetz: *Schatten der Vergangenheit. Die Mittweidaer Untersuchungsakten Karl Mays* (→ Steinmetz: *Schatten der Vergangenheit*). In: Christian Heermann (Hg.): *Karl May auf sächsischen Pfaden*. Bamberg/Radebeul 1999, S. 194-274.

[118] Zu Mays Seminaraufenthalt in Plauen siehe vor allem Hans-Dieter Steinmetz: *Die zweite Chance. Zum Aufenthalt Karl Mays am Lehrerseminar Plauen*. In: *JbKMG 2004*, Husum 2004, S. 11–104; ders.: *„Plauen is mir nämlich sehr ans Herz gewachsen". Zum Aufenthalt Karl Mays am Lehrerseminar der Vogtlandstadt*. In: *KMHI* Nr. 17/2003, S. 1–54 [mit Dokumentation der Zeugnisse im Faksimile, Zensuren, biografischer Listen aller Lehrer und Mitschüler, Nennung der Schulbücher und Lehrstoffe]; Graf: *Lektüre und Onanie*, S. 84-151.

May berichtet[119] in seiner Lebensgeschichte auch über diesen Fall. Nur unter Aufnahme von Schulden habe er bei der Armut seiner Eltern sich einigermaßen anständig kleiden können, er habe nicht einmal eine Taschenuhr besessen. Bei einem Buchhalter des Fabrikherrn, dessen Schule er leitete, einquartiert, habe er durch allerlei Gefälligkeiten die Gunst seines Logiswirtes erworben und unter anderem dessen Genehmigung gehabt, die alte an der Wand hängende Taschenuhr, da der Buchhalter eine neue besessen habe, im Schuldienste, der ja Pünktlichkeit erforderte, zu tragen. Anfangs habe er sie zu Hause stets wieder abgelegt, später aber selbst bei Ausgängen auch außerdienstlich getragen und schließlich sogar in der Eile und Ferienfreude in die Weihnachtsferien nach Hause mitgenommen. Als er entdeckte, dass er sie bei sich führte, sei er ganz unbedenklich gewesen.

„Ich war mir ja nicht der geringsten unlauteren Absicht bewußt."[120]

Aber schon am nächsten Morgen habe ihn der Hohensteiner Gendarm, den er zufällig traf, mit nach dem Rathause genommen.

„Ich ging mit, vollständig ahnungslos."[121]

Eine bekannte Frau, die in der Wohnstube des Beamten saß, habe ihm heimlich mitgeteilt, er sei verhaftet worden, weil er seinem Logiskollegen die Taschenuhr gestohlen habe. Er solle sie um Gottes Willen nicht sehen lassen, man glaube ihm nicht, dass er sie aus Versehen mitgenommen habe, er solle sie dem Eigentümer heimlich zurückgeben.

„Meine Bestürzung war unbeschreiblich. Ein einziger klarer, ruhiger Gedanke hätte mich gerettet, aber er blieb aus. Ich brauchte die Uhr einfach nur vorzuzeigen, und die Wahrheit zu sagen, so war alles gut; aber ich stand vor Schreck wie im Fieber und handelte wie im Fieber."[122]

Er versteckte die Uhr in seiner Kleidung, wo sie der Gendarm bei der Durchsuchung fand, nachdem er „den Wahnsinn"[123] begangen hatte, den Besitz der Uhr in Abrede zu stellen. Anstatt die Weihnachtsfeiertage bei den Eltern zu verbringen, habe er in Chemnitz hinter Schloss und Riegel gesessen.

„Ob und womit ich mich verteidigt habe; ob ich zur Berufung, zur Appellation, zu irgendeinem Rechtsmittel[124] zu einem Gnadengesuche[125], zu einem Anwalt meine Zuflucht nahm, das weiß ich nicht zu sagen. Jene Tage sind aus

---

[119] May: *Mein Leben und Streben*, S. 103-107.

[120] Ebd., S. 105.

[121] Ebd.

[122] Ebd., S. 106.

[123] Ebd.

[124] Strafverfahren ./. Karl May. Kgl. Sächsisches Oberappellationsgericht Dresden, Az.: unbekannt; vgl. Steinmetz: *Schatten der Vergangenheit*, S. 194-274 (230). – Das erstinstanzliche Urteil wird bestätigt. May hat außerdem die Kosten des Berufungsverfahrens zu tragen.

[125] Verordnung des Kgl. Sächsischen Justizministeriums an das Bezirksgericht Mittweida vom 30.4.1872; vgl. Steinmetz: *Schatten der Vergangenheit*, S. 194-274 (230). – Der sächsische Kronprinz Friedrich August Albert (1828–1902) lehnte eine Begnadigung Mays ab.

66

meinem Gedächtnisse entschwunden, vollständig entschwunden. Ich möchte aus wichtigen psychologischen Gründen gern alles so offen und ausführlich wie irgend möglich erzählen, kann das aber leider nicht, weil das alles infolge ganz eigenartiger seelischer Zustände, über die ich im nächsten Kapitel zu berichten haben werde, aus meiner Erinnerung ausgestrichen ist. Ich weiß nur, daß ich mich vollständig verloren hatte und daß ich mich dann in der Pflege der Eltern und besonders der Großmutter wiederfand. Als ich mich mühsam erholt hatte und wieder kräftig genug auf den Beinen war, bin ich nach Altchemnitz gegangen, um mein beschädigtes Gedächtnis wieder aufzufrischen. Es war in Beziehung auf die Örtlichkeit vergebens; ich kannte nichts wieder, weder die Fabrik, noch meine damalige Wohnung, noch irgendeine Stelle, an der ich ganz unbedingt gewesen war.“[126]

Da steht plötzlich der Buchhalter auf der Straße vor ihm, den er sofort erkannte. Der ehemalige Wohnungsgenosse gab ihm die Hand und bat ihn, ihm zu verzeihen. So, wie es gekommen sei, habe er es keinesfalls gewollt; es tue ihm unendlich leid, ihm die Karriere verdorben zu haben. May sieht den Buchhalter „groß“[127] an und lässt ihn, ohne ihm einen Vorwurf zu machen, mitten auf der Straße stehen.

Die Chemnitzer Gerichtsakten von 1862 sind vernichtet; niemand ist mir bekannt, der sie eingesehen hätte, Abschriften oder Auszüge aus ihnen liegen nicht vor. Aber aus dem Inbegriffe meiner Studien über Karl May, insonderheit auch seiner späteren Verurteilungen, habe ich die Überzeugung, dass Karl Mays eben wiedergegebene Schilderung der Vorgänge unwahr ist. Sie schließt unmittelbar an das Märchen von den Talgresten an und ist in sich widerspruchsvoll. Der Tatbestand wäre nach Mays Angaben ganz einfach gewesen. Selbst wenn er zunächst in der Überraschung und Übereilung den Besitz der Uhr abstritt, hätte er während der Untersuchung hinreichend Zeit und Gelegenheit gehabt, den angeblichen wirklichen Sachverhalt vorzubringen. Das hat er ja nach den Ephoralakten auch getan. Er brauchte nur den Buchhalter als Zeugen dafür zu benennen, dass dieser ihm erlaubt hatte, die Uhr zu tragen. Jeder Beschuldigte hätte das in solchem Falle getan. Weshalb nicht auch der Lehrer Karl May, der doch nicht auf den Kopf gefallen war? Dass er die Uhr aus Versehen oder vielleicht aus Übermut und Prahlerei mit nach Ernsthal genommen hatte, wäre ihm schwerlich zu widerlegen gewesen. Er kehrte ja aus den Ferien wieder in seine Lehrerstelle zurück, es hätte sich höchstens um ein strafloses furtum usus[128] handeln können. Der Schriftsteller May

---

[126] May: *Mein Leben und Streben*, S. 107.

[127] Ebd., S. 108.

[128] Als Gebrauchsanmaßung (lat. furtum usus, von furtum, Diebstahl und usus, Gebrauch) wird die unberechtigte Nutzung von beweglichen Sachen bezeichnet. Das heißt, eine Sache wird nur unberechtigt benutzt, aber später wieder zurückgebracht. Die Sache muss also (vom Täter beabsichtigt) zurück in die Hände des Eigentümers oder rechtmäßigen Besitzers gelangen. Zum Zeitpunkt der

fühlt die Schwächen seiner Verteidigung sehr wohl, niemand kann sie ihm glauben.

Deshalb erzählt er von der „vollständigen"[129] Erinnerungslosigkeit jener Tage und Wochen. Seiner Fantasie beliebt es wieder, ein Märchen zu erzählen; das war seine Sache. Karl May ist, das will ich gleich hier sagen, kein Psychologe, im Gegenteil: Mangel an Psychologie ist seine Schwäche. Die behauptete „vollständige" Erinnerungslosigkeit ist wenig glücklich ausgedacht, die Hauptsache weiß er ja, behauptet er zu wissen, dass nämlich kein Diebstahl vorlag. Alles andere weiß er nicht, will er nicht wissen. Diese Teilung und Spaltung seiner Erinnerung[130] ist psychologisch nicht möglich; alle Erfahrung widerlegt sie. Er kann nicht vergessen haben, dass das Urteil in zwei Instanzen erging, dass er selbst ein Gnadengesuch eingereicht hat. Gerade der angebliche Justizirrtum hätte sein gutes Gedächtnis ungemein gestärkt und wachgehalten. Diese Erinnerungslosigkeit ist also fingiert! Vollends dann die Nichtwiedererkennung der Altchemnitzer Örtlichkeiten! Ein Spiel seiner Fantasie unter Benutzung von Vorbildern aus Büchern und Zeitungen. Es ist ausgeschlossen, dass May 1910 keine Erinnerung in großen Zügen an die Prozessvorgänge gehabt hätte. Ich wiederhole, die Erfahrung bestätigt sie; es handelt sich um ein in Karl Mays Leben so einschneidendes Ereignis, dass es mit großen festen Lettern im Buche seiner Seele gestanden haben muss. Eine andere Auffassung wäre nur auf psychopathischer oder pathologischer Grundlage möglich. Ob sie bei May damals aber je vorhanden war, soll später besprochen werden. Hier sei nochmals erklärt, dass der Schriftsteller May sich

---

Wegnahme liegt mithin subjektiv bereits der Rückgabewille vor. Objektiv fehlt die Enteignungskomponente. Nach Art. 330 des sächsischen Strafgesetzbuches von 1855 war die widerrechtliche Benutzung fremder Sachen strafbar. Dieses Delikt existierte einige Jahre später mit Einführung des Reichsstrafgesetzbuches von 1871 nicht mehr. Möglicherweise ist May – zu dessen Tatzeit das sächsische Strafgesetzbuch die Rechtsgrundlage bildete – auch wegen dieses Deliktes und eben nicht wegen Diebstahls verurteilt worden. Für diese Annahme spricht das ausgesprochene Strafmaß von sechs Wochen Gefängnis, das dem Höchstmaß nach § 330 Abs. 3 SächsStGB entspricht. Andererseits sprechen verschiedene behördliche Schreiben, vor allem ein noch erhaltenes des Gerichtsamtes Chemnitz ausdrücklich davon, „daß der Fabrikschullehrer Carl Friedrich Mai zu Altchemnitz durch den in zweiter Instanz bestätigten Bescheid des unterzeichneten Gerichtsamtes wegen Diebstahls zu 6 Wochen Gefängniß verurteilt worden ist." (vgl. Gerichtsamt Chemnitz an Superintendantur Chemnitz vom 20.5.1863. Stadtarchiv Chemnitz, Akte A I 12/4, Bl. 21. In: Ludwig/Kosciuszko: *Seminarist*, S. 379ff.).

[129] So heißt es bei May in *Mein Leben und Streben*, S. 107: „Ich möchte aus wichtigen psychologischen Gründen gern Alles so offen und ausführlich wie möglich erzählen, kann das aber leider nicht, weil das Alles infolge ganz eigenartiger, seelischer Zustände, über die ich im nächsten Kapitel zu berichten haben werde, aus meiner Erinnerung ausgestrichen ist".

[130] Karl May selbst verweist in diesem Zusammenhang auf die sogenannte *Spaltung des menschlichen Innern, ein Bild der Menschheitsspaltung überhaupt*, den Titel eines kleinen bislang nicht nachgewiesenen Buchs, das er nach eigener Aussage im Zuchthaus Waldheim vom dortigen Anstaltskatecheten Johannes Kochta zur Lektüre erhielt; vgl. hierzu: Hans Wollschläger: *„Die sogenannte Spaltung des menschlichen Innern, ein Bild der Menschheitsspaltung überhaupt". Materialien zu einer Charakteranalyse Karl Mays*. In: *JbKMG 1972/73*, Hamburg 1973, S. 11-92.

mit einer Märchenerzählung rechtfertigen möchte. Bezeichnend auch hier, dass nicht er selbst auf die Idee kommt, die Uhr zu verstecken und abzuleugnen; eine ihm bzw. seiner Großmutter bekannte Frau gibt ihm diesen unseligen Rat! Schließlich eine schöne Pose: der Denunziant bittet ihn später um Entschuldigung, aber der Bestrafte lässt ihn mitten auf der Straße stehen.[131] Der Märchenerzähler macht sich auch in diesem Falle wieder zum Märtyrer. Aber ich bin weit entfernt, damit etwa gegen May zu moralisieren. Ich verüble ihm die Märchen beileibe nicht. Ich will ja nur sein Wesen und sein Menschliches bis in die letzten Züge erklären. Ach, er hätte ruhig den Mut finden sollen, diesen geringfügigen Diebstahl freimütig einzugestehen. Aber er fühlte sich wohl wegen der späteren Verurteilungen bewogen, zu behaupten, dass er durch ungerechte Verurteilungen zunächst aus der Bahn geschleudert und erst in Folge davon immer mehr gesunken sei.

Vielleicht kann man diese Auffassung symbolisch gelten lassen. Es war im Grunde eine Bagatelle, um deretwillen er aus dem Lehrerberuf gedrängt wurde und dann in den Abgrund geriet.

Es mögen einige Bemerkungen über Mays intellektuelle Befähigung eingeflochten werden. Seminaroberlehrer F[ritz] Prüfer[132] kommt an der Hand aller Einzel-Zensuren der Schulamtskandidatenprüfung[133] vom 9. und 12. September 1861 zu dem Urteil, dass Mays Lehrer auf dem Seminar ihn für einen Seminaristen erkannten, dessen Begabung das Mittelmaß überstieg. In acht Fächern hatte er eine II, in dreien eine IIb, in zweien eine IIa und einmal eine Ib. Das „Urteil über sittliches Verhalten"[134] lautet:

„Zur Zufriedenheit nach dem Zeugnisse des Seminardirektors Wild."[135]
Dabei hatten 7 Klassengenossen Mays das Zeugnis:
„Zur besonderen Zufriedenheit nach dem Zeugnis des Seminardirektors Wild."[136]

Nur May und noch ein Kandidat hatten das eingeschränkte Zeugnis, das also einen Tadel zu bedeuten hatte. In Religion, Glaubens- und Sittenlehre, Bibelkenntnisse: IIa; stylistische Fertigkeit: II; Geschichte: IIa; Erdbeschrei-

---

[131] May: *Mein Leben und Streben*, S. 107-108.

[132] Fritz Prüfer: *Die Zensuren des Schulamtskandidaten Karl May*. (→ Prüfer: *Zensuren*) In: *KMJb 1925*. Radebeul bei Dresden 1925, S. 26-38.

[133] Die außerordentliche Lehramtskandidatenprüfung vor der Kgl. Prüfungskommission in Plauen, der sich May unterzog, fand am 9.9., 10.9. und 12.9.1861 statt; vgl. Protokoll der am 9., 10. und 12.9.1861 abgehaltenen Candidatenprüfung. Stadtarchiv Plauen, Akte SA 204 a, Blatt 24-26R, in: Ludwig/Kosciuszko: *Seminarist*, S. 236-244. – May bekommt in einer Feierstunde ein „Prüfungs-Zeugniss" ausgehändigt (vgl. Sudhoff/Steinmetz: *KMC I*, S. 100). Das Prüfungszeugnis hat sich erhalten (vgl. Stadtarchiv Plauen, Akte SA 204 a, Blatt 30b, in: Ludwig/Kosciuszko: *Seminarist*, S. 246-249).

[134] Stadtarchiv Plauen, Akte SA 204 a, Blatt 30b, in: Ludwig/Kosciuszko: *Seminarist*, S. 247 und 248.

[135] Ebd.

[136] Prüfer: *Zensuren*, S. 26-38 (37).

bung: II; geistige Reife überhaupt: II; Singen und Violinspiel: IIa; Orgel- und Klavierspiel: II.[137]

Das Ergebnis für unsere Untersuchung ist folgendes. Obwohl Karl May aus ganz ärmlichen Verhältnissen kam, obwohl er während seiner Schul- und Seminarzeit genugsam gedarbt haben wird, entwickelten sich seine geistigen Fähigkeiten in erfreulicher Weise über das Mittelmaß hinaus. Auch die moralischen Erschütterungen, die er als Kegeljunge, Bierneigentrinker[138], durch die Leihbibliothek und in der Lügenschmiede sowie weiter durch seine „Lügenhaftigkeit"[139], sein „rüdes Wesen"[140] und die Entfernung aus dem Waldenburger Seminar erlitt, waren nicht derart, dass sie seine Intelligenzentwicklung sichtbar beeinträchtigt hätten. Er ist niemals in einer Klasse sitzen geblieben, er hatte keine Lernschwierigkeiten zu überwinden, im Gegenteil, das Lernen fiel ihm leicht. Fast bis zum vollendeten 20. Lebensjahre sehen wir ihn also ungehemmt vorwärts schreiten; keine üblichen Merkmale einer gestörten Kindheit oder übermächtigen Pubertät sind in seiner vielmehr gesunden geistigen Entwicklung bemerkbar.

Aus den Akten der Superintendentur Chemnitz von 1861 greifen für den vorliegenden Fall einige Schriftstücke ergänzend ein. Es heißt in einem Schreiben[141] der Superintendentur an die Kreisdirektion Zwickau:

„Es hat Karl Friedrich May, Zögling des Plauenschen Schullehrer Seminars, um Verwendung als Hilfslehrer in nicht zu weiter Entfernung von seinem Heimatort nachgesucht. In Anbetracht der Dringlichkeit hat man [ihn] für die Fabrikschulen Solbrig und Claus in Altchemnitz bestimmt, man ersucht um Genehmigung."

Die Antwort[142] der Kreisdirektion vom 14. November 1861 [sic!] lautet:

---

[137] Vergl. Prüfer: Prüfer: *Zensuren*, S. 26-38. – Siehe auch Faksimiles der Plauener Zeugnisse in Klußmeier/Plaul: *Karl May und seine Zeit*, S. 57-59. May erhielt sowohl ein Prüfungs-Zeugnis über seine Leistungen in den theoretischen Kenntnissen und technischen Fertigkeiten einschließlich der Beurteilung seines sittlichen Verhaltens als auch ein separates Zeugnis über die musikalische Prüfung.

[138] Karl May selbst hat von Jugend an Bier getrunken. Als zwölfjähriger Kegeljunge erhielt er in der Hohensteiner Schankwirtschaft, in der er als Kegeljunge aushalf, gelegentlich „ein Butterbrod und ein Glas abgestandenes, zusammengegossenes Bier" (May: *Mein Leben und Streben*, S. 71). Auf das Trinken dieser Bierreste bezieht sich vermutlich der Ausdruck „Bierneigentrinker".

[139] Gesammtconsistorium Glauchau: Bericht an das Kgl. Ministerium des Cultus und öffentlichen Unterrichts vom 2.1.1860. – Vgl. Hoffmann: *Lichtwochner*, S. 92-104 (98) sowie Pleticha/Augustin: *Handbuch*, S. 37.

[140] Ebd.

[141] Robert Kohl von der Superintendantur Chemnitz: Brief an die Kgl. Kreis-Direction zu Zwickau vom 26.10.1861. In: Acta: Die Fabrikschule zu Altchemnitz betr. Kreis-Direction Zwickau 1836. HStA Dresden. Bestand: Ministerium für Volksaufklärung, Nr. 3552 (1861), Blatt 42. In: Ludwig/Kosciusko: *Seminarist*, S. 327-329. – Wulffen zitiert das Schreiben in gekürzter Form.

[142] Kgl. Kreis-Direction zu Zwickau: Brief an die Superintendentur Chemnitz vom 1.11.1861. In: Stadtarchiv Chemnitz, Archiv der Schulräte, Signatur A I 12/4, Blatt 7. In: Ludwig/Kosciusko: *Seminarist*, S. 334-335. – Wulffen zitiert das Schreiben in gekürzter Form. Das von ihm angegebene Datum (14.11.1861) stimmt nicht mit der Aktenlage überein und muss als irrtümlich betrachtet werden.

„Der Verwendung des Schulamtskandidaten May als Fabrikschullehrer steht kein Bedenken entgegen, wenn er aus seiner zeitherigen Stellung nicht eigenmächtig herauszutreten gemeint ist."

Die Superintendentur[143] erwidert:

„Wir sind leider veranlaßt, den Bericht des May über die Ursachen seiner Entlassung aus der ihm in Glauchau anvertrauten Hilfslehrerschaft als falsch zu bezeichnen. May ist von seinem Wirte, Materialwarenhändler Meinhold, beschuldigt, daß er Versuche gemacht habe, sein Weib zu verführen.[144] Wenn nun May auch dieser Absicht nicht geständig gewesen ist, so hat er doch zugestehen müssen, daß er sich Annäherungen an die Ehefrau Meinhold erlaubt

---

[143] Carl Wilhelm Otto von der Superintendentur Glauchau: Brief an die Kgl. Superintendentur Chemnitz vom 14.11.1861. Stadtarchiv Chemnitz, Archiv der Schulräte, Signatur A I 12/4, Bl. 7-9. In: Ludwig/ Kosciusko: *Seminarist*, S. 344-348. – Wulffen zitiert das Schreiben in gekürzter Form. Außerdem handelt es sich bei dem Empfänger des Schreibens um die Superintendentur Glauchau, nicht um die Kgl. Kreis-Direction zu Zwickau.

[144] Mays Stellensuche nach der bestandenen Lehrerexamensprüfung führte ihn nach Glauchau, das über eine Armenschule verfügte. Am 5.10.1861 sprach May beim Superintendenten der Ephorie Glauchau, Konsistorialrat Dr. Carl Wilhelm Otto (1812–1890), wegen einer Anstellung als Hilfslehrer an der Armenschule vor. Mit „Handschlag an Eidesstatt" und einem dazugehörenden Protokoll nahm Otto Mays Einstellung als „Hülfslehrer an den hiesigen Schulanstalten" vor. Bereits zwei Tage später unterrichtete der Junglehrer für ein Jahresgehalt von 175 Talern und 25 Talern Logisgeld die Klasse IV der Armenschule. Ihr gehörten 64 Schüler, 34 Knaben und 30 Mädchen, zwischen sieben und acht Jahre alt, an. Mindestens zwei Jahre galt es für May, sich als Schulamtskandidat zu bewähren. Danach erwartete ihn eine ‚Wahlfähigkeitsprüfung'. Erst nach deren Bestehen bestand die Aussicht, eine feste Dienstanstellung anzutreten. In der Glauchauer Großen Färbergasse Nr. 17 im Hause des Kaufmanns Ernst Theodor Meinhold (1835 – 1890) kam der Junglehrer zur Untermiete unter. Auf Grund seiner musikalischen Begabung erteilte May auch der Ehefrau seines Vermieters, Henriette Christiane (1842 –1891), Klavierunterricht. Aus dieser Unterweisung entwickelte sich schon nach wenigen Tagen eine Liaison, die nicht unentdeckt blieb. Der Kaufmann ertappte die beiden, als sie sich gerade küssten. Die Empörung über die außereheliche Aktivität führte den Vermieter am 17.10.1861 zu Mays Vorgesetzten Dr. Otto. Dem Superintendenten zeigte er empört an, „daß der Hilfslehrer Carl Friedrich May bei ihm seit dem 5ten October d. J. sich in Wohnung & Kost gegeben, während dieser kurzen Zeit aber in der unwürdigsten Weise durch Lügen u. Entstellungen aller Art sich bemüht habe, die Ehefrau von ihm abwendig und seinen schändlichen Absichten geneigt zu machen." Dr. Otto wollte May zu einem Gespräch vorladen, obwohl seine Entscheidung, „daß May entlassen werden muß, zumal die Meinhold'schen Eheleute ihre Aussagen eidlich bestärken wollen", bereits feststand. Doch die Vorladung blieb erfolglos, da der Beschuldigte die Meinhold'sche Wohnung mit einem auf einem Zettel geschriebene Abschiedsbotschaft „ein unglückliches Opfer der Verkennung" zu sein, überstürzt verlassen hatte. In einem dann doch noch erfolgten Gespräch bei der Superintendantur gab May die Annäherungen an die Wirtsfrau zu, weshalb er ohne weitere Umstände am 20.10.1861 aus dem Schuldienst entlassen wurde; vgl. die Angaben bei Seul: *Old Shatterhand vor Gericht*, S. 20f., Wolfgang Hallmann/Christian Heermann: *Reisen zu Karl May. Erinnerungsstätten in Berlin, Sachsen-Anhalt, Sachsen und Thüringen.* Mit einer Einleitung von Franz Hoffmann. Zwickau 1992, S. 242; Acta die Sitzungen und die übrige Thätigkeit des Schulvorstandes zu Glauchau betreffend. Ergangen bei der ersten Localschulinspection Glauchau 1861 und 1862, Kreisarchiv Chemnitzer Land Glauchau, Akte Kreisschulrat Glauchau Nr. 71, Bl. 172: Protokoll der Anzeige Ernst Theodor Meinholds – 17.10.1861, in: Ludwig/Kosciusko: *Seminarist*, S. 308f.; Acta Kirchen- und Pfarramtssachen betr. 1856ff., Ev.-Luth. Pfarramt St. Trinitatis Hohenstein-Ernstthal, B I 4 Loc. 2, in: Ludwig/Kosciusko: *Seminarist*, S. 309f.; Hans-Dieter Steinmetz: *„Ein unglückliches Opfer der Verkennung". Unbekanntes Dokument zur Meinhold-Affäre gefunden.* In: (KMHI) Nr. 10/1997, S. 5-10 (6-7); Acta Kirchen- und Pfarramtssachen betr. 1856ff., Ev.-Luth. Pfarramt St. Trinitatis Hohenstein-Ernstthal, B I 4 Loc. 2, in: Ludwig/Kosciusko: *Seminarist*, S. 309f.

habe, die als ungehörig, ja unsittlich bezeichnet werden müssen. Zur Disziplinaruntersuchung genügen die Zugeständnisse nicht. Die Superintendantur entließ daher den May sofort aus seiner Hilfsarbeit, erwartend, daß er, falls er sich beschwert fühle, gegen sie klagbar werde. Letzteres ist nicht geschehen, auch Abgangszeugnis nicht gefordert. – – Gott helfe, daß die ernste Vermahnung, mit der p. May von hier entlassen ist, Frucht tragen möge. Die Superintendentur ist der Ansicht, daß p. May für seinen Beruf begabt ist, hält auch nicht dafür, daß die hiesigen Vorgänge ein anderes Verfahren begründen. Die Superintendentur möchte hoffen, daß der junge Mensch an anderer Stelle zur Besinnung kommen und mit seiner Gabe Segen schaffen könnte. Leider gibt die Lüge, mit welcher May sein hiesiges Verhalten zu bemänteln versucht hat, den Beweis, daß der Lügengeist, dem der junge Mensch, wie die Superintendentur anderweit weiß, sich ergeben hat, noch nicht von ihm gewichen ist."

Wir erfahren also, dass May nach wenigen Monaten aus eigenem Verschulden die erste Hilfslehrerstelle schon wieder verliert. Interessant ist es, dass es eine erotisch-sexuelle Verfehlung ist, die den Anlass gibt. Bei den spärlichen Zeugnissen über Mays Erotik und Sexualität ist der Vorgang immerhin von einiger Bedeutung. Bezeichnend ist weiter, dass es abermals die geistliche Behörde ist, die den Verstoß des jungen Menschen mild beurteilt und bereit ist, ihm weiter zu helfen. Ihn in Glauchau zu belassen, wäre wohl wegen der Folgen nicht möglich, wenn der Vorgang sich herumsprach. Psychologisch wertvoll ist die Anmerkung, dass sich der junge Mann dem Lügengeiste, der noch nicht von ihm gewichen sei, ergeben habe. Hierüber wird noch eingehend zu sprechen sein.

Am 16. November 1861 wird May vom Inhalt vorstehenden Kommunikats in Kenntnis gesetzt und wegen seiner gemachten unwahren Angaben verwarnt, ihm auch eröffnet, dass er nur provisorisch und unter speziellster Kontrolle sein Amt als Fabrikschullehrer zu Altchemnitz verwalten könne bei geringster Veranlassung zur Unzufriedenheit seine Stelle verliere.[145]

Aber schon am 11. Dezember berichtet der zur Aufsicht über May bestellte Lokalinspektor Diakonus Pflützner[146] an die Superintendantur in Chemnitz:

„Als ich gestern die Fabrikschule des Herrn Solbrig revidieren wollte, fand ich weder Lehrer noch Schüler. Es hieß, der Lehrer halte keine Schule. Allein der Fabriklehrer May hat mir durchaus keine Anzeige über irgendeinen Behinderungsgrund gemacht. Solch ein Benehmen und solch eine Untreue

---

[145] Vermerk der Superintendentur Chemnitz vom 16.11.1861. Stadtarchiv Chemnitz, Archiv der Schulräte, A I 12/4, Bl. 7-9 (9), in: Ludwig/Kosciusko: *Seminarist*, S. 345 und 348.

[146] Eduard Pfützner: Brief an die Superintendantur Chemnitz vom 11.12.1861. Acta Die Schulrevisionen in der Ephorie Chemnitz betr. cfr. Vol. IX. Kreisdirection Zwickau 1861. Akte A I 12/4, Bl. 10. Stadtarchiv Chemnitz/Sächsisches HStA Dresden, in: Ludwig/Kosciusko: *Seminarist*, S. 360f.

widerstreitet so aller Ordnung, daß ich um ernstliche Verwarnung des Fabrik-
lehrers bitte."

So schnell wird also der kaum verwarnte May schon wieder einer Berufsuntreue beschuldigt! Freilich fehlen weitere Aufklärungen, die vielleicht durch
das Folgende überholt wurden.

Es folgt alsbald Schreiben[147] an die Kreisdirektion Zwickau.

„In tiefer Betrübnis wird angezeigt, daß der vor kurzem in der Solbrigschen und Clausschen Fabrikschule angestellte May nach gerichtsamtlicher
Mitteilung wegen Entwendung einer Uhr, einer Tabakspfeife und einer Cigarrenspitze, seinem Stubennachbar zugehörig, zur Haft gebracht ist. Er leugnet,
dies in gewinnsüchtiger Absicht getan zu haben, soll aber nach Mitteilung
des Gerichtsamtmannes Friedrich besonders graviert erscheinen. Die beiden
Fabrikschulen sind nun wieder ohne Lehrer."

Weiter Schreiben[148] des Gerichtsamtes an die Superintendantur Chemnitz vom 27. Dezember 1861:

„Der Fabrikschullehrer May befindet sich wegen Diebstahls in Haft und
hat die Ansichnahme einer Uhr, einer Tabakspfeife und einer Cigarrenspitze,
seinem Stubennachbar gehörig, eingeräumt, wiewohl er leugnet, dies in gewinnsüchtiger Absicht getan zu haben."

Es folgt ein Brief[149] von Mays Vater an den Superintendenten Kohl in
Chemnitz:

„Wohl werden Sie vom traurigen Vorfall meines Sohnes Kunde haben.
Das Vorgekommene versetzt mich wie meine ganze Familie in den tiefsten
Kummer, da wir gar nicht wissen, wie sich die Sache verhält. Ich kann kaum
glauben, daß mein Sohn die Uhr in der Absicht nahm, einen Diebstahl zu
begehen, glaube vielmehr, daß er es getan hat, die Uhr während der Weihnachtsferien zu benutzen und sie dann stillschweigend wieder an den Ort
ihrer Bestimmung hinzubringen. Sollte es sich so verhalten, wende ich mich
im Vertrauen auf Ihre Güte mit der Bitte an Sie, falls Sie etwas zum Schutze meines Sohnes beitragen können, das geneigtest tun zu wollen. Sollte die
kaum begonnene Laufbahn meines Sohnes schon eine andere werden und
vielleicht eine solche, die mit der größten Ungewißheit umgeben – welch
ein unüberwindlicher Schmerz würde das für alle werden. gez. Heinrich
May."

---

[147] Robert Kohl von der Superintendantur Chemnitz: Brief an die Kgl. Kreis-Direction zu Zwickau vom
28.10.1861. Acta: Die Fabrikschule zu Altchemnitz betr. Kreis-Direction Zwickau 1836. Sächsisches
HStA Dresden, Ministerium für Volksbildung, Nr. 3552 (1861), in: Ludwig/Kosciusko: *Seminarist*,
S. 367-370.

[148] Kgl. Gerichtsamt Chemnitz: Schreiben an die Kgl. Superintendantur Chemnitz vom 27.12.1861.
Archiv der Schulräte, Stadtarchiv Chemnitz, Akte A I 12/4, Bl. 12, in: Ludwig/Kosciusko: *Seminarist*, S. 364-366.

[149] Heinrich May: Brief an Superintendent Kohl vom 26.12.1861. Archiv der Schulräte, Stadtarchiv
Chemnitz, Akte A I 12/4, Bl. 13, in: Ludwig/Kosciusko: *Seminarist*, S. 362f.

Wenn auch der Vater diesen Brief nicht selbst geschrieben, sondern nur unterzeichnet hat, so ist ihm doch ein erfreuliches Zeugnis für das Verhältnis zwischen Vater und Sohn zu entnehmen. Der Vater will an des Sohnes Schuld nicht glauben und bittet um wohlwollenden Beistand.

Endlich in den Ephoralakten ein Schreiben[150] des Gerichtsamtes an die Superintendentur vom 20. Mai 1863:

„Auf die Anfrage wird mitgeteilt, daß der Fabrikschullehrer May durch den in zweiter Instanz bestätigten Bescheid des unterzeichneten Gerichtsamtes wegen Diebstahls zu 6 Wochen Gefängnis verurteilt worden ist und – nach Abschlagung der von ihm und seinen Eltern angebrachten Gnadengesuche – diese Strafe vom 8. September bis 20. Oktober 1862 verbüßt hat.“

Hier erfahren wir also noch Einzelheiten über das Strafverfahren wegen der gestohlenen Uhr. Die Behauptung, keine widerrechtliche Aneignung der Uhr beabsichtigt zu haben, ist von May selbst im Verfahren beharrlich geltend gemacht worden, ebenso – wahrscheinlich auf des Sohnes Darstellung hin – von seinem Vater. Zwei gerichtliche Instanzen haben den Fall geprüft und May für schuldig befunden. Er selbst wie seine Eltern haben Gnadengesuche gemacht, die Gnadeninstanz hat also als dritte nochmals geprüft. Hiernach möchte ich es als ausgeschlossen bezeichnen, dass Mays Sachdarstellung irgendwie eine glaubhafte gewesen sein kann. Es handelt sich um einen Lehrer, dessen Schuld mit ganz besonderer Sorgfalt geprüft werden musste, weil seine Laufbahn bei Verurteilung ihren Abschluss erfahren würde. Wenn nur eine Möglichkeit für eine mildere Auffassung des Falles gegeben gewesen wäre, hätte, wenn nicht schon die Gerichte, so doch das Justizministerium diese Auffassung gelten lassen. Die Tatsachen müssen also anders gelegen haben, als May sie darstellte. Dass das Ableugnen des Besitzes und das Verstecken der Uhr nicht allein den Nachweis einer Diebstahlsabsicht erbringen, wussten schon die damaligen Gerichte. Sie wussten auch, dass ein überraschter und voreiliger, zumal jugendlicher Beschuldigter in der Angst und Furcht vor Strafe sich unvorsichtig verhält und falsch verteidigt. Es bedurfte unbedingt noch weiterer Umstände, aus denen mit Sicherheit zu schließen war, dass May die Uhr hatte behalten wollen. Die dreifache Prüfung des Tatbestandes zwingt zu dem Schlusse, dass diese weiteren Umstände vorgelegen haben müssen. Es handelt sich ja auch nicht allein um die Uhr, sondern auch um eine Tabakspfeife und eine Zigarrenspitze. Hiervon redet May gar nicht. Hat er behauptet, der Eigentümer hätte ihm auch die weiteren Gegenstände zum vorübergehenden Gebrauch überlassen? Aus der festgestellten diebischen Wegnahme der Kleinigkeiten können die Richter freilich auch auf einen Diebstahl der Uhr geschlossen haben. Ich muss es als ausgeschlossen ansehen, dass in dem

---

[150] Kgl. Gerichtsamt: Schreiben an die Kgl. Superintendentur Chemnitz vom 20.5.1863. Archiv der Schulräte, Stadtarchiv Chemnitz, Akte A I 12/4, Bl. 21, in: Ludwig/Kosciusko: *Seminarist*, S. 379-381.

Verfahren zweier Instanzen der Buchhalter nicht als Hauptbelastungszeuge vernommen worden wäre und die Entscheidung gebracht hätte. Auch das Vorkommnis auf dem Waldenburger Seminar konnte nicht ausschlaggebend herangezogen werden. Zu verurteilen ist aber, dass May nach seinem ganzen Verhalten in den Lehrerstellen einen gefestigten sittlichen Halt überhaupt noch nicht gefunden hatte und deshalb in seinem großen Leichtsinn, der schon damals sein beschiedener Teil war, den Diebstahl der Uhr verübte. Zufällig konnte ich noch in den Akten 21/07 des Landgerichts Dresden Band IV, die ein gegen May eingeleitetes, aber eingestelltes Meineidverfahren[151] betreffen, Erklärungen Mays zu dem rätselhaften Uhrendiebstahl ermitteln. Er[152] erklärte am 6. April 1908 vor dem Untersuchungsrichter Assessor Dr. Larrass[153] wörtlich Folgendes:

„Meinen Beruf als Lehrer an öffentlichen Schulen mußte ich aufgeben, da ich wegen angeblichen Diebstahls einer Uhr mit 6 Wochen Gefängnis bestraft wurde. Ich wohnte damals mit einem Buchhalter zusammen in einer Wohnung, dieser hatte zwei Uhren. Er gestattete mir, eine derselben in Gebrauch zu nehmen. Eines Tages fuhr ich besuchsweise zu meinen Eltern nach Ernstthal. Ich hatte von der mir erteilten Erlaubnis Gebrauch gemacht und die Uhr angelegt und mitgenommen. Als ich nach Hohenstein kam, wurde ich sehr bald verhaftet und zwar von einem Chemnitzer Gendarm. Von diesem wurde ich zu dem Wachtmeister in Hohenstein am Markt gebracht und zwar in ein besonderes Zimmer. In dieses Zimmer kam die Ehefrau des Wachtmeisters, die mich sehr gut kannte. Sie erklärte mir, ich solle eine Uhr gestohlen haben, und forderte mich auf, nachdem ich ihr gesagt hatte, daß ich die Uhr nicht gestohlen, sondern mit Erlaubnis geliehen hätte, die Uhr verschwinden zu lassen. Sie nahm mir die Uhr selbst aus der Tasche und ließ sie in meine Unterhosen gleiten. Diesen Vorgang habe ich soviel ich mich entsinne, bei meiner Verteidigung nicht mit erwähnt, und zwar, weil ich nicht wollte, daß der Wachtmeister wegen dieser Unvorsichtigkeit seiner Frau seine Stelle verlöre. Ich wurde, wie schon erwähnt, wegen dieses angeblichen Diebstahls – der Fund der Uhr in meinen Unterhosen war für mich natürlich sehr belastend – zu sechs Wochen Gefängnis in Chemnitz verurteilt."

[151] Am 15.4.1907 erstattete Pauline Münchmeyers Anwalt Oskar Gerlach gegen Karl May & Genossen Anzeige bei der Staatsanwaltschaft Dresden wegen Meineides bzw. Partei-Meineides und Verleumdung pp. im Münchmeyer-Prozess (Az: 2. V. 21/07). Zugleich wurde Mays Anwalt Rudolf Bernstein von einem Vertrauensmann der Verlegerwitwe, dem Fabrikanten Louis Max Ludwig, wegen Anstiftung zum Meineide angezeigt. Am 26.1.1909 erfolgte die Einstellung des Verfahrens gegen May & Genossen; vgl. Seul: *Old Shatterhand vor Gericht*, S. 303-316.

[152] Karl May: Aussage im Rahmen der Vernehmung durch den Hülfsrichter Larrass vom 6.4.1908, Kgl. Landgericht Dresden, Strafverfahren gegen Karl May und Genossen, Az.: 2. V. 21/07, in: Lebius-*Reprint*, S. 119-123 (120).

[153] Dr. Kurt Theodor Larrass (1874–1949): Untersuchungsrichter am Kgl. Landgericht Dresden.

Diese also vor der Abfassung seiner Lebensgeschichte (1910) erstattete Aussage bezeugt zunächst noch auffälliger, wie sehr damals die Einzelheiten des Vorkommnisses noch in seinem Gedächtnis hafteten, sodass die behauptete „Erinnerungslosigkeit"[154] immer unglaubhafter wird. Widerspruchsvoll bleibt auch die Darstellung in der Lebensbeichte, wo nur von einer bekannten Frau, nicht von der Frau des Wachtmeisters, gesprochen und nicht erzählt wird, dass die Frau Wachtmeister ihm die Uhr in die Unterhosen habe hinabgleiten lassen. Auf dem Seminar lässt ihn der Sohn eines Gendarms in die Falle gehen, hier will ihn die Wachtmeistersfrau retten! Die Aussage vor Gericht vom Jahre 1908 macht aber Mays Darstellung auch sonst immer unglaubhafter. Der ihn festnehmende Chemnitzer Gendarm hätte ihm nicht sofort die Uhr abgenommen, hätte ihn nicht sofort verhört? Die Frau Wachtmeister hätte sich so töricht in die Amtsgeschäfte ihres Mannes gemischt und dem jungen Mann die Uhr in die Unterhose fallen lassen? Der beschuldigte Fabrikschullehrer hätte zu seiner Verteidigung, da ihn die in der Unterhose gefundene Uhr schwer belastete, nicht geltend gemacht, dass er der Frau Wachtmeister den Besitz der Uhr sofort eingeräumt und dass diese sie selbst bei ihm versteckt habe? Und alles dies, um die Frau Wachtmeister nicht bloßzustellen und damit der Wachtmeister – vielleicht – seine Stelle nicht verlöre, während es bei ihm selber nach den früheren Ereignissen viel ernster um Verlust seiner Lehrerstelle ging? Schon wieder Märtyrer? Alles dies ist ungereimt und unglaubhaft, belegt aber einen wichtigen Charakterzug Mays: Naivität, die sich übrigens auch in seinen Erzählungen auf Schritt und Tritt nachweisen lässt. Karl May ist von einer solchen – oft rührenden – Naivität, wie sie ein sächsischer Schulmeister nur haben kann.

III. „Im Abgrund"

1. Das Verfahren in Leipzig [1865]

In dem erwähnten Mittweidaer Urteil vom 13.04.1870 ist „durch die dem Angeklagten in der Hauptverhandlung vorgehaltenen, auf dem den Akten vorgehefteten Personalbogen ersichtlichen amtlichen Skizzen und durch die bezüglichen Zugeständnisse des Angeklagten tatsächlich festgestellt worden"[155], dass May im Jahre 1865 wegen in den Jahren 1864 und 1865 unter erschwerenden Umständen verübten gemeinen Betrugs vom Bezirksamt Leipzig unter Berücksichtigung seiner Rückfälligkeit zu 4 Jahren 1 Monat Arbeitshaus

---

[154] May: *Mein Leben und Streben*, S. 107.
[155] Strafverfahren ./. Karl May. Kgl. Bezirksgericht Mittweida, Urteil vom 13.4.1870 – Abt. II. Nr. 771, in: Lebius-*Reprint*, S. 12-17 (12f.).

verurteilt worden ist und diese Strafe vom 14. Juni 1865 ab, jedoch infolge eingetretener Begnadigung nur bis zum 2. November 1868 verbüßt hat.[156]

Die einschlägigen Akten des Bezirksamtes Leipzig sind nicht mehr vorhanden, sie sind 1904 ordnungsgemäß vernichtet worden[157], ohne dass aus ihnen Abschriften entnommen worden wären oder irgendjemand mündliche Mitteilungen gemacht hätte. Aber aus den diesen Akten vorausgegangenen Akten Nr. 80463 des Polizeiamtes Leipzig[158] lassen sich die Tatsachen hinreichend erkennen. Um den Tatbestand in der historischen Form festzuhalten, folgen die Auszüge aus den Polizeiakten im Wortlaut.[159] Danach zeigt dem Polizeiamt Leipzig am 20. März 1865 Herr Hermann Hennig, im Geschäft seiner Mutter, der verw. Johanna Rosina Hennig, Essigfabrikantin, Thomaskirchhof 12, tätig, Folgendes an:

Nachmittags gegen 3 Uhr sei zu seiner Mutter ein junger Mann, ca. 25 Jahre alt, mit blassem Gesicht, blonden halblangen Haar, ohne Bart, ca. 73 Zoll groß und von schlanker Statur, bekleidet mit braunem Tuch, grauen Hosen und Deckelmütze gekommen und habe sich mit derselben sofort über eine Wohnung, die dieselbe zu vermieten hatte und heute im Tageblatt annonciert habe, geeinigt. Kurz darauf sei der junge Mann, der sich Noten- und Formenstecher Hermin genannt habe, wieder gegangen und habe eine Geldtasche, die er umhängen gehabt [habe], in den Kleiderschrank gehangen. Weitere Effekten habe derselbe nicht bei sich gehabt. Ca. ¾ 5 Uhr sei der angebliche Hermin wieder nach Hause gekommen, und kurz darauf habe ein Kürschnerbursche einen Biberpelz gebracht; der Kürschnerbursche sei mit in die von Hermin gemietete Stube gegangen und habe nach ungefähr einer halben Stunde, als er – Anzeigerstatter – in die Stube gekommen, ihn gefragt, wo der Käufer des Pelzes sich aufhalte, der ihn schon eine geraume Zeit habe warten lassen. Man habe nun den Hermin der sich bei dem Verkäufer des Pelzes, Kürschnermeister Erler,

[156] Karl May wurde am 14.6.1865 von Leipzig nach Zwickau gebracht und als Sträfling Nr. 171 im Arbeitshaus Schloss Osterstein registriert, wo er seine Freiheitsstrafe von vier Jahren und einem Monat absitzen sollte. Am 2.11.1868 wurde May auf Antrag des Direktors Emil Eugène Carl d'Alinge (1819–1894) wegen guter Führung und „in Folge Allerhöchster Gnade" vorzeitig entlassen; vgl. Seul: *Old Shatterhand vor Gericht*, S. 58-64.

[157] Vgl. hierzu die ausführliche Darstellung zur Aktenvernichtung bei Steinmetz: *Schatten der Vergangenheit*, S. 194-274.

[158] Vgl. Stadtarchiv Leipzig, Polizeiamt der Stadt Leipzig Nr. 7, Akten des Polizeiamts der Stadt Leipzig, Carl Friedrich May aus Ernstthal betreffend. (→ Polizeiamt Leipzig). Ergangen im Jahre 1865. Az: I. 80463, Bl. 1a-9b. In: Hans Buchwitz: Ein Dossier mit Geschichte. Die Leipziger Polizeiakte Karl Mays. (→ Buchwitz: Dossier). In: KMHI Nr. 11/1998, S. 32-46. – Die nachfolgenden Ausführungen Wulffens sind im Wesentlichen der Akte entnommen.

[159] Vgl. zum Ablauf Straftaten Mays auch die erste wissenschaftlich-fundierte Gesamtdarstellung bei Hainer Plaul: *Alte Spuren. Über Karl Mays Aufenthalt zwischen Mitte Dezember 1864 und Anfang 1865*. In: *JbKMG 1972/73* (→ Plaul: *Alte Spuren*). Hamburg 1972, S. 195-214.

Hermes genannt habe, gesucht, denselben jedoch nicht gefunden. Augenscheinlich sei derselbe mit dem Pelze, den er seinen Wirtsleuten zu zeigen angegeben, sofort die Treppe hinuntergelaufen, habe auch die Stube nur zu dem Zweck gemietet, um den Betrug mit dem Pelze ausführen zu können. Der gleichzeitig miterschienene Otto Erler hat den angeblichen Hermin genau so, wie oben bemerkbar, beschrieben und erklärt: Derselbe sei heute nachmittag in das Geschäftslokal, wo nur seine Mutter anwesend gewesen, Brühl Nr. 73, gekommen, habe einen Biberpelz mit Biberfutter und desgleichen Aufschlag und schwarzem Tuchüberzug für 72 Thaler gekauft und ihm den Auftrag gegeben, denselben in seine Wohnung bei Frau Hennig „Im Sack"[160] zu tragen. Dies habe er auch getan, habe den angeblichen Hermes angetroffen und demselben den Pelz übergeben und nun auf die Zahlung gewartet. Hermes sei damit zur Stube hinausgegangen, um den Pelz seinen Wirtsleuten zu zeigen, sei jedoch nicht wiedergekommen. Nach einer halben Stunde habe er mit Herrn Hennig den angeblichen Hermes gesucht, derselbe sei jedoch aus der Hennigschen Wohnung verschwunden gewesen. In derselben hat der Fremde das beiliegende Briefkouvert zurückgelassen und bei dem Kürschner Erler die mitfolgende Adresse abgegeben. Die Geldtasche, die der Fremde in den Kleiderschrank der Frau Hennig gehangen, habe er, auf welche Weise ist unbekannt, wieder an sich und mit fortgenommen.[161]

Die Polizei hat das Leihhaus und die Pfandleihen benachrichtigt und ersucht, den Pelz gegebenenfalls festzuhalten.

Am 21. März 1865 früh nach 8 Uhr wird vom Leihhause gemeldet, daß ein Biberpelz von Frau Bayer, Hallesche Straße 5, zum Versatz gebracht und letztere angehalten ist. Auf Vorlegen hat Herr Erler den Pelz als denjenigen anerkannt, den gestern nachmittag seine Ehefrau an den beschriebenen jungen Mann verkauft habe. Der Pelz ist eingefordert.

Frau Bayer hat, befragt, angegeben, daß gestern nachmittag nach 5 Uhr ein junger Mann einige 20 Jahre, schlank, ohne Bart, mit blassem Gesicht, bekleidet mit schwarzem Rock und schwarzseidener Mütze, der im Halstuch 2 Stecknadeln getragen, zu ihr gekommen sei, ihr den fraglichen Pelz zum Versatz auf dem Leihhause überbracht und, da sie ihm gesagt, daß sie den Versatz erst am nächsten Tage vornehmen könne, vorläufige Zahlung von 10 Thalern verlangt habe. Diese Summe habe sie dem Fremden, der sich Friedrich genannt, nach Rücksprache mit ihrem Ehemann auch gegeben, worauf sich der angebliche Friedrich entfernt

---

[160] Der „Sack" ist eine kleine Sackgasse in Leipzig, die parallel zur Burgstraße an der östlichen Front des Thomaskirchhof nach Südosten verläuft.

[161] *Polizeiamt Leipzig*, Bl. 1a bis 2a; Buchwitz: *Dossier*, S. 32-46 (38f.).

und das übrige Geld am folgenden Tage, vormittags 9 Uhr abholen zu wollen erklärt habe. Für den Pelz hat sich Frau Bayer soviel geben lassen sollen, als das Leihhaus darauf zu geben imstande sein würde. Der Polizeidiener Lindner hat sich sofort mit Diener Krug in die Wohnung der Bayer verfügt, um den Fremden, wenn er sich einfinden würde, in Beschlag zu nehmen. Der Fremde hat sich jedoch weder um 9 noch später bei Frau Bayer wieder sehen lassen.[162]

Unter dem 27. März 1865 wird in den Leipziger Polizeiakten weiterhin Folgendes berichtet:

Gestern nachmittag 3 Uhr hat Frau Bayer, Hallesche Straße 5, hier melden lassen, daß ein Packträger soeben unter Überreichung des Zettels sub 1, den man eingefordert hat, Zahlung desjenigen Betrages verlangt hat, welchen sie nach Gewährung der 10 Thaler von dem beim Leihhaus verlangten Pfandbetrag für den Pelz noch übrig habe, sowie daß der Packträger (Karl Heinrich Müller[163], Thomaskirchhof I 10) in ihrer Wohnung warte. Die sofort dahin abgegangenen Diener Beutner[164] und Wolf[165] haben den Packträger in der Bayerschen Wohnung nicht mehr angetroffen und von Frau Bayer erfahren, daß ihr Mann mit demselben in das Rosenthal gegangen sei, um denjenigen, der dem Packträger den Auftrag zur Abholung des Geldes gegeben habe und an gedachtem Platz auf Rückkehr seines Boten habe warten wollen, festzuhalten. Die Diener Beutner und Wolf haben sich nun eiligst in das Rosenthal begeben, sind dort kurz nach dem Packträger und Herrn Bayer eingetroffen und haben einen fremden Mann, mit dem der Packträger, nachdem er von jenem zu Abgabe des Geldes in das Gebüsch gerufen worden ist, gerungen hat, ergriffen und nachher mittels eines Fiakers hierher transportiert. Bei dem Ringen mit dem Packträger, der anfänglich sich so gestellt hat, als ob er das Geld bringe und so dem Fremden ganz nahe gekommen ist und ihn nun gepackt hat, ist dem Fremden ein Beil (folgt sub 2 bei), welches derselbe bei sich geführt hat, unter dem Rocke vorgeglitten.

Der Arretierte ist anfänglich ganz regungslos und anscheinend leblos gewesen und hat auch, nachdem der Polizeiarzt herzugerufen wurde, nicht gesprochen und erst später angegeben, daß er Karl Friedrich May heiße, in Ernstthal heimatberechtigt und dort Lehrer gewesen sei und seit dem 28. Februar dieses Jahres in Gohlis, anfänglich bei dem Hausbesitzer Ernst Wilhelm Damm, Möckernsche Straße 28 I, dann aber bei

[162] *Polizeiamt Leipzig*, Bl. 2b bis 3a; Buchwitz: *Dossier*, S. 32-46 (39).
[163] Packträger Carl Heinrich Müller (1824–1883).
[164] Polizeidiener Ernst Adolph Hermann Beutner (1830–unbekannt).
[165] Polizeidiener Friedrich Ernst Wolf (unbekannt).

dem Stahlstecher Schule, in dem nämlichen Hause wohnhaft, gewohnt habe. Das Beil ist, Eigentum der gedachten Schule, in dem nämlichen Hause, in Besitz Mays gewesen und von demselben gestern mit zur Stadt gebracht worden. Bei einer Visitation in der Wohnung Mays hat man die Umhängetasche desselben (sub 3), den Heimat- und Verhaltschein Mays (sub 4, 5), einen Verhaltschein des Ortsgerichtes zu Naußlitz (sub 6) aufgefunden. May ist gestern nachmittag aufgehoben worden. Er hat die Schriftstücke sub 7-13 sammt dazu gehörigen Kouverts, einen Pfandschein des Pfandleihers Bitterlich (sub 14), zwei Zettelchen (Adressen von hier und Dresden enthaltend, sub 15/16), ein Portemonaie mit 20 Pfennigen, 3 Münzen und einen unechten Ring (sub 17), ein Rasiermesser (sub 18) und einige Toilettengegenstände, Bleistift pp (sub 19) bei sich gehabt.

Heute früh ist May sowohl Herrn Hermann Hennig als Frau Friederike Erler geb. Krumbach vorgestellt und von beiden als der Ermieter des Logis „Im Sack" bezw. als Käufer des Biberpelzes anerkannt worden. May hat auch eingeräumt, daß er sich auf die Fol. 1 folgende angegebene Weise den Pelz des Herrn Erler zu erschwindeln gewußt habe. Ferner ist derselbe auf Vorhalt, daß er der im Gendarmerieblatt Band X Stück 50, Seite 291 Nr. 19[166] aufgeführte Unbekannte sei, welcher sich in Chemnitz auf betrügerische Weise 2 Pelze von Bisam und 2 Frauen-Pelzkragen im Dezember vorigen Jahres erschwindelt habe, nicht in Abrede zu stellen imstande gewesen, daß er in Wahrheit der dort aufgetauchte Seminarlehrer, welcher sich Ferdinand Lohse genannt habe, sei. Die betr. Requisition wird beigelegt. May ist nicht über Leipzig gekommen, hat vielmehr seiner Angabe zufolge die beiden Pelzpelerinen[167] an ein ihm unbekanntes

---

[166] *Königlich Sächsisches Gendarmerieblatt.* Zehnter Band (Juli bis mit December 1864). Dresden 1864, S. 291f., Nr. 19:

Unbekannter. Alter: ca. 26 J.; Größe: 72"; Haare: blond; Bart: kurzer dünner Backenbart; Gesicht: hager, länglich; Kleidung: dunkler kurzer Ueberzieher, seidne Mütze u. türkisches Shawltuch. Derselbe, welcher eine Stahlbrille getragen hat, hat am 16. huj. [dieses Monats] in einer hiesigen Pelzhandlung sich betrügerischer Weise die unten näher beschriebenen Pelze und Pelzkragen (Werth über 100 Thlr.) erschwindelt. – Der eine Pelz, bereits etwas getragen, von naturellem Bisam mit russisch-grünem Tuche überzogen, am Kragen etwas fettig, inwendig mit einer Seitentasche versehen, in welcher mit gelber Seide sich zwei halbe Buchstaben eingenäht befinden; der andere Pelz, gleichfalls von naturellem Bisam und mit russisch-grünem Ueberzuge, ist vollständig neu, hat inwendig eine mit schwarzem Kattun gefütterte Seitentasche, Schnurrenhenkel zum Zuknöpfen u. ist auf der rechten Vorderseite mit 2 Knöpfen versehen. Die beiden Frauenpelzkragen sind ebenfalls von naturellem Bisam, elffellig gesteppt u. haben braunes Futter. – Wir bemerken, daß sich der Schwindler am 16. h. m. mit dem um 3 Uhr nach Leipzig gehenden Eisenbahnzuge von hier entfernt hat, und bitten um thunliche Mitwirkung zur Entdeckung des Diebes u. Wiedererlangung der Pelze. Stadtpol. Beh. Chemnitz, den 19./12. 64.

*) Der Schwindler ist jedenfalls identisch mit dem nach Bd. X., S. 267, Nr. 20, u. S. 280, Nr. 22 in Döbeln auf gleiche Weise aufgetr. Unbekannten, angeblich Geschäftsreisenden für Kriebitzsch in Chemnitz. D. Red.

[167] Pelzpelerin = Pelzmantel, Pelzumhang oder Pelzstola.

Frauenzimmer für 6 Thaler in Freiberg, den neuen Pelz für 20 Thaler an den Gutsbesitzer Fickler in Naußlitz bei Dresden verkauft und den älteren Pelz für 15 Thaler in Dresden versetzt, angeblich auf den sub 14 beigefügten Pfandschein.

Ferner hat May auf Vorhalt auch eingeräumt, daß er der im Gendarmerieblatt Band X Stück 7 Seite 42 Nr. 22[168], Seite 92 Nr. 17[169] und Seite 123 Nr. 23[170] gesuchte in Penig aufgetauchte Betrüger, der sich Dr. med. Heilig genannt hat, sei. Seiner Angabe zufolge hat er den erschwindelten Winterüberzieher und die Weste noch (die Beschreibung paßt genau auf diese beiden Kleidungsstücke) und will den anderen Rock und die beiden Paar Beinkleider, nachdem er diese Kleidungsstücke einige Zeit getragen, an einen ihm den Namen nach nicht bekannten Trödler in Chemnitz für 5 Thaler verkauft haben.

Das Beil will May deshalb bei sich geführt haben, um es in Leipzig schärfen zu lassen (Sonntags).

Schließlich wird noch erwähnt, daß der frühere Logiswirth Mays, Herr Damm, angezeigt hat, daß ihm aus einem unverschlossenen Kasten,

---

[168] *Königlich Sächsisches Gendarmerieblatt.* Zehnter Band (Juli bis mit December 1864). Dresden 1864, S. 42, Nr. 22: **Unbekannter Betrüger,** angebl. ein Arzt auch Rochlitz. Alter: 21 bis 23 J.; Größe: 68 – 69"; Statur: mittel u. schwach; Gesicht: länglich, blaß; Haare: dunkelbraun; Nase und Mund: proport.; Stirn: hoch und frei; Kleidung: schwarzer Tuchrock mit sehr schmutzigem Kragen, dunkle Bukskinhosen, lichte Bukskinweste, schwarzseidene Mütze u. Schnürstiefeln. Er hat eine Brille mit Argentangestell u. an einem Finger der rechten Hand 1 Ring getragen; von freundlichem, gewandtem und einschmeichelndem Benehmen, hat sich der Betrüger, welcher übrigens den in dieser Gegend üblichen Dialect gesprochen, auch noch den Anstrich einer wissenschaftlichen Bildung zu geben gewußt. Aus einem von ihm geschriebenen, zur Ansicht an Amtsstelle bereit liegenden Recepte, läßt sich, da die darauf vorkommenden lateinischen Worte faßt ohne Ausnahme correct geschrieben sind, recht wohl schließen, daß der Betrüger eine mehr als gewöhnliche Schulbildung erhalten haben mag. Am 16. Ms. hat in einem Kleidermagazine allhier die vorbeschriebene Mannsperson, welche sich für einen Arzt aus Rochlitz ausgegeben, folgende durchweg ganz neue Kleidungsstücke, als 1 schrzen Bukskinüberziehrock, 1 schrzen Stoffrock, 1 Pr. schrze Bukskinhosen, 1 Pr. Lichte Bukskinhosen u. 1 schrze Stoffweste betrügerischer Weise an sich gebracht. Der Betrüger ist zu ermitteln u. zu Wiedererlangung der bezeichn. Kleidungsstücke ist mitzuwirken. G.-A. Penig, den 20/7. 64.

[169] *Königlich Sächsisches Gendarmerieblatt.* Zehnter Band (Juli bis mit December 1864). Dresden 1864, S. 92, Nr. 17: **Unbekannter Betrüger** in Penig, angebl. Dr. med., Augenarzt und früher Militär aus Rochlitz namens **Heilig** (s. Bd. X., S. 42, Nr. 22; S. 50, Nr. 24, u. S. 78, Nr. 11). Die Bekanntm. a. erstangef. Orte wird, da sie bisher ohne Erfolg geblieben ist, andurch erneuert. Da der Betrüger wahrscheinlich seine alten Kleider sehr bald nach Erschwindelung der neuen (s. die oben zuerstangeführte Stelle) irgendwo veräußert haben wird. So werden die Polizeiorgane insbesondere darauf hingewiesen, daß namentlich auch sorgfältige Nachfrage bei den Trödlern zur Entdeckung des Unbekannten führen kann. Uebrigens hat derselbe einmal Stiefeln mit Sporen, das andere Mal Schnürstiefeln getragen u. sein dkelbrns Haar ist glatt anliegend u. etwas unordentlich lang gewachsen. Seine Haltung war steif u. linkisch, sein Benehmen freundl. u. gewandt. G.-A. Penig, d. 12/8. 64.

[170] *Königlich Sächsisches Gendarmerieblatt.* Zehnter Band (Juli bis mit December 1864). Dresden 1864, S. 123, Nr. 23: **Unbekannter Betrüger** in Penig, angebl. Dr. med. Heilig a. Rochlitz (s. Bd. X., S. 42, Nr. 22; S. 50, Nr. 24; S. 78, Nr. 11, u. S. 92, Nr. 17). Wegen des an den angef. Stellen erwähnten Betrugs ist begründeter Verdacht auf den bereits wegen ähnlicher Betrügereien im Jahre 1862 von der Universität Leipzig relegirten Studenten der Chirurgie.

der in der Schlafkammer Mays gestanden, 2 Stück Schirting[171] 6/4 Ellen breit und je 6-8 Ellen lang, verschwunden seien. Diesen Diebstahl stellt May beharrlich in Abrede.[172]

In den Leipziger Polizeiakten befindet sich weiter ein Telegramm[173] vom 16. Dezember 1864 aus Chemnitz:

„An die Polizeibehörde Leipzig. Heute hat hier ein Mann, vorgeblich Ferdinand Lohse, Seminarlehrer in Plauen, 2 Bisampelze mit Klappkragen und 2 große Bisamkragen in Kartons (Firma Oskar Nappe) erschwindelt. Der Betrüger, 26 Jahre, 72 Zoll, blondes Haar, kurzen dünnen Backenbart, Stahlbrille, ist nachmittags mit Leipziger Bahn flüchtig geworden, trägt kurzen dunklen Überzieher, seidene Mütze, türkisches Shawltuch, lederne Umhängetasche. Bitte um Aufgreifung und Nachricht. Die Stadt-Polizeibehörde.“

Endlich ergeht in den Leipziger Polizeiakten die Nachricht vom Untersuchungsrichter in Leipzig, dass May zu 4 Jahren 1 Monat Arbeitshaus verurteilt[174] ist und die Strafe am 14. Juni 1865 angetreten hat; er ist dann nach erfolgter Begnadigung am 2. November 1868 entlassen worden.

Aus der Handtabelle[175] der Strafanstalt Zwickau, wo May diese Strafe verbüßt hat, habe ich die entsprechenden Einträge abschriftweise (s. u.) herbeigezogen; die Anstaltsakten sind nicht mehr vorhanden.

Im Sächsischen Gendarmerieblatt vom Jahre 1864 finden sich eine Reihe Steckbriefe (Band X, Stück 7, Seite 42 No. 22, Stück 50[,] Seite 291 No. 19, Seite 123 No. 23) danach im Dezember 1864 in Döbeln, in Chemnitz, in Rochlitz und Penig Betrüger aufgetreten sind, die es auf Pelzsachen und sonstige Kleidungsstücke abgesehen hatten. Wie schon angegeben, hat May bei seiner Festnahme eingeräumt, der Täter in Döbeln und Penig gewesen zu sein, und Einzelheiten über den Verbleib der erlangten Sachen gemacht. Nach dem Steckbrief No. 22 hat er am 1. Dezember 1864 in einem Döbelner Pelzgeschäft (Kürschnermeister Peters) einen Pelz erhandelt und mit einem gefälschtem Wechsel 01. 01. Hohenstein [?], 14. November 1864 bezahlen wollen, als aber der Verkäufer das Geschäftslokal um die Echtheit des Wechsels zu erfragen, auf kurze Zeit verlassen hatte, ist auch der Käufer verschwunden. Der Betrug schien also beim Versuch geblieben zu

---

171 Shirting (engl.): Hemden-Linnen oder Leinwand.
172 *Polizeiamt Leipzig*, Bl. 3b bis 8a; Buchwitz: *Dossier*, S. 32-46 (40ff.).
173 *Polizeiamt Leipzig*, Bl. 9a; Buchwitz: *Dossier*, S. 32-46 (43).
174 Vgl. *Polizeiamt Leipzig*, Bl. 9b; Buchwitz: *Dossier*, S. 32-46 (43).
175 Handtabelle der Strafanstalt Zwickau 1863–1865, in: Forst-Battaglia: *Karl May* (1966), S. 13; Buchwitz: *Dossier*, S. 32-46 (37).

sein.[176] Der in Penig aufgetretene angebliche Dr. med. Heilig – man erwäge auch die Bedeutung dieses Namens! – wird übrigens im Gendarmerieblatt X. Band unter verschiedenen Steckbriefnummern (No. 22, 24 No. 11 und 17) erwähnt, sodass möglicherweise mehrere Fälle unter diesem Namen in Frage kommen. Da diese Fälle dem Leipziger Pelzbetrug ähneln und die Leipziger Verurteilung zu der hohen Strafe von 4 Jahren Arbeitshaus schwerlich nur einen einzigen Straffall betroffen haben kann, so wird die Annahme richtig sein, dass die erwähnten Steckbrief-Fälle in die Leipziger Strafe einbezogen sind.

Betrachtet man die kurzen aktenmäßigen Unterlagen, so muss immerhin die Verurteilung Mays im Jahre 1865 als hinreichend begründet erscheinen. Es handelt sich um eine Reihe gleichartiger Betrügereien – auf Pelzstücke oder Kleidungsstücke gerichtet –, die eine gewisse Planmäßigkeit erkennen lassen. Das Gaunerstückchen gegenüber dem Leipziger Kürschnermeister Erler gehört zu den beliebtesten und immer wieder erfolgreichen der Kriminalgeschichte. May hat es „übernommen" und ist keineswegs der originale Urheber; tausendfach ist es nach ihm verübt worden. Selbst große Betrüger und Hochstapler haben diesen Trick nicht verschmäht. Man muss zugeben, dass May ganz besonders raffiniert zu Werke gegangen ist, sofern er mit zwei vorgeschobenen Personen „arbeitete", der Frau Bayer den Auftrag zur Verpfändung nachmittags 5 Uhr, da das Leihhaus zweifellos nicht mehr zu erreichen war, gab und sich so von vornherein den Vorschuss von 10 Talern sicherte. Aber des späteren Kara Ben Nemsis Überlegenheit und Sicherheit besaß der junge May in diesem Falle nicht; im Gebüsch auf den Dienstmann wartend, wurde er selbst getäuscht, überrumpelt und festgenommen. Übrigens schildert der spätere Reiseschriftsteller gelegentlich doch auch solche Unvorsichtigkeiten Kara Ben Nemsis, die ihn vorübergehend in Gefangenschaft bringen. Die Erwartung des Packträgers mit dem Geld im Gebüsch des Rosentales entbehrt nicht einer gewissen Romantik. Ob May das Beil seines Logiswirtes als Waffe bei sich geführt hat, bleibt vielleicht unaufgeklärt, dass er es an einem Sonntage in der Stadt habe schleifen lassen wollen, ist verdächtig. Zieht man die in den Fällen von 1869 nachgewiesene Ausrüstung mit Terzerol zum Vergleiche heran, so wird nicht unwahrscheinlich, dass May das Beil tatsächlich als Waffe, um wenigstens mit ihr drohen zu können, für den Notfall bei sich

---

[176] Tatsächlich glaubten die Behörden während ihrer Fahndung, dass May noch für andere Straftaten ähnlicher Couleur verantwortlich gewesen sei. So heißt es u. a. in der Fußnote des Steckbriefs des *Königlich Sächsischen Gendarmerieblatts*. Zehnter Band (Juli bis mit December 1864). Dresden 1864, S. 292, Nr. 19: „Der Schwindler ist jedenfalls identisch mit dem nach Bd. X, S. 267, Nr. 20, u. S. 280, Nr. 22 in Döbeln auf gleiche Weise aufgetret. Unbekannten, angeblich Geschäftsreisender für Kriebitzsch in Chemnitz. D. Red." Diese Annahme ist nach bisherigem Forschungsstand nicht zutreffend. Nun sind zwar die Akten des Verfahrens nicht mehr vorhanden, doch existiert ein ausführlicher Prozessbericht, aus dem sich gleichfalls kein weiteres Delikt Karl Mays in Döbeln ergibt (vgl. Oeffentliche Gerichtssitzung, in: *Leipziger Tageblatt und Anzeiger*. Amtsblatt des Königl. Bezirksgerichts und des Rathes der Stadt Leipzig. No. 161, Sonnabend, den 10. Juni 1865).

geführt hat. Auch diese Reminiszenz wird dem Reiseschriftsteller gegenwärtig gewesen sein. Im Gegensatz zu seinem späteren Verhalten im Jahre 1869 ist May jetzt (1865) alsbald geständig. Er hat den Augenzeugen gegenüber nicht in Abrede gestellt, der Logismieter Hermin und der Pelzkäufer Hermes zu sein. Er scheint sogar, ohne durch Legitimationspapiere, die er nicht bei sich führte, genötigt worden zu sein, schließlich aus freien Stücken seinen richtigen Namen und seine Wohnung genannt zu haben. Aber vorher ist er nach dem Polizeibericht eine Zeitlang „ganz regungslos und anscheinend leblos gewesen und hat auch, nachdem der Polizeiarzt herzugerufen wurde, nicht gesprochen"[177].

Man kann hierbei an eine physische und psychische Wirkung der peinlichen Überraschung und sicher nicht erwarteten Festnahme im Gebüsch des Rosentales denken. Eine physische Erschöpfung durch Not und Hunger scheint kaum in Frage zu kommen.[178] Am 21. März hatte May von der Bayer 10 Taler als Vorschuss auf den zu versetzenden Pelz erhalten. Freilich besaß er bei seiner Festnahme nur noch 20 Pfennige. Wie er die nicht geringe Summe so schnell verbraucht hat, bleibt unaufgeklärt; vielleicht hat er Logis- und Kostschulden bezahlt. Man würde wohl eine Bemerkung des Polizeiarztes im Bericht finden, wenn May etwa im Erschöpfungszustande „ganz regungslos und anscheinend leblos" befunden worden wäre. Man kann auch an eine vorbedachte Verstellung, eine Simulation des Verhafteten, denken, der angesichts seiner peinlichen Lage sich zum Mindesten erst sammeln und einen Entschluss hinsichtlich seiner Verteidigung fassen wollte. Es war ja die erste Festnahme, die er seit dem Dezember 1861 (Uhrdiebstahl) erlebte. Dabei hatte er ja schon Monate zuvor in Chemnitz und Penig ähnliche Betrügereien verübt, ohne dass er bisher entdeckt worden war. Vielleicht kam er auch als Täter in anderen Fällen in Frage, ohne dass sich ein Verdacht auf ihn gelenkt hat. Die Fama spricht ja davon, dass May mit einem berüchtigten Louis Krügel in jener Zeit ein wahrhaftes Räuberleben geführt habe.[179] Tatsächliche Unterlagen hierfür sind nicht vorhanden. Was aber hierüber der Schriftsteller Rudolf Lebius in seiner Privatklagesache 33 B. 295409 des Amtsgerichtes

---

[177] Stadtarchiv Leipzig, *Polizeiamt Leipzig*, Nr. 7 – I. 80463, Bl. 6a-8a, in: Buchwitz: *Dossier*, S. 32-46 (41).

[178] Die Untersuchung Mays wurde vermutlich vom Kgl. Sächsischen Justizrath Dr. Eduard August Steche (1796-1872), Gerichtsrath am Bezirksgericht Leipzig, durchgeführt.

[179] Lebius hatte in einem Artikel (*Hinter die Kulissen*. In: *Der Bund*, Nr. 54 vom 19.12.1909) behauptet, dass der junge Karl May zusammen mit Louis Napoleon Krügel (1848–1900) eine Räuberbande angeführt und zahlreiche Delikte im Stile eines Schinderhannes im Erzgebirge ausgeführt habe. Krügel hatte bereits während seiner 6-jährigen Militärzeit ab 1868 mehrfach Freiheitsstrafen, u. a. Festungshaft und Militärgefängnis (bis 1870), verbüßt. Allein aus diesen nachgewiesenen Gründen konnte er überhaupt nicht gemeinsam mit May Straftaten begangen haben, da dessen Straftaten genau in den Zeitraum der Militär- bzw. Haftzeiten Krügels fielen (vgl. Klaus Hoffmann: *Karl May als „Räuberhauptmann" oder Die Verfolgung rund um die sächsische Erde. Karl Mays Straftaten und sein Aufenthalt 1868 bis 1870, 2. Teil*. In: *JbKMG 1975*. Hamburg 1974, S. 243-275 [256]).

Charlottenburg[180] in einem ausführlichen Schriftsatze vorgebracht hat, entzieht sich der Nachprüfung. Die Darstellung ergibt zunächst im Vergleich zu aktenmäßigen Unterlagen Unrichtigkeiten vermischt mit Tatsachen. Da Krügel später erwischt und zu hoher Strafe verurteilt wurde, wäre es sonderbar, wenn er May als seinen Spießgesellen nicht verraten hätte. Vielleicht hat May einige der ihm hier nachgerühmten Streiche begangen. Aber es ist doch merkwürdig, dass in den Mittweidaer Akten der Staatsanwalt auf Straftaten, gemeinschaftlich mit Krügel verübt, gar nicht zukommt. Er scheint also nicht viel davon gehalten zu haben. Diese Beschuldigungen müssen bei der Beurteilung völlig ausscheiden.

Immerhin ist bezeichnend für seinen Charakter und seinen inneren Zustand bei seiner Verhaftung in Leipzig, dass er alsbald einräumt, als falscher Seminarlehrer Ferdinand Lohse in Chemnitz und als Dr. med. Heilig in Penig

---

[180] Es kann sich bei dieser Angabe nur um ein Missverständnis handeln. Das von Wulffen angegebene Aktenzeichen 33. B. 295409 ist fehlerhaft, da es nicht dem üblichen Aktenzeichenaufbau entspricht. Vorhanden sind zwar die Kennzahl (33) und die Verfahrensart (B.). Folgen müssten daraufhin die Angabe der laufenden Nummer und die getrennt angegebene Jahreszahl, in der das Verfahren anhängig wurde. Stattdessen wird jedoch eine sechsstellige Zahl angegeben. Tatsächlich gab es – bezogen auf den Zeitraum und den von Wulffen erörterten Sachzusammenhang – das Privatklageverfahren Karl May ./. Rudolf Lebius vor dem Kgl. Amtsgericht Charlottenburg mit dem Aktenzeichen 35. B. 295/09. Schon die Ähnlichkeit der Zahl 295409 mit der laufenden Nummer und der Jahreszahl dieses Verfahrens lassen die Vermutung stichhaltig erscheinen, dass es sich um dasselbe Verfahren handelt und dass versehentlich aus dem Querstrich eine 4 wurde. Auch die Kennzahlen liegen eng beieinander. – Dem Privatklageverfahren Karl May ./. Rudolf Lebius – 35. B. 295/09, Kgl. Amtsgericht Charlottenburg lag folgender Sachverhalt zugrunde: Rudolf Lebius führte – von einer kurzen zeitlichen Unterbrechung abgesehen – seit 1904 einen hasserfüllten, publizistischen Kreuzzug gegen May. Lebius' Motivation wird in einer Mischung aus Neid, einer originären Boshaftigkeit und vermutlich auch einer „herostratischen Ruhmsucht" zu suchen sein. In seinen Artikeln, Flugblättern und Briefen stellte er May in der Öffentlichkeit als unmoralischen Schwindler und Verderber der Jugend dar, was zu einer Unmenge juristischer Konflikte führte. Der Journalist verführte und manipulierte im Rahmen seines Vorgehens auch Personen aus dem Umfeld des Schriftstellers; insbesondere dessen erste Ehefrau Emma Pollmer ließ sich von Lebius immer wieder gegen May instrumentalisieren. Nachdem Emma Pollmer jedoch im Spätherbst 1909 eine weitere Beteiligung an der Kampagne gegen den Ex-Gatten verweigerte, wandte sich Lebius an die in Weimar lebende Großherzoglich-Sächsische Kammersängerin Selma vom Scheidt (1874–1959). In einem Brief vom 12.11.1909 versuchte er die Sängerin zu einem Einwirken auf ihre Freundin Emma Pollmer zu veranlassen. In seinem Brief heißt es u. a. „Da ich seinerzeit mit dem Schriftsteller Karl May zu, **den ich für einen geborenen Verbrecher halte,** sehr schlechte Erfahrungen gemacht hatte, so wandte ich mich im Frühjahr d. J. an seine geschiedene Gattin, die auch ein Opfer seines kriminellen Egoismus geworden war." Der Brief wurde umgehend von Selma vom Scheidt an May weitergeleitet, der am 17.12.1909 beim Kgl. Schöffengericht Charlottenburg eine Privatklage und Strafantrag gegen Lebius wegen Beleidigung einreichte. Die Verhandlung vor dem Schöffengericht in Charlottenburg fand schließlich am 12.4.1910 statt. Es endete mit dem Freispruch für Lebius. May legte umgehend Berufung ein, über die am 18.12.1911 vor dem Landgericht Berlin-Moabit auch erfolgreich entschieden wurde. Einzelheiten zu dem Berufungsverfahren finden sich bei Seul: *Old Shatterhand vor Gericht*, S. 556-577; Rudolf Beissel: *„Und ich halte Herrn May für einen Dichter …".* Erinnerungen an Karl Mays letzten Prozeß in Berlin. (→ Beissel: *„Und ich halte Herrn May für einen Dichter …"*). In: *JbKMG 1970.* Hamburg 1970, S. 11-46; *Maximilian Jacta: Zu Tode gehetzt. Der Fall Karl May.* In: *Berühmte Strafprozesse. Deutschland III.* München 1972, S. 9-50; Lebius-*Reprint,* S. 289-319; May: *An die 4. Strafkammer*; Claus Roxin: *Ein „geborener Verbrecher". Karl May vor dem Königlichen Landgericht in Moabit* (→ Roxin: *Ein „geborener Verbrecher"*). In: *JbKMG 1989.* Husum 1989, S. 9-36.

aufgetreten zu sein, obwohl ja höchstens ein Verdacht wegen der Ähnlichkeit der Tatausführung auf ihm ruhte, ihn doch aber noch keiner der Augenzeugen wiedererkannt hatte, ja ihm nicht einmal gegenübergestellt worden war. Das später literarisch verwertete Motiv der Medizin führte hier in der Person des Dr. med. Heilig vielleicht schon ein Vorleben. Ob die Wahl der Namen Hermin, Hermes (Götterbote, Gott der Kaufleute und der Diebe), Heilig (für einen Betrüger) in Mays Unterbewusstsein irgendeine Beziehung oder Bedeutung hatte, lässt sich natürlich nicht sagen, sondern nur andeuten. Jedenfalls strich May angesichts der peinlichen Lage alsbald die Segel, gab seine Sache verloren und legte sie in die Hände der Justiz, während er 1869 mit dieser einen verzweifelten Kampf kämpfte.

Der Unterschied in seinem Verhalten fällt also in die Augen. Nimmt man die kriminalpsychologische Erfahrung zu Hilfe und berücksichtigt man Mays ganze spätere Entwicklung, so gehört es zu den Alltäglichkeiten, dass gerade geübte Rechtsbrecher mit gehäufter und verwegener Kriminalität sich sehr leicht zu einem Geständnis entschließen, fast ebenso leicht wie zu den Straftaten selbst, die vorausgingen. Es handelt sich um eine leichte, überbewegliche Lebensauffassung und um einen geläufigen Optimismus, der in Gedanken über Verurteilung und Strafverbüßung schon hinwegspringt und hoffnungsvoll ein neues Leben in der Freiheit – mit oder ohne Verbrechensverübungen – aufbaut. Bei Karl May aber kann man auch annehmen, dass er, sosehr sein kriminelles Dasein in diesen Monaten oder Jahren auf seine abenteuerliche Natur einen bekannten verhängnisvollen Reiz auszuüben vermochte, doch im Innersten nicht an einem solchen Leben hing, das er nur als Vorstudium für seine schriftstellerischen Aufgaben ansehen konnte, sondern geneigt war, mit ihm zu brechen und es, wenn es sein musste, durch Geständnisse und Sühne zum Abschluss zu bringen. Die Vorfälle von 1868/69 zeigen freilich, dass solche Zeit innerer Reife noch nicht für ihn gekommen war. Hierüber ist später Weiteres zu sagen. Man darf also nach den vorhandenen Unterlagen mit Sicherheit annehmen, dass die Verurteilung von 1865 zum Mindesten in der Hauptsache gerechtfertigt war. Aus dem (späteren) Mittweidaer Urteil wissen wir, mit welcher Vorsicht das Gericht seine Feststellungen getroffen hat. Da ist nichts von den Indizienbeweisen unserer Tage zu spüren. Unwahre Geständnisse kommen schwerlich in Betracht, da in dem umständlichen schriftlichen Vorverfahren zweifellos, wie im Mittweidaer Strafprozess, eine Gegenüberstellung mit allen wichtigen Augenzeugen erfolgt sein wird. Ob das Strafmaß zu hart gewesen ist, lässt sich, da das Urteil nicht mehr vorliegt, kaum sagen; es käme auf die Zahl der Fälle und die ertragenen Werte an. Die gehäufte und raffinierte Ausführung besonders im Falle Erler musste die Richter gewiss bedenklich stimmen, zumal der Täter als Lehrer eine gute Vorbildung genossen hatte. Eine verbrecherische Neigung wird übrigens nicht einmal in den Strafzumessungsgründen des Mittweidaer Urteils ausdrücklich erwähnt, das freilich auch von einer wirtschaftlichen Notlage oder Bedrängnis nicht spricht. Auch hierüber später. Jedenfalls war die ausgeworfene Strafe von 4 Jahren 1 Monat Arbeitshaus bei Mays Jugend und geringer Vorstrafe keine milde, sondern streng, empfindlich, schwer. Das Justizministerium hat schließlich Gnade walten lassen und die Strafe um etwa 6 Monate[181] gekürzt.

2. Das Verfahren in Mittweida [1870]

Um Karl Mays Charakterbild aus der damaligen Zeit völlig zu erfassen, lässt es sich leider nicht umgehen, auf die Einzelheiten seiner weiteren Straftaten einzugehen. Wir müssen erfahren, was ihm damals zuzutrauen war. Interessante Einzelzüge münden auch schon in seine spätere Schriftstellerei ein. Dieser Zusammenhang wird für uns besonders wertvoll.

Nach der ausdrücklichen Feststellung des Mittweidaer Gerichtsurteils vom 13. April 1870 hat May in der Hauptverhandlung ein „umfassendes und glaubhaftes, auch mit den sonstigen ihm vorgehaltenen und – von ihm ausdrücklich als richtig erkannten – Erhebungen übereinstimmendes Zugeständnis"[182] abgelegt, sodass wir also auf dem Boden zuverlässiger tatsächlicher Feststellungen stehen.

So hat May am 29. März 1869 vormittags sich bei dem Krämer Reimann in Wiederau eingefunden, sich als Polizeileutnant von Wolframsdorf aus Leipzig ausgegeben mit dem amtlichen Auftrage, nach Falschmünzern, mit denen Reimann seit Jahren in Verbindung stehe, zu fahnden, hat den Krämer in einer Stube zu Protokoll vernommen und ihn aufgefordert, etwa vorhandene Kassenscheine zur Prüfung vorzuzeigen. Als das einzige bei ihm vorhandene Papiergeld hat Reimann einen Zehntalerkassenschein herbeigeholt, den May nach anscheinend genauer Prüfung als angeblich falsch erkannt und ebenso

---

[181] Diese Angabe ist nicht ganz korrekt. Mays normale Strafzeit hätte bis zum 13.7.1869 gedauert. Sie verkürzte sich durch den Straferlass tatsächlich um 8 Monate und 11 Tage. Originalbelege für den Gnadenakt König Johanns (1801–1873) fehlen. Erhalten geblieben ist immerhin die von Wulffen bereits an früherer Stelle erwähnte ‚Handtabelle der Strafanstalt Zwickau 1863-1865'. Sie vermerkt über „Carl Friedrich May" u. a.: „Am 2. November 1868 in Folge Allerhöchster Gnade entlassen." (Handtabelle der Strafanstalt Zwickau 1863-1865, in: Forst-Battaglia: *Karl May (1966)*, S. 13; Buchwitz: *Dossier*, S. 32-46 [37]). Und als May am 2.11.1868 Schloss Osterstein verließ, erfolgte eine Mitteilung der Zwickauer Anstaltsdirektion an das Polizeiamt Leipzig darüber, dass „der vormalige Lehrer Carl Friedrich May, eingeliefert vom Königl. Bez. Ger. Leipzig zur Verbüssung der ihm wegen Betrugs zuerkannten Arbeitshausstrafe von Vier Jahren 1 Monat [...] nach erfolgter Begnadigung am heutigen Tage wieder von hier entlassen worden (ist)." (Polizeiamt Leipzig, Bl. 10).

[182] Strafverfahren ./. Karl May. Kgl. Bezirksgericht Mittweida, Urteil vom 13.04.1870 – Abt. II. Nr. 771, in: Lebius-*Reprint*, S. 12-17 (13).

wie eine ihm zufällig zu Gesicht gekommene Taschenuhr, die er als angeblich gestohlen erkannte, an sich genommen. Er hat Reimann zum Zwecke weiterer Erörterungen aufgefordert, mit ihm nach der Gendarmeriestation in Claußnitz zu gehen, hat ihn dort einstweilen, bis er gerufen werde, in den Gasthof verwiesen und ist selbst mit Geld und Uhr schleunigst verschwunden. Die Vermögensstücke hat er für sich verwertet.

Es handelt sich um ein beliebtes Betrugsmanöver, das seitdem zahllose Male wiederholt worden ist und schließlich in der bekannten Köpenickiade des falschen Hauptmanns von Köpenick, des noch unvergessenen Schuhmachers Wilhelm Voigt, gipfelte. Auch May fand das Stücklein sicher schon in mancherlei Gestaltung vor. Wir halten fest, dass das Abenteuer einer gewissen Romantik nicht entbehrt, die May ebenso wie die geheime Lust, den Polizeibeamten zu spielen, reizvoll erschien. Am 10. April 1869 wiederholte er den Streich bei dem Seilermeister Krause[183] in Ponitz. Er gab sich für ein Mitglied der geheimen Polizei aus, forschte nach falschem Gelde und nahm 23 Taler Kourantbillets sowie 7 Taler klingende Münze, die der Geprellte herbeibrachte, als angeblich falsche Zahlungsmittel an sich. Krause musste mit ihm nach Crimmitschau an Gerichtstelle gehen, aber unterwegs ergriff May plötzlich die Flucht. Von Krause und einem zu Hilfe eilenden Dritten sofort verfolgt, warf er das Geld von sich, wurde aber eingeholt. Seiner Ergreifung suchte er sich dadurch zu entziehen, dass er mit einem Doppelterzerol, das er bei sich führte, zu schießen drohte. Die Waffe lag in der Hauptverhandlung vor und wurde vom Angeklagten als sein Eigentum anerkannt; dass die Pistole geladen gewesen sei, konnte nicht nachgewiesen werden. Eine stärkere Romantik als im ersten Falle; Gebrauch einer Waffe. Der künftige romantische Erzähler von Raub, Flucht, Verfolgung, Drohung mit Waffen, Ergreifung steht schon recht deutlich vor uns. Daneben nüchterne Diebstähle von Kleinigkeiten. In der Nacht zum 28. Mai 1869 entwendet May aus der Wohnung des Schmiedemeisters Weißpflog in Ernstthal, wo er sich bei einer seiner Schwestern damals aufhielt, einen Kinderwagen, eine Schirmlampe, ein Geldtäschchen mit 2 Talern Geld und 2 Bunde Sperrhaken (Dietriche), die später noch in seinem Besitze gefunden wurden.

Am frühen Morgen des 31. Mai 1869 tritt May in die Wünschmannsche Gaststube in Limbach und benutzt sein Alleinsein zur Entwendung von 5 Billardbällen, die auf dem Billard liegen. Er eilt nach Chemnitz, wo er sie durch einen Dienstmann für 5 Taler an einen Drechsler verkauft. Mit dem Erlös entwischt er zwei Chemnitzer Polizeibeamten, denen der Verkauf verdächtig erscheint und die ihn auffordern, sich über seine Person auszuweisen.

In der Nacht zum 4. Juni 1869 zieht er aus dem unverschlossenen Pferdestall des Gasthofbesitzers Schreier zu Bräunsdorf bei Waldenburg ein Pferd

---

[183] Seilermeister Karl Friedrich August Krause (1828-1896), vgl. Sudhoff/Steinmetz: *KMC I*, S. 149.

heraus, bietet es samt Trense, Halsriemen und Peitsche in Remse zum Verkaufe aus, um es schließlich in Höckendorf an den Pferdeschlächter Voigt für 15 Taler zu veräußern. Aber die Verfolger sind ihm hart auf den Fersen, und er muss im letzten Augenblicke Pferd und Kaufgeld im Stiche lassen und aus Höckendorf entweichen.

Wer denkt hier nicht an die mancherlei Pferdediebstähle, die der spätere Schriftsteller so gern erzählte!

Am 15. Juni 1869 folgt ein neues Gaunerstückchen. Er tritt bei dem Weber und Bäcker Wappler in Mülsen St. Jakob ein, stellt sich als Expedient des Advokaten Dr. Schaffrath in Dresden vor und erzählt Wappler das Märchen, diesem sei von einem Verwandten in Amerika eine Erbschaft zugefallen. So lockt er Wappler mit seinen drei Söhnen auf der Stelle aus dem Hause, damit sie sich nach Glauchau in Dingelstädts Hotel begeben sollten, wo Dr. Schaffrath sie zur Besprechung über die Erbschaft erwarte. Er selbst habe in Zwickau etwas zu erledigen und komme ebenfalls nach Glauchau. Die Abwesenheit der vier Männer aber benutzt er, um in Wapplers Wohnung zurückzukehren und dessen Frau und Schwiegertochter zu erklären, im Hause werde Falschmünzerei betrieben, er habe den Auftrag, eine Durchsuchung vorzunehmen und habe die Männer nur fortgelockt unter einem Vorwande, um ihre Abführung durch die Gendarmerie und das damit verbundene Aufsehen zu vermeiden. Frau Wappler bringt 28 Taler herbei, mit denen May verschwindet. Die Fantasie des künftigen Schriftstellers kombiniert hier eine zusammengesetzte Begebenheit. Die Erbschaft aus Amerika scheint seinen Zug in die Ferne anzudeuten, der für ihn kennzeichnend ist! Die Übertölpelung des „Erben" Wappler entbehrt nicht des Humors, der auch den Schriftsteller auszeichnet.

Bei Mays am 2. Juli 1869 erfolgter Verhaftung fanden sich zwei Schriftstücke in seinem Besitze, die er zugestandenermaßen selbst angefertigt hatte, um gelegentlich von ihnen Gebrauch zu machen. Das eine Schriftstück trug die Aufschrift „Polizeiliche Legitimation"[184] und zeigte die gefälschte Unterschrift „Dresden, am 19. Juni 1869. Dr. Schwarze[185], Generalstaatsanwalt" des berühmten sächsischen Kriminalisten. Nach dem Inhalte sollte es den Inhaber, den angeblichen Assessor bei dem Kgl. Bezirksgericht Dresden Anton Clemens Laube, zu Recherchen nach falschem Papier- und Silbergelde ermächtigen. Das zweite Schriftstück[186] hatte die Überschrift: „Acta betreffend in Sachen der Erbschaft des Particuliers......" und zeigte die Unterschriften: „Dresden, am 24. Mai 1869. Vereinigtes Deutsch-amerikanisches Konsulat.

---

[184] Strafverfahren ./. Karl May. Kgl. Bezirksgericht Mittweida, Urteil vom 13.4.1870 – Abt. II. Nr. 771, in: Lebius-*Reprint*, S. 12-17 (16).

[185] Ludwig Friedrich Oskar Schwarze (1816-1886), vgl. Sudhoff/Steinmetz: *KMC I*, S. 162.

[186] Strafverfahren ./. Karl May. Kgl. Bezirksgericht Mittweida, Urteil vom 13.4.1870 – Abt. II. Nr. 771, in: Lebius-*Reprint*, S. 12-17 (16).

G. O. Burton, amerik. Generalkonsul. Heinrich von Sybel, Sächsischer General-Konsul."

Hier läuft unserm Fantasten eine literarische Reminiszenz unter: Heinrich von Sybel[187] ist der bekannte deutsche Geschichtsschreiber, Universitätsprofessor und seit 1867 nationalliberales Mitglied des konstituierenden Reichstags des Norddeutschen Bundes. Dass May von diesen gefälschten Schriftstücken Gebrauch gemacht hatte, war ihm nicht nachzuweisen.

Wegen aller dieser Straftaten, „wegen einfachen Diebstahls, ausgezeichneten Diebstahls, Betrugs und Betrugs unter erschwerenden Umständen, Widersetzung gegen erlaubte Selbsthülfe und Fälschung bzw. mit Rücksicht auf seine Rückfälligkeit"[188] wurde May am 13. April 1870 zu 4 Jahren Zuchthaus verurteilt. Die Beträge, die wegen Betrugs und Diebstahls in Frage kommen, berechnet das Urteil mit 106 Talern, 12 N[eu]gr[oschen] 3 Pf[ennigen]. Als Strafzumessungsgründe kommen die wiederholte Rückfälligkeit und teilweise Ersatzleistung zur Berücksichtigung. Umstände zu Gunsten Mays werden nicht angeführt. Das Urteil wurde vom Kgl. Sächs. Oberappellationsgericht Dresden am 16. Mai 1870 bestätigt. In der Berufungsschrift[189] des Advokaten Haase[190] in Hainichen heißt es:

„Die dem Angeklagten in erstinstanzlicher Erkenntnis zuerkannte Strafe halte ich um deswillen für zu hoch, weil nicht sowohl Schlechtigkeit und Böswilligkeit den Angeklagten zu den Verbrechen getrieben zu haben scheint, als vielmehr ein grenzenloser Leichtsinn und die angeborene Kunst, den Leuten etwas vorzumachen und daraus Gewinn zu ziehen. Die ganze Persönlichkeit des Angeklagten machte in der Hauptverhandlung den Eindruck eines komischen Menschen, der gewissermaßen aus Übermuth auf der Anklagebank zu sitzen schien. Und auch in den Akten kennzeichnen sich die meisten seiner Verbrechen in ihrer Ausführung mehr als leichtsinnige Streiche wie als böswillige Verbrechen, wenn schon ich nicht verkenne, daß der Angeklagte ein gemeinschädliches Individuum ist. – Hiermit glaube ich, das Wenige, was für den Angeklagten spricht, hervorgehoben zu haben."

O weiser und gerechter, Advokat! „Die angeborene Kunst, den Leuten etwas vorzumachen und daraus Gewinn zu ziehen", hast du sehr treffend als

[187] Heinrich von Sybel (1817–1895).

[188] Strafverfahren ./. Karl May. Kgl. Bezirksgericht Mittweida, Urteil vom 13.4.1870 – Abt. II. Nr. 771, in: Lebius-*Reprint*, S. 12-17 (12).

[189] Advokat Haase: Berufungsschriftsatz vom 17.5.1870 im Strafverfahren ./. Karl May. Kgl. Sächsisches Oberappellationsgericht Dresden, Berufungsverfahren, Urteil vom 16.05.1870; vgl. Klaus Hoffmann: *Karl May als Räuberhauptmann oder Die Verfolgung rund um die sächsische Erde. Karl Mays Straftaten und sein Aufenthalt 1868 bis 1870, 1. Teil*. In: *JbKMG* 1972/73 (→ Hoffmann: *Räuberhauptmann 1*). Hamburg 1972, S. 215-247 (242). – May selber befand später: „[Haase] hat mich nicht verteidigt, sondern belastet, und zwar in der schlimmsten Weise. [...] Dieser Advokat war unfähig, mich oder überhaupt ein nicht ganz alltägliches Seelenleben zu begreifen." (May: *Mein Leben und Streben*, S. 168).

[190] Karl Hugo Haase (1827–1873), vgl. Sudhoff/Steinmetz: *KMC I*, S. 176.

Triebfeder des Übermütigen psychologisch erkannt. Hiervon wird noch die Rede sein.

Dass übrigens die ausgeworfene Strafe für die damalige Rechtsprechung übermäßig hoch gewesen sei, kann nicht gesagt werden, aber sie war hoch und empfindlich. Eine Anrechnung der langen Untersuchungshaft, die May durch sein Leugnen und seine Flucht (s. unten) verschuldet hatte, fand nicht statt, was ebenfalls dem Gerichtsbrauche entsprach. Unter Umständen würde noch heute ein rückfälliger Betrüger und Dieb mit ähnlichen Straftaten keine erheblich geringere Strafe zu erwarten haben. Aus den Mittweidaer Akten sind noch eine Reihe Einzelheiten bemerkenswert. Am 12. April berichtet Obergendarm Prasser[191] in Rochlitz: Der gesuchte Betrüger werde mit May identisch sein, der früher in Penig als angeblicher praktischer Arzt Dr. med. Heilig aus Rochlitz aufgetreten sei und der bis 1868 Strafe verbüßt habe. (Dieser Fall Dr. med. Heilig aus Rochlitz wird auch durch die erwähnten Leipziger Polizeiakten bestätigt.)

„May hält sich bei seinen Eltern in Ernstthal auf, beschäftigt sich angeblich mit literarischen Arbeiten, verreist zeitweilig, über Zweck und Ziele dieser Reisen war bestimmtes nicht zu erfahren".[192]

Es erhellt, dass May damals gleichzeitig eine schriftstellerische und eine abenteuerliche kriminelle Tätigkeit entwickelte. Die Spuren sind in seinen Geistesprodukten ganz deutlich zu erkennen. Hier nimmt diese ganz eigenartige Verbindung ihren Anfang.

Am 15. April 1869 überreicht Obergendarm Prasser nachstehenden noch in Urschrift vorhandenen Brief[193] Mays an seine Eltern zu den Mittweidaer Akten.

Leipzig, den 20. April 1869

Meine guten Eltern!

Als ich das letzte Mal bei Euch war, fand ich gar niemanden zu Hause und schrieb darum in der Eile auf den Tisch, dass ich bis Mittwoch nach Dresden wolle, weil ich den Zug nicht versehen durfte. So bin ich ohne Abschied von Euch fortgegangen. Sonntag schon bin ich nach Schwarzenberg gefahren und habe auf dem Osterstein eine echte glückliche Bekanntschaft gemacht. Ich traf nämlich zwei nordamerikanische Herren, Vater und Sohn, welche von einer Vergnügungs- und wohl auch halb und halb Geschäftsreise kamen und über Leipzig, Frankfurt, Amsterdam nach Hause wollten. In Prag hatten sie ihren Hofmeister zurückgelassen und

[191] Karl Gottlob Prasser (1815–1874).

[192] Karl Gottlob Prasser: Bericht vom 12.4.1869, vgl. Sudhoff/Steinmetz: *KMC I*, S. 151.

[193] Karl May: Brief an die Eltern vom 20.4.1869; vgl. Hoffmann: *Räuberhauptmann 1*, S. 215-247 (221f.)

machten mir den angenehmen Vorschlag, an dessen Stelle zu treten, mit nach Pittsburg zu gehen und dort die jüngeren Geschwister zu unterrichten ev. sie auf ihren Reisen zu begleiten.

Ein guter Schriftsteller muß die Welt kennen, muß Erfahrungen gesammelt, muss seine Anschauungen erweitert und berichtigt haben, und da ich zudem kein Mensch bin, der an seinem bißchen Scholle klebt, so griff ich natürlich mit beiden Händen zu. Bei der Eile, welche die beiden Herren haben, ist es natürlich nicht möglich, heute nach Hause zu kommen, wie ich auch versprochen hatte. Ich bin bis Sonnabend in Amsterdam und dann in 9-10 Tagen in Pittsburg. Paßscherereien, wie sie bei uns in Deutschland an der Tagesordnung sind, habe ich auch nicht zu befürchten, da auf dem Passe des Herrn Burton die einfache Bemerkung steht: „Reist mit Sohn und Gesellschafter", und so kann ich gleich mit reisen, ohne mir erst Papiere holen zu müssen.

Ihr werdet wohl mit meinem Schritte einverstanden sein, der mir vielleicht Aussicht auf etwas mehr Glück bietet, als ich bisher gehabt habe. Überdies kann es gar nicht schaden, wenn ich auf einige Zeit Sachsen verlasse, in welchem meine Vergangenheit mir immerhin einigermaßen bedrohlich werden kann. So sollte ich zum Beispiel in einer hiesigen Restauration partout festgenommen werden, weil kürzlich ein Mensch, der ganz so gegangen war wie ich und mir auch sehr ähnlich gesehen hatte, seine Zeche geschwänzt hatte. Es durfte hier nur ein größeres Vergehen vorliegen, so wurde ich auf diese ominöse Ähnlichkeit hin festgenommen, und mein Aufenthalt in Zwickau wäre noch ein Grund mehr gewesen, mich für den Thäter zu halten und streng zu verfahren.

Ich reise ab, man wird meine Vergangenheit vergessen und verzeihen, und als ein anderer Mensch mit einer besseren Zukunft komme ich wieder.

Ihr bekommt diesen Brief nicht durch die Post, sondern durch einen Geschäftsfreund von mir, der Euch aufsuchen wird, um einige schriftstellerische Arbeiten abzuholen, die er verwerten soll. Es ist der alte Kolporteur Müller, von dem wir früher viel gelesen haben. Gebt ihm alles, was ich zu Hause habe; ich traue ihm. Und nun lebt wohl, grüßt mir die Geschwister und erwartet recht bald einen neuen Brief von
Euerem dankbaren
Karl May."

Die Bekanntschaft mit den Amerikanern und der ganze Reiseplan waren ersonnen. Die romantische Darstellung ist echte Maysche Märchenhaftigkeit. Wahrscheinlich wollte er die Polizei, die ihm auf den Fersen war, irreführen und durch die angebliche Abreise nach dem Ausland von seiner wirklichen inländischen Spur ablenken. Die im Mittweidaer Urteil festgestellten Fälle vom 29. März und 10. April 1869 hatte er ja eben hinter sich. An der Reise nach Amerika ist kein wahres Wort. Es folgen ja schnell die Diebstähle vom Mai und Juni 1869, am 2. Juli desselben Jahres erfolgte die erste Verhaftung. Der Name des Amerikaners Burton stand ja als der des angeblichen amerikanischen Generalkonsuls unter dem gefälschten Papiere betreffend die eines noch unbekannten Particuliers. Aber der Brief ist psychologisch sehr interessant. Er zeigt den werdenden Schriftsteller, der sich von Schuld reinigen möchte, zeigt Karl Mays Reisetrieb in die Ferne, dem leider keine Erfüllung werden konnte, zeigt Mays Fantasie und Einbeziehung exotischer Pläne in sein Leben. Der Brief ist ein Stück Literatentum, stellt eine dichterische Wunscherfüllung seines Schreibers dar, die ihn selbst vielleicht für Augenblicke glücklich zu machen vermochte.

Weitere Einzelheiten aus den Mittweidaer Akten.

Am 10. April 1869 sagt Seilermeister Krause[194] vor dem Gerichtsamt Crimmitschau aus:

„Er hielt mir aber sogleich, als ich ihm nahe war, ein doppelläufiges Terzerol mit blauen blanken Läufen entgegen und schrie mir zu: ‚Luder, verfolg mich nicht, oder du bist des Todes!' Ich verfolgte ihn aber fortwährend durch Feld und Wald."

Wie oft erhebt der „Weltreisende" Karl May in seinen Reiseerzählungen in ähnlicher Weise die Pistole gegen seine Feinde und schießt nicht! Das ist also in gewissem Sinn erlebt.

Am 7. Mai 1869 berichtet Brigadier Grundig[195] von Hohenstein:

„May war am Montag den 3. Mai in Jöhstadt abends im Theater. Er soll viel Geld bei sich gehabt haben."

Er führte, wie schon gesagt, gleichzeitig ein Räuber- und ein Schriftstellerleben. Aus dieser Verschmelzung erwuchsen seine frühen und auch seine späten Werke.

Am 2. Juli 1869 wurde May in der Engelhardtschen Schankwirtschaft in Hohenstein-Ernstthal verhaftet. Sein Doppelterzerol war geladen, die Hähne aufgezogen, Zündhütchen aufgesetzt. Ob Kugelladung vorhanden war, ist nicht festgestellt worden. Der Mann mit der späteren berühmten Bärenbüchse und dem Henry-Stutzen hantiert also wenigstens mit einem Doppelterzerol.

Am 3. Juli 1869 erklärt May[196] vor Staatsanwalt Taube[197] in Mittweida:

---

[194] Anzeige von Karl Friedrich August Krause vom 10.4.1869 vor dem Gerichtsamt Crimmitschau; vgl. Hoffmann: *Räuberhauptmann 1*, S. 215-247 (220).

[195] Heinrich Hermann Grundig (1820–1907).

[196] In der Sekundärliteratur wird die Aussage indirekt wiedergegeben; vgl. Sudhoff/Steinmetz: *KMC I*, S. 162f.

[197] Staatsanwalt Ephraim Oskar Taube (1829–1888).

„Bis Pfingsten d. Js. habe ich bei meinen Eltern gewohnt und für den Dresdner Buchhändler Münchmeyer literarische Arbeiten geliefert. Später bin ich auf Reisen gegangen. Ich wollte nach Amerika auswandern, mußte aber in Bremen wieder umkehren. Ich habe von meinen Eltern Unterstützung erhalten und brachte auch aus Zwickau einigen Überverdienst mit. Letzteres betrug 13 Thaler."

May leugnete bei diesem Verhör alles ab, was ihm zur Last gelegt wurde.

Hier ist erste Gelegenheit, zu prüfen, ob May etwa in diesen Jahren in Amerika[198] gewesen sein könnte. Dies ist auszuschließen. Wenn er dort gewesen wäre, hätte er es bei der Vernehmung unbedingt gesagt. Aber er hat nicht einmal versucht, eine solche Auslandsreise vorzutäuschen, obwohl ihm der Nachweis eines solchen Alibis hätte nützlich erscheinen müssen. May hätte unter noch so kläglichen und fragwürdigen Umständen in Amerika wirklich gewesen sein mögen, er hätte einen solchen noch so kurzen Aufenthalt nach seiner Art bestens ausgeschmückt und unbedingt seinen Gegnern später entgegengehalten. Es wäre ihm damals auch nicht schwer gefallen, Zeugen eines wirklichen Aufenthaltes in Amerika durch behördliche Nachfragen ausfindig zu machen und aufzurufen. Auch bei der eingehenden Darstellung seines Lebens vor dem Dresdner Untersuchungsrichter in den erwähnten Akten 2021/07 Band IV hat May nicht ein einziges Wort von einem Aufenthalt in Amerika gesagt, obwohl es hier außerordentlich am Platze gewesen wäre. Er erzählt, dass er nach Verbüßung jener 6 Wochen Gefängnis zu schriftstellern begonnen habe, und fährt wörtlich fort:

„Ich schrieb damals für verschiedene Zeitungen, die ich nicht mehr anzugeben vermag. Durch die wegen Diebstahls erlittene Vorstrafe war ich seelisch in einer Art und Weise gestört, dass ich manchmal nicht wußte, was ich tat. (Hierüber später: Der Verfasser). Nur auf diese Art und Weise ist es zu erklären, daß ich wiederum dem Strafrichter verfiel. Erst während der Verbüßung meiner dritten Strafe in Waldheim habe ich mich seelisch wiedergefunden. Hierzu hat wohl nicht zum wenigsten die Behandlung, die mir in Waldheim zu Teil wurde, beigetragen. Ich wurde in der Anstalt Organist in der

---

[198] Zum Zeitpunkt der Niederschrift von Wulffens Text hatte Gustav Paul Urban (1884–1969) einige Abhandlungen vorgelegt, mit denen er darlegte, dass May in den 1860er- und 1870er-Jahren mehrere Frühreisen nach Amerika, Arabien, den Balkan etc. unternommen habe. Sein Vater Carl Traugott Urban (1843–1919) sei ein früher Wandergefährte Mays und somit ein Zeitzeuge für dessen Reisen gewesen; vgl. Gustav Urban: *Karl May ist gereist!* In: *KMJb 1922.* (→ Urban: *Karl May ist gereist!*). Radebeul bei Dresden 1922, S. 153-161; ders.: *Fährten von Karl Mays erster Amerikareise.* In: *KMJb 1925.* Radebeul bei Dresden 1925, S. 76-84; ders.: *Zeitenfolge und Wahrheitsgehalt der amerikanischen Erzählungen.* (→ Urban: *Zeitenfolge und Wahrheitsgehalt*). In: *KMJb 1926.* Radebeul bei Dresden 1926, S. 411–422. Nicht nur Wulffen schenkte der „Frühreisen"-Legende keinen Glauben; sie wurde später auch von der modernen May-Forschung als falsch widerlegt; vgl. Werner Poppe: *Die Fred-Sommer-Story. Untersuchungen über eine angebliche Frühreise Karl Mays in die USA.* (→Poppe: *Die Fred-Sommer-Story*). Sonderheft der Karl-May-Gesellschaft (S-KMG) Nr. 2/1975; Amira Sarkiss: *Karl May und die Frühreiselegenden.* In: *Karl May's Gesammelte Werke* Bd. 82: *In fernen Zonen. Karl Mays Weltreisen* (→ Sarkiss: *Frühreiselegenden*). Bamberg/Radebeul 1999, S. 13-32.

katholischen Kirche und habe auch die Erlaubnis bekommen, nach Erledigung der eingeführten Arbeiten schriftstellerisch tätig zu werden. Nach Verbüßung meiner letzten Strafe im Jahre 1874 bin ich wieder nach Ernstthal gegangen, habe dort bei meinen Eltern gewohnt und bin ebenfalls wieder schriftstellerisch für mehrere Zeitungen tätig gewesen."[199]

In den Rahmen dieses Lebensabschnittes, der sich mit so ernsten und wichtigen Dingen wie mit der innerlichen Wandlung Mays befasst, hätte es unbedingt gehört zu erzählen, wenn ein Aufenthalt in Amerika schriftstellerische Entwicklung angeregt oder gefördert hätte. Dass May kein Wort von einem Aufenthalt in Amerika erzählt, beweist, dass er es nicht wagte, insoweit den Untersuchungsrichter mit Unwahrheit zu bedienen, und dass ein Aufenthalt in Amerika nicht in Frage kommt.

Im erwähnten Protokoll berichtet May dann weiter, wie er zu dem Kolportagebuchhändler Münchmeyer[200] kam, bei ihm etwa ein Jahr blieb und dann weiter in der Pillnitzerstrasse bei einer Frau Groh[201] wohnte.

„Meinen Unterhalt verdiente ich mir durch meine schriftstellerische Tätigkeit. Hauptsächlich habe ich meine Zeit zum Studium fremder Sprachen und zum Vorstudium für meine jetzigen Werke benutzt."[202]

Also auch hier erwähnt May mit keiner Silbe, dass er solche Vorstudien auch im Auslande an Ort und Stelle gemacht habe. Wäre er auch im Auslande gewesen, hätte er sich dessen unbedingt gerühmt. Dass er hier schweigt, ist wohl voller Beweis des Gegenteils. Er erzählt weiter, dass er von Dresden öfters nach Ernstthal zu seinen Eltern und zu seiner Schwester Wilhelmine Schöne geb. May gefahren sei, bei der er seine erste Frau (Emma Pollmer), eine Barbiertochter, kennengelernt habe, und wie es 1880 zur Heirat mit ihr kam. Das Ehepaar wohnte bis 1882 in Hohenstein. May schrieb damals für den in Regensburg erscheinenden „Deutschen Hausschatz" und außerdem noch für andere Blätter.

„Noch von Hohenstein [aus] unternahm ich 1882 im Sommer eine kleine Vergnügungsreise nach Dresden. Wir wollten hier Theater und Museum besuchen und einige Ausflüge unternehmen."[203]

Es kam zu einer neuen Annäherung an Münchmeyer und zum Abschluss über die Romanserie „Waldröschen". Das mag hier vorläufig genügen. Also

---

[199] Karl May: Aussage vom 6.4.1908, in: Kgl. Landgericht Dresden: Strafverfahren gegen Karl May und Genossen – 2. V. 21/07. – In dem Verfahren ging es um die Anschuldigung, dass May in einem Prozess gegen die Verlegerwitwe Ida Pauline Münchmeyer (6 Cg 276/02) den durch bedingtes Endurteil vom 26.9.1904 auferlegten Parteieid am 11.2.1907 wissentlich falsch geschworen habe. Letztlich wurde das Verfahren eingestellt, da sich die Anschuldigung nicht beweisen ließ; vgl. Lebius-*Reprint*, S. 120.

[200] Heinrich Gotthold Münchmeyer (1836–1892)

[201] Amalie Wilhelmine Groh (1819–1880), vgl. Sudhoff/Steinmetz: *KMC I*, S. 225.

[202] Karl May: Aussage vom 6.4.1908, in: Kgl. Landgericht Dresden: Strafverfahren gegen Karl May und Genossen.– 2. V. 21/07, vgl. Lebius-*Reprint*, S. 122.

[203] Ebd., S. 124.

bis über sein vierzigstes Lebensjahr hinaus ist May nicht in Amerika oder sonst in einem von ihm geschilderten Auslande gewesen. Über die angeblichen Auslandreisen wird noch weiter zu reden sein.

Am 5. Juli 1869 sagt ebenfalls in den Mittweidaer Akten der Strumpfwirker Reimann in Wiederau aus:

„Er (May) erzählte, daß er vor kurzem einen mit unterschlagenem Gelde flüchtig gewordenen Bankier in Amerika aufgesucht und verhaftet habe und dafür 5000 Thaler Belohnung erhalten habe."

Hier wieder das beliebte Gedankenspiel mit einem Aufenthalt in Amerika und die behauptete Betätigung als Polizeibeamter. Der Reiz des Kriminellen war in May offenbar stark, ebenso sehr nach bekannter psychologischer Erfahrung der Gedankenwunsch, den erfolgreichen Kriminalisten zu spielen, ganz offenbar bei May eine eindrucksvolle Wunscherfüllung. Auch der spätere Reiseschriftsteller tritt ja hauptsächlich als Verfolger, Rächer und Ankläger des Verbrechers, Räubers und Mörders auf. Darin ist er sich völlig gleich geblieben. Bezeichnend ist übrigens nach den Akten der Rekognitionsvorgang[204] vor Gericht. Reimann sagt zu dem Vorgeführten:

„Da sind Sie ja, Herr Polizeileutnant."

May antwortet kalt:

„Ich kenne Sie nicht."

Obwohl vier Mitglieder der Familie Reimann ihn wiedererkennen, leugnet er, der Täter zu sein. Er leugnet auch auf Gegenüberstellung mit Krause; ebenso mit Wappler. Trotz Rekognition durch mehrere Zeugen leugnet er den Diebstahl der Billardbälle. Man begreife hieran, wie tief und fest in dem Verhafteten der Trotz, der bekannte Protest des Verbrechers wurzelte. Auch der Grad seiner damaligen Verblendung und Torheit wird offenbar.

Auch Dreistigkeit war im Spiele. Schließlich wird auch noch ein Rückblick auf den ersten Diebstahl der Uhr im Jahre 1862 gewonnen! Er entwendet auch dieses Mal eine Uhr!

May hat sich aber zuletzt durchgerungen und in der Hauptverhandlung 1870 ein volles Geständnis abgelegt.

Am 6. Juli 1869 berichtet Stadtwachtmeister Lauckner[205] in Hohenstein: Mays Geliebte, das Dienstmädchen Auguste Gräßler, gebürtig aus Raschau bei Schwarzenberg, halte sich in Chemnitz auf; sie wolle ihn seit Pfingsten

---

[204] In Mittweida hatte Staatsanwalt Taube am 3.7.1869 Karl May erstmalig nach seiner Wiederergreifung vernommen. Im Rahmen dieser Vernehmung stritt der Festgenommene alle Vorwürfe ab, sodass Taube die Gegenüberstellung des Tatverdächtigen mit den geschädigten Personen am jeweiligen Tatort anordnete. Am 5.7.1869 begann Mays Transport zwecks Gegenüberstellungen zu allen Tatorten. Der erste Lokaltermin fand in Wiederau statt. Wulffen rezitiert den beginnenden Wortwechsel. Mays Leugnen half letztlich nicht. Auch die übrigen Mitglieder der Familie Reimann erkannten May ohne zu zögern wieder; vgl. Hoffmann: *Räuberhauptmann 1*, S. 215-247 (233).

[205] Polizeiwachtmeister Dankegott Lauckner (Lebensdaten unbekannt), vgl. Sudhoff/Steinmetz: *KMC I*, S. 161.

nicht gesehen haben. Eine Durchsuchung bei ihr war erfolglos. Wieder etwas Erotisches über den Mann, das in seinen Erzählungen eine so unbedeutende Rolle spielt, dass man ihn echter Liebe zum Weibe kaum für fähig halten möchte.[206]

Am 26. Juli 1869 entspringt May auf einem Transport zwischen St. Egydien und Bräunsdorf, als er an einen der Tatorte geführt werden sollte. Er zerbricht die eiserne Brezel, mit der seine Hände geschlossen waren, mit einem Ruck und entflieht in den Wald. Also auch diese Befreiung aus starker Fesselung, die so oft in seinen Erzählungen wiederkehrt, am eigenen Leibe erfahren! Man kann psychologisch begreifen, wie stark diese Bindung für Mensch und Schriftsteller blieb.

Aus dem Steckbrief vom 28. Juli 1869 (No. 180 der Leipziger Zeitung vom 31. Juli 1869): „Trägt auch falsche Bärte. Hat graue Augen, starren stechenden Blick, krumme Beine, ist geschlechtlich krank. Er spricht langsam in gewählten Ausdrücken, verzieht beim Reden den Mund, hat auch oft ein Lächeln um den Mund."[207]

Die geschlechtliche Erkrankung war nach den Akten der Tripper. Die Charakteristiken, die der Steckbrief nennt, zeigen uns den gehetzten, scheuen jungen Verbrecher, vielleicht an das Pariser Bild des jungen Richard Wagner[208] gemahnend, auf dem er den Typus des „Fliegenden Holländer" darstellt. Die Geschlechtskrankheit enthält nochmals eine Andeutung über Mays Sexualleben, von dem wir so wenig wissen und das in seinen Büchern überhaupt keine Rolle spielt, sodass man ihren Autor fast asexuell nennen möchte. Hierüber später noch einige Worte.

Am 4. Januar 1870 wird May – also fast ein halbes Jahr hatte er sich umhertreiben und verborgen halten können – als Vagabund auf dem Dachboden eines Hauses zu Niederalgersdorf, „offenbar in der Absicht zu stehlen"[209] festgenommen. Aber das Diebstahlsverfahren wurde mangels Beweises eingestellt;

---

[206] Nach Aktenauszügen, die Erich Wulffen vorlagen.

[207] *Leipziger Zeitung*, No. 180 vom 31.7.1869: Der unten signalisirte vormalige Schullehrer Karl Friedrich May aus Ernstthal, wider welchen wegen zahlreicher Eigenthumsverbrechen hier Voruntersuchung eingeleitet worden ist, ist unterm 26. D. M. auf dem Transport von St. Egidien nach Bräunsdorf unter Zerbrechung der Fesseln entsprungen, und werden alle Behörden ersucht, May'n im Betretungsfalle zu verhaften und Nachricht davon anher gelangen zu lassen. Königl. Bezirksgericht Mittweida, am 28. Juli 1869. Der Untersuchungsrichter: **Scheuffler.**

Signalement.

May ist 27 Jahre alt, 72 Zoll lang, schlank, hat längliches Gesicht und Nase, dunkelblondes, nach hinten gekämmtes Haar, schwachen Bartwuchs (trägt auch falsche Bärte), graue Augen, starren stechenden Blick, krumme Beine, ist geschlechtlich krank. Er spricht langsam, in gewählten Ausdrükken, verzieht beim Reden den Mund, hat auch oft ein Lächeln um den Mund. Bei der Entweichung trug er ein schwarzseidenes, runddeckliges Sommerhütchen, einen braunen, ins Gilbliche schimmernden, jupenartigen Rock mit breiter Weste und dergl. Hosen mit breiten schwarzen Streifen.

[208] Vgl. Erich Wulffen: *Kriminalpsychologisches bei Richard Wagner*. In: Seul/Götz von Olenhusen: *Erich Wulffen*, S. 191-205.

[209] vgl. Hoffmann: *Räuberhauptmann 1*, S. 215-247 (237).

er habe auf dem Dachboden nur ausruhen wollen, sei vor Erschöpfung eingeschlafen und erst am Morgen erwacht.[210] Welche Summe von Abenteuern, Entbehrungen, Nöten, Straftaten, Verfolgungen in das halbe Jahr der Verborgenheit fallen mögen, kann man sich ohne Weiteres vorstellen. Wie mag diese Zeit den späteren Schriftsteller befruchtet haben! Mittweidaer Akten enthalten über dieses Intermezzo keinerlei Angaben. Der Staatsanwalt wollte wohl das so lange unterbrochene Verfahren endlich schnell zu Ende führen und nicht mit neuem Material belasten. Immerhin bleibt auffällig, dass May über den Aufenthalt in der Zwischenzeit gar nicht befragt worden zu sein scheint, auch nachdem er seine Wadenbach-Abenteuer hatte aufgeben müssen.

May selbst hatte sich — sofort wieder in Verknüpfung seiner Lebensführung mit seiner schriftstellerischen Gabe – bei seiner Festnahme zunächst als Albin Wadenbach aus Orby auf Martinique ausgegeben, wo sein Vater eine Tabakpflanzerei besitze. Er habe sich mit seinem Bruder Heinrich nach Europa zum Besuche von Verwandten begeben. Der Bürgerschullehrer Wadenbach in Chemnitz sei ein Verwandter von ihm. May gab am 4. Januar 1870 vor dem K. K. Bezirksgericht Tetschen folgendes zu Protokoll:

„Ich heisse Albin Wadenbach, gebürtig aus Orby auf der Insel Martinique, 29 Jahre alt. Mein Vater hiess Heinrich Wadenbach und starb vor einigen Jahren in Orby, er war dort Ökonom und besass eine Tabak- und Vanillapflanzung. Meine Mutter kannte ich nicht, seit meiner Geburt bin ich bis zum 2. September 1869 nicht nach Europa gekommen. Mein Bruder Franz Heinrich Wadenbach ist gleichzeitig mit mir nach Europa gereist. Im Dezember 1869 trennten wir uns in Coburg-Gotha. Der Zweck unserer Reise ist, Verwandte zu besuchen. Der Vater hat uns über Namen und Aufenthalt der Verwandten nur notdürftig Auskunft gegeben. Eine

---

[210] In der Nacht vom 3. zum 4.1.1870 entdeckten Bewohner des böhmischen Ortes Niederalgersdorf auf dem Dachboden ihres Hauses einen halb verhungerten und völlig erschöpften Landstreicher. Wie in *Eberhardt's Allgemeinem Polizeianzeiger* vom 2.2.1870 zu lesen war, hatte dieser Landstreicher „unter verdächtigen Umständen in einer Scheune übernachtet [...], offenbar um zu stehlen". Jegliche Diebstahlsabsichten wies der Landstreicher jedoch von sich: *Ich wollte im Dachboden nur ausruhen, vor Erschöpfung schlief ich ein und erwachte erst früh* [...], lässt sich einem Protokoll des K.K. Bezirksgerichts Bensen entnehmen (vgl. Karl May: Aussage vor dem K.K. Bezirksgerichts Bensen vom 4.1.1870, in: Hoffmann: *Räuberhauptmann 1*, S. 215-247 (237f). Ein Strafverfahren wegen Diebstahls ließ das Bezirksgericht fallen, denn es handelte sich bei dem Arretierten keineswegs um einen vagabundierenden Dieb, sondern nur um einen ausweislosen Fremden. Der Diebstahlsvorwurf war offenbar schnell entkräftet worden. Dennoch blieb dieser Landstreicher – bei dem es sich natürlich um May handelte – Objekt der kriminalistischen Untersuchung. Der Grund dafür lag darin, dass Vagabunden für die Kriminalisten jener Zeit suspekt und potenziell als Straftäter verdächtig waren. Begründet wurde diese Einschätzung damit, dass sich diese Personengruppe wesentlichen Erwartungen an die bürgerliche persona – Unabhängigkeit, Anständigkeit und Ehrbarkeit – entzog. Aus dieser Entziehung wiederum resultierte – angeblich – eine nicht nur räumliche Annäherung an außerhalb der Gesellschaft stehende Verbrecher, sondern das Entstehen von Kriminalität selber. Die Faulheit als Merkmal des liederlichen, armen Mannes galt als eigentliche Verbrechensursache, vgl. Becker: *Verderbnis und Entartung*, S. 184.

Tante meines Vaters Malvina Wadenbach ist Wirtschafterin in Halle, diese will der Bruder auskundschaften. Eine zweite Tante ist Lehrerswitwe in Wendisch-Ossa bei Görlitz. Diese will ich aufsuchen. Deshalb bin ich durch Baiern [sic!] nach Eger, Karlsbad, Teplitz, Aussig, Tetschen gefahren. Mein Vater hinterliess Grundbesitz und Kapitalien. Den Grundbesitz habe ich übernommen und vor meiner Abreise einem gewissen Charles Marligny als Sachwalter zurückgelassen. Mein Bruder und ich nahmen eine Barschaft von 800 Dollars mit. Bei der Trennung von ihm habe ich mir nur das nötigste Geld geben lassen, ich hoffte bis Görlitz zu langen, bin aber seit 3 Tagen ohne Geld. Martinique ist eine französische Kolonie; die Gerichts- und Amtsgeschäfte im Orte besorgt ein kaiserlicher Prokurator, ich bin als Grundbesitzer nach Orby heimatzuständig. Ich habe mich mit der praktischen Landwirtschaft befasst, mir nebenbei auch Kenntnisse in der medizinischen Praxis angeeignet. Ich habe von Jugend auf nur Privatstunden genossen, die praktischen Kenntnisse in der Medizin habe ich mir bei einem Arzte Namens [sic!] Legrand angeeignet. Mein Grundbesitz in Amerika repräsentiert einen Wert von 20.000 Dollars. Mein Bruder wird schon in Wendisch-Ossa sein. Dort wollen wir uns treffen."

Wir fragen: Sind hier Rechtsbrecher und Reiseschriftsteller überhaupt noch zu trennen? Fließen sie nicht psychologisch ineinander über? Wird nicht erkennbar, dass ein einheitlicher Trieb die Wurzel bildet? Gerade an Karl May wird dieses kriminalpsychologische Phänomen so sehr deutlich. Ein Trieb, der geistig über Meer und Gebirge nach fernen Ländern strebt, der durch ungünstige Verhältnisse im Inlande festgehalten, durch Not und Elend, Schicksalsschläge und eigenes Verschulden in kleinen Abenteuern und enger Kriminalität sich auszuleben und auszutoben sucht. Ist das nicht alles begreiflich, fast folgerichtig? Dabei selbst in der tiefsten Not diese rührende Lustgewinnung an der ersonnenen exotischen Darstellung! Dieser durch Elend niedergedrückte geistige Trieb ringt um Befreiung! Der Vagabund wird innerlich aufgeatmet, gelächelt haben, als er diese schriftstellerische Reiseschilderung den Bürokraten zum Besten gab. Es klingt wie ein Präludium. Die asozialen Abenteuer beginnen hinter ihm zu liegen, erste Klänge der Läuterung ertönen, die Leitmotive des kommenden Schriftstellers steigen immer vernehmlicher herauf! So erinnert die Einstellung auf die Medizin an manche spätere Schilderung, z. B. in der Erzählung „Durch die Wüste". Der Name Legrand wird aus der zeitgemäßen medizinischen Literatur übernommen.

Aber zunächst widerfährt dem Abenteurer des Lebens etwas, was der spätere Kara Ben Nemsi im Buche unbedingt vermeidet. Durch Bezugnahme auf den Wadenbach in Chemnitz lenkte May das Auge der österreichischen

Behörde auf den engeren Schauplatz seiner Taten. Der Kandidat der Theologie Eduard Wadenbach in Chemnitz erklärt, einer seiner Brüder, ein Seifensieder Heinrich Julius Wadenbach sei 1858 nach Nordamerika gegangen, Nachricht sei nie von ihm gekommen. Jetzt sendet am 31. Januar 1870 die Bezirkshauptmannschaft Tetschen die Fotografie des verhafteten angeblichen Wadenbach, und die Chemnitzer Polizei erkennt in ihr den steckbrieflich Verfolgten wieder. Am 2. Februar 1870 depeschiert der Staatsanwalt[211] an die K. K. Bezirkshauptmannschaft Tetschen:

„Der dort zur Haft gebrachte angebliche Alwin Wadenbach aus Orby, welcher identisch mit dem entsprungenen Karl Friedrich May, ehemaligen Schullehrer, und ein sehr gefährlicher Verbrecher ist, soll dort sofort aufgehalten werden."

Das falsche X in der Rechnung des Rechtsbrechers, das später auch in den Büchern des Reiseschriftstellers [eine] verhängnisvolle Rolle spielt, überlieferte May erneut den sächsischen Behörden. Er hätte sich wohl selbst sagen müssen, dass er den wirksamen Fingerzeig gab. Diese Schwäche der Logik entsprach wohl seiner allgemeinen Erschöpfung; er war vorläufig am Ende seiner Kräfte und überließ sich dem Zufall. Hätte May sich nicht auf Chemnitz bezogen, so würde man ihn schließlich in Tetschen, nachdem ihm keine verübte Straftat nachzuweisen war, haben laufen lassen oder nach Sachsen abgeschoben haben. Aber er hätte erneut als Abenteurer und Schlimmeres umherziehen müssen.

In Ausspinnung seines Wadenbach-Abenteuers schrieb der noch larvierte Schriftsteller von Tetschen aus zwei Briefe, ebenfalls noch in Urschrift vorhanden, durch deren Inhalt er der Behörde seine Darstellung über seine Heimat Orby auf Martinique wohl besonders glaubhaft machen wollte. Dass der große Fantast in ihm auch bei dieser Ausschmückung Wohlgefallen empfand, braucht nicht besonders versichert zu werden. Ich lasse diese beiden Briefe[212], die sich ebenfalls bei den Mittweidaer Akten befanden, im Wortlaute folgen, weil die Einzelheiten meine Auffassung so überzeugend zu belegen scheinen.

[Erstes Dokument]

Bezirksgericht Tetschen, den 9. II. 1870.

An die
Firma Plaut & Comp. Banquiershaus,
in Leipzig

---

[211] Vgl. Hoffmann: *Räuberhauptmann 1*, S. 215-247 (239).

[212] Vgl. Karl May: Brief an die Firma Plaut & Comp. Banquiershaus vom 9.2.1870 und Karl May: Brief an Emil Wittig vom 9.2.1870. In: Klaus Hoffmann: *Zeitgenössisches über „ein unwürdiges Glied des Lehrerstandes"*. Pressestimmen aus dem Königreich Sachsen 1864-1870. In: *JbKMG 1971*, S. 110-121 (S. 119f.).

Geehrtester Herr!

Meine erste Bitte an Sie ist um Verzeihung, dass ich Sie mit einem Schreiben von meinem gegenwärtigen unfreiwilligen Aufenthalt incommodire; aber bitte werfen Sie die Schuld auf meine unangenehme Lage. Ich habe ohne Legitimation Böhmen durchreist, um meine Verwandten in der Lausitz zu besuchen, bin von der Polizei aufgegriffen worden und muss mich ausweisen, um meine Freiheit wieder zu erhalten. Diese Ausweisung kann nur durch meinen Bruder Frederico Wadenbach, Kaufmann aus Orby auf Martinique geschehen, welcher bei unserer Trennung die betreffenden Legitimationspapiere bei sich behalten hat. Da nun derselbe einen Wechsel zur Präsentation auf Ihr Haus bei sich führte, sich Ihnen jedenfalls schon vorgestellt und Ihnen seinen jetzigen Aufenthaltsort angegeben hat, so wage ich es, an sie die ergebene Bitte auszusprechen, ihm umgehend Nachricht von meiner Lage zu geben und ihn zu veranlassen, mich durch seine Gegenwart und Vorzeigung der betreffenden Papiere zu erlösen.

Indem ich Ihnen schon im Voraus meinen Dank für Ihre freundliche Bemühung ausspreche, behalte ich mir vor, später bei meiner Gegenwart in Leipzig demselben noch mündlichen Ausdruck geben zu dürfen.

Achtungsvoll
Albin Wadenbach.
Plantagenbesitzer in Orby auf Martinique

[Zweites Dokument]

Bezirksgericht Tetschen, den 9. II. 1870.

Herrn
Emil Wettig, Ökonom,
<u>in Ellersleben b. Cölleda, Preussen</u>
Reg. Bez. Merseburg.

Geehrtester Herr!

Entschuldigen Sie gefälligst, wenn ich Sie mit Gegenwärtigem auch einmal von einem europäischen Orte aus ennuyiere[213]. Ich bin nämlich auf einer Reise zu meinen Verwandten begriffen und befinde mich hier in Haft, weil ich die Unvorsichtigkeit begangen habe, dem Bruder unsre Legitimationspapiere zu lassen. Jetzt muss ich mich ausweisen und muss mich deshalb an Sie wenden. Mein Bruder Friedrich ist bei Ihnen gewesen,

---

[213] Veraltetes Wort für „langweilen".

101

um mit Ihnen die amerikanischen Verhältnisse zu besprechen, welche die Mündel Ihres Herrn Vaters berühren. Sie stehen deshalb mit ihm in brieflichem oder wohl gar in persönlichem Verkehr und deshalb spreche ich die ergebenste Bitte aus, ihn sofort von meiner Lage zu benachrichtigen, damit er mit den nöthigen Papieren und Geldmitteln komme und mich aus meiner unangenehmen Lage erlöse. Die Gewissheit meines Dankes brauche ich Ihnen nicht erst zu versichern.

Ergebenst
Albin Wadenbach

Am 15. März 1870 wird May in das Gerichtsgefängnis Mittweida eingeliefert. Seine Umwandlung zeigt sich; er legt nunmehr ein Geständnis im vollen Umfange ab. Die ärztliche Untersuchung bei der Einlieferung bezeichnet ihn als „hautrein"[214] gesund; aber als so unterernährt, dass er täglich ein Pfund Brot als Zulage erhält.

IV. Inferno

Im fünften Kapitel seiner Lebensbeichte („Im Abgrunde"[215]) unternimmt es Karl May, den Seelenzustand zu schildern, in dem er sich bei Ausführung seiner gehäuften Straftaten befunden habe. Es muss meine selbstverständliche Aufgabe sein, ihn hier selber mit allen wichtigen Ausführungen eingehend zu Worte kommen zu lassen und danach seine Darstellung psychologisch und kriminalpsychologisch ohne Voreingenommenheit zu begutachten.

May schickt in der Einleitung voraus, es liege für ihn nahe, seiner Darstellung „jene psychologische oder gar kriminalpsychologische Färbung zu geben, welche am besten geeignet wäre, was damals in mir vor gegangen ist, für den Fachmann begreiflich zu machen"[216].

Aber er schreibe hier nicht für den seelenkundigen Spezialisten, sondern für die Welt, in der seine Bücher gelesen werden.

„Und habe mich also aller Versuche, Psychologie zu treiben, zu enthalten. Ich werde infolgedessen alle Fachausdrücke vermeiden, und lieber einen

---

[214] Der Gefängnisarzt stellte bei der Eingangsuntersuchung fest, daß May zwar „hautrein", doch ein „schlanker, dürftiger Mensch, förmlich heruntergekommen und unterernährt" sei. Nach Aktenauszügen von Erich Wulffen; vgl. Hoffmann: *Räuberhauptmann 1*, S. 215-247 (241).

[215] Vgl. *Karl May's Gesammelte Werke* Bd. 34: „*Ich*". Radebeul bei Dresden, 1. Auflage 1916 bis 20. Auflage 1942, 5. Kapitel „*Im Abgrunde*".

[216] May: *Mein Leben und Streben*, S. 109.

bildlichen Ausdruck in Anwendung bringen als einen, der nicht allgemein verständlich ist."[217]

Diese Ankündigung klingt vielleicht etwas unklar.

Er knüpft an die sechswöchige Gefängnisstrafe wegen des Uhrendiebstahls in Altchemnitz an (1862) und erzählt, wie seine damaligen Zellengenossen sich Mühe gaben, ihn „aus dem Zustand innerlicher Versteinerung"[218], in dem er sich befand, emporzuheben, doch vergeblich.

„Ich verließ die Zelle nach Beendigung meiner Haft mit derselben Empfindungslosigkeit, in der ich sie betreten hatte. Ich ging heim, zu den Eltern. […] Um meine Zukunft oder nur eine Anstellung war es mir nicht zu tun; die hätte ich zu jeder Zeit erhalten können."[219]

Er wollte nicht erst seitwärts abschweifen, sondern gleich jetzt und für immer in den neuen Weg einbiegen.

„Schriftsteller werden, Dichter werden! Lernen, lernen, lernen! Am Großen, Schönen, Edelen mich emporarbeiten aus der jetzigen tiefen Niedrigkeit!"[220]

Aber in seiner Gedanken- und Willenswelt herrscht noch wenig Klarheit. Es war Nacht.

„Diese Nacht war nicht ganz dunkel; sie hatte Dämmerlicht. Und sonderbar, sie erstreckte sich nur auf die Seele, nicht auch auf den Geist. Ich war seelenkrank, aber nicht geisteskrank. Ich besaß die Fähigkeit zu jedem logischen Schlusse, zur Lösung jeder mathematischen Aufgabe. Ich hatte den schärfsten Einblick in alles, was außer mir lag; aber sobald es sich mir näherte, um zu mir in Beziehung zu treten, hörte diese Einsicht auf. Ich war nicht imstande, mich selbst zu betrachten, mich selbst zu verstehen, mich selbst zu führen und zu lenken. Nur zuweilen kam ein Augenblick, der mir die Fähigkeit brachte, zu wissen, was ich wollte, und dann wurde dieses Wollen festgehalten bis zum nächsten Augenblick. Es war ein Zustand, wie ich ihn noch bei keinem Menschen gesehen und in keinem Buche gelesen hatte. Und ich war mir dieses seelischen Zustandes geistig sehr wohl bewußt, besaß aber nicht die Macht, ihn zu ändern oder gar zu überwinden. Es bildete sich bei mir das Bewußtsein heraus, daß ich kein Ganzes mehr sei, sondern eine gespaltene Persönlichkeit, ganz dem neuen Lehrsatz entsprechend; nicht Einzelwesen, sondern Drama ist der Mensch. In diesem Drama gab es verschiedene, handelnde Persönlichkeiten, die sich bald gar nicht, bald aber auch sehr genau von einander unterschieden."[221]

---

[217] Ebd.
[218] May: *Mein Leben und Streben*, S. 110.
[219] Ebd.
[220] Ebd.
[221] May: *Mein Leben und Streben*, S. 111f.

Da war zunächst er selbst, der das alles beobachtete. Da stand in der Ferne ein zweites Wesen, das einer Fee, einem Engel glich; es mahnte, es warnte; es lächelte, wenn er gehorchte, trauerte, wenn er ungehorsam war.

„Die dritte Gestalt, natürlich nicht körperliche, sondern seelische Gestalt, war mir direkt widerlich. Fatal, häßlich, höhnisch, abstoßend, stets finster und drohend; anders habe ich sie nie gesehen oder gehört. Denn ich sah sie nicht nur, sondern ich hörte sie auch, sie sprach. Sie sprach oft ganze Tage und ganze Nächte lang in einem fort zu mir. Und sie wollte nie das Gute, sondern stets nur das, was bös und ungesetzlich war. Sie war mir neu, ich hatte sie nie gesehen, sondern erst jetzt, seitdem ich innerlich gespalten war. [...] Es wechselte die Gestalt, und es wechselte auch ihr Gesicht. Bald stammte sie aus Batzendorf, aus dem Kegelschub oder aus der Lügenschmiede. Heute sah sie aus wie Rinaldo Rinaldini, morgen wie der Raubritter Kuno von der Eulenburg und übermorgen wie der fromme Seminardirektor, als er vor meinem Talgpapier stand.“[222]

Er sah und hörte das alles.

„War dies ein Vorzug, eine Gottesgnade? Oder war ich verrückt? Dann aber jedenfalls nicht geistig, sondern seelisch verrückt, denn ich machte diese Beobachtungen mit einer Objektivität und Kaltblütigkeit, als ob es sich nicht um mich selbst, sondern um einen ganz anderen, mir vollständig fremden Menschen handle. Und ich lebte das gewöhnliche, alltägliche Leben ganz so, wie jede gesunde Person es lebt, die von derartigen psychologischen Vorgängen nicht angefochten wird.“[223]

Die Kraft und der Wille zum Leben kehrten ihm zurück. Er gab Unterricht in Musik und fremden Sprachen. Er dichtete, komponierte. Er bildete sich eine kleine Instrumentalkapelle, wurde Direktor eines „Gesangvereins“, der öffentliche Konzerte gab. Er begann zu schriftstellern, schrieb erst Humoresken, dann „Erzgebirgische Dorfgeschichten“[224]. Er hatte nicht die geringste Not, Verleger zu finden. Seine Arbeiten gingen aus einer Zeitung in die andre. Aber die „Spaltung“ in ihm griff weiter um sich.

„Es wimmelte von Gestalten in mir, die mitfragen, mitarbeiten, mitschaffen, mitdichten und mitkomponieren wollten. Und jede dieser Gestalten sprach; ich musste hören. Es war zum wahnsinnig werden! Wie es früher außer mir selbst nur zwei Gestalten gegeben hatte, die helle und die dunkle, so jetzt außer mir zwei Gruppen. Es kämpften da zwei einander feindliche Heerlager gegeneinander: Großmutters helle lichte Bibel- und Märchengestalten gegen

[222] Ebd.
[223] Ebd., S. 113.
[224] Karl May schrieb zwischen 1874 und 1880 eine Vielzahl von Dorfgeschichten. Im Jahr 1903 veröffentlichte der Dresdner Verlag von Adalbert Fischer eine Anthologie dieser Werke unter dem Titel Karl May: *Erzgebirgische Dorfgeschichten*. Karl Mays Erstlingswerke. Autorisierte Ausgabe. Band I. Dresden-Niedersedlitz o.J. [1903]; Reprint Karl-May-Verlag, Bamberg 1996.

die schmutzigen Dämonen jener unglücklichen Hohensteiner Leihbibliothek. Ardistan und Dschinnistan. Die ererbten Gedanken, des Sumpfes, in dem ich geboren wurde, gegen die beglückenden Ideen des Hochlandes, nach dem ich strebte! Die Miasmen einer vergifteten Kinder- und Jugendzeit gegen die reinen, beseligenden Wünsche und Hoffnungen, mit denen ich in die Zukunft schaute, die Lüge gegen die Wahrheit, das Laster gegen die Tugend, die eingeborene menschliche Bestie gegen die Wiedergeburt, nach der jeder Sterbliche zu streben hat, um zum Edelmenschen zu werden."[225]

Während solche inneren Kämpfe jeder denkende Mensch, der vorwärts strebe, durchzumachen habe und es bei ihm Gedanken und Empfindungen seien, die gegeneinander streiten, versichert uns May nochmals, dass bei ihm sich diese Gedanken und Regungen zu „sichtbaren und hörbaren Gestalten"[226] verdichteten.

„Ich sah sie bei geschlossenen Augen, und ich hörte sie bei Tag und Nacht; sie störten mich bei der Arbeit; sie weckten mich aus dem Schlafe."[227]

Es kam noch zu anderen Merkwürdigkeiten. Schrieb er an einem ethischen, ästhetischen oder religiösen Thema, so empörte sich die „dunkle Gestalt"[228] in ihm; schrieb er „niedere Sachen"[229], so gab es „nicht die geringste Empörung"[230] in ihm, es verschwand nur die trauernd-lichte Gestalt. Er hatte den Auftrag erhalten, eine Parodie zu Uhlands „des Sängers Fluch"[231] zu verfassen, und dichtete ein Gedicht „des Schneiders Fluch"[232]. Ein Schneider verfluchte einen Schuster und dessen baufälliges Haus. Bei dem Fluche kam es zu den Versen:

> „Die Hypotheken lauern
> Schon heut auf ihren Sturz.
> Ihr hört's, verruchte Mauern,
> Ich mach es mit Euch kurz!"[233]

Als er danach ein „hochstrebendes Gedicht"[234] niederschrieb, war es plötzlich, als ob ein schwarzer Vorhang vor ihm niederfalle. Die „lichte Gestalt verschwand, die dunkle tauchte auf, höhnisch lachend"[235]. Es erscholl „wie mit

---

[225] May: *Mein Leben und Streben*, S. 114.

[226] Ebd.

[227] Ebd.

[228] Ebd., S. 115.

[229] Ebd.

[230] Ebd.

[231] Bei *Des Sängers Fluch* handelt es sich um eine Ballade des Dichters Ludwig Uhland (1787–1862) von 1814.

[232] May: *Mein Leben und Streben*, S. 115.

[233] Ebd.

[234] Ebd., S. 116.

[235] Ebd.

hundert Stimmen: ,Des Schneiders Fluch, des Schneiders Fluch, des Schneiders Fluch usw.' So klang es stundenlang in mir fort, endlos, unaufhörlich und ohne die geringste Pause, nicht etwa nur in der Einbildungskraft, sondern wirklich, wirklich. Es war, als ob diese Stimmen nicht in mir, sondern grad vor meinem äusseren Ohr ertönten... und als ich trotzdem alle meine Gedanken auf meine Aufgabe konzentrierte, kamen die lautgebrüllten Sätze hinzu ,die Hypotheken lauern, die Hypotheken lauern; ihr hört's, verruchte Mauern, ihr hört's, verruchte Mauern'. Das ging den ganzen Tag und die ganze Nacht hindurch und auch dann immer weiter. Kein anderer Mensch sah und hörte es; niemand ahnte was und wie furchtbar ich litt. Jeder andere hätte das als Wahnsinn bezeichnet, ich aber nicht. Ich blieb kaltblütig und beobachtete mich. Ich setzte es trotz aller Gegenwehr durch, dass mein Gedicht zur vereinbarten Zeit fertig wurde. Aber derartige Siege hatte ich immer sehr teuer zu bezahlen; ich brach dann innerlich zusammen."[236]

Ich will nicht verfehlen, schon hier darauf aufmerksam zu machen, wie der Schriftsteller Karl May sich diese Seelenzustände nach recht volkstümlichem Rezept laienhaft gewissermaßen zusammengestellt hat. Man lese hierüber nach und vergleiche, wie May im zweiten Bande seines Winnetou, 1. Kapitel, Seite 106 sich in gleich naiver Weise den „wahnsinnigen" Dichter Ohlert vorstellt und zurechtmacht. Die Methode ist ganz die gleiche; sie ist Literatur, aber nichts Wirkliches, nichts Erlebtes. Diese gewalttätige Verhinderung seiner guten Vorsätze, so klagt May weiter, erstreckte sich leider nicht nur auf seine Studien und Arbeiten, sondern noch viel mehr und ganz besonders auch auf seine Lebensführung, auf sein alltägliches Tun.

„Es war, als ob ich aus jener Zelle, in der ich sechs Wochen lang eingekerkert gewesen war, eine ganze Menge unsichtbarer Verbrecherexistenzen mit heimgebracht hätte, die es nun als ihre Aufgabe betrachteten, sich bei mir einzunisten und mich ihnen gleichgesinnt zu machen. Ich sah sie nicht, ich sah nur die finstere, höhnische Hauptgestalt aus dem heimatlichen Sumpf und den Hohensteiner Schundromanen aber sie sprachen auf mich ein; sie beeinflußten mich. Die Hauptsache war, daß ich mich rächen sollte, rächen an dem Eigentümer jener Uhr, der mich angezeigt hatte, nur um mich aus seiner Wohnung loszuwerden (NB. eine Reminiszenz aus der Zeit der ,Erinnerungslosigkeit'! Der Verfasser), rächen an der Polizei, rächen an dem Richter, rächen am Staate, an der Menschheit, überhaupt an jedermann! Mich rächen? Wodurch? Dadurch, daß ich das blieb, wozu mich die Welt gemacht hatte, nämlich ein Verbrecher."[237]

Solches forderte der Versucher in seinem Inneren von ihm. Er suchte durch Niederschrift insbesondere seiner Dorfgeschichten mit ethischer, streng

[236] Ebd., S. 116f.
[237] Ebd., S. 117f.

106

gesetzlicher Tendenz sich zu retten. Wenn er nicht tat, was diese lauten Stimmen von ihm forderten, wurde er von ihnen mit Hohngelächter, mit Flüchen und Verwünschungen überschüttet, nicht nur stundenlang, sondern halbe Tage und ganze Nächte lang.

„Ich bin, um diesen Stimmen zu entgehen, aus dem Bett gesprungen und hinaus in den Regen und das Schneegestöber gelaufen. Es hat mich fortgetrieben, wie weit, wie weit! Ich bin aus der Heimat fort, um mich zu retten, kein Mensch wußte, wohin. Doch es zog mich wieder und immer wieder zurück. Niemand erfuhr, was in mir vorging und wie un- oder gar übermenschlich ich kämpfte, weder Vater noch Mutter noch Großmutter noch eine der Schwestern. Und noch viel weniger ein anderer, ein fremder Mensch; man hätte mich ja doch nicht verstanden, sondern mich einfach für übergeschnappt erklärt. Ich war sowohl körperlich als auch geistig ein kräftiger, sogar sehr kräftiger Mensch, aber ich wurde danach müder und müder."[238]

Jetzt nähert sich Mays Darstellung völlig den kritischen Zeiten. Er fährt fort:

„Es kamen zunächst Tage, dann aber ganze Wochen, in denen es vollständig dunkel in mir wurde; da wußte ich kaum oder oft auch gar nicht, was ich tat. In solchen Zeiten war die lichte Gestalt in mir vollständig verschwunden. Das dunkle Wesen führte mich an der Hand. Es ging immerfort am Abgrunde hin. Bald sollte ich dies, bald jenes tun, was jedoch verboten war. Ich wehrte mich zuletzt nur noch wie im Traum. Hätte ich den Eltern oder doch wenigstens Großmutter gesagt, wie es um mich stand, so wäre der tiefe Sturz, dem ich entgegen trieb, gewißlich unterblieben. Und er kam, nicht daheim in der Heimat, sondern in Leipzig, wohin mich eine Theaterangelegenheit führte. Dort habe ich, der ich gar nichts derartiges brauchte, Rauchwaren gekauft und bin mit ihnen verschwunden, ohne zu bezahlen. Wie ich es angefangen habe, dies fertig zu bringen, das kann ich nicht mehr sagen; ich habe es wahrscheinlich auch schon damals nicht gewußt. Denn für mich ist es sicher und gewiß, daß ich ganz unmöglich bei klarem Bewußtsein gehandelt haben kann. Ich weiß von der darauf folgenden Gerichtsverhandlung gar nichts mehr, weder im einzelnen noch im ganzen. Ich kann mich auch nicht auf den Wortlaut des Urteils besinnen."[239]

May verbreitet sich dann eingehend über seinen Aufenthalt im Landesgefängnis in Zwickau, worüber später zu berichten sein wird.

„Ich habe die in mir schreienden Stimmen, von denen ich weiter oben sprach, auch in der Zelle vernommen. Ich habe mit ihnen gekämpft und sie stets zum Schweigen gebracht. Sie kehrten zwar zurück, sie ließen sich wieder

---

[238] Ebd., S. 118f.
[239] Ebd., S. 119.

hören, doch in immer längeren Zwischenräumen, bis ich endlich annehmen konnte, dass sie ganz und für immer stumm geworden seien."[240]

Er wird (2. November 1868) begnadigt und kehrt in die Heimat zurück. Aber schon bei Annäherung, auf der Lungwitzer Höhe, hört er die alten Stimmen wieder „des Schneiders Fluch, des Schneiders Fluch, des Schneiders Fluch!"[241]

Zuhause erfuhr er den Tod der geliebten Großmutter, der Märchenerzählerin. Und die dunklen, schreienden Gestalten von früher waren wieder da.

„Es begann das frühere Elend, die frühere Marter, der frühere Kampf mit den unbegreiflichen Mächten, die umso gefährlicher waren, als ich absolut nicht entdecken konnte, ob sie Teile von mir seien oder nicht […] Diese Stimmen waren bemüht, mich mit aller Gewalt in die Vergangenheit zurückzuzerren. Sie verlangten, wie früher, daß ich mich rächen sollte. Nun erst recht rächen, für die im Gefängnis verlorene, köstliche Zeit. Sie wurden von Tag zu Tag lauter; ich aber stemmte mich gegen sie; ich tat, als ob ich nichts, gar nichts hörte. Das war aber selbst bei der größten Kraftaufwendung nicht länger als höchstens nur einige Tage lang auszuhalten."[242]

Indessen besucht er einige Verleger und verhandelt mit ihnen über Herausgabe der im Gefängnis geschriebenen Manuskripte. Er gewahrt, dass die inneren Stimmen verstummen, je weiter er sich von der Heimat entfernt. Die finsteren Gestalten scheinen ihm in seiner Heimat sesshaft zu sein.

„Ich beschloß, hierauf die Probe zu machen. Ich kassierte meine Honorare ein und machte eine längere Auslandsreise. Wohin, das habe ich im zweiten Band dieses Werkes zu erzählen, in welchem meinen Reisen und ihren Ergebnissen ein größerer Raum gewidmet sein soll, als ich ihnen hier gewähren könnte."[243]

Während dieser Reise verschwinden die Bilder ganz und gar, er wird vollständig von ihnen frei. Aber Heimweh treibt ihn zurück.

„Es war kein gesunder, sondern ein kranker Trieb […]. Die Anfechtungen begannen von neuem. Ich vernahm unausgesetzt den inneren Befehl, an der menschlichen Gesellschaft Rache zu nehmen, und zwar dadurch Rache, daß ich mich an ihren Gesetzen vergriff […]. Ich halte es hier für nötig, zu konstatieren, daß ich meinen Zustand keineswegs für pathologisch hielt. Alle meine Vorfahren waren, soweit ich sie kannte, sowohl körperlich als auch geistig kerngesunde Menschen gewesen. Es gab nichts Atavistisches[244] in mir. Was

---

[240] Ebd., S. 129.

[241] Ebd., S. 154.

[242] Ebd., S. 157.

[243] Ebd., S. 158.

[244] In der von dem Reichstagsabgeordneten Wilhelm Bruhn (1869–1951) herausgegeben Zeitung *Die Wahrheit* ließ sich Lebius über die Verbindung von Atavismus und Literatur aus, wobei er sich gegen Ende seines Artikels „der schlechten Jugendliteratur und der atavistischen Literatur" zuwandte und befand: „Hierher gehören auch die Karl Mayschen Reiseschriften, die eine Zeitlang trotz ihrer

sich in dieser Beziehung mir angeheftet hatte, das war gewiß nicht von innen heraus erzeugt, sondern von außen herangetreten.“[245]

Er arbeitet fleißig, fast Tag und Nacht, man kauft seine Sachen gern.

„Ich litt also keineswegs Not, zumal ich bei den Eltern wohnte, die sich jetzt auch besser standen als früher.“[246]

Aber die „Stimmen“ kehrten wieder. Dazu gesellte sich der „wohlbekannte Halunke Durst“[247]. Ein Durst nach sonst unbegehrten Spirituosen tritt auf, wenn die bösen Stimmen die Oberhand gewinnen. Feinde von außen greifen ihn an. Die heimatliche Polizei will ihm nicht wohl, weil er aus Zwickau mit „Vertrauenszeugnis“[248] entlassen war und deshalb ihrer Aufsicht entging. Wurde von Einbrechertaten in der Umgegend gesprochen, so kam er stillschweigend in Verdacht. Der Wachtmeister erkundigt sich dann, wo er an dem oder jenem Tage gewesen war. So trieb es ihn einmal hinaus in den Wald.[249]

„Zehn, fünfzig, ja hundert Stimmen verhöhnten mich in meinem Inneren mit unaufhörlichem Gelächter. Es kam mir vor, als ob die inneren Gestalten aus mir herausgetreten seien und neben mir herliefen. Voran der fromme Seminardirektor, dann der Buchhalter, der mir seine Uhr nicht geborgt haben wollte (NB. schon wieder eine Reminiszenz aus der ‚Erinnerungslosigkeit‘, der Buchhalter war als Zeuge gehört worden!), eine Rotte von Kegelschiebern, mit Kegelkugeln in den Händen, und hierauf die Raubritter, Räuber, Mönche, Nonnen, Geister und Gespenster aus der Hohensteiner Schundbibliothek.“[250]

Er zieht eine Rübe aus dem Felde und verzehrt sie vor Hunger. Als er im Freien übernachtet, wecken ihn die Stimmen und höhnen:

„Du bist ein Vieh geworden, frissest Rüben, Rüben, Rüben.“[251]

Blutrünstigkeit von der katholischen Geistlichkeit begünstigt wurden, bis die Enthüllungen über den Verfasser, der fast ein Jahrzehnt im Zuchthaus und Gefängnis wegen fortgesetzter Einbruchsdiebstähle gesessen hat, der Sache ein Ende machte. Karl May gehört aber heute noch zu den gelesensten Jugendschriftstellern auf unseren Gymnasien und Volksschulen. Interessant ist, daß man bei May auch die Ursache des atavistischen Charakters seiner Schriften feststellen kann. Er machte im frühesten Alter eine schwere chronische Krankheit durch, die offenbar kulturhemmend gewirkt hat.“ (Rudolf Lebius: *Atavistische und Jugend-Litteratur*. In: *Die Wahrheit*, 2. Jg., Nr. 26 vom 30.6.1906, S. 2-3.).

[245] May: *Mein Leben und Streben*, S. 158f.

[246] Ebd., S. 159.

[247] Vgl. ebd.

[248] Das Vertrauenszeugnis bestätigte, dass sich ein Gefangener durch längere tadellose Führung in der Strafanstalt des öffentlichen Vertrauens würdig erwiesen hatte. Mit diesem Zeugnis war der Entlassene nun von aller Polizeiaufsicht frei und es bot ihm die Möglichkeit, sich leichter einen rechtlichen Erwerb zu suchen und ihn zu finden. Das Vertrauenszeugnis gestattete May, sich an einem Ort seiner Wahl niederzulassen. Außerdem erhielt er einen Dimissions- und Heimatschein sowie Reise- und Arbeitsentgelt in Höhe von 15 Talern ausgehändigt.

[249] Vgl. May: *Mein Leben und Streben*, S. 163.

[250] Ebd., S. 163.

[251] Ebd., S. 164.

Er sieht ein Haus in Flammen stehen. Er irrt wie ein Gebrochener umher und gelangt schließlich heim. Da sagt ihm die Mutter, er stehe wegen der Brandstiftung in Verdacht und sagt:

„„Schnell wieder fort, fort, fort! Nach Amerika hinüber, daß man Dich nicht erwischt!"[252]

Da ist er fortgegangen.

„Wohin? Die Erinnerung läßt mich im Stich. Ich war wieder krank wie damals. Nicht geistig, sondern seelisch krank. Die inneren Gestalten und Stimmen beherrschten mich vollständig. Wenn ich mir Mühe gebe, mich auf jene Zeit besinne, so ist es mir wie einem, der vor fünfzig Jahren irgend ein Theaterstück gesehen hat und nach dieser Zeit noch wissen soll, was von Augenblick zu Augenblick geschah, und wie die Kulissen sich verwandelten. Einzelne Bilder sind mir geblieben, doch so undeutlich, daß ich nicht behaupten kann, was wahr daran ist und was nicht. Ich habe in jener Zeit jenen dunklen Gestalten gehorcht, welche in mir wohnten und mich beherrschten. Was ich getan habe, erscheint jedem Unbefangenem unglaublich. Man beschuldigte mich, einen Kinderwagen gestohlen zu haben! Wozu? Ein Portemonnaie mit nur drei Pfennigen Inhalt. Anderes ist schon glaubhafter und einiges direkt erwiesen [...]. Jeder Vagabund, der in den Ortsbereich dieser Märchen kam, legte sich meinen Namen bei, um auf meine Rechnung zu sündigen."[253]

Er erinnert sich, dass er während eines Transportes seine Fesseln zerbrach und verschwand. „Wohin, das beabsichtige ich im zweiten Bande, in dem ich von meinen Reisen erzähle, ausführlich zu berichten."[254]

Um Karl May volle Gerechtigkeit widerfahren zu lassen, war es nötig, einen getreuen ausführlichen Auszug seiner Darstellung zu geben. Auch der Leser, der Mays Lebensbeichte nicht zur Hand hat, soll der psychologischen Analyse, die ich zu geben habe, folgen können, freilich soll auch die charakteristische Schilderung des Beichtenden für sich selbst und gegen ihn selbst sprechen.

Wenn auch Karl May erklärt, er habe seine geschilderten seltsamen Zustände nicht für pathologisch gehalten, so muss doch der psychologische Gutachter die Frage aufwerfen, ob Mays Auffassung richtig war und ob er überhaupt die Richtigkeit seiner Auffassung ernstlich behaupten wollte. Denn gleich am Eingang sagt er, er werde zwar mit einer kriminalpsychologischen Färbung seiner Darstellung sich dem Fachmann sofort begreiflich machen können; da er aber für Laien und nicht für seelenkundige Spezialisten schreibe, dürfe er keine Psychologie treiben. An einer Stelle behauptet er, als Bibliothekar

[252] Ebd., S. 166.
[253] Ebd., S. 167.
[254] Ebd., S. 168.

im Gefängnis in Zwickau die „anspruchsvollen, hochgelehrten Werke über Psychologie, besonders über Kriminalpsychologie"[255] vor sich aufgeschlagen zu haben. Kurz vorher sprach er aber von „unserer sogenannten, hochgepriesenen Kriminalpsychologie"[256] und nicht unähnlich von „psychiatrischen"[257] (von ihm selbst in Anführungsstriche gesetzt) Betrachtungen. Er nimmt sich deshalb vor, alle Fachausdrücke zu vermeiden. Er werde lieber einen „bildlichen Ausdruck"[258] als allgemein verständlich anwenden. Schade! Hätte er sich psychologisch, kriminalpsychologisch, psychiatrisch ausgedrückt, so wären vielleicht alle Rätsel gelöst.

Also er will nicht pathologisch, will nicht psychopathisch gewesen sein. Seine Vorfahren waren alle körperlich und geistig kerngesunde Menschen. Es steckte nichts Atavistisches in ihm.

„Mich atavistischer Schwachheiten[259] zu zeihen, ist eine Böswilligkeit, die ich mir unbedingt verbitten muß."[260]

Wie steht es damit? Ein früheres Kapitel seiner Lebensbeichte trägt die Überschrift „Keine Jugend"[261]. In einer armseligen Weberfamilie wurde er geboren, wuchs er auf. Arbeitslosigkeit, Misswachs, Teuerung und Revolution äußerten Ende der vierziger Jahre des vorigen Jahrhunderts ihre Wirkungen. Kurz nach der Geburt erkrankte der Knabe sehr schwer, verlor das Augenlicht und siechte volle vier Jahre, „nicht eine Folge der Vererbung, sondern der rein äußerlichen örtlichen Verhältnisse, der Armut, des Unverstandes und der verderblichen Medikasterei, der ich zum Opfer fiel. Sobald ich in die Hände eines tüchtigen Arztes kam, kehrte mir das Augenlicht wieder."[262]

Aus gebettelten Kartoffelschalen wurde eine Hungersuppe gebraut, aus Beutelstaub und Spelzenabfall der „roten Mühle"[263] wurde irgendetwas Nahrungsmittelähnliches hergestellt. Die Kinder saßen den ganzen Tag da und halfen stichelnd der Mutter beim Nähen der Leichenhandschuhe. Der Vater war gutmütig, aber ein ungeduldiger Prügelpädagoge. Der Vater war überhaupt ein unruhiger Mann, kein sesshafter Arbeiter, mehr auswärts als daheim, das Geldverdienen war nicht seine Sache. Er war in allem maßlos, in seiner Liebe, seinem Zorn, seinem Fleiß, seinem Lobe, seinem Tadel. Er konnte nicht wirtschaften. Er besuchte alle Märkte, alle Gasthöfe und Schankwirtschaften, kaufte und verkaufte, ohne wesentlich zu verdienen. Er

---

[255] Ebd., S. 137.

[256] Ebd., S. 122.

[257] Ebd., S. 123.

[258] Ebd., S. 109.

[259] Vgl. Lebius: *Atavistische und Jugend-Litteratur*, S. 2-3.

[260] May: *Mein Leben und Streben*, S. 16.

[261] Vgl. *Karl May's Gesammelte Werke* Bd. 34: „*Ich*". Radebeul bei Dresden, 1. Auflage 1916 bis 20. Auflage 1942, 3. Kapitel „*Keine Jugend*".

[262] May: *Mein Leben und Streben*, S. 16.

[263] Ebd., S. 39.

war immer unterwegs, von einem Dorf zum andern, von einem Bauern zum andern.

„Dieses unstete, unnützliche Leben förderte nicht, sondern fraß das Glück des Hauses."[264]

Der Vater nahm den Jungen auf seinen weiten Wanderungen mit, kehrte man ein, so durfte er vom Schnaps mittrinken; er bekam auch schmutzige (nicht aber sexuelle) Dinge zu hören. Nach der Konfirmation wurde er in der Freizeit Kegeljunge in einer Hohensteiner Schankwirtschaft, war bis in die Nacht hinein beschäftigt, bekam zusammengegossenes Bier und gelegentlich Schnaps zu trinken, wurde überanstrengt. Aus der Hohensteiner Leihbibliothek, die sich in der Schankwirtschaft befand, las er Räubergeschichten und Bedenklicheres. Einmal wollte er als Junge selbst nach „Spanien"[265] auswandern, der Vater holte ihn aber von Verwandten in Zwickau, soweit war er gekommen, zurück.

Jedenfalls war der Vater kein Mensch nach der Norm, kein geschlossener vorbildlicher Charakter, vielmehr merkwürdig in seiner Unstetigkeit, in seinem Wandertrieb. Von ihm konnte also der Sohn sehr wohl etwas von der Norm Abweichendes in seiner angeborenen Veranlagung mitbekommen haben. Mehr lässt sich nicht sagen. Geburt und Heranwachsen im erzgebirgischen Weberland konnte weitere Schädigungen bringen. Die Erkrankung gleich nach der Geburt, Unterernährung, Überanstrengung, Erschöpfung des jugendlichen Organismus, Gefährdung des Nervensystems. Gerhart Hauptmann hat in seinen „Webern"[266] nach geschichtlichen Quellen die Psychologie und Psychopathie der ausgehungerten Weberleute meisterhaft geschildert. Da treten uns leichter Schwachsinn und psychopathische Charaktere drastisch entgegen. Aus solchem Milieu kam Karl May. Schädigungen seiner angeborenen Veranlagung und jugendlicher Entwicklung aus solchen Quellen wären denkbar, man könnte mit ihnen rechnen. Freilich beichtet May selbst auch andere Dinge. Trotz der äußerst schmalen Kost entwickelte er sich „überaus kräftig"[267], sodass er weitere Wanderungen ertragen konnte.

---

[264] Ebd., S. 18.

[265] Vgl. zur „Spanien"-Episode Mays Darstellung in May: *Mein Leben und Streben*, S. 79.

[266] Gerhart Hauptmann: *Die Weber*. Berlin 1892. Wulffen widmete Gerhart Hauptmann (1862–1946) das Buch *Gerhart Hauptmanns Dramen vor dem Forum der Kriminalpsychologie und Psychiatrie*. (Naturwissenschaftliche Studien, Breslau und Leipzig 1908), worin zehn bekannte Jugenddramen behandelt werden, die thematisch dem Grenzgebiet der Psychiatrie und der Kriminalpsychologie entnommen sind. „Es ist auffällig", schreibt darin Wulffen auf Seite 9, „wie häufig die neueren Dichter sich mit kriminalistischen Problemen, mit naturwissenschaftlichen Gesetzen und pathologischen Geisteszuständen befassen. Hier haben wir es mit einer Wirkung der neueren wissenschaftlichen Forschungen zu tun. So suchen Kunst und Wissenschaft sich gegenseitig. [...] In der Reihe der neueren Dramatiker, welche in tiefem sittlichen Ernste ihre Dichtungen dem modernen natur-wissenschaftlichen Geiste erschlossen haben, steht an erster Stelle Gerhart Hauptmann." Zitiert in: Seul/Götz von Olenhusen: *Erich Wulffen*, S. 33.

[267] Vgl. May: *Mein Leben und Streben*, S. 16.

„Ich wurde ein höchst kräftiger und widerstandsfähiger Junge, der stark genug war, es mit jedem anderen aufzunehmen."[268]

Mit fünf Jahren kam er in die Schule.

„Das Lernen fiel mir leicht. Ich holte schnell meine zwei älteren Schwestern ein."[269]

Als Junge von acht und neun Jahren saß er schon bei den Zwölfjährigen. Der Vater wollte etwas Besonderes aus ihm machen, die Anlagen versprachen Gutes. Er bekam einen „guten, volltönenden, umfangreichen Sopran"[270], der Kantor nahm ihn in die Kurrende auf, er sang Kirchensoli. Er erhielt später Orgel-, Klavier- und Violinunterricht. Die intellektuelle Anlage war also günstig, war nicht geschädigt. Es zeigte sich an Karl May, was uns an manchem armseligen Proletarierkind überrascht: In Zusammenhang mit einer leidlichen Bildungsschule gebracht, entwickelt sich eine sehr gute Begabung zu intellektuellen Leistungen. Aber unter solcher auffälligen intellektuellen Begabung könnte immerhin nach vielfacher Erfahrung ein geschädigtes Nervensystem mit abweichendem Gefühlsleben, mit nicht normalen Trieben und Impulsen, mit einer verhängnisvollen Überempfindlichkeit und Überempfänglichkeit für gewisse Reize geschlummert haben. Es hätte unter solchen Umständen nur der Anregung durch solche äußeren und inneren Reize bedurft, um eine möglicherweise folgenschwere Auslösung hervorzurufen.

Das bisherige Ergebnis wäre also, dass sich eine auffällige ungünstige erbliche Belastung und eine psychologische oder pathologische Veranlagung des jungen Karl May nicht feststellen ließen. Nur ungewisse Möglichkeiten bieten sich. Mays eigenes Bekenntnis, dass er sich nicht pathologisch gefühlt habe, gewinnt hierbei immerhin einige Bedeutung. Es erhebt sich die Frage, ob die lichten und dunklen Gestalten und ihre Stimmen, von denen May im Kapitel „Im Abgrunde"[271] so viel und so eingehend [schreibt], eine psychopathische Bedeutung haben, mit andern Worten, ob sie Sinnestäuschungen, Halluzinationen des Gesichts und des Gehörs im Sinne der Psychiatrie vorstellen. Ich will gleich vorwegnehmen, dass die Antwort verneinend lautet. May schreibt zwar, dass er die sprechenden Gestalten Tage und Nächte lang sah und hörte, dass sie ihn aus der Arbeit am Tage und aus dem Schlafe bei Nacht rissen – „Es war zum wahnsinnig werden."[272]

Aber er macht diese Beobachtungen mit „Objektivität und Kaltblütigkeit"[273]. Obwohl ihn Gestalten und Stimmen so furchtbar quälten, erfuhr

[268] Ebd.

[269] Ebd., S. 51f.

[270] Ebd., S. 48.

[271] *Karl May's Gesammelte Werke* Bd. 34: *„Ich"*. Radebeul bei Dresden, 1. Auflage 1916 bis 20. Auflage 1942, 5. Kapitel *„Im Abgrunde"*.

[272] May: *Mein Leben und Streben*, S. 114.

[273] Ebd., S. 113.

kein Mensch, wie er beichtet, etwas davon, was ihm geschah, „weder Vater noch Mutter noch Grossmutter noch Schwestern"[274].

Das heißt also, er teilt sich hierüber niemandem mit, heißt vor allem, es wurde dritten Personen, insbesondere seinen nächsten Angehörigen, in deren Kreise er lebte, nicht auffällig. Wären Gestalten und Stimmen in solchem Übermaße, wie May es beschreibt, Halluzinationen auf krankhaftem Boden gewesen, so hätte er sich keinesfalls beherrschen können und unbedingt seiner Umgebung auffallen müssen. Alles dies ist nicht geschehen, vielmehr behauptet May auch diesen Anfechtungen gegenüber sein „kerngesundes Wesen". Freilich fügt er ein, seine Angehörigen hätten ihn bei solcher Mitteilung für „übergeschnappt"[275] erklärt, und an anderer Stelle, er sei „seelisch krank"[276] gewesen. Damit im Zusammenhang ist zu lesen, wenn er schreibt, vor Menschenliebe und Barmherzigkeit werde es schließlich keine „Verbrecher"[277] mehr geben, „sondern nur Kranke, Kranke, Kranke"[278], eine Erinnerung an Lombrosos bekannte Lehre. Wenn er weiter wiederholt Stimmen hört: „Räche dich! An der Polizei, am Richter, am Staate, an der Menschheit!"[279], so handelt es sich hierbei nicht um eine der Psychiatrie bekannte sogenannte „Befehlsautomatie"[280], die sich ebenfalls fast nur bei unverkennbarer Geistesstörung findet.

Ich stehe nicht an, Mays „Gestalten und Stimmen"[281] lediglich als den „bildlichen Ausdruck"[282] anzusehen, den er nach seiner eigenen Mitteilung – am Eingang des Kapitels zur Versinnbildlichung – zur gemeinverständlichen Erklärung seiner damaligen inneren Zustände anwenden, gebrauchen will. Auch der ganz normale Mensch hört in ihm kämpfende Ansichten, wenn er will, gewissermaßen in inneren Zwiegesprächen seiner selbst. Das sind die sogenannten inneren Stimmen, die wir alle vernehmen. Wenn wir allein sind, lassen wir die eine oder andere „Stimme" wohl laut werden, indem wir einen Satz ihrer Auffassung vor uns hinsprechen. Bei dem allen ist nicht das geringste Pathologische. Diese in ihm kämpfenden inneren Strebungen und Stimmen – zum Verbrechen hin und von ihm weg – wollte May „ohne die Psychologie" zur anschaulichen Darstellung bringen, und das Wesen dieser Stimmen wird der psychologische Laie ohne Weiteres begreifen. Woher diese an sich ganz normalen inneren Stimmen bei May ihren Ursprung nehmen,

---

[274] Ebd., S. 118.

[275] Ebd., S. 119.

[276] Ebd., S. 167.

[277] Ebd., S. 138.

[278] Ebd.

[279] Ebd., S. 118.

[280] Befehlsautomatie = automatenhaftes Befolgen äußerer Befehle als Folge z. B. von Hypnose, aber auch bei Psychosen anzutreffen (Automatismen).

[281] May: *Mein Leben und Streben*, S. 167.

[282] Ebd., S. 109.

114

wird später erklärt werden. Hier sei nur noch darauf hingewiesen, wie May seiner Art nach sich in Schilderung dieser normalen inneren Stimmen wohl des Eindruckes wegen, den er beabsichtigt, nicht genugtun kann, wie er ganz nach seiner Gewohnheit übertreibt und dadurch – wider seine eigene deutsch und deutlich erklärte Meinung – den Verdacht des Pathologischen erweckt. Es wäre bei Mays Persönlichkeit und in der Abwehr, die seine Lebensbeichte bedeutet, übrigens schließlich nicht ausgeschlossen, dass ihm die entstandene Unklarheit Recht war und er an ihr seine schriftstellerische Freude hatte. Die Gestalten und Stimmen werden in einem schließlich ermüdenden Übermaße verwendet und im Sinne von Mays neuer Psychologie sogar in Gruppen geteilt, in denen der „fromme Seminardirektor, dann der Buchhalter, der mir seine Uhr nicht geborgt haben wollte, eine Rotte von Kegelschiebern, mit Kegelkugeln in den Händen, und hierauf die Raubritter, Räuber, Mönche, Nonnen, Geister und Gespenster aus der Hohensteiner Schundbibliothek"[283], für den Laien wirkungsvoll auftauchen. Sie bedeuten weiter nichts als Mays damalige Erinnerung an diese Gestalten der Vergangenheit, sie sind Literatur. Es möge hier noch einmal darauf hingewiesen werden, wie die Erinnerungen an diese anomalen, doch traumhaft wahrgenommenen Einzelheiten bei dem fast Siebzigjährigen noch recht deutlich sind, während er das Gedächtnis für wichtigste Daten und Taten seines Lebens verloren habe. Dieser Widerspruch ist ganz auffällig. Ein Vergleich mit Strindbergs Inferno-Beichte[284] kommt nicht in Frage. Strindberg hat bekanntlich seine Beichte nach seinen Tagebucheinträgen geschrieben. Aber gerade der Vergleich mit Strindberg zeigt, wie erdacht und ausgedacht Karl Mays entsprechende Darstellungen anmuten. Dasselbe ist auch der Fall bei den bis ins Kleinste gehenden Einzelschilderungen seiner Reiseerzählungen. Es ist merkwürdig, dass dies keinem seiner kritischen Leser aufgefallen ist. Er macht sich auf seinen Reisen niemals schriftliche Notizen und müsste ein übermenschliches Gedächtnis gehabt haben, wenn er dann zu Hause am Schreibtische alle die vielen kleinsten Einzelheiten „aus dem Kopfe" entwirrt hätte! Bei Beschreibung seiner Zustände vor Verübung der Straftaten, die zu seiner Verurteilung 1869 in Leipzig geführt haben, sagt May, er habe sich zuletzt gegen die dunkle Gestalt und ihre Stimme „nur noch wie im Traume"[285] gewehrt; er habe wahrscheinlich schon damals nicht gewusst, wie er die Betrügereien in Rauchwaren angefangen habe, für ihn sei es sicher und gewiss, dass er ganz unmöglich bei klarem Bewusstsein gehandelt haben könne. Er will, widerspruchsvoll in sich selbst, trotzdem kein Psychopath sein, kann aber keine Erklärung für die Ursache und das Wesen seines getrübten Bewusstseins geben. Der Psychiater wird an

---

[283] Ebd., S. 163.
[284] Vgl. die bereits in der Einleitung erwähnten Hintergründe zu Strindbergs Roman *Inferno, Legender.*
[285] May: *Mein Leben und Streben*, S. 119.

die sogenannten Dämmerzustände denken, in welchen der Kranke in einem traumhaft eingeengten Bewusstseinszustand handelt und u. a. auch vor allem Diebstähle und Brandstiftungen begehen kann, die aber nach der Erfahrung durch ihre Zwecklosigkeit und den Mangel an Umsicht bei der Ausführung oft schon von vornherein einen Schluss auf den krankhaften Geisteszustand des Täters gewähren. Wie steht es hiermit bei Mays Rauchwarenbetrügerei in Leipzig, von der uns ja die Polizeiakten ein anschauliches Bild geben? Der ganze kriminelle Vorgang zerfällt in eine Reihe von Einzelakten, die zeitlich auseinander liegen und sich über Tage erstrecken. May mietet die Wohnung bei Frau Hennig, Thomaskirchhof 12; er kauft den Biberpelz bei Erler, Brühl 73; er empfängt in dem gemieteten Zimmer den Pelz, den ihm der Kürschnerbursche gebracht hat; er entflieht damit blitzschnell aus Wohnung und Haus. Am Nachmittage desselben Tages bringt May den Pelz zu Frau Bayer, Hallesche Straße 5, gibt Auftrag zum Versatz und empfängt 10 Taler Anzahlung; fünf Tage später schickt er den Dienstmann, der den weiteren Pfandbetrag in Empfang nehmen soll, und wartet im Rosental in einem Gebüsch. Es ist ausgeschlossen, dass diese organisch zusammenhängenden Handlungen in ihrer raffinierten Planmäßigkeit und in ihrer auf die Sicherheit des Täters zielenden Bedachtheit in einem krankhaften Dämmerzustande, in einer Bewusstlosigkeit ausgeführt worden sein können. Auch der Beweggrund der Geldverschaffung war bei dem Mittellosen sehr zweckmäßig und einleuchtend. In der Ferne (wo?) wird er (1869) wieder von Gestalten und Stimmen frei, abermals treibt ihn das Heimweh nach Hause. Er beschließt, sich selbst zu stellen, nachdem er fast fünf Monate auswärts gewesen war, wird aber auf dem Heimwege von der Polizei aufgegriffen.

„Ich hätte gar wohl leugnen können, gab aber alles, dessen man mich beschuldigte, glattweg zu. Das tat ich, um die Sache um jeden Preis loszuwerden und so wenig wie möglich Zeitverlust zu erleiden. Mein Advokat war unfähig, mich oder überhaupt ein nicht ganz alltägliches Seelenleben zu begreifen. Das (Mittweidaer) Urteil lautete auf 4 Jahre Zuchthaus und 2 Jahre Polizeiaufsicht."[286]

Das Kapitel „Im Abgrunde"[287] schließt mit dem Bericht über den Aufenthalt im Zuchthaus, worüber später etwas gesagt sei. Sein seelischer Zustand kommt endlich zur vollständigen Ruhe.

„In den ersten vier Wochen der letzten vier Jahre war es noch vorgekommen, daß die dunklen Gestalten mich innerlich gequält und mit Zurufen belästigt haben; das hatte aber nach und nach aufgehört und war schließlich still geworden, ohne sich wieder zu regen. Wenn ich hierüber nachdachte, ohne auf psychologische Abwege zu geraten, so kam ich zu der Einsicht, daß

---

[286] May: *Mein Leben und Streben*, S. 169.
[287] *Karl May's Gesammelte Werke* Bd. 34: *„Ich"*. 1.–20. Auflage, 5. Kap. *„Im Abgrunde"*.

diese Gebilde nur so lange Einfluss besitzen, wie man in den betreffenden Anschauungen steckt. Hat man aber die letzteren überwunden, dann müssen die Schreckbilder verschwinden."[288]

Das sind sehr wichtige rein psychologische Erwägungen! Der katholische Anstaltskatechet tritt ihm näher und bringt ihm ein kleines Buch mit dem Titel: „Die sogenannte Spaltung des menschlichen Inneren, ein Bild der Menschheitsspaltung überhaupt."[289]

Er las es.

„Welche Aufklärung gab es! Nun wusste ich auf einmal, woran ich mit mir war! Nun möchten sie wiederkommen, diese Stimmen; ich hatte sie nicht zu fürchten."[290]

Eine Stelle im Buche lautete:

„Wer an diesen schweren Anfechtungen leidet, der hüte sich vor der Stelle, wo er geboren wurde. Er wohne niemals längere Zeit dort. Wenn er einmal heiratet, so hole er sich seine Frau ja nicht von diesem Orte!"[291]

Erst die spätere Erfahrung lässt ihn diesen Satz begreifen.

Was Karl May in „Mein Leben und Streben"[292] über die „Spaltung" seiner Persönlichkeit sagt, erinnert übrigens lebhaft an seine schon vor dem Jahre 1876 verfasste reizvolle Kriminalnovelle „Das Geldmännle"[293], die zeigt, was May als Schriftsteller vielleicht hätte werden und erreichen können, wenn es ihn nicht zu den Abenteurererzählungen im exotischen Gewande getrieben hätte. Der schurkische Musterwirt Frömmelt, das „Geldmännle", hat den Selbstmord des Neubertbauern verschuldet und hält sich in Ausfluss seines bösen Gewissens später für den Neubertbauern, als welcher er dessen Tod an sich selber – an Frömmelt – zu rächen übernimmt. Neuberts Geist zwingt den Musterwirt, in den er gewissermaßen gefahren ist, sich selbst zu zerstören. Er ist der Staatsanwalt, der das begangene Verbrechen zur Sühne führen soll. Frömmelt ersticht sich dann auch mit demselben Messer und an demselben Schanktisch, wie Neubert sich erstochen hatte, so wie der Neubertbauer es ihm befohlen hatte. Die Behauptung, Frömmelt sei geisteskrank, wird in der Erzählung zurückgewiesen. Seiner Art nach spottet May noch über Psychologie und Psychiatrie[294]. Was May darstellen wollte, ist ganz klar: Die furchtbare Übermacht des rächenden bösen Gewissens, das dem Mörder sein Opfer vor Augen zwingt und gewissermaßen in ihm mahnend derart an seiner Seele

---

[288] May: *Mein Leben und Streben*, S. 176.

[289] Ebd., S. 177.

[290] May: *Mein Leben und Streben*, S. 177.

[291] Ebd.

[292] Ebd., S. 110-115 und S. 176f.

[293] Karl Mays Erzählung *Das Geldmännle* wurde erstmals 1903 in dem Sammelband Karl May: *Erzgebirgische Dorfgeschichten* veröffentlicht und vermutlich nicht viel eher geschrieben.

[294] Karl May: *Das Geldmännle*. In: *Karl May's Gesammelte Werke* Bd. 44: *Der Waldschwarze*. Radebeul bei Dresden 1921, S. 461.

frisst, bis der Schuldige beichtet und sühnt. Zu Mays Lieblingsdichtern gehörte der pathologische E.T.A. Hoffmann[295], der das Thema der Ich-Spaltung in mehreren seiner Romane („Artushof"[296], „Elixiere des Teufels"[297], „Fräulein von Scudéri"[298], „Vampirismus"[299], „Goldner Topf"[300]) durchgeführt hat. Zutreffend bemerkt Dr. E. Altendorff[301] in seinem Aufsatz „Die Spaltung des Ich", dass May an Hoffmann nicht heranreicht.

„Das Gesichtsfeld, innerhalb dessen der Ernstthaler Webersohn die Ich-Spaltung sieht, ist begrenzt: es umfaßt ethische und religiöse Fragen und schließt die pathologischen Erscheinungen nur dürftig ein [...] Da zudem der Stil unsres Dichters der persönlichen Züge entbehrt (eine sehr gute Anmerkung für das ganze Schrifttum Mays) bekommt seine Darstellung oft etwas Hausbackenes [...] Der Dichter spricht zu uns nicht unmittelbar. Die starke Wand des Verstandes dämpft die Stimmen, die aus dem Unterbewußtsein empordringen."

Mit anderen Worten, May besaß erstens nicht die Gabe, tiefinnere psychiatrische Geschehnisse darzustellen, und zweitens wollte er sie gar nicht darstellen. Was er gab, geben wollte und geben konnte, war ein psychologisches Bild, das Bild vom gequälten und selbstmörderisch gepackten bösen Gewissen. Und dieses böse Gewissen hatte er ja zur Genüge kennengelernt. Altendorff[302] sagt am Schlusse seines Aufsatzes:

„Die Geschehnisse der Ich-Spaltung sind nicht zurechtgezimmert, sie sind erlebt."

Der Satz soll sich auf die Ausführungen im „Geldmännle" und die Rechtfertigungen in „Mein Leben und Streben" beziehen. Ich halte diese Meinung Altendorffs nicht für richtig. Karl May hat das böse Gewissen zwar erlebt, aber nicht so wie es der Musterwirt im „Geldmännle" erlebt. Diese Schilderung ist ein Bild, ein Gleichnis, wie bei May üblich. Und May hat die Ich-Spaltung auch nicht so erlebt, wie er in „Mein Leben und Streben" schildert. Diese Beschreibung ist im Eifer der Rechtfertigung schriftstellerisch verunglückt.

---

[295] Ernst Theodor Amadeus Hoffmann (1776–1822).

[296] E.T.A. Hoffmann: *Der Artushof*. Urania. Taschenbuch für Damen auf das Jahr 1817. Bucherstveröffentlichung in: *Die Serapionsbrüder. Gesammelte Erzählungen und Mährchen*. Hg. von E. T. A. Hoffmann. Erster Band. (→ Hoffmann: *Serapionsbrüder 1-4*). Berlin 1819. Bei G. Reimer.

[297] E.T.A. Hoffmann: *Die Elixiere des Teufels. Nachgelassene Papiere des Bruders Medardus eines Capuziners*. Hg. von dem Verfasser der Fantasiestücke in Callots Manier. Berlin: Duncker und Humblot, 2 Bde; Bd. I 1815, und 2 Bl. Verlagsanzeigen; Bd. II 1816.

[298] E.T.A. Hoffmann: *Fräulein von Scudéri*. In: Taschenbuch für das Jahr 1820. Der Liebe und Freundschaft gewidmet. Bucherstveröffentlichung in: Hoffmann: *Serapionsbrüder 3*.

[299] E.T.A. Hoffmann: *Vampirismus*. In: *Wiener Zeitschrift für Kunst, Litteratur, Theater und Mode*. Februar/März 1820. Bucherstveröffentlichung: Hoffmann: *Serapionsbrüder 4*.

[300] E.T.A. Hoffmann: *Goldner Topf*. In: E. T. A. Hoffmann: *Fantasiestücke in Callots Manier: Blätter aus dem Tagebuche eines reisenden Enthusiasten*. Band 2, Bamberg 1814.

[301] Ernst Altendorff: *Die Spaltung des Ich*. In: *KMJb 1926*, S. 140-185 (144ff.).

[302] Ebd., S. 140-185 (185).

Das Bild ist übertrieben, abgeschmackt, lehrerhaft-pedantisch hausbacken. Es handelt sich bei ihm nicht um solche paranoische Verfolgungs- und Beeinträchtigungsideen, wie sie sich ganz anders etwa bei Strindberg finden („Inferno"). Und gerade die Ähnlichkeit zwischen dem „Geldmännle" und „Mein Leben und Streben" sagt mir, dass May hier wie dort nur als Schriftsteller, nicht als wirklich Erlebender seines Bildes zu gelten hat. Je länger ich mich an Hand der Literatur und Psychologie mit dem Thema des Doppelgängertums und der Ich-Spaltung befasst habe, desto mehr hat meine Meinung Überzeugung gewonnen, dass Mays ganze Darstellung in „Mein Leben und Streben" eine nur schriftstellerische, wenig geschickte Nachempfindung der berühmten Muster seines Lieblingsschriftstellers, des Teufels-Hoffmann ist. Das „Geldmännle" bietet noch andere Vergleichspunkte. Es wimmelt in ihm von kriminellen Motiven, man sieht den jungen May vor sich, der kaum zwei Jahre aus dem Zuchthaus heraus war und noch unter Polizeiaufsicht stand. Dazu Anknüpfung an seine eignen Taten, die 1870 zu seiner Verurteilung geführt hatten. Da war er in verschiedenen Fällen zu fremden Leuten gekommen und hatte ihnen auf den Kopf zugesagt, sie besäßen falsches Geld, um auf solche Weise ihr gutes, echtes Geld in die Hände zu bekommen. Also der Rechtsbrecher spielte schon damals im Rechtsbruch den angeblichen Verfolger – dieses Doppelgängertum ist der psychologische Tatbestand seines Lebens und Schrifttums! – und fahndete nach Geld, das in seiner Vorstellung vom „Geldmännle" herrühren konnte. Und in der Novelle „Das Geldmännle" kommt die große Beichte des Autors, die große Abrechnung mit der Vernichtung des Geldmännle, das ihn im realen Leben so tief gestürzt hatte!

Etwas anderes lässt sich auch hinsichtlich der im Mittweidaer Urteil festgestellten drei Betrugsfälle Reimann, Krause und Wappler nicht sagen, bei welchen der Täter zielbewusst in einer Kette von Handlungen aufgetreten ist. Dasselbe trifft auch für den Pferdediebstahl im Falle Schreier zu.

May will ja auch selber wohl keinen krankhaften Dämmerzustand behaupten. Er drückt sich vorsichtig aus, wenn er schreibt, er könne „ganz unmöglich bei klarem Bewusstsein"[303] gehandelt haben. Bei dem Vergleiche mit dem Traumzustand dürfen wir uns abermals erinnern, dass May seinen Lesern durch einen „bildlichen Ausdruck"[304] sich verständlich machen will. In der Tat ist der Vergleich mit dem Traum auch der neueren Kriminalpsychologie bekannt. Wir wissen, dass der Täter in Ausführung der kriminellen Aktion, die seine Aufmerksamkeit auf die Hauptgesichtspunkte lenkt und fieberhaft anspannen kann, von unwichtigeren Nebenerscheinungen des Begebnisses zuweilen nur flüchtige ungenaue Eindrücke empfängt, die hinterher, wo der

---

[303] May: *Mein Leben und Streben*, S. 119.
[304] Ebd., S. 109.

Bedacht auf Flucht und Sicherheit oder die Befassung mit dem Erfolg ihn ganz in Anspruch nehmen, mehr oder minder völlig in seinem Gedächtnis ausgelöscht werden. Kommt hinzu, dass die kriminelle Aktion an sich schon sich schnell abwickeln muss, so ist der Vergleich nicht unzutreffend, wenn der Täter hinterher gutgläubig angibt, er meine seine Tat wie im Traum verübt zu haben. Noch mehr aber kann dies der Fall sein, wenn der Täter nach länger als vierzig Jahren – 1910 – diese Handlungen an seiner Erinnerung vorüberziehen lässt. Ganz derselbe psychologische Vorgang ist uns ja auch bei nichtkriminellen Handlungen nicht unbekannt. Wir dürfen also unserem Schriftsteller seinen Vergleich mit dem Traumzustand, der aber kein pathologischer war, sehr wohl zugestehen.

May spricht endlich noch davon, dass er sich selbst als eine „gespaltene Persönlichkeit"[305] erschienen sei. Auch diese Persönlichkeitsspaltung kann eine pathologische Bedeutung haben. Die Psychiatrie kennt dermaßen getrennte Bewusstseinzustände eines und desselben Menschen, sodass in krankhaften Fällen ein Doppelbewusstsein getrennt entstehen kann, wobei jedes Bewusstsein getrennt vom andern sein selbstständiges zusammenhängendes Dasein führt und nichts von der Existenz und dem Inhalte des anderen Bewusstseins weiß, als ob in demselben Menschen gewissermaßen zwei ganz verschiedene Persönlichkeiten lebten und handelten. Der Begriff der Persönlichkeitsspaltung ist aber auch der Psychologie des Normalen geläufig, ich erinnere an die Worte von Goethes Faust:

„Zwei Seelen wohnen ach! in meiner Brust. Die eine will sich von der andren trennen."[306]

Hier soll ganz gewiss kein pathologischer Zustand angedeutet werden. Diesen Begriff der gespaltenen Persönlichkeit können wir alle im Leben des Alltags an uns selbst erfahren und begreifen, wenn in Bezug auf eine wichtige Angelegenheit zwei gegensätzliche Meinungen und Strebungen in uns entstehen, vielleicht miteinander kämpfen. Auch hier verwendet May zum leichteren Verständnis ein Bild, einen bildlichen Ausdruck, indem er sagt:

„Ganz dem neuen Lehrsatz entsprechend: nicht Einzelwesen ist der Mensch, sondern Drama. In diesem Drama gab es verschiedene, handelnde Persönlichkeiten, die sich bald gar nicht, bald aber sehr genau von einander unterschieden."[307]

Es ist richtig, dass die neuere Psychologie den Vergleich mit dem Drama wählt, wenn sie die verschiedenen, im Einzelwesen sich regenden Strebungen, ihr Gegeneinander und ihr zusammenstimmendes Spiel veranschaulichen will. Bei May treiben nun die lichte und die dunkle Gestalt hervor, deren

---

[305] Ebd., S. 111.

[306] Johann Wolfgang von Goethe: *Faust. Der Tragödie erster Teil*. Tübingen. 1808, Rz. 1112f.

[307] May: *Mein Leben und Streben*, S. 74.

120

Bedeutung später erklärt werden wird. Hier also zunächst nur so viel, dass bei May die Persönlichkeitsspaltung keine pathologische Färbung hat.

Um glaubhaft zu machen, dass er „ganz unmöglich bei klarem Bewußtsein"[308] kriminell gehandelt habe, meint May, einiges, was er getan haben solle, „erscheint jedem Unbefangenen unglaublich. Man beschuldigt mich, einen Kinderwagen gestohlen zu haben! Wozu? Ein Portemonnaie mit nur drei Pfennigen Inhalt."[309]

Gemeint ist der Diebstahl (1869) zum Nachteil des Hausmitbewohners Schmiedemeister Weißpflog in Ernstthal. Aber die Urteilsfeststellung hellt das Zweckmäßige dieses Diebstahls auf. May stahl in derselben Nacht einen Kinderwagen, eine Schirmlampe, ein Geldtäschchen mit 2 Talern Inhalt, eine Brille mit Futteral, 2 Sperrhaken und ein zweites Geldtäschchen mit allerdings nur einem Neugroschen und drei Pfennigen Inhalt. Als ob Geldtäschchen nicht in der Eile entwendet würden, auch wenn sie weniger als den erhofften Inhalt bergen! Den Kinderwagen wollte der Täter doch annehmbar zu Gelde machen! Also nichts Unzweckmäßiges, nichts Unvernünftiges, nichts Pathologisches in solchem Tun.

Dann noch einmal die angebliche Erinnerungslosigkeit. Ich versichere auf Grund aller psychologischen Erfahrung: Es ist ausgeschlossen, dass May insbesondere seine gleichartigen Betrügereien (1865 und 1869) in den großen Zügen vergessen haben könnte. Auch 1910, als er seine Lebensbeichte „Mein Leben und Streben" schrieb, müssen sie ihm mindestens in diesen Umrissen noch im Gedächtnis gewesen sein. Wissen wir doch, dass Greise sich ihrer leichten, selbst häuslichen kriminellen Streiche, die seit der Jugendzeit gelegentlich ihr Gewissen bedrücken und sie beschämen, selber in Einzelzügen noch festgehalten haben. Wie hätte May bei seinem guten Gedächtnis seine gehäufte Kriminalität vergessen können!

Weitere Unrichtigkeiten in der Lebensbeichte: Er erzählt, dass ihn 1869 die Mutter flehentlich gebeten habe, wieder fortzugehen von zu Hause – „nach Amerika hinüber!"[310] –, weil ein Brand vorgekommen sei und die Polizei nach ihm als dem mutmaßlichen Täter gefahndet habe. Tatsächlich liegt aus den Mittweidaer Akten der schon erwähnte Brief „Leipzig den 20. April 69"[311] vor, darin er von einem kürzlichen Besuche im Elternhause, wo er niemand antraf, spricht und weiter von seinem Zusammentreffen mit den beiden Engländern Burton, Vater und Sohn, erzählt, die ihn als Reisebegleiter nach Amerika engagiert hätten. Von einem Brande und einer Verdächtigung als Brandstifter steht nichts in diesem Briefe. Nur von einem Zechpreller in einer Leipziger Restauration berichtet er, der ihm sehr ähnlich gewesen sein solle.

---

[308] Ebd., S. 119.
[309] Ebd., S. 167.
[310] May: *Mein Leben und Streben*, S. 166.
[311] Karl May: Brief an die Eltern vom 20.4.1869; vgl. Hoffmann: *Räuberhauptmann 1*, S. 215-247 (221f.).

Auch Mays weitere Behauptungen sind nicht richtig. Er „hätte gar wohl leugnen können, gab aber alles, dessen man mich beschuldigte, glattweg zu. Das tat ich, um die Sache um jeden Preis loszuwerden und so wenig wie möglich Zeitverlust zu erleiden."[312]

Für den großen Mittweidaer Strafprozess wenigstens ergibt sich aktenmäßig, dass May in dem ausführlichen schriftlichen Vorverfahren allen maßgebenden Zeugen gegenübergestellt worden ist und, obwohl sie ihn ja alle als den Täter in den verschiedenen Fällen wiedererkannt und belastet hatten, zunächst bei seinem beharrlichen Leugnen verblieben ist. Es ist auch nicht wahr, dass er, zunächst noch auf einem Transport zwischen St. Egydien und Bräunsdorf tatsächlich entsprungen, nach fünf Monaten in die Heimat zurückgekehrt wäre, um sich dem Gericht zu stellen. Im Gegenteil, als er in der Tat Anfang Januar 1870 in Algersdorf bei Tetschen ergriffen wurde, gab er sich, wie schon geschildert wurde, als Albin Wadenbach, Sohn eines Plantagenbesitzers in Orby auf Martinique, aus und setzte alles daran, diese Irreführung aufrechtzuerhalten und durch die sogenannten Wadenbachbriefe, die ich schon im Wortlaute mitteilte, zu bekräftigen. Erst als er nach seiner aus Tetschen mitgeschickten, behördlichen Fotografie von der Chemnitzer Polizei als Karl May erkannt und mit Schubtransport nach Mittweida zurückbefördert worden war, gab er, endlich durch die grausamen nüchternen Tatsachen eines Besseren belehrt, sein unvernünftiges Leugnen auf und räumte alle Fälle ein, in denen er schon vor seiner Flucht von den Augenzeugen wiedererkannt worden war.

V. Die Auslandsreisen

Mays Andeutungen, als ob er während der Flucht 1869 und schon früher nach Verbüßung der Zwickauer Strafe (2. Nov. 1868) „eine längere Auslandsreise"[313] gemacht habe, halten nicht Stich. Ich habe die Gründe für meine Auffassung schon oben eingehend entwickelt. Wie der schon im Wortlaut mitgeteilte Brief Mays an seine Eltern vom 20. April 1869 und die sogen. Wadenbach-Briefe belegen, lebte May damals zwar in seiner Fantasie in den Gedanken, Reisen ins Ausland zu unternehmen. Er verknüpfte diese Fantasie auch geschickt mit seinem damaligen wirklichen Abenteuerleben und hat sich

---

[312] May: *Mein Leben und Streben*, S. 169.
[313] Ebd., S. 158. – Vgl. Forschungsliteratur zu Mays Frühreisen-Legende u. a. Sarkiss: *Frühreisenlegenden*, S. 13-32; Hans Wollschläger: *„Weltreisen". Glanz und Elend einer biographischen Legende*. In: *Karl May*. Dresden 1990; Poppe: *Die Fred-Sommer-Story*; Hainer Plaul: *Auf fremden Pfaden? Eine erste Dokumentation über Mays Aufenthalt zwischen Ende 1862 und Ende 1864*. In: *JbKMG 1971*, Husum 1971, S. 144-164.

in seiner Lebensbeichte offenbar nicht entschließen können, diese Fantasie aufzugeben, sie vielmehr bewusst aufrechterhalten. Ich sagte schon früher, May hätte bei seinen Vernehmungen vor dem Dresdner Untersuchungsrichter (1908) allen Anlass gehabt, seine Auslandreisen zu erwähnen und nähere Angaben zu machen; gerade, dass er bei dieser Gelegenheit kein Wort erwähnt, spricht gegen ihn. Noch mehr wohl, dass er im fünften Kapitel seiner Lebensbeichte (1910) zwar behauptet, dass er zweimal im Auslande gewesen sei, aber auch nicht die geringste Andeutung macht, wohin sie ihn geführt, haben, vielmehr in etwas fragwürdiger Weise erklärt, er werde im zweiten Band des Werkes erzählen, wohin ihn diese Reisen geführt hätten. May hatte doch schließlich allen Anlass, die sehr laut gewordenen Zweifel, ob er früher je im Auslande gewesen sei, endlich zu beseitigen und seinen Gegnern in diesem Punkte den Mund zu stopfen. Da er ja seine Gemeinde durch die Bekenntnisse seiner Strafen und Strafverbüßungen leider so enttäuschen musste, durfte er sich geradezu getrieben fühlen, sie in demselben Buche wenigstens über die Zweifel an seinen Reisen zu beruhigen. Er wusste ja, dass diese Reisen das große Fragezeichen in seiner Vergangenheit waren. Er hatte auch 1910 allen Anlass zur Eile, da er schon ein Mann von 68 Jahren war, der jeden Tag abberufen werden konnte. Wie schlimm für ihn und seine Leser, wenn er nicht dazu kam, die ersehnte Aufklärung zu geben: Und gleichwohl hat er bis zu seinem Tode (1912) als Siebzigjähriger keine einzige Zeile zur Aufklärung der Reisen für den 2. Band von „Mein Leben und Streben" geschrieben! Spricht dies nicht Bände? Wenn er im zweiten Bande diesen Reisen einen „größeren Raum" zu widmen hoffte, so dürfte er sich doch hier im ersten Bande wenigstens eine kurze Andeutung nicht ersparen. Dass er kein weiteres Wort fallen lässt, beweist, dass er es nicht wagte, ebenso wie er es 1908 nicht wagte, dem Dresdner Untersuchungsrichter ein Märchen zu erzählen.

Den zweiten Band seiner Lebensbeichte aber hat May nicht geschrieben, es sind auch sonst keine Berichte über diese angeblichen Auslandsreisen in seinem Nachlasse gefunden worden, er hat von ihnen auch seiner Witwe Frau Klara May, wie sie mir auf Befragen gesagt hat, nichts erzählt. So war die Vertröstung der Leser auf den zweiten Band der Lebensbeichte wohl ein Aufschub, den er stillschweigend für sich erbat, vielleicht auch ein Moment der Spannung, die er in seinen Lebensroman zu bringen wünschte.

Wo wäre nach den feststehenden Daten wohl auch die Zeit für eine Reise z. B. nach Amerika oder gar Afrika hergekommen? Am 2. November 1868 wurde er in Zwickau entlassen und nach dem Mittweidaer Urteil fällt die erste neue Straftat bereits auf den 29. März 1869. Da sich seine neuen Rechtsbrüche nach demselben Urteil bis Anfang Juli 1869 hinein erstrecken, ohne dass er dingfest gemacht werden konnte, so darf wohl mit Sicherheit angenommen werden, dass er schon im März wieder in Sachsen gewesen wäre, und zur

Einziehung seiner Honorare vor Antritt der Reise hätte er wohl auch einiger Zeit bedurft.

So bleiben für die Reise etwa Dezember 1863 und Januar und Februar 1869. Will jemand vielleicht sagen, wie May bei den damaligen Verkehrs- und Schifffahrtsverhältnissen in jener Jahreszeit innerhalb dieser Zeit nach Amerika oder Afrika hin- und zurückgekommen wäre und gar noch einen zu Studienzwecken geeigneten Aufenthalt in diesen fremden Erdteilen gehabt hätte? May scheint vielmehr aus Sachsen überhaupt nicht hinausgekommen zu sein, alle seine Rechtsbrüche verübte er in Sachsen. Da er hier schließlich genugsam bekannt und berüchtigt war, hätte er Anlass nehmen können, das Feld seiner Tätigkeit vielleicht in die angrenzenden preußischen Gebiete zu verlegen. Nichts von alledem ergibt sich. Er war, wie er andeutet, wirklich ein an die Scholle und an die engere Heimat gebundener Mensch, trotz aller seiner Abenteuer und Reisegelüste ein unselbstständiger Charakter, der in seiner aus den kleinen Verhältnissen, denen er entstammte, herausgeborenen Kleinzügigkeit – für einen jungen, sächsischen Volksschullehrer damaliger Zeit charakteristisch – die großen „Auslandsreisen" gar nicht gewagt hätte. Seine auf Reisen in fremde Erdteile gerichtete Fantasie steht ja gerade zu seiner eignen Veranlagung aus kleinbürgerlicher Umgebung im umgekehrten Verhältnis; es entsteht auf diesem Wege eine psychologische Wechselwirkung, die noch eingehend zu begutachten sein wird. Endlich ist der beweiskräftige, immer wieder zu erwähnende Brief Mays an seine Eltern vom 20. April 1869 der schlagende Beleg dafür, dass er vorher niemals im Auslande gewesen ist. Hier spricht er den Gedanken aus, ein guter Schriftsteller müsse die Welt kennen, Erfahrung sammeln und seine Anschauungen erweitern. So wolle er die ihm durch die Herren Burton, Vater und Sohn, angetragene Gelegenheit, mit ihnen nach Pittsburg (Stadt im nordamerikanischen Staate Pennsylvanien) zu gehen, benutzen und „mit beiden Händen"[314] ergreifen. Dann heißt es wörtlich:

„Überdies kann es gar nicht schaden, wenn ich auf einige Zeit Sachsen verlasse, in welchem meine Vergangenheit mir immerhin einigermaßen bedrohlich werden kann."[315]

Also hier eine erste Andeutung, Sachsen zu verlassen, was aber gar nicht ausgeführt wurde. Vorher hatte er Sachsen nicht verlassen. Dieser Schluss ist aus Wortlaut und Sinn des Briefes ohne weiteres gerechtfertigt. Sonst hätte er gerade auch in diesem Briefe auf einen schon früheren Aufenthalt im Auslande Bezug genommen. Die betreffende Briefstelle wäre geradezu sinnlos, wenn May schon vorher, um sich – vergeblich! – zu rehabilitieren, im Auslande gewesen wäre.

---

[314] Karl May: Brief an die Eltern vom 20.4.1869. In: Hoffmann: *Räuberhauptmann 1*, S. 215-247 (222).
[315] Ebd.

Die May-Literatur hat sich natürlich eingehend mit der Frage nach den Auslandreisen beschäftigt. Dr. Schmid[316] nimmt im Anhang zum Band „Mein Leben und Streben" auf Mays eigene Angaben Bezug, dass er sich mehrfach in Amerika aufgehalten habe und zuerst im Alter von 20 Jahren (1862/63) zu einem fast einjährigen Aufenthalt nach Nordamerika einschließlich der Indianer-Territorien gekommen sei. Am 20. Oktober 1862 hatte May die Chemnitzer Strafe (6 Wochen Gefängnis) verbüßt. Seine nächsten Straftaten, die in Leipzig 1865 zur Aburteilung kamen, lagen Ende 1864. In der Zwischenzeit wäre also die erste amerikanische Reise einzuschreiben, wenn sie stattgefunden hätte. Aber sie hat bestimmt nicht stattgefunden, wie schon oben eingehend begründet wurde. Dr. Schmid nimmt an, May sei als ganz armer Teufel über See gegangen, solle sich sogar zeitweise als Kohlentrimmer auf einem Dampfschiff verdingt haben.

„In Amerika war er anfangs Hauslehrer, später bei Eisenbahnvermessungsarbeiten beschäftigt"[317] (das sind nämlich Mays Fiktionen im 1. Band von „Winnetou", die selbst im Roman unwahrscheinlich klingen). Ich behaupte mit voller Bestimmtheit: Wäre May unter solchen oder anderen, selbst ungünstigeren Verhältnissen damals in Amerika gewesen, so hätte er 20 Jahre später noch Zeugen und Zeugnisse irgendwelcher Art vorzulegen vermocht. Er würde doch irgendwelche Erinnerungen aus Amerika mit herübergebracht haben, und ein solcher Aufenthalt wäre sicher geeignet gewesen, sein Fortkommen als Schriftsteller zu schützen. Was geschieht stattdessen? Anstatt dass er sich in Amerika irgendwie auch wirtschaftlich heraufgearbeitet hätte, unternimmt er Ende 1864 und Anfang 1865 in der Leipziger Gegend und Umgegend Fahndungen auf Pelze und andere Kleidungsstücke. Bei der Festnahme wird man seinem Leben in den letzten Jahren vorher behördlicherseits zweifellos nachgegangen sein, und wäre man auf eine so große einjährige Lücke gestoßen, für die kein Aufenthaltsnachweis in der engeren Heimat vorlag, [so würde man] ihm Gelegenheit zur Aussprache gegeben oder sonst nachgeforscht haben. Die erste Amerikareise hätte also hierbei unbedingt mit ans Licht kommen müssen. Aber May hat sie damals nicht mit einem Worte erwähnt. Ich hätte hören und lesen mögen, welches mündliche und schriftliche Aufsehen May von den Einzelheiten dieser Amerikareise gemacht hätte! Und er, der völlig mittellose, eben endgültig gescheiterte Volksschullehrer, der nicht einmal eine Taschenuhr besaß, er hätte als damals Zwanzigjähriger gar nicht Fähigkeiten und Geschick gehabt, eine solche Amerikareise zu bestehen!

Die zweite Amerikareise nimmt Dr. Schmid nach Mays Angaben für „etwa um das Jahr 1869"[318] an. Ich habe schon eingehend dargelegt, dass

---

[316] Euchar Albrecht Schmid: *Karl May's Tod und Nachlaß.* In: *Karl May's Gesammelte Werke* Bd. 34: *„Ich".* *Aus Karl May's Nachlaß.* Radebeul bei Dresden 1926, 10. Aufl., S. 531-590 (543f.).

[317] Ebd., S. 531-590 (543).

[318] Ebd.

die wenigen Monate nach der Verbüßung der ersten langen Strafe bis zum Beginn der neuen Verbrechensreihe für eine solche Reise unmöglich in Frage kommen. Auffällig bliebe ja auch hier, dass er, kaum aus dem Auslande heimgekehrt, schon Ende März 1869 sein früheres Leben wieder aufgenommen hätte. Ebenso kommt während des Mittweidaer Strafverfahrens die Zeit der Flucht nicht ernstlich in Betracht. Als er im Juli 1869 floh, war er völlig mittellos, im Januar 1870 wurde er zerlumpt und völlig mittellos in Böhmen aufgegriffen. Er konnte dergestalt in der Zwischenzeit weder in Amerika noch in Afrika gewesen sein. Dass er nach „niedergelegten polizeilichen Feststellungen", wie Dr. Schmid[319] mitteilt, nach Italien geflohen sei, habe ich in den Aktenunterlagen nicht gefunden. Wenn er durch Italien nach Afrika gelangt wäre, hätte er wohl irgend[wann] in seinen Büchern von Italien erzählt; soviel ich weiß, ist dies aber nicht geschehen. Dass für die frühzeitige Reise der Umstand spräche, dass May „ausgezeichnet arabisch sprach"[320], leuchtet mir nicht recht ein. Ich möchte aber überhaupt bestreiten, dass Mays persönliche Sprachfertigkeiten – ganz besonders damals – irgend bedeutend gewesen seien. Sein Französisch und Englisch waren nach den Unterlagen unbedeutend. Alles Sprachliche und Dialektische hatte er meiner Ansicht nach aus Büchern. Dass May die Silberbüchse und den Bärentöter schon „mindestens in den achtziger Jahren"[321] besaß, ist auch kein Beweis für Amerikareisen. Im Gegenteil erscheint es auffällig, dass gerade andere Erinnerungsstücke aus damaliger Zeit fehlen. Wie May zu den beiden Waffen gekommen sein mag, kann man Dr. Schmid[322] zufolge sich gut vorstellen. Dass vor 1899 überhaupt keine [außereuropäischen] Reisen liegen, scheint mir auch dadurch bewiesen zu sein, dass irgendwelche Reisepapiere, Reisepässe usw. aus den Vorjahren nicht vorhanden gewesen sein können. May hätte sie wohl sehr sorgfältig, wie den [zwischen den Seiten 400/401 in „Ich"] abgedruckten Pass der ägyptischen Regierung von 1899 aufbewahrt. Man braucht hierüber wirklich keine Worte weiter zu verlieren. Damit erledigt sich auch die Mitteilung, die Dr. Schmid[323] in seinem Briefe vom 19. April 1917 an Dr. Rosegger macht und die nichts Neues bringt. Gurlitt[324] bezieht sich im Allgemeinen nur auf Dr. Schmids Mitteilungen und spricht lediglich Vermutungen aus.

„Er hat als Kohlentrimmer in Amerika gearbeitet. Aus den Hafenkneipen von New York oder Buenos Aires mögen viele von den Bekanntschaften und

---

[319] Ebd., S. 531-590 (545).

[320] Ebd.

[321] Ebd., S. 531-590 (544).

[322] Euchar Albrecht Schmid: *Henrystutzen und Silberbüchse*. In: *KMJb 1923*. Radebeul bei Dresden 1923, S. 216-227.

[323] E. A. Schmid: Brief an Peter Rosegger vom 19.4.1917. In: E. A. Schmid: *Eine Lanze für Karl May*. (→ Schmid: *Lanze*). Radebeul bei Dresden 1919, S. 28-30 (29).

[324] Gurlitt: *Gerechtigkeit*, S. 47 und 119.

Erlebnissen herrühren, von denen er zu erzählen weiß. Schade, daß er nicht genau erzählt, wie etwa Maxim Gorki oder Dostojewski, sondern seine Erlebnisse nur gelegentlich verwertet. […] Ich bin auch überzeugt, daß er manches von dem, was er in seinen Indianergeschichten erzählt, teils erlebt, teils von Bekannten erzählt bekommen und nur künstlerisch ausgeschmückt hat."

Wie gesagt, es ist auffällig, dass Klara May, des Schriftstellers Witwe und vertraute Lebensgefährtin, zu der so strittigen Frage über die früheren Reisen nicht mit bestimmten Erklärungen, die ja manches aufklären könnten, hervorgetreten ist, während sie ja über die späteren Reisen, die sie selbst mitgemacht hat, in den Jahrbüchern (1922, 1923, 1924, 1925, 1926)[325] eingehend geschrieben hat. Sie musste doch zum Mindesten über die von ihrem Manne im 1. Band von „Mein Leben und Streben" angekündigten, für den zweiten Band aufgesparten ausführlichen Reisemitteilungen etwas zu sagen wissen! Nichts hat sie verlauten lassen, auch nicht mündlich. Nur in „Mein Leben und Streben" die Bemerkung Dr. Schmids[326]:

„Frau May berichtet, ihr Mann sei in New York sowie in verschiedenen Gegenden im Westen des Landes bekannt gewesen, und sie habe auf dieser Reise die feste Überzeugung gewonnen, er habe schon in früheren Jahren (vor 40 Jahren!) dort geweilt."

Diese Bemerkung ist sehr vorsichtig, sowohl vom Herausgeber wie von Klara May. Weshalb hat sie über diese wichtige Frage, die im Mittelpunkte des May-Streites steht, nichts selbst geschrieben und veröffentlicht? Wo bleiben die Psychologen und Logiker? Hat denn Klara May mit ihrem Lebensgefährten nie über diese heiklen Fragen ein Wort gesprochen? Und was hat er ihr gesagt? Ich muss daraus die Schlussfolgerung ziehen, dass sie diese früheren Reisen nicht zu bestätigen vermag. Amand von Ozoroczy[327] nimmt in seinem Aufsatz: „Karl May und sein Orient" nur auf Schmids Angaben Bezug, ebenso Beissel[328] [in] „Ein Schlußstrich", desgl. Buchenau[329] [in] „Karl Friedrich May". Der in Dr. Schmids[330] Aufsatz „Ein Doppelgänger" erwähnte „Karl May aus Chemnitz" ist unmöglich unser Schriftsteller gewesen. Wie wäre dieser

[325] Vgl. Klara May: *In den Ruinen von Baalbek und Palmyra*. In: *KMJb 1922*, Radebeul bei Dresden 1922, S. 89-96; dies.: *In Konstantinopel*. In: *KMJb 1923*, Radebeul bei Dresden 1923, S. 131-134; dies.: *Am Grabe Beecher-Stowes*. In: *KMJb 1924*, Radebeul bei Dresden 1924, S. 162-165; dies.: *Die Niagara-Fälle*. In: *KMJb 1925*, Radebeul bei Dresden 1925, S. 92-95; dies.: *Rosen aus dem Süden*. In: *KMJb 1926*, Radebeul bei Dresden 1926, S. 354-356.

[326] E. A. Schmid: *Karl Mays Tod und Nachlaß*. In: *Karl May's Gesammelte Werke* Bd. 34: „*Ich*". Bamberg 1974, S. 337.

[327] Amand von Ozoroczy: *Karl May und sein Orient*. In: *KMJb 1918*, Breslau 1918, S. 164-180 (165).

[328] Rudolf Beissel: *Ein Schlußstrich. Abschließende Betrachtung zum Streit um Karl Mays Münchmeyer-Romane*. (→ Beissel: *Ein Schlußstrich*). In: *KMJb 1919*. Breslau 1918, S. 165-194 (170).

[329] Arthur Buchenau: *Karl Friedrich May. Ein Nekrolog*. In: *KMJb 1919*. Breslau 1919, S. 240-248 (243).

[330] Euchar Albrecht Schmid: *Ein Doppelgänger*. In: *KMJb 1920*. Radebeul bei Dresden 1920, S. 276-296 (280).

in den Jahren 1864/66 Steuermann auf einem deutschen Schiff gewesen, der als Seemann „für minderwertig"[331] galt und häufig seine Stellungen wechselte? Die Mitteilungen Dr. Schneemanns sind gewiss sehr interessant. Ähnlichkeiten zwischen beiden Personen sind vorhanden. Aber was Schneemann von seinem May erzählt, kann der ehemalige Schulmeister aus Hohenstein unmöglich geleistet haben. Vor allem fehlen auch Angaben über das damalige Alter des Seemanns. Es fehlt beim Schulmeister der Nachweis der 50 cm langen bzw. breiten (!!) Tätowierung der dreimastigen chinesischen Dschunke unter Segel; wie wäre er auch zu solchem Seemannsgelüste gekommen? Dr. Schmid nimmt schließlich die Identität der beiden May selbst nicht an. Dr. Max Fischer[332] glaubt in seinem Aufsatz „Karl Mays Kunst der Erzählung" nicht an Mays Auslandreisen vor 1899.

Der auf den ersten Blick bestechende Aufsatz „Karl May ist gereist" von Gustav Urban[333] hält einer ernsten Kritik leider nicht stand. Urban berichtet, was ihm sein Vater etwa 1919 mündlich erzählt hat. Der Vater war damals 75 Jahre alt und berichtete über einen merkwürdigen Reisegenossen, mit dem er in der Jugend, also annehmbar 50 Jahre vorher, in der Schweiz und in Frankreich gereist sei. Den Namen dieses Reisegefährten konnte er nicht nennen, auch nicht einen Rufnamen. Etwa 1905 zeigt dem Vater der Sohn Karl Mays Bilder und machte auf dessen Reisebücher aufmerksam. Der Vater konnte den Reisegefährten dem Äußeren nach gut beschreiben, die Beschreibung stimmte zu Mays Persönlichkeit. Der Vater und der Unbekannte lernten sich in Zürich in einem deutschen Heim kennen, wo der letztere Vorträge über Reiseeindrücke aus Amerika und Themen wie Erde, Weltall und Sterne hielt. Urban meint, das könnten die „Geographischen Predigten"[334] gewesen sein. Die unsittlichen und gottlosen Redensarten eines dritten Reisegefährten, eines Schriftsetzers, habe der Unbekannte verabscheut. Man sei zu dreien über Luzern nach Lausanne und Genf und von da nach Lyon gereist. Der angebliche May habe in Lausanne und Lyon Aufsätze über die Schweiz-Reise bei den Zeitschriften abgesetzt, wo der Schriftsetzer Stellung fand. Er habe viel über Land und Leute in Nordamerika erzählt und die Indianer und Neger in Schutz genommen. May habe erzählt, in St. Louis an einem Bahnbau in den Westen hinein beschäftigt gewesen zu sein. Der May sei ein starker Kerl und guter Schwimmer gewesen. Schließlich habe man sich in Chambery getrennt, May habe nach Marseille gewollt. Er sei ziemlich abenteuerlich gekleidet gewesen: schwarzer großkrempiger Filzhut, gegerbtes Kalbslederhemd,

---

[331] Ebd., S. 276-296 (277).

[332] Max Fischer: *Karl Mays Kunst der Erzählung.* In: *KMJb 1921.* Radebeul 1921, S. 219-246 (225).

[333] Urban: *Karl May ist gereist!,* S. 153-161.

[334] [Karl May]: *Geographische Predigten.* In: *Schacht und Hütte.* Hefte 15-24, 26-46, Dresden 1875/76. Buchveröffentlichung: Karl May: *Geographische Predigten.* In: *Karl May's Gesammelte Werke Band 34, „Ich".* 1. Aufl., Radebeul bei Dresden [1917], S. 1-192 (heute in: *Karl May's Gesammelte Werke* Band 72, *Schacht und Hütte,* S. 293-469).

ebensolche Lederhose, zwei Revolver, ein Jagdmesser, das aus St. Louis stamme. Seine Habseligkeiten trug er in einer Decke in Riemen auf dem Rücken, er habe außer einem Heimatschein keinen Reiseausweis besessen, auch abgelehnt, sich einen Pass zu verschaffen oder sich fotografieren zu lassen. Aber Urban Senior hat sich ein Jahr später in Lausanne fotografieren lassen und auf die Rückseite seines Bildes – später wann? – geschrieben: „Karl May aus Wüstenbrand"[335].

In einem zweiten Aufsatz „Fährten von Mays erster Amerikareise" gibt Urban[336] noch weitere Einzelheiten. Es ist zuzugeben, dass die Streiche, die hier und schon im letzten Aufsatz berichtet werden, zu Karl May und seiner damaligen Lebensführung gut stimmen. Wollte man annehmen, es wäre wirklich Karl May gewesen, mit dem Urban Senior einige Zeit gewandert wäre, so würde damit nur ein Aufenthalt in der Schweiz und in Frankreich, noch nicht aber in Amerika erwiesen sein. Denn was nun May dem Vater Urban über seinen Aufenthalt in St. Louis erzählt haben soll, das sind ja die Ereignisse der ersten Kapitel vom „Winnetou", die May vielleicht ebenso fertig im Kopfe hatte wie 1869 das Engagement als Hauslehrer nach Pittsburg, bei Niederschrift des Briefes vom 20. April. Aber nach den Erfahrungen der Psychologie der Zeugenaussage muss gegen die Zuverlässigkeit des zwei und eine halbe Druckseiten langen Berichtes des Vaters Urban über das, was ihm sein Reisegefährte vor 50 Jahren erzählt hatte, Verwahrung eingelegt werden. Ich halte für ausgeschlossen, dass Urban Senior diese Einzelheiten so behalten konnte, zumal er Jahrzehnte von May nichts gehört hatte. Hier müssen irgendwelche Suggestionen mitgewirkt haben, obwohl Urban versichert, sein Vater habe nur Mays „Mein Leben und Streben", nicht aber den „Winnetou" gelesen. Die Adresse Frau Summers in St. Louis, die May dem Vater Urban damals – 1862/65 – richtig angegeben hätte, könnte er ja, wie so vieles andere aus Büchern gewusst haben.

Es wäre ja gar nicht unmöglich, dass May durch Süddeutschland nach der Schweiz und nach Lyon und Marseille hätte gelangen können. Nach einem dem Karl-May-Verlag vorgelegten Reisebericht des Vaters Urban kämen die Jahre 1863–65 in Frage, das wäre also die Zeit nach der Chemnitzer Verurteilung von 1862 bis Ende 1864. Aber die gewichtigsten Argumente sprechen gegen diese Annahme. Wäre May in der Schweiz und in Frankreich gewesen, so glaube man, er hätte diese wenigen Auslandaufenthalte genügend ausgeschmückt und auch literarisch ausgebeutet. Es lag ja später gar kein Grund vor, diese Reisen zu verschweigen, selbst wenn es auf ihnen nicht immer ehrlich zugegangen wäre. Hält man für glaubhaft, dass May von diesen Reisen seinen armen Eltern, die an ihm festhielten, gar keine, selbst versteckte

---

[335] Urban: *Karl May ist gereist!* S. 153-161 (157).
[336] Gustav Urban: *Fährten von Mays erster Amerikareise.* In: *KMJb 1925.* Radebeul bei Dresden 1925, S. 76-84.

Nachricht hätte zukommen lassen? Da er wanderte, konnte ihm ein Poststempel nicht gefährlich werden. Dasselbe gilt natürlich für die ersten angeblichen Amerikareisen. Die Schwestern Mays hätten sich auf solche Nachrichten besinnen müssen. Wenn er als Hauslehrer in Nordamerika und bei einem Bahnbau ehrliche Arbeit, selbst unter falschem Namen, gehabt hätte, würde er sehr wohl geschrieben und seinen wirtschaftlichen Aufstieg gemeldet haben. Der in Urschrift vorhandene Brief vom 20. April 1869 ist auch durchschlagender Beweis dafür, dass May vorher nie im Auslande war, auch nicht in der Schweiz und in Frankreich. In diesem Briefe schreibt er, er wolle seine üble Vergangenheit in Sachsen, aus dem er verschwinden wolle, im Auslande vergessen machen und als ein anderer Mensch mit einer besseren Zukunft wiederkehren. Wenn er diesen Versuch durch frühere Auslandsreisen schon – also vergeblich im Erfolge! – gemacht gehabt hätte, konnte er nicht so schreiben wie in dem Briefe. Das ist völlig ausgeschlossen. Nun wollte der angebliche May in der Schweiz gar schon vorher in Nordamerika im Bahnbau gewesen sein! Als er aus Amerika – weshalb so schnell? – wieder zurückkam, wäre er, ehe er in die Schweiz und nach Frankreich ging, gar nicht vorher bei den armen bangenden Eltern eingekehrt, um sie zu sehen und zu beruhigen? Soll man das glauben? Was Urban in seinem Aufsatz über Mays Amerikareisen bis 1869 erzählt, habe ich alles schon widerlegt. Wenn man alle aktenmäßigen Daten, wie ich es getan habe, zusammenstellt, verbleiben keine Möglichkeiten für diese Reisen. Nochmals: am 2. November 1868 aus der Strafanstalt Zwickau entlassen; spätestens am 29. März 1869 erste neue Straftat. Diese Reise, die nach Urban den eben Entlassenen über Kalifornien nach Indien, Bagdad und den Balkan zurückführte, kann nicht, wie Urban annimmt, bis Mai 1869 gedauert haben. Das sind alles Hirngespinste, recht wohl gemeint, aber schließlich doch übereifrig. Eine zweite Reise „über Österreich, den Balkan, Ägypten, Arabien und Konstantinopel"[337] verlegt Urban in die Zeit von Juli bis Dezember 1869, also die Zeit der Flucht und der tatsächlichen Verborgenhaltung. Wie denkt man sich das? Karl May wanderte in Sachsen als Betrüger und Dieb umher, um von der nicht erheblichen Beute zu leben. Aber im Auslande; da ging es dem Glücklichen wirtschaftlich so gut, dass er straflose Abenteuer bestehen und Studien machen konnte? Eine dritte Reise verlegt Urban von Mai 1874 ab in den Orient und zitiert dabei eine Seite [des Bandes] „Ich", auf der von einer Reise nichts zu lesen ist. Urban meint offenbar Seite 117, wo May erzählt, dass er nach seiner Entlassung aus Waldheim (2. Mai 1874) vom Bürgermeister seiner Heimat einen Auslandspass gefordert habe, den er aber nicht erhielt, da er laut Akten vom 25. April 1874 ab auf 2 Jahre der Polizeiaufsicht unterstellt war. Schon am nächsten Tage will er ohne Pass unterwegs und über die Grenze gewesen sein.

---

[337] Urban: *Karl May ist gereist!* S. 153-161 (159).

„Wohin diese Reise ging und wie sie verlief, soll der zweite Band berichten."[338]

Hier also dieselbe – völlig unmotivierte und deshalb fragwürdige – Hinauszögerung der von allen May-Freunden und May-Gegnern so heiß ersehnten Rätsellösung. Hier sagt May nur so viel, dass er nach ¾ Jahren wieder zurück war. Auch von dieser Reise hätte er nach Hause keine Nachricht gegeben? Gar keine? Niemand zu Hause hätte gewusst, wo er war? Münchmeyer war ja gleich nach seiner Abreise gekommen und hatte Honorar gezahlt.[339] Einige Mittel konnte ja May damals schon haben, aber nicht für eine immerhin nicht billige Orientreise. Er hatte ja seine Strafe verbüßt und nichts Neues auf dem Kerbholz; also konnte er Nachricht nach Hause geben, die übertretene Polizeiaufsicht konnte ihm kaum etwas anhaben, hat ihm auch tatsächlich nichts geschadet. Und von dieser Reise von neun Monaten in den Orient hätte es gar kein einziges Erinnerungszeichen gegeben? Wer denkt dies aus? Endlich mutmaßt Urban um 1883–1886 eine größere Seereise Mays, die ihn über Indien, Sumatra und Südamerika geführt habe. Abermals keine Reisepapiere, keine Nachrichten in die Heimat, keine tatsächlichen Unterlagen. Und jetzt war doch May längst bekehrt und gerettet! Weshalb hätte er schweigen sollen? Alles bleibt dunkel. Urbans[340] kühne Schlussbehauptung lautet aber:

„May hat tatsächlich mit Ausnahme von Südafrika, Grönland und vielleicht China, alle von ihm beschriebenen Länder wirklich bereist."

Bemerkenswert ist auch, dass May in seiner großen, in den „Dresdner Nachrichten" vom 20. November 1904 abgedruckten Gegenerklärung[341] an Professor Dr. Schumann[342], der über Mays damals neuste erschienene Reiseerzählung[343] im „Dresdner Anzeiger"[344] geschrieben hatte, May werde wieder ein Land beschrieben haben, das er nie gesehen habe, erklärte:

„Bemühen Sie sich zu Günther und Rudolf (damaliges Dresdner Bankhaus)[345]. Man wird Ihnen dort beweisen, daß ich während zweier Jahre in

---

[338] May: *Mein Leben und Streben*, S. 180.

[339] Vgl. zur Kolportagezeit Mays im Münchmeyer-Verlag bei May: *Mein Leben und Streben*, S. 178-207.

[340] Urban: *Karl May ist gereist!* S. 153-161 (161).

[341] Karl May: *Herrn Professor Dr. Paul Schumann*. In: *Dresdner Neueste Nachrichten*, Nr. 317 vom 20.11.1904. Wiedergegeben u. a. in *Karl May's Gesammelte Werke* Bd. 85: *Von Ehefrauen und Ehrenmännern. Biografische und polemische Schriften 1899-1910.* (→ May: *Von Ehefrauen und Ehrenmännern*). Bamberg/Radebeul 2004, S. 193-204 (202).

[342] Paul Schumann (1855–1927) war ein Dresdner Kulturreformer, maßgeblicher Mitarbeiter der Zeitschrift *Der Kunstwart* und Mitbegründer des Dürerbundes. Zwischen 1901 und 1923 war Schumann verantwortlicher Leiter des Feuilletons und Chefredakteur für Kunst und Wissenschaft des deutschnationalen *Dresdner Anzeigers*, in dem auch einige maykritische Beiträge erschienen. Am 11.3.1902 hielt er einen Vortrag über den Totentanz-Zyklus von Hans Holbein d. J. (1497–1543), den May besuchte. Nach eigenen Angaben führte Schumann von Anfang an, spätestens aber seit 1904, gnadenlos und fanatisch den Kampf gegen May.

[343] Karl May: *Gesammelte Reiseerzählungen* Band XXX: *Und Friede auf Erden!* Freiburg 1904.

[344] Paul Schumann: *Karl May. (Was unsere Quartaner lesen).* In: *Dresdner Anzeiger* vom 09.11.1904.

[345] Einschub von Erich Wulffen in das May-Zitat.

Kairo, Aden, Ceylon, Sumatra usw. gewesen bin und von den Krediten dieser Firma an allen diesen Orten Gebrauch gemacht habe."

Es handelt sich um die tatsächlich gemachte Orientreise von 1899[-1900]. Hier wäre nun Gelegenheit gewesen, auch den Beweis für die verschiedenen Amerikareisen anzutreten, für die ja wenigstens teilweise ähnliche Unterlagen vorhanden sein mussten. Aber Karl May schwieg, schwieg hierüber bis zum Tode.

Max Casella[346] nimmt ohne besondere Begründung zwei Amerikareisen (1862 und 1869) und eine größere Orientreise als „durchaus wahrscheinlich" an. Endlich hat Urban[347] auch noch einen dritten Aufsatz über „Zeitenfolge und Wahrheitsgehalt der amerikanischen Erzählungen" geschrieben, darin er aus Mays Reiseerzählungen die Richtigkeit wirklich stattgehabter Auslandsreisen Mays erweisen möchte. Aus „Winnetou" I und II ergäbe sich, dass May vom Herbst 1862 bis Anfang 1863 in Amerika gewesen sei.

„Dann ging May in die Heimat"[348].

Warum blieb er so kurze Zeit? Weswegen kehrte er zurück? Unter welchen wirtschaftlichen Verhältnissen? Wohin? Zu den Eltern? Wo sind die Unterlagen? Weshalb nicht eine einzige vorhanden? Karl May hat sich bei seinen späteren wirklichen Auslandreisen vorsichtigerweise mehrfach fotografieren lassen (auf dem Amerikaschiffe „Kronprinzessin Cecilie", angesichts der Niagarafälle usw.). Sollte man es für möglich halten, dass er sich in Amerika niemals in seinem Abenteuerkostüm, mit einem dortigen Bekannten zusammen auf einem Bilde usw. hätte aufnehmen lassen, um nach seiner Heimkehr den Eltern und anderen erstaunten Sachsen ad oculos[349] zu demonstrieren, dass er wirklich „drüben" war? Auch bei Mays persönlicher Eitelkeit ist es ganz ausgeschlossen, dass es nicht geschehen wäre. Aber beim Fotografen Adolf Nunwarz[350] in Linz-Urfahr ließ er sich für den „Hausschatz" im Kostüm fotografieren! Ein „amerikanisches" Bild war also auch 1896 nicht vorhanden!

Die Ereignisse von „Winnetou II", so fährt Urban fort, beginnen Anfang 1867. Urban erweckt nun den Anschein, als glaube er, dass auch hier wieder Mays Anwesenheit in Amerika einsetze. Die Südamerikareise habe „etwa 1867"[351] stattgefunden. May war aber von Frühjahr 1865 bis 2. November 1868 im Gefängnis. Dann spricht Urban von einer „im Jahre 1870 erfolgten

---

[346] Max Casella: *Zur Nachprüfung.* In: *KMJb 1922.* Radebeul bei Dresden 1922, S. 324-334 (326).

[347] Urban: *Zeitenfolge und Wahrheitsgehalt,* S. 411-422.

[348] Ebd., S. 411-422 (413).

[349] Gemeint ist bildungssprachlich: jemandem etwas vor Augen führen, durch den Augenschein beweisen.

[350] Adolf Nunwarz (1868–1931) war Fotograf und Atelierbesitzer aus Linz-Urfahr. Nachdem Karl May 1896 und 1897 durch den Amateur-Fotograf Alois Schießer angeblich 101 Aufnahmen von sich erstellen ließ, erwarb Nunwarz die Negativplatten der 1896er Foto-Session und vertrieb sie in seinem eigenen Verlag.

[351] Urban: *Zeitenfolge und Wahrheitsgehalt,* S. 411-422 (415).

Afrikareise"[352]. May war aber seit 4. Januar 1870 bis 2. Mai 1874 ununterbrochen in Haft. „Winnetou III" spielt, sagt Urban, von Mai 1871 bis Juli 1874. Urban will beweisen, dass May „immer wieder die von ihm angegebenen Zeiten seiner Amerikareise als Gerippe (für den Zeitplan im Winnetou) benutzte."[353]

Etwa Ende 1869 habe May auf 2 ½ Jahre von Amerika Abschied genommen, Ende 1871 sei seine Abreise nach Ägypten erfolgt. Die 20-monatige Orientreise (erste 6 Bände) liege von Anfang 1870 bis Ende 1871. So wohlmeinend Urbans Berechnungen sind, so tragen sie doch eine gewisse Verwirrung in die Tatsachen. Ich muss sagen, dass dieses etwas gewaltsame Unternehmen Urbans für mich seine früheren, auch nicht auf sicherem Boden stehenden Angaben über Erzählungen seines Vaters hinfällig macht.

Man darf in der May-Literatur ruhig den Mut fassen zu dem Eingeständnisse, dass so gut wie nichts für, sondern alles gegen die Auslandsreisen vor 1898 spricht. Eine besondere Würdigung aller Tatsachen und Schlussfolgerungen muss doch auch unter Berücksichtigung der Gesamtpersönlichkeit Mays und seiner Glaubwürdigkeit in der einschlagenden Angelegenheit erfolgen. So rufen solche äußersten Rettungsversuche leider immer wieder unliebsame Gegenerwägungen wach. Man lese die Zusammenstellung über Mays unwahre persönliche, mündliche Berufungen seiner Reisetätigkeit nach, um sich ein Bild zu machen. Und was würde gewonnen? Wenn man May wirklich einen zweimaligen kurzen Aufenthalt in Amerika zugestehen wollte, so wäre er während der wenigen Monate unter solchen ungünstigen Umständen erfolgt, dass er gewiss nicht dazu kam, drüben den Old Shatterhand zu spielen. Was will man nur? Die Einzelheiten der Reiseerzählungen sind doch alle erdacht oder an Gewährsmänner angelehnt, was hat es dabei zu bedeuten, ob May selber kurze Zeit unter fragwürdigen Umständen „drüben" war? Zur richtigen Würdigung von Mays Arbeiten kommt hierauf gar nichts an. Dass er vielfach nach Büchern gearbeitet hat, ist ja bewiesen. Und wenn er sich nach Büchern in fremde Länder und Völker so einfühlen konnte, steigt seine schriftstellerische Gabe eher im Werte, als dass sie sänke. Während May nach seiner Strafverbüßung in Zwickau, die im Gnadenwege abgekürzt wurde, seiner eigenen Mitteilung nach mit „Vertrauenszeugnis" entlassen worden war, wurde er nach voller Verbüßung der Waldheimer Strafe durch Verordnung der Kreisdirektion Leipzig vom 25. April 1874 ab auf 2 Jahre unter Polizeiaufsicht gestellt und nach Hohenstein verwiesen, wo er bis Anfang März 1875 blieb. Nach den tatsächlichen Unterlagen aus Mays damaliger Vergangenheit konnte in dieser Verfügung der Verwaltungsbehörde eine harte oder strenge Maßnahme nicht gesehen werden. Nach dem Revidierten Strafgesetzbuch von 1868 hatte über Zulässigkeit der Polizeiaufsicht noch nicht, wie im

[352] Ebd., S. 411-422 (414).
[353] Ebd.

geltenden Strafgesetzbuch, das erkennende Gericht bei der Urteilsverkündung, sondern die höhere Verwaltungsbehörde zu befinden, die noch heute die Entscheidung über die tatsächliche Durchführung der gerichtlichen Maßnahme hat. Die gewiss zweischneidige Waffe zur Verbrechensbekämpfung, eben die Unterstellung unter Polizeiaufsicht, glaubt der Gesetzgeber auch heute noch nicht entbehren zu können, sie wird auch im kommenden Strafgesetzbuch in einer – vielleicht milderen – Form erscheinen.

Am 12. März 1875 machte der Gendarmerie-Brigadier Frenzel[354] in Hohenstein-Ernstthal der Dresdner Kriminalpolizei die Anzeige, dass der „bereits wegen schwerer Diebstahls-, Betrugs-, Widersetzung und Fälschung bestrafte Gauner und Schullehrer Karl Friedrich May"[355] sich seit vier Tagen von Hohenstein-Ernstthal fortbegeben habe, angeblich um in Dresden eine Stellung als Redakteur des Blattes „Der Beobachter an der Elbe"[356] anzutreten.

„Da nun zu vermuten steht, dass derselbe neben dieser Funktion auch seine frühere verbrecherische Laufbahn teilweise wieder betreten dürfte und gegenwärtig derselbe bis 2. Mai a. c. [d.i.: anni currentis[357]] unter Aufsicht steht, so wollte der Unterzeichnete nicht unterlassen, einem geehrten Kommissariate hiervon ganz gehorsamst Notiz zugehen zu lassen."[358]

Durch Verfügung vom 15. März 1875 wurde May aus Dresden ausgewiesen, da es mit Rücksicht auf seine Vorstrafe bedenklich sei, ihm den Aufenthalt in Dresden zu gestatten. Man bemerke, wie eifrig die Polizei über May ihre Aufsicht ausübte. Kaum war er 4 Tage heimlich von Ernstthal entfernt, so fertigte schon der Gendarmerie-Brigadier seinen Bericht ab, da war es doch ganz ausgeschlossen, dass May seit seiner Entlassung aus Waldheim (2.5.1874) eine Auslandsreise unternommen gehabt hätte. In einem bei den Akten befindlichen Gesuch vom 16. März 1875 bat May[359], von seiner Ausweisung Abstand nehmen zu wollen. Er habe sich nach seiner Entlassung aus Waldheim in seiner Heimat Ernstthal aufgehalten und sei dort als Schriftsteller tätig gewesen. Infolge dieser Tätigkeit habe er jetzt einen Ruf als Redakteur an die Verlagsbuchhandlung von Münchmeyer erhalten.

---

[354] Friedrich Julius Frenzel (1833–unbekannt). Gendarmeriebrigadier in Hohenstein-Ernstthal.

[355] Friedrich Julius Frenzel: Mitteilung an die Dresdner Kriminalpolizei vom 12.3.1875. In: Hainer Plaul: *Redakteur auf Zeit. Über Karl Mays Aufenthalt und Tätigkeit von Mai 1874 bis Dezember 1877* (→ Plaul: *Redakteur auf Zeit*). In: *JbKMG 1977*, Husum 1977, S. 114-217 (147f.).

[356] Das Wochenblatt *Der Beobachter an der Elbe* erschien ab Weihnachten 1873 (Ausgabe Nr. 1), offiziell ab Anfang Januar 1874 im Dresdner Verlag H. G. Münchmeyer. Erster Redakteur war zunächst Otto Freitag (1839–1899). Nach dessen Zerwürfnis mit Münchmeyer wurde May sein Nachfolger. Mit der 52. Ausgabe wurde der *Beobachter an der Elbe* eingestellt und ab September 1875 als *Deutsches Familienblatt* fortgeführt.

[357] Lat.: des „laufenden Jahres".

[358] Friedrich Julius Frenzel: Mitteilung an die Dresdner Kriminalpolizei vom 12.3.1875. In: Plaul: *Redakteur auf Zeit*, S. 114-217 (148).

[359] Karl May: Schreiben an die Polizei-Direktion Dresden vom 16.3.1875. In: Plaul: *Redakteur auf Zeit* S. 114-217 (149f.).

„Nach langem Irren ist mir endlich eine Stellung geboten, welche mich von Sorgen befreit, mir Gelegenheit bietet, das Vergangene wieder gut zu machen und den Beweis zu führen, dass der Weg meines Lebens nie wieder sich einem ‚dunklen Hause' nähern werde. Wer da weiss, wie schwer es dem entlassenen Strafgefangenen wird, sich aus dem Schmutze emporzuarbeiten, der wird begreiflich finden, dass ich mit innigster Freude und Genugtuung dem Rufe gefolgt und in die gebotene Stellung eingetreten bin. In den wenigen Tagen meines Hierseins habe ich das vollständige Vertrauen meines Chefs erlangt und ich hege die freudige Hoffnung, dass ich die Vergangenheit hinter mich werfen und mit unbeirrtem Eifer vorwärts streben könne. Aber aus diesem Glück wurde ich durch die Nachricht gerissen, dass ich polizeilich aus Dresden gewiesen sei. Wohl weiss ich, dass ich schwer gefehlt und gesündigt habe, und die Tätigkeit meines ganzen Lebens muss darauf gerichtet sein, Verzeihung des Geschehenen zu erlangen. Dazu bedarf ich aber der Gelegenheit, und diese ist mir in meiner gegenwärtigen Stellung reichlich geboten. Der Ausweis aber raubt mir diese Gelegenheit, wirft mich in den Schmutz zurück, bereitet mir den grössten pekuniären Schaden und bringt die bitterste Kränkung über meine armen alten Eltern, denen ich eine Stütze sein könnte, nun aber nicht sein kann. Deshalb wolle mir die untertänigste Bitte gestattet sein. Die hohe Königliche Polizeidirektion wolle in Rücksicht darauf, dass meine Stellung eine fixierte und sichere ist und mir nach Verlauf von fünf Wochen der Aufenthalt in Dresden doch gestattet sein würde, (weil dann nämlich das erste Jahr der Polizeiaufsicht vorüber war) einmal gütige Nachsicht hegen und mich durch die Domizil-Verweigerung nicht in Not und neue Schande stürzen. Sollte diese Bitte erfüllt werden, so würde ich in steter Dankbarkeit der Humanität gedenken, welche meinen Eltern die bitterste Kränkung erspart und mir das Fundament lässt, auf welchem ich mir eine bessere Zukunft errichten möchte."

Zutreffend bemerkt hierzu Albert Hellwig[360], dass man sich einer tiefen

---

[360] Hellwig: *Die kriminalpsychologische Seite,* S. 187-250. – Albert Ernst Karl Max Hellwig (1880–1950) war ein deutscher Jurist, Kriminalist und Publizist. Der Sohn eines Eisenbahnoberinspektors besuchte das Gymnasium in Altona, bevor er ein Studium der Rechtswissenschaften in Jena und Freiburg im Breisgau absolvierte. Die Promotion zum Dr. jur. erlangte er im Jahre 1907 mit dem Thema *Das Urteil im Inoffiziositätsprozeß nach Form, Inhalt und Wirkung.* Am Amtsgericht in Frankfurt (Oder) war er als Richter tätig. Anschließend ging er im Jahre 1919 als Generalreferent für Strafrecht und Strafprozess an das Preußische Justizministerium. Im Jahr 1921 ließ er sich auf eigenen Wunsch nach Potsdam als Landgerichtsdirektor versetzen, um seine kriminalpsychologischen Studien fortführen und umsetzen zu können. Viele Jahre fungierte Hellwig als Leiter einer Strafkammer, wo er auch einer größeren Öffentlichkeit als Vorsitzender Richter in spektakulären Prozessen bekannt wurde. In den Dreißigerjahren wurde er nach Berlin versetzt, wo er bis 1945 im Justizdienst wirkte. Nach dem Krieg ging er nach Darmstadt. Hellwig gehörte zu Wulffens Bekanntenkreis und Korrespondenzpartnern. Neben der beruflichen Verbundenheit als Juristen vereinte beide auch ihr privates Interesse für Karl May. Wie Roland Schmid (1930–1990) später mitteilte, hatte sich der Karl-May-Verlag Jahre vor Wulffens Engagement um Hellwigs Mitarbeit bemüht, doch hatte Klara May ihre Zustimmung zu einer großen kriminologischen Arbeit über Karl May zu diesem Zeitpunkt noch abgelehnt (vgl. Euchar Albrecht Schmid: *Mein Leben und Streben.* In: *50 Jahre Karl-May-Verlag* (→ Schmid: *Mein Leben und Streben*). Bamberg 1963, S. 13-22 [18]).

Rührung nicht erwehren könne, wenn man diese flehentliche Bitte lese, und dass May offenbar die feste Absicht hatte, sich aus der Niederung emporzuarbeiten. Die Eingabe gibt aber auch Anhaltspunkte für weitere Umstände. Ich möchte mit Hellwig die Eingabe für eine aufrichtige halten. Dann aber hat auch das wiederholte ausdrückliche Schuldbekenntnis, das sie enthält, einige Bedeutung; der damalige May wusste also sehr wohl – und der spätere May konnte es nicht vergessen haben! – dass er schwer gegen die Gesetze gefehlt hatte, er wollte sich aus dem „Schmutze"[361] emporarbeiten. Ich kann nicht annehmen, dass May mit seinem Wortlaut nur ein Schuldbekenntnis vortäuschen wollte, um die Polizei milder zu stimmen. Es war also weder damals noch vorher in dem Strafverfahren selbst die Rede davon, dass er seine Straftaten in einem Zustande der Unzurechnungsfähigkeit verübt haben, dass er von ihrem Verlaufe keine Erinnerung haben wollte. Dass ein pathologischer oder psychologischer Befund bei ihm nicht in Frage kam, geht wohl daraus hervor, dass er dieses Mal keinen Gnadenakt erwiesen hielt. Hätte auch nur die Annahme eines psychopathischen Zustandes geschwebt, so würde ihm das Justizministerium unter Berücksichtigung der nach dem Strafgesetzbuche von 1868 zu berücksichtigenden „verminderten Zurechnungsfähigkeit" (Art. 88)[362] die Strafzeit etwas gekürzt haben. Leider sind die Gnadenakte des Justizministeriums vernichtet, aus denen hervorgehen würde, weshalb May dieses Mal keine Gnade erhielt. Mays Eingabe vom 16. März 1875 ist aber auch ein Glied in der Kette der Beweise, dass er bis dahin nie im Auslande war. So schreibt niemand, der nach einer früheren Bestrafung im Orient, in Amerika oder in Afrika gewesen wäre und dort Erfahrungen über Land und Leute gemacht hätte, die er ohne weiteres schriftstellerisch verwerten konnte. Nichts hätte näher gelegen bei früheren ausländischen Erfolgen, als jetzt denselben Weg noch einmal zu betreten. Stattdessen die flehentliche Bitte, in Sachsen bleiben zu dürfen. Der Tatendrang, ins Ausland zu gehen, fehlt völlig. Er schreibt ausdrücklich, dass er sich seit seiner Entlassung aus Waldheim in seiner Heimat Ernstthal aufgehalten habe.

Die Polizeidirektion stellt Ermittlungen an, auch bei Münchmeyer persönlich. Er bestätigt, dass er May gegen ein Jahresgehalt von 600 Talern, das sich je nach seiner Bewährung bis zu 1200 Talern erhöhen könne, festangestellt habe und mit seinen Leistungen zufrieden sei. Gleichwohl lehnte die Polizeidirektion Mays Gesuch ab und wies ihn am 24. März 1875 an,

---

[361] Vgl. May: *Mein Leben und Streben*, S. 310.

[362] Art. 88 des *Revidierten Strafgesetzbuches*: Verminderte Zurechnungsfähigkeit. Sind Zustände oder Voraussetzungen, welche an die im vorigen Artikel gedachten angrenzen, vorhanden, ohne daß die Fähigkeit der Selbstbestimmung dadurch gänzlich ausgeschlossen erscheint, so ist, dafern nicht der Verbrecher sich absichtlich, um das Verbrechen zu begehen, in einen solchen Zustand versetzt hat, verminderte Zurechnungsfähigkeit anzunehmen, und hat demzufolge der Richter höchstens auf die Hälfte der ohne diesen Milderungsgrund verwirkten Strafe zu erkennen.

136

Dresden binnen drei Tagen zu verlassen. Mit Hellwig[363] bin ich der Meinung, dass die Entscheidung sachlich kaum gerechtfertigt war. Maßgebend war offenbar, dass man May unter den Verführungen einer Großstadt kriminell für gefährdet ansah und auf seine Besserungsbestrebungen ohne Weiteres auch deshalb besonders nicht hinreichendes Vertrauen setzte, weil er ja bereits unbotmäßig gehandelt und den Ort, wohin er verwiesen worden war, ohne behördliche Genehmigung, ja auch nur ohne Anzeige mit Dresden vertauscht hatte, anstatt die Erlaubnis hierzu vorher einzuholen. Glücklicherweise trat keine Benachteiligung Mays ein. Er wurde außerhalb Dresdens für Münchmeyer tätig und warb für dessen geplante Zeitschrift „Schacht und Hütte" Mitarbeiter und Agenten. Anfang August 1875 wiederholte er sein Aufenthaltsgesuch. Der Aufenthalt wurde ihm nunmehr bewilligt, doch wurde ihm eröffnet, dass er bis zum 2. Mai 1876 in Dresden unter Polizeiaufsicht stehe.

Es möge auch einmal, insbesondere für spätere Reisen, ein Blick auf Mays frühere schriftstellerische Einnahmen und Vermögensverhältnisse geworfen werden. Die Unterlagen sind freilich spärlich. Aber in den Jahren 1888 bis 1891 zum Beispiel scheint es ihm nicht sehr gut gegangen zu sein. Er wird in den Akten Cg.VI 1247/88[364] des Amtsgerichtes Dresden auf 375 *M* rückständige Miete seit 1. Juli 1888 verklagt und zahlt sie erst am 28. September 1888. Freilich bewohnte er damals im Hause Schnorrstr. 31 in Dresden eine Parterrewohnung für den nicht unbeträchtlichen Jahresmietzins von 1050 *M*. 1889 wohnt er aber bereits in Kötzschenbroda und wird von zwei Weinlieferanten auf 58.20 *M*. bzw. 14.20 *M*. verklagt (Akten Cg VI 13/89[365] und Cg 1831/89[366]). 1890 wird er von seiner Vermieterin auf 200 *M*. seit 1. Januar 1890 fällige Miete für die Wohnung Schützenstraße 6 in Kötzschenbroda verklagt. (Cg VII 59/90[367]). 1891 ergeht gegen ihn eine Klage auf Rückzahlung eines Darlehns. Er habe sich – laut Klage – am 1. Juli 1891 auf fünf Tage

---

[363] Hellwig: *Die kriminalpsychologische Seite*, S. 187-250 (203).

[364] Johann August Nitsche ./. Dr. phil Karl May. Zivilklage wegen rückständiger Mietzinsen. Kgl. Amtsgericht Dresden – Az.: Cg. VI 1247/88; siehe Jürgen Seul: *Karl Mays Zivilprozesse und Honorare. Die Aufstiegsjahre.* Juristische Schriftenreihe der Karl-May-Gesellschaft Band 5 (→ Seul: *Karl Mays Zivilprozesse*). Husum 2013, S. 13, 19.

[365] A. Stiebitz & Co. ./. Dr. C. F. May. Zivilverfahren wegen unbezahlter Weinrechnungen. Kgl. Amtsgericht Dresden – Az.: Cg. VI 13/89; siehe Seul: *Karl Mays Zivilprozesse*, S. 26.

[366] Dankegott Leuschner ./. Dr. phil Carl May. Zivilverfahren wegen rückständiger Zahlungen. Kgl. Amtsgericht Dresden – Az.: Cg. VI 1831/89; siehe Seul: *Karl Mays Zivilprozesse*, S. 26f.

[367] Freifrau von Wagner ./. Dr. Carl May. Zivilverfahren wegen rückständigem Mietzins. Kgl. Amtsgericht Dresden – Az.: Cg. VI 1850/89; siehe Seul: *Karl Mays Zivilprozesse*, S. 27. Wulffen übersah bei seinem Aktenstudium offenbar, dass May kurze Zeit nach der ersten Mietzinsklage ein weiteres Mal von seiner Vermieterin verklagt wurde: Freifrau von Wagner ./. Dr. phil. Karl May: Klage auf Zahlung von rückständigem Mietzins nebst Zinsen. Königlich Sächsisches Amtsgericht Dresden, Az. G.S. Bg. VII 59/90. HStA Dresden. Akte Amtsgericht Dresden Nr. 2971, Blätter 1 bis 11. In: Fritz Maschke: *Karl May und Emma Pollmer. Die Geschichte einer Ehe.* Beiträge zur Karl-May-Forschung Band 3 (→Maschke: *Karl May und Emma Pollmer*). Bamberg 1972, S. 198-205, und Seul: *Karl Mays Zivilprozesse*, S. 27-38.

300 *M.* geliehen. Davon habe er den größten Teil pünktlich zurückgezahlt, sich aber sofort von demselben Kläger weitere 100 *M.* mit dem Bemerken geliehen, er habe sich durch die Rückzahlung ganz ausgegeben und sei mit seiner Familie mittellos. Am 21. Oktober 1891 wurde er zur Rückzahlung von 125 *M.* verurteilt (Cg VII 1595/91[368]). Sämtliche Akten liegen im Sächs. Hauptstaatsarchiv. Vielleicht lassen diese aktenmäßigen Unterlagen doch einen Schluss zu, ob Karl May bis zu diesen Jahren aus finanziellen Gründen je in der Lage war, immerhin kostspielige Auslandsreisen zu Studienzwecken zu unternehmen. Erst nach diesen Jahren kam er zu Geld, erwarb er sich selbst Grundbesitz und machte 1898 die erste Auslandsreise nach dem Orient.

VI. Psychiatrisches

Es ist von Interesse, die von der psychiatrischen Wissenschaft angenommenen Krankheitszustände zu betrachten, die für Karl Mays damalige Geistes- und Gemütsverfassung in Frage kommen könnten, falls ein pathologischer Befund festzustellen wäre.

   Man könnte in erster Linie an eine jener Irreseinsformen denken, die in die Zeit der Pubertät und Postpubertät fallen, bei aller Mannigfaltigkeit der Formen doch gewisse charakteristische Grundzüge gemein haben und in der Mehrzahl der Fälle in eine eigenartige geistige Schwäche ausgehen. Kraepelin[369] hat sie unter dem freilich nicht ganz zutreffenden Namen „Dementia praecox"[370] (Frühverblödung) zusammengefasst.

---

[368] Johann Schwarz ./. Karl May: Klage auf Rückzahlung von Darlehen nebst Zinsen. Königlich Sächsisches Amtsgericht Dresden, Az. G. S. Cg VII 1595/91. HStA Dresden. Akte Amtsgericht Dresden Nr. 2971, Blätter 1 bis 2, in: Maschke: *Karl May und Emma Pollmer*, S. 206f., und Seul: *Karl Mays Zivilprozesse*, S. 46-49.

[369] Emil Kraepelin: *Psychiatrie: ein Lehrbuch für Studirende und Aerzte*. II. Band. Sechste, vollständig umgearbeitete Auflage (→Kraepelin: *Psychiatrie*). Leipzig 1899, S. 176.

[370] Der Begriff „Dementia praecox" (démence précoce, vorzeitige Demenz) umschrieb zunächst in der Psychiatrie eine beginnende Geisteskrankheit. Der französische Psychiater Benedict Augustin Morel (1809–1873) bezeichnete damit die Erkrankung eines zuvor vollkommen unauffälligen Jugendlichen, der letztlich in einen demenzartigen Zustand verfällt. Der deutsche Psychiater Emil Kraepelin (1856–1926) erkannte gewisse Ähnlichkeiten zwischen der von Morel beschriebenen Störung und den von seinen Kollegen Karl Ludwig Kahlbaum (1828–1899) und Ewald Hecker (1843–1909) beschriebenen Krankheiten Hebephrenie und Katatonie. Kraepelin war überzeugt, dass Krankheitsverlauf und -ausgang am besten geeignet seien, um verschiedene psychiatrische Erkrankungen voneinander abgrenzen zu können. Er betrachtete daher diese Störungen als verschiedene Ausprägungsformen einer Krankheitsentität, die er unter dem Begriff der Dementia praecox zusammenfasste. Im Laufe der Zeit ließ sich diese Theorie jedoch nicht aufrechterhalten, weshalb die Bezeichnung als unzureichend wieder verworfen wurde. Der Schweizer Psychiater Eugen Bleuler (1857–1939) basierte seine, von Kraepelin abweichende Deutung der Symptome der Dementia praecox, auf Sigmund Freud. Er entwickelte stattdessen den Begriff „Schizophrenie". Zur historischen Entwicklung und Rezeption siehe vor allem auch in den USA Richard Noll: American Madness: *The Rise and Fall*

Wesentlich in diesem Krankheitsbilde ist die Gemütsabstumpfung, die bis zur Verblödung gehen kann. Weil Gefühlsbetonungen und Gemütserregungen fehlen, kommen wirksame Zeitvorstellungen und Motivsetzungen nicht zustande. Die Gedankengänge sind zusammenhangslos, zerfahren und sprunghaft, die Willensäußerungen sind triebartig und ziellos. Die Kranken sind zwar reizbar und launenhaft, aber die Affekte spielen keine Rolle, weil es an innerer Anteilnahme fehlt. Die Kranken sind unproduktiv, bewegen sich in engen, stereotyp wiederkehrenden Vorstellungskreisen, haben kein Interesse mehr für die eigenen Pflichten und Angelegenheiten, sind gleichgültig und lieblos gegenüber ihren Angehörigen und werden auch in allgemein-sozialer Beziehung rücksichtslos, unbotmäßig und schamlos. Die Willensäußerungen stehen gewissermaßen im Zeichen der Anarchie; oft ist von Anfang an eine Herabsetzung aller Willensantriebe vorhanden; sie sitzen und stehen wochen- und monatelang stumpf vor sich hinbrütend, aber auch innerlich unbeschäftigt, herum; andere vermögen unter beständiger Überwachung gewisse rein mechanische Arbeiten zu leisten, wieder andere zeigen einen dauernden, aber gänzlich unfruchtbaren und ziellosen Bewegungsdrang. Wenn hier die eigenen Antriebe fehlen oder auf ein Minimum reduziert sind, so können anderseits solche plötzlich auftauchen und sofort zu unbeherrschten motorischen Entäußerungen führen, die die Neigung haben, sich zu fixieren und zu wiederholen: Haltungs-, Bewegungs- und Handlungsstereotypien. Beabsichtigte Bewegungen werden durch „Sperrungen" und Querantriebe unterdrückt, sodass sie gar nicht oder entstellt zustande kommen. Zufolge der Sperrungen gelingt es z. B. den Kranken nicht, eine Bewegung vollständig auszuführen; sie wollen einen Gegenstand ergreifen, strecken nur die Hand vor und müssen sie sofort wieder zurückführen. Diese Sperrungen, die auch beim Sprechen zu beobachten sind und den Kranken mitten in einem Satz plötzlich auf etwas ganz anderes überspringen lassen, sind die eigentlichen Kennzeichen der schizophrenen Denkspaltung. Jeder Eingriff von außen, mag er nun bloß eine Lageveränderung oder irgendetwas anderes bezwecken, begegnet einem starren Widerstand: „Negativismus". Dabei bestehen anderseits nicht selten bei zunehmender Willensschwäche Zeichen erhöhter Bestimmbarkeit (Befehlsautomatie). Das Bewusstsein, von fremdem Willen beherrscht zu werden, tritt auf: Die Kranken halten sich für hypnotisiert, magnetisiert. Die Arbeitsfähigkeit ist stark herabgesetzt. Wenn auch Trugwahrnehmungen des Gehörs, Gefühls und Gesichts und Wahnideen depressiven, seltener expansiven Inhaltes fast immer zeitweise, oft auch während des ganzen Krankheitsverlaufes,

of Dementia Praecox. Cambridge 2011. Wulffen reflektierte in seinen psychiatrischen Darstellungen weitgehend den Stand der Forschung zu Beginn des 20. Jahrhunderts. – Vgl. u. a. Kraepelin: *Psychiatrie*; Benedict Augustin Morel: *Traite des Maladies Mentales.* Paris, 1852-1853; 2nd edition, 1860.; Eugen Bleuler: *Dementia praecox oder Gruppe der Schizophrenien* (→ Bleuler: *Dementia praecox*). Leipzig/Wien 1911.

vorhanden sind, so reagieren die Kranken doch im allgemeinen auffallend wenig darauf, und ihr geschildertes Verhalten lässt sich keineswegs auf solche Weise erklären. Sie erscheinen vielmehr als der willenlose Spielball aller zufällig in ihnen auftauchenden Antriebe und Hemmungen.[371] Dabei sind trotz Seltsamkeiten des Benehmens und Handelns meist gute Auffassung und gute Orientierung vorhanden, auch Gedächtnis und Merkfähigkeit wenig geschädigt, dagegen [ist] ausnahmslos erhebliche Urteilsschwäche bemerkbar. Der Kranke ist unfähig, die Vorgänge in der Umgebung und die eigene Lage zu verstehen. Das Gemütsleben ist schwer geschädigt. Mitleid, Anstands-, Ekel- und Schamgefühl nehmen ab, gehen verloren. In körperlicher Beziehung treten Ohnmachten, Krampfanfälle epileptischen und hysterischen Charakters, ferner Grimassen, Schmatzen, Schnalzen, Schnüffeln, Husten, Lachen usw. auf. Eine engere Form der Dementia praecox ist die Hebephrenie[372] (Jugendirrsinn), eine Krankheit des jugendlichen Alters, etwa von der Mitte des zweiten bis zu der des dritten Lebensjahrzehnts. Sie ist eine Erkrankung der Entwicklungsjahre und kann mit ihren ersten Anfängen weit in die Kindheit zurückreichen. Sie trägt meist einen stilleren, weniger stürmischen und wechselvollen Charakter, obwohl Erregungszustände nicht fehlen. Es kommt zu einer Verkümmerung der psychischen Persönlichkeit. Die Krankheit geht in der Regel (70 %) in Schwachsinn aus. Heilungen kommen nicht vor, zuweilen gelangt die Krankheit zu einem definitiven Stillstand. Die Hebephrenen (Jugendirren) neigen zu Gleichgültigkeit, Nachlässigkeit, Störrigkeit, Widersetzlichkeit in Schule und Familie, zu gröberen Auffälligkeiten im Sinne von Dummenjungenstreichen, in Erregungszuständen zu Gewalttätigkeiten, Körperverletzungen, Sachbeschädigungen, Widerstand, Hausfriedensbruch, Freiheitsberaubung, Bedrohung, Brandstiftung, Tötungsverbrechen, sexuellen Attentaten, Fortlaufen aus Neigung zu Ortsveränderung mit Vagabundage, Betteln. Von Eigentumsdelikten erscheinen vor allem Diebstahl und Betrug. Die Dementia praecox kann während der Untersuchungs- oder Strafhaft als Gefängnispsychose sich äußern, verbunden mit Halluzinationen, charakteristischer Zerfahrenheit, Sprach- oder Schriftverwirrtheit, Querulantenwahn.

Im Anschluss an die Lehre Kraepelins hat der Leiter der Züricher Klinik E. Bleuler[373] sein grundlegendes Werk „Dementia praecox oder Gruppe der

---

[371] Vgl. Alfred Hoche (Hg.): *Handbuch der gerichtlichen Psychiatrie* (→ Hoche: *Handbuch*). Berlin ²1909. – Hoche (1865–1945) war Psychiater und Neurologe. Er trat früher als Kritiker Kraepelins und Freuds hervor. Wahrscheinlich hat Gustav Aschaffenburg (1866–1944) bereits an der 2. Auflage weitergearbeitet. Aschaffenburg war Psychiater und bedeutender Forscher und Gutachter in der forensischen Psychiatrie und Kriminologie (u. a.: *Das Verbrechen und seine Bekämpfung*. Heidelberg 1903). Aschaffenburg galt als maßgeblicher Kriminologe. Er leitete von 1928 an das kriminalwissenschaftliche Institut an der Universität Köln, bis er 1933 von den Nationalsozialisten als Jude aus dem Staatsdienst entlassen wurde. Er emigrierte in die USA.

[372] Vgl. vorherige Anmerkung zu „Dementia praecox".

[373] Bleuler: *Dementia praecox*.

140

Schizophrenien" geschrieben. Bleuler wollte gemeinsam mit seinem damaligen Oberarzt C. G. Jung[374] mit Hilfe der Freud'schen Psychoanalyse genauer erforschen und darlegen, was eigentlich in den Kranken seelisch vorgehe, wenn sie sich gewissermaßen unter den Augen des Arztes in ihrer Persönlichkeit wandeln, den Zusammenhang mit der Umwelt mehr und mehr verlieren und schließlich als bizarre Zerrbilder gleichsam ihr früheres Ich überleben. Das Wort schizophren heißt wörtlich seelenspältig oder spaltenseelisch. Bleuler wollte mit dem Wort sagen, dass in jedem Falle eine mehr oder minder deutliche Spaltung der psychischen Funktionen bestehe, dass mit Ausbruch der Krankheit die Persönlichkeit ihre Einheit verliere und bald dieser, bald jener psychische Komplex die Person repräsentiere, während andere Vorstellungs- oder Strebungsgruppen „abgespalten" und ganz oder teilweise unwirksam sind. Die Schizophrenie ist die krankhafte Spaltung im Bewusstsein von der eignen Person. Der Schizophrene kann sich an vorhergegangene Handlungen nicht mehr erinnern, weist Gedächtnislücken auf.

„Auch die Ideen werden oft nur zum Teil gedacht und Bruchstücke von Ideen werden in unrichtiger Weise zu einer neuen Idee zusammengesetzt. Sogar die Begriffe verlieren ihre Vollständigkeit, entbehren eine oder mehrere, oft wesentliche Komponenten; ja, sie werden in manchen Fällen durch Teilvorstellungen repräsentiert. – Die Assoziationstätigkeit wird oft also nur durch Bruchstücke von Ideen und Begriffen bestimmt; schon dadurch bekommt sie neben dem Inkorrekten etwas Bizarres, für den Gesunden etwas Unerwartetes."[375]

Der Kranke braucht nicht immer auffällig zu sein, er ist aber verschlossen, in sich gekehrt oder gleichgültig, stumpf. Eine „Gefühlsstarrheit" ist das auffälligste Symptom der Schizophrenen. Von seinem geistigen Bestand geht ihm eigentlich nichts verloren; nur in der Verwendung ist er beschränkt. Er wird schließlich stumpf und blöde oder gerät in einen fieberhaften unproduktiven Tätigkeitsdrang. In vorgeschrittenen Stadien kommt es manchmal zu „Katatonien", d. h. zu Bewegungsstörungen. Die Gliedmaßen können in beliebige Stellungen gebracht werden, in denen der Kranke dann mit ausgespannten Muskeln viel länger verbleibt, als es einem normalen Menschen möglich wäre. Weil nun gewisse Charakteristiken der Schizophrenen sich auch in der normalen Breite unserer Mitmenschen finden, hat der Begriff und Terminus der Schizophrenie eine weit über den Bereich des Psychiatrischen hinausgehende Anwendung in der Laiensprache gefunden. Man spricht statt von schizophren von schizoid und will damit sagen, der schizoide Charakter sei dem Schizophrenen ähnlich, sofern dieser die Anlagen in verhülltem, gemäßigtem, noch normalem Zustande zeige, die beim Schizophrenen hemmungslos sich

---

[374] Carl Gustav Jung (1875–1961), meist kurz C. G. Jung: Schweizer Psychiater und Begründer der analytischen Psychologie.
[375] Bleuler: *Dementia praecox*, S. 6.

entfalten. Die Abgrenzung der schizophrenen Artung von der chronischen Erkrankung ist schwer. Die Übergänge sind, wie vielfach beim Pathologischen, fließend. Es kann sich im gegebenen Falle um einen psychopathischen Grenzzustand der schizophrenen Bewusstseinsspaltung handeln. Die schizophrene Artung ist gelegentlich sogar als verstärkende Kraft künstlerischen, dichterischen, bildnerischen Schaffens erkannt worden, die aus den Quellen der Isolierung, Abspaltung und Unbefangenheit sowie des Primitiven fließt.

Nicht zu vergessen ist, dass nach Auffassung der neueren Psychiatrie im Vordergrunde der schizophrenen Individualität stark hervorbrechende Sexualtriebe mit ihren Perversionen stehen. Deshalb tritt die Erkrankung meist gerade mit der Geschlechtsreife auf, weil da im schon vorher begonnenen Kampfe zwischen Trieb und dessen Hemmung durch Intellekt und Ethos der übermächtige sexuelle Trieb die Entscheidung zugunsten des Triebes bringt. Im höheren Alter treten die Sexualtriebe mit ihren Perversionen zurück, ohne jedoch ganz zu verschwinden. Der Verlauf erfolgt dann meist in „Krankheitsschüben", in denen vorübergehende Besserung mit stürmischen Triebentfesselungen abwechselt. Aus der unausgeglichenen Bewusstseinsspaltung entwickelt sich schließlich ein dauernder Schwachsinn, der aber meist nicht so stark wie bei der Paralyse oder dem Altersschwachsinn auftritt.

Von der schizophrenen Bewusstseinsspaltung führt ein Weg zur Psychologie des Normalen herüber. Bewusstseinsspaltungen kann auch der Gesunde an sich erfahren. Die persönliche Individualität setzt sich aus Trieben und Gegentrieben zusammen, die keineswegs immer in harmonischer Einheit spielen. Ein Trieb hebt sich aus bestimmten Ursachen heraus, wird übermäßig, spielt eine besondere, eine entscheidende Rolle und führt z. B. die verbrecherische Tat herbei. Die Kriminalpsychologie lehrt hier, dass keineswegs der ganze Mensch das Verbrechen verübe, sondern nur ein Komplex gewisser übermächtiger Zustände, an die der Täter seine Persönlichkeit vorübergehend verloren habe. Ja, diesem Komplex wird der Persönlichkeit gegenüber eine gewisse Selbständigkeit zugesprochen, die sich in der Tatausführung durchsetzt. Das ist alles ganz einfach, und die Psychologie hat es bereits ohne Psychiatrie gewusst. Freud[376] und Groddeck[377] sprechen hier vom „Es", C. G. Jung[378] vom „kollektiven Unbewusstsein".

Der Anstoß zur Tat kommt aus den Untergründen des Unbewussten im Menschen, die nicht mehr dem Individuum, sondern der Gattung, dem „Ur-

---

[376] Sigmund Freud (1856–1939): Österreichischer Neurologe, Tiefenpsychologe, Kulturtheoretiker und Religionskritiker. Als Begründer der Psychoanalyse gilt Freud als einer der einflussreichsten Denker des 20. Jahrhunderts. Siehe u. a. Sigmund Freud: *Das Ich und das Es*. Leipzig 1923.

[377] Georg Walther Groddeck (1866–1934): Deutscher Arzt, Schriftsteller und Wegbereiter der Psychosomatik. Siehe u. a. Georg Walther Groddeck: *Das Buch vom Es. Psychoanalytische Briefe an eine Freundin*. Leipzig/Wien/Zürich 1923.

[378] Siehe u. a. C. G. Jung: *Psychologische Typen*. Zürich 1921.

menschen" angehören und in denen die Urtriebe ein latentes Dasein führen. So erklärt sich sehr einfach die anscheinend nicht begreifliche Tatsache, dass in der Gesamtpersönlichkeit eines großen Verbrechers sich völlig widersprechende und unvereinbare, sympathische und unsympathische Gefühle und Vorstellungen finden können. Schon das große Gesetz von der Urpolarität aller Wesenheit, das Goethe kannte, hat diese Fragen rein psychologisch gelöst.

Als weitere Form geistiger Störung könnte für unsere Untersuchung die Manie in Betracht gezogen werden, die auch als Einzelphase einer „periodischen Manie" oder des „zirkulären Irrseins" bekannt ist.

Nach meist vorausgehenden mäßigen körperlichen Störungen erscheinen die Kranken auffallend angeregt, heiter. Gesichtsausdruck und Bewegungen werden lebhaft, Gesprächigkeit stellt sich ein, auch eine gesteigerte Reizbarkeit mit Stimmungswechsel. Auf dem Höhepunkte finden sich gehobene Stimmung, Ideenflucht und starker Bewegungsdrang. Bewusstseinstrübungen, Halluzinationen und Wahnideen spielen keine besondere Rolle. Die körperlichen Funktionen, zumal die Muskulatur, sind gehoben; es kommt zu einen abnorm erleichterten und beschleunigten Ablauf der psychischen Akte. Ursachen sind anatomisch ein größerer Blutreichtum im Gehirn und psychologisch das mit Lustgefühl bekannte Bewusstsein der erleichterten und beschleunigten psychischen Funktionen. Manie ist auch nach Erschöpfungszuständen beobachtet worden, auch erbliche Belastung scheint zu ihr zu disponieren; Schreck, ja sogar Kummer und Sorge können unmittelbare Veranlassung geben. Die Lustbetonung führt zunächst zu Ausgelassenheit und Übermut. Ein gesteigertes Wollen, ein Tatendrang macht sich geltend. Kurze Verstimmungsperioden sind dabei nicht ausgeschlossen. Der Kranke lacht und schwatzt viel, ist voller Unruhe, läuft zwecklos umher, verfällt der Wanderlust. Sein gesteigertes Selbstbewusstsein macht ihn begehrlich und prahlerisch. Auch der Geschlechtstrieb erfährt eine Reizung; Bordelle werden besucht, Liebschaften unterhalten; Sittlichkeitsverletzungen, Notzucht, Unzucht an Kindern werden verübt. Die Begehrlichkeit führt zu Diebstahl von Nahrungsmitteln und anderen Vermögenswerten. Aber auch bloßer Mutwille, die Lust, andere in Verlegenheit zu bringen, ja selbst Bosheit verleiten den Kranken, anderen ihr Eigentum wegzunehmen. Alle diese Gelüste und Begierden treten triebartig auf und können nicht unterdrückt werden. Die große Reizbarkeit führt zu Beleidigungen, Körperverletzung, Widerstand, Nötigung, Bedrohung, Sachbeschädigung; der Kranke treibt sich vagabundierend umher. Auf dem Höhepunkte der Krankheit kann Tobsuchtsanfall auftreten, in dem Totschlag, Kindsmord, Mord, Brandstiftung usw. verübt werden können. Das gehobene Selbstgefühl kann in Größenwahn ausarten, der zu Betrug (mit angeblichen Erfindungen), zu Kurpfuscherei u[nd] desgl[eichen] verleitet. Begünstigt wird die Verübung strafbarer Handlungen noch durch

Alkoholgenuss. Bei leichter manischer Erregung bleibt die Besonnenheit erhalten und die Intelligenz ungestört. Aber auch in schwereren Fällen sind bei Fehlen jeden Intelligenzdefekts die zentralen Bedingungen des Handelns krankhaft und derart verändert, dass die bei Geistesgesunden wirksamen Hemmungen weggefallen sind und auftauchende Impulse infolgedessen in plötzliche Handlungen umgesetzt werden.

„Der Kranke schwelgt hier geradezu in Lustgefühlen und berichtet nach erfolgter Genesung, dass er nie in gesunden Tagen sich so wohl, so gehoben, so glücklich gefühlt habe, wie während seines Krankseins."[379]

Die Kranken schlafen nur wenige Stunden, fühlen sich gleichwohl körperlich frisch und wohl, schildern ihre „Urgesundheit", zeigen erhöhte Leistungsfähigkeit. Aber ihr Körpergewicht nimmt ab. Die Exaltation kann eine Zustandsphase des zirkulären, des hysterischen Irreseins sein. Ihre Dauer beträgt Wochen bis Monate mit Unterbrechungen und Zurückbildung. Ein wichtiges Heilmittel ist Isolierung und Fernhaltung von Krankheitsgrenzen, von Exzessen.

Nicht zu vergessen sind auch hier die sogenannten Grenzfälle. Von Krafft-Ebing macht darauf aufmerksam, dass die expansiven Affekte des in der Beherrschung seiner Gefühle ungeübten Naturmenschen oder des Kulturmenschen im Zustande übermächtigen Affektes mit der Verfassung des maniakalischen[380] Gemütskranken manche Analogien aufweisen, und dass wir allgemein allen Grund haben, die Grenze psychologischer Breite als völliger geistiger Gesundheit nicht zu eng zu ziehen und die pathologischen Gemütszustände mit den Gemütsregungen des physiologischen Lebens zu verbreitern. Auch Sommer[381] bemerkt in seiner „Kriminalpsychologie", dass graduelle Abstufungen dieser Art von Störung bis zu den bei Normalen zu beobachtenden Stimmungsschwankungen vorkommen, ohne dass sich ein Übergang in ausgeprägte Formen von Geisteskrankheit vollziehe.

„Ebenso wie in dem gekennzeichneten Mittelgebiete treten diese Störungen sehr häufig periodisch oder zirkulär auf, indem eine mehr exaltierte Phase eine mehr depressive ablöst. In ersterer können viele geistige Funktionen, bes[onders] Fantasie und sprachliche Fähigkeit, gesteigert sein, sodass die Umgebung nicht im Entferntesten an etwas Pathologisches denkt, während, doch eine Reihe von sonderbaren, unbesonnenen und exaltierten Handlungen die abnorm veränderte Stimmungslage verrät."[382]

---

[379] Richard von Krafft-Ebing: *Lehrbuch der Psychiatrie auf klinischer Grundlage für praktische Aerzte und Studirende*, Stuttgart [6]1897, S. 363.

[380] Eine aus dem Griechisch-Neulateinischen stammende inzwischen veraltete Bezeichnung für „manisch".

[381] Robert Sommer: *Kriminalpsychologie und strafrechtliche Psychopathologie auf naturwissenschaftlicher Grundlage*. Leipzig 1904.

[382] Ebd., S. 283f.

Endlich käme für unsere Untersuchung das hysterische Irresein in Betracht. Es entwickelt sich vielfach auf dem Boden erblicher Belastung, ja wird häufig direkt vererbt. Ursachen bilden weiter sonstige psychisch-nervöse Störungen, ja Absonderlichkeiten und Schwächen bei den Aszendenten, die eine ungleichmäßige Erziehung und mangelhafte Charakterbildung des Kindes bedingen können. Schädigende Einflüsse auf das Nervensystem, Aufregungen, Sorgen, zumal mit Dauerzustand, können dabei verstärkend wirken, besonders wenn ein einsames, vertieftes Innenleben getroffen wird, Schreck und Angst können Gelegenheitsursachen bilden. Das Pubertätsalter im weiteren Sinne begünstigt das Auftreten hysterischer Geistesstörungen.

Bedeutsam für die Diagnose sind eine Reihe körperlich-nervöser Störungen, so die gesteigerte Sensibilität für mancherlei Schmerzen auf der Scheitelhöhe, am Hinterhaupt, am Thorax, an den Mammae, in der unteren Bauchgegend, an den Testikeln, in den Gelenken usw. Es finden sich vielfach Geruchs- und Geschmacksstörungen, konzentrische Gesichtsfeldeinschränkungen, weitere motorische Störungen in Lähmungen, Unfähigkeit zum Gehen und Stehen, Stimmlosigkeit, Stummheit, Lichtstarre der Pupillen, unkontrollierbare Bewegungen, Muskelkontrakturen, vor allem in den hysterischen Anfällen, von den leichteren Schwindelanfällen und wirklichen Ohnmachtsanfällen bis zu den meist mit Weinen, Zittern und Schreien verbundenen Krampfanfällen und dem großen hysterischen Anfall mit Absence und tonischer Starre.

In psychischer Beziehung zeigt sich ein Überwiegen der Gefühlsregungen und der Einbildungskraft gegenüber der nüchternen Verstandestätigkeit. Das psychische Gleichgewicht ist schwankend, labil, die Gefühlsbetonungen und Affektäußerungen zeigen Übertreibungen, eine erhöhte Beeinflussbarkeit durch augenblickliche äußere Eindrücke und Eingebungen macht sich geltend. Aber der Intellekt an sich bleibt unbeeinträchtigt. Die hysterischen Geistesstörungen sind vorübergehende (transitorische) oder dauernde (habituelle). Zu den psychischen Störungen mehr elementarer Art gehören die unmotivierten Stimmungsschwankungen, die Affektausbrüche, die Neigung zu fantastischen Sinneswahrnehmungen zufolge lebhafter Fantasietätigkeit, der Hang zu Wachträumen mit Wiedergabe entstellter oder wahrhafter Erlebnisse und Erinnerungsfälschungen. Als eigentliche hysterische Psychosen sind die Zustände halluzinatorischer Verwirrtheit und die hysterischen Dämmerzustände, in denen die Kranken äußerlich weniger auffallen, bekannt. Es tritt eine Trübung des Bewusstseins mit verfälschten Wahrnehmungsvorgängen zufolge Halluzinationen des Gesichts und Gehörs, auch des Gemeingefühls und Traumvorstellungen ein, während aber bewusste Wahrnehmungen und Vorstellungen hereinragen. In den Dämmer- und Traumzuständen können Diebstähle und Brandstiftungen, durch ihre Zwecklosigkeit und mangelnde

Umsicht auffällig, verübt werden, es kann zu triebartigem Fortlaufen (Fugues) mit Ausführung förmlicher, Stunden bis Tage und Wochen dauernde Reisen unter Verübung von Straftaten, so Betrügereien, und schließlichem Erwachen aus dem Traumzustande kommen. Luzide Intervalle können sich einschieben oder bilden den Abschluss.

Die dauernden geistigen Abweichungen der Hysterischen bilden in ihrer Gesamtheit den hysterischen Charakter (hysterisches Temperament) auf dem Boden meist psychopathischer Degeneration mit Egoismus und Unwahrhaftigkeit und der mangelnden Fähigkeit, Tatsächliches und Gedachtes genau zu unterscheiden.

„Die Mehrzahl der Handlungen, durch welche die Hysterischen mit den Strafgesetzen in Konflikt kommen, beruht auf ihren habituellen Störungen. Im Vergleich mit der Epilepsie sind in den transitorischen Dämmerzuständen begangene Delikte selten; hier können Diebstähle in Frage kommen, welche in Zuständen eingeengten Bewusstseins unter dem Einflusse aus dem wachen Zustand herübergenommener oder jetzt erst auftauchender Begehrungsvorstellungen begangen werden, ferner impulsiv ausgeführte Brandstiftungen und dergl. – In andern Fällen handelt es sich um zwangsartig auftretende perverse Gelüste (z. B. in der Schwangerschaft, in der Rekonvaleszenz nach schwächenden Krankheiten), denen die Kranken nachgeben. Die Mehrzahl der zahlreichen hysterischen Ladendiebinnen, Schwindlerinnen, Hochstaplerinnen sind aber moralisch defekte Individuen, hysterische Degenerierte in dem oben dargelegten Sinne. Dasselbe gilt von den Hysterischen mit vorherrschendem moralischen Defekt, welche intrigieren, verleumden und verhetzen, anonyme Schmähbriefe schreiben, Skandalprozesse heraufbeschwören.“[383]

Die nachträgliche Beurteilung gewisser hysterischer Dämmer- und Traumzustände kann größte Schwierigkeiten bieten. Die Zwecklosigkeit der Handlung, der Mangel an Geschicklichkeit und Umsicht bei der Ausführung, gewisse Auffälligkeiten des äußeren Verhaltens, der sprachlichen Äußerungen nach Form und Inhalt, die Abgrenzung eines solchen Zustandes gegenüber dem sonstigen Verhalten, die nachtägliche Erinnerung werden in vielen Fällen Anhaltspunkte geben. Freilich sind die Angaben der Hysterischen bei ihrer großen Verlogenheit, auch in Bezug auf die behauptete Erinnerungslosigkeit, mit Vorsicht aufzunehmen, da sie zur Simulation neigen. Es bedarf der sorgfältigen Beurteilung von Fall zu Fall.

---

[383] Hoche: *Handbuch*, S. 691.

VII. Die strafrechtliche Zurechnungsfähigkeit

Ich habe die in Betracht kommenden Krankheitsbilder nach der herrschenden wissenschaftlichen Lehre absichtlich eingehend dargestellt, um zu zeigen, dass sehr wohl eine Reihe Symptome und Zustände mit solchen, welche Karl May in seinen Selbstschilderungen erwähnt, Ähnlichkeit haben oder zu haben scheinen.

Gleichwohl muss ich unter Berücksichtigung aller Unterlagen und Umstände meine volle Überzeugung dahin aussprechen, dass Karl May zur Zeit seiner Straftaten nicht geisteskrank im Sinne der wissenschaftlichen Lehre und dass seine strafrechtliche Verantwortung nach dem Gesetz nicht ausgeschlossen war. Ich bemerke noch, dass der Leser vor endgültiger Würdigung dieses Kapitels noch die folgenden [Erläuterungen] über die Analyse von Mays Persönlichkeit, die wichtigste Aufschlüsse bringen, studiert haben muss.

Das Leipziger Urteil von 1865 ist nach dem Strafgesetz für das Königreich Sachsen von 1855[384] und das Mittweidaer Urteil von 1870 nach dem revidierten Strafgesetzbuch für das Königreich Sachsen von 1868[385] gefällt. Beide Gesetze haben über die Frage der Zurechnungsfähigkeit genau dieselben Bestimmungen in den Artikeln 86 ff[386]. Danach kann die Tat dem Täter nicht zugerechnet werden, wenn er zur Zeit der Begehung nicht „Fähigkeit

---

[384] *Strafgesetzbuch für das Königreich Sachsen vom 13. August 1855.* In: *Gesetz- und Verordnungsblatt für das Königreich Sachsen vom Jahre 1855*, Stück 13, Nr. 64, Dresden 1855, S. 177-291.

[385] *Revidiertes Strafgesetzbuch für das Königreich Sachsen vom 1. Oktober 1868.* In: *Gesetz- und Verordnungsblatt für das Königreich Sachsen vom Jahre 1868*, Stück 24, Nr. 137, Dresden 1868, S. 903-1007.

[386] Der Wortlaut der nachfolgend behandelten Artikel beider Fassungen des Sächsischen Strafgesetzbuchs ist identisch. Daher soll im Folgenden stets die Abkürzung SächsStGB gebraucht werden, ohne zwischen den beiden Gesetzesfassungen zu unterscheiden.
Art. 86 *SächsStGB*: Von der Zurechnung überhaupt. Eine ihre äußeren Erscheinung nach gesetzwidrige That kann nicht als Verbrechen zugerechnet werden: 1. wenn der Thäter zur Zeit der Begehung nicht die Fähigkeit der Selbstbestimmung besaß (Art. 87), 2. im Falle der erlaubten Selbsthülfe und der Nothwehr (Art. 91), 3. wenn der Thäter durch echte Noth, Zwang, Befehl oder Irrthum (Art. 92, 93, 94, 95) dazu bestimmt worden ist.
Art. 87 *SächsStGB*: Zurechnungsfähigkeit. Die Fähigkeit der Selbstbestimmung ist bei Personen, welche das vierzehnte Jahr ihres Alters zurückgelegt haben, vorauszusetzen, dafern nicht nachgewiesen werden kann, entweder a) daß ihnen die Geisteskräfte, welche dazu gehören, um das Rechte vom Unrechten unterscheiden zu können, gänzlich fehlen, oder b) daß diese Kräfte bei ihnen gänzlich unentwickelt geblieben sind, oder c) daß sie die That in einem bewußtlosen Zustande, oder während einer Seelenkrankheit verübt haben, welche den Vernunftsgebrauch entweder im Allgemeinen, oder in der besonderen Richtung, welche bei der That in Betracht kommt, gänzlich aufhebt.
Art. 88 *SächsStGB*: Verminderte Zurechnungsfähigkeit. Sind Zustände oder Voraussetzungen, welche an die im vorigen Artikel gedachten angrenzen, vorhanden, ohne daß die Fähigkeit der Selbstbestimmung dadurch gänzlich ausgeschlossen erscheint, so ist, dafern nicht der Verbrecher sich absichtlich, um das Verbrechen zu begehen, in einen solchen Zustand versetzt hat, verminderte Zurechnungsfähigkeit anzunehmen, und hat demzufolge der Richter höchstens auf die Hälfte der ohne diesen Milderungsgrund verwirkten Strafe zu erkennen.

der Selbstbestimmung"[387] (jetzt: „freie Willensbestimmung"[388]) besaß. Diese Fähigkeit der Selbstbestimmung ist vorauszusetzen, sofern nicht nachgewiesen werden kann, dass erstens dem Täter „die Geisteskräfte, welche dazu gehören, um das Rechte vom Unrechten unterscheiden zu können, gänzlich fehlen oder bei ihm gänzlich unentwickelt geblieben sind."[389]

Dass diese Voraussetzung einer Idiotie oder Moral insanity bei Karl May irgend in Frage gekommen wäre, scheidet völlig aus. Er lag ja im Gegenteil in einem fortwährenden Kampfe zwischen dem Guten und dem Bösen, zwischen dem Recht und dem Verbrechen, deren Gegensatz und Bedeutung er sehr wohl kannte.

Die Fähigkeit der Selbstbestimmung ist ferner ausgeschlossen, wenn der Täter die Tat „in einem bewußtlosen Zustande, (jetzt in einem Zustande von Bewusstlosigkeit) oder während einer Seelenkrankheit verübt hat, welche den Vernunftgebrauch entweder im Allgemeinen oder in der besonderen Richtung, welche bei der Tat in Betracht kommt, gänzlich aufhebt."[390] (heute: „oder krankhafter Störung der Geistestätigkeit, durch welche seine freie Willensbestimmung ausgeschlossen war"[391]). Diese etwas ausführlichere Bestimmung als die jetzt geltende, entsprach dem Stande der Wissenschaft, dem sie auch heute noch entspricht. Statt Seelenkrankheit sagen wir heute Geisteskrankheit. Die sächsischen Strafgesetze kannten nun aber auch schon eine „verminderte Zurechnungsfähigkeit" (Art. 88), die vorlag, wenn „Zustände oder Voraussetzungen, welche an die im vorigen Artikel gedachten angrenzen, vorhanden sind, ohne daß die Fähigkeit der Selbstbestimmung dadurch gänzlich ausgeschlossen erscheint."[392]

Alsdann hatte der Richter höchstens auf die Hälfte der ohne diesen Milderungsgrund verwirkten Strafe zu erkennen. Eine Anrechnung der Untersuchungshaft kam nach Art. 30 des Rev. Strafgesetzbuches[393] nur dann in Frage,

---

[387] Art. 86 *SächsStGB*.

[388] Vgl. § 51 *Strafgesetzbuch für das Deutsche Reich*. Eine strafbare Handlung ist nicht vorhanden, wenn der Thäter zur Zeit der Begehung der Handlung sich in einem Zustande von Bewußtlosigkeit oder krankhafter Störung der Geistesthätigkeit befand, durch welchen seine freie Willensbestimmung ausgeschlossen war.

[389] Art. 87 *SächsStGB*.

[390] Ebd.

[391] § 51 *Strafgesetzbuch für das Deutsche Reich*.

[392] Art. 88 *SächsStGB*.

[393] Da sich Wulffen bei diesem Zitat ausdrücklich auf die Revidierte Fassung des SächsStGB bezieht, soll dies auch an dieser Stelle so wiedergegeben werden: Art. 30 *Rev. SächsStGB*: Anrechnung der Untersuchungshaft. Wenn die Untersuchungshaft gegen einen Angeschuldigten ohne genügenden Grund verhängt, oder ohne sein Verschulden verlängert worden ist, so kann hierauf bei Zuerkennung einer zeitlichen Freiheitsstrafe oder einer Geldstrafe dergestalt Rücksicht genommen werden, daß dieselbe durch die erlittene Haft ganz oder zum Theile für verbüßt geachtet wird. An die im Art. 32 enthaltenen Beschränkungen der Strafdauer ist der Richter hierbei nicht gebunden.

„wenn die Untersuchungshaft ohne genügenden Grund verhängt oder ohne Verschulden des Angeschuldigten verlängert worden war".

Beide Voraussetzungen lagen bei der Mittweidaer Verurteilung nicht vor. Ich stütze meine Überzeugung auf folgende Tatsachen:

Vorauszuschicken ist, dass in der Kette der Beweise der Befund einer körperlichen und psychischen persönlichen Untersuchung Mays durch den Gerichtsarzt oder einen Psychiater fehlt, weil er nicht vorhanden ist und nicht nachgeholt werden kann. Der Fall May ist so gelagert, dass ohne solchen Befund die Unverantwortlichkeit Mays für seine Straftaten gar nicht ausgesprochen werden kann.

Karl May ist in den kritischen Zeiten niemandem von seiner näheren Umgebung auffällig geworden. Weder aus den vorhandenen Aktenunterlagen noch sonst haben sich Anhaltspunkte ergeben, dass solches geschehen sei. Insbesondere bemerkt ja May selber, dass er seinen Eltern nicht auffällig geworden sei. Sicherlich hätten wohl die Eltern bei den wiederholten Rückfällen ihres Sohnes die Gerichte darauf aufmerksam gemacht, wenn sie nur einigen Anhalt für eine solche Behauptung hätten finden können. Wir kennen aus der neueren Praxis die schnelle Neigung von Angehörigen der Angeklagten, einem solchen Verdacht Ausdruck zu geben. Das ist früher nicht anders gewesen. Der Vater May hat ja insbesondere im Falle des Uhrendiebstahls die im Bereiche des Tatsächlichen gelegene Verteidigung des Sohns brieflich zu der seinigen gemacht. Es darf als Gewissheit unterstellt werden, dass er Anzeichen und Symptome, die auf einen pathologischen Zustand hätten schließen lassen, gemeldet hätte. Nach sonstigen Erfahrungen darf man auch damit rechnen, dass andere Personen aus Mays Umgebung entweder den Eltern oder den Gerichten unmittelbar eine entsprechende Mitteilung gemacht hätten, da ja die Verurteilungen Mays damals in der westlichen Gegend Sachsens einiges Aufsehen erregten. Auch das bliebe auffällig, dass zur Zeit der großen Karl May-Hetze nicht Augen- und Ohrenzeugen jener zurückliegenden Jahre mit der Meinung hervorgetreten sind, Karl May sei ihnen seiner Zeit als geistig nicht normale Person erschienen. Wie gesagt, nichts von alledem.

Des Weiteren kann May auch im Verlaufe seiner verschiedenen Strafprozesse in geistiger Hinsicht nicht auffällig geworden sein, weil sonst in den vorhandenen Akten Belegstellen zu finden seien und insbesondere in den späteren Akten Rückgriffe auf entsprechende frühere Aktenstellen erkennbar sein würden. Zunächst hat May selber ganz bestimmt vor Staatsanwaltschaft und Gerichten niemals die Behauptung aufgestellt, dass er sich geistig für nicht normal halte. Mit solchen Einwänden sind aber erfahrungsgemäß Angeklagte schnell bei der Hand, insbesondere auch, wie ich aus vielen Aktenstücken feststellen konnte, sächsische Volksschullehrer, bei denen es sich meist um Sittlichkeitsdelikte handelt.

Karl May, der oft so hartnäckig geleugnet hat, würde gewiss nicht verfehlt haben, sich auf eine Unzurechnungsfähigkeit zurückzuziehen, wenn er sich nur einigen Erfolg versprochen hätte. Um seines Ansehens als Lehrer willen brauchte er von einer solchen Verteidigung nicht zurückzuschrecken, denn jenes Ansehen war ja längst dahin. Sie brauchte ihm auch als künftigen deutschen Schriftsteller nicht zu schaden, da er ja wohl wusste, dass solche pathologischen Geisteszustände sehr oft nur vorübergehend zu sein brauchen. Eine Genesung vom „Wahnsinn" erwähnt er selbst im 2. Band seines „Winnetou"[394].

Vor allem aber kann May auch den Amtspersonen der Staatsanwaltschaften und der Gerichte nicht als geistig abnorm aufgefallen sein, weil sonst Aktenvermerke vorhanden sein müssten. Dass in dieser Beziehung in Sachsen schon damals sorgfältig verfahren wurde, darf ich aus meinen Studien vieler alter sächsischer Gerichtsakten bestätigen. Im Leipziger Falle ersehen wir ja aus den Polizeiakten, dass May schon dem Polizeiarzt vorgeführt wurde. Insbesondere ergeben die Mittweidaer Akten, die ich selbst gelesen und exzerpiert habe, nichts über eine Äußerung des Gerichtsarztes. Bei seiner Wiedereinlieferung im Januar 1870 wurde er nach einer Aktennotiz vom Arzt untersucht, als „hautrein" und gesund, aber als so unterernährt befunden, dass er eine Brotzulage von 1 Pfund täglich erhielt. Man kann sich also einen Begriff machen, wie seine Vagabondage während der Monate der Flucht ausgesehen haben mag und dass an einen Aufenthalt im Orient, in Amerika oder Afrika in der Zwischenzeit nicht zu denken ist. Ein bei den Akten vorhanden gewesenes Bild, das heute nicht mehr vorliegt, zeigte den jungen Mann in einem jammervollen Zustand.

Auch der Verteidiger Advokat Haase kann einen pathologischen Eindruck von seinem Klienten nicht empfangen haben, weil er das unbedingt im Verfahren geltend gemacht hätte. In seiner schon erwähnten Berufungsschrift vom 17. Mai 1870 spricht Haase nur von „grenzenlosem Leichtsinn und der angeborenen Kunst, den Leuten etwas vorzumachen und daraus Gewinn zu ziehen"[395], und er hat von May auf der Anklagebank „den Eindruck eines komischen Menschen gehabt, der gewissermaßen aus Übermut auf der

---

[394] Wulffen verweist hier auf eine Passage in *Karl May's Gesammelte Werke*. Band VIII. *Winnetou, 2. Band*, 157. bis 173. Tausend. Radebeul bei Dresden, S. 391, wo es um die Heilung des kranken Dichters William Ohlert – einem Alter Ego Karl Mays – geht: „Und zwei Monate später saß ich bei dem guten Religioso Benito von der Kongregation El buono Pastor in Chihuahua. Ihm, dem berühmtesten Arzte der nördlichen Provinzen, hatte ich meinen Patienten gebracht, und es war ihm gelungen, denselben vollständig herzustellen. Ich sage vollständig, denn wunderbarerweise hatte sich mit der leiblichen Heilung auch das geistige Normalbefinden eingestellt. Er war, als sei mit dem Kolbenhiebe die unglückselige Monomanie, ein wahnsinniger Dichter zu sein, erschlagen worden."

[395] Advokat Haase: Berufungsschriftsatz vom 17.5.1870 im Strafverfahren ./. Karl May. Kgl. Sächsisches Oberappellationsgericht Dresden, Berufungsverfahren, Urteil vom 16.5.1870; vgl. Hoffmann: *Räuberhauptmann 1*, S. 215-247 (242).

Anklagebank zu sitzen schien"[396]. Man kennt aus der Erfahrung diesen Eindruck des Komischen, der aus dem Widerspruch zwischen der Persönlichkeit eines Angeklagten und seinen Taten entspringt. Nach den Jugendbildern von Karl May kann ich mir sehr wohl vorstellen, dass er auf der Anklagebank einen lächerlichen Eindruck gemacht hat, sofern man ihm die raffinierten Gewalttaten nicht ohne Weiteres zutrauen möchte, mit denen er sich seiner Art nach vielleicht noch gar wichtig gemacht hat. Der Eindruck des Komischen wird übrigens wiederholt, wenn man später den Schriftsteller Karl May fotografiert und in Zeitungen abgebildet in den Kostümen und in der Ausrüstung sieht, die er, der Mann von etwas übermittlerer Gestalt, bei seinen Reisen in Amerika und Afrika getragen haben will. Vergl. hierzu „Deutscher Hausschatz" Nr. 2 des 23. Jahrgangs, 1896-97, über dessen Inhalt noch zu reden sein wird.

Weiter ist nicht außer Acht zu lassen, dass Karl May bei pathologischer Veranlagung während der langen Untersuchungshaft nach bekannten Erfahrungen eine Haftpsychose erlitten hätte, die aktenmäßig nachzuweisen wäre. Dass in der Hauptverhandlung der Gerichtsarzt nicht zugegen gewesen ist und das Urteil über Mays Geisteszustand irgendeine Bemerkung nicht enthält, kann nach Lage der Sache als ein Beweis dafür gelten, dass May damals und früher in keiner Weise pathologisch auffällig geworden ist. Ich versichere, dass in pathologischer Hinsicht die damaligen Strafverfahren durchaus nicht unergiebig sind und recht sorgfältig verfuhren. Es mag dem gegenüber gewiss auffällig erscheinen, dass die Strafzumessungsgründe des Mittweidaer Urteils sehr formalistisch anmuten und wenig auf die subjektive Seite des Angeklagten selbst eingehen. Seine Vorstrafen werden erwähnt, die alsbald nach Verbüßung der Vorstrafe erfolgte Wiederaufnahme „seiner verbrecherischen Tätigkeit"[397], seine umfassenden Geständnisse in allen Einzelheiten. Ein eigentliches Verbrechensmotiv wird nicht festgestellt, wenn man es nicht in der erwähnten „Wiederaufnahme der verbrecherischen Tätigkeit"[398] erblicken will, danach also ein Hang zum Verbrechen in Frage kam, der die Motivierung erklärte. Aber es fehlt die Begründung des verbrecherischen Hanges. War es Leichtsinn und Übermut, wie Haase meinte? Hierzu mag bemerkt werden, dass in letzterer Beziehung sich das Mittweidaer Urteil in nichts von entsprechenden neueren sächsischen und außersächsischen Urteilen unterscheidet, wenn die zeitliche Häufung der Straftaten den Schlüssel zur Charakteristik des Täters zu geben scheint.

Dass im Mittweidaer Urteil von 1870 die Jugend des damals 28-jährigen Angeklagten nicht in Betracht gezogen wird, ist nicht auffällig, da er diese

---

[396] Ebd.

[397] Strafverfahren ./. Karl May. Kgl. Bezirksgericht Mittweida, Urteil vom 13.4.1870 – Abt. II. Nr. 771. In: Lebius: *Lebius-Reprint*, S. 12-17 (13).

[398] Ebd.

Jugend hinter sich hatte. Der gesetzliche Strafmilderungsgrund der Jugend galt wie heute nur für Täter bis zum vollendeten 18. Lebensjahre. (Art. 90 der Gesetze[399]). Nicht erwähnt wird als Strafzumessungsgrund die Auffassung des Gerichtes über die wirtschaftliche Lage Mays allgemein. Dies muss allerdings auffällig erscheinen. Aber die wirtschaftlichen Verhältnisse der Angeklagten spielen in den Strafurteilen der Gerichte erfahrungsgemäß erst in unserer neueren, wirtschaftlich bedeutungsvolleren Zeit eine Rolle. Man muss jedenfalls annehmen, dass die Mittweidaer Richter eine wirtschaftliche Notlage Mays nicht für gegeben ansahen, sonst hätten sie ihrer bei der Strafzumessung gedenken müssen. Nach Art. 73[400] der sächsischen Gesetze hatte der erkennende Richter innerhalb der Grenzen des Mindest- und des Höchstmaßes der gesetzlichen Strafe für den einzelnen Fall die Strafe „unter Berücksichtigung der dabei eintretenden besonderen Verhältnisse festzusetzen, welche den Schuldigen nach der besonderen Beschaffenheit der zu bestrafenden Handlung und nach dem Grade der dabei gezeigten Böswilligkeit mehr oder minder strafbar darstellen".

In unserem geltenden Reichsstrafgesetzbuch haben wir allgemeine Bestimmungen über die Strafzumessung überhaupt nicht. Aber die sächsischen etwas sehr allgemeinen Anweisungen sind noch heute richtig. Wahrscheinlich nahmen die Richter an, dass May als ehemaliger Lehrer Fähigkeiten und Gelegenheit zu leidlichem Fortkommen besaß und ja seiner eignen Angabe nach damals durch Schriftstellerei einen Verdienst hatte. Offenbar – und hier liegt die Lösung – hat May im Strafverfahren selbst gar nicht eine wirtschaftliche Notlage behauptet, vielmehr eher seiner Anlage nach damit sich wichtig gemacht, dass er als Schriftsteller Einnahmen gehabt habe. Und so scheinen ja auch die Verhältnisse in Wirklichkeit gelegen zu haben. Er wohnte bei den Eltern bzw. hätte bei ihnen wohnen können, sein Einkommen aus der Schriftstellerei war wahrscheinlich geringfügig, [aber] immerhin kam er ja aus großer Armut her und war gewohnt, anspruchslos zu leben. Aus einer wirtschaftlichen Notlage brauchte er eine solche Häufung von Verbrechen offenbar nicht zu verüben. Klara May hat mitgeteilt, May habe ihr erklärt, er habe als Lehrer an der Altchemnitzer Fabrikschule 250 Taler Jahresgehalt bezogen. Nach der Chemnitzer Verurteilung seien ihm vom Superintendenten Kohl in Chemnitz alle Zeugnisse abgenommen worden. Er habe Schulden für Kleidung und

---

[399] Art. 90 *SächsStGB*: Milderungsgrund der Jugend. Von dem Alter an, wo eine Zurechnung stattfindet (Art. 87, 89), bis zum vollendeten achtzehnten Jahre ist die Jugend als ein Milderungsgrund zu betrachten, und die gesetzlich verwirkte Strafe nach richterlichem Ermessen herabzusetzen. [...]

[400] Art. 73 *SächsStGB*: Allgemeine Vorschriften über die Zumessung der Strafe. In allen Fällen, wo gesetzlich die Strafe eines Verbrechens nach dem niedrigsten und höchsten Maße oder nach dem letzteren allein bestimmt ist, hat der erkennende Richter innerhalb dieser Grenzen die Strafe für den einzelnen vorliegenden Fall unter Berücksichtigung der dabei eintretenden besonderen Verhältnisse festzusetzen, welche den Schuldigen nach der besonderen Beschaffenheit der zu bestrafenden Handlung und nach dem Grade der dabei gezeigten Böswilligkeit mehr oder minder strafbar darstellen.

Wäsche gehabt, da die „Schülerlumpen vom Lehrer"[401] nicht mehr getragen werden konnten. Das Weinen seiner Mutter wegen Bezahlung der Kleidung habe ihn fast wahnsinnig gemacht, er hätte mehr gehungert als jemals als Kind, um die Pfennige, die er aus Stundengeben verdiente, der Mutter zu überlassen. So sei er auf die abschüssige Bahn getrieben worden. – Danach käme also psychopathische Veranlagung auch nicht in Frage, wohl aber wirtschaftliche Bedrängnis. Was in den verschiedenen laufenden Strafprozessen geschah, wiederholte sich in den langen Jahren des Strafvollzuges: Es zeigte sich keine geistige Abnormität, der Häftling verfiel auch nicht vorübergehend in eine geistige Erkrankung („Zuchthausknall"), was bei pathologischer Veranlagung nach der Erfahrung zu erwarten gewesen wäre. May selber erwähnt aus seinem Gefängnisleben nichts dergleichen, der Strafvollzug ist nach seiner Schilderung glatt vonstattengegangen. Von der Leipziger Strafe (1865) von 4 Jahren 1 Monat Arbeitshaus sind ihm nach den Akten mehrere Monate im Gnadenwege – wie May behauptet, wegen guter Führung – erlassen worden. May verlegt in sein Gefängnisleben, sowohl in Zwickau als in Waldheim, seine innerliche Wandlung und Aufrichtung; er erwähnt nichts von einem vorherigen Zusammenbruch in den Anstalten. Er würde gewiss von früheren solchen Umständen in den späteren Strafverfahren gesprochen haben, weil er sich eine Verbesserung seiner Lage damit versprechen durfte. Die Mittweidaer Akten enthalten keinen entsprechenden Vermerk.

Bei Würdigung aller dieser Umstände gewinnt die eigene, wiederholte bestimmte Behauptung Mays, er habe sich nie als Psychopathen gefühlt, Bedeutung. Er braucht wirklich als der spätere Schriftsteller nicht zu befürchten, dass es seinem Schriftstelleransehen Eintrag tun könne, wenn er [vor] länger als vierzig Jahren eine Psychose oder [andere] geistige Erkrankung durchgemacht hätte. Endlich hat das sonstige Leben Karl Mays seiner Umgebung, auch in späteren und letzten Jahren, niemals Anlass gegeben, an eine psychopathische Veranlagung seiner Natur zu glauben.

Von keiner einzigen Seite – auch nicht von seiner Witwe Klara May – ist etwas Derartiges behauptet worden. Sein Leben floss vielmehr annehmbar ruhig, ja wohl sogar nüchtern dahin. Und auch seine vielen Schriften bieten in dieser Richtung nichts Auffälliges, nichts Visionäres, Ekstatisches, Abnormes, Psychopathisches. Ich halte sie im Gegenteil als in guter Nüchternheit geschrieben, natürlich und naiv, ohne besonderen hinreißenden Schwung. Klara May[402] und [Euchar Albrecht] Schmid[403] berichten übereinstimmend, dass May „beim Dichten meist laut mit den Gestalten seiner Phantasie sprach, lachte und weinte". In diesen Stunden intensivsten Schaffens durfte nur seine

[401] Die Quelle konnte nicht ermittelt werden.
[402] Klara May: *Bunte Blätter aus Karl Mays Leben*. In: *KMJb 1918*. Breslau 1918, S. 64-71 (65).
[403] Schmid: *Lanze*, S. 36.

Frau sein Arbeitszimmer betreten. Diese Berichte sind etwas farblos. Wenn nun May sich aus seinem Manuskripte eben Niedergeschriebenes laut vorlas? Dann war vieles erklärt. Immerhin blieb eine gewisse Lebhaftigkeit am Schreibtisch übrig. Aber es ist auffällig, dass Klara May keine sonstigen Auffälligkeiten seines Alltags zu erzählen vermag. Hieraus schließe ich, dass es solche nicht gab, weil May eben kein Psychopath war. Ich will auch schon hier sagen, dass Karl Mays Fantasie nicht etwa eine durchgehende Natur hat, er blieb auch am Schreibtisch nüchtern und naiv. In seinen Erzählungen ist wenig Variation, die Motive und Einzelheiten – Gefangennahme, Befreiung, Unvorsichtigkeiten, Schlauheiten, Anschleichen, Spurenfinden, Belauschungen, Überfälle usw. – wiederholen sich immer wieder. Die Landschaften und Völkerschaften sind ebenfalls ruhig, fast nüchtern – nach gedruckten Unterlagen seiner großen Bibliothek – geschildert. Karl Mays Bücher also bieten nicht den geringsten Anhalt für einen pathologischen Befund bei ihrem Urheber. Es ist hier nochmals zu vergleichen, was früher über die Gestalten und Stimmen, von denen May schreibt, gesagt worden ist.

Geistige Erkrankung und strafrechtliche Unzurechnungsfähigkeit kommen also bei Mays Straftaten nicht in Betracht. Es fragt sich, ob man von sogen. verminderter Zurechnungsfähigkeit und von Annahme mildernder Umstände sprechen könnte. Zieht man in Betracht, was die Psychiatrie bei den einzelnen Krankheitsbildern über die fließenden Grenzzustände lehrt, und vergleicht man dazu Mays eigene Ausführungen über seine damaligen Geisteszustände, so möchte man dazu neigen, bei ihm immerhin gewisse Abweichungen von der Norm anzunehmen, die sein strafbares Verhalten mit verursachten. Eine gewisse Unstetigkeit seines Wesens und Triebhaftigkeit seines Handelns, die seiner natürlichen Veranlagung entsprungen ist, können nicht verkannt werden. Man kann nicht sagen, dass ein völlig normaler Mensch solche Dinge tut, wie May sie begeht.

Seine Zwiespältigkeit zwischen guten und bösen Vorsätzen, die ebenfalls seinem Triebwesen einerseits und seinen Gewissensanrufen anderseits entsprang, reißt ihn hin und her, zerreißt vorübergehend seine Persönlichkeit, zehrt an seinen Nervenkräften und an seiner ganzen inneren Organisation. Will man May glauben, dass er nicht in gewissenlosem Leichtsinn seine Taten verübte, sondern erst nach Niederlagen seines besseren Selbst zu ihnen kam, so darf man an eine verminderte Widerstandsfähigkeit seiner damaligen Persönlichkeit glauben. Obwohl man die Stimmen und Gestalten, von denen May aus damaliger Zeit spricht, nicht im Bereiche des Pathologischen, sondern, wie ich schon ausführte, im Gebiete des Psychologischen zu suchen hat, so wird es glaubhaft, dass in seinem Inneren damals das Böse und das Gute in besonders kräftiger und deshalb seine Organisation schädigender Weise, wie nicht ohne Weiteres in jedem Menschen, auch nicht in jedem Jugendlichen, miteinander gerungen haben. Dass dies der Fall gewesen sein wird, möchte ich daraus mit einiger Sicherheit schließen, weil dieser Kampf des Bösen mit dem Guten in Mays Schriften, nicht nur der damaligen, sondern aller Zeit, einen sein ganzes Schrifttum in literarisch seltener Weise charakterisierenden Ausdruck gefunden hat. Von den „Erzgebirgischen Dorfgeschichten"[404] erwähnt er selber, dass er sie zur Abstraktion, zur Abwehr jenes seines inneren Kampfes geschrieben habe, und tatsächlich tritt in diesen Erzählungen jener Kampf in sehr naiver, deutlicher Weise, verknüpft mit dem Läuterungsgedanken, in Erscheinung. Und alles, was May schreibt, bis zu „Ardistan und Dschinnistan"[405] ist eine einzige große Offenbarung solchen innersten Kampfes. Dieser Kampf war die Triebkraft seines ganzen Schriftstellertums; ohne diesen so stark gefühlten inneren Zwiespalt hätte er vielleicht gar nicht geschrieben, so wenig Schiller ohne seine eingeborenen Grausamkeitsinstinkte der große Tragiker geworden wäre. Der Mensch und Schriftsteller sind nicht zu trennen, wie man sonst meinte, Dichter, Künstler und Mensch aus gewissen „moralischen Einsichten" trennen zu müssen. Mensch und Schriftsteller bilden ein einheitliches, untrennbares, geistiges, seelisches, charakterologisches Ganzes. Die Schriftstellerei ist nur eine, eine potenzierte, auffällige Lebensäußerung dieses Menschen, die im Übrigen mit seinen sonstigen Lebensäußerungen gemeinsam und verbunden ausstrahlt. Hierüber später noch Weiteres. An diesem Orte nur noch die Feststellung, dass bei einer genauen kriminalpsychologischen Analyse der Fälle die Annahme geminderter Zurechnungsfähigkeit und danach auch der sogenannten mildernden Umstände im Bereiche der Möglichkeit lag, die aber schwankt, zumal für das Mittweidaer Gericht, wenn unter Berücksichtigung der Leipziger schweren Vorstrafe und der Gleichartigkeit bzw. Ähnlichkeit der Betrügereien ein gewohnheitsmäßiges Verbrechertum – „gezeigte Böswilligkeit" – in Erscheinung trat.

Es muss auch darauf hingewiesen werden, dass nach dem die „verminderte Zurechnungsfähigkeit" ausdrücklich anerkennenden Artikel 88 der sächsischen Gesetze die damaligen Richter schon gesetzlich mit Nachdruck darauf hingewiesen waren, die Frage einer verminderten Zurechnungsfähigkeit zu prüfen, während im geltenden Gesetze eine solche nicht besonders aufgestellt ist und nur von der Wissenschaft und Gerichtspraxis anerkannt wird. Hätte also May oder sein Verteidiger nur irgendwie Voraussetzung für die Annahme verminderter Zurechnungsfähigkeit behauptet oder in seinem Verhalten bei der Tat, im Vorverfahren oder in der Hauptverhandlung seinen Richtern gezeigt, so hätten diese sich ohne Zweifel über das Vorhandensein oder Nichtvorhandensein solcher Tatsachen aussprechen müssen. Die Mittweidaer

---

[404] Also die Einzelerzählungen der 1870er-Jahre, nicht der Sammelband von 1903.

[405] *Karl May's gesammelte Reiseerzählungen* Band XXXI, *Ardistan und Dschinnistan*. 1. Band. Freiburg 1909 und *Karl May's gesammelte Reiseerzählungen* Band XXXII, *Ardistan und Dschinnistan*. 2. Band (→ May: *Ardistan und Dschinnistan I* und *II*). Freiburg 1909.

Richter haben es aber ausweislich der Strafzumessungsgründe nicht getan, Artikel 88 wird im Urteilstenor nicht genannt, während Artikel 78 (Zusammentreffen mehrerer Verbrechen in verschiedenen Handlungen) und 82ff.[406] (Erhöhung verwirkter Strafen wegen Rückfall, gleichartige Verbrechen, Abmessung der Rückfallstrafen, Rückfallverjährung, Zusammentreffen des Rückfalls und der Konkurrenz der Verbrechen) aufgeführt werden. Mit Artikel 85[407] schließt das 6. Kapitel der Gesetze über „Zumessung der Strafe, Konkurrenz und Rückfall" ab, während Artikel 88 im 7. Kapitel „von den Gründen, welche die Zurechnung ausschließen oder vermindern" steht. In der ganz genauen Berechnung der Strafe werden die Erschwerungen aufgezählt, aber die in Artikel 88 absolut vorgeschriebene Herabsetzung der an sich auszuwerfenden Strafe auf die Hälfte wird nicht vorgenommen. Damit schließt sich für mich die Kette der aufgeführten Nachweise, dass May für seine Handlungen nach dem Strafgesetze zum Mindesten verantwortlich war, wobei die Frage der verminderten Zurechnungsfähigkeit auf sich beruhen mag. Ein Zwang zu ihrer Annahme liegt nach der Gesamtwürdigung aller Unterlagen nicht vor. Der Jurist sagt: non liquet[408]. Natürlich fehlt auch hier in der Beweiskette der Befund über die körperliche und psychische persönliche Untersuchung Mays durch den Gerichtsarzt oder Psychiater, die nicht vorhanden und nicht nachzuholen ist. Am nächsten läge es, eine schizoide (schizothyme) Geistesverfassung anzunehmen, die dann auch auf

---

[406] Art. 82 *SächsStGB*: Erhöhung verwirkter Strafen wegen Rückfalls: Wenn Jemand wegen eines begangenen vorsätzlichen Verbrechens bereits Strafe verbüßt hat, und sich desselben oder eines gleichartigen Verbrechens von Neuem schuldig macht, so ist, insofern nicht für einzelne Fälle etwas Anderes bestimmt ist, die gesetzliche Strafe des neuen Verbrechens, jedoch nicht über das doppelte Strafmaß, zu erhöhen. An die Beobachtung monatlicher Zeitabschnitte ist der Richter hierbei nicht, wohl aber an den im Art. 32 festgesetzten Höchstbetrag zeitlicher Freiheitsstrafen gebunden.
Art. 83 *SächsStGB*: Gleichartige Verbrechen: Als gleichartig im Sinne des Art. 82 sind alle solchen Verbrechen zu betrachten, welche aus gleichartigen Triebfedern hervorgegangen sind, insbesondere also 1. alle Verbrechen, welche ihrem Begriffe nach auf Gewinnsucht beruhen, 2. alle Verbrechen, welche die Befriedigung des Geschlechtstriebes zum Zwecke haben. Der Versuch und die Beihülfe, sowie die Verbindung und die Anstiftung zu einem Verbrechen sind mit dem Verbrechen selbst, sowie auch unter sich für gleichartig zu achten.
Art. 84 SächsStGB: Abmessung der Rückfallstrafe. Rückfallsverjährung: Bei der Abmessung der Erhöhung hat der Richter, nächst der Anzahl und der Schwere der früher verbüßten gleichartigen Verbrechen, vorzüglich zu berücksichtigen, ob die Wiederholungen derselben in entfernteren, oder in näheren Zwischenräumen auf einander gefolgt sind. Der Rückfall verliert die Eigenschaft eines Straferhöhungsgrundes, wenn seit der Verbüßung der Strafe wegen des früheren Vergehens bis zur Verübung des neuen, dafern ersteres zu den von amtswegen zu bestrafenden gehört, eine fünfzehnjährige, wenn es zu den auf Antrag zu bestrafenden gehört, eine einjährige Frist abgelaufen ist und der Thäter in dieser Zeit kein Verbrechen derselben oder gleicher Art (Art. 83) begangen hat.
[407] Art. 85 *SächsStGB*: Zusammentreffen des Rückfalls und der Concurrenz der Verbrechen: Wenn Jemand wegen mehrerer Verbrechen zu bestrafen ist, welche sämmtlich einige oder auch nur eines im Rückfalle verübt worden, so ist die im Art. 82 wegen des Rückfalls bestimmte Straferhöhung mit der nach Art. 78 bis 81 ermittelten Gesammtstrafe vorzunehmen. Es darf jedoch in diesem Falle die zu erkennende Strafe nicht über das Dreifache der Strafe des schwersten Verbrechens ansteigen.
[408] Non liquet (lat.) bedeutet: „es löst sich nichts auf" bzw. dass eine Sache nicht geklärt ist.

die ganze oberflächliche Geistesarbeit Mays ein bezeichnendes Licht werfen würde.

Eine sonstige besondere Annahme sogenannter mildernder Umstände kannten die sächsischen Gesetze ebenso wenig wie unser Reichsstrafgesetzbuch, vielmehr ebenfalls nur als „Milderungsgrund" (jetzt: „Annahme mildernder Umstände"[409]) bei einzelnen ausdrücklich benannten Delikten. Als Milderungsgründe kommen bei den Eigentumsdelikten nach den sächsischen Gesetzen nur Rückgabe des Gutes oder vollständige bzw. teilweise Werterstattung durch den Täter „zu einer Zeit, wo er sich noch nicht für entdeckt hielt", in Frage (Art. 296[410]). Diese Milderungsgründe lagen bei May nicht vor.

Über Karl Mays damaligen Geisteszustand sind verschiedene Meinungen ausgesprochen worden, die hier zu erwähnen sind.

Ludwig Gurlitt[411] schreibt: „Es scheint mir ausser Zweifel zu sein, dass May in seinen Jünglingsjahren Psychopath war und unter einer schweren Hysterie zu leiden hatte, die ihn für seine Handlungen unverantwortlich machte. Damals war die Kriminalpsychologie noch nicht so weit, dass sie die nur im Unterbewusstsein begangene Tat straffrei liess. Heute würde May statt ins Gefängnis in eine Nervenheilanstalt geschickt worden sein."

Diese wohlmeinende Ansicht Gurlitts entbehrt freilich einer näheren Begründung; der fromme Wunsch scheint mir der Vater des Gedankens zu sein. In seinem Buche „Gerechtigkeit für Karl May"[412] kommt derselbe Autor nochmals auf die psychiatrische Frage zu sprechen: Viele Verbrechen würden im Zustande der Unbewusstheit, rein triebhaft begangen und blieben nicht selten straflos, während man im Mittelalter köpfte und vor 50 Jahren zu Zuchthaus verurteilte.

„Mays glänzende Seelenschilderung („Mein Leben und Streben") sei dem Studium der Nervenärzte dringend empfohlen. Ich bin fest überzeugt, dass sie

---

[409] § 32 *Strafgesetzbuch für das Deutsche Reich*: Neben der Todesstrafe und der Zuchthausstrafe kann auf den Verlust der bürgerlichen Ehrenrechte erkannt werden, neben der Gefängnißstrafe nur, wenn die Dauer der erkannten Strafe drei Monate erreicht und entweder das Gesetz den Verlust der bürgerlichen Ehrenrechte ausdrücklich zuläßt oder die Gefängnißstrafe wegen Annahme mildernder Umstände an Stelle von Zuchthausstrafe ausgesprochen wird. Die Dauer dieses Verlustes beträgt bei zeitiger Zuchthausstrafe mindestens zwei und höchstens zehn Jahre, bei Gefängnißstrafe mindestens Ein Jahr und höchstens fünf Jahre.

[410] Art. 296 *SächsStGB*: Ersatz, als Strafmilderungs- und Strafausschließungsgrund: Wenn bei den in diesem Capitel aufgeführten Verbrechen, mit Ausnahme des ausgezeichneten Diebstahls (Art. 278, 280) und der mit den Strafen desselben bedrohten Verbrechen, der Thäter zu einer Zeit, wo er sich noch nicht für entdeckt hielt, durch Rückgabe oder Werthserstattung vollständigen Ersatz leistet, so ist er mit Strafe gänzlich zu verschonen. Ist unter denselben Voraussetzungen der Ersatz von ihm nur theilweise bewirkt worden, so ist bei Feststellung der Strafe nur auf den nicht ersetzten Betrag Rücksicht zu nehmen. Bei dem im Art. 278 erwähnten ausgezeichneten Diebstahle und den mit den Strafen desselben bedrohten Verbrechen kann in den obigen Fällen die Strafe bis zu einem Drittheile der an sich verwirkten Strafe herabgesetzt werden.

[411] Ludwig Gurlitt: *Karl May in der zeitgenössischen Kritik.* In: *KMJb 1918.* Breslau 1918, S. 47-63 (50).

[412] Gurlitt: *Gerechtigkeit*, S. 59.

auf schwere Hysterie diagnostizieren und erbliche Belastung durch Alkoholismus feststellen werden." (Vater Schnapstrinker, der Kegeljunge Karl trank die Bierreste der Gäste, ohne dazu zu essen). S. 35[413] desselben Buches spricht Gurlitt noch von der „Cleptomanie, einer häufigen Begleiterscheinung der Hysterie".

(S. 54[414]): Die Zuchthäusler bekämen Kampfer in ihre Kost, was die Sinnlichkeit lähme, schließlich töte. May sei also wohl sexuell geschwächt in die Freiheit zurückgegeben worden.

„Seine vorausgehende Hysterie dürfte die Folge unterdrückter Sexualität sein. So erklären sie die Nervenärzte der Freudschen Schule, für mich durchaus überzeugend. Es ist eine sexuelle Erkrankung, die nur in der sexuellen Sphäre geheilt werden kann. Sei es also Naturgebot oder literarische Überlegung, die ihn zum asexuellen Schriftsteller machte, beides geht uns nichts an."

Buchenau[415] spricht davon, dass May „in verzweifelter Stimmung, wohl auch seelisch aus einem gewissen Dämmerzustande sich nicht erheben könnend", mehrere Eigentumsfrevel verübt habe. Hier ist wohl an einen psychiatrischen Zustand gar nicht gedacht, sondern mehr an jene Gefühlsdumpfheit, in der Verbrechen wie traumartig begangen werden können. Hermann Cardauns[416] hat 1917 in „Die Wacht", Zeitschrift für katholische Jünglinge, Düsseldorf, in seiner Besprechung von Mays „Mein Leben und Streben" am Schluss gesagt: „Die Lösung des May-Rätsels ist grösstenteils in krankhafter Veranlagung zu suchen".

Klara May[417] erzählt, dass ein moderner Richter, ein alter Herr, der amtlich Einsicht in Mays Akten genommen hatte, ihrem Anwalt erklärt habe: „Heute würde sich kein Richter finden, der einen Karl May verurteilt."

Klara May fügt hinzu, dieser Richter habe jene „Dämmerzustände" richtig erkannt, die damals den Psychiatern noch dunkel waren. Die Äußerung des Richters wird also durch eine weitere Person übermittelt. Ich möchte nach meiner Erfahrung einer solchen gelegentlichen Erklärung keine besondere Bedeutung beimessen.

Albert Hellwig[418], dem freilich die Strafakten Mays nicht vorlagen, nimmt für die ersten Straftaten Mays keine Notwendigkeit an, sie durch einen krankhaften Geisteszustand zu erklären, da sie sich sehr wohl auch psychologisch erklären lassen. Folge man Mays Darstellung, so beruhe seine erste Verurtei-

[413] Ebd., S. 35.
[414] Ebd., S. 54.
[415] Arthur Buchenau: *Karl Friedrich May. Ein Nekrolog.* In: *KMJb 1919*, S. 240-248 (242f.).
[416] Hermann Cardauns: *Wie denken wir über Karl May?* In: *Die Wacht*, 13. Jg., Nr. 14, 1917, S. 122-123 (123).
[417] Klara May: *Das Geburtshaus meines Mannes.* In: *KMJb 1919*. Breslau 1919, S. 330-338 (334).
[418] Hellwig: *Die kriminalpsychologische Seite*, S. 187-250 (209, 213).

lung auf einem Justizirrtum. Hinsichtlich der zweiten Straftat (gemeint ist wohl die Mittweidaer Verurteilung) schreibt Hellwig[419]:

„Wenn man seine psychopathische Veranlagung berücksichtigt und bedenkt, dass er auch sonst Halluzinationen hatte[420], mitunter wie geistesabwesend war[421], so erscheint es nicht unglaubhaft, dass sich May damals tatsächlich in einem solchen Zustande der Tagträumerei befunden hat, dass er strafrechtlich nicht verantwortlich gemacht werden konnte. Ob diese Möglichkeit freilich Wirklichkeit war, das müssen wir vorerst noch dahingestellt sein lassen. Es fehlt uns eben leider noch an den hinreichend zuverlässigen Materialien, um diese Angaben Mays, die wir nicht ohne weiteres als zuverlässig zugrunde legen dürfen, nachzuprüfen. Es wird aber wohl auch der Tag kommen, an dem dies möglich ist."

Vorher sagt Hellwig[422] noch: „Vieles spricht dafür, dass May eine psychopathische Persönlichkeit war."

Schmid spricht übrigens an der von Hellwig angeführten Stelle keine bestimmte Ansicht aus. Das Genie sei im Grunde eine anormale Erscheinung, indem es einzelne Komponenten des menschlichen Geistes über das Normale hinaus verstärken, andere verkümmern lasse. So komme es, dass viele Genies durch falsche Erziehung zu Verbrechern würden; ähnliches sei bei Karl May geschehen. Für seine – Dr. Schmids – Beweisführung sei die psychiatrische Diagnose selbst ohne Belang.

Dr. Werner Mahrholz[423] hat im „Literarischen Echo" vom 1. November 1918 darauf hingewiesen, dass Mays Selbstschilderung in „Mein Leben und Streben" auffallende Parallelen zu Strindbergs bekannter Selbstbiografie „Inferno" liefere.

„May stammt wie Strindberg aus sehr ärmlichen Verhältnissen und hat daran schwer zu tragen; er arbeitet sich wie dieser aber daraus hervor, hat eine ähnliche Gemütsneigung zu manischen Zuständen, religiösen Aufschwüngen und hysterischen Übertreibungen und neigt wie dieser bei allem Realismus der Anschauung zu einem ins Unwahre und Verstiegene führenden Idealismus"[424].

Gerade der Vergleich, mit Strindberg zeigt, dass bei May das Pathologische nicht in Frage kommt. Der Charakterologe Ludwig Aub[425] (München) hat sich einer Deutung des bekannten, besten Bildes von Karl May, ohne zu

---

[419] Ebd.

[420] *Karl May's Gesammelte Werke* Bd. 34: „*Ich*". Radebeul bei Dresden, 1. Auflage 1916 bis 20. Auflage 1942, S. 424, 426, 431f.

[421] Ebd., S. 533; Schmid: *Lanze,* S. 30.

[422] Hellwig: *Die kriminalpsychologische Seite*, S. 187-250 (209).

[423] Werner Mahrholz: *Karl May*. In: *Das literarische Echo – Halbmonatsschrift für Literaturfreunde*, 21. Jg. 1918, Sp. 134. – Abgedruckt bei Schmid: *Lanze,* S. 60, und bei Gurlitt: *Gerechtigkeit*, S. 86.

[424] Abgedruckt bei Schmid: *Lanze,* S. 60; auch zitiert von Gurlitt: *Gerechtigkeit*, S. 86.

[425] Ludwig Aub, in: Gurlitt: *Gerechtigkeit*, S. 90-94.

wissen, wen das Bild darstelle, unterzogen. Die Art des Gesichtsausdruckes sei mädchenhaft; die Inversion habe zu weiblicher Beweglichkeit und Unstetigkeit geführt, der keine männliche Gegenkraft im Willen entsprach. Gewisse Züge im Willensleben seien pathologische.

„Was hier minderwertig erscheint, ist nach meiner Ansicht pathologisch, aber das Pathologische ist hier zweifellos mit Genialem vermischt. Es handelt sich also zweifellos um einen abnormen Charakter, der seelisch in seiner Phantasie hervorragend begabt ist, dessen Widerstände aber gegen innere Impulse und impulsive Vorstellungen, die zu Tathandlungen übergehen können, gemindert sind. [...] Eine gewisse Degeneration als Ganzes fehlt im Bilde nicht."[426]

Über die Charakteristik von Mays Handschrift sagt Aub:

„Die Handschrift erscheint überhaupt weniger sympathisch als die Bilder. Hier begegnen wir einem psychopathischen Element auf den ersten Blick ... Es handelt sich also um eine ganz merkwürdige, durchaus fast gegensätzlich gemischte ascendente Veranlagung dieses Mannes."

Eine andere Handschriftenbeurteilung durch Dr. Ludwig Klages[427] erwähnt nichts von Abnormem, Psychopathischem oder Pathologischem.[428]

Der Heilpädagoge Richard Engel in Bonn kommt bei Gurlitt[429] zweimal zu Worte. Das erste Mal durch den Mund Gurlitts selbst: Engel führe Mays Jugendverfehlungen auf schwere Hysterie zurück. Mays Darstellung seines eignen Dämmerzustandes und des Unbewusstseins von seiner Schuld wären ihm durchaus glaublich. Ein heutiges Gericht würde ihn nicht bestrafen. Er halte Mays Selbstbiografie und Frömmigkeit für ehrlich. Selber schreibt Engel[430]:

„Im ganzen hatte und habe ich den Eindruck, dass der Verfasser (May) das glaubte, was er in seiner Schrift („Ich"[431]) über sich geschrieben hat (dabei hat Engel von May nur diese eine Schrift gelesen) [...] Also angenommen, dass Karl May das glaubt, was er schreibt, ist man genötigt, ihn dem Heere der Psycho-Neurotiker einzureihen. Mir sind nur Zweifel darüber aufgestiegen, ob Karl May, der Vielleser, nicht einige Kenntnis der psychoanalytischen Literatur gehabt hat und danach seine „Bekenntnisse" eingerichtet hat. Aber das ist kaum wahrscheinlich, wenn auch immerhin möglich."

Der Ethnograf und Folklorist Dr. F. Krauss[432] hat Karl May, mit dem er gut bekannt war, für einen „schwer belasteten Neurotiker" erklärt. In seiner

---

[426] Ebd., S. 92.
[427] Ludwig Klage, in: Gurlitt: *Gerechtigkeit*, S. 172f.
[428] Bei Gurlitt: *Gerechtigkeit*, S. 172.
[429] Ebd., S. 96 und 173.
[430] Richard Engel, in: Gurlitt: *Gerechtigkeit*, S. 172f.
[431] Gemeint ist natürlich May: *Mein Leben und Streben* (Hg.).
[432] Friedrich S. Krauss: *Karl Mays Selbstbiographie*. In: *Anthropophytheia. Jahrbücher für folkloristische Erhebungen und Forschungen zur Entwicklungsgeschichte der geschlechtlichen Moral*. Band VIII. Leipzig 1911, S. 501.

bisher noch nicht erwähnten und in einigen Punkten von „Mein Leben und Streben" abweichenden „Beichte"[433] vom 28. Mai 1908 schreibt May, dass nach der ersten Chemnitzer Verurteilung die ihm widerfahrene Schande und das Herzeleid seiner Eltern und Geschwister sich so tief und so vernichtend in seiner Seele eingebohrt habe, „dass sie schwer und gefährlich erkrankte. Es entwickelte sich eine jähe seelische (nicht aber geistige) Niedergeschlagenheit, in deren Tiefen wahnsinnige Erwägungen entstanden."

May trennt hier in seiner laienhaften Psychologie die „Seele" vom „Geist" und hat dabei wohl die Absicht, vor seinen Lesern seine damaligen und auch späteren intellektuellen Fähigkeiten unangetastet und nur seine Gefühlswelt erkrankt erscheinen zu lassen. Dann kommen – wie in „Mein Leben und Streben" – die Rachegefühle:

„Ich sann auf Rache, und zwar auf eine fürchterliche Rache, auf etwas noch nie Dagewesenes. Diese Rache sollte darin bestehen, daß ich, der durch die Bestrafung unter die Verbrecher Geworfene, nun wirklich auch Verbrechen beging."[434]

Ich glaube, dass wir auch hier dem Schriftsteller Karl May begegnen, der Schillers „Verbrecher aus verlorener Ehre"[435] kannte, darin der Sonnenwirt nach seiner Entlassung aus dem Gefängnis Hass und Rache allem, was den Menschen gleicht, angelobt. Aber diese Erfindung wird ja von der Erfahrung als echt bestätigt und könnte auch May in Wirklichkeit beherrscht haben. Diese Empfindung erscheint psychologisch gar nicht als etwas Abnormes, vielmehr sogar aus einer Logik des Überwertigen auch Begreifliches und hat keinen pathologischen Charakter. May[436] erzählt weiter, er habe eingesehen, dass solche Grübeleien „Irrsinn" seien, er habe gegen sie angekämpft, schließlich hätten Vater und Mutter sie bemerkt und ihn unter Tränen gebeten, sich zu fassen. Aber er hatte nicht die Macht, zu widerstehen.

---

[433] Karl May verfasste im Jahr 1908 mit nur geringen Abweichungen zwei Versionen seines autobiografischen Kurztextes *Meine Beichte*, eine am 28.5. und eine am 1.7.1908. Der Schriftsteller führte den Text in ein Gerichtsverfahren ein. Es handelt sich dabei um ein Ermittlungsverfahren vor dem Kgl. Landgericht Dresden gegen Karl May und vier Genossen wegen Meineids und Anstiftung zum Meineid dazu (Az. 2 V 21.07.). Am 26.1.1909 erfolgte die Einstellung des Verfahrens. Die erstmalige, widerrechtliche Veröffentlichung (der ersten Fassung) von *Meine Beichte* erfolgte 1910 im *Lebius-Reprint* auf den Seiten 4-7 (→ May: *Meine Beichte*, Lebius-Reprint). Dieser Abdruck wurde von E. A. Schmid für das *KMJb 1927*, S. 77-83 übernommen und fand auch Berücksichtigung bei der Neukonzeption von *Karl May's Gesammelte Werke* Bd. 34: *„Ich"*. Radebeul, 11. Auflage 1931, S. 217-224. Die zweite Fassung erschien erstmals im Jahre 1975 gleich zweimal; zum einen als Faksimile der Handschrift sowie unvollständig und verkleinert in *Karl May's Gesammelte Werke* Bd. 34: *„Ich"*. Bamberg, ²⁹1975, S. 13-24. – Zur Textgeschichte siehe: Hans Wollschläger: *Meine Beichte*. In: Ueding: *Handbuch*, S. 452f.

[434] May: *Meine Beichte*, Lebius-Reprint, S. 4-7 (4).

[435] Friedrich Schiller: *Verbrecher aus Infamie* (späterer Titel: *Der Verbrecher aus verlorener Ehre – eine wahre Geschichte*). Thalia, Leipzig 1786.

[436] May: *Meine Beichte*, Lebius-Reprint, S. 4-7 (5).

„Das Phantom setzte sich fester; es wuchs, es gewann an Macht. Es raunte mir immerwährend zu: ‚Ewige Verdammnis für die Schurken, die dich angeklagt, verurteilt und zum Verbrecher gemacht haben! So sei also einer! Und je zahlreicher und größer nun deine Verbrechen sind, umso größer ist dann auch die ewige Strafe für sie!' ... Ich war noch nicht gefestigt gegen einen solchen Schicksalsschlag; ich war noch zu jung, zu unerfahren, zu schwach, erst 19 Jahre alt. Dazu der Sohn nicht nur der leiblichen, sondern auch der geistigen und seelischen Armut. Der Irrsinn siegte! Erst nach Jahren kam ich wieder in den Besitz meiner Seele, nicht plötzlich, sondern nach und nach. Sie kehrte auf demselben Weg zurück, auf dem ich sie verloren hatte, auf dem Weg der Religion."

Man verstehe wohl, dass es May darauf ankommen musste, seinen so schnellen Rückfall in gehäufte Verbrechen ähnlicher Art zu erklären und begreiflich zu machen, obwohl er ja, wie er selbst erzählt, aus der Anstalt Zwickau mit „Vertrauenszeugnis"[437] entlassen worden war.

Es möge hier noch auf eins aufmerksam gemacht werden. In seiner großen, über eine ganze Druckseite der „Dresdner Nachrichten" vom 20. November 1904 gehenden Gegenerklärung[438] (v. 18. November 1904) an seinen scharfen Gegner Professor Dr. Paul Schumann vom Dresdner Anzeiger schreibt Karl May wörtlich Folgendes:

„Ueber das, was man meine Bestrafung nennt, habe ich mich hier nicht auszusprechen: aber Sie können sich darauf verlassen, dass ich es sicher tun werde, und zwar an der hierfür geeigneten Stelle! Woher sind die Andeutungen, die Sie sich über mich zu machen erlauben? (Schumann hatte im „Dresdner Anzeiger" über Mays Lebenslauf geäußert, dass in demselben eine Reihe von Jahren unerwähnt geblieben seien.) Diese Frage richte einstweilen ich an Sie; aber es wird jemand sein, der sie wiederholt, an einem anderen Ort und vor einem anderen Areopag[439]."

Gegenüber dieser verhüllten stolzen Drohung fällt auf, dass May erst vier Jahre später die oben erwähnte kurze „Beichte" und erst 1910 sein „Mein Leben und Streben" veröffentlichte. Er nahm sich also Zeit, über den Inhalt seines Bekenntnisses nachzudenken.

Nach einer persönlichen Mitteilung von Dr. E. A. Schmid, dem Leiter des Karl-May-Verlages, hat dieser im März 1926 nach vorherigem Briefwechsel den 88-jährigen, nunmehr verstorbenen Aufseher Wilhelm Müller in Leipzig-Gohlis gesprochen, der zur Zeit, als der junge May in Waldheim Strafe verbüßte, daselbst Aufseher war. Müller stammte selbst aus Hohenstein-Ernstthal, war 5 Jahre älter als May, hatte ihn aber als Knaben gekannt, der

---

[437] May: *Mein Leben und Streben*, S. 153.
[438] Karl May: *Herrn Professor Dr. Paul Schumann*. In: May: *Von Ehefrauen und Ehrenmännern*, S. 193-204 (202).
[439] Staatsgerichtshof im antiken Griechenland.

viele Freunde gehabt habe, weil er so hübsche Märchen und Fabeln erzählen konnte. Während der ganzen vier Jahre habe er May in der Anstalt nicht gesehen.

Von befreundeten Angestellten erfuhr er gelegentlich, May befinde sich in der Visitation XI, 3. Stockwerk, und führe sich sehr gut. Besonders ein Aufseher namens Leistner erwähnte ihn öfters lobend. May habe die Ordnung der aus 1700 Bänden bestehenden Anstaltsbücherei übertragen erhalten und diese gut geführt. Beliebt war May beim katholischen Anstaltskatecheten Kochta, der ihn zum Orgelspiel in der Kirche heranzog"[440]. Bei Mays Entlassung (2. Mai 1874) hatte Müller zufällig Abgangsdienst und sah ihn zum ersten Male wieder. Scherzhaft sagte er zu ihm:

„Na, ich bin neugierig, wann wir Dich hier wiedersehen!"

Da wurde May sehr ernst, legte dem Aufseher die Hand auf die Schulter, sah ihm tief in die Augen und sagte:

„Herr Aufseher, mich sehen Sie hier nicht wieder!"

Auch diese neueren Ermittlungen rechtfertigen den Schluss, dass Karl May in Waldheim keineswegs irgend pathologisch auffällig geworden, dass vielmehr der Strafvollzug glatt und, wie er selbst behauptet, mit gutem Erfolg an ihm verlaufen ist. Ein Psychopath würde schwerlich als Bücherordner und Orgelspieler beim Gottesdienst verwendet worden sein!

In den Akten des Dresdner Landgerichtes schreibt Karl May[441] in einer Eingabe an den damaligen Untersuchungsrichter:

„Es ist weit über ein Menschenalter her, dass ich an einer schweren seelischen Depression erkrankte, deren Aeusserungen man vor den Strafrichter brachte, anstatt vor den Arzt und Psychologen. Ich habe es schwer zu büssen gehabt und sogar heute noch zu büssen, dass der Stand der gerichtlichen Psychologie damals noch nicht derselbe war, wie er es heutigen Tages ist. Heute würde man mich freisprechen. Dass man es damals nicht tat, daran waren nicht die Richter, sondern die Verhältnisse schuld."

Dies schrieb May 1908 im offenbaren Zusammenhang mit der eben erwähnten „Beichte" vom 28. Mai 1908. Anders als in „Mein Leben und Streben" 1910, wo er seine kerngesunde Persönlichkeit behauptet.

---

[440] Dieses Zitat sowie die nachfolgende Verabschiedungsszene findet sich in dem Beitrag von Euchar Albrecht Schmid: *Der Gefängnisschließer von Waldheim. Eine Erinnerung an Waldheim.* In: *75 Jahre Karl-May-Verlag 1913-1988. Verlagsarbeit für Karl May und sein Werk.* Hrsg. von Roland Schmid. Bamberg 1988, S. 30-32 (30f.). – Der May-Verleger E. A. Schmid hatte Erich Wulffen am 3.4.1928 „die Niederschrift einer Besprechung, die ich am 4. März 1926 mit dem 88jährigen pensionierten Schliesser Wilhelm Müller des Zuchthauses Waldheim in Leipzig hatte", zukommen lassen. Die Niederschrift fand an dieser Stelle des Manuskripts ihre wissenschaftliche Verwertung.

[441] Karl May: Eingabe [1907 oder 1908; exaktes Datum unbekannt] beim Kgl. Landgericht Dresden: Voruntersuchung ./. Karl May und Genossen – 2 V 21/07 wegen Meineides bzw. Verleitung zum Meineid (im ersten „Münchmeyer"-Prozess). Auszüge aus insgesamt vier Akten zu diesem Verfahren finden sich im Lebius-*Reprint*, S. 44-128. Das hier von Wulffen wiedergegebene Zitat ist dem Band 2 der Akten entnommen, der auszugsweise auf den Seiten S. 88-100 (89f.) wiedergegeben wird.

Über Karl Mays Sexualität etwas Sicheres zu sagen, ist sehr schwer. Mit seiner Witwe das Thema zu besprechen, erschien peinlich und indiskret. Was der Schriftsteller Rudolf Lebius[442] in dieser Hinsicht im Privatklageverfahren 16 P 22/10 des Landgerichtes III Berlin, 4. Strafkammer, behauptet hat, beruht auf den sehr fragwürdigen Angaben der ersten Frau Mays, die verstorben ist, und lässt sich weder feststellen noch verwerten.

Jedenfalls ist bemerkenswert, dass ein Schriftsteller in über 50 dicken Bänden seiner Reiseerzählungen, die Gelegenheiten genug geboten hätten, das Erotische fast gar nicht, dabei nur in idealer oder humoristischer Weise, und das Sexuelle überhaupt nicht streift. Dies ist ihm ja zu hohem Verdienst angerechnet worden gegenüber der lüsternen Schundliteratur. Gerade deshalb gab und gibt man die Bücher unbedenklich in die Hände der heranwachsenden männlichen wie weiblichen Jugend. Die Lektüre der Mayschen Abenteuer wirkt auch tatsächlich eher vom Sexuellen ablenkend, befreiend. Wie brachte der Schriftsteller das zuwege, wenn man gerade bei ihm annimmt: Das Werk ist der Mann! Die aktenmäßig berichteten Sexualia aus seiner Jugend haben nichts zu bedeuten; sie sprechen weder für noch gegen eine gesunde Sexualität. Dass in seinem persönlichen jugendlichen Abenteurerdrang auch sexuelle Energien mitgewirkt und sich ausgelebt haben, ist nach der Lehre der Wissenschaft glaubhaft. Aber gerade sexuelle Abenteuer kommen in den aktenmäßigen Unterlagen nicht vor. Es geht auch da „männlich" zu. Dass seine Libido, wie behauptet worden ist, im Gefängnis und im Zuchthaus, zumal durch den Trieb niederhaltende Bereitung der Kost, eingeschlummert sei, möchte ich nach meinen Erfahrungen mit andern langjährigen Strafgefangenen verneinen. So gelangt man zur Annahme einer etwa mittleren Stärke von Mays Sexualität, mit der ja ein zweimal verheirateter Mann ohne Beschwerde auskommen konnte. Den Akten V 21/07 des Landgerichtes Dresden[443] zufolge hat Mays erste, geschiedene Frau ausgesagt, er habe schon seit 1901 den Geschlechtsverkehr mit ihr aufgegeben, weil er, wie er ihr sagte: „höheren

---

[442] So verweist Lebius z.B. in einem Schriftsatz vom 30.8.1910 im Verfahren vor dem Kgl. Landgericht Berlin III: Karl May ./. Rudolf Lebius – 16 P 22/10 u. a. auf angeblich amouröse und sexuell missbräuchliche Handlungsweisen des Schriftstellers, in dem er schreibt: „May hatte ein 12 jähriges Töchterchen seiner […] Schwester zu sich genommen, um sie an Kindesstatt zu erziehen. Bald bemerkte seine Frau, daß sich May nachts zu dem Kinde schlich und bei im 2 – 5 Stunden verweilte. […] Die Gattin konnte durch ein Fenster beobachten, daß May mit dem Kinde Unzüchtigkeiten vornahm und als sie ihn deswegen zur Rede stellte, wurde sie von ihm geschlagen." An anderer Stelle wird von Lebius behauptet: „Aus obigem geht hervor, daß die Frau Pollmer viel eher Anlaß zur Ehescheidung gehabt hätte als May, erstlich wegen der soeben erzählten Verbrechen, andererseits wegen des Umstandes, daß May während seiner Ehe mit einem Dienstmädchen ein Kind erzeugt hat." Vgl. zum Prozess u. a. Roxin: *Ein ‚geborener Verbrecher'*, S. 9-36 (23); Seul: *Old Shatterhand vor Gericht*, S. 556-578.

[443] Kgl. Landgericht Dresden: Voruntersuchung ./.Karl May und Genossen – 2 V 21/07 wegen Meineides bzw. Verleitung zum Meineid (im ersten „Münchmeyer"-Prozess). Das hier von Wulffen – sprachlich leicht umformulierte – Zitat ist dem Band 1 der Akten entnommen, der auszugsweise im Lebius-*Repint*, S. 44-59 (48) wiedergegeben wird.

Zielen zustrebe und sich von der Materie frei machen wolle; sie habe sich ihrem Manne nie verweigert."

Freilich spricht sie zugleich den Verdacht aus, dass May sich anderweit schadlos gehalten habe. Dass er sein Sexuelles in den Erzählungen aus Berechnung, um sie der Jugend und ihren Erziehern einwandfrei erscheinen zu lassen, versteckt und unterdrückt habe, glaube ich nicht. Die Bücher sind immerhin so sehr aus einem Gusse, sie offenbaren, wie wir gesehen haben und weiter sehen werden, soviel Menschliches ihres Verfassers, dass der Gedanke an eine so einheitliche und durchgehende Verstellung und Heuchelei nicht aufkommen kann. Das Schemenhafte von Mays Frauen- und Mädchengestalten, das auch an anderer Stelle zu betonen war, weist ebenfalls auf eine gemäßigte Erotik und Sexualität hin. Seine Erzählungen werden [auch] von den Kritikern geradezu als unerotisch und asexuell bezeichnet. Vielleicht ist er gerade deshalb kein echter Dichter geworden und als Poet steckengeblieben. Ob die „Schlüpfrigkeiten" und „Unzüchtigkeiten", welche die ersten bei Münchmeyer erschienenen Kolportageromane[444] enthalten haben („Waldröschen", „Die Liebe des Ulanen" usw.), von May selbst herrühren oder von andrer Seite wider seinen Willen eingefügt worden sind, hat sich gerichtlich nicht feststellen lassen.[445] May bestreitet und hat die sexuelle Reinheit aller anderen seiner Werke für sich. Selbst wenn May damals als jüngerer Mann und aus Rücksichten des Verdienstes so geschrieben hätte, bleibt doch die völlige Abkehr in seinen späteren Erzählungen bestehen. So muss man an eine Verdrängung, an eine Sublimierung seines Sexuellen in den späteren Schriften denken. Sie wird glaubhaft, wenn man die übertriebenen Kraftnaturen und Kraftverherrlichungen seiner durchweg männlichen Abenteurer und das immer wiederkehrende Thema von Kampf und Sieg mit Gewalt und List ins Auge fasst. Durch solches Schriftstellertum kann die Sexualität abreagiert werden, dazu kommen die religiösen Seiten seiner Erzählungen. Es ist längst bekannt, dass Sexuelles und Religiöses wegen der Intensität ihrer Gefühle nahe Verwandtschaft haben, deshalb zwar wechselseitig ineinander (Marienkultus) übergehen, sich aber auch gegenseitig verdrängen (Zölibat, Gelübde der Keuschheit), vertreiben und ausschließen können. Mays

---

[444] Karl May (Pseudonym: Capitain Ramon Diaz de la Escosura): *Waldröschen oder Die Rächerjagd rund um die Erde*. Großer Enthüllungsroman über die Geheimnisse der menschlichen Gesellschaft. 109 Lieferungen. (→ May: *Waldröschen*) Dresden 1882–1884; Karl May: *Die Liebe des Ulanen*. Original-Roman aus der Zeit des deutsch-französischen Krieges. In: *Deutscher Wanderer*. 8 Bd. Dresden 1883–1885; [Karl May]: *Der verlorne Sohn oder Der Fürst des Elends*. 101 Lieferungen. Dresden 1884–1886; [Karl May]: *Deutsche Herzen, Deutsche Helden*. 109 Lieferungen. Dresden 1885–1887; Karl May: *Der Weg zum Glück*. Roman aus dem Leben Ludwig des Zweiten. 109 Lieferungen. Dresden 1886–1888.

[445] Vgl. den Forschungsstreit zwischen Ralf Harder: *Karl May und seine Münchmeyer-Romane*. Materialien zur Karl-May-Forschung Bd. 20. Ubstadt 1996, und Wilhelm Brauneder: *Die „Leben-Werk-Assoziationen". Eine Kritik insbesondere anhand von Ralf Harders Buch „Karl May und seine Münchmeyer-Romane"*. S-KMG Nr. 121/1999.

Religiöses hat in seinem Schrifttum etwas Aufdringliches, Frömmelndes, was er auch persönlich an sich gehabt haben soll. So wäre die mangelnde Erotik bei ihm wohl zu erklären. Im Übrigen ist zu sagen, dass die Beurteilung des Sexuellen bei May kaum von entscheidender Bedeutung für die Beurteilung seiner Gesamtpersönlichkeit, seiner Jugendverfehlungen und seines Schrifttums in Betracht kommt. Weil Karl Mays Sexualität annehmbar schon in der Jugend keine anormale und keine überstarke war, lässt sich schließen, dass sie seine Persönlichkeit nicht beeinträchtigt hat. Gerade aber die abnorme Sexualität ist es meist, die nach den Lehren der neueren Sexualwissenschaft zumal in der Jugend die psychopathischen Störungen der Persönlichkeit hervorruft. Eine durch verdrängte Sexualität erzeugte Hysterie, wie Gurlitt meint, kann ich deshalb nicht annehmen, ebenso wenig eine schizophrene Erkrankung.

Über Karl Mays Gesundheits- und Geisteszustand während der beiden langjährigen Strafverbüßungen in Zwickau und in Waldheim hat sich im Übrigen aktenmäßig leider nichts feststellen lassen, da die Anstaltsakten über ihn, die gewiss auch sonst manchen wissenswerten Aufschluss gegeben hätten, im Wege der ordnungsmäßigen Aktenabsonderung vernichtet worden sind. Es war mir nur noch möglich, Abschriften aus der Zwickauer Handtabelle der Jahre 1863 bis 1865[446] und aus der Waldheimer Rezeptionstabelle auf die Zeit vom 3. Juni 1862 bis 31. Dezember 1872[447] zu erlangen, die hier in ihrem vollen Wortlaut mitgeteilt werden mögen.

Abschrift aus der Handtabelle der Strafanstalt Zwickau 1863—1865

Fort-laufen-de No.	Namen	Einge-liefert zum	Recep-tions-nummer	Classe	Geburts- und Heimats-Ort	Alter	Voriger Stand oder Gewerbe	Reli-gion	Familien-verhältnisse	Militärpflicht
2562 23252	Carl Friedrich May	1.	171	2.	Ernstthal	$23^1/_2$	Lehrer	luth.	ledig, Eltern, 4 Schwe-stern	untüchtig

Vermögens-Umstände	Ursache der Einlieferung	Früher erlittene Strafen	Ein-lieferungs-Behörde	Tag u. Jahr der Einlieferung	Detentions-zeit	Anmerkung
arm	Betrug	1 m. Gef.	Bez.-Ger. Leipzig	14. Juni 1865	4 Jahre 1 Monat	Am 2. November 1868 in Folge Allerhöchster Gnade entlassen.

[446] Handtabelle der Strafanstalt Zwickau 1863-1865, abgedruckt bei Forst-Battaglia: *Karl May* (1931), S. 13.

[447] Die „Waldheimer Rezeptionstabelle vom 3. Juni 1862 bis 31. Dezember 1872" fand sich nicht in den Manuskriptunterlagen und ließ sich bislang auch nicht ermitteln.

Aus der Zwickauer Handtabelle ergibt sich die am 2. November 1868 erfolgte Entlassung infolge „Allerhöchster Gnade". Die Einlieferung ist am 14. Juni 1865 geschehen. Da May am 27. März 1865 in Leipzig anlässlich des Betrugsfalles Hennig verhaftet wurde, ist – offenbar unter Einbeziehung der übrigen Fälle – der Prozess gegen ihn ohne besondere Verzögerung vonstattengegangen. Bemerkenswert ist die registrierte „Untüchtigkeit" zum Militärdienst. Da wir in Sachsen damals die Militärpflicht hatten, wirft es auf Karl May als den starken, gewandten, kampflustigen, allen Strapazen gewachsenen Abenteurer in seinen Ich-Erzählungen – immerhin ein seltsames Licht, dass er nicht einmal militärdiensttauglich war. Dabei handelt es sich um kriegsschwangere Jahre, in denen Soldaten nach Möglichkeit auszubilden waren. Wer das im Jahre 1870 aufgenommene, in den Mittweidaer Akten befindlich gewesene Bild gesehen hat, das May, allerdings nach der langen Flucht und Vagabondage, in stark heruntergekommenem Zustand zeigt, weiß, dass May in den Jahren 1865–70 ein schlanker, dürftiger Mensch war. Er kann sich aber während der Strafverbüßungen bei der sitzenden Tätigkeit gekräftigt haben, wie manche Beispiele erweisen. Vielleicht steckt aber auch in diesem Punkte in Mays Schriftstellereien die bekannte „Wunscherfüllung", danach der durchaus nicht zum körperlichen Helden Geborene ein solcher bewundernswürdiger Held gerade zu sein sich sehnte.

Weder in Zwickau noch in Waldheim sind noch Krankentabellen oder Krankenbücher aus den bezeichneten Jahren vorhanden, aus denen sich etwa eine vorübergehende körperliche oder geistige Erkrankung Mays hätte nachweisen lassen. Alle auf meine Bitte vorgenommenen Nachforschungen der Anstaltsleiter, denen ich hierfür meinen Dank ausspreche, sind leider erfolglos geblieben. Ebenso weisen in der Landes-Heil- und Pflegeanstalt Waldheim, wo laut Mitteilung der Direktion seit 1873 vereinzelt besonders gefährliche Kranke aufgenommen wurden, die seit Juni 1873 geführten Abgangslisten über May nichts aus. Es ist ja auch ganz unwahrscheinlich, dass May sich in einem solchen Zustande befunden hätte, da er ja gerade in Waldheim sich innerlich ordnete und zurechtfand. Ich wollte nur alles zur Erklärung Erforderliche getan haben.

Dass Karl May, wie er in „Mein Leben und Streben"[448] behauptet, von Zwickau mit „Vertrauenszeugnis" entlassen worden ist, weist die Zwickauer Handtabelle insbesondere in der Anmerkungsspalte nicht aus. Da er aber im Gnadenwege unter Abkürzung der Strafzeit entlassen wurde, wäre es immerhin möglich. Das Vertrauenszeugnis war allen Entlassenen zu erteilen, „welche durch ihr Verhalten in der Anstalt die Direktoren zu der sicheren Erwartung berechtigten, daß sie sich nach ihrer Entlassung frei von Verbrechen

---

[448] May: *Mein Leben und Streben*, S. 153.

halten werden."[449] Das erteilte Vertrauenszeugnis hatte (und hat heute noch), die Wirkung, dass der Entlassene nicht unbedingt an seinen Heimatort als Aufenthaltsort gebunden war und ihm der Aufenthalt an einem anderen gewählten Orte von der Polizeibehörde nicht versagt werden konnte! Hat also Karl May das Vertrauenszeugnis erhalten, so musste es ebenfalls als Beweis einbezogen werden, dass die Anstaltsdirektion Zwickau ihn – also auch nicht zufolge einer psychopathischen Veranlagung oder eines solchen Zustandes! – nicht für kriminell gefährdet hielt.

Da diese Arbeit schon einige Male Gelegenheit geboten hat, Vorzüge der damaligen sächsischen Strafgesetzgebung (u. a. die Möglichkeit, auf verminderter Zurechnungsfähigkeit zu erkennen) vor dem späteren und noch heute geltenden Reichsstrafgesetzbuch zu erwähnen, so möge eine solche Erscheinung auf dem Gebiete der damaligen Verwaltung, nämlich des Strafvollzuges und der insbesondere für den Fall May wichtigen Zurückführung des Vorbestraften in die bürgerliche Gesellschaft, festgehalten werden durch den wörtlichen Abdruck einer Verordnung des sächsischen Ministeriums des Innern vom 1. Juli 1860, die zu den Zeiten, als May in Zwickau bzw. Waldheim zur Entlassung kam, noch in Geltung war.

Abschrift aus Rep. I. Sect. A. Cap. I No. 53 (1722 b):

Eing[ang] den 1. Juli 1860.
In Verlaufe der Erwägung, welche sich mit Mitteln zu beschäftigen hatten, den aus Straf- und Correktionsanstalten Entlassenen den Wiedereintritt in die bürgerliche Gesellschaft und die Begründung einer redlichen Existenz zu ermöglichen, hat das Ministerium des Innern auch zu prüfen gehabt, inwiefern die im Heimathsgesetz v. 26./Nov. 1834 § 18[450] vorgesehene Einrichtung bisher ihren Zweck erfüllt haben möge. Hierbei konnte nun nicht verkannt werden, daß die Art, wie jene Bestimmung bisher zur Ausführung gelangt ist, nicht allein den Umfang ihrer Anwendbarkeit über Erwarten beeinträchtigt, sondern auch in der Tat von den ursprünglichen Voraussetzungen sich weiter, als zu wünschen war, entfernt hat.

Während aus dem Inhalte der auszugsweise hier beigefügten Motive zum Heimathsgesetze/: Landtagsakten vom Jahre 1833 I. Abtheilung A

---

[449] Wulffens Quelle konnte leider nicht ermittelt werden. – Vgl. zur Thematik des Vertrauenszeugnisses für Karl May bei Hainer Plaul: *„Besserung durch Individualisierung". Über Karl Mays Aufenthalt im Arbeitshaus zu Zwickau von Juni 1865 bis November 1868.* In: *JbKMG 1975.* Hamburg 1975, S. 127-199.

[450] § 18 *Königlich Sächsisches Heimathgesetz:* Aus Straf- und Besserungsanstalten Entlassene: Bei den, aus Straf- und Besserungsanstalten Entlassenen vertritt die Stelle des § 17. gedachten Zeugnisses ein Zeugniß des Directors der Anstalt, daß der Entlassene durch Beweise seiner Besserung sich des öffentlichen Vertrauens wieder würdig gemacht habe.

Band S. 180/ sich ergibt, daß man nicht daran gedacht hat, die Ausstellung des Vertrauenszeugnisses auf seltene Fälle ganz besonderer Art beschränken zu lassen, sondern von dieser Vorschrift, daß ein namhafter Theil der Entlassenen dadurch in die vorteilhafte Lage gebracht werden würde, dem Mißtrauen und der Verachtung in der Heimath aus dem Weg gehen und da sich nähren zu können, wo sie mehr Mittel dazu finden als in ihrer Heimath – ist gleichwohl nach bisheriger Erfahrung die Ausstellung der Vertrauenszeugnisse theils in Folge subjectiver Aufstufungen der Direktionen, theils aber auch in Folge früherer denselben zugegangener Weisungen eine bloß ausnahmsweise Vergünstigung geblieben. Unverkennbar ist der Grund hiervon in der Wortfassung zu suchen, welche § 18 des Heimathsgesetzes den Zeugnissen, welche die Stelle eines gewöhnlichen Verhaltsscheines vertreten sollen, vorgeschrieben hat, indem dieselbe für sich allein betrachtet allerdings in den allgemeinen Ausdrükken „Beweis der Besserung" und „öffentliches Vertrauen" wohl Anlaß geben konnte, je nach subjektiver Auffassung dieser Begriffe die Voraussetzungen des Gesetzes bis zu einem Grade der Strenge zu steigern, welche die wohltätige Absicht des Gesetzes im wesentlichen unerreichbar macht.

Das Ministerium des Innern erachtet es daher für nöthig, durch Hindeutung auf die in den Motiven zum Heimathsgesetze ausgesprochene Auffassung und unter Aufhebung der bisher in der Angelegenheit ergangenen Weisungen, insbesondere

der Verordnung der vormaligen Commission für Straf- und Versorgungsanstalten vom 9. Nov. 1835 und Verordnung des Ministeriums des Inneren vom 8. Mai 1851,

den Anstaltsdirektionen als künftig zu befolgende Grundsätze hierüber Nachfolgendes zu eröffnen.

Der Absicht des Gesetzes: die „für gebessert zu Achtenden" der heimathsrechtlichen Freizügigkeit durch Gewährung eines dem Verhaltensscheine gleichzuachtenden Zeugnisses theilhaftig zu machen, wird Genüge geleistet, wenn das Vertrauenszeugnis allen den Detinierten erthcilt wird, welche durch ihr Verhalten in der Anstalt die Direction in der sicheren Erwartung berechtigen, daß sie sich nach ihrer Entlassung frei von Verbrechen halten, oder, wenn sie aus einer Besserungsanstalt zu entlassen sind, den Voraussetzungen, wegen welcher sie in der letzteren eingeliefert worden, sich nicht wieder hingeben werden.

Bei Abwägen dieser Voraussetzung im einzelnen Falle muß selbstverständlich von bloß formalen Anforderungen an das Verhalten abgesehen werden, wie denn auch ein stringenter Besserungsbeweis im Allgemeinen und insbesondere in der Richtung des durch die Haft verbüßten Verbrechens oder Polizeivergehens nicht zu erlangen ist. Vielmehr hat die nach den Motiven zum Heimathsgesetz bei dieser Prüfung vorauszusetzende Umsicht und strenge Gewissenhaftigkeit ihren Ausgangspunkt nur von unbefangner, eingehender aber lebendiger Auffassung des Gesamtverhaltens des Detinierten zu nehmen, dabei wohl auf sein vorhergegangenes Leben, insoweit es mehr zum Hoffen oder welches mehr zum Zweifeln Anlaß giebt, die gebotene Rücksicht zu nennen, dagegen aber bezüglich des zu hoffenden zukünftigen Verhaltens des Entlassenen, lediglich die bis dahin gewonnene Ansicht über den <u>Detinierten selbst</u> zur Geltung zu bringen, ohne ungünstige Wahrscheinlichkeiten oder Möglichkeiten, die <u>nicht in ihm, sondern von Außen</u> ihn gefährden können, irgendwie in Rechnung zu bringen oder etwa in unbegründeter Besorgnis von einer nicht existierenden Verantwortlichkeit für die Erfolge des Zeugnisses in Gewährung desselben eine zu ängstliche und ungerechtfertigte Zurückhaltung üben zu wollen.

Augenscheinlich legt das den Directionen anheimgegebene Ermessen über die Gewährung der Freizügigkeit an die Entlassenen eines der wohltätigsten Mittel in ihre Hand, ihrer Einwirkung auf die Detinierten einen segensreichen Abschluß zu geben, und es wird die Gelegenheit dazu in erwünschter Weise dadurch sich mehren, daß, wie aus der eben ausgesprochenen Aufhebung der bisherigen Weisung folgt, von jetzt an auch denjenigen Detinierten, welche weniger als ein Jahr lang detiniert waren, Vertrauenszeugnisse ausgestellt werden mögen.

Auch befindet das Ministerium für angemessen, unter Aufhebung der im letzten Absatz des § 77 der Hausordnung enthaltenen Vorschrift aus dem 4. Absatz derselben Paragraphen u(nter). a[nderen] enthaltenen Satze, sowie aus dem vorletzten Absatze des § 78 die Worte:

"über ein volles Jahr"

in Wegfall bringen zu lassen.

Von gegenwärtiger Verfügung ist den Kreisdirektionen die erforderliche Kenntnis beziehentlich zur Benachrichtigung der Obrigkeiten ertheilt worden.

Dresden, am 12. ten Juni 1860.

Es darf wohl anerkannt werden, dass diese Verordnung einen durchaus modernen sozialen Geist atmet und in der Bestimmung des Begriffes der sog. "Besserung" des Strafgefangenen bereits auf einem Standpunkt steht, der auch heute von einer vorgeschrittenen Strafrechtswissenschaft noch nicht überholt worden ist.

Für den Fall May ergibt sich nun die Nutzanwendung, dass May durch die von Zwickau mit Vertrauenszeugnis erfolgte Entlassung an seiner wirtschaftlichen Bewegung nicht gehemmt war, dass aber andrerseits die Anstaltsdirektion Zwickau in den Voraussetzungen für die Ausstellung des Zeugnisses sich gründlich geirrt hatte, sofern die „sichere Erwartung, er würde sich frei von Verbrechen halten"[451], bereits vor Ablauf von noch nicht 5 Monaten zunichte wurde (2. November 1868 bis 29. März 1869). Weshalb Karl May, obgleich seine Erzieher in der Strafanstalt gegenteiliger Hoffnung gewesen waren, so schnell in ganz ähnlicher Weise wieder straffällig geworden ist, war an anderer Stelle dieses Buches auseinanderzusetzen.

Dass May bei seiner weiteren Strafverbüßung in Waldheim keines Gnadenaktes für würdig erklärt wurde, sondern seine Strafe völlig verbüßen musste, auch kein Vertrauenszeugnis ausgestellt erhielt, wird nun völlig begreiflich, da ihn die Behörden jetzt für einen Gewohnheitsverbrecher ansehen mussten, vor dem die Öffentlichkeit nach Möglichkeit (durch Polizeiaufsicht!) zu schützen war. So wird auch verständlich, dass die Polizeidirektion Dresden sich zunächst weigerte, ihm 1875, als er noch unter Polizeiaufsicht stand, den Aufenthalt in Dresden zu gestatten. Bemerkenswert bleibt aber, dass die Erzieher im Strafhause sich auch dieses Mal in May irrten, früher zu seinen Gunsten, jetzt zu seinen Ungunsten: Die Befürchtung, May werde erneut Verbrechen verüben, hat sich glücklicherweise nicht erfüllt, nachdem endlich seine innere Wandlung sich vollzogen hatte. Nach den gesetzlichen Bestimmungen hatten die Anstaltsbehörden an die Verwaltung des Bestimmungsortes eines Entlassenen Berichte über die Führung des Gefangenen während des Strafvollzuges und über seinen Charakter gelangen zu lassen. Wären sie für May in den Archiven des Stadtrates zu Hohenstein-Ernstthal noch vorhanden, so hätte man weitere Anhaltspunkte gewinnen können. Auf mein Ansuchen hat aber der Stadtrat festgestellt, dass keinerlei Unterlagen in Akten oder Registern mehr vorhanden sind.

Wenn ich nach peinlichster Prüfung aller Unterlagen und Tatsachen bei Erklärung von Karl Mays psychischer Persönlichkeit das pathologische Moment nicht anerkennen kann, so geschieht es einmal, weil die Unterlagen und Tatsachen dafür keinen genügenden Anhalt bieten, und ferner, weil Mays Persönlichkeit, wie ihre Analyse im folgenden Abschnitt zeigen soll, sich auf ungezwungene, ganz natürliche Weise psychologisch begreifen lässt.

---

[451] Wulffens Quelle konnte leider nicht ermittelt werden.

VIII. Analyse von Mays Persönlichkeit

1. Die Entwendungen

Zwei Gebrechen sind es, die nach den aktenmäßigen Unterlagen Karl May von Jugend an begleiten und sein Schicksal bis in die Mannesjahre hinein beeinflussen, ja entscheiden: Entwendung und Unwahrheit, Diebstahl und Lüge. Bereits in jenem ersten Dokument vom 11. Januar 1860 führt das Gesamt-Consistorium zu Glauchau in beiden Beziehungen gegen den jungen Menschen Klage.

Sehen wir uns jene ersten Entwendungen noch einmal genauer an. Er hat kurz vor Weihnachten 1859 sechs „ganze Lichter"[452], die er als Lichtwart des Seminars in die Hände bekam, an sich genommen und in seinem Koffer verborgen gehalten. Nach den Feststellungen des Seminardirektors in Verbindung mit Mays eigenen späteren widerspruchsvollen Angaben kann man annehmen, er habe die Lichter tatsächlich gestohlen, d. h. entwendet, um sie dem Seminar bewusstermaßen ohne Recht dauernd zu entziehen. Man darf aber auch unterstellen, dass er diese Lichter nicht zu eigenem, etwa habsüchtigen Zwecke verwerten, sondern sie in sein ärmliches Elternhaus zur Verwendung bei der Weihnachtsfeier mitnehmen wollte. So erhält die „fromme Entwendung"[453] eher den Charakter einer rührenden, kindlichen Handlung als eines gemeinen Diebstahls. Von der Ärmlichkeit des Elternheims dürfen wir überzeugt sein, die Ausgabe von Groschen und Pfennigen für die Lichter, die für das Seminar eine Geringfügigkeit bedeuteten, war wohl schwer erschwinglich. So erhält dieser Diebstahl tatsächlich den Anschein einer recht harmlosen Handlung, deren wir – die Hand aufs Herz! – unter solchen oder ähnlichen Umständen wohl auch selber fähig gewesen wären. Halten wir in unseren Kinderjahren Umschau, so kommt wohl Ähnliches zu Tage.

Nun stand May bei seinen Mitschülern allgemein im Verdachte der Unehrlichkeit. Als dem einen zwei Taler und einem anderen fünfzehn Neugroschen fehlen, lenkt sich der Verdacht auf ihn und führt zu den an sich zwar ergebnislosen Erörterungen, in deren Verlaufe aber die sechs ganzen Lichter in seinem Koffer entdeckt werden. Unterstellen wir, obwohl kein Beweis vorliegt, dass jener Verdacht der Mitschüler einigermaßen begründet war und May auch einige kleine Gelddiebstähle – zwei Taler wären freilich keine Kleinigkeit gewesen! – auf dem Gewissen hatte, so hätten wir einen jungen

---

[452] Johann Paul Freiherr von Falkenstein, Ministerium des Cultus und des Unterrichts: Brief vom 17.1.1860 an das Gesammtconsistorium Glauchau. In: Hoffmann: *Lichtwochner*, S. 92-104 (98).

[453] Vgl. Gesammtconsistorium Glauchau: Bericht an das Kgl. Ministerium des Cultus und öffentlichen Unterrichts vom 2.1.1860. – Vgl. Hoffmann: *Lichtwochner*, S. 92-104 (98) und Pleticha/Augustin: *Handbuch*, S. 37.

172

Menschen mit einer gewissen Neigung vor uns, gelegentlich lange Finger zu machen und Gebrauchsgegenstände wie Geldstücke zu entwenden. Bei Mays großer Armut wäre die Verlockung, sich an fremdem Gelde zu vergreifen, begreiflich. Nehmen wir hier gleich die in den Dezember 1861 – also zwei Jahre später – fallende Entwendung von Uhr, Tabakspfeife und Zigarrenspitze des Stubennachbars in der Solbrigschen Fabrikschule hinzu, indem wir die Richtigkeit der Verurteilung trotz der nicht völligen Aufklärung unterstellen, so ergibt sich zu Gunsten Mays gewiss abermals als Beweggrund seine wirtschaftlich außerordentlich gedrückte Lage. Es war für May eigentlich recht beschämend, dass er es als Lehrer noch nicht einmal zu einer Taschenuhr gebracht hatte. Es erscheint begreiflich, dass ihn dieser Mangel drückte und er so der günstigen Gelegenheit, die sich ihm geboten zu haben scheint, und der Versuchung unterlag, dabei auch gleich Tabakspfeife und Zigarrenspitze mitgehen ließ.

Man könnte also für den jungen May zur Annahme einer gewissen Neigung zu stehlen gelangen, die sich aus irgendwelchen Ursachen bei ihm entwickelt hätte und der er unterlegen wäre. Wie steht es mit solchem jugendlichen Stehltrieb?

„Wenn ein Kind mit Geld sich vergeht oder gar etwas irgendwo wegnimmt, so befällt die Eltern und Lehrer eine ganz sonderbare Furcht vor einer verbrecherischen Zukunft, als ob sie es selbst wüssten, wie schwierig es sei, kein Dieb oder Betrüger zu werden! Was unter hundert Fällen in neunundneunzig nur die momentan unerklärlichen Einfälle und Gelüste des träumerisch wachsenden Kindes sind, das wird zum Gegenstand eines furchtbaren Strafgerichtes gemacht und von nichts als Galgen und Zuchthaus gesprochen. Als ob alle diese lieben Pflänzchen bei erwachender Vernunft nicht von selbst durch die menschliche Selbstliebe, sogar bloß durch die Eitelkeit davor gesichert würden, Diebe und Schelme sein zu wollen."

So äußert sich Gottfried Keller[454] in seiner Novelle „Frau Regel Amrain und ihr Jüngster" zur Frage des Kinderdiebstahls und belegt damit, wie weit der echte Dichter im Verständnis krimineller Ereignisse dem zukünftigen Kriminalpsychologen voraus zu sein pflegt.

Wir Älteren erinnern uns ja, wie auf der Schule Leidensgefährten Karl Mays das entehrende Strafgericht über sich ergehen lassen mussten. Die Kriminalpsychologie hat lange versäumt, gerade die einfachste und alltäglichste Straftat, den Diebstahl, in ihren psychologischen und physiologischen Wurzeln zu erforschen und klarzulegen. Wäre es früher geschehen, so hätte das strafwürdige Alter schon lange ganz allgemein (wie es in Sachsen schon

---

[454] Gottfried Keller: *Frau Regel Amrain und ihr Jüngster*. Vorabdruck in der *Berliner Volkszeitung* im Herbst 1855. Erste Buchveröffentlichung im Sammelband *Die Leute von Seldwyla*. Braunschweig 1856, S. 131.

1855 der Fall war) auf das 14. Lebensjahr heraufgesetzt werden müssen. Erst neuerdings hat die Erziehung in Schule und Haus dem jugendlichen Diebstahl gegenüber eine vernünftige Stellung eingenommen.

Was geht beim sogenannten Stehltrieb vor sich? Die primitivste, die ursprünglichste Bewegung des Menschen, die überhaupt denkbar erscheint, seine einfachste Handbewegung ist die Greifhandlung der Hand und der Finger. Der neugeborene Säugling bringt diese Greifhandlung, wie den Saugreflex, als Greifreflex mit auf die Welt. Das Tier übt seine Greifhandlungen vorwiegend mit Maul und den Fußwerkzeugen, hat aber auch den Greiffuß; der Affe zeigt den Übergang zur Greifhand. Aus dem Greifreflex des Säuglings entwickelt sich eine einfache Triebhandlung des Greifens. Das kleine Kind langt nach allem, greift nach allem Erreichbaren, will alles haben; „Haben" ist eines der ersten Tätigkeitsworte der Kindersprache. Es führt wie das Tier gern alles zum Munde. Als Motiv seiner Greifhandlung ergibt sich das Lustgefühl, welches mit der Berührungsempfindung verbunden ist, die der erfasste Gegenstand auslöst. Alles Greifbare wirkt auf den Menschen als Reiz. So kann man am kleinen Kinde die physiologischen und biologischen Grundlagen einer Psychologie des Diebstahls studieren, wie überhaupt alle Psychologie ihr Studium am Kind zu beginnen hat. Die Verhinderung des Greifens erweckt dem Kinde Unlust. Die Greifhandlung, die also das Wohlbefinden des Kindes erhöht, wird von seinem starken Bewegungsdrange in seinem flüssigen Nervensystem begründet, und von seiner Begehrlichkeit geleitet, die ebenfalls in der äußeren und inneren Agilität des kindlichen Organismus ihre Ursache hat. So entwickelt sich der Greifreflex – der Greifinstinkt zum Greiftrieb, der schließlich in einen Aneignungstrieb übergeht. Diesen also vererbten Aneignungstrieb beeinflusst die Erziehung, die ihn zu einem nützlichen und sozialen Streben nach wertvollen Greifobjekten, wertigen Gütern, nach Eigentum mit wirtschaftlichem sozialem Gebrauch zu entwickeln bestrebt ist.

Sofort ergibt sich wieder, dass das Kind im Verlaufe der Entwicklung seines Eigentumsbegriffes viele Züge der Entwicklungsgeschichte seiner Gattung zeigt. Das Kind wünscht absoluten Besitz. Gerade was andere besitzen, erscheint ihm besonders begehrenswert. Sein eigenes Eigentum verbirgt es vor anderen. Es begreift noch nicht, dass auch andere Eigentumsinstinkt haben. Das Kind ist vielfach sparsam, sogar geizig und habsüchtig. Schließlich richtet aber im normalen Kinde das erfolgreiche Erziehungswerk doch das Verständnis für die gesellschaftliche Eigentumsordnung auf und befestigt in ihm mehr und mehr die Achtung vor ihr und ihre Befolgung.

Aber der erste Bewegungsdrang des Kindes, sein Mangel an Überlegung, seine Fahrlässigkeit, sein ungefestigter Charakter geben doch manchen Rückfällen in den kindlichen Zustand der primitiven Greifhandlungen Raum, und so werden die vielen Diebstähle der Kinder und Jugendlichen ohne weiteres begreiflich, und Philosophen und Dichter behaupten, dass wohl jedes Kind gestohlen habe.

In den einfachsten Fällen ist die kindliche Begehrlichkeit, die zur verbotenen Greifhandlung führt, die Naschhaftigkeit. In der Sucht nach Naschereien steckt ein Stück Nahrungstrieb; die ursprünglichste Greifhandlung der primitiven Menschen diente ja auch der Stillung des Nahrungstriebes. Das Kind empfindet z. B., dass ihm zuckerhaltige Genussmittel zur Nahrung dienen. Gerade schwächliche Kinder haben z. B. häufig eine besonders starke Sucht nach dem Genuss von Süßigkeiten, Obst usw. Karl May erzählt nun nicht, ob er ein naschhaftes Kind gewesen ist. Vielleicht war in der Ärmlichkeit des Elternhauses und der sonstigen Umgebung wenig Gelegenheit zum Naschen. Aber das Bedürfnis nach süßer Ersatznahrung wird bei der sonstigen mangelhaften Ernährung sicher vorhanden gewesen sein. Das verbotene Naschen kann zur Vorschule des Diebstahls werden. Das diebische Naschen schädigt die kindliche Willenskraft, weil das Kind bei diesen Handlungen in einem Willenskampfe unterliegt und diese wiederholten Niederlagen den Willen schwächen. Das verbotenerweise naschende Kind gewöhnt sich dabei auch an die regelmäßige Wiederkehr einer Lusterhöhung. Spätere Gewohnheitsdiebe waren als Kinder vielfach begehrliche, leidenschaftliche Nascher. Die durch Naschhaftigkeit erworbene Willensschwäche überträgt sich leicht auch auf andere Gebiete des Begehrens.

Der Eigentumswille des Kindes entwickelt sich. Der Besitz von Spielsachen, Büchern, Kleidungsstücken wird geschätzt. Zunächst begnügt man sich mit Geschenken Dritter, am Geburtstag, zu Weihnachten. Dann regt sich der Sammeltrieb, der normalerweise zu den sogen. Spieltrieben des Kindes zählt. Der durch Erziehung und Unterricht geleitete Sammeltrieb fördert die geistige Entwicklung des Kindes. Der abgleitende Sammeltrieb kann zu den ersten Diebstählen führen; er kann übertriebener, ja – zumal bei minderwertigen Kindern – pathologischer Natur sein. Karl May erzählt uns nichts von einem besonderen Sammeltrieb.

Der schon erwähnte Spieltrieb des Kindes dient seiner Ausbildung, indem es Ererbtes durch Erworbenes vervollständigt und aus sich selbst heraus seine Anlagen zur Betätigung und Entfaltung bringt. Der Spieltrieb ist ebenfalls Ausfluss des kindlichen Bewegungsdranges. Ein abgelenkter, von der Erziehung nicht geleiteter Spieltrieb kann in das Verbotene, Asoziale, Verbrecherische abgleiten. Hierher gehören zum Beispiel manche Bandendiebstähle der Kinder, die sich zusammenschließen, um sich – wie im gemeinschaftlichen Spiele – die Zeit zu vertreiben, um etwas vorzuhaben, um ihren Bewegungsdrang zu befriedigen. Die Bande organisiert sich nach Art einer Bande im Spiel („Räuber und Soldaten" u. a.) ein Anführer wird gewählt, die anderen leisten willig Gehorsam, entschlossene Naturen kommen, wie im Spiel, zur Geltung. Die Ausführung der Diebstähle, das Zusammentragen der Diebesbeute an ein Versteck, zuweilen Wald und Feld, in einer Höhle, erinnert wieder an das Spiel. Besitz und Verwertung der Beute stehen oft erst an zweiter Stelle. Es wird wahllos gestohlen, die überflüssigen Dinge werden wieder weggeworfen oder vernichtet. Übrigens nicht nur beim Diebstahl, auch bei anderen Delikten Jugendlicher kann ein Anreiz im Spieltrieb verankert sein, so bei der Eisenbahngefährdung vom Eisenbahnspielzeug, bei der Brandstiftung vom Brennglas ausgelöst.

Dass, wie bei vielen Delikten, auch der Nachahmungstrieb beim Diebstahl zur Geltung kommt, liegt nahe. Gerade die Greifhandlung bietet für den Nachahmungstrieb die primitivste Form. Die bloß vorgestellte Bewegungshandlung – darin besteht der Vorgang der Nachahmung – hat das Bestreben, zur Ausführung der Bewegungshandlung, also zur Handlung der Wegnahme selbst überzuleiten.

Die Nachahmung ist die unentbehrliche Zwischenstufe zwischen der Instinkt- und der Intelligenzhandlung. Die ganze Erziehung des Kindes beruht auf der Nachahmung, ja die ganze menschliche Kultur. Sie löst aber auch zahllose Straftaten, wohl die meisten von ihnen aus. Bei minderwertigen, psychopathischen Kindern ist der Nachahmungstrieb besonders reizbar und schnell ausgelöst, weil ihm nicht genügende Hemmungen entgegengesetzt werden. Der Nachahmungstrieb kann nach der Erfahrung vor allem auch dadurch ausgelöst werden, dass die Vorstellung der kriminellen Handlung durch Lektüre (Kriminalberichte in den Zeitungen, Schundliteratur) oder bildliche Darstellung (in Bildern, im Film) hervorgerufen wird.

Dass Karl May vom eigentlichen, wirklichen Spiele zu seinen Verfehlungen gelangt sei, ist kaum anzunehmen. „Ich musste Handschuhe nähen"[455], zum Spiele wird ihm, nachdem er im fünften Lebensjahr das Augenlicht zurückerhielt, wenig Zeit geblieben sein. Anders wird es mit dem Anreize des Nachahmungstriebes bestellt gewesen sein. Der Vater nahm ihn schon als Jungen in Gastwirtschaften mit.

„Ich konnte da Dinge hören, und Beobachtungen machen, welche der Jugend am besten vorenthalten bleiben."[456]

Er wurde Kegelaufsetzer in einer Hohensteiner Schankwirtschaft, bekam in den Nächten Bier und Branntwein zu trinken. Er bekam mancherlei zu hören.

„Es war viel Schmutz und auch viel Gift dabei."[457]

---

[455] May: *Mein Leben und Streben*, S. 42.
[456] Ebd., S. 54.
[457] Ebd., S. 72.

Dann die Leihbibliothek in dieser Schankwirtschaft.

„Niemals habe ich eine so schmutzige, innerlich und äußerlich geradezu ruppige, äußerst gefährliche Büchersammlung, wie diese war, nochmals
gesehen!"[458]

Er las „Rinaldo Rinaldini, der Räuberhauptmann, von Vulpius, Goethes
Schwager. Sallo Sallini, der edle Räuberhauptmann, Himlo Himlini, der
wohltätige Räuberhauptmann. Die Räuberhöhle auf dem Monte Viso. Belli-
ni, der bewundernswürdige Bandit. Die schöne Räuberbraut oder das Opfer
des ungerechten Richters."[459]

Zweifellos fand hier die Fantasie des Knaben schädigende Anreize, die
später seinen Nachahmungstrieb befruchteten. Dann kam der Aufenthalt in
der Lügenschmiede, einer Schankwirtschaft mit fragwürdigen Gästen.

Man möge bei May selber nachlesen, welchen Einfluss er von all diesen
Widerwärtigkeiten in sich verspürt haben will.

„Die Rechtsbegriffe und Rechtsanschauungen verändern sich; die Lüge
wird zur Wahrheit, die Wahrheit zur Lüge. Das Gewissen stirbt. Die Unterscheidung zwischen gut und bös wird immer unzuverlässiger."[460]

Ich bemerke hierzu, dass Mays Ausführungen hier, wie so oft, übertrieben sind. Er widmet der Schilderung dieses verderblichen Einflusses
lange Seiten; das ist nicht unverdächtig. Als er „Mein Leben und Streben"
schrieb, waren in der Tagespresse und in der kriminalistischen Literatur
gerade starke Vorstöße gegen die Schundliteratur und ihre unheilvolle Beeinflussung des jugendlichen Nachahmungstriebes zu verspüren. Dies kam
May gelegen, und der Schriftsteller nutzte dies natürlich aus, um seine eigene Angelegenheit zu bessern. Aber auch wenn man die Übertreibungen
abstreicht, verbleibt doch als Kern die Tatsache, dass der Knabe Gefährli-
ches las und hörte. Es mögen gleich hier die weiteren Anregungen, die seine
kindliche Fantasie erfuhr, mitbehandelt werden. Dass in einem geistig regen Kinde das jahrelang des Augenlichtes beraubt war, das Innenleben die
Fantasie stark beschäftigte und befruchtete, ist psychologisch ohne Weiteres
einzusehen. Die Ernstthaler Großmutter, des Vaters Mutter, „ein ganz ei-
genartiges, tiefgründiges, edles und fast möchte ich sagen, geheimnisvolles
Wesen"[461], wird zur einflussreichen Märchenerzählerin. Was der Enkel von
dieser Großmutter erzählt, halte ich für zum Mindesten reichlich ausgeschmückt:

„Großmutter erzählte eigentlich nicht, sondern sie schuf, sie zeichnete; sie malte; sie formte. [...] Großmutter war eine arme ungebildete Frau,
aber trotzdem eine Dichterin von Gottes Gnaden und darum eine Märchen-

---

[458] Ebd., S. 73.

[459] Ebd.

[460] Ebd., S. 77.

[461] Ebd., S. 20.

erzählerin, die aus der Fülle dessen, was sie erzählte, Gestalten schuf, die nicht nur im Märchen, sondern auch in Wahrheit lebten."[462]

Wie gesagt, das sind annehmbare Übertreibungen, von einem großen Vorbilde entlehnt, von Goethes Mutter, der Frohnatur mit der Lust zu fabulieren. Aber auch hier wird ein Kern der Wahrheit bleiben, genug um die Erweckung des Erzählertalentes in dem Enkel zu beglaubigen, der vor allem betont, dass sich in ihrer Märchenwelt stets „am Schluss der innige Zusammenhang zwischen Himmel und Erde, der Sieg des Guten über das Böse" ergab.[463]

Es mag sein, dass dem Knaben gerade dieser Zusammenhang aufgefallen ist, weil er wahrscheinlich schon früh eine Erkenntnis des Guten wie des Bösen besaß, die deshalb auch das große Thema des späteren Schriftstellers geworden ist.

May erzählt auch, dass er als Kind im Hohensteiner Puppentheater das Stück „Doktor Faust oder Gott, Mensch und Teufel"[464] gesehen habe. Ich möchte in dieser Schilderung auch wieder eher eine Anlehnung an Goethe als Wirklichkeit erblicken, aber es kann ja wahr sein, was hier der Schriftsteller erzählt. Jedenfalls auch hier wieder die ausdrückliche Motivierung für des Schriftstellers eigenes Lieblings- und Lebensthema. „Gott, Mensch und Teufel sind meine Lieblingsthemata gewesen und geblieben."[465] Hier sei nachgeholt, dass sich bei den Mittweidaer Gerichtsakten ein von Mays Hand geschriebener, vier große Aktenseiten umfassender Entwurf in Urschrift bis auf den heutigen Tag erhalten befand. Er ist auf der ersten Seite in französischer Sprache abgefasst und trägt die Überschrift „Ange et Diable"[466]. Die anderen Seiten sind in deutscher Sprache geschrieben. Der Entwurf ist, kurz gesagt, eine Auseinandersetzung mit Gott und dem Teufel, mit Gut und Böse.

„Der Höllengedanke ist eine nothwendige Folge der Lehre vom Himmel; denn wie es ohne Schwarz kein Weiß geben kann, so kann es auch ohne Hölle keinen Himmel, ohne Teufel keinen Gott geben. Nur durch Vergleichung der Gegensätze entsteht Gedanke, Anschauung und Erkenntniß, und wer den Teufel in die Buttermilch wirft, der stößt auch die Dogmen unsrer Bibellehre um."[467]

Er erkennt einen Gott nur im Menschen, „der sich zur Allmacht und Allwissenheit erheben und dessen Leben ein durch Generationen fortgesetzt ewiges sein solle".

[462] Ebd., S. 29.

[463] Vgl. May: *Mein Leben und Streben*, S. 30.

[464] Ebd., S. 56.

[465] Ebd., S. 58.

[466] Karl May: *Ange et Diable* [ein Fragment]. Zur Zeit der Abfassung des vorliegenden *Inferno*-Manuskripts blieb der Text unveröffentlicht. Später erfolgten kommentierte Abdrucke im *JbKMG 1971*, Hamburg 1971, S. 128-132, und in *Karl May's Gesammelte Werke* Bd. 79: *Old Shatterhand in der Heimat*. (→ May: *Old Shatterhand in der Heimat*). Bamberg/Radebeul 1997, S. 267-271.

[467] May: *Old Shatterhand in der Heimat*, S. 267-271 (269).

„Ebenso erkenne ich einen Teufel auch blos im Menschen – einen Teufel, d. h. eine Macht, welche den Menschen ins Stolpern bringt, damit er nach und nach sicher gehen lerne. Diese Macht ist durchaus keine böse und der Gedanke ein ganz richtiger, den Teufel nicht mehr mit Schwanz, Bockfüßen und Hörnern darzustellen, sondern das Diabolische durch Disharmonie einzelner an und für sich schöner Züge wiederzugeben."[468]

Es ist gewiss von Bedeutung, dass May in der Untersuchungshaft dieses Bekenntnis, welches das Leitmotiv seines künftigen Schrifttums werden sollte, so ausführlich zu Papier gebracht hat. So beurteilt er auch seine eigene Straffälligkeit, über die er wiederholt ins Stolpern gekommen war. Auch diese Niederschrift weist nicht auf Pathologisches oder Psychopathisches, sondern eben nur auf Psychologisch-Ethisches hin. Gerade diese aus den kritischen Jahren stammende Niederschrift belegt mir, wie normal es in Mays Seele zuging. Hier wäre ja Gelegenheit gewesen, von jenen Gestalten und Stimmen zu schreiben, durch die er nach Behauptung des späteren Schriftstellers so sehr gequält wurde! Solche Ergüsse wären ihm bei seinem Staatsanwalt und seinen Richtern viel nützlicher gewesen. Aber kein Wort von alledem. Jedenfalls ist zur Genüge erwiesen, dass die Gegensätze von Gut und Böse in der Seele des jungen May geradezu brannten, weil sie seiner Veranlagung und seiner Entwicklung bis zur damaligen Zeit noch so sehr lebendig in ihm waren, dass sie zeitweise sein ganzes Fühlen und Denken einnahmen und schließlich auch wiederholt sein anderes Handeln beeinflussten. Ein Schriftsteller, der die uralte These von Gut und Böse so beharrlich, nachdrücklich und eindrucksvoll in seinen Schriften behandelt wie Karl May, legt damit freiwillig das laute Schuldbekenntnis ab, will es ablegen, dass er unter diesen Gegensätzen lebte, litt und sich zu läutern suchte. Übrigens sei bemerkt, dass kein Geringerer als Goethe an die Urpolarität aller Wesenheit glaubte und sie auch in den Gegensätzen von Gut und Böse mit wiederholten ausdrücklichen Aussprüchen erkannte.

Nach dieser Abschweifung, zu der die Betrachtung des kriminellen Nachahmungstriebes willkommenen Anlass gab, kehren wir zur weiteren Entwicklung der Psychologie des Diebstahls zurück, die uns zu einer grundlegenden Erkenntnis für unsere Aufgabe führt.

Das Studium des kindlichen Diebstahls ließ uns erkennen, dass in ihm gegenüber der Bereicherungsabsicht ein gutes Stück rein organischen, physiologischen, ja biologischen Bewegungsdranges steckt. Etwas Organisches will funktionieren, eine Bewegungstendenz drängt zur Bewegungshandlung. Was für das Kind und den Jugendlichen gilt, wird nicht etwa sofort für den Erwachsenen verändert. Die Natur entwickelt sich in Übergängen. So verbleibt die im Wege der Vererbung erworbene Greifhandlung, vom Erwachsenen zu

---

[468] Ebd., S. 267-271 (270).

nützlichen Zwecken immer mehr eingeübt. Es bleibt und verstärkt sich der Bewegungsdrang, der sich im Handeln, Wirken, Schaffen des Menschen auf allen möglichen Gebieten kraftvoll, oft ruhelos betätigt. Der Spieltrieb des Kindes wiederholt sich beim Erwachsenen im ernsten Spiele des Lebens, stellt sich als die Lebenstendenz dar. Er bleibt und verstärkt sich, es wächst die menschliche Begehrlichkeit nach allen Seiten, sie kann zur Genusssucht, zur Leidenschaft, zur Tollheit werden. Der Existenzkampf stellt den Erwachsenen vor neue Diebstahlsanreize und Gelegenheiten. Wirtschaftliche Bedürftigkeit, Bedrängnis, wirtschaftliche Not steigen auf. Auch beim Erwachsenen gibt einen Ausschlag die Agilität, die Beweglichkeit des Individuums. So disponiert vor allem das sanguinische, das lebhafte Temperament zu Diebstahl. Die Eigenschaften des Diebes liegen vor allem auch in seinen körperlichen Fähigkeiten. Deshalb finden sich viele körperlich sehr gewandte Menschen unter den Dieben. Die Kriminalanthropologie lehrt ganz richtig, dass der Dieb sehr behend, sehr schnell ist. Dass in unserem Zeitalter des Sportes auch die sportliche Fertigkeit der Beine und Füße eine Rolle spielt, nimmt nicht Wunder. Ganz folgerichtig erscheint in unseren Tagen der Fassadenkletterer. Neben der körperlichen Beweglichkeit bedarf es einer im gewissen Sinne geistigen Beweglichkeit, des Entwurfs eines Planes, einer schnellen Entschlussfähigkeit, der Unerschrockenheit, Dreistigkeit, der Einfühlung in allerlei Lagen, der schnellen Orientierungsgabe, der Benutzung günstiger Gelegenheiten, der schnellen Fortschaffung und Bergung sowie des Absatzes der Beute, der schnellen Fluchtergreifung usw. Auch der Dieb bedarf einer gewissen Fantasie, um die Reihe der Vorgänge zu übersehen, um den Erfolg gut vorzubereiten und zu sicherem Ende zu führen. Wieder ist der Sanguiniker, der Mann lebhaften Temperamentes, im Vorteil. Als psychophysiologische Unterströmung kann sich in der Handlung des Diebes das Sexuelle finden. Der diebische Impuls kann, zumal in der Pubertät oder später, bei anderen plötzlichen Steigerungen des Geschlechtstriebes, von diesem ausgehen oder wenigstens gespeist werden. Schon vor länger als hundert Jahren wusste man das und machte damals in England den Vorschlag, die Diebe zu kastrieren. Sexuelle Vorstöße gehen leicht in Bewegungen und Bewegungshandlungen über. Die sexuelle Lustgewinnung verschmilzt leicht mit Lustgefühlen anderer Art, so mit dem Machtgenuss, zu einem einheitlichen Komplex. Von Leuten, die zu stehlen nicht nötig haben, werden Diebstähle verübt, weil die Ausführungshandlung den Nerven eine sexuell gefärbte Lusterhöhung bringt. Man braucht Diebstähle von Kindern und Jugendlichen deshalb nicht tragisch zu nehmen; sie treten oft nur periodisch auf und klingen später oft, ja meist völlig ab.

Über Karl Mays Erotik und Sexualität ist schon oben gesprochen worden. Aus den Gerichtsakten wissen wir, dass er selbstverständlich in seiner Jugend auch sexuelle Bedürfnisse hatte und befriedigte. Ob er unter den Vorstößen der Pubertät und in den frühen Mannesjahren weniger gelitten hat als andere Altersgenossen, wird kaum zu sagen sein.

Der Mensch ist ein Reflexwesen, er lebt und betätigt sich in Reflexen und auf Reflexe. Durch die diebische Wegnahme eines Gegenstandes, die wiederholte Wegnahme, wird eine Nervenbahn gewissermaßen eingeübt, die immer wieder zu derselben Betätigung drängen kann. Insoweit wird durch den kindlichen und jugendlichen wiederholten Diebstahl eine Nervenbahn verhängnisvoll für die spätere Zeit eingeübt. So entwickelt sich der Gewohnheitsdieb, der zum gewerbs- und berufsmäßigen Dieb werden kann. „Übung macht den Meister". Der Nervenreiz zu solchen wiederholten Diebstahlshandlungen kann sehr stark, kann fast zwanghaft sein, namentlich bei geschädigten, minderwertigen Naturen. Der Reiz nach Auslösung des Greifreflexes kann solche Menschen beherrschen. Die Handlung wird halb reflektorisch-automatisch begangen. Das Lustgefühl in der Befriedigung des primitivsten Greiftriebes ist ein außerordentliches. Bei besonders kräftiger Veranlagung des Greiftriebes kann man beinahe von einem angeborenen Stehltrieb sprechen, der aus dem Tierreiche (Rabe, Elster, Fuchs, Katze, Affe) heraufkommt. Ihn begleitet gewissermaßen ein „Diebessinn" als Mitgift der psychischen Organisation. Autodidaktische Fertigkeiten können sich zur Begabung, zum Talent steigern. An dem äußersten Punkte dieser Linie steht die echte Stehlsucht, die Kleptomanie, nicht ein selbständiges Bild geistiger Krankheit, sondern nur ein Symptom seiner anderen geistigen Erkrankung. Beim echten Kleptomanen ist der Zwang zur Diebstahlshandlung durch Gegenvorstellungen nicht überwindbar; sie befinden sich während des Stehlens in einem rauschartigen Zustande höchsten Lustgefühls, durch das sie das vorher herrschende Unlustgefühl der Pein und Qual ablösen. Alle vorhandenen Unterlagen ergeben nichts dafür, dass Karl May an Stehltrieb gelitten hätte oder gar ein Kleptomane gewesen wäre. Seine Entwendungen sind im Ganzen genommen sehr unbedeutende und nebensächliche Handlungen, mehr Gelegenheitshandlungen oder Notdelikte. Außerhalb stehen höchstens die Wegnahme der Billardbälle und der Pferdediebstahl, die das Mittweidaer Urteil feststellt. Der Anreiz zu Diebereien war für May nicht groß, nicht unnormal. Als damaligen Gewohnheitsdieb kann man ihn schon bezeichnen. Die wiederholten Fälle lassen eine entsprechende Neigung in seinem Charakter erkennen. Gewerbsmäßiger oder berufsmäßiger Dieb war er nicht. Schließlich kann der in der Diebstahlshandlung wirksame physiologische Bewegungsdrang in der kriminellen Sporthandlung kulminieren, die sich als ein Ausfluss des menschlichen Spieltriebes darstellt, sodass in der Sporthandlung Anfang und Ende der menschlichen Bewegungstendenz sich zusammenknüpfen. Der Diebstahl wird als Sport mit und ohne Bereicherungsabsicht ausgeführt. Treibende Momente sind wesentlich mit das Aufsuchen und Vorbereiten der günstigen

Gelegenheiten, die Auskostung starken Reizes im Bestehen der Gefahr bei der Ausführung selbst, die Lustgewinnung in Betätigung eines nicht gewöhnlichen Wagemutes, in Betätigung von allerlei körperlichen Fertigkeiten – Steigen, Kriechen, Klettern, Springen, Erbrechen [gemeint ist: Einbrechen, die Hg.], Wegnehmen –, im Gefühl der Macht über fremdes Eigentum und den Eigentümer selbst, in Besitz und Bergung der Beute, in der Schadenfreude über die geschädigten Mitmenschen, im Triumph über das gelungene Unternehmen, im Bewusstsein, sich außerhalb des einengenden Gesetzes gestellt zu haben. Die Annahme krimineller Sporthandlungen beschränkt sich übrigens nicht allein auf den Diebstahl, sie erstreckt sich auch auf den Betrüger, den Hochstapler, ja selbst auf den Mörder und knüpft sich schließlich an das allgemeine Abenteurertum des Menschen an, das eine Expansion des menschlichen Bewegungsdranges darstellt. Der Sportverbrecher ist der Abenteurer, der in Verbrechen abenteuert und exzelliert. Das Abenteuer ist ihm fast wichtiger als das Verbrechen. Vermöchte er als Abenteurer in anderer Weise zu exzellieren, so würde er auf das Verbrechen verzichten. Andere exzellieren als Abenteurer in erotischen und sexuellen Dingen (die Don-Juan-Naturen), in der Goldleidenschaft (die Spieler-Naturen) oder in Weltgeheimnissen (die Faust-Naturen). Jene sind Abenteurerverbrecher. Ein Abenteurerverbrecher ist der romantische Wilddieb, den die Jagdleidenschaft verzehrt und die Romantik des Waldes beglückt. Ein Abenteurerverbrecher ist der Schmuggler aus Passion im Gebirgsgrenzlande mit der Lust zur Irreführung und dem Wagemut zum Kampfe gegen die Grenzwächter.

Karl May war eine veranlagte Abenteurernatur, hierin liegt der Kern seiner psychologischen Analyse. Eine Abenteurernatur, in der Welt der realen Wirklichkeit nicht himmelstürmend und hinreißend, nein, vielmehr kleinbürgerlich oder gar proletarisch, etwa im Stile eines gescheiterten sächsischen Volksschullehrers, immerhin nicht ohne überraschende Züge der Erfindung und des Wagemutes. Vielleicht hatte der Sohn den jugendlichen Hang zur Vagabondage von dem unsteten Vater ererbt:

„Er besuchte alle Märkte, alle Gasthöfe und Schankwirtschaften, um zu kaufen und Käufer zu finden [...]. Er war immer unterwegs, von einem Dorf zum andern, von einem Bauern zum andern [...]. Dieses unstete, unnützliche Leben förderte nicht, sondern fraß das Glück des Hauses ...“[469]

Die Lektüre der Räuberbücher aus der fragwürdigen Bibliothek und Großmutters Märchenwelt mögen weitere Anregungen gegeben haben. Denn der Abenteurer folgt nicht nur einer äußeren Expansion. Der Abenteurer ist zugleich ein Fantast, der die Nüchternheit und Leerheit seines armseligen Alltags eben durch die Abenteuererlebnisse, die ihn beschäftigen und ausfüllen, ihm Lustgewinn zuführen, zu überwinden sucht. Der Abenteuerdrang ist

---

[469] May: *Mein Leben und Streben*, S. 18.

zugleich eine Begierde der Fantasie. In solchem doppelten, körperlichen und geistigen Sinne war May eine Abenteurernatur.

So werden Mays plötzliche und sonst nicht recht motivierte Entfernungen aus dem Elternhause, das ihn ja durchaus nicht verstoßen, vielmehr in mildem Verständnis ihn stets aufgenommen hatte, erklärlich. Ein solcher Abenteurerzug fällt Ende 1864 bis in das Frühjahr 1865 und führt zu der Leipziger Verurteilung, der andere liegt im Frühjahr und Sommer bis Winter 1869 und endet mit der Verurteilung in Mittweida. Es ist sonst nirgends ein Grund ersichtlich, der den jungen Mann, der immerhin schriftstellerische Beschäftigung hatte und einige Einnahmen, jedes Mal plötzlich aus der engeren Heimat hinausgetrieben haben könnte, wenn nicht der abenteuerliche Drang und Übermut. Die je in diese Perioden fallende gehäufte Verbrechensverübung lässt einen Rückschluss auf die Intensität, die Stärke des Abenteurerdranges zu. Die Handlungen selbst – der Leipziger Pelzschwindel im März 1865, das Auftreten als angeblicher Polizeileutnant oder Mitglied der geheimen Polizei und schließlich als Rechtsanwaltsexpedient im Jahre 1869 – tragen in ihrer Planmäßigkeit und Ausführung durchaus den Stempel des Abenteuers, wobei auch die Mitführung der Schießwaffe eine Erklärung findet. Ganz hervorstechend ist der abenteuerliche Charakter bei den Vorgängen im Jahre 1869. Er schreibt im April den Brief an seine Eltern, danach er von zwei Amerikanern, Vater und Sohn, als Hauslehrer nach Pittsburg angenommen worden sei. Hier fällt in so bezeichnender und überzeugender Weise der jugendliche Abenteurer des Lebens mit dem schon vorzuahnenden, kommenden schriftstellernden Abenteurer zusammen. Er entspringt im Juli desselben Jahres auf einem Transporte zwischen St. Egydien und Bräunsdorf, nachdem er die eiserne Fesselung seiner Hände mit einem kräftigen Ruck gesprengt hatte, und treibt sich bis zu seiner Wiederverhaftung in Böhmen (4. Januar 1870) in einer weder durch ihn selbst später aufgeklärten noch sonst aufhellbaren Weise, aber ganz bestimmt abenteuernd umher. Hier zeigt er sich lediglich als Abenteurer des Lebens. Aber bei seiner Verhaftung, als er die schon mehrfach erwähnten Wadenbach-Briefe schrieb, ist er zugleich wieder der abenteuernde Schriftsteller. So liegt die Charakteristik des Abenteurers ganz klar auf der Hand; ihm entfließen alle Verfehlungen gegen das Gesetz, sie sind seine Begleiterscheinungen. Und der angehende, sich entwickelnde und ausgebildete Schriftsteller leitet erfolgreich sein äußeres und inneres Abenteurertum in sein Schrifttum über. Das ist das psychologisch so Interessante, das sich hier wie an einem Schulbeispiel beobachten und nachweisen lässt.

In dieser untrennbaren und auch unspaltbaren Weseneinheit von Lebensbetätigung und Schriftstellertums – diese ist nur eine Komponente der Ersteren –, die in der Diagnose Abenteurernatur gipfelt, liegt die ungezwungene, natürliche Erklärung von Mays Persönlichkeit, die einer pathologischen

Begründung gar nicht bedarf. Das ist die große Metamorphose, die äußere und innere Wandlung, die Karl May durchmacht. Nach dem Gesetz, danach er angetreten, musste er sich unvermeidbar entwickeln, wie Goethe in seinen berühmten „Urworten" sagt. So musste Karl May sein, sich selbst konnte er nicht entfliehen. Keine Macht und keine Zeit vermochte diese „geprägte Form, die lebend sich entwickelt"[470], zu zerstückeln. Nur die Mittel der Äußerung der Betätigung seines Abenteurertums konnte er verändern, und er hat es erfolgreich getan. In sein Schrifttum ergoss er das Abenteurertum, darin er nach seiner Veranlagung, seiner Bestimmung sich ausleben musste. So sind seine Schriften, die er Reiseerzählungen nennt, in der großen Hauptsache Abenteuerschilderungen. Hier lebte sich seine Abenteurer-Fantasie aus. In der Stärke der Einfühlung tritt er in seinen Schriften persönlich als Abenteurer auf, als Old Shatterhand oder Kara Ben Nemsi. Diese beiden Figuren oder besser ihre einheitliche Gestaltung tragen ganz unverhohlen das Gesicht des ausgesprochenen Abenteurers. Wenn er auch betont, er bereise die fremden Länder, um zu Hause am Schreibtisch aus den Erlebnissen Bücher zu machen, so weisen doch Old Shatterhand und Kara Ben Nemsi den ausgesprochenen abenteuerlichen Hang zu einer gewissen Planlosigkeit ihres Unternehmens im Großen und die Neigung auf, sich von den Verhältnissen und Gelegenheiten treiben und führen zu lassen. Diese beiden Helden mischen sich „aus innerem Drange" fortgesetzt in Angelegenheiten, die sie im Grunde gar nichts angehen, sie setzen, zuweilen ohne vernünftigen Anlass, für fremde Menschen und Zwecke ihr Leben zahllose Male aufs Spiel, wobei Wagemut und Heldenkraft Triumphe feiern. Sie sind ausgesprochene Abenteurernaturen. Karl Mays Abenteurerfantasie fand Gelegenheit, sich zu ergehen. Mit ihrer Hilfe und unter Benutzung einer sehr guten Büchersammlung vermochte er mit Leichtigkeit, fremde Länder und Völker im Allgemeinen zutreffend zu beschreiben, ohne sie vorher gesehen zu haben und kennengelernt zu haben. Eine solche literarische Leistung wird vielfach überschätzt. Dass Schiller die Schweizerlandschaft nach Büchern treffsicher, ohne sie gesehen zu haben, schilderte, ist ein bekanntes und berühmtes Beispiel. Aber im Kleinen gilt dasselbe. Ich darf z. B. versichern, dass ich von den Lesern meines Romans „Der Mann mit den sieben Masken"[471] so oft, zumal von Ungarn selbst, auf die trefflichen Schilderungen der ungarischen Landschaften und Volkseigentümlichkeiten angesprochen worden bin und der Wahrheit gemäß versichern musste, dass ich alles lediglich nach Bücherstudien beschrieben habe und gerade Ungarn eines der wenigen europäischen Länder sei, die ich nie betreten hatte. Ich will

---

[470] Johann Wolfgang von Goethe: *Urworte Orphisch*. Gedicht von 1817. In: *Goethes' Werke*. Hg. im Auftrage der Großherzogin Sophie von Sachsen. Abtlg. I–IV. 133 Bände in 143 Teilen. H. Böhlau, Weimar 1887–1919, Weimarer Ausgabe. I. Abteilung, Band 3, S. 95.

[471] Erich Wulffen: Der Mann mit den sieben Masken. (→ Wulffen: *Masken*). Dresden 1917/Berlin 1928, S. 135-138.

gleich zufügen, dass bei solchen Fragen an mich der Reiz natürlich groß war, eine persönliche Kenntnis des Ungarnlandes einfach zuzugeben, um die lieben Leser nicht zu enttäuschen, und ich will gar nicht in Abrede stellen, dass ich aus solchem Grunde oder in einer begreiflichen Bequemlichkeit (Mundfaulheit) einige Male meine persönliche Bekanntschaft mit Land und Leuten von Ungarn, ohne freilich Einzelheiten zu behaupten, wenigstens stillschweigend zugegeben, nicht bestritten haben werde. Ich vermag mich also auch insoweit in Mays entsprechende Lage recht gut einzufühlen. Wichtig ist hier die Feststellung, dass es für den berufenen Schriftsteller mit der geeigneten Fantasie keine überragende Leistung bedeutet, fremde Länder und Völker lediglich nach Büchern zu schildern, als habe er sie persönlich gesehen und kennengelernt.

Übrigens ist die Treffsicherheit von Mays Schilderungen auch bestritten worden. So hat vor Jahren ein Indianer namens Brant-Sero[472] in der deutschen Presse energisch gegen den Roman „Winnetou"[473] protestiert, May habe „keine Ahnung von Indianersitten und von dem Seelenleben und dem Charakter der Indianer"[474].

---

[472] Der Mohawk-Indianer John Ojijatekha Brant-Sero (Brennende Nelke; 1867–1914) war zunächst Farmhelfer und Bürstenbinder, bevor er als Statist und Schauindianer arbeitete. Wegen seiner Kenntnisse der Mohawk-Sprache und der Mythen, Lieder und Traditionen seines Volkes wurde Brant-Sero vom Kurator der Archäologie-Abteilung des Ontario Provincial Museum in Toronto, David Boyle, als Berater und Dolmetscher engagiert. 1899 erfolgte seine Wahl zum zweiten Vizepräsidenten der Wentworth Historical Society und der Ontario Historical Society. Brant-Sero unternahm in den Folgejahren zahlreiche Vortragsreisen. Im Sommer 1909 reiste er als Mitglied der Deer-Gruppe des Schaustellers Bruno Völker für sechs Wochen nach Dresden. Er lud während dieses Aufenthalts auch May zu einem Besuch der Indianergruppe ein, was der Schriftsteller allerdings ablehnte. Als sich Brant-Sero im folgenden Jahr wieder in Dresden aufhielt, wurde er von Lebius entdeckt, der ihn für seinen publizistischen Feldzug gegen May instrumentalisierte (vgl. die Angaben bei Volker Griese: *Karl May – Personen in seinem Leben: ein alphabetisches annotiertes Namensverzeichnis.* Münster 2003, S. 49f.).

[473] Karl May: *Gesammelte Reiseromane* Bd. XXX: *Winnetou 4. Band.* Freiburg o. J. [1910].

[474] John Ojijatekha Brant-Sero: *Ein Indianer-Protest gegen Karl May.* Flugblatt Ende Juni 1910. – In dem von Paul Schumann redigierten *Dresdner Anzeiger* wird das Flugblatt am 28. Juni 1910 publiziert. Der von Lebius engagierte Brant-Sero unterzeichnete diesen gegen *Winnetou IV* gerichteten „Protest", obwohl er wegen mangelnder Deutschkenntnisse nur eine von Lebius besorgte Übersetzung kannte. May selber gelang sehr bald die Entlarvung von Lebius als den wahren Verfasser des Flugblatts. In seinem Flugblatt *Herr Rudolf Lebius, sein Syphilisblatt und sein Indianer* geht May auf die Einzelheiten des „Lebius"-Flugblatts ein: „Soeben versendet Herr Rudolf Lebius ein neues Flugblatt gegen mich, welches angeblich aus der Feder eines „Vollblutindianers" stammen soll. Dieser Indianer ist ein Mohawk und nennt sich Brant Sero. Die Überschrift des Flugblattes lautet „Eines Indianers Protest gegen die blutrünstige Indianerliteratur". An der Spitze ist Brant Sero in indianischer Kleidung mit großem Federkopfschmuck abgebildet. Ganz selbstverständlich wendet sich der Inhalt trotz der Überschrift nicht etwa gegen die „blutrünstige Indianerliteratur" überhaupt, auch nicht etwa gegen die alleinschuldigen Verfasser der berüchtigten Zehn- und Zwanzigpfennighefte, sondern ganz gegen mich allein, der ich mit diesen Verfassern und deren Heften nicht das geringste zu schaffen habe. Es handelt sich also nicht um den vorgespiegelten, allgemeinen, zornesedlen Protest, sondern einzig und allein um eine sehr unedle, „blutrünstige" Abschlachtung Karl Mays. Urheber des Machwerkes ist nicht Brant Sero, sondern Rudolf Lebius. [...] Da dieser Indianer aber leider weiter nichts als ein herumziehender Schaubuden- resp. Schautruppentänzer ist

Insbesondere werden auch die vielen Kussszenen in „Winnetou" be-
mängelt:

„Jeder, der mit Indianern zusammenkam, muß wissen, daß der Kuß den
Indianern unbekannt ist. Indianer würden eher kämpfen als küssen."[475]

Auch „Winnetou" ist ein Abenteuerroman, wie alle einzelnen Kapitel ausweisen; er ist kein sogenanntes Indianerbuch. Winnetou selbst, der Held, ist
überhaupt kein „echter" Indianer; er ist eine Idealgestalt, wie sie der ehemalige
sächsische Volksschullehrer sich zurechtmachte. Mays ganze Auffassung von
der Lebensfähigkeit des Indianervolkes ist eine unrichtige und hat sich durch
die historische Entwicklung als irrtümlich erwiesen. Die Indianer haben eine
Wesensverwandtschaft mit den Zigeunern, denen auch staatenbildende, ord-
nungsschaffende und soziale Triebe fehlen. Die Indianerstämme hatten sich
längst, ehe die Weißen zu ihnen kamen, in unaufhörlichen Kämpfen gegenseitig abgeschlachtet. Kein Wunder, dass sie beim Eindringen europäischer
Kultur und Unkultur völlig unanpassungsfähig waren und unterlagen. Wie
unanpassungsfähig sie sind, hat Franz Kandolf[476] in seinem Aufsatze „Die
finsteren und blutigen Gründe einst und jetzt" recht gut geschildert. May hat
die in seiner Zeit gelegene falsche, romantische, sentimentale Auffassung von
der Lebensfähigkeit und dem Heldentume der durch die europäische Kultur
und Unkultur bedrängten Indianer auf eine – ebenfalls falsche – Spitze getrieben. Das tat er, weil der Stoff seinem Abenteurerdrang sehr gelegen kam. Er

---

und bei der Darstellung indianischer Pferdediebe und Mordbrenner mitzuwirken hatte, so
wurde er schleunigst in einen großen „Gelehrten" verwandelt und der Berliner Strafkammer, die
in der Berufungssache May-Lebius zu entscheiden hat, als Sachverständiger benannt. [...] Das ist der
„große indianische Gelehrte"! Der 2. Vizepräsident der historischen Gesellschaft von Ontario! Der
die hervorragenden Männer aller Stämme des nordamerikanischen Kontinentes kennt! Ich aber weise
ganz anderes nach. Nicht einmal die Federn gehörten ihm, die man auf seinem Bilde sieht; e r h a t t e
s i e s i c h geborgt! Arme, historische Gesellschaft von Ontario! Dein Präsident tanzt für Geld auf
deutschen Völker- und Vogelwiesen herum, spielt den Brandstifter, Räuber und Mörder und flüchtet
sich dann, weil er seine Schulden nicht bezahlen kann, in die Arme des Herrn Lebius, der einst 250
Mark bezahlte, um einen fremden Namen für seine Schmähschrift gegen mich zu bekommen. Ich
werde Mister Brant Sero vor Gericht zitieren und ihn fragen lassen, wer der eigentliche Verfasser
seines Aufsatzes ist und welcher Lohn ihm für die Hergabe seines Namens wurde!" (In: Karl May:
„An die deutsche Presse" und andere Flugblätter. Mit Einleitung und Anmerkungen von Ekkehard
Bartsch [→ May: *„An die deutsche Presse"*]. In: *JbKMG 1979*. Husum 1979, S. 314-320 [314, 317]).

[475] John Ojijatekha Brant-Sero: *Ein Indianer-Protest gegen Karl May*. – Zu dieser Passage bemerkte May:
„Und was er über das Küssen sagt, klingt ganz wie Lebius. Er weise mir doch die „allgemeine Ab-
schleckerei" in Band IV von „Winnetou" nach. Das ist ja eine Lüge! Ein jeder gebildete Indianer
der Gegenwart weiß, daß er der Dame des Hauses einen Handkuß schuldet, und es ist ihm ein
Vergnügen, ihr diese Höflichkeit zu erweisen. Und daß auch der ungebildete Indianer küßt, haben
die „Wild-West-Shows" erwiesen, bei denen ja auch er mit tätig war. Man erkundige sich nur bei
den Dienstmädchen und Bajaderen, mit denen diese roten Schausteller so gern verkehren, so wird man
über die Behauptung, daß der Indianer nicht küßt, nur lächeln können. Hier liegt auch ein dunkler
Punkt jener Schaustellungen, über den Mister Brant Sero oder vielmehr Herr Lebius am besten
geschwiegen hätte!" (In: May: *„An die deutsche Presse"*, S. 314-320 [318]).

[476] Franz Kandolf: *Die „finsteren und blutigen Gründe" einst und jetzt*. In: *KMJb 1927*. Radebeul bei
Dresden 1928, S. 403-493.

186

wird an die Richtigkeit seiner – irrtümlichen – Auffassung geglaubt haben, in der er sich ausleben konnte. Ebenso findet sich manches Unzutreffende in den sonstigen Reiseerzählungen; der Unwahrscheinlichkeiten sind nicht wenige. Vor allem sind die ausländischen Charaktere nicht getroffen, sondern durchweg Typen guter bekannter Gestalten. Aber es wird ja auch von Shakespeare gesagt, dass seine Römer nicht echt, sondern brave Engländer seien. Es sollte hier nur nachgewiesen werden, dass das Kunststück, ungesehene fremde Länder und Völker zu schildern, nicht so sehr schwierig ist. Mit ihrem Charakter als Abenteuerroman hängen – neben den Vorzügen – auch andere Schwächen der Reiseerzählungen wenigstens teilweise zusammen. Das Heldentum von Old Shatterhand und Kara Ben Nemsi wird ein wenig aufdringlich. Sie sind über die Maßen tapfer, mutig und siegreich, über die Maßen klug und weise, gerecht, wahrheitsliebend edel u. a. Sie sind im fremden Lande heimischer, mit den Schrecken der Natur und mit den Charakteren wie Gebräuchen der Völker vertrauter als der eingeborene erfahrene Krieger. Um die hohen Vorzüge der Helden noch heller leuchten zu lassen, werden sie von ihrer Umgebung in der naiven Weise der volkstümlichen Erzählung gelegentlich belächelt, verkleinert, verspottet. So wird Old Shatterhand im ersten Bande des „Winnetou" bis zum Überdruss als Greenhorn behandelt. Es scheint noch nicht genügend bemerkt worden zu sein, dass die wirkliche Schilderung von Land und Leuten immer sehr knapp und nüchtern, fast farblos ausfällt, während endlose Gespräche um nichtssagende Dinge in aller Breite geführt werden. Diese Gespräche erscheinen – auch die Zuflüsterungen! – in den gegebenen Situationen oft unwahrscheinlich, ja unmöglich. Sie werden in einem Tone geführt, der nicht echt ist, der aber der Auffassung des ehemaligen Volksschullehrers entspricht. Wollte man diese oft ermüdenden Gespräche auf ein notwendiges Maß zusammenstreichen, so würden die Karl-May-Bände sehr zusammenschrumpfen. Den hauptsächlichsten Inhalt jedes einzelnen Kapitels in allen Bänden bilden diese Gespräche. Merkwürdig berührt, dass Kara Ben Nemsi und Old Shatterhand selbst in größter Lebensgefahr ihren rachsüchtigen Feind auch in der Notwehr nicht töten, sondern mit der Faust oder mit dem Kolben nur niederschlagen, bewusstlos machen und dann fesseln, bis der Gegner wieder entkommt. Die Fälle sind so häufig und unmöglich, sie würden geradezu humoristisch anmuten, wenn man nicht die Absicht merkte, dass May als Christ nicht töten will. Muss mal ein Bösewicht sterben, dann töten ihn andere oder der Zufall. Es ist mir überhaupt nicht verständlich, wie man bei diesen Fehlern die Reiseerzählungen jemals für wirkliche Erlebnisse ihres Autors ernstlich halten konnte, da die Unwirklichkeit der Begebenheiten Kapitel für Kapitel erhellt. Ich glaube, dies liegt daran, dass May im Anfange und auch später zu viele unkritische und nur wenige kritische Leser gefunden hat. Man hätte auch am Charakter der Zeitschriften und des Verlages, in dem May seine Reiseerzählungen herausbrachte, merken müssen, dass es sich um nichts Wissenschaftliches, nichts wirklich Erlebtes, nicht um tatsächliche Reisen in fremde Länder, sondern lediglich um Verbrecher- und Detektivgeschichten im Gewande des Abenteuers handelte.

Wie gesagt, das hängt alles mit dem eignen Abenteurertum zusammen, das auszuleben der Schriftsteller vor allem bestrebt war. So schreckte er auch nicht vor der übertriebensten Selbstglorifizierung in den Gestalten von Old Shatterhand und Kara Ben Nemsi zurück. Gerade hier kam sein Abenteurertum auf den Gipfel. Und auch kriminelle Elemente des eigenen ehemaligen realen Abenteurertums fehlen bei dem Schriftsteller nicht. Man bemerke nur mit Aufmerksamkeit, dass die Einzelheiten der Reiseerzählungen sich in der Hauptsache als Gauner- und Detektivgeschichten darstellen. Selbst „Winnetou" nimmt vom zweiten Bande an ganz den Charakter einer Detektivgeschichte an. So bleibt der Abenteurer Karl May sich selbst völlig treu. Daher die Einförmigkeit der losen Handlungen, die sich durch die Bände der Reiseerzählungen langsam und schleppend hinziehen. Packend und drastisch wird nur das Einzelereignis geschildert. Auch in den späteren Büchern, wo die Symbolik in einer vielfach psychologisch nicht stichhaltigen Weise vorherrscht, bleibt das Abenteuerliche der Einzelheiten deutlich erhalten. Die Fantasie des Abenteurers fand ein günstiges Betätigungsfeld in der Ausmalung kleiner und kleinster Einzelheiten der Begebenheiten und Handlungen. Diese Einfühlung in den Situationen bietet in der Tat Erstaunliches, und man wundert sich, wie der Schriftsteller in seinem halben Hundert von Bänden in dieser Kleinmalerei nicht ermüdete, ja ihrer nicht überdrüssig wurde. Obwohl die Situationen sich ähneln, vermag sie der Schriftsteller immer wechselnd, immer neu zu gestalten. Man hat in dieser Beziehung nie das Gefühl, dass er sich wiederholt. Und gerade diese Kleinmalerei ist es, die in Verbindung mit der Schilderung nach Bücherstudien den Anschein der Echtheit, des wirklich Erlebten erweckt, unterstützt von andern kleinen Kunstmitteln, wenn z. B. in dem laufenden deutschen Text, oft wenig oder gar nicht motiviert, ein fremdsprachiger Ausdruck verwendet und unten in einer Fußnote übersetzt wird. Nicht zuletzt ruft natürlich die Ich-Form der Reiseschilderungen den Anschein der Echtheit hervor, diese Ich-Form, die dem persönlichen Abenteurertum des Autors entsprang. Damit münden wir aber in der Besprechung des zweiten hauptsächlichen Gebrechens ein, das May von der Jugend an begleitete.

2. Die Unwahrhaftigkeit

In dem ersten von mir verwendeten Dokument des Gesamt-Konsistoriums zu Glauchau wird eine „arge Lügenhaftigkeit"[477] des Seminaristen gerügt. Sie konnte natürlich nicht an der Hand nur eines Falles oder einzelner weniger Fälle, sondern an einer Neigung zur Lüge festgestellt worden sein. Die Lüge, die bewusst falsche Aussage zu Täuschungszwecken, hat sich biologisch aus dem Verstellungsinstinkt entwickelt, den die Natur dem Menschen – zu seinem Schutze, zu seiner Selbsterhaltung – auf den Lebensweg mitgegeben hat und auch mitgeben musste. Er bedurfte, um seiner Gegner, der Tiere und der Menschen, Herr zu werden, da wo es ihm an Kraft und Gewalt gebrach, der Heimlichkeit, der List, der Verstellung. Auch dieser Instinkt kommt aus dem Tierreiche herauf; das kleine Kind bringt den Verstellungsinstinkt angeboren, vererbt mit auf die Welt und entwickelt ihn im Fortgange seines Daseins zu einem normalen Gebrauch.

Der Verstellungsinstinkt kann in eine Neigung zur Lüge – „arge Lügenhaftigkeit" – abgleiten, wenn durch die Umstände die Bedingungen, unter denen die Verstellung normalerweise funktionieren soll, verschärft, vergröbert werden. Das geschieht in einer unvernünftigen, zu strengen Erziehung mit falschen Erziehungsmitteln. Karl Mays Vater war maßlos in seinem Zorn.

„Am Webstuhl hing ein dreifach geflochtener Strick, der blaue Striemen hinterließ, und hinter dem Ofen steckte der wohlbekannte ‚birkene Hans', vor dem wir Kinder uns besonders scheuten, weil Vater es liebte, ihn vor der Züchtigung im großen ‚Ofenloche' einzuweichen, um ihn elastischer zu machen. [...] Dann bekam man den Strick oder den Hans so lange, bis Vater nicht mehr konnte."[478]

Also eine Prügelpädagogie in aller Form. Die Verstellung als normales Schutz- und Angriffsmittel der Natur wird in den Kindern unter solchen Umständen zur Lüge, um Züchtigungen und Unannehmlichkeiten abzuwenden. Es ist wohl wahrscheinlich, dass der kleine Karl unter solchen Umständen lügen lernte. Dann erinnere man sich des armseligen Weberhauses. In den derberen Instinkten des Proletarierkindes liegt auch der stärkere Verstellungsinstinkt eingeschlossen. Das sich zu viel selbst überlassene Kind der niederen Klassen gerät unter den suggestiven Einfluss ebenfalls noch ungefestigter oder gar schon verderbter Genossen in allerlei Lagen, wird Verlockungen ausgesetzt, zu Streichen verleitet, hat vor den Eltern etwas zu verbergen usw. Das Kind greift zum Selbstschutz der Lüge. Der erwachsene Proletarier bleibt in einer wirtschaftlich ungünstigen Lage, die zu allerhand Verfehlungen und Unwahrheiten Anlass bietet, und gibt seinen Kindern nicht immer ein gutes

---

[477] Gesammt-Consistorium Glauchau: Bericht an das Kgl. Ministerium des Cultus und öffentlichen Unterrichts vom 2.1.1860. – Vgl. Hoffmann: *Lichtwochner*, S. 92-104 (98).

[478] May: Mein Leben und Streben, S. 10f.

Beispiel. Das Kind kann so in einer Lügenatmosphäre aufwachsen. Ein durch und durch verlogenes Dienstmädchen rechtfertigte sich damit:

„Bei uns zu Hause lügen sie alle."

Die Neigung zur Lüge ist im Grunde auch Mangel an Bildung. Der Lügner weiß nicht, dass er mit der Lüge auf die innere Freiheit verzichtet, die die Ruhe und Sicherheit des sittlichen Handelns gewährt.

Der große Leichtsinn und das „rüde Wesen"[479], die der Seminarist an den Tag legte, brachten ihn zweifellos sehr oft in Lagen, [in denen] er sich dem Schutz der Lüge überließ. Aus den schlechten Einflüssen der vergangenen Jahre (Kegelschub, Lügenschmiede, Schundliteratur) brachte er sicher manchen Anreiz zur Lüge mit. Es ist also schon glaubhaft, dass der kleine Karl lügenhaft war, zumal er auch gelegentlich stahl. Der heimliche Dieb ist stets auch verlogen; dafür dass sich bei May eine Lügenhaftigkeit im Wege der Vererbung entwickelt habe, bieten die Unterlagen keinen Anhalt.

Wenn auch nicht gesagt werden soll, dass die Lüge beim Kinde etwas Normales sei, so ist sie doch nichts Ungewöhnliches oder Auffälliges. Wir haben als Kinder wohl alle gelegentlich gelogen. Zuerst vermag das Kind Wahres und Falsches überhaupt nicht zu unterscheiden (die kindliche Scheinlüge), danach kommt das harmlose, später das täuschende Schutzmittel der Verstellung. Bei minderwertigen und psychopathischen Kindern kann sich eine auffällige Lügenhaftigkeit entwickeln, es handelt sich um das Bedürfnis, die Minderwertigkeit zu verdecken. Es wäre möglich, dass Karl hier einzureihen wäre.

Eine Quelle zur bewussten Unwahrheit fließt aus der Fantasie, die irgendeinen Inhalt, oft in unbeholfener Weise, sucht und laut werden lassen will. Kinder können Erzählungen unwahren und unsinnigen Inhaltes vor sich hinplärren, nur um zu sprechen. Es ist schon wieder der starke kindliche Bewegungsdrang, der sich mit den Sprechwerkzeugen betätigen will. Dass Karl May in seiner frühen Blindheit und durch die Märchengroßmutter Anregungen der Fantasie erhielt, wurde schon zugegeben. Und nun stehen wir wieder bei der Abenteurernatur Mays. Der Abenteurer ist Fantast, er liebt es, sich zu verstellen, sich zu verhüllen, zu verheimlichen, zu verbergen, er kann in seinen kritischen Lagen unmöglich immer die Wahrheit sagen, er muss lügen, und er lügt mit Lust, aus Lügen setzt er gewöhnlich seine Abenteuer zusammen, an Lug und Trug hat er Freude, er fühlt sich in ihnen wohl, mit fantastischen, unwahren Gestalten und Handlungen füllt er die nüchterne, armselige Leere seines Daseins aus.

So wäre hier an das anzuknüpfen, was schon früher bei der Besprechung der Leipziger und Mittweidaer Urteile gesagt worden ist. In den Schelmenstücken lebt sich Mays Abenteurerdrang aus und gestaltet die Figuren des

---

[479] Ebd.

Pelzkäufers Hermin in Leipzig in einer ganzen Reihe von Einzelszenen (Ermietung der Wohnung, Bestellung des Biberpelzes, Empfangnahme in der Wohnung und Flucht mit der Beute, Übergabe des Pelzes zum Versatz und Empfang des Vorschusses, Abforderung des vollen Pfandschillings durch den Dienstmann, Erwartung im Rosentale und Verhaftung). Er gestaltet einige Jahre später die Figuren des Polizeileutnants und des Mitgliedes der geheimen Polizei, die beide angeblich beauftragt waren, nach falschem Gelde zu forschen, und in Ermittlung von solchen Stücken ein fabelhaftes Glück und Geschick entwickelten. Er gestaltet endlich den Expedienten des Advokaten, der die Familie Wappler mit der fröhlichen Botschaft der Erbschaft aus Amerika überraschte, sich aber alsbald wieder in den nach falschen Geldstücken erfolgreich recherchierenden Polizeibeamten verwandelte. Auf den abenteuerlichen Charakter aller dieser Schelmenstücke ist schon früher hingewiesen worden, die Durchführung dieser Rollen nahm alle Fähigkeiten des Abenteurers in Anspruch und befriedigte alle seine Bedürfnisse – nach Geld sowohl wie nach Auskostung des Gefahrenreizes. Das Auftreten als Polizeibeamter bildet gern den Inhalt von Abenteuern. Der Reiz des Kriminellen ist im Allgemeinen groß und bei der Jugend besonders kräftig. Das kriminelle Vexierspiel, das darunter steckt, ist psychologisch nicht uninteressant: Man selbst ist der Verbrecher, spielt aber den das Verbrechen bekämpfenden Polizeibeamten; man fühlt sich selber belastet und verfolgt und sagt anderen, Unschuldigen, Verbrechensverübung (Falschmünzerei) auf den Kopf zu. Diese zweifache Rollenvertauschung ist sehr reizvoll.

Auch an den Übergang aus dem wirklichen Abenteuer in das schriftstellerische ist nochmals zu erinnern: an den Brief an die Eltern über das Engagement bei den Pittsburgern und an die Wadenbach-Briefe. Die beiden plötzlichen und in der Häufung der Delikte periodischen Beutezüge bestätigen, wie schon erklärt, den Charakter des Abenteurers.

Nach der inneren Aufrichtung im Waldheimer Zuchthaus, die May sehr eingehend und im Allgemeinen glaubhaft beschreibt[480], leitet er sein reales Abenteurertum in sein Schrifttum über, er sublimiert sozusagen diese groben Triebkräfte, vergeistigt sie. Nun finden sich diese zahlreichen Schelmen- und Gaunerstücke in seinen Reiseerzählungen wieder. Er kann sich, seiner Veranlagung nach, ihrem Bannkreise nicht entziehen, er wird von ihnen auch als Schriftsteller nicht frei. Den Weg, den er angetreten, wandelt er weiter, der menschliche Charakter, die menschliche Veranlagung ist unveränderlich. Nur eine Verschiebung der moralischen und unmoralischen Kräfte ist möglich. May reagierte seinen gefährlichen realen Abenteuerdrang in sein Schrifttum ab. Man muss sich darüber klar sein, dass alle Ausstrahlungen des Menschen auf eine einzige Linse – Seele – zurückgehen, dass alle menschliche

---

[480] Vgl. May: *Mein Leben und Streben*, S. 169-177.

Persönlichkeit eine einheitliche, selbst in ihren krassen Widersprüchen nicht gespaltene ist, dass im Menschen nur eine, eine einzige einheitliche Lebensenergie, die freilich verschiedene Ausdrucksmittel suchen und finden kann, wirkt und schafft. Alle Schriftstellerei ist Abstraktion irgendwelcher Art, Schelmenstücke musste er innerlich begehen. Nun ließ er sie in seinen Reisezählungen von anderen verüben, nur gelegentlich ist er selber einmal ein – freilich sittlich gerechtfertigter – Täter. Symbolisch spielt er wieder den Polizeibeamten. Er ist der den Verbrecher verfolgende Detektiv, er ist der sittliche Richter, Rächer und Vollstrecker der Strafe, er ist ein irdischer Vertreter der ewigen Gerechtigkeit.

Es ist sehr interessant, sich in diese psychologischen Wandelgänge bei Karl May zu vertiefen. Sein Charakter, sein ganzes Wesen lässt sich wunderbar aufschließen. In seinem Schrifttum wird der Mann, dem als Seminarist das Zeugnis „arger Lügenhaftigkeit" ausgestellt wurde, zum Wahrheitsfanatiker, zu einem Träger der Wahrhaftigkeit und einem Bekämpfer der Lüge. So gelingt im Schrifttum die Metamorphose, die direkte Umkehrung. In ihr steckt natürlich auch ein Stück Beichte, einer unfreiwilligen Beichte des Unbewussten. Alle Schriftstellerei ist zugleich Beichte. Die „große Konfession", von der Goethe[481] in Bezug auf alle seine Schriften spricht, das Kunstmittel, mit dem May in die Gestalten von Old Shatterhand und Kara Ben Nemsi schlüpfte, ist der Trick aller Dichtung. So schlüpfte auch Goethe in seinen Weislingen, Clavigo, Fernando, Egmont, Orest, Tasso und Faust. Die Beichte kann zur inneren Reinigung, zur Läuterung werden. Auch bei Karl May ereignete sich dieses Wunderbare. Auch aus diesem Grunde erklärt sich die Selbstverherrlichung in den beiden Romangestalten.

Bei May ereignete sich nun leider Folgendes: Aus dem gefährlichen realen Abenteurertum hatte er sich mit gutem Erfolge in das schriftstellerische geflüchtet. Jetzt packte den alten unverwüstlichen Abenteurer des Lebens der neue Reiz, die schriftstellerischen Abenteuer als seine wirklichen, persönlichen Reisererlebnisse auszugeben. Ich habe schon von einem Beispiel erzählt, wie nahe solcher Reiz und solche Verführung liegen. Eichacker[482] erzählt einen Fall seiner eignen schriftstellerischen Erfahrung. Man wird nicht sagen können, dass May von vornherein darauf ausgegangen sei, die Reiseschilderungen als eigene Erlebnisse auszugeben. Er mag die Ich-Form als wirkungsvolles Kunstmittel gewählt haben.

Das haben auch andere Schriftsteller getan. Immerhin hat sich May mit seinen Hauptgestalten seiner ganzen Art nach sicher sehr wesenseins gefühlt. Darin lag ja gerade die Vertauschung des Abenteurertums, deshalb erweckten

---

[481] U. a. Johann Wolfgang von Goethe: *Aus meinem Leben. Dichtung und Wahrheit*. Bd. 2. Tübingen 1812, S. 166.

[482] Reinhold Eichacker: *Was Karl May mir war*. (→ Eichacker: *Was Karl May mir war*). In: *KMJb 1919*. Breslau 1918, S. 110-125.

ja die Reiseschilderungen so sehr den Schein der Echtheit. Ich möchte aber doch glauben, dass bei der Wahl der Ich-Form in Mays Unbewusstem schon der Reiz mitgewirkt hat, dass sich die erfundenen Reiseabenteuer recht gut und effektvoll als wirkliche Erlebnisse ausgeben ließen. Das musste den Wert der Bücher und die Einnahmen des Schriftstellers steigern. Und als dann die Versuchungen, erst als Anfragen und später als Annahmen, lebhaft an ihn herantraten, war der alte Abenteurer zu einer Abwehr nicht fähig. Er schlüpfte in ein neues Abenteurertum und ist nun vor seiner Leserwelt wirklich Old Shatterhand und Kara Ben Nemsi. Es sind verschiedene Zeugnisse bekannt, [denen zufolge] May in allem Ernst die Abenteuer seiner Erzählungen in sehr drastischer Weise als Selbsterlebnisse ausgegeben hat. Die May-Jahrbücher bringen selbst Belege. Zu Dr. von Kralik[483] sagte May in Wien persönlich:

„Ich gebe zu, dass ich wie jeder Reiseschriftsteller meine Berichte stilisiere [...]. Aber ich schreibe keine Romane. Ich habe alles im Wesentlichen so erlebt."

Eichacker[484]: „Leider ging Karl May aber weiter. Er ließ sich allmählich dazu treiben, sich nicht nur in seinen Werken, sondern auch im Leben mit seinen Helden zu identifizieren [...]. Das war eine bedauerliche Entgleisung Karl Mays. Aber sie ist menschlich verständlich und deshalb verzeihlich."

Max Casella erzählt von einer persönlichen Begegnung mit Karl May am 5. Juli 1897 in München: „[Er] war hier, nach einer Ankündigung in einer Tageszeitung, für seine Leser auf der Durchreise zu sprechen."[485]

Nach Aufzeichnungen in Casellas Tagebuch waren eine Menge Leute, namentlich ganz junge Schüler erschienen.

„Allen stand er Rede und Antwort. Er erzählte zwischenhinein von seinen Reisen und behauptete, nun zum 22. Mal nach Amerika zu gehen."[486]

Auf Casellas ausdrückliche Frage, ob seine Schilderungen alle wahr seien, erwiderte er: „[Jedes] Erlebnis, jede Gefahr entspräche der Wahrheit, nur wie der Maler den Pinsel brauche, ihn in die Farbe tauche usw., so verfahre auch er [...]. Er kehre nun wieder zu den Apatschen zurück und dort könne er 35000 Mann befeligen an Stelle Winnetous, wenn er hinüberkomme."[487]

Ich will hier nur noch auf seinen eigenen Aufsatz „Freuden und Leiden eines Vielgelesenen von Dr. Karl May"[488] Bezug nehmen, den er in den Heften Nr. 1 und 2 des 23. Jahrganges vom „Deutschen Hausschatz in Wort und

[483] Richard von Kralik: *Der abenteuerliche Tag*. In: *KMJb 1919*. Breslau 1918, S. 252-269 (254). Der österreichische Schriftsteller und Philosoph (1852–1934) stand seit 1898 in Kontakt mit Karl May.

[484] Eichacker: *Was Karl May mir war*, S. 110-125 (118).

[485] Max Casella: *Dem Freund meiner Jugend* (→ Casella: *Dem Freund meiner Jugend*). In: *KMJb 1921*. Radebeul bei Dresden 1920, S. 316-329, S. 316-329 (320).

[486] Ebd.

[487] Karl May am 5.7.1897 im Hotel Trefler gegenüber seinen Zuhörern. In: Casella: *Dem Freund meiner Jugend*, S. 316-329 (320).

[488] May: *Freuden und Leiden*, Nr. 1, S. 1-6, Nr. 2, S. 17-21.

Bild" vom Jahre 1896 (Verlag von Friedrich Pustet in Regensburg) veröffentlicht hat. In diesem Artikel bringt May ganz unverhohlen zum Ausdruck, dass er die Abenteuer in Amerika, Afrika, Ägypten selbst erlebt habe. Er spricht von dem „von mir in Afrika geschossenen Raubtier"[489], als einige bei ihm vorsprechende Besucher, wissbegierige Gymnasiasten, vor dem ausgestopften Löwen in seinem Studierzimmer zurückschrecken.

„Weil ich meist Selbsterlebtes erzähle und Selbstgesehenes beschreibe, brauche ich mir nichts auszusinnen [...]. Zwar sind Fleischer[490] und Wüstenfeld[491], die berühmten Orientalisten, meine Lehrer gewesen, aber den eigentlichen Fluß habe ich mir doch erst an Ort und Stelle geholt. Wirklich in den Geist einer Sprache eindringen kann man nur als Angehöriger des Volkes [...]. Es fällt mir nicht im Traume ein, mir auf das, was ich erlebt und geschrieben habe, auch nur das Geringste einzubilden."[492]

So schreibt May 1896. In Verbindung mit dem angemaßten Doktor-Titel der Autorüberschrift müsste der Gedanke erweckt werden, May habe Orientalia studiert; in seinen Reiseerzählungen gibt er sich auch als „Studierter" aus. Auch in „Winnetou" II[493] rühmt er sich des größten Arabisten Deutschlands als seines „Lehrers". Tatsächlich hat May bei Wüstenfeld (Göttingen) und Fleischer (Leipzig) nie Vorlesungen gehört, vielleicht aber ihre Werke gelesen. In seiner großen Bibliothek sind diese Werke nicht vorhanden. May verweist in seinem Aufsatz darauf, dass der Fotograf Adolf Nunwarz[494] in Linz-

---

[489] May: *Freuden und Leiden*, Nr. 1, S. 1-6 (2).

[490] Heinrich Leberecht Fleischer (1801–1888) war einer der bedeutendsten Orientalisten seiner Zeit und gehörte zu den Begründern der modernen Arabistik in Deutschland; vgl. u. a.: Hans-Georg Ebert/Thoralf Hanstein: *Heinrich Leberecht Fleischer – Leben und Wirkung: Ein Leipziger Orientalist des 19. Jahrhunderts mit internationaler Ausstrahlung*. Leipziger Beiträge zur Orientforschung. Frankfurt am Main 2013.

[491] Heinrich Ferdinand Wüstenfeld (1808–1899): Deutscher Orientalist und ordentlicher Professor der orientalischen Sprachen, ab 1876 Direktor der historischen Klasse der Akademie der Wissenschaften in Göttingen. Bekanntheit erlangte er vor allem als Übersetzer und Verfasser zahlreicher Arbeiten zu Sprache und Geografie des Orients, zur Geschichte und Topografie von Mekka und Medina sowie einer umfangreichen Auflistung der arabischen Stämme und Familien; vgl. Julius Wellhausen: *Wüstenfeld, H. Ferdinand*. In: *Allgemeine Deutsche Biographie (ADB)*. Band 55. Leipzig 1910, S. 139f.

[492] May: *Freuden und Leiden*, Nr. 2, S. 17-21 (18).

[493] *Karl May's Gesammelte Werke* Bd. 8: *Winnetou 2. Band*. Radebeul bei Dresden, 157. bis 173. Tausend, S. 396.

[494] Adolf Nunwarz (1868–1931) war ein Fotograf und Atelierbesitzer in Linz-Urfahr. Er übernahm den Verlag der im April 1896 von seinem Kollegen, dem Amateurfotograf Alois Schießer (1866–1945), in Radebeul angefertigten 101 noch heute bekannten Aufnahmen von Karl May in Zivil sowie in den Kostümen Old Shatterhands und Kara Ben Nemsis. May kündigte den Verlagsvertrag am 28.9.1897, da er offenbar mit dem Verkaufserfolg unzufrieden war. Nachdem sich der Schriftsteller in den Folgejahren mehr und mehr von der Old-Shatterhand-Legende distanziert hatte, fuhr er schließlich im Rahmen einer Rundreise am 8.10.1902 nach Linz. Während dieses Linzer Aufenthalts besuchte er Adolf Nunwarz, mit dem er die Bleiplatten der 101 Fotografien in die Donau versenkte; vgl. Josef Mittermayer: *Karl Mays Beziehungen zu Linz*. In: *Historisches Jahrbuch der Stadt Linz 1962*. Linz 1963, S. 554-565. Nachdrucke u. a. in: *KMJb 1978*. Bamberg/Braunschweig 1978, S. 111-133.

Urfahr „Bilder von Old Shatterhand und Kara Ben Nemsi"[495] verkauft. Die zwei erwähnten Hefte des „Hausschatzes" sind mit Bildern von May illustriert, insbesondere „Karl May – Old Shatterhand mit Winnetous Silberbüchse"[496] und „Karl May – Kara Ben Nemsi mit dem Henrystutzen"[497], – auch „Dr. Karl May in seinem Arbeitszimmer"[498], wo neben dem Schreibtisch der ausgestopfte Löwe zu sehen ist. Heft 2 enthält noch den ausdrücklichen Vermerk, dass Dr. Karl May auf den Abbildungen dieselben „Kostüme" zeige, die er als Old Shatterhand und Kara Ben Nemsi auf seinen Reisen getragen habe. In demselben Heft lässt er sich durch einen Besucher Grüße seiner Romanfigur, des karierten Engländers Lindsay[499] bringen, der ja nur in seiner Fantasie existiert, drückt er einem Übermutigen mit dem berühmten Griffe die Hand so fest, dass er einen Schmerzensschrei ausstößt und von einem Bein auf das andere hüpft. [May[500] schreibt] in seinem Aufsatz u. a. Folgendes:

„Mir klingt noch heute das Ave Maria in den Ohren, bei dessen Klängen er [Winnetou] in meinen Armen die Augen schloß."

Die Aufsätze sind in einem katholischen Familienblatt („Hausschatz") erschienen, das in seinem Anzeigenteil vorwiegend Ankündigungen katholisch religiöser Literatur brachte.

So wäre das neuere und letzte Abenteuertum Karl Mays vollendet. Es musste etwas näher nachgewiesen werden, weil erst mit ihm der Kreis der psychologischen Analyse sich schließt. Wer die Aufsätze im „Hausschatz" selbst liest, erkennt, wie der Abenteurer schwelgt, Abenteuer im Schrifttum und im Leben vereinigt, wesenseins, wie dereinst in den Wadenbach-Briefen. In diesem neuen Abenteurertum gipfeln Eitelkeit, Selbstverherrlichung und schließlich sogar die Selbstapotheose. „Was ich bin und was ich schaffe, das bin und schaffe ich durch Gottes Barmherzigkeit, und wer den Anker seines innern und äußern Lebens in die Barmherzigkeit des Allgütigen versenkt, der weiß, daß er nichts als nur ein schwaches Werkzeug Gottes und ihm zu unaufhörlichem Dank verpflichtet ist; Dankbarkeit ohne Demut aber gibt es nicht. [...] Und wenn meine Erzählungen hier und da Gutes wirken, so habe ich dies nächst Gott nicht mir, sondern den Gebeten meiner Leser zu verdanken. Ich weiß, daß Hunderte von ihnen täglich für mich beten; sie haben es mir geschrieben, und ich schließe sie täglich auch in meine Bitte ein. Wenn so viele den Herrgott bitten, meiner Feder Segen zu verleihen, da kann doch wahrlich

---

[495] May: *Freuden und Leiden*, Nr. 2, S. 17-21 (19).

[496] Ebd., Nr. 2, S. 17-21 (17).

[497] *Deutscher Hausschatz in Wort und Bild*. XXIII. Jg. (1896/97) Nr. 2, S. 24. – Das Bild ist nicht innerhalb des May-Textes integriert.

[498] May: *Freuden und Leiden*, Nr. 1, S. 1-6 (5).

[499] Ebd., Nr. 1, S. 1-6 (6).

[500] Ebd., Nr. 2, S. 17-21 (21).

ich nicht stolz sein auf das, was ich schreibe! Es sind die Boten Gottes, die mir die Worte bringen."[501]

Er erzählt weiter in demselben Hefte von zahlreichen „religiösen, ethischen, sozialen Wirkungen" seiner Bücher und veröffentlicht – ohne Namensnennung der Unterzeichner – eine Reihe Zuschriften.

Acht Studenten der Philosophie schreiben: „Als wir Studenten der Philosophie wurden, haben wir nicht an Gott geglaubt. Die Lektüre Ihrer Werke hat uns den Glauben zurückgebracht, und wir werden ihn nun umso fester halten. Gott segne Sie!"[502]

Ein andrer schreibt: „Ich bin ein böser Mensch gewesen, habe Vater und Mutter in das Grab geärgert, den Glauben an Gott verlacht, bin aber durch Ihre Gespräche mit Marah Durimeh und Old Wabble gerettet worden."[503]

Ein Vater schreibt, sein Sohn habe über die Lektüre des Rittes durch den Llano estakado den „entsetzlichen Entschluß des Selbstmordes"[504] fallen lassen.

Eine Lehrerin in den einsamen Dolomiten liest den dortigen einfachen Menschen nach ihrem schweren Tagewerk abends aus Mays Büchern vor: „Ich kann behaupten, daß es jetzt keinen bösen Menschen mehr hier gibt. Haben Sie tausend Dank für das kostbare Geschenk Ihrer Bücher."[505]

Wieder andere schreiben:

„Seit wir Ihre Werke gelesen haben, sind wir keine Sozialdemokraten mehr und sehen zu unsrer Freude, daß alle, denen wir sie borgen, auch langsam zu uns übertreten."[506]

Ich bekenne offen, ich habe zunächst nicht an die Echtheit dieser Zuschriften geglaubt. Aber nach einer später noch zu erwähnenden gedruckten Sammlung solcher Zuschriften wird man wohl an der Echtheit kaum zweifeln können, obwohl die Systematik in den Veröffentlichungen hier auffällig erscheint. Gottesglaube und Vaterlandsliebe finden in Mays Büchern ein Bollwerk, das gegen Unglaube und Sozialdemokratie schützt. Altar und Thron werden geschützt, böse Menschen werden gerettet! Hier liegt der höchste Triumph des großen Abenteurers, ein sittlicher Kämpe und Sieger zu sein, dabei übrigens zugleich eine wirksame Geschäftsreklame zu machen. Ich sagte schon früher, man möchte und kann May in seinen Büchern reichlich vorgetragene Religiosität für eine aufrichtige halten. Die Hand der Vorsehung hatte ihn in wunderbarer Weise aus den Niederungen des Lebens gerettet, fast ein

---

[501] Ebd., Nr. 2, S. 17-21 (19).
[502] Ebd., Nr. 2, S. 17-21 (18).
[503] Ebd.
[504] May: *Freuden und Leiden,* Nr. 2, S. 17-21 (18).
[505] Ebd., Nr. 2, S. 17-21 (18).
[506] Ebd.

196

Wunder war an ihm geschehen, er durfte Gott preisen. Aber zugleich stellt er in einem katholischen, auch der Religiosität gewidmeten Blatte so gänzlich unwahre Behauptungen auf und schmückt sich mit religiösen Bekehrungen. Das sieht auf den ersten Blick nicht günstig aus. Aber solche Widersprüche finden sich nicht selten auf dem Gebiete des Religiösen. Es kann einer ein andächtiges Weihnachten feiern und hat doch den Christbaum, dessen Lichter ihm leuchten, vorher aus dem Walde gestohlen. Frauen ließen ihre Männer ermorden und ihnen dann vor dem Tode noch die letzte Ölung zuteil werden. Ein Priester tötete seinen Feind und erteilte dem Sterbenden noch Absolution. Die Wege des Religiösen in der Menschenseele sind die wunderbarsten, verschlungensten, unergründlichsten. Hiermit kann man sich auch bei Karl May bescheiden.

Eine Begleiterscheinung in der damaligen Zeit war, dass sich May zu Unrecht den Titel eines Dr. phil. beilegte. Hierüber die amtlichen Feststellungen aus den Akten 2 V 21/07 des Landgerichtes Dresden in einem Schreiben des Untersuchungsrichters[507] an das Kaiserliche Deutsche Generalkonsulat in Chicago vom 1. Oktober 1908. – May hatte sich bereits in den 1880er-Jahren den Titel eines Doktors phil. beigelegt, ohne sich diesen Titel erworben zu haben. Verlagsverträge, Schriftstücke an Behörden und Privatpersonen unterschrieb er in der Regel mit Dr. phil. Karl May. An seiner Villa in Oberlößnitz bei Dresden war ein Schild mit der Aufschrift „Dr. phil. Karl May" angebracht. Auch bei seinen polizeilichen Anmeldungen in den von ihm gewählten Wohnorten legte er sich den Titel eines „Dr. phil." bei. Als im Adressbuch für Radebeul im Jahre 1898 bei seinem Namen der Titel „Dr. phil." nicht angegeben war, hat er unter dem 8. Oktober 1898 ausdrücklich schriftlich um Korrektur des Adressbuches in dieser Richtung nachgesucht.[508] In einer Reihe von Prozessakten des Amtsgerichtes Dresden[509] (jetzt im Sächsischen Hauptstaatsarchiv) wird von den verschiedenen Klägern als Beklagter Dr. phil. Karl May in Kötzschenbroda in Anspruch genommen. In den Akten Cg VI 919/88[510] findet sich eine Vollmacht, die May eigenhändig mit „Dr. Karl May" unterschrieben hat. Von etwa 1900 ab scheint

[507] Kurt Larraß: Schreiben an das Kaiserlich Deutsche Generalkonsulat in Chicago vom 01.10.1908. In: Kgl. Landgericht Dresden [1907 oder 1908; exaktes Datum unbekannt]: Voruntersuchung ./. Karl May und Genossen – 2 V 21/07 wegen Meineides bzw. Verleitung zum Meineid (im ersten „Münchmeyer"-Prozess). Auszüge aus insgesamt vier Akten zu diesem Verfahren finden sich im Lebius-*Reprint*, S. 3-129. Das hier von Wulffen erwähnte Schreiben ist dem Band 3 der Akten im Lebius-*Reprint*, S. 20-25, entnommen.

[508] Vgl. Hans-Dieter Steinmetz: „*Is das nich der Dres'ner Doktor?" Zu Karl Mays freiem Umgang mit dem Doktortitel.* (→ Steinmetz: *Dres'ner Doktor*). In: *KMHI*, Nr. 13/2000, S. 1–27 (2f.).

[509] HStA Dresden. Akte Amtsgericht Dresden Nr. 2971. Eine Aufarbeitung der innerhalb dieser Akte gesammelten Konvolute verschiedener Zivilverfahren Karl Mays findet sich in: Seul: *Karl Mays Zivilprozesse.*

[510] Alma Eulitz ./. Dr. phil Karl May. Zivilklage von 1888 [Grund und exaktes Datum unbekannt]. Kgl. Amtsgericht Dresden – Cg. VI 919/88; vgl. Seul: *Karl Mays Zivilprozesse*, S. 18f.

der Doktortitel zu verschwinden. Im November 1898 erklärte May[511] vor der Amtshauptmannschaft Dresden, er habe den Doktortitel von der Universität Rouen in Frankreich verliehen erhalten. Um Genehmigung zur Führung in Deutschland habe er nicht nachgesucht, er habe nicht gewusst, dass dies nötig sei. Auf diesen Doktortitel ist er nicht wieder zurückgekommen. Sein Doktordiplom konnte er nicht vorlegen, es wurde auch bei einer Haussuchung nicht bei ihm gefunden. Dieses Diplom gehört in das Reich der Mayschen Märchen. Außerdem wollte er den amerikanischen Doktortitel von der deutschen Universität in Chicago verliehen erhalten haben.

Es wurde ein Doktordiplom[512] vom 9. Dezember 1902, ausgestellt honoris causa von der deutschen-amerikanischen Universität in oder bei Chicago, bei einer Haussuchung gefunden. Am 20. November 1904 veröffentlichte May[513] in Dresdner Zeitungen ein an Professor Dr. Paul Schumann vom Dresdner Anzeiger, seinen heftigsten Gegner, gerichtetes Inserat folgenden Wortlautes:

„Es peinigt Sie, geehrter Herr, daß ich im Literaturkalender von Kürschner als Doktor der Philosophie bezeichnet werde. Das Diplom kam vom Auslande, honoris causa, ohne mein persönliches Betreiben, ganz so wie mir einst wegen meines ‚Krumir‘[514], der kurz vor dem Krumirkriege erschien, eine französische Dekoration angeboten wurde, die ich aber ablehnte, weil ich überzeugt war, sie nicht verdient zu haben. Ich glaubte, diesen ‚Doktor‘ führen zu dürfen, denn die betreffende auswärtige Vertretung hatte mir dies versichert; ich legte aber trotzdem vor einigen Jahren das Diplom des Kgl. Ministerium des Kultus und öffentlichen Unterrichts zur Prüfung vor und erhielt den Bescheid, es sei allerdings gültig, überall, nur in Deutschland nicht, übrigens habe der Name Karl May einen größeren Wert als jeder derartige Titel. So wurde gesagt, und ich hoffe, daß infolge dieser meiner Darstellung der ‚Doktor‘ aus dem Kürschner verschwindet. Einen hierauf bezüglichen besonderen Antrag zu stellen, ist mir die Sache denn doch zu gleichgültig gewesen.“

Tatsächlich hatte ihm das sächs. Kultusministerium[515] durch Verordnung vom 17. März 1903 eröffnet, dass es außerstande sei, die Genehmigung zur Führung des Doktortitels nach dem Chicagoer Diplom zu bewilligen. Vor

---

[511] Karl May: Erklärung vom 10.11.1898 vor der Kgl. Amtshauptmannschaft Dresden. In: Kgl. Amtshauptmannschaft Dresden – 1943 II 98 zu XIV 1. 30, zit. nach Lebius-*Reprint*, S. 17f., 320-321 (320).

[512] Karl May: Erklärung vom 10.11.1898 vor der Kgl. Amtshauptmannschaft Dresden, zit. nach: Lebius-*Reprint*, S. 18.

[513] Karl May: *Herrn Professor Dr. Paul Schumann vom 18.11.1904*. In: *Dresdner Neueste Nachrichten* vom 20.11.1904.

[514] Karl May: *Der Krumir*. In: *Karl May: Gesammelte Reiseromane* Bd. XX: *Orangen und Datteln*. Freiburg 1893, S. 213-426.

[515] Paul von Seydewitz, Sächsisches Kultusministerium: Bescheid an Karl May vom 17.3.1903. In: Lebius-*Reprint*, S. 23.

dem Dresdner Untersuchungsrichter hat May[516] 1908 erklärt, er habe den Doktortitel 1902 von der deutsch-amerikanischen Universität in Chicago auf Grund seines Werkes „Im Reiche des silbernen Löwen"[517] verliehen erhalten, habe sich allerdings auch schon vorher den Titel beigelegt gehabt, um seinen Verleger Münchmeyer und andere Herren, die ihn stets mit Dr. phil. angeredet hätten, nicht Lügen zu strafen. Durch Mitteilung des deutschen Kaiserlichen Generalkonsuls in Chicago[518], ist erwiesen, dass ein Schwindler[519] in Chicago sowohl ein German Medical College als auch die Universitas Germania Americana gegründet hatte, die beide als Diplommühlen in Amerika gebrandmarkt waren. Auch in der Frage des Doktor-Titels hat May sein Literarisches in die Wirklichkeit herübergenommen, genauso wie die früheren Reisen. Wie er sich in seinen Erzählungen wiederholt als studierter Mann ausgab, tat er es eben auch ausdrücklich und nachdrücklich im bürgerlichen Leben. Die Verführung lag natürlich nahe genug. Diese beiden eben geschilderten Umstände, die ausdrückliche öffentliche Berührung mit den angeblichen Auslandsreisen und die unbefugte Führung des akademischen Titels, fallen bei der Würdigung der von May überhaupt vorgetragenen Behauptungen selbstverständlich mit ins Gewicht. Sie legen dem kritischen Beurteiler nahe, Mays Sachdarstellungen mit Vorsicht aufzunehmen und sorgfältig nachzuprüfen. Deshalb ist die Wahrheitsermittlung im Falle May leider so sehr erschwert. Deshalb kann seinen unwahrscheinlichen und widerspruchsvollen Ausführungen über seinen Seelenzustand bei Verübung der Straftaten nicht gefolgt werden, solange nicht durchschlagende Beweise für ihn sich erbringen lassen.

Die pathologische Frage taucht hier vielleicht noch einmal auf. Hatte Mays Trieb zu lügen, zu täuschen, zu betrügen eine krankhafte Höhe erreicht?

---

[516] Siehe Kurt Larraß: Beschluss vom 23.4.1908. In: Kgl. Landgericht Dresden [1907 oder 1908; exaktes Datum unbekannt]: Voruntersuchung ./. Karl May und Genossen – 2 V 21/07 wegen Meineides bzw. Verleitung zum Meineid (im ersten „Münchmeyer"-Prozess). Auszüge aus insgesamt vier Akten zu diesem Verfahren finden sich im Lebius-*Reprint*, S. 3-129 (128). – In diesem Beschluss wird Mays Aussage wiedergegeben, wonach ihm die Doktorwürde „auf Grund seiner Dissertation ‚Im Reiche des silbernen Löwen'" erteilt worden sei.

[517] Die Tetralogie *Im Reiche des silbernen Löwen* (→ May: *Im Reiche des silbernen Löwen I-IV*) besteht aus: Karl May. *Gesammelte Reiseerzählungen* Bd. XXVI: *Im Reiche des silbernen Löwen. I. Band.* Freiburg 1898; ders.: *Gesammelte Reiseerzählungen* Bd. XXVII: *Im Reiche des silbernen Löwen. II. Band.* Freiburg 1898; ders.: *Gesammelte Reiseerzählungen* Bd. XXVIII: *Im Reiche des silbernen Löwen. III. Band.* Freiburg 1902; ders.: *Gesammelte Reiseerzählungen* Bd. XXIX: *Im Reiche des silbernen Löwen. IV. Band.* Freiburg 1903.

[518] Kaiserlicher Generalkonsul Walther G. Wever: Brief an Wilhelmine Beibler vom 5.6.1903. In: Steinmetz: *Dres'ner Doktor*, S. 1-27 (10). – Am 15.5.1903 hatte May über seine Schwiegermutter, Wilhelmine Beibler, unter einem Vorwand beim Kaiserlichen Deutschen Konsulat in Chicago nachfragen lassen, ob die Universitas Germania Americana tatsächlich existierte. Die Antwort des Generalkonsuls fiel eindeutig aus. So sei die vermeintliche Hochschule „von den zuständigen Staatsbehörden als reputable nie anerkannt worden. In Wirklichkeit soll dieselbe nie existiert haben und wurde auch seiner Zeit in den hiesigen Zeitungen öffentlich als Schwindel gebrandmarkt." Mays Doktordiplom war wertlos.

[519] Der Barbier John Malok (Lebensdaten unbekannt).

Hatte er an der Pseudologia phantastica[520] (Delbrück[521]) gelitten? Wäre er Mythomane in dem Sinne gewesen, dass krankhafte Störungen seines Reproduktions- und Assoziationsvermögens zur Folge hatten, dass er Erlebtes und bloß Gedachtes nicht mehr zu unterscheiden vermochte, dass sie ihm wider seinen Willen durcheinanderflossen und er in gutem Glauben das nur Erdachte für wirkliches Erlebnis ausgeben konnte? Bei der Pseudologia phantastica mischen sich bewusste und unbewusste Selbsttäuschungen. Der Kranke hat eine Art Doppelbewusstsein. Er weiß einerseits, dass er lügt; anderseits hält er die Lüge für Wahrheit. Besonders hysterische Kinder sind pathologische Lügner, die als Großtuer und Aufschneider und, wenn sie erwachsen sind, als Schwindler und Hochstapler, gelegentlich auch als Diebe, auftreten und ihre eigene Person in den Vordergrund ihrer fantastischen Ausgestaltungen rücken. Ich darf nochmals auf alles verweisen, was ich hinsichtlich der Pathologie Mays schon eingehend ausgeführt habe, und hinzufügen, dass auch für eine Pseudologia phantastica oder Mythomanie aus allen vorhandenen Unterlagen sich keine hinreichenden Anhaltspunkte ergeben. Gewiss hatte Karl May die veranlagte und entwickelte Gabe, Erlebtes und bloß Erdachtes mit Leichtigkeit und Lustbetonung durcheinanderzuwerfen. Wem seine lebhafte Fantasie ermöglicht, hundert und tausend Einzelheiten zu ersinnen und niederzuschreiben, der wird beim Mangel gefestigter Hemmungen unschwer dazu gelangen, gelegentlich auch im realen Leben zu erdenken, zu fingieren, zu erdichten und niedergeschriebenes Erdachtes in seine Wirklichkeit herüberzunehmen. Befähigung und Verführung dazu sind sicher groß, und die Wiederholung und Übung machen schließlich auch hier den „Meister".

[520] Als Pseudologia phantastica wird in der Psychiatrie seit Anton Delbrücks Abhandlung *Die pathologische Lüge und die psychisch abnormen Schwindler. Eine Untersuchung über den allmählichen Übergang eines normalen psychologischen Vorgangs in ein pathologisches Symptom.* Stuttgart 1891, etwa dasselbe verstanden wie Mythomanie und beinhaltet die krankhafte Neigung, die Wahrheit zu verfälschen, zu lügen oder erfundene Geschichten zu erzählen. Bei Kindern stellt sich das Erscheinungsbild bis zu einem gewissen Grad physiologisch, d. h. der Natur entsprechend und damit nachvollziehbar dar, da noch nicht sicher zwischen Wirklichkeit und Fantasie unterschieden werden kann. Bei Erwachsenen stellt sich die Pseudologia phantastica entweder als harmlose Ausschmückung von Geschichten mit vielen erfundenen Details dar, die dem jeweiligen Publikum angepasst werden, oder als freie Erfindungen, die teils dem Geltungsbedürfnis, teils bestimmten Absichten dienen. In jedem Fall ist der Erzähler wenigstens teilweise von der Realität der erzählten Begebenheiten überzeugt. Inhaltlich handelt es sich um einen Kern realer Begebenheiten, der nach Art der Mythen mit Wunsch-Erfüllungen ausgeschmückt wird, durch die die unangenehme Realität abgeleugnet werden soll. Psychoanalytisch gesehen handelt es sich um einen Abwehr-Mechanismus, wobei die Geschichten den Teil der Realität, der geleugnet werden soll, mit enthalten (vgl. Helene Deutsch: *Über die pathologische Lüge. Pseudologia phantastica.* In: *Internationale Zeitschrift für Psychoanalyse und Imago.* Offizielles Organ der Internationalen Psychoanalytischen Vereinigung. Band VIII, London 1922, S. 153-167). Heutzutage wird die Pseudologia phantastica innerhalb der Internationalen Klassifikation psychischer Störungen – ICD-10 der Weltgesundheitsorganisation (WHO) – als narzisstische Persönlichkeitsstörung klassifiziert. – Im Gegensatz zu Wulffen sah Claus Roxin Jahrzehnte später die Pseudologia phantastica sehr wohl als eine bei May vorhandene Persönlichkeitsstörung an (vgl. Roxin: *Vorläufige Bemerkungen*, S. 74-109 [81ff.]).

[521] Anton Wolfgang Adalbert Delbrück (1862–1944) war ein deutscher Psychiater und Klinikdirektor.

Dagegen glaube ich nicht, dass bei Karl May die Lüge als pathologisches Symptom anzusprechen sei.

Gewiss war seine Veranlagung zur Lüge nicht die eines normalen Menschen, sie wich von der Norm ab, bewegte sich schon auf dem Boden des Anormalen, ohne indessen nach meiner Auffassung die Grenze des Krankhaften, der sie sich vielleicht näherte, zu erreichen.

Ich möchte deshalb May auch kaum zu den psychopathischen Persönlichkeiten[522] (Birnbaum) rechnen. Sie sind Psychopathen leichten Grades, die unter keine besonders ausgesprochene Geisteskrankheit eingereiht werden können. Sie weisen konstitutionell bedingte, im Wesentlichen auf den Persönlichkeitskomplex sich erstreckende pathologische Abweichungen mäßigen Grades auf. Steigerung der Gemütsbewegungen, aber auch Herabminderungen unter das Mittelmaß finden sich ein. Die einzelnen Persönlichkeitsbestandteile sind zum Teil abnorm. Es besteht ein Missverhältnis zwischen äußerem Reiz und psychischer Reaktion, das u. a. zu Haft- und Gefängnispsychosen führt. Es besteht Disharmonie zwischen den einzelnen Gefühlsbetonungen. Eitelkeit und Großmannssucht zeigen sich. Die Intelligenz kann gut, aber auch vom Gefühlsleben überwuchert sein. Überschwänglicher Idealismus steht neben niedrigster Gesinnung. Schon in der Kindheit zeigt sich übermäßige Reizbarkeit. Die Entwicklung ist auffällig, unharmonisch, sprunghaft. Eine Frühreife des Gefühlslebens und des Intellektes werden beobachtet, ebenso [eine] übermächtige [Aus]drucksweise. Ihre Erziehung gestaltet sich schwierig.

Diese Voraussetzungen scheinen mir in ihrem Gesamtbilde für May nicht zuzutreffen. Eine psychische Labilität, die ein vermindertes seelisches Hemmungsvermögen in sich schließt, war sein beschiedener Teil und erklärt alle seine psychischen Abweichungen von der Norm.

Eine Frage ist schließlich noch zu beantworten, ob Karl Mays Grausamkeitsinstinkte, die als natürliche Veranlagung bei allen Menschen mehr oder minder latent vorhanden sind, eine starke, vielleicht besonders starke Entwicklung hatten. Das Gesamtkonsistorium zu Glauchau rügte ja schon, des Seminaristen „rüdes Wesen". Die Erziehung durch den jähzornigen Vater in dem armen Weberhause wird den Knaben, der sich ja bald auch körperlich entwickelte, derb gemacht haben. Nach den Feststellungen des Mittweidaer Urteils hat May geständigermaßen ein Doppelterzerol – angeblich ungeladen – bei sich geführt und im Falle Krause[523] seine Verfolger mit Erschießen bedroht. Schließlich hat er bei jenem Transport zum Tatort seine eisernen Handfesseln gewaltsam zerbrochen.

---

[522] Vgl. Carl Birnbaum: *Über psychopathische Persönlichkeiten*. Eine psychopathologische Studie. Wiesbaden 1909. – Für Birnbaum wiesen psychopathische Persönlichkeiten ererbte oder erworbene pathologische Abweichungen konstitutioneller Art auf, die erblich weitergegeben werden.

[523] Vgl. Sudoff/Steinmetz: *KMC I*, S. 149.

In den Jahren der May-Hetze wurden seine Bücher auch damit bekämpft, dass in ihnen Tausende von Faustschlägen gegen Kopf und Schläfe, Hunderte von Fußtritten in den Leib, Hunderte von Fesselungen und Knebelungen nachzuweisen waren. Es wurde schon bemerkt, dass diese Mittel, Gegner unschädlich zu machen, vom Schriftsteller offenbar absichtlich gewählt wurden, weil er als Christ Tötungen von Menschen zu vermeiden hatte. So führte ihn wohl der Zwang zu dem berühmten Faustschmetterer Old Shatterhand, und man sieht, welchen Ursprung Fantasiegestalten haben können.[524] Als Abenteurer in fremden Ländern und bei fremden Völkern musste May natürlich auch ein Held von erstaunlichen Körperkräften sein und sich öfter als solcher erweisen. In solchen Schilderungen sehen wir ihn ja geradezu schwelgen, selbst im Privatleben machte er von seinen – angeblichen – Kräften und Geschicklichkeiten Gebrauch. Beliebt ist bei ihm auch das Mittel, einen Menschen auf die Arme zu nehmen und mit Riesenkraft sonst wie weit an eine Wand, zum Fenster hinauszuschleudern. Es ist nicht zu verkennen, dass bei diesen Schilderungen eine Lustbetonung obwaltet. Bei einem Abenteurer werden Grausamkeitsinstinkte immer kräftig ausgebildet sein. Dieses Abenteurerwesen steht aber bei May vor allem auf dem Papier in seinen Büchern. In seinem persönlich erlebten Abenteurertum sieht es nach den Aktenunterlagen viel besser aus. Handgreiflich wird er eigentlich nie. Im Leipziger Falle (1865) scheint er von den Polizeibeamten im Rosental ohne Weiteres festgenommen worden zu sein, nachdem er vorher mit dem Dienstmann im Gebüsch kurz „gerungen" hatte. Im Falle Krause (1869) wirft er, verfolgt, fluchtartig sofort das erbeutete angebliche Falschgeld von sich, und erst, als die Verfolger sich hiermit nicht begnügen und ihm auf den Leib rücken wollen, droht er mit der Waffe. Im Falle Schreier lässt er ebenfalls das aus dem unverschlossenen Stall gestohlene Pferd, als er sich verfolgt erkennt, und auch den Kaufpreis beim Rossschlächter sofort im Stich. Sonstige Gewalthandlungen werden nicht gemeldet. Mays persönliches Abenteurertum sah also ziemlich harmlos zuweilen – gegenüber den Maßlosigkeiten im Schrifttum – dürftig, ja humoristisch aus. Persönlich war er keine grausame Natur.

Seine physiognomischen Züge lassen eher – insbesondere in den späteren Jahren – auf eine gewisse Gutmütigkeit, Gemütlichkeit und Harmlosigkeit, ja Offenheit, schließen. Er war in seinem Privatleben auch gemütlich. Aus seinen früheren Bildern, die zumal der Regensburger „Hausschatz" 1896 brachte, spricht eine schulmeisterliche Eitelkeit, die Eitelkeit eines kleinen Gernegroß, die ja auch wohl schon mit in seinem früheren Abenteurertum steckte, wie seine Erscheinung auf der Anklagebank in Mittweida, nach der Meinung seines Verteidigers, erkennen ließ.

---

[524] Fritz Prüfer: *Old Shatterhands Milde*. In: *KMJb 1927*. Radebeul bei Dresden 1928, S. 356-363 (360-363).

Aus den mancherlei Verbindungen, die Karl May mit geistig bedeutenden Leuten gewann, sei seine Freundschaft mit dem bekannten Maler Sascha Schneider[525] [erwähnt], gestorben am 17. August 1927 in Petersburg, am 21. September 1870 geboren, der also 28 Jahre jünger war. Es geschah 1902, als der damals 32-jährige Künstler sich zu dem 60-jährigen Schriftsteller gesellte. Nach eigenen schriftlichen Angaben Karl Mays[526], die in den Akten 2 V 21/07 des Dresdner Landgerichtes an den damaligen Untersuchungsrichter gerichtet worden sind, befand sich Schneider in Meißen, wo er wirkte, in Not.

„Niemand half ihm. Ich erriet seine Lage. Ich gab ihm nach und nach Aufträge von 7000 Mark, schenkte 4000 Mark dazu. Das geschah von 1902 an. Jetzt ist er Professor in Weimar."

Bei dieser Gelegenheit erwähnt übrigens May auch eine Unterstützung an den jetzigen Dresdner Professor und Bildhauer Selmar Werner[527].

---

[525] Rudolph Karl Alexander („Sascha") Schneider (1870-1927): Deutscher Maler, Grafiker und Bildhauer. Im Jahr 1903 lernte er May kennen, der ihn nach dem Besuch einer Kunstausstellung aufsuchte. May war beeindruckt und gab Schneider im Oktober 1903 das Wandgemälde *Der Chodem* in Auftrag. Ein halbes Jahr später beschloss der Schriftsteller, seine Reiseerzählungen im Verlag Friedrich Ernst Fehsenfeld mit neuen Deckelbildern von Sascha Schneider ausstatten zu lassen. 25 Kartonzeichnungen wurden in einer Mappe zusammengefasst und von Mays Verleger vertrieben. – Siehe u. a.: Christiane Starck/Hans-Gerd Röder: *Sascha Schneider und Karl May. Zwei Künstler des deutschen Symbolismus.* Jubiläumsausgabe zum 140. Geburtstag Sascha Schneiders. Bamberg-Radebeul 2010; Karl May: *Briefwechsel mit Sascha Schneider.* Mit Briefen Schneiders an Klara May u. a. Hrsg. von Hartmut Vollmer und Hans-Dieter Steinmetz. *Karl May's Gesammelte Werke* Band 93. (→ May: *Briefwechsel mit Sascha Schneider*). Bamberg/Radebeul 2009; Annelotte Range: *Zwischen Max Klinger und Karl May.* Bamberg-Radebeul 1999; Hans-Gerd Röder: *Sascha Schneider – ein Maler für Karl May.* Bamberg 1995; Rolf Günther/Klaus Hoffmann: *Sascha Schneider & Karl May – Eine Künstlerfreundschaft.* Radebeul 1989; Hansotto Hatzig: *Karl May und Sascha Schneider. Dokumente einer Freundschaft.* Beiträge zur Karl-May-Forschung Band 2. Bamberg 1967; Euchar Albrecht Schmid: *Dem Andenken Sascha Schneiders.* (→ Schmid: *Andenken Sascha Schneiders*). In: *KMJb 1928.* Radebeul bei Dresden 1928, S. 7-15; ders.: *Aus Sascha Schneiders Werkstatt.* In: *KMJb 1928.* Radebeul bei Dresden 1928, S. 16-19; Sascha Schneider: *Titelzeichnungen zu den Werken Karl Mays.* Mit einführendem Text von Prof. Dr. Johannes Werner (→ Schneider: *Titelzeichnungen*). Freiburg i. Br. 1905; Klaus Funke: *Die Geistesbrüder.* Roman einer Künstlerfreundschaft. Karl May und Sascha Schneider. Husum 2013.

[526] Karl May: Eingabe an Kurt Theodor Larraß. Kgl. Landgericht Dresden [1907 oder 1908; exaktes Datum unbekannt]: Voruntersuchung ./. Karl May und Genossen – 2 V 21/07 wegen Meineides bzw. Verleitung zum Meineid (im ersten „Münchmeyer"-Prozess). Auszüge aus insgesamt vier Akten zu diesem Verfahren finden sich im Lebius-*Reprint*, S. 3-128. Die hier von Wulffen wiedergegebenen Zitate Mays über Selmar Werner sind dem Band 2 der Akten im Lebius-*Reprint*, S. 92, entnommen.

[527] Gustav Selmar Werner (1864–1953) war ein Absolvent der Dresdner Kunstakademie. Ab 1899 wurden Werners Arbeiten regelmäßig in Dresdener Ausstellungen gezeigt. Er entwarf zahlreiche Porträtbüsten, wie z. B. die Marmorbüste von Karl May. Ab 1906 wirkte Werner als Professor an der Akademie Dresden. Zu seinen bedeutendsten Werken gehört das Schillerdenkmal auf dem Albertplatz in Dresden. Für die Familien Plöhn und May schuf er das gemeinsame Grabmal auf dem Radebeuler Friedhof. 1924 wurde Werner in den einstweiligen Ruhestand versetzt. Ein Jahr später entstand die bronzene Winnetou-Büste. 1930 wurde Werner emeritiert. Zu seinen letzten Arbeiten gehörte die 1952 geschaffene Madonna für das Grab des Leiters des Karl-May-Verlags, Euchar Albrecht Schmid, die früher in Bad Liebenstein, heute in Bamberg zu sehen ist.

„Ein kleiner, aber hoch begabter Hirtenknabe, blutarmer Leute Kind, mit einer ganzen Menge von Geschwistern, wanderte mit 15 Mark nach Berlin, um Bildhauer zu werden. Ging dann nach Dresden und besuchte die Akademie. Lebte längere Zeit von 40 Pfennigen täglich. Ich entdeckte ihn bei der Arbeit an kleinen Aufträgen. Nur ein größerer konnte ihn heben. Ich bestellte bei ihm eine Marmorgruppe für 20.000 Mark bar und baute ein Mausoleum für 16.000 Mark, um sein Kunstwerk aufzustellen. Die Kaiserin sah es. Jetzt ist er ein berühmter Mann, Professor an der Dresdner Kunstakademie: Selmar Werner. Diese 36.000 Mark für die Kunst gab ich 1901 und 1902 aus."

Die ersten Angriffe gegen May hatten um 1902 eingesetzt. Schneider wirkte an der Kunstschule in Weimar, wo er aber nur bis 1904 blieb. Schneider hatte zwar viel Anerkennung gefunden, aber der Kreis seiner Verehrer war nicht groß, einem nicht geringen Teil seines Publikums blieb er fremd. Das mag ihn wohl in seiner urwüchsigen Begeisterung mit zu May, dem Bekämpften, geführt haben; auch Schneider liebte eigene Wege zu gehen. May und Schneider fanden sich aber vor allem als Schaffende „auf gemeinsamem Boden, auf dem Boden der Sinnbildlichkeit, beim bildhaften Gleichnis"[528]. Schneiders Begabung neigte vor allem dazu, Typen und Figuren zu malen; er liebte es, in seinen Bildern geistige Ideen festzuhalten. Den wirklichen Menschen mit lebendiger Seele zu malen, war ihm nicht gegeben. So erscheinen viele seiner Bilder zu abstrakt und vermögen den Beschauer nicht zu erwärmen. Ähnliches haben wir ja in Karl Mays Schrifttum festzustellen gehabt. Beide liebten aber die abstrakten Ideale und das leuchtende Kolorit. Auch in andrer Beziehung waren sie sich ähnlich. Mays Erzählungen sind auffälligerweise unerotisch; seine Frauengestalten sind schattenhaft, seine Objekte sind Männer. Auch Schneider hielt sich, sogar im Leben, von Erotik und Frauenliebe zurück, er verkörperte mit Vorliebe – die bei ihm freilich nackte – Männlichkeit.[529] Die weiblichen Züge, die der Charakterologe in Mays Gefühlszügen und Wesen sieht, finden sich auch bei Sascha Schneider. Es wird also verständlich, wenn Schneider sich als Mays Weggenossen bezeichnete. So entstand die Sascha-Schneider-Mappe „Empor zum Licht"[530] mit 25 verinnerlichten Darstellungen zum Gedankeninhalt von Mays gesammelten Werken, die damals schon auf 30 herangewachsen waren. Die Mappe hat aber wenig Verbreitung gefunden. Schneider hat noch eine ganze Reihe

---

[528] Schmid: *Andenken Sascha Schneiders*, S. 7-15 (14).

[529] Die von Wulffen an dieser Stelle beschriebene künstlerische Vorliebe Schneiders für „nackte Männlichkeit" stand in einem engen Zusammenhang mit der Homosexualität des Malers, dessen Œuvre als Zeugnis früher „schwuler" Kunstauffassung gilt. Schneider wird heute als einer der ersten selbstbewussten wie selbstverständlich „schwulen" Künstler verstanden.

[530] Schneider: *Titelzeichnungen*. – Der Karl-May-Verlag publizierte die Mappe unter dem Titel: *Sascha Schneider: Empor zum Licht! Zeichnungen zu Karl May's Werken*. Mit einführendem Text von Johannes Werner. Radebeul bei Dresden ²1924.

Kunstwerke für May geschaffen. Es seien nur die wichtigsten genannt: Satan und Ishariot[531] (zu Band 20-22), Winnetous Tod[532] (zu Band 9), Christus und Muhammed[533] (zu Band 10), Am Jenseits[534] (zu Band 25), der Fürst der Schatten[535] (zu Band 26), der Sturz des Verdammten[536] (zu Band 27), das versteinerte Gebet[537] (zu Band 29).

IX. Blicke in die Weltliteratur

Der Fall Karl May legt nahe, in der Weltliteratur und Kunst eine vergleichende Umschau zu halten. Es handelt sich dabei weniger darum, die Werte des Geschaffenen zu vergleichen, als die Tatsachen aufzustellen und das Gesetz zu finden, danach ein Schriftsteller, Dichter, Künstler, kurz, ein Schaffender mit dem Verbrechen Berührung auch in seinem realen Leben haben kann. Der französische Dichter François Villon[538], 1431 geboren, ein Vorläufer der modernen Lyrik, dessen Verse an Baudelaire[539] erinnern und dessen Werke 1542 bereits 27 Auflagen erlebt hatten, war in seinem Privatleben Mitglied einer bewaffneten Diebesbande in Paris und Umgebung. Er kam wiederholt ins Gefängnis, wurde wegen Diebstahls zum Galgen verurteilt, aber

---

[531] *Satan und Ishariot* ist das Deckelbild Schneiders für Karl Mays dreibändige Reiseerzählung *Satan und Ischariot*. Das Bild entstand im Jahre 1905 für die Sascha-Schneider-Ausgabe des Fehsenfeld-Verlags.

[532] *Winnetous Tod* und *Winnetous Himmelfahrt* ist das Deckelbild Sascha Schneiders zu Karl May: *Gesammelte Reiseromane* Bd. IX: *Winnetou III*. Freiburg 1894. Die Deckelbilder zur *Winnetou*-Trilogie schuf Schneider im Frühjahr 1904. Im Jahre 1905 erschien *Winnetou III* dann erstmals mit dem Deckelbild Sascha Schneiders.

[533] *Christus oder Muhammed*, auch *Christus und Muhammed* oder *Orangen und Datteln* genannt, ist das Deckelbild Sascha Schneiders zu einem Sammelband von kürzeren Geschichten (Karl May: *Gesammelte Reiseromane* Bd. X: *Orangen und Datteln*. Freiburg 1893). Trotz einiger drucktechnischer Schwierigkeiten erschien die siebente Auflage dieses Sammelbandes mit dem Titelbild *Christus oder Muhammed* im Jahre 1904.

[534] *Am Jenseits*, auch *An der Pforte des Jenseits* genannt, ist das Deckelbild Sascha Schneiders zu Karl Mays gleichnamiger Reiseerzählung. Als Titelbild schuf Schneider *Am Jenseits* in den ungefähren Maßen 66 x 40 cm und signierte es unten rechts mit Sascha Schneider. Vom später entstandenen Ölgemälde gab es drei Fassungen in verschiedenen Größen. Ende 1906 erschien die vierte Auflage von Karl May: *Gesammelte Reiseerzählungen* Bd. XXV: *Am Jenseits*. Freiburg 1899 mit dem Titelbild Schneiders, ebenso in der Sascha-Schneider-Ausgabe.

[535] *Ahriman, der Fürst der Schatten* ist das Deckelbild Sascha Schneiders zu May: *Im Reiche des silbernen Löwen I*.

[536] *Der Sturz des Verdammten* schuf Schneider für den Band May: *Im Reiche des silbernen Löwen II*.

[537] *Das versteinerte Gebet* wurde von Schneider für den Band May: *Im Reiche des silbernen Löwen IV* geschaffen.

[538] François Villon (1431– nach 1463), dessen wirklicher Name vermutlich François de Montcorbier oder François des Loges lautete. Er gilt als bedeutendster Dichter des französischen Spätmittelalters.

[539] Charles-Pierre Baudelaire (1821–1867): Französischer Schriftsteller, der heute als einer der bedeutendsten französischen Lyriker und als wichtiger Wegbereiter der literarischen Moderne in Europa gilt.

begnadigt, nachdem er im Kerker ein übermütiges Gedicht „Les Pendus"[540] („Die Gehenkten") verfasst hatte. Er war ein Gewohnheitsverbrecher im Sinne der neueren Kriminalistik. Aus Shakespeares[541] Jugend wird berichtet, dass er, jung verheiratet und mit materieller Not als Familienvater kämpfend, im Wildpark des Gutsbesitzers Sir Thomas Lucy[542] gewildert habe, wofür ihn Lucy als Friedensrichter angeblich auspeitschen ließ. Es handelt sich hierbei kaum um einen nur anekdotenhaften Bericht, sondern um eine durch sichere Anhaltspunkte gestützte Tatsache. Im Stratfordmuseum in Shakespeares Geburtsstadt ist ein großes Gemälde zu sehen, welches den künftigen Dichter als Wilddieb zeigt. Auch finden sich mehrere Belegstellen in Shakespeares Werken, die als Nachklang jenes Jugendstreiches gedeutet werden könnten. So wird in den „Lustigen Weibern von Windsor"[543] (I, 1) über die white luces (Hechte) oder louses (Läuse) im Waffenrock des Friedensrichters Shallow gespottet. Anscheinend ist Shakespeare gerade durch seinen Wilddiebstahl und durch das Vorkommnis mit Lucy veranlasst worden, Stratford zu verlassen und in London beim Theater eine Stelle zu suchen und zu finden, wie dieses schon manchem aus seiner Heimatgegend geglückt war. Wie entscheidend wäre da der Wilddiebstahl mit für des größten Dramatikers Lebenswende geworden! Vielleicht hätte mit dem ehemaligen Wilddieb auch der später recht gewaltsame Entlehner vorhandener Theaterstücke einen psychologischen Zusammenhang. Salvator Rosa[544], ein Genie der Barockzeit, der anerkannte Schöpfer der romantischen Landschaft und ein glänzender Techniker, war in seiner frühen Jugend vorübergehend Mitglied einer gefürchteten Räuberbande in den Abruzzen. Vielleicht fiel er in ihre Hände und wurde zur Teilnahme an ihren Zügen gezwungen. Hier studierte er die malerischen Figuren, die er später so oft in seinen Bildern festhielt. Dann kam er nach Rom, schuf seine ersten berühmten Schlachtenbilder und wurde auch als Epigrammdichter und Schauspieler eine gefeierte Persönlichkeit. Später malte er in seinem prächtigen Atelier auf dem Monte Pincio seine bekanntesten Meisterwerke,

---

[540] Die berühmte *Ballade von den Gehenkten* ist ein Grabspruch, den François Villon 1463 in der Todeszelle in Erwartung seiner Hinrichtung gedichtet hat und in der er sein Schicksal und das seiner ebenfalls zum Tode verurteilten Kumpane beklagt. In Deutschland erschien das Gedicht erstmals unter dem Titel *Das Lied der Gehenkten* in: *Aber die Liebe. Ein Ehemanns-und-Menschenbuch* von Richard Dehmel. Mit Deckelzeichnungen von Hans Thoma und Handbildern von Fidus. München 1893, S. 170-171.

[541] William Shakespeare (1564–1616): Englischer Dramatiker, Lyriker und Schauspieler, dessen Komödien und Tragödien zu den bedeutendsten und am meisten aufgeführten und verfilmten Bühnenstücken der Weltliteratur zählen.

[542] Sir Thomas Lucy (1532–1600): Britischer Friedensrichter und High Sheriff.

[543] *Die lustigen Weiber von Windsor* ist eine komisch-fantastische Oper in drei Akten von Otto Nicolai (1810–1849). Das Libretto verfasste Salomon Hermann Mosenthal (1821–1877) nach der gleichnamigen Komödie von William Shakespeare. Die Uraufführung fand am 9.3.1849 am Königlichen Opernhaus zu Berlin statt.

[544] Salvator Rosa (1615–1673): Italienischer Maler, der Gerüchten zufolge einige Jahre als Räuber gelebt hat.

jene bildlichen und geschichtlichen Landschaftsvisionen mit Räubern und Schmugglern, in denen er die ganze Unbändigkeit seiner Natur austobte. Seine Dichtungen, seine schauspielerischen Leistungen, seine Gemälde: gebändigte kriminelle Triebe, anfänglich im Banditentum realisiert!

J. J. Rousseau[545] erzählt in seinen „Bekenntnissen"[546] ganz ausführlich von seinen vielen jugendlichen Diebereien, die er nie habe lassen, ja von denen er sich auch später nie habe völlig frei machen können. Die Sexualwissenschaft hat die masochistische Grundlage dieser Diebstähle aufdecken können. Rousseau wurde aus Anlass seiner Diebstähle von seiner Erzieherin auf das Gesäß gezüchtigt und empfand dabei von den Schlägen die wohlig-warme Wirkung, die sich auf die nahe Gegend der Geschlechtsteile nach bekannter Erfahrung mit zu übertragen pflegt. Um nun diese wollüstigen Gefühle immer erneut zu genießen, will er wieder gestohlen haben. Sein offenbarer Masochismus, in dem auch ein Exhibitionismus (Entblößungsdrang) steckte, führte ihn dazu, mit einer gewissen Lustbetonung seine eignen Schwächen, die Diebereien und sexuellen Verfehlungen, zu beichten. Der Trieb erweiterte sich aber in dem späteren Schriftsteller zum allgemeinen Typ und führte ihn zu seinen hervorragendsten Ergebnissen, zur schonungslosen Aufdeckung der Gebrechen aller menschlichen Kultur, wodurch er ein geistiger Vorläufer der großen französischen Revolution werden konnte. Also eine feine rote Linie von den Diebstählen zur schriftstellerischen Großtat.

Von dem großen Komponisten Georg Friedrich Händel[547] hat sein Biograf Chrysander[548] nicht weniger als fünf Bände Kompositionen veröffentlicht, denen Händel tributpflichtig war. Er nahm mit größter Unbedenklichkeit ganze Seiten in seine eigenen Werke herüber. Um nicht entdeckt zu werden, benutzte er fast ausschließlich Unbekanntes und Ungedrucktes. Und „musikalischer Diebstahl"[549] galt schon damals, auch in London, als unehrenhaft. Aber wie psychologisch wachsen diese Entwendungen aus Händels tiefstem Wesen herauf! Er besaß die große Fähigkeit, allem Umgebenden sich anzupassen, es in sich aufzusaugen. In Italien fand er die Weite des Europäers; die Einbürgerung in England, der Horizont des Inselreiches hoben ihn über die Schranken der Konfession und des Germanismus hinaus: So wurde er welthaft! So passte er sich auch den fremden Tonschöpfungen an. Eine und dieselbe Gabe!

---

[545] Jean-Jacques Rousseau (1712–1778): Genfer Schriftsteller, Philosoph, Pädagoge, Naturforscher und Komponist der Aufklärung.

[546] Jean-Jacques Rousseau: *Les Confessions. (Die Bekenntnisse)*. Genf 1782 (1. Band, Buch I–VI) und 1789 (2. Band, Buch VII–XII). Aus dem Französischen übersetzt. 2 Theile. Leipzig o.J. [ca. 1895].

[547] Georg Friedrich Händel (1685–1759): Deutsch-britischer Komponist des Barock.

[548] Friedrich Chrysander (1826–1901): Deutscher Musikwissenschaftler und ein Herausgeber der Werke Georg Friedrich Händels.

[549] Zu diesem Thema siehe u. a. Karl-Heinz Ott: *Tumult und Grazie. Über Georg Friedrich Händel.* Hamburg 2009.

Auch der Humor fehlt nicht. Der Konstanzer Hanns[550], ein 1759 geborener schwäbischer Straßenräuber, gab, gefangen gesetzt, 1784 eine fünfhundert Namen und Beschreibungen damals noch vagierender Gauner enthaltende Liste heraus, die den Polizei- und Gerichtsbehörden in ganz Süddeutschland von sehr großem Nutzen wurde. Deshalb vom Galgen begnadigt, wurde er danach bei Überführung neu eingefangener Gauner und Ermittlung von Spießgesellen mit tätig, er sollte sogar amtlich angestellt werden, war aber hierzu schließlich zufolge seines Vorlebens zu kränklich. 1791 aber gab er einen grammatischen Leitfaden der Gaunersprache nebst Vokabular unter folgendem Titel heraus: „Wahrhafte Entdeckungen der Gaunersprache, von dem ehemals berüchtigten Gauner Konstanzer Hanns. Auf Begehren von Ihm selbst aufgesetzt und zum Druck befördert."[551]

Der Straßenräuber war also zum Sprachforscher geworden!

Gottfried Kellers, des schweizerischen Dichters, Novelle „Frau Regel Amrain und ihr Jüngster" wurde schon früher erwähnt. Ein Vergleich mit Kellers Roman „Der grüne Heinrich"[552], von dem noch einiges zu sagen sein wird, und seine ganze natürliche Art des Beichtens lassen vermuten, dass Kellers Jugend von Entwendungen und Diebstählen nicht frei war.

Endlich wühlt der große Beichtende August Strindberg in seinem Entsündigungswahn sein Innerstes um und um. So heißt es im Einakter „Paria"[553]:

„Haben wir als Kind nicht alle gestohlen und gelogen? Doch sicher! Nun, es gibt Menschen, die ihr ganzes Leben lang Kinder bleiben, so dass sie ihre gesetzlichen Begierden nicht lenken können. Kommt nur die Gelegenheit, so ist der Verbrecher fertig."

Ich glaube, man würde staunen, wenn alle Schriftsteller, Dichter, Künstler wegen ihres natürlichen, so starken, beichtenden Ausdrucksbegehrens und ihres Ausdrucksvermögens sich verpflichtet fühlten, die Menschen zu deren Beruhigung über ihre – der erwähnten Beichtenden – jugendlichen Entwendungen und Diebstähle aufzuklären. Schade, dass uns wahrscheinlich diese psychologischen Erkenntniswege vorläufig noch verschlossen bleiben. Die Auffassung über den Diebstahl würde wahrscheinlich mit einem Schlage verändert werden. Und wenn erst alle Schaffenden, wenn erst alle Menschen ihre Diebereien beichten könnten! Auch die Staatsanwälte, Richter, Schöffen

---

[550] Johann Baptist Herrenberger (1759–1793), im Volksmund und in Räuberkreisen nach der Herkunft seines Vaters Konstanzer Hans genannt, war ein württemberger Räuber.

[551] Anonym [Johann Ulrich Schöll]: *Konstanzer Hanß: eine schwäbische Jauners-Geschichte aus zuverlässigen Quellen geschöpft und pragmatisch bearbeitet.* Erhard und Löflund, Stuttgart 1789.

[552] Gottfried Keller: *Der grüne Heinrich.* 4 Bände. Braunschweig 1854–1855.

[553] Johan August Strindberg: *Paria.* Zit. nach: Johan August Strindberg: *Elf Einakter.* Deutsche Gesamtausgabe. Unter Mitwirkung von Emil Schering als Übersetzer vom Dichter selbst veranstaltet Band IV. München/Leipzig ³1910, S. 101-120 (112).

und Geschworenen. Was würde die neueste Kriminalpsychologie zu diesem Ergebnis zu sagen haben? Shakespeare deutet in „Maß für Maß"[554] die allgemeine Verwirrung schon an. Angelo, der Jurist, sagt:

„Leugnen will ich nicht,
In dem Gerichte, das auf Tod erkennt,
Sei unter zwölf Geschworenen oft ein Dieb,
Wohl zwei, noch schuldiger als der Angeklagte.
Wer offenbar dem Rechte ward,
Den straft das Recht. Was kümmert's das Gesetz,
Ob Dieb den Dieb verurteilt?"

Wollen wir etwa bestreiten, dass mancher von uns, wenn er in die Verhältnisse Karl Mays hineingeboren worden wäre, dieselbe oder eine recht ähnliche folgenschwere Entwicklung genommen hätte? Haben uns da nicht bei sehr verwandter innerer Veranlagung, die in der Jugend zum Dieb und Betrug neigte, glückliche äußere Umstände, eine liebevolle nachsichtige Erziehung und unendliche gütige Zufälle behütet und bewahrt? Ist der Leidensweg unsres Schriftstellers, den wir betrachten, nicht ein Anlass zu innerer Einkehr, zur Reue und Bußfertigkeit und zu innigem Danke, ja zu demselben Gottvertrauen, welches ihn seinen Lebenskampf schließlich doch bestehen ließ? So wird uns der Mann ein Beispiel, sein Leben ein Denkblatt, in unser eigenes Lebensbuch einzulegen!

Von den Neueren sei noch der Dramatiker Georg Kaiser[555], Verfasser von „Die Bürger von Calais", „Brand im Opernhaus", „Koralle", „Gas", „Zweimal Oliver", „Oktobertag" usw., erwähnt, der 1919 das Unglück hatte, wegen Unterschlagung fremder Einrichtungsgegenstände in der angemieteten Wohnung verurteilt zu werden. Unterschlagungen grenzen an Entwendungen an, sofern sie körperliche Verfügungen über fremdes Gut sind. Bezüglich seiner Lebensführung, die wohl der Anlass seiner Handlungsweise war, soll er zu seiner Verteidigung gesagt haben:

„Ich habe den Luxus nur gesucht als Negation der verhassten Realität."[556]

---

[554] William Shakespeare: *Shakespeares sämtliche Dramatische Werke in 12 Bänden*. Übersetzt von August Wilhelm von Schlegel und Ludwig Tieck. Sechster Band: *Komödien I – Maß für Maß*. Berlin, o. J. um 1900, S. 14.

[555] Der Fall Kaiser vor dem Landgericht München I war damals durch die Presse gegangen. Der expressionistische Schriftsteller Georg Kaiser (1878–1945) und seine Frau Margarete hatten von 1918 bis 1920 Gegenstände des Vermieters unterschlagen. Ihre aus Verlegervorschüssen stammenden Einnahmen betrugen 1919 insgesamt 90.000 Mark und 1920 insgesamt 100.000 Mark. Kaiser wurde zu einem Jahr, seine Frau zu vier Monaten Gefängnis verurteilt. – Zu den nachfolgend aufgeführten Bühnenstücken: *Die Bürger von Calais* (1912/13; 1923), *Der Brand im Opernhaus* (1919), *Die Koralle* (1917), *Gas* (1918), *Zweimal Oliver* (1926), *Oktobertag* (1928).

[556] Georg Kaiser. Zit. nach: Erich Wulffen: *Das Kriminelle in der Weltliteratur.* (→ Wulffen: *Weltliteratur*). In: *KMJb 1927*. Radebeul bei Dresden 1928, S. 238-295 (291).

Man darf auch bemerken, dass ein milderes Licht über den anscheinend hässlichen Diebstahl die Dichtkunst selbst leuchten lässt. Gleich am Eingange der Weltliteratur steht Prometheus, der griechische Heros, der nach dem Mythus vom Olymp das Feuer stahl und es den frierenden Menschen brachte. In der Tragödie „Prometheus"[557] des griechischen Dichters Aeschylus[558] wird Prometheus ausdrücklich als Dieb bezeichnet, zur Strafe an einem Felsen des Kaukasus geschmiedet, wo ihm nach dem Gebote des Zeus ein Geier die Leber, den Sitz der bösen Begierden, blutig fraß, die in der Nacht wieder nachwuchs. Auch sein Befreier Herakles, ebenfalls ein griechischer Nationalheld, wurde zum Dieb und entwendete aus den Gärten der Hesperiden drei goldene Äpfel. Jason[559], der Held der Argonautensage, entwendete mit Medeas[560] Hilfe, die den bewachenden Drachen mit einem Zaubermittel einschläferte, das goldene Vlies.

Das waren also recht ansehnliche Diebe, die der Mythus gestaltete. Die glänzendste Gestalt der germanischen Heldensage, Siegfried[561], tötet den Drachen Fafner[562], der den verhängnisvollen Goldhort bewacht, erschlägt auch den Zwerg Regin[563] und kommt so in den Besitz des Hortes, der Tarnkappe und des Ringes Andwaranaut, auf den die Götter den Fluch gelegt hatten, dass er jedem Eigentümer Unheil bringe. Der Fluch geht auch an Siegfried in Erfüllung – er wird ermordet. Diese Beispiele mögen genügen, um den einen Gedanken aufzuzeigen, dass der dichtende Mythus, das dichtende Volk, in der Diebstahlshandlung unter Umständen noch etwas mehr, etwas Größeres, eine Heldentat sah. Man wird an Friedrich Hebbels[564] Eintrag in sein Tagebuch erinnert:

„Ein Dieb, der sich mit einem Helden vergleicht, indem er ebenso gut Mut haben müsse dem Kriminalgesetz pp gegenüber wie jener."

[557] Aischylos (525 v. Chr. – 456 v. Chr.) ist vor Sophokles und Euripides der älteste der drei großen Dichter der griechischen Tragödie.
[558] Aischylos: *Der gefesselte Prometheus*. Übersetzt von Heinrich Voß und Johann Heinrich Voß. Heidelberg 1839.
[559] *Iason oder Jason*, der Sohn des *Aison*, eines Königs von Iolkos, und der *Polymede* oder *Alkimede*, ist eine Heldengestalt aus der griechischen Sage. Bekannt ist er vor allem als Anführer der Argonauten.
[560] *Medea* ist eine Frauengestalt der griechischen Mythologie.
[561] *Siegfried* ist eine Sagenfigur verschiedener germanischer Sagenkreise, insbesondere der Nibelungensage.
[562] *Fafnir* ist eine Figur der nordischen Mythologie, überliefert in der *Edda*, einer altnordischen Sammlung von Götter- und Heldensagen, und in der *Völsunga-Saga*, einer isländischen Saga aus der zweiten Hälfte des 13. Jahrhunderts.
[563] *Regin* ist ein Zwerg in der nordischen Mythologie, Sohn *Hreidmars* sowie Bruder des Drachen *Fafnir* und des Otters *Otur*.
[564] Friedrich Hebbel: *Sämtliche Werke*. Historisch-kritische Ausgabe. Besorgt von Richard Maria Werner. Zweite Abteilung. *Tagebücher*. Zweiter Band 1840–1844. (→ Hebbel: *Sämtliche Werke, Tagebücher, Band 1-4*). Hamburg, Kopenhagen, Hamburg, Paris, Rom. Nr. 1866-3277. Berlin 1903, S. 297, Rz. 2858.

Goethe behandelt in den „Unterhaltungen deutscher Ausgewanderten"[565] (1794) die Erzählung von einem Sohn, der um der Geliebten willen seinem Vater Geld aus dem Schreibtisch stiehlt. Schließlich bereut er, ersetzt unauffällig den ganzen Betrag und beichtet seiner Mutter den Diebstahl. Da aber dem Vater immer noch einige Beträge fehlen, zweifelt die Mutter an der Vollständigkeit des Geständnisses.

„Der Gedanke, dass sein redlicher Vorsatz, sein befolgter Plan, das Geschehene wiedergutzumachen, ganz verkannt, gerade zum Gegenteil ausgelegt werden sollte, verwundete ihn tief. Er erfuhr die traurige Wahrheit, dass eine Übeltat selbst gute Bemühungen zu Grunde zu richten im Stande ist. Er wünscht nicht mehr zu leben. Seine Seele dürstet nach höherem Beistand, er versinkt in Gebet: Der Mensch, der sich selbst wieder erhebt, habe Anspruch auf den Beistand des Vaters im Himmel."

Und sein Gebet wird erhört. Die Mutter meldet, dass das vermisste Geld sich wiedergefunden hat. Der Sohn überzeugt sich, dass der Mensch doch die Kraft hat, das Gute zu wollen und zu vollbringen. Er wird heiter und glücklich und heiratet sein Mädchen. Bemerkenswert ist, dass Goethe die inneren Vorgänge des Reuigen gerade an einem Diebe so reizvoll novellistisch dargestellt hat. Eine etwas romantische Abart des Diebes, der Wilddieb, spielt in Schillers Prosaerzählung „Der Verbrecher aus verlorener Ehre"[566] eine tragische Rolle, die in die sozialen Zeitverhältnisse und in die Gebrechen der Justiz tief hineinleuchtet. Der romantische Wilddieb, der als primitives Naturkind mit Wald und Tier wie verwachsen ist und sich deshalb im Walde ausleben will, ist der Held mancher Volkserzählung und manchen Volksstückes, und rechnet man zu den großen Dieben auch den Räuber, der zumal als sogenannter „edler Räuber" in einer gewissen großzügigen Weise unter Einsetzung seiner Person, seines Lebens lediglich die reichen Reisenden um ihren Überfluss erleichtert und von der Beute gar Bedürftige beschenkt, der gewissermaßen soziale Gerichtsbarkeit hält, so haben wir Karl Moor in Schillers „Räubern"[567] vor uns; Rinaldo Rinaldini[568] in dem gleichnamigen Roman von Vulpius[569], Goethes Schwager, und in ungezählten Räubergestalten bis zu Zuckmayers „Schinderhannes"[570] herauf, von den vielen Volksliedern der Räuberromantik aller Nationen gar nicht zu reden.

[565] Johann Wolfgang Goethe: *Unterhaltungen deutscher Ausgewanderten*. In: *Die Horen 1795*: 1. Band, 1. Stück S. 49-78; 2. Stück S. 1-28; 2. Band, 4. Stück S. 41-67; 3. Band, 7. Stück S. 50-76; 9. Stück S. 45-52; 4. Band, Zehntes Stück S. 108-152 „*Mährchen*"; Bucherstveröffentlichung Tübingen 1795.

[566] Friedrich Schiller: *Der Verbrecher aus verlorener Ehre – eine wahre Geschichte*. In: *Thalia* – Erster Band, Heft 2 (1786), S. 20–58. Bucherstveröffentlichung Leipzig 1786.

[567] Friedrich Schiller: *Die Räuber. Ein Trauerspiel von Friedrich Schiller*. Neue für die Mannheimer Bühne verbesserte Auflage. Mannheim 1782.

[568] Christian August Vulpius: *Rinaldo Rinaldini, der Räuberhauptmann*. Leipzig 1798.

[569] Christian August Vulpius (1762–1827): Deutscher Schriftsteller und Schwager von Goethe.

[570] Carl Zuckmayer: *Schinderhannes*. Berlin 1927.

Im ernsten Schauspiel kommt die Diebin als Dame der Gesellschaft, z. B. in Oskar Wildes „Ein vollkommener Gatte"[571], wenigstens nebensächlich vor. In Henry Bernsteins Schauspiel „Der Dieb"[572] ist eine Diebin Trägerin der Handlung: eine junge Frau, die, um ihren etwas flatterhaften Gatten durch entzückende Toiletten jederzeit an sich zu fesseln, aus Mangel an eignen Mitteln ihre sehr reiche Freundin, die ihr Geld wenig sorgfältig aufbewahrt, bestiehlt. Im neueren Gesellschaftsdetektivstück, das vor allem aus England kommt, wird der Dieb immer mehr bühnenfähig.

Ein anderes, milderes Licht verbreitet über Dieb und Diebstahl die Diebeskomik, die es zu allen Zeiten und bei allen Völkern – bei den Ägyptern, Indern, Griechen – gegeben hat, die in unsren heutigen mündlichen Erzählungen solcher Dinge sich unwillkürlich einschmeichelt, in den humoristischen Gerichtsverhandlungsberichten der Presse lebt. Auch der Deutsche hat von jeher eine große Vorliebe für solche Diebeskomik gehabt. Sie spiegelt sich vor allem auch in unseren Volksmärchen wieder, darin Diebe und Gauner gefeiert und verspottet werden. Lustige Diebesgeschichten sind das Märchen von den vier kunstreichen Brüdern, deren ältester ein ausgelernter Dieb wurde, und das Märchen vom Meisterdieb in einer entsprechenden Variation. Einer der Meisterdiebe erhält von dem über die erstaunliche Kunstfertigkeit erfreuten König ein halbes Königreich zum Lohne und wird beinahe des Königs Schwiegersohn. Die Diebesmärchen „Däumerlings Wanderschaft", „Daumesdick" und „Katerlieschen" seien nur erwähnt. In Hebels „Schatzkästlein"[573] finden sich ähnliche Lustigkeiten. Auf der Bühne wirkt die Spitzbubenkomik schon im indischen Drama „Das Tonwägelchen"[574] des Königs Sudraka und in der berühmten „Sakuntala"[575] des Dichters Kalidasa. In der neueren deutschen Literatur haben wir Gerhart Hauptmanns Diebeskomödie „Der Biberpelz"[576] (ein solcher spielt auch bei Karl Mays Leipziger Abenteuer von 1865 die Hauptrolle) mit der gutmütigen und auch sonst mit sympathischen Zügen ausgestatteten Waschfrau und ihrem schwerfälligen Ehegatten und in Anlehnung an den „Biberpelz" Emil Rasenows Lustspiel „Kater Lampe"[577].

Die milde Behandlung von Dieb und Diebstahl durch die Dichter darf als Zugeständnis gedeutet werden, dass in der Diebeshandlung noch etwas anderes schlummert als nur der oft hässliche Eingriff in fremdes Eigentum. Vom Diebstahl als Sporthandlung wurde schon gesprochen. Diese Auffassung

[571] Oskar Wilde: *Ein idealer Gatte*. Ins Deutsche übertragen von Isidore Leo Pavia und Hermann Freiherrn von Teschenberg. Leipzig ca. 1920.

[572] Henry Bernstein: *Der Dieb*: Ein Schauspiel. Deutsch von Rudolf Lothar. Leipzig 1920.

[573] Johann Peter Hebel: *Schatzkästlein des rheinischen Hausfreundes*. Tübingen 1811.

[574] Shudraka: *Vasantasena* (dt.: *Das Tonwägelchen*). U. a. übersetzt und bearbeitet von Lion Feuchtwanger: *Vasantasena*. Ein Schauspiel in drei Akten (sieben Bildern). München 1916.

[575] Kalidasa: *Sakuntala*. Drama in sieben Akten. Deutsch von Camillo Kellner. Leipzig 1890.

[576] Gerhart Hauptmann: *Der Biberpelz*. Berlin 1893.

[577] Emil Rosenow: *Kater Lampe*. Komödie in vier Akten. Leipzig 1902.

hat einen Niederschlag in den Volkssitten gefunden. Wilde Stämme und östliche Völker lassen Diebstähle z. B. von Pferden und Vieh nicht zu großen Umfangs unter Umständen straffrei, wenn den Dieben die Beute nicht auf frischer Tat wieder abgenommen worden ist. Die mit Wagemut und List gelungene Sport-Diebstahlshandlung wird geschätzt und in Erinnerung an frühere primitive Zeiten straffrei gelassen. Ja, sogar ein anthropologischer Charakter der Diebeshandlung lässt sich nachweisen. In Indien z. B. kämpft die englische Regierung gegen die sogenannten Verbrecherstämme an, Überreste vergangener Zeiten, in denen gewisse Diebstähle geheiligte Sitten und ehrwürdige Überlieferung waren. Die Priester als ehemalige Weise der Urvölker waren darauf bedacht, einzelne unabweisbare Instinkte der Menschen durch Einbeziehung in den früheren Götterkult zu befriedigen. Dem furchtbaren Mordinstinkt der damaligen Völker begegneten sie durch das Gebot der Menschenopfer und das Abschlachten der Kriegsgefangenen zu Ehren der Götter. Den maßlosen Geschlechtstrieb stillten sie durch die religiöse und gastliche Prostitution, danach sich die Jungfrauen zu Ehren der Gottheit, um den Tempelschatz zu mehren, in den Tempelanlagen, zumal bei gewissen Festen (der Isis, der Aphrodite, des Dionysus), gegen Bezahlung preisgeben, ebenso der Gastfreund dem Gast sein Weib, seine Tochter oder eine Sklavin beilegen mussten. Und in ähnlicher Weise wurden in Verbindung mit religiösen Gebräuchen zur Bereicherung des Tempelschatzes gewisse Entwendungen, dem Aneignungsbedürfnis der Primitiven entsprungen, geheiligt. Bei den Kallars muss das Oberhaupt des Stammes wenigstens einmal im Jahr „etwas nehmen, was nicht sein ist". Der alte religiöse Gebrauch verflüchtigt sich in eine Symbolhandlung. Auf Java und Sumatra werden zuweilen Diebe und Betrüger nach Verbüßung der Strafe zum Gemeindevorstand des Dorfes gewählt. In der Mafia und Camorra Italiens, zumal Siziliens, werden Diebstahl, Raub, Beamtenbedrohung, selbst Tötungshandlungen in Ausübung einer angemaßten primitiven Volksjustiz betätigt.

Manche Verbrechertypen sind Spielarten des normalen, ja des übernormalen Menschen. Der Dieb erweist sich als eine Karikatur jenes Menschentypus, der in einem eingebüßten Hange nach dem Grenzenlosen, dem Unendlichen sich ruhelos auf dem Wege nach dem Unmöglichen befindet. Beide besitzen sie die ruhelose Agilität und Aktivität, die sie zu immer neuen Taten treibt. Beide wollen sie die Grenzen, die das Reale ihnen steckt, überschreiten und alle Hindernisse beseitigen. Das Märchenzauberwort: „Sesam, tue Dich auf", das der Techniker, der Künstler, der Gelehrte, der Philosoph im Munde führen, um die Geheimisse von Seele und Welt zu enthüllen, dient auch dem Dieb als Schlüssel. Er hat den Willen zur Macht, wie der große Mensch. Er ist die Karikatur des endlos begehrenden Menschen, dessen Verlangen nie gestillt wird. Der Wandertrieb jagt ihn über die ganze Erde, er ist international. Alexander der Große und Bonaparte reckten den Arm aus und nahmen ganze Länder und Völker, sie stahlen Reichtümer, Schätze, Kunstwerke. Diese eine menschliche Urkraft, die alle Kultur auf Erden schuf, dieser menschliche Aneignungswille, diese Zueignung alles Seienden bewegt sich in so verschiedenen Richtungen, erzeugt so wunderliche Spielarten. So wird es auch erlaubt sein, die Entwendungen Karl Mays hier einzureihen. Der Humor mag mildern, wenn er einen Kinderwagen und ein Geldtäschchen mit Groschen und Pfennigen Inhalt wegnimmt, wenn er der mitgenommenen Billardbälle bei ihrem Absatz sofort wieder verlustig geht und das nächtlich aus dem Stalle gezogene Pferd nicht anders verwerten kann, als es dem Rossschlächter zu verkaufen, aber Ross und Geld in eiliger Flucht im Stiche lassen muss. Und dass alle diese Handlungen für den Abenteurer, den es zu Abenteuern und in die Ferne zog, noch ganz etwas anderes bedeuteten, habe ich bewiesen: den Drang in die Ferne, in fernste Länder, den Reiz, Gefahren zu bestehen, und die innige Sehnsucht, wenigstens im Geiste zu erleben und ein Werk der Fantasie der Welt vorzulegen.

Noch auf anderes ist aufmerksam zu machen. In den „Gedanken über den Gebrauch des Gemeinen und Niedrigen in der Kunst" sagt Schiller[578]:

„Stehlen ist etwas Absolut-Niedriges, und was auch unser Herz zur Entschuldigung eines Diebes vorbringen kann, wie sehr er auch durch den Drang der Umstände mag verleitet worden sein, so ist ihm ein unauslöschliches Brandmal aufgedrückt, und ästhetisch bleibt er immer ein niedriger Gegenstand. […] Ein Mensch, der stiehlt, würde demnach für jede poetische Darstellung von ernsthaftem Inhalt ein höchst verwerfliches Objekt" sein.

Dass Goethe und später auch Hebbel anders dachten, wurde schon erwähnt. Man höre aber Schiller[579] noch weiter:

„Wird aber dieser Mensch zugleich Mörder, so ist er zwar moralisch noch viel verwerflicher, aber ästhetisch wird er dadurch wieder um einen Grad brauchbarer. Derjenige, der sich (ich rede hier nur immer von der ästhetischen Beurteilungsweise) durch eine Infamie erniedrigt, kann durch ein Verbrechen wieder in etwas erhöht und in unsre ästhetische Achtung restituiert werden".

Wir erkennen, wie die ästhetische Beurteilung mit der sozialen sich wandeln kann. Wir haben hier ein hochinteressantes Beispiel, wie das Kunstgesetz durch die Erkenntnisse der Kriminalpsychologie gewandelt werden kann! Zutreffend sagt Eduard Engel[580], es könne sehr wohl ein erschütterndes Trauerspiel auf einem Diebstahl aufgebaut werden, nur müssten Dieb und Diebstahl „danach sein". Schon Herodots Meisterdieb in der Schatzkammer des Königs

---

[578] Friedrich Schiller: *Gedanken über den Gebrauch des Gemeinen und Niedrigen in der Kunst*. In: *Schiller's sämtliche Werke*. Zwölfter Band. Stuttgart/Tübingen 1836, S. 370-379 (375).

[579] Ebd.

[580] Eduard Engel: *Der wertvolle Mensch*. In: *KMJb 1927*. Radebeul bei Dresden 1928, S. 326-355 (345ff.)

Rhampsinit[581] rage hoch über einen spaßhaften Lustspielhelden hinaus. Mir will scheinen, als ob die ganze May-Hetze im Zeichen der ästhetischen Infamie des Diebstahls im Sinne von Schillers Erklärung geführt worden sei und als ob May, selbst von der nämlichen Ästhetik geleitet, sich nicht getraut habe, mit dem offenen Bekenntnisse seiner Entwendungen hervorzutreten. Das war im Jahre 1908. Aber in den letzten zwanzig Jahren, schon kurz vor dem Kriege, begann die Wandlung zunächst der soziologischen und dann auch der ästhetischen Auffassung. Die Wandlung ist eine ganz auffällige, nicht etwa nur auf gewisse Volkskreise beschränkte, sondern eine ganz allgemeine. Würde May heute mit einem Geständnis hervortreten, würde er eine bei Weitem mildere Beurteilung finden!

Die Literatur aller Völker belegt auch durch eine ganze Reihe von recht beachtlichen Beweisstücken die nahe Verwandtschaft von Poet und Gaukler, von Dichter und Schelm. Im zweiten Buche von „Dichtung und Wahrheit"[582] beschreibt Goethe, dass er als siebenjähriger Märchenerzähler („Der neue Paris") auf Wunsch seiner kleinen Zuhörer in eigner Person (also wie May) berichten musste, als ob ihm selber persönlich alle diese wunderlichen Dinge begegnet seien. Über die moralische Bedeutung dieses „Fabulierens" bemerkt er:

„Und wenn ich nicht nach und nach, meinem Naturell gemäß, diese Luftgestalten und Windbeuteleien zu kunstmäßigen Darstellungen hätte verarbeiten lernen, so wären solche aufschneiderischen Anfänge gewiß nicht ohne schlimme Folgen für mich geblieben."

Damit zeigt schon Goethe eine bedenkliche Nachbarschaft des Dichters auf. Dann fügt er[583] hinzu:

„Betrachtet man diesen Trieb, so möchte man in ihm diejenige Anmaßung erkennen, womit der Dichter selbst das Unwahrscheinlichste gebieterisch ausspricht und von einem jeden fordert, er solle dasjenige für wirklich erkennen, was ihm, dem Erfinder, auf irgendeine Weise als wahr erscheinen konnte." Ähnlich suggestiv zwingt der Schelm seiner Umgebung den Glauben an den erdichteten Sachverhalt – oft faszinierend – auf.

Noch ganz andere psychologische Verbindungslinien eröffnen sich. Da ist ein tiefster Untergrund ihrer Gläubigkeit an ihre eigene imaginäre Darstellung: die innerste Sehnsucht. Dichter und Schelm flüchten in eine andere Welt, die im Gegensatze zu der rauen Wirklichkeit ihres eigenen, oft

---

[581] *Rhampsinit* oder *Rhampsinitos* lautet der gräzisierte Name eines fiktiven, altägyptischen Herrschers (Pharao), der erstmals in den Historiae des griechischen Historikers Herodot (490/480 v. Chr. – um 424 v. Chr.) erwähnt wird und die Hauptrolle in zwei Fabeln spielt. Die erste Erzählung *Rhampsinit und der Meisterdieb*, auf die Wulffen hier anspielt, handelt von zwei Dieben, die den König bestehlen, bis einer von beiden umkommt. Der überlebende Bruder unternimmt alles, um den Leichnam des anderen zu bergen.

[582] Johann Wolfgang von Goethe: *Wahrheit und Dichtung. Aus meinem Leben*. Zweites Buch. In: *Goethe's poetische und prosaische Werke. Zweiter Band*. Stuttgart 1837, S. 15.

[583] Ebd.

nüchternen Daseins steht (Negation der verhassten Realität Georg Kaisers!). Sie sind beide Fantasten und zaubern sich mit Hilfe ihrer Fantasie diese schöne Welt des Scheins hervor. Beide haben, wie der Aufschneider, der Jäger, der Sportsmann, der Abenteurer, hohe Freude an der erdichteten Darstellung, haben eine „Lust zu fabulieren", die zum Bedürfnis, zur Triebhaftigkeit, zur zwanghaften Abartigkeit werden kann. Sie suchen in ihrem Dasein die Märchenwelt zu realisieren. Die bekannten Tagesträume, poetische Gespinste des Alltagsmenschen, die wir Junge und Erwachsene am hellen Tage auf der Straße, der Außenwelt abgekehrt, lächelnd, verklärt, mit sich selbst sprechend, erleben sehen, sind Vorstufe derjenigen der Poeten und Schwindler. Neben der Sehnsucht macht sich ein Widerspruch, ein Protest bemerkbar. Poet und Schelm protestieren gegen die unvollkommene Wirklichkeit, gegen die ungleiche Verteilung der Güter des Lebens. Alle großen Dichtungen sind Proteste gegen eine veraltete Norm. Dichter und Schelme zerschlagen alte geheiligte Tafeln, der Schwindler die Tafeln des geltenden Gesetzes.

Das Gedicht „Der Schulgenosse"[584] des schweizerischen Dichters Gottfried Keller zeichnet die vergleichenden Linien zwischen Poet und Schelm in klassischer Weise:

> Wohin hat dich dein guter Stern gezogen,
> O Schulgenoss aus ersten Knabenjahren?
> Wieweit sind auseinander wir gefahren,
> In unsrem Schifflein auf des Lebens Wogen!
> Wenn wir die Untersten der Klasse waren,
> Wie haben wir treuherzig uns betrogen,
> Und schwärm'risch und erfinderisch uns belogen
> Von Aventüren, Liebschaft und Gefahren!
> Da seh ich just beim Schimmer der Laterne,
> Wie mir gebückt, zerlumpt, ein Vagabund
> Mit einem Häscher scheu vorübergeht!
> So also wendeten sich unsre Sterne?
> Und so hat es gewuchert, unser Pfund?
> Du bist ein Schelm geworden – ich Poet!

Wer möchte bei diesen Versen nicht an Karl May denken, der beides war: Schelm und Poet?

Gerade Gottfried Keller konnte in diesem Gedicht ein Selbstbekenntnis ablegen. Wie er in seinem Roman „Der grüne Heinrich" (seiner eigenen Jugendgeschichte) erzählt, kannte er den Zusammenhang von Lüge und

---

[584] Gottfried Keller: *Sieben Legenden*. Gesammelte Gedichte. In: *Gottfried Keller Gesammelte Werke*. Fünfter Band. Berlin/Wien 1923, S. 72.

Dichtung sehr genau. Im genannten Roman spricht der Knabe Heinrich Lee beim Spiel einige unanständige Worte vor sich hin, deren Sinn ihm selbst unbekannt ist. Zur Rede gestellt, von wem er diese Worte gehört habe, nennt er, „einen Augenblick nachsinnend"[585], einige ältere Schulkameraden, mit denen er kaum gesprochen hatte. Befragt, wo er die Worte aus ihrem Munde vernommen habe, ist er gleich wieder im Zug, beschreibt den Ort, wie die Knaben ihn angeblich zu einem Spaziergang ins Brüderleinsholz verführt haben, genau den Weg, den er nur von flüchtigem Hörensagen kennt. Jedes Wort in seiner Lügenerzählung stellt zur rechten Zeit sich ein. Noch nie hatte man in der Schule eine solche Beredsamkeit an Heinrich bemerkt. Er spricht so überzeugend, dass die Lehrer ihm glauben und die älteren, unschuldigen Schüler streng bestrafen. Bei Heinrich zeigt sich nicht die geringste Reue.

„Er fühlt eher noch eine Befriedigung in sich, dass die poetische Gerechtigkeit seine Erzählung so schön und sichtbar abrundete, dass etwas Auffallendes geschah, gehandelt und gelitten wurde, und das infolge seines schöpferischen Wortes."[586]

Schwindler und Dichter in einer Person!

Bei Friedrich Hebbel[587] findet sich Verwandtes. Er schreibt in seinem Tagebuch: „Oft schon erzählte ich Geschichten von Menschen, die nie vorgefallen sind, legte ihnen Redensarten unter, die sie nie gebrauchten usw. Das geschieht aber nicht aus Bosheit oder aus schnöder Lust an der Lüge. Es ist vielmehr Äußerung eines dichterischen Vermögens; es geht vielmehr in mir derselbe Prozess vor, wie wenn ich auf dem Papiere Charaktere darstelle. [...] Ich will jene Eigenheit übrigens nicht loben."

Sehr fein wird hier der psychologische Übergang vom Lügner zum Dichter geschildert. Hebbel[588] hat auch bei der Lektüre über Cagliosto im „Neuen Pitaval (Bd. 8)"[589] den Ausspruch, getan:

„Grandiose Lügner haben mir immer imponiert, ich habe in ihren Lügen immer eine Abart Poesie erblickt."

Die Lüge ist die Lebensbejahung der großen Schelme, ihr Lebenstrotz, ihr Durst, ihr Kampf, ihr Dionysisches. Hierzu vergleiche man Friedrich Nietzsches Wort:[590]

„Der Dichter sieht in dem Lügner seinen Milchbruder, dem er die Milch weggetrunken hat, …"

Bei Nietzsche finden sich noch andere Vergleichsstellen:[591]

[585] Gottfried Keller: *Der grüne Heinrich. Band 1*. Braunschweig, 1854, S. 219.
[586] Gottfried Keller: *Der grüne Heinrich. Band 4*. Braunschweig, 1855. S. 290.
[587] Hebbel: *Sämtliche Werke, Tagebücher, Band 2*, S. 284.
[588] Hebbel: *Sämtliche Werke, Tagebücher, Band 3*, S. 329f.
[589] Hitzig/Häring: *Der neue Pitaval*, S. 1-191.
[590] Friedrich Nietzsche: *Die fröhliche Wissenschaft*. Drittes Buch. Chemnitz 1882, Nr. 222.
[591] Friedrich Nietzsche: *Die fröhliche Wissenschaft*. Fünftes Buch. Chemnitz 1882, Nr. 361.

„Die Falschheit mit gutem Gewissen, die Lust an der Verstellung als Macht herausbrechend, den sogenannten Charakter beiseiteschiebend, überflutend, mitunter auslöschend; das innere Verlangen in eine Rolle und Maske, in einen Schein hinein; ein Überschuss von Anpassungskräften aller Art. [...] Ein solcher Instinkt wird sich am leichtesten bei Familien des niederen Volkes ausgebildet haben, die unter dem wachsenden Druck und Zwang in tiefer Abhängigkeit ihr Leben durchsetzen, sich verstellen lernen mußten."

Eine feine sozialpsychologische Anmerkung, die auch für den Webersohn May zu denken gibt.

Auch Oskar Wildes Paradoxien in [der] Bekämpfung des Naturalismus in der Kunst geben einige Fingerzeige. In dem Dialog „Der Verfall der Lüge"[592] sagt er, unsere Kunst beherrscht zu sehr „eine krankhafte Neigung, die Wahrheit zu sagen. [...] Nur solche Gestalten sind wirklich, die niemals gelebt haben".

(Ein anderer Dichter[593]: „Was sich nie und nirgend hat begeben, das allein veraltet nie.")

„Das Lügen, das Erfinden schöner Unwahrheiten ist das eigentliche Ziel der Kunst."[594]

Schon Plato nennt Lügen und Dichten Künste, die miteinander in einem gewissen Zusammenhange stehen. Wir sprechen von einem „geborenen Lügner"[595], wie wir von einem „geborenen Dichter"[596] sprechen. „Man kann den Lügner an seiner Rhythmenfülle erkennen."[597]

Wilde lobt die „prachtvollen Lügner"[598]. Die Kraft, Mythen zu bilden, müsse der Menschheit erhalten bleiben. Herodot, den Geschichtsschreiber, könne man den „Vater der Lüge"[599] nennen. Das Lügen war in der Antike sehr verbreitet. Athene lacht, als Odysseus ihr seine fein ausgedichteten Worte vorlügt.

„Der Ruhm der Lüge leuchtet auf der bleichen Stirn des schuldlosen Helden in der Tragödie des Euripides; das Lügen stellt die junge Braut in einer der feinsten Oden des Horaz auf eine Stufe mit den edelsten Frauen der Vergangenheit. […] Das Lügen in der Absicht, die Jugend zu vervollkommnen, dieses Lügen, das die Grundlage häuslicher Erziehung bildet, wird noch immer unter uns geübt, und seine Vorzüge sind in den ersten Büchern der Republik Platos freudevoll auseinandergesetzt. [...] Es gibt nur eine einzige, über jeden

---

[592] Oscar Wilde: *Der Verfall der Lüge*. 1891. Zit. nach: Oscar Wilde: *Zwei Gespräche von der Kunst und vom Leben*. (→ Wilde: *Verfall der Lüge*). Leipzig 1907, S. 12.

[593] Friedrich Schiller: *An die Freunde*. In: *Schillers Sämmtliche Werke. Erster Band*. Stuttgart 1879, S. 135-136 (136).

[594] Wilde: *Verfall der Lüge*, S. 49.

[595] Ebd., S. 8.

[596] Ebd.

[597] Ebd.

[598] Ebd.

[599] Ebd., S. 23.

Vorwurf erhabene Art des Lügens, des Lügens um des Lügens selbst willen und die höchste Entwicklungsstufe dieser Art des Lügens bildet das Lügen in der Kunst."[600]

Auch wenn man diese Sentenzen Wildes, dessen Leben und Gedankenkreis um Schein und Maske, um Kunst und Schönheit, um Sexualität und Verbrechen spielen und der selbst von seiner „wissenschaftlich ausgedachten Pose"[601] spricht, als Paradoxien richtig einschätzt, bleibt doch zur Beurteilung Mays ein Goldkörnchen Wahrheit. Einige Belegstellen aus der russischen Literatur. Dostojewski („Aufzeichnungen aus einem Totenhause"):[602]

„Der Schmuggler treibt sein Geschäft aus Leidenschaft, aus Beruf; er ist zum Teil Poet [...] bisweilen handelt er wie auf höhere Eingebung. [...] Der seltsame Kauz liebt die Kunst um der Kunst willen."

Maxim Gorki erklärt in der Erzählung vom Vagabunden Konowalow, weshalb die Vagabunden so viel lügen:[603]

„Ein Mensch, der in seinem Leben nichts Gutes hat, denkt sich gern zu seiner eignen Freude ein schönes Märchen aus und erzählt es dann, als hätte er es wirklich erlebt. [...] Er erzählt und glaubt ja selbst, es sei wirklich so gewesen [...] Viele leben überhaupt nur davon."

Der Niederschlag unseres Themas in der Weltliteratur ist ein auffälliger. Man denke an Homers Heldengedicht von dem listenersinnenden, erfindungsreichen Odysseus[604], dem Meister im Erzählen von ausgeschmückten Abenteuern und Schicksalen. Die Griechen hatten an dem Erfindungsreichen, an dem Listenersinnenden eine geradezu nationale Freude: Diese Eigenschaften waren dem griechischen Volkscharakter selber eigentümlich. Das Volk liebte diesen Weltensegler, diesen Abenteurer, den großen Verwandlungskünstler mit Verstellung und Verkleidung. Auch die germanische Dichtung hat Freude an der großen Täuschung. Da ist die gegenseitige Überlistung der Riesen und Zwerge, Wodans Vertragsbruch mit Verwandlungen, Siegfrieds unsichtbar machende Tarnkappe. Im deutschen Volksmärchen werden – wie die Spitzbuben – Betrüger und Gauner gefeiert und verspottet. Der Müllersohn Hansjörge[605], der sich durch seinen Helfershelfer, den gestiefelten Kater, als Grafen

[600] Wilde: *Verfall der Lüge*, S. 45.

[601] Philipp Aronstein: *Oscar Wilde. Sein Leben und Lebenswerk*. Berlin 1922. Nachwort.

[602] Fjodor M. Dostojewskij: *Aufzeichnungen aus einem toten Hause*. Übertragung von Alexander Eliasberg. Berlin 1923, S. 21f.

[603] Maxim Gorki: *Konowalow*. Sankt Petersburg 1896 [dt. Dresden 1902]; vgl. jüngere Ausgabe von Maxim Gorki: *Konowalow und andere Erzählungen*. München 1973, S. 391-449 (402).

[604] *Odysseus* ist ein Held der griechischen Mythologie. Seine im Trojanischen Krieg vollbrachten Taten werden von Homer in der *Ilias*, seine zehnjährige Irrfahrt auf der Heimreise in der Odyssee (Wanderungen des *Odysseus*) geschildert.

[605] Eine Figur in dem Märchen *Der gestiefelte Kater*. Es war enthalten in: Jacob Grimm/Wilhelm Grimm: *Kinder- und Haus-Märchen. Gesammelt durch die Brüder Grimm*. Berlin 1812/1815. Zwei Bände. Nr. 33. In der modernen Ausgabe von Heinz Rölleke (Hg.): *Brüder Grimm: Kinder- und Hausmärchen*. Stuttgart 2009, findet sich das Märchen als Nr. 5 im Anhang.

von Karabas ausgeben lässt und so die schöne Königstochter gewinnt, ist der Typus eines Schelms. Und Reinecke Fuchs[606], den das volkstümliche Tierepos verherrlicht, ist ein Betrüger und Gauner von Meisterschaft, der seinem Lügenstrom schließlich selbst keinen Einhalt mehr zu gebieten vermag.

Die Lügendichtung[607] findet sich in der Volkspoesie aller Völker, aber auch die Kunstdichtung hat sie gepflegt. Sie verdankt ihre Entstehung geradezu der völkischen Freude am Schwindeln und bezweckt, durch Erfindung und Erdichtung der unmöglichsten Dinge so toll und faszinierend zu schwindeln, dass der verwirrte Leser zwischen Zweifel und Glauben schwankt und sich selber lustvoll der Geistesverfassung des Schwindelns nähert. Später benutzte Vorbilder von Jagd-, Reise- und Kriegslügen finden sich schon bei Plutarch[608], im Talmud[609], in Sindbads Erzählungen[610], in den Reisebeschreibungen von Montevilla[611] und in dem antiken Lustspiel vom Miles Gloriosus[612]. Das älteste deutsche Zeugnis der Lügendichtung ist der lateinische „Modus florum"[613], zum Teil auf alte indogermanische Überlieferung gestützt. Spätere Lügendichtungen offenbar fahrender Leute sind die „Wachtelmäre" (Wachteln = Lügen, unsere heutigen Zeitungsenten), das Gedicht vom Doktor Eisenbart[614], der Roman vom Finkenritter[615], Till Eulenspiegel[616], der Kannenstädter

---

[606] *Reineke Fuchs* ist die Hauptfigur eines Epos in Versen und in Prosa, dessen Tradition bis ins europäische Mittelalter zurückreicht.

[607] Viele der nachfolgenden Beispiele der Lügendichtung entnahm Wulffen einem Artikel aus *Meyers Großem Konversations-Lexikon*, 6. Auflage, Leipzig 1905-1909, Bd. 12, Seite 832f.

[608] Plutarch (um 45–um 125) war ein griechischer Schriftsteller, der zahlreiche biografische und philosophische Schriften verfasste.

[609] Der *Talmud* ist eines der bedeutendsten Schriftwerke des Judentums. Er besteht aus zwei Teilen, der älteren *Mischna* und der jüngeren *Gemara*, und liegt in zwei Ausgaben vor, dem Babylonischen (*Talmud Bavli*) und dem Jerusalemer Talmud (*Talmud Jeruschalmi*). Ohne selbst biblische Texte zu enthalten, zeigt der *Talmud* auf, wie diese Regeln in der Praxis und im Alltag von den Rabbinern verstanden und ausgelegt wurden.

[610] Vgl. u. a. *Sindbad der Seefahrer und andere Erzählungen*. Leipzig 1920.

[611] Jehan de Mandeville (Johannes von Monteevilla, John Mandeville oder John of Mandeville, auch Maundevile) nennt sich der unbekannte Verfasser einer zwischen 1357 und 1371 aus verschiedenen Quellen zusammengestellten französischsprachigen Schilderung einer Reise ins Heilige Land, den Fernen Osten und das Königreich des Priesterkönigs Johannes.

[612] Der Miles Gloriosus (lat.), auf Deutsch der prahlerische Soldat, ist ein Typus der Weltliteratur, der vor allem in Lustspielen auftritt. Seine Ursprünge liegen in der antiken Komödie bei Plautus, der diesen Typus seinerseits aus der griechischen Komödie übernommen hat.

[613] In Deutschland ist das älteste schriftlich festgehaltene Erzeugnis der Gattung Lügengedichte der sogenannte *Modus florum*, ein lateinisches, zum Teil auf indo-germanischer Überlieferung beruhendes Gedicht aus dem 10. oder 11. Jahrhundert.

[614] Spottlied aus dem 18. Jh. auf den Oberviechtacher Arzt Johann Andreas Eisenbarth (1663–1727).

[615] Finkenritter heißt ein zuerst im Jahre 1560 zu Straßburg gedruckter, später als Volksbuch oft wiederholter Roman, in dem im Sinne der sog. Lügenmärchen höchst unsinnige, verrückte, zum Lachen reizende geografische und historische Unmöglichkeiten aneinandergereiht werden, vgl. Ernst Götzinger: *Reallexicon der Deutschen Altertümer*. Leipzig 1885, S. 204.

[616] *Till Eulenspiegel* (auch *Dil Ulenspiegel* oder *Dyl Ulenspiegel*) lebte angeblich als umherstreifender Schalk im 14. Jahrhundert. Er war Protagonist einer mittelniederdeutschen Schwanksammlung, die um 1510 erstmals unter dem Titel „Ein kurtzweilig lesen von Dil Ulenspiegel, geboren vß dem land

Lügenschmidt[617], Volksbuch vom lügenhaften Aufschneider Urban Fett-sack[618], Leben und Taten des Colophanius [Cipripinus][619]usw. Münchhau-siaden[620], vielfach die alten Motive auffrischend, fanden sich schon früher in Frankreich und in England, aus dem 1786 die bekannten „Wunderbaren Rei-sen des Freiherrn von Münchhausen"[621] wieder nach Deutschland kamen, wo sie ihren Ursprung hatten und der Kasseler Professor Rudolf Erich Raspe[622] sie ins Englische übersetzt hatte. Gottfried August Bürger[623] hat durch seine Bearbeitung Münchhausen zum deutschen Volksbuch gemacht. Verwandt-schaft mit der Lügendichtung zeigen besonders die in Frankreich ausgebilde-ten Voyages imaginaires und naturwissenschaftlichen Romane eines Cyrano de Bergérac[624] und eines Jules Verne[625].

Auch des Spaniers Cervantes Meisterroman „Don Quijote"[626] wäre zu

---

zu Brunßwick, wie er sein leben volbracht hat [...]" vom Straßburger Verleger und Drucker Johannes Grüninger ohne Verfassernamen veröffentlicht wurde.

[617] Johannes Schmidt, genannt der „Lügenschmidt" (1824–1881) war ein Pfarrer, Heimatdichter und sauerländer Original. Nach seiner Priesterweihe im Jahr 1851 bis zu seinem Tod übte Schmidt sein Amt (zuletzt als Pastor zu St. Severinus in Calle) aus. Er avancierte durch seine Flunkereien und Lü-genmärchen zu einer Berühmtheit im ganzen Sauerland, was ihm den Spitznamen „Lügenschmidt" oder „Lügenpastor" einbrachte. In seinen Aufzeichnungen und den Schriften seines Freundes Fried-rich Wilhelm Grimme (1827–1887) sind zahlreiche Anekdoten erhalten.

[618] Johann Scheible (Hg.): *Der Aufschneider.* In: *Das Schaltjahr: welches ist der teutsch Kalender mit den Figuren, und hat 366 Tag.* Stuttgart 1847, S. 119-126.

[619] Vgl. *Leben und Thaten des Colophanius Cipripinus.* In: *Meyers Volksbüchern.* Leipzig/Wien 1891f., Nr. 805-808, S.82ff.

[620] Der Begriff geht zurück auf den Geschichtenerzähler („Lügenbaron") Hieronymus Carl Friedrich Frei-herr von Münchhausen (1720–1797), einem deutschen Adligen aus dem Kurfürstentum Braunschweig-Lüneburg, dem die Lügengeschichten von Baron Münchhausen zugeschrieben werden.

[621] Gottfried August Bürger: *Wunderbare Reisen zu Wasser und zu Lande, Feldzüge und lustige Abenteuer des Freiherrn von Münchhausen: wie er dieselben bei der Flasche im Zirkel seiner Freunde selbst zu er-zählen pflegt.* (→ Bürger: *Münchhausen*). Göttingen 1786.

[622] Rudolf Erich Raspe: *Baron Munchhausens Narrative of His Marvellous Travels and Campaigns in Russia.* London 1785.

[623] Bürger: *Münchhausen*; ders.: *Des Freiherrn von Münchhausen einzig wahre Erlebnisse zu Wasser und zu Land, zu Pferd und zu Fuß, im Krieg und Frieden, in der Luft sowie in mehrerer Herren Länder / In diesem Jahre ganz neu verfaßt von Ihm selbst. Und versehen mit sehr wunderlichen Zeichnungen nach der Natur aufgenommen von dem Maler August von Wille.* Düsseldorf 1856.

[624] Savinien Cyrano de Bergerac, eigentlich Hector Savinien de Cyrano (1619–1655), war ein Vorläufer der Aufklärung und französischer Schriftsteller, der zwei fantastische Romane über Reisen zu Mond- und Sonnenbewohnern schrieb.

[625] Jules-Gabriel Verne (1828–1905) war ein französischer Schriftsteller, der neben Hugo Gernsback, Kurd Laßwitz und H. G. Wells als einer der Begründer der Science-Fiction-Literatur gilt.

[626] Miguel de Cervantes Saavedra: *Don Quijote* (*Don Quixote*; *Don Quichotte*) ist die allgemeinsprachli-che Bezeichnung für den Roman *El ingenioso hidalgo Don Quixote de la Mancha* von Miguel de Cer-vantes (*Der sinnreiche Junker Don Quijote von der Mancha*). – Der erste Teil wurde 1605, der zweite 1615 veröffentlicht. Die erste deutsche Übersetzung wurde 1621 (*Don Kichote de la Mantzscha*) von Pahsch Basteln von der Sohle angefertigt. Sie erschien jedoch erst 1648 und beinhaltete nur die ersten 23 Kapitel. Die 1799–1801 herausgegebene Übersetzung von Ludwig Tieck ist wohl bis heute die bekannteste. Susanne Lange legte 2008 das Werk in einer neu übersetzten, zweibändigen deut-schen Fassung vor. Dieser wurde aufgrund ihrer sprachlichen Dimension Ebenbürtigkeit mit dem spanischen Original zugesprochen.

erwähnen, in dessen Helden Herz und Fantasie stärker sind als Sinne und Verstand, dessen Einbildungskraft jeglichen Gegenstand, z. B. die Windmühlen, zu verwandeln und ihm in der selbstgeschaffenen Welt den gemäßen Platz zu erteilen vermag. So ist seine Welt die romantische und er selbst kraft seiner erregten Fantasie als alter Mann noch ein Knabe. Nicht zu vergessen ist auch der spanische Schelmenroman Mendozas[627] und Quevedos[628], der aber auf Fantastik verzichtet und einen fast ungeheuerlichen Verismus pflegt.

Bei Shakespeare finden wir als meisterhaften Verwandlungskünstler Richard Gloster:

„Ich leihe Farben dem Chamäleon, verwandle mehr als Proteus mich."[629]

Richard II. zeigt die Tragik des Monarchen, der nicht die Königstat, sondern nur das Königsspiel kennt, der nur der Schauspieler seines Amtes und seiner selbst ist.

Goethe erwähnt selbst seinen lebhaften Verkleidungstrieb. Er spielte gelegentlich am Hofe in Weimar Rollen in seinen eignen Stücken und dichtete Maskeraden und Mummenschanz in großer Zahl. In den Epigrammen das ausdrückliche Bekenntnis:

„Gaukler und Dichter sind gar nahe verwandt, suchen und finden sich gern."[630]

Ähnlich erklärt im Vorspiel von „Faust" der Dichter:

„Ich hatte nichts und doch genug, den Drang nach Wahrheit und die Lust am Trug."[631]

Seine Lebensbeichte überschrieb er „Dichtung und Wahrheit" und nannte sie Frau von Stein gegenüber sein „Lebensmärchen"[632]. Goethes eigenartiger Altersstil in der Schriftsprache war nach Eduard Engel[633] „eine absichtlich angelegte Maske". Fast seine sämtlichen Fastnachtsspiele waren Schlüsseldramen, seine bedeutendsten Dramen „vollbewusste Symbolwerke"[634]. Ein poetisch-schauspielerischer Verkleidungstrieb geht durch seine Dichtungen, in

---

[627] Diego Hurtado de Mendoza (1417–1479) war ein spanischer Humanist, Historiker, Diplomat und Dichter.

[628] Francisco Gómez de Quevedo y Santibáñez Villegas (1580–1645) war ein spanischer Schriftsteller des Barocks. Er zählt zu den Meistern des sogenannten Schelmenromans.

[629] William Shakespeare: *König Heinrich der Sechste*. In: *William Shakespeare's sämmtliche dramatischen Werke und Gedichte*. Wien 1826, 3. Akt, S. 384.

[630] Johann Wolfgang von Goethe: *Epigramme. Venedig 1790, Nr. 47*. In: *Goethe's Gedichte. Erster Theil*. Stuttgart/Tübingen 1829, S. 222.

[631] Johann Wolfgang von Goethe: *Faust. Eine Tragödie*. Zit. nach: *Goethe's sämmtliche Werke*. Vollständige Ausgabe in sechs Bänden. Zweiter Band. Stuttgart 1863, S. 417.

[632] Johann Wolfgang von Goethe: Brief an Charlotte von Stein vom Oktober 1811. In: *Goethes Werke*. Hg. im Auftrage der Großherzogin Sophie von Sachsen. Abtlg. I–IV. 133 Bände in 143 Teilen. H. Böhlau, Weimar 1887-1919, IV. Abtlg., Bd. 22, S. 175.

[633] Eduard Engel: *Goethe, der Mann und das Werk*. (→ Engel: *Goethe*). Hamburg 1909, S. 578.

[634] Vgl. so sinngemäß bei Engel: *Goethe*, S. 405.

alle Gestalten liebte er sich zu hüllen; er ist Weisungen, Clavigo, Fernando, Egmont, Tasso, Orest, Faust. Er liebt als Helden die Abenteurer und Schelme. Er übersetzt Voltaires Mahomet[635], den großen religiösen Betrüger, die Lebensgeschichte Benvenuto Cellinis[636], des abenteuerlichen Renaissancemenschen, erneuert das Tierepos von Reinecke Fuchs, eines Gauners von Meisterschaft, dramatisiert einen Schelmenstreich im „Bürgergeneral"[637]. Der Urtypus seines Faust[638], der mittelalterliche Doktor Johann Faust[639], war ein Schwarzkünstler und Hokuspokusmacher, ein Schwindler und Nativitätensteller[640]. Goethe nahm lebhaftes Interesse an dem Schwindler Josef Balsamo alias Grafen Cagliostro[641], den er im „Grosskophta"[642] behandelte, und suchte unter der Maske eines reisenden Engländers die Familie Balsamo in Palermo auf, um die Wahrheit zu ermitteln. Auf Sizilien mit dem Schicksal eines anderen Abenteuers, Märchenerzählers und Verkleidungskünstlers, dem er sich wesensverwandt fühlte, mit dem sagenhaften Odysseus dichterisch befasst, ließ er doch den Plan seiner „Nausikaa"[643] im Stiche und widmete sich dem wirklichen Verkleidungsabenteurer in Palermo. Er hatte eine Verehrung für den korsischen Abenteurer, den dämonischen ersten Napoleon, den großen kaiserlichen Schauspieler und Verwandlungskünstler der Franzosen, der zwischen Lüge und Wahrheit seine Bahn ging.

Schiller ging damit um, den Betrüger Warbeck, der sich unter Heinrich VII. von England für einen der Prinzen Eduards IV. ausgab, die Richard III. hatte im Tower töten lassen, zum Helden einer Tragödie zu machen. „Warbeck", so schreibt Schiller an Goethe, „müsste als zu seiner Rolle geboren

---

[635] Voltaire: *Mahomet, tragédie par M. de Voltaire. Représentée sur le théatre de la Comedie-Francoise, le 9 aout 1742*. À Bruxelles, 1742 (dt.: *Die Schwärmerey, oder Mahomet der Prophet*. Anonyme Übersetzung. Braunschweig 1748).

[636] Benvenuto Cellini (1500–1571) gilt als einer der großen Bildhauer der Nachantike und als ein typischer „uomo universale" der italienischen Renaissance. Im 19. Jahrhundert wurde sein lange Zeit vergessenes Werk als Bildhauer, Goldschmied, Medailleur, aber auch als Schriftsteller und Musiker neu entdeckt.

[637] Johann Wolfgang von Goethe: *Der Bürgergeneral*. Ein Lustspiel in einem Aufzuge. Berlin 1793.

[638] Johann Wolfgang von Goethe: *Faust. Eine Tragödie*. Tübingen 1808.

[639] Johann Georg Faust, auch Georg Faust (wohl um 1480–1541) war ein wandernder Wunderheiler, Alchimist, Magier, Astrologe und Wahrsager, dessen nur lückenhaft bekanntes Leben und sein spektakuläres Ende Legendenbildungen entstehen ließen. Zum literarisch vielfach verarbeiteten Fauststoff gehören Fausts Erkenntnis- oder Machtstreben, sein Teufelspakt und seine erotischen Ambitionen.

[640] Veraltete Bezeichnung für ‚Astrologe'.

[641] Alessandro Graf von Cagliostro (Pseudonym für Giuseppe Balsamo; 1743–1795), war ein italienischer Okkultist, Alchimist und Abenteurer. Als begabtem Hochstapler gelang es ihm immer wieder, das Vertrauen einflussreicher Zeitgenossen zu erlangen und auszunutzen.

[642] Johann Wolfgang von Goethe: *Der Groß-Coptha*. Ein Lustspiel in fünf Aufzügen. Berlin 1792.

[643] Im April 1787 weilte Goethe im großen Botanischen Garten der sizilianischen Stadt Palermo. Er las dort sein tägliches Pensum Homer, und auf einem Spaziergang am Fuße des Monte Pellegrino entwarf er in Gedanken das Szenarium zu seinem Trauerspiel *Nausikaa*. Der Erstdruck des Fragments erschien unter dem Titel *Nausikaa. Ein Trauerspiel* in: *Goethes Werke*. Vollständige Ausgabe letzter Hand. Stuttgart und Tübingen 1827/28, S. 219-222.

erscheinen, es müsste ganz so aussehen, dass der Betrug ihm nur den Platz angewiesen hätte, zu dem die Natur selbst ihn bestimmt hatte."[644]

An Stelle des Warbeck schritt Schiller dann zur Ausarbeitung des verwandelten „Demetrius"[645]. Dieser hat anfangs den reinsten Glauben an seine fürstliche Geburt und an seine völkerbeglückende Sendung; erst auf der Höhe der Macht erfährt er, dass er über seine Abkunft getäuscht worden ist, und spielt nun, da Umkehr nicht möglich ist, seine Rolle als falscher Demetrius bewusst bis zum tragischen Ende. Schillers unvollendeter Roman „Der Geisterseher"[646] war die versuchte künstlerische Bewältigung des Gauklerwesens.

In der neueren Literatur behandeln Alphonse Daudets „Wunderbare Abenteuer des Herrn Tartarin aus Tarascon"[647] das Thema. Dieser Tartarin hat seine Vaterstadt nie verlassen, aber er lebt in seiner Fantasie nur in Jagd- und Kriegsgeschichten und hat zahlreiche Reisebeschreibungen immer wieder gelesen. So malt er sich das Leben in Shanghai, wo er beinahe einmal eine Anstellung erhalten hätte, mit solcher Lebhaftigkeit aus, dass er schließlich selber glaubt, er sei wirklich dort gewesen, und einen angeblich miterlebten und unter seiner Führung abgeschlagenen Angriff der Tartaren mit großer Ausführlichkeit und Begeisterung, immer wieder selbst überzeugt, erzählt. In Verspottung des Südfranzosen sagt der französische Autor:

„Es gibt keine Lügner im Süden, weder in Marseille noch in Nimes, weder in Toulouse noch in Tarascon. Der Südländer lügt nicht, er irrt sich nur. Er sagt nicht immer die Wahrheit, aber er glaubt doch, dass er sie sagt [...]. Diese Selbsttäuschung ist eine ganz merkwürdige Naturerscheinung. [...] Der tarasconische Typus ist im Grunde genommen nichts als der französische Charakter in vergrößertem Maßstabe."[648]

In ähnlicher Weise stellt Henrik Ibsen seinen Helden Peer Gynt[649] als aus nordischem Boden — wo die germanische Mythenbildung sich vollendete! — erwachsenen Fantasten und Lügner dar, den nationalen Charakter schließlich zum Typus des in das Riesengroße fantasierenden und schwindelnden Menschen ganz allgemein entwickelnd. Seiner Heimat erscheint er, von einer

---

[644] Friedrich Schiller: *Briefwechsel zwischen Schiller und Goethe. Zweiter Band.* Stuttgart. ⁴1881, Nr. 642.

[645] Friedrich Schiller: *Demetrius* [Dramenfragment]. In: *Aus dem Nachlasse des Verewigten.* In: *Morgenblatt 1815,* Nr. 258 und 259.

[646] Friedrich Schiller: *Der Geisterseher (Aus den Memoiren des Grafen von O.).* In: *Thalia,* erster Band, 4. Heft (1788), S. 68-94, und zweiter Band, Heft 5 (1788), S. 67-132. Bucherstveröffentlichung Leipzig 1789.

[647] Alphonse Daudet: *Die wunderbaren Abenteuer des Herrn Tartarin aus Tarascon.* Deutsch von Adolf Gerstmann./ Fromont jun. und Risler sen. Pariser Sittenbild. Aus dem Französischen übersetzt (und mit einem Vorwort) von Robert Habs. Zwei Bände in einem. Leipzig, 1900.

[648] Henrik Johan Ibsen (1828–1906): Norwegischer Dramatiker und Lyriker.

[649] Henrik Ibsen: *Peer Gynt. Ein dramatisches Gedicht.* Übersetzt von Christian Morgenstern. In: *Volksausgabe in fünf Bänden. Band 2.* Berlin 1907.

sonderbaren Mutter und einem Trinker abstammend, als arbeitsscheuer, verlogener, großprahlerischer Bursche: Ursache ist seine überwuchernde Fantasie. Vertrieben, will er im Auslande König oder Kaiser werden. Seine Fantasie verführt ihn ins Ungeheuerliche, ins Absurde; er will die Sahara in ein Meer verwandeln. Er wählt gewissenlose Mittel, schreitet den Weg des vollkommenen Egoisten und scheitert mit allen hochfliegenden Plänen. Ibsen zeigt, wohin ein Übermaß an Fantasie den Menschen führt wenn es sich nicht, wie beim Dichter und Künstler, in ein Kunstwerk zu entladen vermag, sondern sein reales Empfinden, Denken und Handeln entscheidend beeinflusst. Auch Peer Gynt, wie so mancher andere, ein „Märtyrer" seiner Fantasie oder vielleicht – wie mancher Schelm – ein larvierter Poet mit zu weitem Gewissen. In sehr vielen Menschen schlummert ein „heimlicher Dichter", der in der Entwicklung gehemmt wird. Er hat größte Fantasie und Ideen, er scheitert nur an der poetischen Formgebung und Technik.

Das Schelmenmotiv ist in der neusten Literatur reich vertreten. Gerhart Hauptmanns neuste Dichtung behandelt „des großen Erzschelms, Landfahrers, Gauklers und Magisters Till Eulenspiegel Abenteuer und Streiche, Gaukeleien, Gesichte und Träume"[650] im symbolisch-völkischen Gewande. Die neueste dramatische Literatur wimmelt von dargestellten hochstaplerischen Charakteren. Die Freude der Gegenwart an ihnen ist wieder einmal sehr groß!

Die Künste gerade grenzen im Tasten und Suchen an das Unechte, an die Unwahrheit gelegentlich an. Vielleicht kann man sagen: Wer überhaupt Innerstes in der Darstellung veräußerlichen will, wird er nicht zuweilen bei der Unenthüllbarkeit alles letzten Innersten die leichten Pfade des Fantasten, des Schwindlers wandeln müssen? Wer darf die Hand auf das Herz legen und beteuern, er sei immer ganz echt? Wer ist denn, wer war denn ganz echt? Steht es so fest, dass selbst bei der tiefsten und reifsten Kunst nicht doch ein Hauch Schwindel dabei sein kann? Macht dieser leichte „Schwindel" nicht vielleicht gerade sonst gehemmte Kräfte frei, indem er sie gewissermaßen befiedert, beflügelt? Der Dichter muss bei Ausschöpfung der Charaktere und Ausdeutung der Ereignisse, worin ja seine eigentliche Poetenaufgabe liegt, alle Möglichkeiten und auch Unmöglichkeiten aufsuchen, um dem Geheimnis von Seele und Welt, das er ja deuten will, näherzukommen. Und diese fantastischen tausend Möglichkeiten und Unmöglichkeiten führen ihn auch gelegentlich seitwärts der Wirklichkeit zum Unwahrscheinlichen und Unwahren. Es ist nicht auffällig, dass eine wertvolle und eine minderwertige Geistestätigkeit – Dichten und Schwindeln – sich so nahe berühren. Auch Genie und Irrsinn haben bekanntlich Grenzgebiete.

---

[650] Gerhart Hauptmann: *Des großen Kampffliegers, Landfahrers, Gauklers und Magiers Till Eulenspiegel Abenteuer, Streiche, Gaukeleien, Gesichte und Träume (Hexameter-Epos in 18 Abenteuern)*. Berlin 1928.

So sehen wir gerade Dichter zuweilen auch im realen Leben in den Mythus gleiten. Aus verschiedenen Briefen Heinrich von Kleists[651] geht hervor, dass er Fantasie und Wirklichkeit zuweilen nicht auseinanderhalten konnte und sich von seinen Wunschfantasien hinreißen ließ. So beschreibt er in einem Briefe an seine Schwester ein nächtliches Fest, bei dem er eine große Rolle gespielt habe. Tatsächlich hat es aber nicht stattgefunden. Er fantasierte von hohem Honorar, das er für ein – noch gar nicht beendetes – Werk erhalten habe. Das Fantastische, Traumhafte, Benommene findet in Kleists Dichtung einen Niederschlag in den Charakteren des Käthchens von Heilbronn[652] und des Prinzen von Homburg[653]. Auch Balzac[654], der Halbgascogner, hatte nach Bourget[655] die Fantasie eines ewigen Projektenmachers, der immer mit Millionen spielte. Im Hinblick auf diese erträumten Schätze und Reichtümer machte er auch Schulden und betrat damit das Gebiet der Mythomanie.

So bietet die Literaturhistorie hinreichend Anhaltspunkte, die Karl Mays Charakter auch in dieser Beziehung erklärlich und deshalb auch entschuldbar erscheinen lassen.

Auch wir Normalen leben zwischen Wahrheit und Lüge. Schon der erwähnte angeborene Verstellungsinstinkt weist uns diesen Weg. Die Verstellung ist ein Sicherheitsventil der Natur und der menschlichen Gesellschaft. Unser mangelhaftes Gedächtnis verwechselt normalerweise Erlebtes mit bloß Gedachtem. Der Optimist hält in gutem Glauben einen nicht realisierbaren Vorgang für realisierbar und gibt ihn deshalb als möglich aus. Bei der Notlüge sagen wir auch nur eine halbe Wahrheit oder eine Scheinwahrheit und halten uns dazu berechtigt. Das Schamgefühl verbirgt, was verborgen werden soll. Die Sprache ist dazu da, um die Gedanken zu verbergen (Talleyrand[656]). Die Hyperbeln, die Übertreibungen unserer Umgangssprache beweisen, dass wir nicht am Wortlaute kleben und oft nur symbolisch sprechen. Wir leben oft und gern von unsern Selbsttäuschungen. Der Affekt verleitet uns gelegentlich zu fast gutgläubigen Behauptungen. Die meisten Menschen sind Illusionisten. Was wäre die Menschheit ohne ihre Illusionen – die religiösen, philosophischen, moralischen und politischen Scheinleben? Wir protestieren alle

---

651 Heinrich Wilhelm von Kleist (1777–1811): Deutscher Dramatiker, Erzähler, Lyriker und Publizist.

652 Heinrich von Kleist: *Das Käthchen von Heilbronn oder Die Feuerprobe*. Berlin 1910.

653 Heinrich von Kleist: *Prinz Friedrich von Homburg oder die Schlacht bei Fehrbellin*. Berlin 1821.

654 Honoré de Balzac (1799–1850): Französischer Schriftsteller, der mit Stendhal (1783–1842) und Flaubert (1821–1880) als Dreigestirn der großen Realisten gesehen wird. Balzacs Hauptwerk bildet der rund 88 Titel umfassende, aber unvollendete Romanzyklus *La Comédie humaine* (dt.: *Die menschliche Komödie*), dessen Romane und Erzählungen ein Gesamtbild der Gesellschaft im Frankreich seiner Zeit zu zeichnen versuchen.

655 Paul Bourget: *Répertoire de la comédie humaine de H. de Balzac*. Paris 1887.

656 Charles-Maurice de Talleyrand-Périgord (1754–1838) gehörte zu den bekanntesten französischen Staatsmännern. Als Diplomat war er während der Französischen Revolution, der Napoleonischen Kriege und beim Wiener Kongress tätig.

gelegentlich gegen die raue Wirklichkeit, wir sehnen uns alle, die Märchenwelt (Tischlein, deck dich!) zu realisieren. Die Rhythmenfülle der Unwahrheit charakterisiert uns auch im Alltag. Wir haben alle in Wandel und Handel das Bedürfnis, uns in irgendwelcher Richtung zu verhüllen. Es gibt Menschen, die mehr oder weniger verhüllt durch das Leben gehen. Die Maskenfreude der Menschen hat einen anthropologischen Ursprung; unsere heutigen Maskenfeste und Karnevalfeierlichkeiten weisen einen atavistischen Zusammenhang auf.

„Alles, was tief ist, liebt die Maske" (Nietzsche)[657].

Die Welt will die Wahrheit gar nicht hören und nicht wissen.

„Die Welt würde zugrunde gehen, wenn jeder die Wahrheit sagte" (Strindberg)[658].

Vult decipi mundus[659]. Gerade das Tollste, das Unglaubhafteste hat Erfolg. Als Zuschauer und Zuhörer von Schelmenkomödien sind wir selber Romantiker und schwelgen so gern im Unmöglichen, flüchten selbst so gern aus unsrer Nüchternheit in das Reich des Scheins. Ein Gesetz des Scheines regiert Leben und Welt, der ihre Abgründe und Hässlichkeiten verschleiert. Es gibt eine allgemeine menschliche Gabe: zu scheinen, sich darzustellen, sich zu vergrößern, sich mit andern Charakteren wesenseins zu fühlen.

„Der Mensch sehnt sich ewig nach dem, was er nicht ist" (Goethe)[660].

Seit Jahrtausenden [zeigen sich] in Geschichte und Welt immer Masken, Gestalten, die vorgegeben werden. Im nüchternen Leben wie in der Dichtung ein Reich des schönen Scheins, in das wir Menschen, in das ganze Völker sich flüchten. Dem Menschen ist gegeben, nicht nur zu sein, auch zu scheinen. Der scheinhafte Mensch! Er trägt eine ewige Sehnsucht in sich, zu scheinen, anders und mehr zu scheinen, als er in seiner Armseligkeit zu sein vermag. Selbst über das Grab hinaus in einer transzendenten Welt sehnt er sich zu scheinen.

Und aus solchen anthropologischen Wurzeln erwuchs auch Karl May mit seinen Schelmenstreichen.

Vergleichen wir so, was die Dichter und die Dichtkunst aller Völker und Zeiten über die „Entwendungen" und „Schelmenstreiche" in hier nur skizzierter, nicht erschöpfender, kaum erschöpfbarer Weise unvergänglich bekundet haben, so werden auch die Gegner recht kleinlaut werden müssen, wenn sie auf Mays Verfehlungen aus seiner jüngeren und späterer Manneszeit kritisch zurückblicken. Ich glaube, hätte May selbst von allen diesen Tatsachen

---

[657] Friedrich Nietzsche: *Jenseits von Gut und Böse. Vorspiel einer Philosophie der Zukunft.* Leipzig 1886, S. 54.

[658] Die Quelle ließ sich nicht ermitteln.

[659] Vult decipi mundus = Latein: Die Welt will betrogen sein.

[660] Johann Wolfgang von Goethe. In: *Goethes Unterhaltungen mit dem Kanzler Friedrich von Müller.* Hrsg. von C. A. H. Burkhardt. Stuttgart 1870, S. 110.

gewusst, er hätte in ihnen Trost und Kraft gefunden. Wie klein, wie unbedeutend die Vorwürfe in dem großen Ganzen der geschilderten weltumspannenden Ideen! Um so die richtige Distanz zu den menschlichen Gebrechen und Verbrechen zu gewinnen, habe ich seit Jahrzehnten die Kriminalpsychologie in die Bahnen geleitet, in denen sie nicht bloß zünftiges Fachwissen vermittelt, sondern durch Einbeziehung aller Wissenschaften und Künste den Blick aufschließt für das ewig Menschliche in uns allen!

III. Briefwechsel zur Entstehungsgeschichte von *Karl Mays Inferno*

1. Die Vorgeschichte

Die vorliegende Dokumentation rekonstruiert ein wahrhaft tragik-komödiantisches Bühnenstück aus der Welt der Wissenschaft und Literatur. Es handelt sich zugleich um ein Drama, wie es in der deutschen Literaturgeschichte einmalig sein dürfte. Sein Inhalt in mehreren Akten rankt sich um die Aufarbeitung der Vita und vor allem der Vorstrafen Karl Mays unter dem Titel *Karl Mays Inferno* sowie den Umgang mit dieser Studie. Als Hauptdarsteller fungieren die Witwe des Schriftstellers, Klara May, der Geschäftführer des Karl-May-Verlags, Dr. Euchar Albrecht Schmid, und der Autor der Studie, Dr. Erich Wulffen. In den Nebenrollen treten Mays Intimfeind, der Journalist und Verleger Rudolf Lebius, die Ehefrau des Autors, Camilla Wulffen, sowie Klara Mays engste Freunde, das Ehepaar Lucia (1879–1972) und Richard Lieberknecht (1873–1942), auf. Statistenrollen sind weiteren Juristen, Politikern, Archivaren, Bibliothekaren und Historikern zugedacht.

Die fatale Ausgangslage, sozusagen den ernsten Hintergrund und die Ouvertüre des Dramas, bildet der Umstand, dass sich Karl May als junger Mann in mehreren Disziplinar- und Strafverfahren zu verantworten hatte, die letztlich zu unterschiedlichen, teilweise sogar mehrjährigen Freiheitsstrafen geführt hatten. In Kurzform[661] liest sich das wie folgt:

1860   In einem Disziplinarverfahren beschloss das Kgl. Sächsische Ministerium des Kultus und öffentlichen Unterrichts am 28. Januar 1860 die Entlassung Mays aus dem Lehrerseminar in Waldenburg wegen widerrechtlicher Ansichnahme von sechs Kerzen aus dem Eigentum des Lehrerseminars.[662]

1861   Im Strafverfahren ./. C. F. Mai wurde May in der ersten Instanz vom Kgl. Gerichtsamt Chemnitz im Februar 1862 wegen Diebstahls einer Taschenuhr und einer Zigarrenspitze eines Zimmergenossen in der Fabrikschule Solbrig in Altchemnitz zu sechs Wochen Gefängnis verurteilt. Nach Abweisung der Berufung und Erfolglosigkeit zweier Gnadengesuche erfolgte vom 8. September bis zum 20. Oktober 1862 die Strafverbüßung im Chemnitzer Stadtgefängnis.

---

[661] Vgl. u. a. Seul: *Old Shatterhand vor Gericht*, S. 11-174.

[662] Siehe zur Seminarzeit: Graf: *Lektüre und Onanie*, S. 84-151 sowie die Darstellung bei Moderow: *Volksschule*, S. 442ff. zum „Fall Karl May". Moderow meint, dem Seminar sei eine repressive Struktur in religiöser und sexueller Hinsicht „unterstellt" worden. Mays Fall sei nicht repräsentativ. Der Verfasser zeigt aber selbst die sehr repressiven Strukturen auf (S. 442f.).

1865   Im Strafverfahren ./. Karl May vor dem Kgl. Bezirksgericht Leipzig
       kam es am 8. Juni 1865 zu einer Verurteilung wegen „mehrfachen
       Betruges" zu einer Freiheitsstrafe von vier Jahren und einem Monat
       Arbeitshaus. Die Strafverbüßung Mays vollzog sich im Arbeitshaus
       Schloss Osterstein. Aufgrund einer Begnadigung wurde er bereits am
       2. November 1868 vorzeitig entlassen.

1870   Im Strafverfahren ./. Karl May vor dem Kgl. Bezirksgericht Mittweida
       als erster Instanz erfolgte eine Verurteilung Mays am 13. April 1870
       „wegen einfachen und ausgezeichneten Diebstahls, Betrugs und Be-
       trugs unter erschwerenden Umständen, sowie wegen Widersetzung
       gegen erlaubte Selbsthülfe und Fälschung". Er wurde „unter Berück-
       sichtigung seiner Rückfälligkeit mit Zuchthausstrafe in der Dauer
       von 4 Jahren belegt und in die Untersuchungskosten verurteilt". Die
       zweite Instanz, das Kgl. Sächsische Oberappellationsgericht Dresden,
       bestätigte die Verurteilung. Nachdem auch ein Gnadengesuch schei-
       terte, musste May am 3. Mai 1870 seine vierjährige Freiheitsstrafe im
       Zuchthaus Waldheim antreten, die am 2. Mai 1874 endete.

1879   Im Strafverfahren ./. Karl May wegen unbefugter Ausübung eines
       öffentlichen Amtes kam es in der ersten Instanz vor dem Kgl. Ge-
       richtsamt Stollberg wie auch in der zweiten Instanz vor dem Kgl. Be-
       zirksgericht Chemnitz zu einer Verurteilung Mays zu sechs Wochen
       Gefängnis. Nach Ablehnung eines Gnadengesuchs erfolgte die Straf-
       verbüßung im Gefängnis des Gerichtsamts von Hohenstein-Ernstthal
       vom 1. bis zum 22. September 1879.[663]

Lange Zeit waren diese Vorstrafen vor der Öffentlichkeit verborgen geblieben
und hatten deshalb Mays literarischen Aufstieg zu einem der erfolgreichsten
deutschen Schriftsteller nicht gestört. Das änderte sich jedoch nach der Jahrhundertwende grundlegend, vor allem durch den Journalisten Rudolf Lebius,
der die Vorstrafen des Dichters ab Weihnachten 1904 in seinem Dresdner
Blatt *Sachsenstimme*[664] auszuschlachten begann. Der Anlass und Auslöser der
persönlichen Feindschaft war der vergebliche Versuch des Journalisten gewesen, von May Geld für eine publizistische Propaganda, vor allem aber zur
Unterstützung seiner Zeitung zu erhalten.[665]

Dennoch bleiben bei Würdigung dieser Motivation die obsessiven jahr-
zehntelangen Rache-, Verleumdungs- und Verfolgungsaktionen des Journalisten Lebius ein psychologisches Rätsel. Auch nach seinen letztlichen Nieder-

---

[663] Letzteres Verfahren, die sogenannte „Affäre Stollberg", war allen Beteiligten, auch Wulffen, unbe-
      kannt geblieben.
[664] Rudolf Lebius: *Pilatus. Sachsenstimme.* Sächsische Sonntagszeitung, 1. Jg., Nr. 48 vom 25.12.1904,
      S. 2.
[665] Vgl. u. a. Seul: *Old Shatterhand vor Gericht*, S. 399-596.

lagen, die ihn persönlich und finanziell schwer trafen, suchte er in den 1920er-Jahren erneut eine Anknüpfung an seine früheren, größenteils lügenhaften Kampagnen.

Unabhängig davon hatte auch der junge Dresdner Staatsanwalt Erich Wulffen im Rahmen seiner dienstlichen Arbeit Kenntnis von Mays Vorstrafen erhalten. Diese Annahme stützt sich auf eine kurze richterliche Bemerkung innerhalb eines Beschlusses der 1. Strafkammer des Kgl. Landgerichts Dresden vom 12. Juni 1908, in dem es heißt, dass „Dr. Wulffen [...] die May-schen Strafakten [...] schon vor mehreren Jahren [...] in die Hand bekommen (habe)."[666]

Um welches Verfahren es sich dabei konkret gehandelt hat, ist nicht bekannt. Nun hatte sich das Kgl. Amts- und Landgericht Dresden seit 1902 mit zahlreichen zivil- und strafrechtlichen Auseinandersetzungen des Dichters und seiner Gegner Ida Pauline Münchmeyer (1840–1928)[667], Verleger Adalbert Fischer (1855–1907) und Rudolf Lebius beschäftigen müssen. Im Rahmen dieser auch in der Öffentlichkeit weithin beachteten Streitigkeiten tauchte auch immer wieder die Problematik auf, dass May mehrfach vorbestraft war – ein Umstand der prozessual gegen ihn benutzt wurde. Belegt ist in diesem Zusammenhang, dass zumindest ein Teil der Mittweidaer Untersuchungsakten zur Urteilsfindung herangezogen wurde. Möglicherweise waren die herangezogenen Unterlagen noch umfangreicher. In jedem Fall erhielt Wulffen schon auf dienstlichem Wege einen vertieften Einblick in Mays kriminelle Vergangenheit. Belegen lässt sich Wulffens unmittelbare Beteiligung an einem Ermittlungsverfahren gegen Karl May wegen „betrügerischer Handlungen zur Ermöglichung der Ehescheidung".

Aufgrund einiger bis heute nicht ganz geklärter Umstände bei der Anbahnung der Ehescheidung – die Rede ist von Emma Pollmers Beeinflussung durch spiritistische Manöver seitens der neuen Frau an Mays Seite, Klara Plöhn gemeinsam mit Karl May – war alsbald die Rechtmäßigkeit der Scheidung infrage gestellt worden. Tatsächlich kam es zur Abgabe einer Strafanzeige des mit Emma Pollmer befreundeten Ehepaars Louise Häußler (1861-1943) und Heinrich Häußler (unbekannt) gegen Karl May vom 15. Oktober 1903 bei der Staatsanwaltschaft Dresden. Das Ermittlungsverfahren war dann

---

[666] Voruntersuchung wegen Meineids und Anstiftung dazu gegen Karl May und Genossen. Kgl. Landgericht Dresden, 1. Strafkammer, Beschluss vom 12.6.1908 – 1. S. Reg. 45/08, zit. nach: Lebius-*Reprint*, S. 110.

[667] Der Kern der Auseinandersetzungen zwischen May und Ida Pauline Münchmeyer eskalierte um die Frage, ob sich May noch auf Urheberrechte berufen konnte und ob ihm noch eine Vergütung für seine Kolportageromane zustand, die er in den 1880er-Jahren für den Dresdner Verlag von H. G. Münchmeyer geschrieben hatte. Zum Geflecht dieser zivilrechtlichen Streitigkeiten gehörten auch strafrechtliche Verfahren, in denen u. a. die Vorstrafen Mays zur Sprache kamen; vgl.: Albrecht Götz von Olenhusen: *Karl May und das Urheber- und Verlagsrecht im 19. Jhdt. Der Münchmeyer-Prozeß.* (→ Götz von Olenhusen: *Karl May und das Urheber- und Verlagsrecht*). In: *UFITA 2002.* Band II, S. 427-450.

wegen der Zeugnisverweigerung Emma Pollmers am 30. Dezember 1903 eingestellt worden.[668]

Jahre später wurde das Verfahren erneut aufgenommen. Dieses Mal war Erich Wulffen der zuständige Staatsanwalt. Bei der Prüfung der Beweismittel hatte sich Wulffen vor allem mit der Hauptzeugin Emma Pollmer auseinanderzusetzen, die inzwischen wegen ihrer Unterhaltsforderungen im Streit mit Karl May wieder auf der Gegenseite stand, auf Seiten von Lebius. Er kam jedoch schließlich am 24. September 1909 zu dem Schluss, das Verfahren wieder einzustellen, da „ihre Gemütsverfassung, wie der Sachverhalt ergibt, keine ganz normale zu sein scheint,"[669] was letztlich ihre Glaubwürdigkeit erschütterte. Eine weitere dienstliche Beschäftigung des Dresdner Staatsanwalts mit May lässt sich nicht feststellen.

Das Beziehungsgeflecht zwischen Kunst und Recht bildete ein zentrales Thema der wissenschaftlichen und literarischen Arbeit des Juristen. Es kam Wulffen nach seinem Selbstverständnis vor allem darauf an, „die Nachweise auf den Gebieten der verschiedensten Künste, vornehmlich in Dichtung und Literatur, und im Schaffen und Leben der Künstler selbst zu führen, um das überraschende Ergebnis glaubhaft zu machen"[670].

Aus diesem Grund war es wenig erstaunlich, dass May ein ideales „Forschungsobjekt" für Wulffen darstellen musste. Seine Kenntnisse von Mays Vorstrafen fanden zunächst 1908 Eingang in das umfassende kriminologische Werk *Psychologie des Verbrechers*[671]:

„Mehrere der pathologischen Schwindler, von denen Aschaffenburg in der angeführten Skizze (Zur Psychologie des Hochstaplers, März 1907) berichtet, sind direkt schriftstellerisch begabt, haben Dramen, Gedichte und gewandte Aufsätze geschrieben. [...] Ein Schriftsteller, der die glänzendsten Reisebeschreibungen von Ländern, die er nie gesehen, deren Natur er nur aus Büchern studiert hat, schrieb und damit unter gleichzeitiger Einflechtung von Abenteuerberichten besonders die Jugend fesselt, war in seiner Jugend, wo er zunächst Volksschullehrer gewesen war, mehrfach bestraft worden. Als er in Oesterreich festgenommen wurde, legte er sich einen falschen Namen bei und behauptete, er habe einen Onkel auf der Insel Martinique. Unter Benutzung

---

[668] Kgl. Landgericht Dresden: Strafverfahren ./. Karl May – St. VIII 556.03. [Erstes] Staatsanwaltschaftliches Ermittlungsverfahren wegen betrügerischer Handlungen zur Ermöglichung der Ehescheidung, vgl. Lebius-*Reprint*, S. 129-137. – Es spricht einiges dafür, dass die Unterhaltszusagen Mays gegenüber Emma Pollmer dabei eine nicht unbedeutende Rolle gespielt haben.

[669] Kgl. Landgericht Dresden: Strafverfahren ./. Karl May und Klara May – St. VIII 201.09. [Zweites] Staatsanwaltschaftliches Ermittlungsverfahren wegen betrügerischer Handlungen zur Ermöglichung der Ehescheidung. Gegen die Einstellung des Verfahrens am 8.7.1909 legte das Ehepaar Häußler Beschwerde ein. Staatsanwalt Wulffen bestätigte am 24.9.1909 den Einstellungsbeschluss, vgl. Lebius-*Reprint*, S. 131.

[670] Erich Wulffen: *Im Reich der Schelme. KMJb 1926.* Radebeul bei Dresden 1926, S. 63-130 (63).

[671] Erich Wulffen: *Psychologie des Verbrechers.* Bd. II, S. 314-315.

Dr. Erich Wulffen in den 1900er-Jahre

seiner schon damals erworbenen Kenntnisse von ausländischen Gegenden und Sitten schrieb er in der Haft an den angeblichen Onkel, aus dessen Inhalt man tatsächlich hätte schließen können, daß der Häftling auf Martinique wie zu Hause sei. Also hier im Verbrechen die ersten Symptome des Charakters der späteren Schriftstellerei."

An einer anderen Stelle des Buches[672] ist die Rede von „einem noch lebenden sehr bekannten deutschen Schriftsteller, der in seiner Jugend wegen

---

[672] Ebd., Bd. I, S. 173.

Diebereien und Betrügereien lange Freiheitsstrafen zu verbüßen hatte". Bei ihm ließe „sich der feine psychologische Zusammenhang zwischen seinem ehemaligen Verbrechertum und seinem Schriftstellertum aktenmäßig nachweisen. Das Exotische, Fantastische, Fascinierende, welches seine Schriften so spannend macht, trat auch bei seinen Straftaten hervor."

Zwei Jahre später setzte Wulffen seine unverkennbaren Anspielungen auf May in seinem Werk *Gauner- und Verbrechertypen*[673] fort:

„Ein ähnliches Manöver führte ein vielgelesener deutscher Schriftsteller in seiner Jugend, als er Lehrer gewesen war, aus. Er fälschte ein Schreiben, wonach er vom Sächsischen Generalstaatsanwalte ermächtigt war, im Lande nach falschem Gelde zu fahnden. So kam er auch zu einem Bauer, den er sein ganzes Geld aufzählen ließ. Unter den Münzstücken fand er natürlich eine Anzahl ,falsche'. Er nahm sie an sich und hieß den Bauer zum Gasthofe folgen, wo die ,Kommission' den Fall zu Protokoll nehmen werde. Der Schwindler wußte aber zu verduften."

Die Schilderungen erregten Mays Empörung, der sich – wie gewiss viele andere Leser auch – in den Beschreibungen wiedererkannte. Der Schriftsteller sprach von der „Folterpsychologie jenes sächsischen Staatsanwalts, der jetzt, nach vierzig Jahren, in seinem neuesten Werke mir meine Seele öffentlich vernichtet und einen literarischen, moralischen und materiellen Mord an mir begeht, dessen Widerrechtlichkeit geradezu zum Himmel schreit!"[674]

Mit dieser scharfen Replik hatte May mehr als Recht. Denn Wulffen hatte dienstlich erlangte Kenntnisse in einer Weise für seine wissenschaftlichen Publikationen verwertet, dass dies die Persönlichkeit und das Ansehen eines berühmten Schriftstellers erheblich beeinträchtigen musste. Der Rückgriff auf Jahrzehnte zurückliegende, verbüßte Straftaten musste umso gravierender wirken, als Wulffen die öffentlichen Kontroversen und Prozesse nicht unbekannt geblieben waren. Er musste dabei, abgesehen von der schon damals unerlaubten Nutzung dienstlicher Kenntnisse für seine eigenen Zwecke, wissen, dass er damit Mays Gegnern, gewollt oder ungewollt, Schützenhilfe leistete. May hatte es nach seinen Haftzeiten in seiner Lebensführung durch Konzentration auf einsame schriftstellerische Arbeit und die offenbar bewusst vorsichtige Begrenzung seines Bekannten- und Freundeskreises verstanden, die Gefahr zu vermeiden, dass seine Vergangenheit in Zuchthaus, Arbeitshaus und Gefängnissen öffentlich bekannt wurde.

Noch 1899, als seine frühen Zeitumstände durch Leserbriefe an die *Frankfurter Zeitung*[675] zum Gegenstand öffentlicher Diskussionen geworden waren, konnte er den drohenden Gefahren ausweichen, als sein belastetes Vorleben

[673] Wulffen: *Gauner- und Verbrechertypen*, S. 167.
[674] May: *Meine Beichte*, Lebius-Reprint, S. 4-7 (5).
[675] Vgl. u. a. Jürgen Seul: *Karl May im Urteil der „Frankfurter Zeitung"*. Materialien zum Werk Karl Mays Band 3. Husum 2001, S. 50-89.

bekannt wurde. Es ist auch anzunehmen, dass das mit der Grund dafür war, weshalb er sich bis zu Heinrich Gotthold Münchmeyers Tod nicht mit diesem in einen Streit oder Prozess einließ. Denn dem für May so bedeutsamen Verleger war die ominöse Vergangenheit des zu schriftstellerischem Erfolg und bürgerlicher Reputation gelangten Mannes ja im Detail vertraut. Dabei hatte May zu befürchten gehabt, dass Ida Pauline Münchmeyer die dunklen Punkte der Vergangenheit gegen ihn einsetzen werde. Die schlüssigste Erklärung dafür, dass sich May dann 1902 dennoch zu einem Prozess gegen Münchmeyers Witwe entschloss, dürfte darin zu finden sein, dass der Schriftsteller der irrigen Ansicht war, die Strafakten seien inzwischen längst vernichtet worden.

Wulffen ließ es sich aber auch nicht nehmen, gegenüber der Forensisch-psychiatrischen Vereinigung zu Dresden im Anschluss an einen Vortrag des Kölner Professors Gustav Aschaffenburg vom 10. Januar 1908 „den Fall eines bekannten Mannes" mitzuteilen, „der sowohl ein guter Dichter wie ein ausgezeichneter Schwindler war"[676].

Diese öffentliche Erörterung seiner Person und seines Werkes unter kriminalpsychologischen Gesichtspunkten hat May damals so tief und schmerzlich getroffen, dass er sich an Wulffen wandte und die Entfernung der ihn betreffenden Textstellen aus seinem Buche verlangte. Wulffen habe ihm geschrieben, berichtete May später[677], dass die Entfernung der betreffenden Zeilen aus den gebundenen Bänden eine Unmöglichkeit sei; er wolle sich jedoch mit dem Verleger darüber verständigen.

In seiner Autobiografie[678] von 1910 empörte sich May öffentlich wiederum über die Kriminalpsychologie, als deren Untersuchungsobjekt durch Wulffen er sich missbraucht sah:

„Einer der Herren Verfasser, ein bekannter Staatsanwalt, zeichnet sich durch seine zahlreichen Versuche aus, die Gesetzgebung und den Strafvollzug in mildere, humanere Bahnen zu lenken. Er hat sich dadurch einen Namen gemacht. Er wird, wann und wo es sich um diese Humanisierung handelt, oft genannt und würde ein Segen auf diesem Gebiete sein, wenn er nicht als Kriminalpsychologe das wieder zerstörte, was er als Vorkämpfer der Humanität aufzubauen strebt. Ich nenne auch hier keinen Namen, denn es kommt mir nicht auf die Person, sondern auf die Sache an. Als Menschenfreund im höchsten Grade beachtenswert, kann er als ‚Seelenforscher' in fast noch höherem Grade unbedachtsam und grausam sein. Indem er seine öffentlichen Behauptungen

<hr />

[676] Vgl. N.N., *Allgemeine Zeitschrift für Psychiatrie und Psychisch-Gerichtliche Medizin*. Bd. 66, 1909, S. 1075.

[677] May: *An die 4. Strafkammer*, S. 123; vgl. auch die mündliche Äußerung Mays, die Beissel in seinem Bericht über den Prozess in Moabit wiedergibt (Beissel: „*Und ich halte Herrn May für einen Dichter …*", S. 11-46 [35]). – Der Briefwechsel zwischen May und Wulffen der danach stattgefunden haben muss, ist noch nicht wieder aufgefunden worden.

[678] May: *Mein Leben und Streben*, S. 122-124.

mit Beweisen zu belegen versucht, läßt er sich so weit hinreißen, Personen, die vor dreißig und noch mehr Jahren bestraft worden sind, nun aber sich in mühsam errungener, öffentlicher Stellung befinden, mit in seine ‚psychiatrischen‘ Betrachtungen zu ziehen und sie in seinen Schriften derart kenntlich zu machen, daß jedermann weiß, wen er meint. Von einem Rechtsanwalt hierüber zur Rede gestellt, antwortete er, daß er als Wissenschaftler hierzu berechtigt sei; es gebe einen Paragraphen, der ihm das erlaube. Ich unterlasse es, kritische Bemerkungen hieran zu knüpfen. Aber selbst wenn es wahr wäre, daß es einen solchen Paragraphen gibt, wer zwingt den Herrn Staatsanwalt, einem derartigen Paragraphen zuliebe gegen seine eigene, sonstige Humanität zu handeln und Menschen, die ihm nie etwas zuleid taten und deren Schutz ihm als dem Vertreter des Staates obzuliegen hatte, bei lebendigem Leibe mit dem Messer zu zerschneiden? Falls dieser Paragraph in Wirklichkeit vorhanden ist, so wird es für den Reichstag höchste Zeit, ihn einer ernsten Prüfung zu unterwerfen. Wenn jeder einstige Strafgefangene, mag er sich noch so hoch emporgearbeitet haben, durch das Gesetz gezwungen ist, es sich gefallen zu lassen, daß die Herren Kriminalpsychologen ihn öffentlich an den wissenschaftlichen Pranger stellen, so darf man sich gewiß nicht darüber wundern, daß die Kriminalistik keine Neigung zur Besserung zeigt.“

Claus Roxin[679] nimmt an, dass sich Wulffen „zur Rechtfertigung seines Verhaltens offenbar auf § 193 StGB[680] berufen“, habe und begründet dies mit einem autobiografischen Hinweis Karl Mays[681]: „Von einem Rechtsanwalt hierüber zur Rede gestellt, antwortete er, daß er als Wissenschaftler hierzu berechtigt sei; es gebe einen Paragraphen, der ihm das erlaube; und später: Er konnte nicht einmal meinen Tod abwarten und behauptete, durch einen Gesetzesparagraphen zu dieser Vivisektion berechtigt worden zu sein. Da schaut man denen, die von Humanität sprechen, ganz unwillkürlich in das Gesicht, ob sich da nicht etwa ein sardonisches Lächeln zeigt [...].“

Mays Entrüstung war berechtigt, denn Wulffens Argumentation stand schon zu seiner Zeit rechtlich auf sehr schwachen Füßen. Die Veröffentlichung weit zurückliegender Verfehlungen ist von der Rechtsprechung vielfach als Beleidigung bestraft worden, „weil sie den sozialen Achtungsanspruch dessen, der sich seinen bürgerlichen Ruf mühsam wieder errungen hat, gröblich verletzt“[682].

---

[679] Roxin: *Vorläufige Bemerkungen*, S. 74-109 (75).

[680] § 193 *StGB*: Tadelnde Urtheile über wissenschaftliche, künstlerische oder gewerbliche Leistungen, ingleichen Aeußerungen, welche zur Ausführung oder Vertheidigung von Rechten oder zur Wahrnehmung berechtigter Interessen gemacht werden, sowie Vorhaltungen und Rügen der Vorgesetzten gegen ihre Untergebenen, dienstliche Anzeigen oder Urtheile von Seiten eines Beamten und ähnliche Fälle sind nur insofern strafbar, als das Vorhandensein einer Beleidigung aus der Form der Aeußerung oder aus den Umständen, unter welchen sie geschah, hervorgeht.

[681] May: *Mein Leben und Streben*, S. 123.

[682] Roxin: *Vorläufige Bemerkungen*, S. 74-109 (75).

Die Sanktion auf solche Angriffe auf Personen lag demnach im Strafrecht. Das Persönlichkeitsrecht war noch nicht so weit entwickelt, sodass der Schutz über das Zivilrecht nur in engen Grenzen möglich erschien. Zwar hatten sich gewichtige Stimmen in der Wissenschaft, vor allem Josef Kohler[683], für die Anerkennung eines allgemeinen Persönlichkeitsrechts eingesetzt [684] und von Hans Giesker und anderen wurde der Schutz der Persönlichkeit, die Achtung, die dem Persönlichkeitsrecht gebührte, im Kontext der Rechtsfähigkeit und anderer Rechtsentwicklungen allmählich entwickelt. Der Ehrenschutz realisierte sich allerdings – mit der Ablösung vom gesellschaftlich akzeptierten, strafrechtlich jedoch sanktionierten Duell – im Wesentlichen im Strafrecht.

Die Wahrnehmung berechtigter Interessen, die Wulffen dem gegenüber geltend machte, kann zwar ein an sich beleidigendes Verhalten rechtfertigen, doch hätte dies vorausgesetzt, dass wissenschaftliche Gründe die Bloßstellung der Person Mays geboten hätten. Man wird dies verneinen, mindestens aber den Anspruch Mays auf Achtung seiner Personenwürde höher einschätzen müssen als das wissenschaftliche Bedürfnis nach öffentlicher Erörterung seines „Falles". Wenn man sich vergegenwärtigt, mit welcher Diskretion zur selben Zeit etwa Freud bei Schilderung seiner Krankengeschichten die Identität der Betroffenen verhüllte, so ist zu erkennen, in welchem Grade Wulffen die Grenze menschlicher Rücksicht rechtlich und moralisch überschritten hat.

Roxin[685] nimmt an, „dass auch Wulffen selbst das nicht ganz verkannt haben kann".

Seine grundsätzliche Position zu dieser Problematik äußerte der Kriminologe selbst einige Jahre später in der *Deutschen Juristen-Zeitung*[686]:

„Ein erheblich vorbestrafter Angeklagter (dessen Vorstrafen ihrer Art oder ihrer Zahl nach von Bedeutung sind) hat im allgemeinen wenig Anspruch auf Schonung in der Oeffentlichkeit. Die Veroeffentlichung seines Namens darf ihm aber doch erspart werden, wenn er wegen einer Bagatelle

---

[683] Josef Kohler (1849–1919): Einflussreicher deutscher Jurist, der ab 1888 als Professor für Bürgerliches Recht, Handels- und Strafrecht, Zivilprozess und Rechtsphilosophie an der Universität Berlin tätig war. Kohlers Werkliste umfasst ca. 2.500 Titel, worunter auch literarische Werke zählen.

[684] Josef Kohler: *Das Recht an Briefen*. In: *Archiv für bürgerliches Recht*. Band VII, 1893, S. 94ff.; Dieter Leuze: *Die Entwicklung des Persönlichkeitsrechts im 19. Jahrhundert, zugleich ein Beitrag zum Verhältnis allgem. Persönlichkeitsrecht – Rechtsfähigkeit*. (→ Leuze: *Entwicklung des Persönlichkeitsrechts*). Bielefeld 1962, § 11, S. 103-111; siehe ferner: Josef Kohler: *Urheberrecht an Schriftwerken und Verlagsrecht*. Stuttgart 1907, S. 15ff., 441ff. zum Schutz „auf das Binnenleben", S. 445; Hans Giesker: *Recht an der eigenen Geheimsphäre*. Zürich 1905, S. 162ff.

[685] Roxin: *Vorläufige Bemerkungen*, S. 74-109 (75).

[686] Erich Wulffen: *Die Schäden in der Berichterstattung der Presse über Gerichtsverhandlungen*. In: *Deutsche Juristen-Zeitung*. XI. Jg., 1906, Nr. 22, Spalten 1231-1235 (1231-1232). In: Seul/Götz von Olenhusen: *Erich Wulffen*, S. 51-52.

oder leichteren Straftat vor Gericht steht. Die Vorstrafen können weit zurückliegen, der Mann kann sich eine sichere Existenz gegründet haben. Die Presse hat es mit Recht gerügt, wenn in solchen Fällen die Vorstrafen öffentlich verlesen werden."

Den Zwiespalt, über die lange zurückliegenden Vorstrafen Mays dennoch berichten zu dürfen – wenn auch nicht innerhalb einer aktuellen Berichterstattung, so doch innerhalb einer journalistischen Fachabhandlung –, glaubte Wulffen damals dadurch überwinden zu können, dass er den Namen des Schriftstellers nicht nannte. Nun waren einige Verfehlungen Mays nicht gerade als Bagatellen oder leichtere Straftaten zu bezeichnen gewesen. Dennoch scheint ihn vor allem der Aspekt, dass sich May eine sichere Existenz gegründet hatte, vor einer namentlichen Nennung des Schriftstellers zurückgehalten zu haben. Es musste ihm jedoch klar sein, dass es ebenso wenig zulässig sein konnte, unter formaler Verschweigung des Namens die Fakten so deutlich und konkret zu bezeichnen, dass ihn jedermann erkennen musste.

Es ließe sich einwenden, dass Mays Straftaten schon vor Wulffens Veröffentlichungen im Zuge der Prozesse jedenfalls in Teilen oder in groben Zügen öffentlich erörtert worden waren. Das mochte im Rahmen aktueller Berichterstattung zulässig sein. Wulffens wissenschaftliches Werk ging jedoch weiter.

Er präsentierte unter Anführung der ihm aus den Akten bekannt gewordenen Straftaten des Schriftstellers in seiner kriminologischen *Psychologie des Verbrechers* den Typus des pathologischen Schwindlers und Hochstaplers. Zugleich zeigten sich Wulffen zufolge „im Verbrechen [Mays] die ersten Symptome des Charakters des späteren Schriftstellers" – eine wahrlich nicht gerade rühmliche Würdigung. Zugleich bemühte sich der Kriminologe mit dem Hinweis auf die fantastische Exotik der spannenden Schriften um eine leichte Abmilderung seiner Bewertung.

Das Problem dienst-, straf- und womöglich zivilrechtlich fragwürdiger Veröffentlichungen war auch wissenschaftlich tätigen Schriftstellern durchaus bekannt. Die Frage der Majestätsbeleidigung[687], aber auch der Beleidigung anderer, weniger hochgestellter, aber bekannter Persönlichkeiten stellte sich nicht zum ersten Mal. Sie war jedem Schriftsteller und Verleger bekannt, und nicht erst seit etwa die politische Schriftstellerin Ludmilla Assing[688] Schriften

---

[687] Vgl. der Fall des Dramatikers Frank Wedekind (1864–1918), der auf Grund eines satirischen Gedichts über Kaiser Wilhelm II. 1898 zur Flucht nach Paris gezwungen war. Nach seiner ein Jahr später erfolgten Rückkehr nach Deutschland wurde er wegen „Majestätsbeleidigung" zu sechs Monaten Festungshaft verurteilt, die er in der Festung Königstein vom 21. September 1899 bis zur Begnadigung im Februar 1900 absaß.

[688] Rosa Ludmilla Assing (1821–1880): Deutsche Schriftstellerin (Pseudonyme: Achim Lothar und Talora). – Siehe Ludmilla Assing (Hg.): *Aus dem Nachlaß Varnhagen's von Ense. Tagebücher von Friedrich von Gentz.* 5 Bde., Leipzig 1873–1874.

und Briefe von Friedrich von Gentz[689], Varnhagen von Ense[690] und anderen in vielen Bänden vor allem zwischen 1859 und 1877 freimütig veröffentlicht und damit Stürme der Entrüstung und strafrechtliche Verfolgung hervorgerufen hatte.[691]

Fatalerweise wurden sowohl Wulffens staatsanwaltliche Tätigkeiten in Sachen Karl May als auch einzelne Passagen innerhalb seines wissenschaftlichen Werks von Mays Intimfeind Rudolf Lebius sogleich argumentativ gegen den Schriftsteller eingesetzt. Bereits in seinem Flugblatt *Der Fall May und die Presse* vom 12. Juni 1910 verwies Lebius auf die erwähnten wissenschaftlichen Aussagen Wulffens zu Karl May. In dem im November 1910 erschienenen Buch *Die Zeugen Karl May und Klara May*[692] brachte Lebius ganze Passagen aus den Wulffen-Büchern *Psychologie des Verbrechers* und *Gauner- und Verbrechertypen*.

Nach Einschätzung von Roxin[693] handelt es sich hierbei „überhaupt nicht um ein zusammenhängendes ‚Buch' im engeren Sinne des Wortes, sondern um das Pamphlet eines Prozeßgegners, eine ungeordnete, gehässig kommentierte Zusammenstellung von Karl May betreffenden Urteilen, Vernehmungsprotokollen, Ehescheidungsmaterialien, Behördenakten und Privatbriefen, die Lebius sich unter Mißachtung aller Persönlichkeitsrechte beschafft und publiziert hatte".

Die von Lebius verwendeten Dokumente stellen ein „einseitig ausgewähltes ‚Belastungsmaterial" gegen den Schriftsteller dar, um „die historische ‚Wahrheit' [zu] verzerren".

Die Materialsammlung wurde als Prozess-Schrift zur Beeinflussung der Öffentlichkeit und der Gerichte verfasst. Karl May erwirkte am 13. Dezember 1910 ein Weiterverbreitungsverbot[694].

Dessen ungeachtet musste sich der Schriftsteller bis zu seinem Tod den publizistischen Angriffen seiner Feinde erwehren.

Mit Mays Tod am 30. März 1912 standen auch seine Werke zunächst vor einer ungewissen Zukunft. Die Absatzzahlen waren zuletzt enorm gesunken;

---

[689] Friedrich von Gentz (1764–1832): Deutsch-österreichischer Schriftsteller, Staatsdenker und Politiker sowie Berater von Fürst Metternich.

[690] Karl August Varnhagen von Ense (1785–1858): Deutscher Chronist der Zeit der Romantik bis zur Revolution 1848 und dem sich anschließenden Jahrzehnt der Reaktion. Er war außerdem Erzähler, Biograf, Tagebuchschreiber und Diplomat.

[691] Siehe dazu als ein Beispiel Nikolaus Gatter: *„Gift, geradezu Gift für das unwissende Publicum": der diaristische Nachlass von Karl August Varnhagen von Ense und die Polemik gegen Ludmilla Assings Editionen (1860–1880)*. Bielefeld 1996, S. 338ff., 356ff. – Das Recht der Persönlichkeit, z. B. auf Ehre, war seit dem 19. Jahrhundert bereits entwickelt, siehe dazu die Werke von Carl Meuner, Karl Gareis, Josef Kohler, Ferdinand Regelsberger u. a., siehe ferner Leuze: *Entwicklung des Persönlichkeitsrechts*, § 11, S. 103-111.

[692] Lebius-*Reprint*, S. 137 (Zitat aus Wulffen: *Psychologie des Verbrechers*) und S. 137f. (Zitat aus Wulffen: *Gauner- und Verbrechertypen*).

[693] Claus Roxin: *Die Zeugen Karl May und Klara May* (Rezension). In: *Neue Juristische Wochenschrift*. 45. Jg. 1992, S. 1299.

[694] Jürgen Wehnert: Einführung. In: Lebius-*Reprint*, S. VII-XVI (XIV).

eine Entwicklung, deren Ende nicht abzusehen war. Ein wesentlicher Grund für den Negativtrend in den letzten Jahren war die öffentliche Diskussion über Mays angeblich kulturell nicht akzeptablen, konfessionell umstrittenen und als jugendgefährdende Schundliteratur abqualifizierten Erzählungen und vor allem über die Vorstrafen des Schriftstellers. Nicht zuletzt die diesbezüglichen Hetzartikel von Lebius hatten „zu einem Abrücken großer Teile der Presse, kirchlicher und pädagogischer Kreise gegenüber dem Schriftsteller"[695] geführt. Mit zahlreichen Prozessen und publizistischen Äußerungen, vor allem mit seiner Autobiografie *Mein Leben und Streben*[696], hatte May um seine Reputation gekämpft.

Sein langjähriger Verleger Friedrich Ernst Fehsenfeld (1853–1933)[697] hatte resigniert, zumal er seinen Erfolgsschriftsteller nicht mehr dazu bewegen konnte, Bücher in der früheren, so erfolgreichen Machart der Abenteuergeschichten zu verfassen. Karl Mays veränderte schriftstellerische Ziele, die er, beginnend mit dem Übergangsroman *Am Jenseits*[698], mit seinen Spätwerken angestrebt hatte, erreichten sein bisheriges Publikum nicht mehr im früheren Maße.

Im Kreuzfeuer seiner Gegner aus dem katholischen Lager, der Schmutz- und Schunddebatte im Kreise der Pädagogen und Sittlichkeitsapostel, der literarischen Angriffe und der prozessualen Rufmord-Kampagnen vor allem von Lebius waren zuletzt die verlegerischen Umsätze rapide zurückgegangen. Wie viele Schriftsteller hatte auch May selber die Schuld für diese Abwärtsentwicklung bei anderen, auch bei der Verlegerseite gesucht. So hatte sich Fehsenfeld von seinem Radebeuler Starautor mangelnden Einsatz und zu wenig überzeugende Anstrengungen für das Werk vorwerfen lassen müssen. Die finanziell erheblich verschlechterte Situation musste May, der auf Bitten Fehsenfelds auf Teile seines Honorars verzichtet hatte, verstimmen und die jahrelange Zusammenarbeit grundsätzlich tangieren. Fehsenfelds Bemühungen um einen Verkauf des Verlages waren nur wegen der May-Rechte gescheitert, vermutlich auch an den hohen Forderungen Fehsenfelds für die Ablösung seiner Verlagsrechte und seines Bücherlagers.

---

[695] Seul: *100 Jahre Karl-May-Verlag*, S. 10.

[696] May: *Mein Leben und Streben*.

[697] Vgl. Edmund-Kara Jendrewski: *Der Karl-May-Verleger Friedrich Ernst Fehsenfeld*. Eine Biografie und Verlagsbibliografie. Berlin 2015; *Karl May's Gesammelte Werke* Bd. 91: *Briefwechsel mit Friedrich Ernst Fehsenfeld I (1891-1906)*. Hrsg. von Dieter Sudhoff/Hans-Dieter Steinmetz. Bamberg/Radebeul 2007; May: *Briefwechsel mit Friedrich Ernst Fehsenfeld II*; Albrecht Götz von Olenhusen u. a.: *Karl May und Freiburg: Der Freiburger Karl-May-Verleger Friedrich Ernst Fehsenfeld*. Bamberg 2002; Ulrich [Scheinhammer-]Schmid: *Karl May und sein Verleger Fehsenfeld*. In: *Das Werk Karl Mays 1895-1905. Erzählstrukturen und editorischer Befund*. Materialien zur Karl-May-Forschung Band 12. (→[Scheinhammer-]Schmid: *Karl May und sein Verleger Fehsenfeld*). KMG-Presse Ubstadt 1989; Ekke W. Guenther: *Karl May und sein Verleger Friedrich Ernst Fehsenfeld*. In: *JbKMG 1978*. Hamburg 1978, S. 154-167.

[698] Karl May: *Gesammelte Reiseerzählungen* Bd. XXV: *Am Jenseits*. Freiburg 1899.

Klara May kündigte schon drei Monate nach Mays Tod den bestehenden Verlagsvertrag und sah sich nach einem neuen Verleger um. Im Zuge dieser Neuorientierung wandte sie sich an einen jungen Juristen. Sein Name: Dr. Euchar Albrecht Schmid – ein junger May-Verehrer, der in den Jahren 1907 bis 1912 eine lebhafte Korrespondenz mit dem Schriftsteller geführt und darin mit ihm gemeinsam einen „Neustart" konzipiert hatte. Am 1. Juli 1913 gründeten Klara May als Erbin der Urheberrechte, Friedrich Ernst Fehsenfeld als erfahrener Buchverleger mit dem nötigen Equipment und den existierenden Restbeständen und E. A. Schmid als Geschäftsführer den Verlag der Karl-May-Stiftung Fehsenfeld & Co., den späteren Karl-May-Verlag (KMV).[699]

Das verlegerische Zentrum des May'schen Werks verlagerte sich damit von Freiburg, wo Fehsenfeld seinen Verlag mit zum Teil sehr namhaften Schriftstellern wie Henry Rider Haggard (1856–1925), Robert Louis Stevenson (1850–1894), Jack London (1876–1916) und Rudyard Kipling (1865–1936) fortführte, nach Radebeul, dem Sitz des Karl-May-Verlags.

In einem Brief[700] äußerte sich Schmid später über die Anfangszeiten:

„Trotz des Krieges habe ich sehr viel erreicht. Fehsenfeld hatte ja nur Vorräte in die Firma eingebracht. Frau May nur Rechte, zusammen zwar große Werte, aber fast ohne jedes Betriebskapital. Also mit diesen unsicheren Betriebsmitteln habe ich seinerzeit die Union-Rechte (ohne Vorräte!) für M 45000,-- zurückgekauft (eine unglaubliche Forderung, der ich nicht entgehen konnte); ferner habe ich aber auch schon die Münchmeyer-Rechte für M 13000,-- zurückerworben (ebenfalls ohne Vorräte), und während der letzten Jahre durften diese nichts mehr neu drucken, sondern nur noch die alten Bde der anonymen Bücher ausverkaufen; ich bearbeite und kürze diese Romane langsam, um sie später einmal ebenfalls den Gesammelten Werken anzugliedern."

E. A. Schmids Fazit ist im Kern zutreffend. Seinem verlegerischen Talent war zum einen der editorische Neustart und zum anderen auch die Neuordnung der Rechte und deren Konzentration beim neuen Verlag zu verdanken. Zu bemerken bleibt ferner, dass der Altverleger nicht nur Vorräte, sondern auch die Verlagsrechte in den KMV eingebracht hatte. Karl May hatte selbst den Verlagsvertrag 1908 gekündigt, aber die Vertragsparteien hatten sich anschließend wieder auf eine weitere Zusammenarbeit geeinigt. Die Kündigung des Vertrags durch Klara May 1912 führte jedoch, da Fehsenfeld die Beendigung nicht akzeptierte, dann zur Gründung des Karl-May-Verlags, dem die Verlagsrechte zufielen.

[699] Vgl. Seul: *100 Jahre Karl-May-Verlag*, S. 10-27; Albrecht Götz von Olenhusen: *Karl Mays Erbe und die Gründung des Karl-May-Verlages*. In: *UFITA 2001*. Band II, S. 535–558.

[700] E. A. Schmid: Brief an Ludwig Gurlitt vom 27.4.1927. In: Archiv des Karl-May-Verlags, Bamberg.

Dr. Euchar Albrecht Schmid (1914)

Klara May (um 1913)

Dr. Euchar Albrecht Schmid vor dem neuen Verlagsgebäude
in der Radebeuler Roonstraße 23

2. Die Entstehungsgeschichte des *Inferno*-Manuskripts

1920

Das Jahr 1920 ragt in der Geschichte des Karl-May-Verlags heraus: So bezieht das junge Unternehmen trotz der allgemeinen prekären wirtschaftlichen Situation im Nachkriegsdeutschland ein neues und eigenes Verlagshaus in der Radebeuler Roonstraße 23[701] (heute: August-Bebel-Straße).

Besonderes Aufsehen erregt auch die Gründung einer Filmgesellschaft – der USTAD-FILM – am 30. März 1920 in Berlin. Beteiligt an dieser Filmgesellschaft sind u. a. E. A. Schmid und Klara May.

In diesem Jahr übernimmt der KMV die Herausgabe der Karl-May-Jahrbücher, einer seit 1918 beim Verlag Schottländer in Breslau herausgegebenen jährlichen Publikationsreihe. Nach dem Tod des Verlagsinhabers, Konsul Salo Schottländer (1844–1920), benötigt die Jahrbuchreihe ein neues verlegerisches Dach, das ihr der KMV bietet. Mit der Übernahme dieser Reihe gewinnt der Radebeuler Verlag die ausgezeichnete Möglichkeit, für die eigenen Verlagsprodukte zu werben und die zur Rehabilitierung Mays für erforderlich gehaltene Werkbearbeitung wissenschaftlich zu manifestieren.

Der dritte Jahrgang der Reihe erscheint im Mai 1920. Er enthält neben Texten von Karl May, Max Finke, Dr. Rudolf Beissel und Dr. E. A. Schmid auch einen Beitrag von Dr. Albert Hellwig[702] über die kriminalpsychologische Seite des Karl-May-Problems. Hellwig ist ein literaturbeflissener Richter, Kriminalist und Publizist, der seit 1919 als Ministerialrat im Preußischen Justizministerium tätig ist – eine Aufgabe, die ihn nicht zufriedenstellt und dazu führen wird, dass er sich im folgenden Jahr als Landgerichtsdirektor nach Potsdam versetzen lässt. Hellwigs Aufsatz ist die erste juristisch fundierte Abhandlung über

Karl-May-Jahrbuch 1920

---

[701] Bei dem Gebäude handelt sich um die Villa Gustav Röder, die inklusive ihrer Einfriedung auf einem weitläufigen Parkgrundstück an der Ecke zur Goethestraße steht und insgesamt als Werk der Landschafts- und Gartengestaltung denkmalgeschützt ist. Erbaut wurde die Villa von dem Architekten und Baumeister Gustav Röder (1862–1900) in den Jahren 1896/1897 für sich selbst als Wohngebäude. Ab 1920 wurde das Gebäude sowohl als Verlagssitz (später auch der Haupt & Hammon Verlagsbuchhandlung und des Retcliffe-Verlags) wie auch als Wohnung der Familie Schmid genutzt.

[702] Hellwig: *Die kriminalpsychologische Seite,* S. 187-250.

Mays Vorstrafen. Unter Hinweis darauf, dass es schwer falle, sich ein zuverlässiges Bild von der Persönlichkeit des Schriftstellers zu bilden, könne „doch soviel gesagt werden, daß vieles dafür spricht, dass er eine psychopathische Persönlichkeit war"[703].

Er betont allerdings, dass mit seiner Kennzeichnung Mays als Psychopathen „keine Entschuldigung für seine Jugendverfehlungen gegeben werden" könne. „Irgendeinen k r a n k h a f t e n Z u s t a n d anzunehmen, in dem May jedenfalls seine ersten Straftaten begangen hat, liegt keine Notwendigkeit vor. Sie lassen sich sehr wohl auch psychologisch erklären, bedürfen nicht einer psychiatrischen Begründung. Wenn man allerdings dem Glauben schenken will, was May uns selber erzählt, so würde seine erste Verurteilung auf einem durch sein verdächtiges Verhalten hervorgerufenen Justizirrtum beruhen[704] und die zweite Straftat wohl in einem Zustand der Geistestätigkeit begangen sein, durch den seine freie Willensbestimmung ausgeschlossen wurde[705].

„Wenn man seine psychologische Veranlagung berücksichtigt und bedenkt, dass er auch sonst Halluzinationen hatte, mitunter wie geistesabwesend war, so erscheint es nicht unglaubhaft, daß sich May damals tatsächlich in einem solchen Zustande der Tagträumerei befunden hat, daß er strafrechtlich nicht verantwortlich gemacht werden könnte. Ob diese Möglichkeit freilich Wirklichkeit war, das müssen wir vorerst noch dahingestellt sein lassen. Es fehlt uns eben leider noch an den hinreichenden zuverlässigen Materialien, um diese Angaben Mays, die wir nicht ohne weiteres als zuverlässig zugrunde legen dürfen, nachzuprüfen."[706]

Zu den Gründen, warum May in jungen Jahren überhaupt straffällig geworden war, führt Hellwig[707] neben der psychopathischen Konstitution vor allem das soziale Umfeld an, in dem der Schriftsteller aufgewachsen war, und das nur als „ungünstig bezeichnet werden" könne.

„Ein normales Kind hätte vielleicht die verschiedenen Schädigungen und erziehungswidrigen Einflüsse, die auf May einstürmten, ohne Schaden überwinden können; ein psychopathisches Kind aber mußte mit größter Wahrscheinlichkeit früher oder später straucheln."

Hellwigs auf schmaler archivalischer und dokumentarischer Basis veröffentlichte Sicht zeigt ihn als durchaus tiefgründigen und der modernen Kriminologie aufgeschlossenen Juristen. In der Perspektive Klara Mays musste ihn seine Würdigung Karl Mays dennoch für die Rolle des Biografen ungeeignet erscheinen lassen.

---

[703] Ebd., S. 209.
[704] May: *Mein Leben und Streben*, S. 107.
[705] Ebd., S. 117ff.
[706] Hellwig: *Die kriminalpsychologische Seite*, S. 213.
[707] Ebd., S. 211.

Dr. Albert Hellwig

Neben der psychopathischen Veranlagung und dem ungünstigen sozialen Umfeld des heranwachsenden May als kriminalitätsauslösende Faktoren erwähnt Hellwig auch einen weiteren Punkt, den die spätere Kriminologie als „labeling approach"[708] bezeichnet. So führt Hellwig[709] schon 1920 aus, dass in vielen Fällen „Strafe nicht günstig auf den Verbrecher einwirkt. Sie verbittert den Täter, bringt ihn in eine scharfe gegensätzliche Stellung zum Staat und setzt so selbst wieder neue Ursachen des Verbrechens [...] Aus dem Gefühle

---

[708] Auf den kriminologischen Erklärungsansatz des „labeling approach" verweist Claus Roxin im Rahmen seiner strafrechtlichen Erörterungen zu Karl Mays Vorstrafen: „Diese Lehre geht davon aus, daß leichtere Formen sozialabweichenden Verhaltens ubiquitär sind, d. h. mehr oder weniger von allen Menschen, besonders im Jugendlichen- und Heranwachsenden-Alter, an den Tag gelegt werden, daß aber nur ein geringer Bruchteil dieser Verstöße von den Instanzen sozialer Kontrolle zur Kenntnis genommen und verfolgt wird. Diejenigen, die unter solchen Umständen verurteilt werden, sind danach an sich nicht wesentlich anders als andere auch, werden aber durch die Behörden mit dem Etikett des Kriminellen versehen und in eine Rolle gedrängt, die sie gesellschaftlich diskriminiert und weiteren Stigmatisierungen Vorschub leistet. Die Delinquenz ist also, wenn man dem folgt, nicht so sehr ein sozialschädliches Verhalten des Täters als vielmehr ein Produkt der Strafverfolgung." Claus Roxin: *Karl May, das Strafrecht und die Literatur* (→ Roxin: *Karl May, das Strafrecht und die Literatur*). In: *JbKMG 1978*. Hamburg 1978, S. 9-36 (17). – Siehe zusammenfassend Werner Rüther: *Abweichendes Verhalten und Labeling Approach*. Köln u. a. 1975; neuere Literatur u. a. Michael Dellwing Reste: *Die Befreiung des Labeling-Approach von der Befreiung*. In: *Kriminologisches Journal (KrimJ)* 2008, S. 162-178; Michael Fischer: *Kriminalität als Konstruktion. Drei konzeptionelle Probleme des radikalen Definitionsansatzes*. In: *KrimJ 2001*, S. 102-115.

[709] Hellwig: *Die kriminalpsychologische Seite*, S. 214f.

heraus, dass ihm Unrecht geschehe, weil die Welt ihn ganz und gar verwerfe, schöpfe der Verbrecher die Kraft zum Leugnen und zur Verteidigung. Meistens erwarte der Gefangene vergeblich die befreiende, stützende, teilnehmende Menschlichkeit, deren er so sehr bedürfe. [...] So werde der Verbrecher aus dem fremden Triebe heraus zum Verbrecher aus Ueberzeugung, aus Feindschaft gegen die Menschlichkeit."

In der Presse[710] wird Hellwigs Untersuchung gelobt. So heißt es u. a.:

„Schonungslos reißt Hellwig hier alle Schleier von den Tagen Karl May's tiefster Erniedrigung, so schonungslos, daß man es ihm fast als Mangel an Pietät dem toten Dichter, mehr noch seiner noch lebenden Gattin gegenüber auslegen möchte. [...] In diesem Sinne ist der Artikel Dr. Hellwigs als wertvolle Erweiterung und Ergänzung der Mayschen Selbstbiographie sehr zu begrüßen."

Der Autor selbst bezieht sich in seiner Abhandlung an einigen Stellen[711] auch auf seinen Kollegen Erich Wulffen, der vor allem in den ersten beiden Jahrzehnten des 20. Jahrhunderts als Jurist und Autor gleichermaßen hervorgetreten ist und an dem im Rahmen einer Abhandlung über die Verflechtung von Literatur und Recht nicht vorbeigegangen werden kann. (Wulffen, dessen Ansichten von Hellwig allerdings nicht umstandslos akzeptiert wurden, wird Hellwig auch als Konkurrenten gesehen und, wie sich dann in der Biografie zeigt, ihm entschieden widersprochen haben.) So zitiert und erwähnt der Jurist den Dresdner Kollegen mehrfach, was dazu führt, dass auch E. A. Schmid auf Wulffen als potentiellen Autor für die Jahrbuchreihe aufmerksam wird. Aus diesem Grund wendet sich der Verlagsleiter im April 1920 an den zu dieser Zeit noch als Landgerichtsdirektor beim Landgericht Dresden tätigen Wulffen:

E. A. SCHMID AN ERICH WULFFEN * 27. April 1920
Brief, ms. Kopie

27. April [19]20.

Herrn
Landgerichtsdirektor
Dr. Erich Wulffen
Dresden-N.

Hochgeehrter Herr!
In dem soeben erschienenen 3. Jahrgang des Karl-May-Jahrbuches 1920 ist Ihr Name nach verschiedener Richtung mehrfach zitiert, und

---

[710] N.N.. In: *Amtliches Kreisblatt für den Stadt- und Landkreis Trier* vom 9.12.1920.

[711] Hellwig: *Die kriminalpsychologische Seite*, S. 198f. und 237: Zitierung und Erwähnung von Wulffen: *Psychologie des Verbrechers*; Hellwig, S. 232ff.: Zitierung von Wulffen: *Manolescu*; Hellwig, S. 235: Erwähnung von Wulffen: *Masken*; Hellwig, S. 235: Zitierung von Erich Wulffen: *Kriminalpädagogik: ein Erziehungsbuch*. Leipzig 1915.

ich möchte deshalb nicht verfehlen, es Ihnen zu übermitteln. Es ist vom Druckort Stuttgart an Sie beordert. Sollten Sie hierdurch ein Interesse am Karl-May-Problem gewinnen, so wäre ich gern bereit, Ihnen weiteres Material zugehen zu lassen. Es sind, wie Ihnen die Anlage zeigt, in letzten Jahren ziemlich viele Schriften über diesen meist gelesenen deutschen Schriftsteller erschienen und außerdem weitere wichtige Werke in Vorbereitung.

Mit vorzüglicher Hochachtung
KARL-MAY-VERLAG
Fehsenfeld & Co.

Erich Wulffen zeigt zunächst kein Interesse an einer wie auch immer gearteten Beschäftigung in E. A. Schmids Sinne. Über die Gründe lässt sich nur spekulieren. Eine wesentliche Ursache scheint in dem Umstand zu liegen, dass Klara May im Laufe des Jahres 1920 die persönliche Bekanntschaft von Wulffen gemacht hat, wobei die näheren Umstände unbekannt sind. Jedenfalls bestimmt sie den Juristen sehr schnell zu ihrem Rechtsbeistand in aktuellen gesellschaftsvertraglichen Verhandlungen mit ihrem Mitgesellschafter E. A. Schmid. Damit ist eine Einbindung Wulffens in rechtliche und geschäftliche Verlagsvorgänge erfolgt, die ihn möglicherweise Interessenkonflikte befürchten lässt, falls er außerdem noch eine nähere Verbindung als Autor mit dem Verlagsleiter einginge.

Es ist gewiss ein äußerst listiger Schachzug von Klara May, sich Wulffen als Berater zu nehmen, ausgerechnet *gegen den Verleger*. Denn ihr werden E. A. Schmids anders geartete verlegerische und biografische Tendenzen nicht verborgen geblieben sein. Mit der ihr eigenen ausgeprägten Raffinesse vermag sie also in dieser problematischen Gemengelage ausgerechnet den später zum Biografen Mays ausersehenen Beamten auf ihre Seite zu ziehen, von dem sie sich erhofft, dass er ihre juristischen Interessen gegen den Verlag erfolgreich wahrnehmen, aber zugleich auch ihr bereits seit 1918 gehegtes Ansinnen, die Vernichtung der ihr peinlichen Strafakten Karl Mays unterstützen werde.

Konkreter Hintergrund der durch Wulffen zunächst übernommenen juristischen Betreuung der Witwe ist ihr Wunsch nach Korrektur des zweiten Gesellschaftsvertrags des Karl-May-Verlags vom 29. November 1913, der die Geschäftsführung von E. A. Schmid, den Verlag, die Villa „Shatterhand" inklusive Inventar und den übrigen gegenständlichen und literarischen Nachlass Mays betrifft. Aufgrund einiger persönlicher als auch geschäftlicher Unstimmigkeiten – die die wechselvolle Beziehung zwischen E. A. Schmid und Klara May zeitlebens prägen – soll eine gesellschaftsvertragliche Änderung herbeigeführt werden. Nachdem eine im Mai 1918 bereits getroffene Einigung, ohne vertragliche Fixierung allerdings, im Laufe des Jahres 1920 brüchig geworden ist, strebt Klara May nach einer endgültigen rechtlichen Lösung, an der Wulffen nun mitarbeitet.

Dessen Einstellung zu Karl May hat sich im Übrigen seit dem Tod des Schriftstellers ein wenig geändert. So findet sich in Wulffens Kriminalroman *Der Mann mit den sieben Masken*[712], der 1917 erstmals im Verlag von Carl Reissner in Dresden erschienen war, eine ausführliche Passage zu May und auch eine Anspielung auf die veränderte Auffassung des Verfassers zum Radebeuler Fabulierer. Einer der Protagonisten des Romans ist der Staatsanwaltsvertreter Dr. Sperl, der den Hochstapler Nikolaus Györki verhört. So heißt es an einer Stelle:

„Die Bücher des unglücklichen Karl May haben Sie gewiß gelesen, Herr Staatsanwalt?" fragte Györki recht prosaisch, als wolle er gewaltsam eine aufkommende Rührung unterdrücken.

„Ich wenigstens habe sie in meiner Jugend geradezu verschlungen. Bei einer seiner Verurteilungen, die er als junger Mensch erlitt, soll sein Advokat in einem Gnadengesuch gesagt haben: ,Karl May besitzt von Natur eine große Gabe, anderen Leuten etwas weiszumachen, hierin liegt die Quelle seiner Verbrechen.'"

Doktor Sperl erinnerte sich, daß Karl May im letzten Winter in der Wiener „Konkordia" einen Vortrag gehalten hatte und lebhaft gefeiert worden war.

„Später leitete er diese natürliche Quelle seiner Fähigkeiten", plauderte Györki weiter, „in seine Schriftstellerei und schrieb die vielen Romane, in deren Mittelpunkt immer er selbst als tapferster, weisester, kühnster, wahrhaftigster und edelster Held, zum Teil Wunderdinge verrichtend, steht. Während er in seinen Vorworten und in Briefen allen Ernstes versichert, tatsächlich alle jene fremden Länder, die er beschreibt, selbst gesehen zu haben, war es in Wirklichkeit nicht der Fall."

Der Staatsanwalt hatte von den Angriffen gegen May gehört und sich ihnen, ohne prüfen zu können, angeschlossen.

Volker Wahl[713] macht in seinem Aufsatz über Wulffen deutlich, dass die Romanfiguren aus dem Leben gegriffen sind. Nikolaus Györki ist der internationale Hochstapler Georges Manolescu (1871–1908), dessen reale Gaunerkarriere durch Wulffen kriminologisch untersucht worden war[714], während Rainer Sperl niemand anderer als der Jurist selber ist.

---

[712] Wulffen: *Masken*, S. 135-138.
[713] Volker Wahl: *Der Dresdener Kriminalpsychologe und Schriftsteller Erich Wulffen (1862–1936) in seinen Beziehungen zur Goetheforschung sowie zu Karl und Klara May.* In: *N-KMG* Nr. 143/2005, S. 13-22 (22).
[714] Wulffen: *Manolescu*.

Statt Wulffen meldet sich im Juni 1920 erneut Hellwig in Radebeul. Bereits in seinem Jahrbuchbeitrag hatte er[715] angekündigt:

„Ich werde die kriminalpsychologische Seite des May-Problems im Auge behalten und hoffe in einigen Jahren in einem besonderen Buch die weiteren Forschungen zusammenfassen zu können."

Im Sinne dieses Plans einer Aufarbeitung der juristischen Seite in größerem Stil ist er inzwischen tätig geworden:

ALBERT HELLWIG AN EUCHAR ALBRECHT SCHMID * 14. Juni 1920
Brief, ms. Kopie

14.6.[19]20.

B[er]l[i]n Friedenau Taunusstr. 1

Herrn Dr. Schmid
Inhaber des Karl May Verlages.

Sehr geehrter Herr Doktor!

Das Sächsische Justizministerium will mir gestatten, Einsicht in sämtliche Akten über Karl May zu nehmen. Voraussetzung ist, dass ich die Genehmigung der Witwe und etwaiger Nachkommen beibringe.

Würden Sie mir diese Genehmigung vermitteln? Falls Nachkommen nicht vorhanden sind, wie ich annehme, würde es sich empfehlen, wenn Frau May, der ich meine Empfehlungen auszurichten bitte, dies bei der Genehmigung erwähnt. Vorläufig kann ich allerdings an die Lektüre der Akten noch nicht herangehen, da die dienstliche Arbeitslast zu gross ist. Ich hoffe im Winter mehr Zeit zu haben. Es soll sich um zahlreiche Bände handeln. Um das Material zur Hand zu haben, wird es erforderlich sein, von den wichtigeren Schriftstücken Abschriften nehmen zu lassen. Würde der Verlag, wenn ich ihm einen Durchschlag fertigen lasse, bereit sein, die Kosten zu übernehmen?

Wie steht es mit Ihrem Prozess?[716] Ist es richtig, dass Sie – wohl formell

---

[715] Hellwig: *Die kriminalpsychologische Seite*, S. 196, Fußnote 61.

[716] Die Berliner William Kahn Film GmbH hatte einige Zeit vor Gründung der Ustad die Verfilmung von Karl-May-Romanen angekündigt. Hiergegen wandte sich Anfang 1920 die Ustad und berief sich dabei auf ihr alleiniges mit dem KMV vereinbartes Verfilmungsrecht. Die Ustad reklamierte die Verletzung des Urheberrechts, der Namens- und Firmenrechte des KMV und des Gesetzes über den unlauteren Wettbewerb. Es kam zu einem gerichtlichen Verfahren, in dessen erstinstanzlichen Verlauf die Klage der Ustad kostenpflichtig abgewiesen wurde. Im Rahmen des Berufungsverfahrens gelingt es E. A. Schmid im Dezember 1920, den Prozess endgültig durch einen Vergleich abzuschließen. Während Wilhelm Kahn die Gerichts-, Anwalts- und Gutachterkosten (insgesamt ca. 15.000 Reichsmark) trägt, erhält der KMV eine Abfindung in Höhe von 20.000 Reichsmark; vgl. Michael Petzel: *Karl-May-Filmbuch. Stories und Bilder aus der deutschen Traumfabrik.* Bamberg/Radebeul 1998, S. 49-51.

nur wegen der Kosten, materiell aber um eine prinzipielle Entscheidung zu erzielen? – Berufung eingelegt haben?

Mit besten Empfehlungen

Ihr ergebener

Hellwig

Tatsächlich verweigert Klara May ihre Genehmigung zur Aufarbeitung der May'schen Vorstrafen, an der sie nicht interessiert ist. Im Gegenteil! „Klara ist gegen das Wort Zuchthaus allergisch"[717] und seit dem Tod des Schriftstellers nach Kräften um eine positive öffentliche Erinnerung an Karl May und sein Wirken bemüht. Zugleich lehnt sie nicht nur jede Form der wissenschaftlichen Erforschung und Stellungnahme zu Mays Vorstrafen ab, sondern sie betrachtet es als ihre Lebensaufgabe, das Andenken ihres Ehemannes von jeglichen dunklen Flecken reinzuwaschen.

1921

Anfang Februar des Jahres ereilt die Eheleute Wulffen ein schlimmer Schicksalsschlag, als die jüngste Tochter Annerose Ingeborg Wulffen(1915–1921) im Kindesalter verstirbt:

TRAUERANZEIGE * 7. Februar 1921

Gestern abend ½8 Uhr verschied sanft nach kurzer schwerer Krankheit unser innig geliebtes Kind

Annerose Ingeborg

im Alter von 6½ Jahren.

Dresden, den 7. Februar 1921.

In tiefem Schmerze

Ministerialrat Dr. **Wulffen**

und **Frau** geb. Behrisch

---

[717] Fritz Maschke: *Bausteine zur Klara-May-Biographie*, 2. Teil (→ Maschke: *Bausteine zur Klara-May-Biographie*). In: *KMJb 1979*. Bamberg/Braunschweig 1979, S. 220-244 (225).

KLARA MAY AN ERICH WULFFEN * [7. oder 8. Februar 1921]
Brief, ms. Kopie

[Herrn]
Ministerialrat
Dr. Erich Wulffen
Dresden. Münchnerpl[atz]^718 9.

Sehr geehrter Herr Ministerialrat!
Erlauben Sie, dass die Wittwe Karl Mays die beifolgenden Blumen am Sarge Ihres Kindes niederlegt, mit der Bitte, dass die reine Seele als Engel beim Vater bitte, um Barmherzigkeit, für wohl von Gott vergebene Schuld, die unsagbar schwer im Leben gebüsst wurde, die aber Menschen, die ein glücklicheres Fatum durchs Leben führte, nie verzeihen, weil sie die Qual der Seele nicht kennen, die nur der Schmerz begreifen lehrt.
Darf Sie einmal sprechen
Ihre ergebene
Klara May.

Die Beisetzung des Kindes findet am 9. Februar auf dem Dresdener Johannisfriedhof statt.^719 Ob Klara May unter den Trauergästen weilt, ist nicht bekannt.

ERICH WULFFEN AN KLARA MAY * 14. Februar 1921
Brief, hs.

Dresden, Münchnerstr. 9 II
den 14. Februar 1921
Sehr geehrte gnädige Frau!
Empfangen Sie zu zugleich im Namen meiner Frau unseren innigen Dank für Ihr sinniges Gedenken bei dem Heimgange unseres Lieblings. Dem schönen Gedanken, dem Sie dabei Ausdruck verliehen haben, stimmen wir von ganzem Herzen zu. Ihren herrlichen Kranz habe ich eigenhändig am Grabe meines Kindes niedergelegt und dabei Ihres Toten gedacht.

---

718 Korrekt: Münchner Straße 9.

719 Nach Auskunft der Verwaltung des Elias-, Trinitatis- und Johannisfriedhofs vom 26.4.2016 an die Herausgeber auf der Grundlage des Bestattungsregisters. Auch die Eltern Erich und Camilla Wulffen sowie der Bruder Hasso Wulffen werden Jahrzehnte später in dem Familiendoppelgrab (Abteilung 4.C, Reihe 23, Grab 26/27) beigesetzt werden.

Da Sie mich zu sprechen wünschen, lassen Sie mich dieses Ereignis zum Anlaß nehmen, das Haus Karl Mays zu besuchen. Wenn es Ihnen recht ist, schreiben Sie mir, bitte, an welchem Nachmittage der nächsten (nicht dieser) Woche ich Sie besuchen darf.

Da ich in Radebeul nicht bekannt bin, wäre ich für Angabe von Straße und Hausnummer verbunden.

Mit nochmaligem herzlichstem Danken
Ihr ergebenster
Erich Wulffen

KLARA MAY AN ERICH WULFFEN * Mitte Februar 1921
Brief, ms. Kopie

[Herrn]
Ministerialrat
Dr. Erich Wulffen
Dresden A[ltstadt] Münchnerstraße 9.

Sehr geehrter Herr Ministerialrat!

Mit tiefer Dankbarkeit begrüsse ich Ihren Entschluss hierher zu kommen und bitte, Sie Donnerstag erwarten zu dürfen.

Wenn Sie es nicht als eine Unbescheidenheit empfinden, bitte ich Sie, auch den Abend hier anzubringen, obgleich auch diese Spanne Zeit nicht das erschöpfen wird, was wie ein gefesselter Strom sich zu befreien strebt.

Falls Sie gestatten, wird Frau Wallner-Baste[720], eine von mir hochverehrte Freundin, zugegen sein, deren Seele, durch Leid gestimmt, keinen Misston geben wird.

In Verehrung
Ihre ergebene Klara May.

ERICH WULFFEN AN KLARA MAY * 20. Februar 1921
Postkarte, hs.

Dresden, den 20. Februar 1921

Sehr geehrte gnädige Frau!

Da ich gerade in dieser Woche zwei Tage dienstlich nach auswärts fahren muß, so bitte ich um die Erlaubnis, meinen Besuch bei Ihnen um eine Woche verschieben zu dürfen.

---

[720] Es handelt sich um die Schauspielerin Charlotte Basté (1867–1928). Sie lebte seit 1886 in Dresden und war dort an der Staatsoper engagiert. Hier lernte sie auch den Schriftsteller und Publizisten Franz Wallner (1896–1984) kennen und heiratete ihn.

Ich würde also, wenn Sie mir keine gegenteilige Nachricht geben, mir schreiben, Donnerstag, den 3. März Nachmittags um 5 Uhr bei Ihnen sein. Ich habe dann mehr Ruhe und Zeit und werde auch gern Ihrer freundlichen Einladung für den Abend entsprechen können. Die mir bekannte Frau Wallner-Basté bei Ihnen anzutreffen, soll-[t]e mich sehr freuen.

In vorzüglichster Hochachtung
Ihr ergebenster
Erich Wulffen

Charlotte Wallner-Basté

****

Im Frühjahr wendet sich der Karl-May-Forscher und Stadtarchivar von Hohenstein-Ernstthal, Hans Zesewitz (1888–1976), an Wulffen, um diesen „um eine Stellungnahme zum Kleptomanie-Vorwurf"[721] zu bitten, der sich in Mays Heimatstadt über die Mutter des Dichters verbreitet hat.

Der Jurist widerlegt das Gerücht in seinem Antwortbrief an Zesewitz. Zugleich skizziert Wulffen in seinen sonstigen Bemerkungen auch seine kriminalistisch-gesellschaftlichen Grundannahmen. Außerdem trägt er seine sehr selbstbewusste Überzeugung vor, das Karl-May-Problem schon längst gelöst zu haben.

---

[721] Hans-Dieter Steinmetz: *Erich Wulffen über Karl May (1921)*. In: *KMHI* Nr. 31/2016, S. 56-58 (56). Siehe auch: Hans-Dieter Steinmetz (Hg.): *Karl May in Hohenstein-Ernstthal 1921-1942. Ein Beitrag zur Wirkungsgeschichte anhand des Briefwechsels zwischen Hans Zesewitz und Euchar A. Schmid*. Bamberg/Radebeul 2016.

ERICH WULFFEN AN HANS ZESEWITZ * 14. März 1921
Brief, ms. (Abschrift)

Dresden, den 14. 3. [19]21.

Sehr geehrter Herr!

Daß heute nach 79 Jahren nachgewiesen werden könnte, daß Karl Mays Mutter während ihrer Schwangerschaft gestohlen hätte, halte ich für ausgeschlossen. Da nützt es nichts, daß bei „alten Leuten" die „Gewissheit" verbreitet ist, es wäre so geschehen! Ist aber der Nachweis nicht zu erbringen, so ist mit der ganzen Annahme nichts anzufangen, und man sagt der Mutter des unglücklichen Sohnes nur im Grabe noch etwas Übles nach. Ich glaube nicht, daß das im Sinne von Mutter und Sohn ist.

Biologisch-wissenschaftlich ist es möglich, daß bei der nahen körperlichen und seelischen Verbindung des Kindes im Mutterleibe mit der Mutter selbst deren diebische Gelüste während der Schwangerschaft auf das Kind übergehen können. Aber doch bei solchen vorübergehenden Gelüsten nicht in der Art, daß sie das Kind zum Verbrecher machen müßten, wie es bei May geschah. Denn bekanntlich neigen Schwangere aus ihrem körperlichen und seelischen Zustand der Schwangerschaft heraus leicht zu Diebereien. Anders ist's natürlich, wenn eine auch außerhalb der Schwangerschaft bestehende Diebesveranlagung vorliegt, die sich nach den Vererbungsgesetzen auf das Kind übertragen kann.

Das kriminalpsychologische „Problem" von Karl May habe ich lange in meinen Schriften (Psyche des Verbrechers[722], Kind[723], Mann mit den 7 Masken) klargestellt. Ein „Problem" ist es durchaus nicht, es ist nur die Bestätigung von mir neu gefundener, schon seit Schiller bekannter kriminalpsychologischer Erfahrungen.[724] Ich habe meinem Kollegen Hellwig für seine Aufsätze, insbes. auch für <ein> den im Karl-May-Jahrbuch 1920[725] mein Material und die einschlagenden Stellen in meinen Schriften zur Verfügung gestellt. Etwas Neues wird schwerlich aufzuzeigen sein. Ich habe [es] erst kürzlich mit Karl Mays mir gut bekannter Witwe durchgesprochen und aus ihrem eigenen Munde bestätigt erhalten, wie richtig ich in Mays Seele gelesen habe. Es war mir eine schöne Weihestunde, in seinem Hause all das Seinige zu sehen. Da hörte ich auch, daß er s. Zt. in seinem tiefsten Unglück zu mir kommen wollte, aber nicht den Mut gefunden hat. Wäre er zu

[722] Wulffen: *Psychologie des Verbrechers.*
[723] Erich Wulffen: *Das Kind. Sein Wesen und seine Entartung.* Berlin 1913.
[724] Vgl. Wulffen: *Kriminalpsychologie und Psychopathologie in Schillers Räubern.*
[725] Hellwig: *Die kriminalpsychologische Seite*, S. 187-250.

mir gekommen, hätte ich ihn besser beraten, als er sich selbst beraten konnte.
Bitte schicken Sie mir s. Zt. Ihre Arbeit über May.

Mit vorzüglicher Hochachtung
Erich Wulffen.

Hans Zesewitz 1933

****

Bereits zu Beginn des persönlichen Kontakts zwischen Klara May und Erich Wulffen entwickelt sich auch zwischen dessen Frau Camilla („Illa") Wulffen und der Schriftstellerwitwe eine freundschaftliche Beziehung, die noch über den Tod des Kriminologen hinaus Bestand haben wird. So führen die beiden Frauen miteinander eine regelmäßige Korrespondenz und telefonieren miteinander. Vor allem Camilla Wulffen lässt es sich nicht nehmen, in den kommenden Jahren eine Vielzahl von Briefen, auch Ansichtskarten – allein oder gemeinsam mit dem Gatten – zu verfassen, die an Klara May gerichtet sind.

ERICH UND CAMILLA WULFFEN AN KLARA MAY * [4. April 1921]
Ansichtskarte, hs.

[Poststempel] 4.4.[19]21

[Erich Wulffen:]

Sehr verehrte gnädige Frau!
    Von unserer auch durch Ihre Güte programmäßig verlaufenden Reise, senden wir vom schönen Werften [?] Berghotel Ihnen herzlichste Dankesgrüße. Ich lege 2 Briefe von Fleischhauer zu Ihrer Information bei. Der Dr. Schm[id] ist doch ein großer Phrasenheld. Erst kann er <u>vor</u> Abschluß nicht weiterleben, nun geht er <u>vor</u> Abschluß ruhig auf Urlaub. Ich werde über Dresden einen Brief an Fl[eischhauer] schreiben und das Verhalten, das einer Verschleppung gleich kommt, doch rügen. Es braucht niemand zu wissen, daß auch ich in Bayern bin. Ich hätte ja übrigens die letzte Abmachung von hier schriftlich vermitteln können.
    Nochmals herzlichste Grüße.
    Ihr ergebenster Wulffen.

[Camilla Wulffen:]

Meine liebe, liebe, verehrte Frau Mai! [!]
    Vor lauter Natur kommt man ja ewig nicht zum Schreiben. Wir genießen in vollen Zügen und gedenken, ich darf wohl sagen, stündlich, Ihrer. Wie wird es Ihnen gehen, liebe Frau Mai? Vielleicht ist es ganz gut, daß einstweilen alles ruht. Dann kann mein Mann mit vollen Segeln Ihr Schifflein steuern. Wenn Sie postwendend schrieben, würden wir uns über Ihren Gruß sehr, sehr freuen. <u>Mittenwald bei Spediteur Witting, Innsbruckerstr.</u> Wir wohnen privat, da die Hotels alle besetzt waren, auch die Pensionen. Sind sehr gut aufgehoben.

258

Herzlichen Dank für die liebenswürdige Einladung
und beste Grüße
Illa Wulffen.

ERICH WULFFEN AN KLARA MAY * [vermutlich Mitte April 1921]
Postkarte, hs.

[ohne Datum]

Sehr geehrte gnädige Frau!

Auf einer Baumblütenpartie in Cossebaude komme ich endlich dazu, Ihnen für freundliche Aufforderung bestens zu danken. Wenn es Ihnen recht wäre, würden meine Frau und ich am Montag Nachmittag zu Ihnen kommen. Bitte, bestellen Sie recht schönes Wetter, und seien Sie zugleich von meiner Frau herzlichst gegrüßt

von Ihrem ergebensten
Wulffen

[P. S.:] Besten Dank auch für Zeitungsnotiz

ERICH WULFFEN AN KLARA MAY * 12. Mai 1921
Brief, hs.

Dresden, den 12. Mai 1921

Hochverehrte gnädige Frau!

Gestatten Sie, daß ich gleich die umstehende Anzeige als Briefbogen verwerte und Ihnen zugleich im Namen meiner Frau für Ihre liebenswürdige Überraschung herzlichst danke. Es ist so lieb von Ihnen, unsrer in der Weise zu gedenken. Das Brautpaar wird auch daran schnabulieren!

Am Mittwoch werde ich gern pünktlich bei Ihnen sein. Es sollte mich von Herzen freuen, Ihnen Beistand zu leisten. Für Übermittlung der Schriftlichkeiten vielen Dank. Möchte nun ein entschiedener Schritt vorwärts getan werden. Es sieht doch so aus, als fühlte sich der Gegner nicht ganz sicher.

Meine Frau und ich erwidern die Pfingstwünsche bestens.

Ich bin mit freundlichen Grüßen von Haus zu Haus
Ihr ergebenster
Erich Wulffen

Meine Verlobung mit Fräulein

Ruth Erica Förster,

einzigen Tochter des Fabrikanten Herrn Oscar Förster
und seiner Frau Gemahlin Alice geb. Rubel,

gebe ich hiermit bekannt

Wolfgang Wulffen
Leutnant a. D.

Dresden=A., z. Z. Neusalza=Spremberg, Bautzner Str. 3
Mai 1921

Verlobungsanzeige von Wolfgang Wulffen (1899–1967) und seiner Braut

****

Die Verhandlungen in der gesellschaftsvertraglichen Schiedsgerichtsache ziehen sich in die Länge. Es gilt in mühsamer Weise sowohl für Wulffen als auch für die anderen Beteiligten die unterschiedlichen Vorstellungen von Klara May und E. A. Schmid miteinander in Einklang zu bringen.

ERICH WULFFEN AN KLARA MAY * 19. Mai 1921
Brief, hs.

Dresden, den 19. Mai 1921

Sehr verehrte gnädige Frau!

Wie ich psychologisch richtig vermutete, ist Herr Dr. M[ärz][726] gestern auf der Heimfahrt etwas aus sich herausgegangen. Er legte mir nahe,

---

[726] Ernst Johannes März (1878–1936) war wie seine Mutter Hedwig Alma März von Karl May finanziell unterstützt worden. Nach dem Besuch des Lehrerseminars in Dresden war März erst Hilfslehrer in Radebeul, wurde dann aber durch May gefördert, der ihm den Besuch des Gymnasiums (Abitur 1903) und der Universität Leipzig (Abschluss 1906) ermöglichte. 1905 promovierte März zum Doktor der Philosophie und wurde als Nationalökonom Redakteur der Zeitschrift *Sächsische Industrie* und führend im „Verband Sächsischer Industrieller" tätig. März gehörte auch am 24.3.1913 der Beratungsversammlung zur Gründung des Karl-May-Verlags an. Er gehörte zum Vertrautenkreis Klara Mays.

260

vor der Sitzung am 3. 6. noch eine Aussprache mit ihm zu haben. Ich lehnte das ab. Darauf wiederholte er seinen Vorschlag; er habe von Herrn Dr. Schm[id] gegen Sie gerichtetes wichtiges Material unterbreitet bekommen, dessen Sie sich nicht mehr zu erinnern scheinen. Dieses Material solle ich kennen lernen, er wolle es in der Sitzung nicht einführen. Ich erklärte, daß ich dieses Material aus seinen Händen nur kennen lernen wolle, wenn Sie mich dazu ermächtigten. Ich bitte also, mir mitzuteilen, was ich tun soll. Ich werde nur das tun, was Sie wünschen.

Im übrigen hoffe ich nun, daß die Angelegenheit ins Rollen kommt. Herr Dr. M[ärz] war doch wohl durch mein Eintreten für Sie über-

Dr. Johannes März

rascht. Seien Sie bitte ganz unbesorgt, an mir ist die Überredungskunst Ihres Gegners verloren. Ich scheine aber immer noch nicht alle Abschriften zu besitzen, so z. B. nicht Ihren an das Schiedsgericht gerichteten Antrag.

Haben Sie noch herzlichen Dank für den genußreichen Abend. Meine Frau läßt bestens grüßen.

Mit vielen Grüßen
Ihr ergebenster Erich Wulffen

[P. S.:] Vor der Sitzung sprechen wir uns noch einmal aus; vielleicht bei uns.

Am 3. Juni kommt es in der gesellschaftsvertraglichen Schiedsgerichtssache zwischen Klara May und E. A. Schmid endlich zu der von Wulffen angesprochenen Verhandlung, deren Ergebnis in der Verpflichtung beider Gesellschafter besteht, bis Ende September des Jahres einen Vergleich herbeizuführen. Wulffen wird mit der Ausarbeitung einer entsprechenden Vereinbarung beauftragt.

In einem Schreiben vom 21. Juli 1921 konkretisiert E. A. Schmid darin noch einmal seine Beweggründe für den Abschluss des zweiten Gesellschaftsvertrags vom 29. November 1913:

EUCHAR ALBRECHT SCHMID AN ERICH WULFFEN * 21. Juli 1921
Brief, ms. (Kopie)

21. Juli [19]21

Herrn Ministerialrat,
Dr. Erich Wulffen
Dresden–A.

Hochgeehrter Herr Ministerialrat,

gestatten Sie mir, dass ich mich durch gütige Vermittlung meines Anwalts in der Sache des von mir aus dem Entwurf des Hauptvertrags herausgeschälten kleinen Sondervertrags, betreffend die Villa Shatterhand und das May-Museum, an Sie wende.

Zunächst wiederhole ich, dass ich an diesem Sondervertrag den Vergleich nicht scheitern lasse, dass ich also dem von Ihnen selbst verfassten § 1 zustimmen würde, ebenso wie ich im äußersten Notfall auf den von mir hinzugefügten § 2 verzichte. Nur bitte ich unter allen Umständen, diesen Sondervertrag nicht mit dem Hauptvertrag zu verquicken, sondern ihn getrennt zu behandeln.

Frau May strebt aber doch den gleichen Zweck an, der durch den Original-Verlags-Vertrag vollinhaltlich gewährleistet ist und der nur auf diesem ursprünglichen Weg erreicht werden kann.

Ich bitte Sie, gemeinsam mit Herrn Netcke diese Angelegenheit noch eingehend mit Ihr zu besprechen, jenen Original-Verlags-Vertrag zu prüfen und mit den im B[and] „Ich" abgedruckten Stiftungs- und Erbvertragsbestimmungen zu vergleichen. Frau May ist nämlich rechtlich außerstande von Todeswegen noch über die Villa Shatterhand neu zu verfügen.

Aber auch zu Zeiten wäre der Gedanke einer Schenkung an dritte Personen, etwa an die Gemeinde, unausführbar und die Gemeinde beispielsweise müsste die Schenkung ohne weiteres ablehnen, weil sie nicht zu den ihr dabei zugemuteten, großen finanziellen Opfern in der Lage wäre.

Von Anfang an, nämlich schon vor 8 Jahren, war ich mir dieser Schwierigkeit eines May-Museums bewusst. Es gab nur den einen Ausweg, der durch Original-Verlags-Vertrag gewährleistet, von meiner Seite durchaus ideal ist und den Karl-May-Verlag und mich selbst mit großen Opfern belastet. Der Kernpunkt besteht immer darin, dass die Stiftung weder berechtigt noch finanziell in der Lage wäre, ein Museum zu errichten und zu unterhalten, weil es hierzu eines außerordentlich großen Unterhaltungs-Fonds bedürfte.

Mein Plan, der seinerzeit von den Herren Dr. März und Netcke geprüft und von Frau May begeistert gutgeheißen war, bleibt der folgende: Sobald Herr Fehsenfeld aus dem Verlag ausgeschieden ist[727], also in zwei Jahren bringt Frau May unter den vertraglich niedergelegten Kauteln[728] die Villa Shatterhand in den May-Verlag ein, der dadurch formell zum Eigentümer wird. Frau May bleibt nach wie vor wohnen, ist in der Ausübung ihres Besitzes (nicht des Eigentums!) in keiner Weise beschränkt, und die Zinsen, die der Verlag zu zahlen hätte, werden durch die Miete, die sie wiederum an den Verlag zu leisten hätte, einfach aufgehoben.

Vom Ausscheiden Fehsenfelds an aber (vorher wäre ich seinetwegen rechtlich nicht in der Lage) würde ich eine alljährlich wachsende Kapital-Rückstellung in der Bilanz unterbringen, deren Zweck dahin geht, einen Fundus anzusammeln, mit dessen Hilfe man später das Karl-May-Museum errichtet.

Dass dies zu Lebzeiten Frau May's nur mit ihrer Einwilligung geschehen könnte und würde, ist selbstverständlich. Zu einem Zeitpunkt also, der noch sehr weit hinausliegt würde dann der May-Verlag, die vorher ihm gehörige Villa Shatterhand nebst Inventar der Karl-May-Stiftung in Dresden schenken unter der Auflage, sowohl dieses Museum wie auch das Grabmal dauernd in gutem Zustand zu erhalten; zur Einstellung eines Museums-Verwalters, der in den unteren Räumen der Villa Shatterhand wohnen würde, sowie zur Instandhaltung des Museums wäre eben jener ziemlich groß zu bemessende Kapital-Fundus bestimmt, den der May-Verlag gleichzeitig mit der Villa an die karl-May-Stiftung zu schenken hätte.

Die Karl-May-Stiftung aber könnte und würde auf einen solchen Wunsch begreiflicherweise nur dann eingehen, wenn eine solche gleichzeitige Kapital-Schenkung in Form der daraus abzuleitenden Auflage erfolgt. Daß allerdings die Stiftung dann auf diese Bitte eingeht, scheint zweifelsfrei, weil sie ja schließlich, nachdem sie inzwischen so sehr viel von

---

[727] Friedrich Ernst Fehsenfeld scheidet bereits am Jahresende (31.12.1921) früher als vertragsgemäß vorgesehen aus dem Verlag aus. Er hatte am Radebeuler Verlag nicht mehr aktiv mitgewirkt und musste nur noch nach und nach ausgezahlt werden.

[728] Sicherstellungen

uns geschenkt[729] bekam, auch etwas die Pietät und den Sinn der Gemein-
nützigkeit des May-Museums gelten lassen wird.

Ich wiederhole: an diesem kleinen Sondervertrag scheitert der Vergleich nicht; denn ich stimme im Notfall sowohl dem § 1 wie der Streichung des § 2 zu und verlange lediglich eine Sonderbehandlung der Abmachung.

Allein schließlich ist es doch sinnlos, hier eine Neuerung zu treffen,
die uns den schönen Plan unter Umständen endgültig zerstört (wenn
Frau May unerwartet sterben sollte, wäre es ja dann mit dem Projekt
zu Ende) man aber auch letzten Endes etwas anstrebt, was Frau May,
wie Sie durch Besprechung mit ihr feststellen können, selber gar nicht
will.

Wenn man, meinem hier erneuten Vorschlag gemäß, nach dieser
Richtung alles beim Alten ließe, wäre es für Frau May selbst und Karl
May's Andenken das beste. Daß Sie in diesem Fall auch eine Art Erläu-
terung, wie sie ja auch schon in jenem Entwurf des Herrn Dr. März vor-
gesehen war, niederlegen, die beispielsweise Frau May das lebenslängliche
Wohnungsrecht u. dergl. gewährleistet, wäre ja kein Hindernis.

Mit vorzüglicher Hochachtung

Ihr ergebener

[Dr. Schmid]

****

Nachdem die gesellschaftsvertragliche Situation ein wenig entschärft ist, wendet sich der Verlagsleiter an Wulffen, um seine Bitte um einen Aufsatz für die
Karl-May-Jahrbücher zu erneuern.

---

[729] Tatsächlich schenkte der KMV der Karl-May-Stiftung in den Jahren zwischen 1917 bis 1944 insgesamt 556.887,15 Mark. Die Beträge verteilen sich wie folgt (Quelle: HStA Dresden, 11401 Landesregierung Sachsen, Ministerium für Volksbildung 1945-1951, 2769 Karl-May-Verlag, Karl-May-
Stiftung, Blatt 212):

Jahr	Summe in Reichsmark	Jahr	Summe in Reichsmark	Jahr	Summe in Reichsmark
1917:	10.842,05	1926:	10.000,00	1935:	100,00
1918:	24.966,55	1927:	10.000,00	1936:	300,00
1919:	33.454,00	1928:	10.000,00	1937:	10.000,00
1920:	71.340,55	1929:	15.000,00	1938:	2.500,00
1921:	46.822,95	1930:	15.400,00	1939:	1.000,00
1922:	22.472,05	1931:	3.000,00	1940:	1.000,00
1923:	165.389,00	1932:	2.000,00	1941:	3.000,00
1924:	30.000,00	1933:	6.000,00	1944:	55.000,00
1925:	7.000,00	1934:	300,00		

EUCHAR ALBRECHT SCHMID AN ERICH WULFFEN * 5. August 1921
Brief, ms. Kopie

5. August [192]1
<u>Dresden</u>

Hochgeehrter Herr Ministerialrat,

im Einverständnis mit Frau May bitte ich Sie höfl[ich], einen Aufsatz für unser 5. Karl-May-Jahrbuch zu schreiben und zwar wenn möglich, im Umfang von einem bis zwei Bogen. Da fast der gesamte Satz für dieses neue Jahrbuch schon zusammengestellt ist, und das Werk im September gedruckt werden soll, müßte ich Ihren Beitrag wohl in etwa 14 Tagen in Händen haben.

Am Dienstag, den 9. d[e]s [Monats] reise ich auf einige Wochen nach Bayern, erhalte aber alle wichtige Post nachgesandt, weshalb ich Sie bitten würde, Ihren Artikel einfach an den „Karl-May-Verlag, Radebeul bei Dresden" zu senden, sodaß ich ihn dann von der Reise aus zum Satz geben kann.

Das Thema stelle ich Ihnen völlig anheim; am besten geeignet erscheinen mir Abhandlungen von der Art Karl Hans Strobls[730] (im II.[731] u. IV.[732] Jahrbuch), die also die psychologische Seite betonen.

Sämtliche Aufsätze werden honoriert.

Mit vorzüglicher Hochachtung
Ihr ergebener
Dr. E. A. Schmid

****

Von großer Bedeutung für die kommenden Ereignisse dürfte der Umstand sein, dass die Eheleute Wulffen von großer Dankbarkeit gegenüber Klara May erfüllt sind. Diese Dankbarkeit rührt offenkundig von der vielfach zum Ausdruck gebrachten Anteilnahme der Schriftstellerwitwe – durch persönlichen Trost in Briefen wie auch bei persönlichen Zusammenkünften in der Villa „Shatterhand" – am Tod der Tochter zu Beginn des Jahres her. Recht deutlich klingen diese Dankbarkeit und dadurch entstandene Verbundenheit mit Klara May in den Briefen Camilla Wulffens durch. Diese Briefe können an dieser Stelle nicht alle wiedergegeben werden, doch exemplarisch liest sich jener vom 6. August 1921:

---

[730] Karl Hans Strobl (1877–1946): Österreichischer Schriftsteller, der in der Literaturwissenschaft neben Gustav Meyrink und Hanns Heinz Ewers heute zu den „großen Drei der deutschen Phantastik nach 1900" zählt."

[731] Karl Hans Strobl: *Das Tragische im „Karl-May-Problem".* In: *KMJb 1919.* Breslau 1918, S. 222-239.

[732] Karl Hans Strobl: *Scham und Maske* (→ Strobl: *Scham und Maske*). In: *KMJb 1921.* Radebeul bei Dresden 1921, S. 279-303.

CAMILLA WULFFEN AN KLARA MAY * 6. August 1921
Brief, hs.

Dresden, d. 6. Aug. 1921

Verehrte, liebste, liebste, beste Frau May!

Noch ist es mir alles wie im Traum, ich denke, es kann nicht Wahrheit sein. Ja, wie kommt es, daß Sie so in meiner geheimen Seele gelesen haben. Sie verstehen mich so ganz. Ich habe in meinem Leben viel liebe Menschen kennen gelernt, mir Freunde erworben, aber so viel Güte genoß ich noch nie. Ich würde nicht wagen, Sie anzurufen, wenn mein Mann Ihnen nicht helfend zu Seiten stehen könnte, und etwas für Sie, liebste, beste Frau May, erreichte. Was er tut, tut er so gern, auch ohne Vergütung. Ihnen zu helfen, war stets sein und mein Wunsch nur allein.

Wenn sie einen Menschen brauchen, liebe Frau May, und meine Kraft reicht dazu aus, dann komme ich und werde dankbar sein, meine Schuld abtragen zu können.

In ewiger Dankbarkeit umarmt Sie
Ihre Illa Wulffen.

[P.S.] Erlaube mir, ein Bild der Kleinen hinzuzufügen, die dahingehen mußte, damit wir zusammenkommen.

****

Im Zusammenhang mit dem gesellschaftsvertraglichen Schiedsgerichtsverfahren wendet sich der Rechtsvertreter des Karl-May-Verlags, Dr. Ernst Fleischhauer[733], an Wulffen.

ERNST FLEISCHHAUER AN ERICH WULFFEN * 18. August 1921 [Erster Brief]
Brief, ms.

DRESDEN-A., 18. August 1921

Herrn
Ministerialrat Dr. Wulffen

Dresden-A.
Münchnerstraße 9, I.

Hochverehrter Herr Ministerialrat !

In der Angelegenheit mit Herrn Dr. Schmidt [!] bestätige ich dankend den am 8. August erfolgten Eingang Ihrer gefl. Zuschrift.

---

[733] Ernst August Georg Fleischhauer (1871–unbekannt). Der promovierte Rechtsanwalt und Notar unterhielt mit wechselnden Sozien eine Kanzlei in der Dresdner Serresstraße 3. – Er korrespondierte u. a. auch regelmäßig mit Friedrich Nietzsches Schwester Elisabeth Förster-Nietzsche (1846–1935).

Ich schrieb Herrn Dr. Schmidt [!] und bat ihn um seinen Besuch, musste aber auf mehrere Tage nach Leipzig verreisen. Bei meiner Rückkehr von da fand ich eine Nachricht meines Klienten vor, welche besagte, dass er sich gesundheitlich nach den heissen Tagen und auch infolge der mit den schwebenden Differenzen gegebenen Aufregungen sehr wenig gut fühlte und eben im Begriff sei, eine Erholungsreise nach Bayern anzutreten.

Herr Dr. Schmidt [!] lässt ausdrücklich bitten, dass ihm diese notwendige Erholung nicht durch die uns beschäftigende Angelegenheit zu nichte gemacht werde. Schon früher sei einmal durch eine Differenz mit Frau May seine notwendige Erholung ihm völlig verloren gegangen. Er lässt darum bitten, dass die Sache bis zu seiner Rückkehr ruhen möge, nachdem sie doch einmal schon längere Zeit gedauert und verspricht, sogleich nach seiner Rückkehr mit mir in Verbindung zu treten und auf Ihr Schreiben zu antworten und dann zu entscheiden.

Ich glaube, mit Rücksicht auf den mir bekannten nervösen Zustand des Herrn Dr. Schmidt [!], die von ihm erbetene Vertagung dringend befürworten zu können und bitte Sie nur noch, davon überzeugt zu sein, dass es sich bei ihm wirklich nicht um ein Ausweichen oder „Auf-die-lange-Bank-schieben" handelt.

Hochachtungsvoll und in bekannter Verehrung

Ihr ergebener

Dr. Fleischhauer

Rechtsanwalt,

[P.S.:] z. Zt. noch in Moritzburg und [unleserlich] in Dresden

ERNST FLEISCHHAUER AN ERICH WULFFEN * 18. August 1921 [Zweiter Brief]
Brief, ms.

DRESDEN-A., 18. August 1921

Herrn
Ministerialrat Dr. Wulffen

Dresden-A.
Münchnerstraße 9, I.

Hochverehrter Herr Ministerialrat

kaum habe ich meine Zuschrift von heute morgen an Sie abgefertigt und ich erhalte den Besuch von Herrn Professor Albecker[734], eines

---

[734] Prof. Anton Albecker (Lebensdaten unbekannt) war der Schwager von E. A. Schmid, mit dessen Schwester Emilie Kathinka Kreszentia (1886–1969) er verehelicht war (vgl. Steinmetz, *Karl May in Hohenstein-Ernstthal*, S. 34, 56f.).

Schwagers des Herrn Dr. Schmid, der während der Erholungsreise meines Klienten in dessen Interesse im Hause nach dem Rechten sieht.

Dabei höre ich, dass Frau May sich folgenden Bären hat aufbinden lassen:

Sie glaubt, auf Grund eines unbegreiflichen Geredes, dass Herr Dr. Schmidt [!] am verflossenen Montag, den 15. August nachmittags 6 Uhr noch in Dresden gewesen sei, dass er sich da in den U.T. Lichtspielen[735] aufgehalten und Herrn Direktor Paschinsky [!][736] sich als Dr. Schmid vorgestellt habe. Ferner, dass Dr. Schmid eine Anzahl von Karl-May-Büchern dem genannten Direktor kolportiere, der sie persönlich zum Ankauf angeboten habe.

Herr Dr. Schmid ist ohne Zweifel seit dem 9. August, wo er nach Leipzig abgereist ist, auf seiner Erholungsreise befindlich und hat seitdem Dresden nicht wieder berührt. Sollte ein Unbefugter sich in der angegebenen Weise für Dr. Schmid ausgegeben haben, so wäre das natürlich für diesen ärgerlich. Wir werden versuchen, die Angelegenheit aufzuklären und die Rechte des Herrn Dr. Schmid zu wahren, halten aber die Sache nicht für wichtig genug, um die äusserst notwendige Ruhepause des Herrn Dr. Schmid mit der Angelegenheit zu trüben.

Herr Professor Albecker hat sich an Herrn Direktor Paschinsky [!] telefonisch gewendet, um ihn darüber aufzuklären, dass der etwaige Kolporteur unter keinen Umständen Herr Dr. Schmid war, und um ihm Gelegenheit zur Wahrung seiner Rechte zu geben, falls er wirklich das Opfer einer Täuschung geworden sein sollte.

Erstaunlicherweise lautete der telefonische Bescheid des Herrn Direktor Paschinsky [!] dahin, dass er weder telefonisch, noch persönlich in der Angelegenheit Auskunft gäbe. Dies lässt, wie es scheint, schon durchfühlen, dass Herr Direktor Paschinsky [!], der doch selbst wohl Frau May mit seinem Erlebnis zunächst beunruhigt hatte, inzwischen eingesehen hatte, dass er sich auf dem Holzwege befindet.

Ich würde Ihnen dankbar sein, wenn Sie Frau May zu beruhigen vermöchten und wenn die Erledigung unserer Vertragsangelegenheit im übrigen trotz des neuen „Zwischenfalles" bis zur Rückkehr des Herrn Dr. Schmid auf sich beruhen könnte.

---

[735] Die Union-Theater-Lichtspiele (UT-Kino/Union-Theater oder Union-Lichtspiele) waren ein Lichtspieltheater an der Waisenhausstraße 21-22 in Dresden, das 1911 von Carl Richard Martin Pietzsch (1866–1961) im Stil der Reformarchitektur erbaut worden war. Es war das größte Dresdner Lichtspieltheater und das erste Kino mit hufeisenförmigem Grundriss und einer dynamischen Lichtarchitektur; vgl. Blaum: *Das neue Lichtspielhaus in Dresden.* In: *Deutsche Bauzeitung,* 47. Jg. 1913, Nr. 63 vom 6.8.1913, S. 553.

[736] Der korrekte Name lautet: Leo Bayczinsky.

Mit vorzüglicher Hochachtung und Verehrung
Ihr ergebener
Dr. Fleischhauer
Rechtsanwalt.

****

ERICH WULFFEN AN KLARA MAY ∗ 19. September 1921
Ansichtskarte, hs.

Dresden, den 19. 9. 1921

Sehr verehrte gnädige Frau!

In Eile! Sie werden freundlichst daran erinnert, morgen Dienstag Nachmittag ½ 5 Uhr zu Frau Arnold[737], Schnorrstraße 1A, Pension Rudeloff 2. Etage, zum Kaffee zu kommen. Sie war bis gestern auf ihre Einladung ohne Antwort von Ihnen. Ich versuchte Sie hierzu 2 mal anzurufen. Anbei Nachtsendung.

Herzlichste Grüße
Ihr ergebenster
Wulffen

Pension Rudeloff (Ansichtskarte um 1915)

****

[737] Zum Hintergrund des Treffens wie auch zur Person „Frau Arnold" ließen sich keine Informationen ermitteln.

ERICH WULFFEN AN ERNST FLEISCHHAUER * 26. September 1921
Brief, ms. (Kopie)

Dresden, den 26. September 1921
Münchner Straße 9

Sehr geehrter Herr Rechtsanwalt,

Mit Befremden, welches ich teile, hat Frau May zur Kenntnis genommen, dass Herr Dr. Schmidt [!] seine eigene Reise und die Ihrige zum Anlass genommen hat, den Abschluss unserer Verhandlungen um 7 Wochen hinauszuzögern. Dabei soll er erst vor kurzem geäussert haben, er habe sich neuerdings absichtlich gar nicht davon in Kenntnis gesetzt, „was wir wollten". Und doch waren es nur ganz wenige Punkte, bezüglich deren sich Herr Dr. Schmidt [!] noch zu entschliessen hatte.

Ich gestehe Ihnen, dass Herr Dr. Schmidt [!] durch dieses Verhalten sich bei mir kein Vertrauen erworben hat und dass ich dazu neige, ihn und seinen Charakter so zu sehen, wie ihn Frau May und andere sehen. Jedenfalls soll er uns nicht mehr glauben machen wollen, der Abschluss unserer Verhandlungen sei für ihn und seine „Ruhe" so wichtig, weil er sonst am gedeihlichen „Schaffen" sich gehindert fühle. Ich möchte raten, dass Herr Dr. Schmidt [!] sich nicht mehr so sehr in den Träumen seiner Unentbehrlichkeit wiegt. Er soll sich nicht einreden, dass es ausser ihm keine tüchtigen und weniger komplizierten Geschäftsmänner gibt, die den May-Verlag mit vollem Erfolg vorzustehen verstünden. Ich versichere, wir würden solche sogar zur Auswahl zu finden wissen; wir brauchten unsere Absicht nur zu veröffentlichen. Es würde mich selbst, der ich mit dem Verlegerischen und Schriftstellerischen vertraut bin, nicht uninteressiert lassen, einen neuen Geschäftsführer mit einzurichten.

Ich bitte Sie, sehr geehrter Herr Rechtsanwalt, Herrn Dr. Schmidt [!] den Ernst der Lage vor Augen zu führen. Unsere Geduld [ist] zu Ende, wir erwarten die letzten abschliessenden Erklärungen [von] Herrn Dr. Schmidt [!] bis zum 1. Oktober d. Jrs.

Mit vorzüglicher Hochachtung
[Dr. Erich Wulffen]

ERICH WULFFEN AN KLARA MAY * 7. November 1921
Postkarte

Dresden, den 7. 11. 1921

Sehr geehrte gnädige Frau!

Ich habe mit Dr. Fleischhauer vereinbart, daß am <u>Mittwoch</u>, den <u>9. d. Mts.</u> Nachmittags gegen 4 Uhr die vorläufige Prüfung der Geschäftsbücher durch Sie und mich im Geschäftslokale Roonstr. stattfindet. Ich bitte Sie also ergebenst, zugegen zu sein. An Herrn Netcke habe ich geschrieben, mich sofort in den Besitz der Unterlagen zu setzen. Ich erwarte seinen Besuch.

Bitte, bringen Sie die Bilanzen mit.

Mit besten Grüßen

Ihr ergebenster Wulffen.

Ende des Jahres 1921 nähert sich Wulffens Tätigkeit als Rechtsbeistand von Klara May in ihrer gesellschaftsvertraglichen Angelegenheit einer entscheidenden Phase. Das seit Januar laufende Schiedsgerichtsverfahren zwischen ihr und E. A. Schmid, in das auch Wulffen involviert ist, steuert seinem Abschluss entgegen. Der Jurist hat inzwischen den im Juli vereinbarten Vergleichstext ausgearbeitet, der an die Stelle des zweiten Gesellschaftsvertrags von 1913 treten soll.

Dieser Vertragstext wird am 17. November 1921 von den Gesellschaftern unterzeichnet, muss jedoch noch im Rahmen einer schiedsgerichtlichen Abschlussverhandlung erörtert und anschließend von einem Notar beglaubigt werden.

ERICH WULFFEN AN EUCHAR ALBRECHT SCHMID * 29. Dezember 1921
Brief, ms.

Dresden, den 29. Dezember 1921

Sehr verehrter Herr Doktor!

Empfangen Sie für Ihre freundlichen Zeilen und guten Wünsche vom 24. d. Mts. und die herrliche Weihnachtsgabe in Gestalt von Hesse-Warteggs „Wunder der Welt"[738] meinen besten Dank. Sie lagen auf unserem Weihnachtstische unter dem brennenden Lichterbaum und erfreuten uns sehr. Von den May-Büchern sind nun auch die Stuttgarter 17 Bände wohlbehalten eingetroffen. Sie handeln ganz in meinem Sinne, wenn Sie mir die weiteren Bände auch in der verbesserten Ausstattung zukommen lassen, sobald sie vorhanden sind.

Ich hoffe bestimmt, Sie im Januar zu besuchen und werde mich vorher ansagen. Heute möchte ich Sie bitten, Herrn Dr. Fleischhauer daran zu erinnern, daß die Abstempelung der Verträge und die gerichtliche oder notarielle Beglaubigung der Nachtragsverträge[739] über die Villa nunmehr

---

[738] Ernst von Hesse-Wartegg: *Die Wunder der Welt*. Stuttgart/Berlin/Leipzig 1912/1913.

[739] Die schiedsgerichtliche Abschlussverhandlung und notarielle Beglaubigung finden schließlich am 7.2.1922 statt.

umgehend erfolgen müßte, genau so wie der Vorvertrag über die Villa beurkundet war.

Noch eine andere Angelegenheit möchte ich zur Sprache bringen. Frau May ist unzufrieden, daß der Prozeß Scheuermann[740] weitergeht. Sie ist der Meinung, Sie hätten sich bereit erklärt, durch Zahlung der 1000 M den Prozeß zu erledigen, sobald zwischen ihr und Ihnen der Vergleich, wie nun geschehen, abgeschlossen sei. Sie glaubt, das Ansehen der Firma könnte leiden, wenn in einer Beweisaufnahme vor Gericht Einzelheiten zur Sprache kämen. Gerade das sollte ja vermieden werden. Ich kenne freilich den Inhalt des Prozesses nicht und habe deshalb kein Urteil. Ich bitte Sie aber, die Angelegenheit zu erwägen, die wir jedenfalls bei meinen Besuchen eingehend besprechen wollen.

Inzwischen bin ich mit meiner Frau mit den besten Neujahrswünschen für Sie und Ihre Frau Gemahlin

Ihr ergebenster
Dr. Wulffen

Dresden, Münchner Straße (um 1920)

[740] Es handelt sich um ein Gerichtsverfahren von Flora Gertrud Scheuermann (1881–1961).

1922

ERICH WULFFEN AN KLARA MAY * 20. Januar 1922
Brief, ms.

Dresden, den 20. 1. 1922

Sehr verehrte liebe, gnädige Frau!

Seit Mittwoch Abend wieder auf dem Wege der weiteren Besserung zu Hause, drängt es mich, Ihnen nochmals für Ihren freundlichen Krankenbesuch, Ihre guten Wünsche und die herrliche Spende herzlichst zu danken. Das war eine Überraschung, bei Öffnung des Kästchens neben den wundervollen Früchten noch dann Süßigkeiten zu finden!

Was den Brief von Dr. Schmidt [!] anlangt, so bitte ich Sie, ihn sich in Ruhe anzusehen. Daß er da von der Zerstörung des Karl-May-Museums spricht, wollen wir ihm nicht so übel nehmen: es ist eben sein tiefer Schmerz! Wir haben ihn an der verwundbarsten Stelle getroffen. Er weint nochmals Tränen. Lassen Sie ihn weinen! Im übrigen ist sein Brief höflich und anständig. Nachdem wir den Vertrag abgeschlossen haben, müssen Sie als Geschäftsteilhaberin auf seinen Geschäftsbrief auch antworten. Sonst, liebe gnädige Frau, ergeben sich gleich am Anfange wieder Unebenheiten. Ich <u>bitte</u> Sie also, ihm auf die Anfrage wegen der tschechischen Übersetzungen[741] zu antworten. Dies bittet Ihr „Schutzgeist"! Der Vertrag kann allerdings ebenso gut bei einem Notar als bei Gericht vollzogen werden. Bei einem Notar kommt man vermutlich, wenn die Akte bestellt ist, schneller dran. Die Hauptsache ist: „Parteien bekennen sich zu <u>Inhalt u. Unterschrift</u> des Vertrages."

Es ist schade, daß es an den vorgeschlagenen Nachmittagen nicht paßt. Montag, den 23. d. Mts. Nachmittags wäre Ihnen wohl nicht recht? Ich würde es, um den Abschluß endlich herbeizuführen, ermöglichen. Es geht mir recht gut. Ich würde dann um telefonische Benachrichtigung durch 40333 [unleserlicher Name] rechtzeitig bitten, wann und wo? Wenn Ihnen der 23. nicht paßt, so, bitte, lassen Sie Schmidt [!] sagen, daß die Vollziehung um 1 Woche verschoben werden mußte, da ich krank bin, aber schreiben Sie mir umgehend, damit ich es ihm schreibe.

Also am 26. d. Mts. Abends 7 Uhr in der Grundschänke[742] auf

---

[741] Vermutlich bezieht sich die erwähnte Anfrage auf die tschechische Ausgabe von Karl May-Büchern im Verlag Vojtéch Šeba im Jahr 1922; vgl. Manfred Hecker/Hans-Dieter Steinmetz: *Bibliographie der (tschechischen May-)Ausgaben 1919–1944*. In: *M-KMG* Nr. 25/1975, S. 25-29.

[742] Die Grundschänke war eine beliebte Gaststätte in der Lößnitzgrundstraße 8 in Radebeul unmittelbar am Hörningplatz. Das 1875/76 errichtete Gebäude wurde im Jahr 2000 abgerissen und das Gelände mit Wohnhäusern bebaut.

vergnügtes Wiedersehen! Erinnern Sie mich bitte, ich habe Ihnen noch vom Gemeindevorstand Werner[743] etwas zu erzählen.

Herzliche Grüße zugleich auch von meiner Frau,

Ihr dankbarer Wulffen.

Grundschänke Oberlößnitz (um 1912)

EUCHAR ALBRECHT SCHMID AN ERICH WULFFEN * 5. Februar 1922
Brief, ms.

5. Februar [192]2

Hochgeehrter Herr Ministerialrat,

zu unserem vorgestrigen Telefongespräch trage ich noch nach, dass ich mich während des Monats Januar deshalb nicht an Sie wandte, um Ihnen für Ihren Brief vom 29.12. zu danken, weil ich von Ihrer Erkrankung und nachfolgender Reise hörte, und Sie nicht ohne dringende Notwendigkeit stören wollte.

Da ich meine längst nötige und wichtige Reise nicht, wie vorgesehen, heute, Sonntag, antreten konnte, habe ich mich entschlossen, sie auch für den Fall, dass der Eisenbahnstreik plötzlich zu Ende geht, bis vorerst Mittwoch, den 8. ds. M., zu verschieben. Ich werde mich also vereinba-

---

[743] Gemeindevorstand Ernst Robert Werner (1862–1932).

274

rungsgemäß am Dienstag, den 7. ds. [M.], nachmittags 6 Uhr im Büro von Herrn Dr. Fleischhauer einfinden.

Unabhängig von der notariellen Sache gibt es mehrere dringliche Punkte zu besprechen, die ich im folgenden aufzähle.

a) Unser Verhältnis zur Ustad-Film. Sie haben die Abschriften des Kommanditvertrages, wie auch des zwischen Ustad und May-Verlag bestehenden Sonder-Vertrags in Händen. Die Ustad filmt schon seit 1½ Jahren nicht mehr. Der Inhaber Knevels[744] zögert jedoch die allseits gewünschte Auflösung seit Jahr und Tag hinaus, teils weil er sich in tollen Utopien wiegt, teils vielleicht auch weil er sich aus der Hinauszögerung noch persönliche Vorteile verspricht. Solange [sich] die Ustad nicht auflöst, hat sie das Monopol für May-Filme und jeglicher Versuch, anderwärts Beziehungen zu schaffen, wäre zwecklos. Es ist zu erwägen, auf welche Weise man den ärgerlichen Schwebezustand beseitigen könnte. Im Notfall durch Klage wegen Vertragsbruch, denn Knevels hat zahlreiche zweiseitige Rechte verletzt. Die Angelegenheit ist aber deshalb heikel, weil mehrere unserer Freunde Kommandit-Kapital in der Ustad stecken haben, dieses wohl größtenteils oder ganz verlieren, und weil Knevel den gegen ihn gerichteten Schritt als Ursache des schließlichen Kapitalverlustes zu deuten suchen wird.

b) Karl May's 80. Geburtstag am 25. Februar 1922; 10. Todestag am 30. März 1922.

c) Eine Stellungnahme zum Erlaß des Wiener Kultusministeriums, wonach May-Bände aus den Schüler-Büchereien entfernt werden sollen.[745] Vielleicht ist es anhängig, diese Fragen schon am Dienstag Abend – etwa im Nebenzimmer des Restaurants Kneist[746] – zu besprechen.

---

[744] Kaufmann Johann Friedrich („Fritz") Knevels (unbekannt) kommt aus der Filmwirtschaft und bestimmt als Direktor der Ustad die Geschicke der jungen Firma; vgl. Petzel: *Karl-May-Filmbuch*, S. 49.

[745] So meldete die *Vossische Zeitung* vom 24.1.1922: „Karl May auf dem Index. Wie die Wiener ‚Reichspost' mitteilt, ordnet ein vom Präsidenten des Landesschulrates Glöckel herausgegebener Erlaß die sofortige Entfernung aller derjenigen Bücher aus den Wiener Schulbibliotheken an, die als Jugendschriften ungeeignet erscheinen. Außer fast allen Büchern, die das habsburgische Österreich und den Weltkrieg befassen, stehen auf der Liste der verbotenen Bücher u. a. alle Schriften von Franz Brentano, Oskar Höcker, Karl May, Gustav Nieritz, Luise Bichler, Frieda Schanz, Christoph Schmidt, Toni Schumacher, Spielman und Ottilie Wildermuth. In dem Erlaß heißt es, daß von der Ausmerzung sämtlicher, einer modernen Jugendschriftkritik nicht mehr standhaltenden Jugendbücher zurzeit abgesehen werde, da die Bestände der Schülerbibliotheken sonst auf ein völlig belangloses Minimum zusammenschrumpfen würden. Nach niedriger Schätzung eines Fachausschusses bedeutet dieser Erlaß für die Schülerbibliotheken schon jetzt einen Verlust von 200000 Bänden im Mindestwerte von 60. Millionen Kronen. [...] Eine Schulbibliothek ohne Karl May – das heißt den Doktrinarismus auf Kosten der jungen Leser zu füttern."

[746] Das Restaurant Kneist in der Großen Brüdergasse 2 im Zentrum der Dresdner Altstadt war eine der bekanntesten Gaststätten in der Elbmetropole.

Herr Kurz[747], den ich in der Ustad-Sache gern hinzugezogen wissen möchte, ist allerdings an diesem Tag verhindert, doch wäre es mir lieb, wenn wenigstens überhaupt mal Meinungen ausgetauscht würden.

Mit verbindlichen Grüßen

Ihr ergebenster

Dr. Schmid

Gaststätte Kneist in Dresden (um 1912)

****

EUCHAR ALBRECHT SCHMID AN ERICH WULFFEN * 14. März 1922
Brief, ms.

14. März [19]22

Herrn
Ministerialrat, Dr. Erich Wulffen,

<u>Dresden.</u>

Hochgeehrter Herr Ministerialrat,

in Berlin habe ich in letzter Zeit wiederholt bei der Geschäftsstelle Deutscher Erzähler G. m. b. H. vorgesprochen und gebe Ihnen heute die gewünschte Auskunft.

Für die Vermittlung von Uebersetzungen beansprucht die Geschäftsstelle jeweils 15% des Inkassos und weitere 15% als Vergütung für die

---

[747] Näheres ließ sich nicht ermitteln.

Vertriebsstelle in dem betreffenden Lande, zusammen also 30 %. Dafür trägt sie die sämtlichen Kosten für Briefwechsel, Büchersendungen und für die Ueberwachung. Der Verfasser muss seinerseits der Geschäftsstelle die zum Betrieb nötigen Bücher, das sind stets nur einige Stück, kostenlos liefern. Diese Bedingungen, die in einem Ihnen jedenfalls übermittelten gedruckten Formular zusammengestellt und ergänzt sind, halte ich für angemessen und empfehle Ihnen darauf einzugehen.

Dabei rate ich Ihnen, jedes Ihrer Werke für sich gesondert zu behandeln und der Geschäftsstelle stets nur den Vertrieb auf 1 Jahr anheim zu stellen. Soweit etwa Uebersetzungen des betreffenden Buches schon vorliegen, können Sie selbstverständlich die entsprechenden Auslandsteile vom Vertrieb ausnehmen.

Daß Sie gleichzeitig das Dramatisierungs- und Verfilmungsrecht auf das einzelne Buch übertragen, ist nicht nötig. Soweit das Verfilmungsrecht Ihrer Bücher noch frei ist, empfehle ich, auch dieses der Geschäftsstelle anzuvertrauen. Die Provision für einen Filmverkauf, den sich die Geschäftsstelle vom Inkasso abzieht, beträgt 15%. Eine Einschränkung des Betriebsrechts auf 1 Jahr ist auch hierbei das normale.

In beiden Fällen, sowohl was den Uebersetzungsvertrieb wie den Verfilmungsvertrieb angeht, können sie außerdem eine unterste Bezahlungsgrenze vorschlagen, unter der die Geschäftsstelle das Recht nicht weitergeben darf. Besondere Vorsicht scheint mir dabei nicht nötig, denn es liegt im Interesse der Geschäftsstelle selbst, möglichst viel herauszuholen.

Ich habe bisher gute Erfahrungen mit der Firma, die unter der Obhut des mir näher bekannten Rechtsanwalts und Notars Dr. Wenzel Goldbaum[748] steht, gemacht. Sie hat vor Jahresfrist das damals dem Karl-May-Verlag gehörende Verfilmungsrecht an Robert Krafts[749] berühmtem

---

748 Wenzel Goldbaum (Pseudonym: Georg Wilhelm Müller; 1881–1960): Promovierter Rechtsanwalt und Notar aus Frankfurt am Main, der seit 1909 in Berlin lebte. Hier widmete sich Goldbaum vor allem urheber- und theaterrechtlichen Fragen und fungierte bis 1933 als erster Sekretär und Syndikus des Verbandes deutscher Bühnenschriftsteller und Bühnenkomponisten sowie als Syndikus des Verbandes deutscher Filmautoren und Schriftführer des Reichstheaterrats. Goldbaum begründete den urheberrechtlichen Titelschutz. In den Jahren 1930/1931 vertrat er den Komponisten Kurt Weill (1900–1950) im Prozess um die Verfilmung der *Drei-Groschen-Oper*. Goldbaum gehörte zu der großen Zahl herausragender jüdischer Juristen, die nach der Machtergreifung der Nationalsozialisten 1933 zur Emigration gezwungen wurden, vgl. Rudolf Vierhaus (Hg.): *Deutsche Biograhische Enzyklopädie*, 2. Ausgabe. Band 4 Görres – Hittorp. München 2006, S. 24.

749 Emil Robert Kraft (1869–1916): Deutscher Schriftsteller, dessen Kriminal-, Abenteuer- und fantastische Romane in verschiedenen Teilen der Erde spielen. Im Gegensatz zu Karl May, mit dem er oft verglichen wird, kannte er die meisten dieser Schauplätze aus persönlicher Anschauung. Von seinem Verlag wurde er als „deutscher Jules Verne" vermarktet. E. A. Schmid erwarb 1916 alle Rechte an Krafts Werken, um sie in dem ebenfalls zu diesem Zweck erworbenen Verlag Haupt & Hammon ab 1918 postum zu verlegen, was zu Konflikten mit Klara May führte; vgl. auch *Robert Kraft 1869–1916. Unter den Augen der Sphinx*. Eine Biographie von W. Henle und P. Richter. Leipzig/Wien 2005.

Roman „Detektiv Nobody"[750] (11 Bde.) für *M.* 120.000,- weiter verkauft, wovon sie *M.* 18.000,- Provision erhielt, und sie die restlichen *M.* 102.000,- richtig an uns abführte.

Anbei überreiche ich Ihnen Abschrift meiner beiden heute an Justizrat Meyer[751], Berlin gesandten Briefe betr. die Ustad-Film, mit der höflichen Bitte, diese nach Durchsicht an Frau May weiterzuleiten.

Mit verbindlichen Grüßen

Ihr ergebenster

Dr. Schmid

****

Im Frühjahr 1922 nimmt Klara May ihr bereits 1918[752] begonnenes Vorhaben neu auf, der Strafakten ihres verstorbenen Mannes habhaft zu werden, um sie anschließend zu vernichten. Über den Beweggrund wird sie später einmal äußern, „daß ihr Bestreben dahin gehe, sämtliche behördliche Akten und Unterlagen, in denen ungünstige Tatsachen oder Urteile über Karl May enthalten seien, zur Vernichtung ausgehändigt zu erhalten. Sie bemerkt dazu, daß in den Jahren 1900–1910 geradezu ein Vernichtungsfeldzug gegen ihren Ehemann mit Hilfe der alten, gegen ihn sprechenden Akten usw. geführt worden sei. Damit sich etwa derartiges nicht wiederholen könne, wünsche sie, daß sämtliche Unterlagen, die Karl May auch nur belasten könnten, vernichtet würden."[753]

Nicht von ungefähr glaubt die Witwe in Erich Wulffen, der seit dem 1. Oktober 1920 als Ministerialrat im Sächsischen Justizministerium tätig ist, einen einflussreichen Helfer an der Seite zu haben. Das gemeinsame Leiden

---

[750] Robert Kraft: *Detektiv Nobodys Erlebnisse und Reiseabenteuer. Nach seinen Tagebüchern bearbeitet.* 11 Bände. Dresden-Niedersedlitz, H. G. Münchmeyer, (1904ff.). – Die Premiere der Nobody-Filme fand am 23.9.1921 im Sportpalast-Lichtspiele-Kino in Berlin statt.

[751] Justizrat Georg Emil Meyer (Lebensdaten unbekannt). Die beiden von E. A. Schmid erwähnten Briefe an Meyer (Archiv des Karl-May-Verlags) behandeln Einzelheiten zur Liquidation der Ustad-Film.

[752] Bereits am 10.8.1918 teilt das Sächsische Ministerium der Justiz dem HStA Dresden mit: „Die Witwe des bekannten Jugendschriftstellers Karl May hat gebeten, die gegen ihren verstorbenen Mann ergangenen, anbei mitfolgenden Strafakten des Bezirksgerichts Mittweida von der Vernichtung auszuschliessen und ihr auszuhändigen oder ihr doch die Entnahme von Abschriften aus ihnen zu gestatten. Auf die Aushändigung der Akten an sie wird das Justizministerium voraussichtlich keinesfalls zukommen. Bevor es im übrigen Entschliessung fasst, sieht es einer Mitteilung darüber entgegen, ob die Akten, deren Inhalt – nachdem er durch Gerichtsverhandlungen der letzten Jahrzehnte einigermassen in die Öffentlichkeit gedrungen zu sein scheint – im Kampfe für und gegen May wohl noch späterhin eine Rolle spielen dürfte, für das HStA in Anspruch genommen werden (vgl. GO. § 381 Abs. 7, § 370 Abs. 9 in der Fassung der Verordnung vom 3.8.1909 *JMBl.* S. 117, 118). Um nochmalige Rückgabe der Akten wird auch für den Fall der dortseitigen Inanspruchnahme ersucht. Ministerium der Justiz. Für den Minister: [Unterschrift]. Hierzu: Akten des Bezirksgerichts Mittweida Abt. II Nr. 771, Bd. I und II." (Quelle: HStA Dresden, 10707 Sächsisches HStA 1918–1937, 3772 Strafakten des Schriftstellers Karl May aus Radebeul, Bl. 1a).

[753] Vermerk des Ministeriums für Volksbildung über einen Besuch Klara Mays am 23.6.1937, HStA Dresden, 11125 Ministerium des Kultus und öffentlichen Unterrichts, Nr. 20023, Bl. 13.

um verstorbene nahe Angehörige (Klara May um den in der Öffentlichkeit diskreditierten Karl May; Erich Wulffen um die viel zu früh verstorbene Tochter) verbindet beide im Grunde sehr unterschiedliche Menschen auf der emotionalen Ebene.

Angedacht ist zunächst ein Kauf der im Sächsischen Hauptstaatsarchiv Dresden lagernden Strafakten Mays.

ERICH WULFFEN AN KLARA MAY * 20. März 1922
Brief, ms.

Dresden, den 20. 3. [19]22

Sehr verehrte liebe gnädige Frau!

Natürlich bin ich gern bereit, die Angelegenheit mit dem Aktenkauf in die Hand zu nehmen, aber leider ist es ausgeschlossen, daß sie sich so schnell erledigen lassen wird, als Sie zu hoffen scheinen.

Zunächst bitte ich Sie, ein an das Gesamtministerium zu Dresden gerichtetes schriftliches und ausführliches Gesuch aufzusetzen, in welchem Sie um Herausgabe der Akten gegen 100.000 M Stiftungsgeld bitten. Ich halte es psychologisch für richtiger und wertvoller [?], wenn Sie das Gesuch selbst entwerfen, das aus Ihrer gewandten und warmen [?] Feder ursprünglicher berühren wird. Wenn Sie es wünschen, bin ich gern bereit, Ihre Niederschrift zu prüfen.

Ferner bitte ich Sie dringend, sich recht bald die Akten im Staatsarchiv anzusehen, damit Sie sich darüber klar sind, ob Sie wirklich alle Aktenstücke herausholen wollen. Wenn Sie einmal im Archiv sind, bitte, machen Sie hinterher den kurzen Weg zu mir auf's Amt zur Besprechung. Ich bin täglich (außer kommenden Sonnabend) bis 3 Uhr von 10 Uhr ab da.

Der Gang der Angelegenheit wird nun recht langsam folgendermaßen sein: Ihr Gesuch geht an Geheimrat [Woldemar] Lippert zur Erklärung, schriftlich. Er wird nach seinen Andeutungen von neulich erzürnen, sich wehren und einen großen schriftlichen Bericht machen, zu dem er Zeit braucht. Dann kommt seine Erklärung zurück, über die im Gesamtministerium beraten wird. Die Angelegenheit wird bis zur Entscheidung vermutlich Monate in Anspruch nehmen.

Auch darauf will ich aufmerksam machen, daß Geheimrat L[ippert] sich so erzürnen könnte, daß er seine Sperrzusage dann zurücknimmt oder abschwächt.

Ich werde zunächst mit dem Justizministerium, aus dessen Bereich ja die Akten stammen und dann mit dem Ministerpräsidenten Fühlung nehmen. Das kann nur gelegentlich, nicht von heute auf morgen geschehen, vielleicht im Landtag oder dergl.

Wenn also das Stiftungsgeld nach dem Vorschlag von Dr. Schmidt [!] pünktlich am 30. d. Mts. gezahlt werden soll oder muß, so ist bei der Kürze der Zeit die Verquickung mit dem Aktenkaufe ausgeschlossen. Auch möchte ich persönlich das Stiftungsgeld nicht überreichen. Es ist besser, Sie selbst tun das, vielleicht in meiner Begleitung.

Es drängt mich, am 30. d. Mts. an Karl Mays Grab einen Kranz niederzulegen. Sagen Sie mir aber, bitte, ganz offen, ob Sie an diesem Tage ganz ungestört sein wollen. Meine Frau kann leider nicht mitkommen, da sie zur Geburtstagsfeier einer Verwandten eingeladen ist. Unser Sohn kommt diesen Sonnabend in die Ferien.

Brief von Schmidt [!] lege ich bei.

Ich hoffe, daß alles klar liegt und Sie nun schnell handeln. Hoffentlich geht es mit Ihrem Befinden besser, ja ganz gut. Wir alle wünschen Ihnen das Beste und grüßen Sie auf das herzlichste.

Ihr ergebenster Wulffen

[P.S.:] Es war bei Ihnen neulich zu gemütlich, zumal als sich die Scharen verlaufen haben. Für [unleserlich] schönen Dank.

Daß Sie [Lieberknechts?] schadlos halten wollen, fühle ich Ihnen vollständig nach, billige ich auch. Ich würde darüber kein Wort weiter anderen gegenüber verlieren. Mit Frau Basté liegt die Sache anders. Da haben Sie noch gar keine äußeren oder auch nur innere Verpflichtungen. Sie ist doch eine so kluge Geschäftsfrau. Da rate ich ab.

ERICH WULFFEN AN KLARA MAY * 31. März 1922
Brief, ms.

Dresden, den 31. 3. [19]22

Hochverehrte, liebe gnädige Frau!

So sehr ich bedauern mußte, am 30. d. Mts. nicht mit Ihnen an dem Grabe Ihres Gatten einen Kranz niederlegen zu können, so sehr konnte ich dieselbe Zeit im Sinne Ihres großen Zieles nutzen. Wie ich Ihnen schon sagte, ist es am leichtesten, der Minister im Landtage habhaft zu werden. Und so gelang es mir am Donnerstag mit ihren drei, Ministerpräsident [Wilhelm] Buck[754], Justizminister Dr. [Erich]

---

[754] Johann Wilhelm Buck (1869–1945): Deutscher Politiker, Kultusminister und Ministerpräsident des Freistaates Sachsen sowie Mitglied des Reichsrats. Das Amt des sächsischen Ministerpräsidenten übte er vom 5.5.1920 bis zum 21.3.1923 aus. Damit war er auch Mitglied des Reichsrats. Anschließend war Buck bis 1933 Kreishauptmann in Dresden. Er gehörte zudem von 1924 bis 1929 dem Verwaltungsrat der Deutschen Reichsbahngesellschaft an. Im Mai 1926 trat Buck aus der SPD aus und wurde Mitbegründer der Alten Sozialdemokratischen Partei Deutschlands (ASPD) und Vorsitzender der Partei, für die er von 1929 bis 1930 im Sächsischen Landtag saß.

Zeigner[755], Minister des Innern [Richard] Lipinski[756] [zu sprechen]. Alle drei sprach ich allein und versuchte sie für Ihre Sachen zu erwärmen. Namentlich Dr. Zeigner und Lipinski waren für Herausgabe oder Vernichtung der Akten sehr geneigt und begriffen Ihren rein menschlichen Wunsch als Gattin vollkommen. Auch Buck zeigte sich, wenn auch etwas zurückhaltender, wohlwollend. Ich weiß nicht, war es nun gerade der Tag – der 10. Todestag – der mir selbst wirkungsvolle Worte in den Mund gab. Kurzum, ich kam mir selber im Gemüte wundersam vor, am 10. Todestag des Mannes, der mich schon bei seinen Lebzeiten gesucht hatte, für ihn sprechen und wirken zu können. Eindruck machte bei allen drei Herren mein Bericht, daß Sie am Tage zuvor der Stiftung 100.000 M überreicht hatten.[757] Lipinski sagte: „Man sieht also die Frau geht in dem Manne auf." Sie werden nicht zweifeln, daß ich die wärmsten Worte für Sie gesprochen habe.

Nach diesem glücklichen Anfange will ich nächsten Donnerstag im Landtage noch alle anderen Minister persönlich begrüßen, um nichts zu versäumen.

Nun aber etwas wichtiges: ich finde, daß Sie die Akteneinsicht im Staatsarchiv nicht ernstlich genug betreiben. Bitte, wollen Sie diese als Ihre wichtigste nächste Aufgabe betrachten, gleich am kommenden Montag. Wir müssen sofort prüfen, was insbesondere in den anderen Akten

---

[755] Erich Richard Zeigner (1886–1949): Promovierter Jurist und Volkswirt. Mit nur 35 Jahren wurde er als Mitglied der SPD zunächst Justizminister und am 21.3.1923 mit 37 Jahren Ministerpräsident des Landes Sachsen. Nachdem er am 10.10.1923 zwei Mitglieder der KPD in seine Regierung aufnahm, wurde er am 29.10.1923 durch Reichspräsident Friedrich Ebert unter Anwendung der Reichsexekution als Ministerpräsident abgesetzt. Nach der nationalsozialistischen Machtergreifung wurde Zeigner im August 1933 wegen illegaler antifaschistischer Arbeit inhaftiert, im Prozess aber 1935 freigesprochen. Seitdem musste er von Gelegenheitsarbeiten leben. Nach dem gescheiterten Hitler-Attentat vom 20.7.1944 war Zeigner im KZ Sachsenhausen, später im KZ Buchenwald interniert. Er kehrte 1945 nach Leipzig zurück, wo er am 16.7.1945 durch den Befehlshaber der Sowjetischen Militäradministration als Oberbürgermeister der Stadt Leipzig eingesetzt wurde. Dieses Amt übte er bis zu seinem Tod aus. Zeigner gehörte zu den Mitbegründern der SED in Leipzig und Sachsen. Zwischen 1946 und 1949 gehörte er als SED-Abgeordneter dem Sächsischen Landtag an. 1949 starb er nach schwerer Krankheit.

[756] Robert Richard Lipinski (1867–1936): Deutscher Gewerkschafter, Politiker, Schriftsteller und Publizist. Zwischen dem 11.12.1920 und dem 2.2.1923 war Lipinski sächsischer Innenminister. Wegen der Ablehnung des Ermächtigungsgesetzes durch die SPD im Reichstag, zu deren Abgeordneten er gehörte, wurde er von den NS-Machthabern verfolgt, verhaftet und in verschiedene Haftanstalten untergebracht. Er starb an Haftfolgen.

[757] Das Ministerium des Kultus und des öffentlichen Unterrichts schreibt Klara May in einem Schreiben vom 5.4.1922: „Das Ministerium bestätigt Ihnen den Empfang der der Karl-May-Stiftung zur Erinnerung an die 10. Wiederkehr des Todestages des Stifters zugewendeten Schenkung von Wertpapieren im Nennwerte von 100 000 M und verfehlt nicht, Ihnen im Namen der Stiftung für diese wesentliche Erhöhung des Stiftungsvermögens zu danken. Ministerium des Kultur und öffentlichen Unterrichts. I. Abteilung J.A. gez. V. Seydewitz." (Quelle: HStA Dresden, 11125 Ministerium des Kultus und öffentlichen Unterrichts 1914-1945, 20017b Karl-May-Stiftung Radebeul, St. Nr. 238, Blatt 50c).

steht. Wir müssen im Gesuche die Akten genau ihrem Inhalte nach beschreiben. Bitte machen Sie sich Notizen. Wir müssen prüfen, ob wir
auch die <u>nebensächlichen</u> Akten heraus haben wollen. Wenn wir über's
Ziel schießen, könnten wir alles verderben. Wenn wir Lippert ein oder das
andere harmlose Aktenstück lassen könnten, hätten wir wahrscheinlich
leichteres Spiel.

Wenn Sie im Archiv sind, bitte kommen Sie einen Sprung mit zu
mir herauf. Ich will Ihnen dann Ihr Konzept zum Gesuche, das nächste
Woche abgehen muß, aushändigen. Bitte seien Sie verschwiegen zu jedermann, daß keine Quertreibereien kommen. Nur meine Frau hat Kenntnis. Wollen Sie zwar nicht glauben, daß wir den Sieg schon errungen
haben, aber doch überzeugt sein, daß dieser Anfang viel hoffnungsvoller
sich gestaltet hat, als ich erwarten durfte.

Mit herzlichen Grüßen zugleich von meiner Frau
Ihr ergebenster Wulffen

****

ERICH WULFFEN AN KLARA MAY * 17. April 1922
Brief, ms.

Dresden, den 17. April 1922

Hochverehrte, liebe gnädige Frau!

Das war eine fröhliche „Auferstehung" am Morgen des Ostersonn-
tags, als meine Frau an meinem Bettende die beiden von Ihnen gespen-
deten Osterweine ausschenkte! Empfangen Sie für meinen Teil meinen
herzlichsten Dank. Welche Gefühle mich in dieser Karl-May-Sache bewegen, brauche ich Ihnen nicht zu sagen. Seltsam sind die Schicksale der
Menschen verknüpft. Ich werde es nie vergessen!

Die uns neulich mitgegebenen Papiere habe ich durchgelesen und
werde nun sofort die Angelegenheit Ihres Testamentes[758] und der Villa

---

[758] Klara May hatte mit Datum vom 18.2.1914 ein Testament verfasst, das in der Folgezeit – neben
anderen erbrechtlichen Verfügungen – immer wieder durch neue Testamente ersetzt wurde. Offenbar zog sie für die Abfassung ihres zweiten Testaments die Hilfe von Erich Wulffen hinzu. Vor allem
das Schicksal der Villa „Shatterhand" lag ihr dabei besonders am Herzen. Ebenso wie E. A. Schmid
beabsichtigte sie, dass eines Tages aus dem Gebäude ein Karl-May-Museum entstehen sollte (vgl.
die schiedsgerichtliche Streitigkeit der Jahre 1920 bis 1922). Unterschiedlicher Ansicht waren
beide Gesellschafter allerdings darüber, wie ein solches Museum finanziert werden sollte. Der Wortlaut des
vermutlich mit Wulffen abgestimmten Testaments lautet:

Radebeul, d. 20. Februar 1925

Mein Testament.

Vor einer Reise nach Italien stehend, mache ich hiermit mein Testament, indem ich um nachstehende Ausführung bitte.

In dem mit der Karl May-Stiftung in Radebeul geschlossenem Erbvertrag vom 23. Dezember 1913
habe ich mir über mein in der Ehe mit Karl May eingebrachtes Vermögen von Goldmark 35.000 –

*Ministerpräsident Johann
Wilhelm Buck (oben links)*

*Justizminister Erich Richard
Zeigner (oben rechts)*

*Innenminister Robert Richard
Lipinski (unten rechts)*

(Fünfunddreißigtausend Goldmark,) freie Verfügung vorbehalten. Diese Summe habe ich derart im Karl-May-Verlag festgelegt, daß der entsprechende Teil meiner Einlage als meine eigene Hinterlassenschaft zu gelten hat.

Hiermit bestimme ich als meinen letzten Willen, daß die Karl-May-Stiftung auch diese 35.000 M. erbt. Im Falle meines Todes soll also alles, was meinem verstorbenen Manne und mir insgesamt gehörte, an die Karl-May-Stiftung übergehen. Ohne dieses Erbe von einer Auflage abhängig zu machen, spreche ich zugleich folgenden Wunsch gegenüber dem Stiftungsvorstand aus:

Unter entsprechender Bereitstellung der oben genannten Goldmark 35.000 – möge die Karl-May-Stiftung soweit irgend angängig

a.) Die Gruft Karl Mays dauernd in gutem Zustand erhalten,

b.) Karl Mays Wohnung, „Villa Shatterhand", zu einem Karl May Museum ausbauen.

Radebeul, d. 20. Februar 1925.

Gez. Klara May.

(Quelle: HStA Dresden: 11401 Landesregierung Sachsen, Ministerium für Volksbildung 1945-1951, 2769 Karl-May-Verlag, Karl-May-Stiftung, Bl. 220 [2]).

juristisch prüfen und vorbereiten. Wenn Sie und Herr Netcke am 30. d. Mts. hier bei uns sind, werde ich Ihnen berichten und Vorschläge machen.

Es war neulich im kleinen Kreise so gemütlich bei Ihnen, wir fuhren so zufrieden und vergnügt heim.

Mit herzlichen Grüßen
in Dankbarkeit
Ihr ergebenster Wulffen

****

Anfang April 1922 wendet sich Klara May an das Gesamtministerium in Dresden und ersucht um die Herausgabe der May'schen Strafakten des Amtsgerichts Mittweida. Das Gesamtministerium bittet daraufhin den Direktor des Hauptstaatsarchivs, Dr. Woldemar Lippert (1861–1937), um eine Stellungnahme. Lippert[759] schreibt u. a.:

„Die Angelegenheit der Auslieferung der Untersuchungsakten des Schriftstellers Karl May († 1912) ist nicht nur an sich ein interessanter Fall, sondern auch für das HStA. von außerordentlicher prinzipieller Bedeutung. […] Wo käme die historische Wahrheit hin, wenn jemals der Grundsatz für Archive gelten sollte, daß von bekannten oder berühmten Leuten nur das Schöne, Gute, Löbliche etc. aufbewahrt werden dürfte? Niemals ist es unter der Kgl. Regierung einem der früheren Fürsten eingefallen zu verlangen, daß aus dem HStA Schriftstücke oder Akten entfernt oder vernichtet werden sollten, die ein ungünstiges Licht auf einen seiner Vorfahren werfen könnten! Solche Sachen werden selbstverständlich in allen fachmännisch geleiteten Archiven der Welt, gleichviel ob es Kaiserliche, Königliche, republikanische oder sonstwelche Staatsarchive sind, nicht jedem hergelaufenen Schundartikelschreiber überlassen, aber der ernsten, sachlichen, kritischen Forschung nicht verweigert, und wenn Gründe vorliegen können, daß man sie zur Zeit noch nicht zur Benutzung freigibt, sondern sie noch Jahre oder Jahrzehnte zurückhält, so werden sie dennoch aufbewahrt, um sie für event. rechten, persönlich unschädlichen Gebrauch in ferner Zukunft, die ohne Voreingenommenheit urteilen kann, zu erhalten. Ich vermag daher unter nachdrücklicher Berufung auf meine dienstlichen Pflichten sowohl gegenüber der Staatsregierung als Chef des HptStA, d. h. als Beamter in einer besonderen Vertrauensstellung, wie auch der Wissenschaft gegenüber, nicht anders zu raten als die Akten aufzubewahren."

[759] Woldemar Lippert: Stellungnahme vom 18.4.1922. HStA Dresden, 10707 Sächsisches HStA, Nr. 3772, Bl. 6-8.

Lipperts Stellungnahme entspricht den sächsischen und sonstigen Archivbe-stimmungen. Seine ablehnende Stellungnahme wird auch Klara May zuge-leitet. Sie wendet sich an ihrem Rechtsbeistand Wulffen. Dieser fertigt für die Witwe eine Erwiderung an, die er auch – neben Klara May – mit unter-schreibt:

KLARA MAY UND ERICH WULFFEN AN DAS GESAMTMINISTE-RIUM * 3. Mai 1922[760]
Brief, ms.

An das
Gesamtministerium, Dresden-N.   Dresden, den 3. Mai 1922

Auf den Vortrag des Herrn Direktors des Hauptstaatsarchivs gestatten sich die Unterzeichneten Folgendes zu erwidern.

Das wohlwollende Entgegenkommen des Herrn Geheimrats Dr. Lip-pert soll voll anerkannt und weiter auch nicht verkannt werden, daß sich der Vorstand eines Staatsarchivs berufen fühlen wird, den Bestand der ihm anvertrauten Schriftstücke zu wahren.

Zunächst möchte aber darauf hingewiesen werden, daß es sich um einen bedenklichen Praezedenzfall gar nicht handelt; denn der vorliegen-de Fall Karl May ist so eigenartig gelagert, daß ein solcher Fall zweifellos noch niemals vorgekommen ist und auch niemals wieder sich ereignen wird.

Wenn im Staatsarchiv Akten anderer Personen und Familien aufbe-wahrt werden, so wird, soweit diese Personen oder ihre Angehörigen noch leben, in sie keinerlei Beunruhigung hineingetragen, weil sie einmal von einer solchen Aufbewahrung gar nichts wissen und weil weiter ein Miß-brauch der Akten nicht vorgekommen ist. Ganz anders im Falle May, der deshalb mit anderen Fällen gar nicht verglichen werden kann.

Die Akten des Gerichtsamtes Mittweida vom Jahre 1869, 2 Bände, um die es sich handelt, sind zu Lebzeiten Karl Mays in einem bürgerli-chen Rechtsstreite auf Antrag von Mays Gegner vom Prozeßgerichte her-beigezogen worden. Der Rechtsanwalt des Gegners gab die Akten seiner Partei in die Hände, bei der sie der Schriftsteller Lebius sah und sich Aus-züge anfertigte, die er dann, als er mit May sich verfeindete, in der Presse veröffentlichte. Auf diese Weise ist 1910 die große May-Hetze in Szene gesetzt worden, bei der sich die deutsche Presse so unmenschlich und

[760] Der Brief ist wiedergegeben in: Maschke: *Bausteine zur Klara-May-Biographie*, S. 220-244 (239-242).

unsozial gezeigt hat, daß sie den Gedanken an die doch so deutliche Läuterung Karl Mays gar nicht aufkommen ließ. Frau Klara May, die jetzige Bittstellerin, hat damals den entsetzlichen Seelenkampf ihres Gatten mit erlebt, wie der alte Mann, an der Gerechtigkeit der [Welt] verzweifelnd, zusammenbrach und am gebrochenen Herzen starb. Der Mißbrauch mit diesen Akten hat also den Tod Karl Mays zur Folge gehabt. Muß man da nicht den Wunsch, ja das dringende Verlangen der Witwe begreifen, diese entsetzlichen todbringenden Akten der Welt für immer zu entziehen? Ja, muß man nicht begreifen, daß es geradezu eine Lebensaufgabe sein muß, die Aktenvernichtung zu erlangen, daß sie vorher nicht ruhig sterben kann?

Deshalb kann auch der vom Herrn Archivdirektor gemachte Vorschlag, die Aktensperre über das Jahr 1942 auszudehnen, und die Aktenherausgabe bis dahin der Entschließung des Gesamtministeriums zu unterstellen, Frau Klara May nicht seelisch beruhigen. Niemand kann voraussagen, wie in unserer unberechenbaren Zeit und Zukunft sich Umstände ergeben könnten, die doch eine Herausgabe der Akten für eine größere oder kleinere Öffentlichkeit ermöglichten.

Es kann aber überhaupt nicht anerkannt werden, daß es zur Sicherstellung der historischen oder litterarhistorischen Wahrheit über den Wert der Werke Karl Mays oder sein Charakterbild je erforderlich wäre, den Inhalt der unheilvollen Akten zu kennen und zu berücksichtigen. Niemals und unter keinen Umständen besteht hierfür eine Notwendigkeit. Grade wenn die Freigabe der Akten für eine fernere Zukunft nach 1942 ins Auge gefaßt würde, wird dann ein solches Pathos der Distanz erreicht sein, daß es niemandem mehr beifallen könnte, ausgesucht grade durch diese Akten irgend etwas zu Ungunsten oder Gunsten Karl Mays beweisen zu wollen, ebenso wie es, um ein hochgegriffenes Beispiel zu wählen, für die Beurteilung Shakespeares, seiner Werke und seiner Persönlichkeit, völlig gleichgültig ist, ob er wirklich den ihm nachgesagten Wilddiebstahl verübt hat, oder zur Beurteilung Oskar Wildes[761], daß er im Zuchthaus gesessen hat. Strafakten spielen in der litterarhistorischen Forschung überhaupt keine Rolle und haben sie niemals gespielt. Wer das behaupten wollte, legt etwas Gewaltsames in die Wissenschaft hinein.

Frau Klara May hat am 11./23. Dezem. 1913 mit dem Kultusministerium einen Erbvertrag[762] (Aktz. 3 UR 183/13) abgeschlossen, danach

---

[761] Oscar Fingal O'Flahertie Wills Wilde (1854–1900): Irischer Schriftsteller, der vom legendären Londoner Gericht Old Bailey am 25.5.1895 im Rahmen des zweiten Strafprozesses gegen den Dichter wegen Unzucht zu zwei Jahren Zuchthaus mit schwerer körperlicher Zwangsarbeit verurteilt worden war.

[762] Klara May: Erbvertrag mit dem Ministerium des Kultus und öffentlichen Unterrichts vom 11.12./23.12.1913 – 3 UR 183/13. In: *Karl May's Gesammelte Werke* Band 34, *„Ich"*. 10. Aufl., Radebeul bei Dresden [1926], S. 589.

sie zu Erben von demjenigen Vermögen, das sie von Karl May geerbt hat, die Karl-May-Stiftung eingesetzt hat, die das Kultusministerium durch Dekret am 5. März 1913 genehmigt hat. Das Kultusministerium hat als Vorstand der Karl-May-Stiftung den Erbvertrag ausdrücklich angenommen. Da Frau Klara May nur dem Werke Karl Mays lebt und keine Erben hat, so zahlt sie, um die Stiftung auf ansehnliche Höhe zu bringen, über den Inhalt des Erbvertrags hinausgehend, schon seit 1912 große Beträge in die Stiftung aus ihren Einnahmen aus dem Vertriebe von Mays Schriften. Nach der Stiftungsurkunde[763] vom 15. Februar 1913 sollen aus dem Stiftungsvermögen einzelne würdige Personen beiderlei Geschlechts mit besonderer Begabung oder in Deutschland wohnende Schriftsteller oder Journalisten im Bedürfnisfalle unterstützt werden. Der Gedanke der Stiftung geht von Karl May selbst in seinen Testamenten[764] vom 3. September 1902 und 8. März 1908 aus. Unter dieser Bedingung hat er seine Frau als Universalerbin eingesetzt.

Kann die innere Läuterung Karl Mays schöner bewiesen werden als durch diese Stiftung, die er, selbst durch seine Feinde zu Tode gehetzt, aufrecht erhielt, so daß er, der Verfolgte, mit sozialen Wohltaten schied? Gebührt deshalb nicht nur seiner Witwe, sondern vor allem ihm selbst eine besondere Anerkennung rein menschlicher Art? Tritt nicht gegenüber diesem sittlichen rein menschlichen Anspruch das Interesse eines Staatsarchivs vollständig zurück?

Unsere Gegenwart ist eine Zeit der Tilgung von aktenmäßigen Spuren einer strafbaren Vergangenheit. Die Vertilgung der Strafakten Karl Mays ist deshalb so recht eine Frage und Aufgabe der neueren Zeit.

Wie eine Behörde das Vermögen, das Karl May mit seinen Schriften verdient hat, in dankenswerter Weise unter seine Verwaltung gestellt hat, so darf eine andere höchste Landesbehörde die Strafakten dieses Mannes vernichten, an deren Erhaltung keinerlei Interesse besteht. Das Gesamtministerium handelt im Sinne einer höheren Gerechtigkeit, wenn es diese Akten, deren Mißbrauch Karl May den Tod brachte, für immer tilgt. Nur diese Vernichtung der Akten in Gegenwart von Frau Klara May, nicht die Herausgabe der Akten wird begehrt. Die Frage im vorliegenden Falle ist einzig die, ob staatliche, schließlich bürokratische Wünsche oder ob die Sache der reinen sozialen Menschenliebe den Ausschlag geben soll. Frau

[763] Klara May: Stiftungsurkunde vom 15.2.1913. In: *Karl May's Gesammelte Werke* Band 34, *„Ich"*. 10. Aufl., Radebeul bei Dresden [1926], S. 586-588.

[764] Karl May: Testament vom 8.3.1908. In: *Karl May's Gesammelte Werke* Band 34, *„Ich"*. 10. Aufl., Radebeul bei Dresden [1926], S. 585f. – Bereits sechs Jahre zuvor hatte May am 2.9.1902 ein Testament errichtet, das nun hinfällig geworden war. Abdruck in: Hans-Dieter Steinmetz: *Karl Mays Testamente*. In: *M-KMG* Nr. 100/1994, S. 8-12 (10).

May kann nicht an der höheren Gerechtigkeit zweifeln und erbittet und erhofft den Sieg der Menschenliebe.

In ausgezeichneter Hochachtung
Dr. Erich Wulffen und Klara May

****

ERICH UND CAMILLA WULFFEN AN KLARA MAY * 3. Juni 1922
Ansichtskarte

[Poststempel] Dresden, 3. 6. [19]22

Frau Klara May,
Radebeul,
Kirchstraße 5

[Camilla Wulffen]

Liebste, beste Frau May!

Herzlichen Dank für Ihre liebe Karte aus Ihrer Heimat. Ich kehrte vorgestern von den Kindern zurück. Fühle mich recht ermüdet. Möchten Sie frohes sonniges Pfingsten verleben, liebe Frau May.

Mit herzlichen Grüßen
Ihre Illa Wulffen.

[Erich Wulffen]

Liebe gnädige Frau!

Einen recht schönen Pfingstgruß mit der frohen Botschaft, daß unsere wichtige Angelegenheit sehr günstig steht. Gleich nach den Feiertagen hoffe ich, Ihnen volles Ergebnis mitteilen zu können.

Ihr ergebenster Wulffen.

****

Es herrschen mit mehreren in kurzer Zeit erfolgenden Regierungswechseln chaotische politische Zeiten in Sachsen. Im Sommer 1920 ist die sogenannte Buck II-Regierung[765] im Amt, die aus einer Koalition von SPD, USPD und DDP besteht. Wulffen ist seit Jahren DDP-Mitglied und gehörte 1920 sogar für einige Monate als Abgeordneter der Sächsischen Volkskammer an.[766]

[765] Das Kabinett „Buck II" von Ministerpräsident Wilhelm Buck bildete vom 9.12.1920 bis 5.12.1922 die Landesregierung von Sachsen.

[766] Der Wahlausschuss im 3. Wahlkreis für die Wahlen zur sächsischen Volkskammer stellte in seiner Sitzung vom 15.4.1920 fest, dass Wulffen anstelle eines anderen Abgeordneten, der sein Mandat niedergelegt hatte, in die sächsische Volkskammer einzutreten hat. Nachdem der Jurist am 19.4. die Wahl angenommen hatte, wurde er Mitglied in der sächsischen Volkskammer.

Zum Zeitpunkt von Klara Mays Wunsch um Herausgabe und Vernichtung der Strafakten Karl Mays befindet sich, wie erwähnt, auch Wulffens DDP in der Regierungsverantwortung. Der Jurist kennt die maßgeblichen Politiker der Koalitionsparteien wie Buck, Zeigner und Lipinski persönlich, wie auch aus seinem Schreiben an die Witwe vom 31. März 1922 hervorgeht, und hat bei diesen für die Angelegenheit geworben. Es erscheint daher naheliegend, dass diese Rückendeckung auf höchster politischer Ebene dem Anliegen Klara Mays positiv entgegenkommt. Eine nicht unerhebliche Rolle bei der Entscheidungsfindung wird auch jene hohe Geldspende von Klara May in Höhe von 100.000 Mark spielen, die sie der Karl-May-Stiftung hat zukommen lassen.

Und so gelangt das Gesamtministerium im Juni 1922 trotz der ablehnenden Haltung des Direktors des Hauptstaatsarchivs zu einer erstaunlichen, der Archivpraxis widersprechenden Entscheidung:[767]

SÄCHSISCHE STAATSKANZLEI AN DIE DIREKTION DES HAUPT-
STAATSARCHIVS DRESDEN * 15. Juni 1922
Brief, ms.

Die Staatskanzlei

Dresden, den 15. Juni 1922

An
die Direktion des Hauptstaatsarchivs.

Das Gesamtministerium hat sich damit einverstanden erklärt, daß in Anbetracht der vorliegenden besonderen Verhältnisse die bei dem Hauptstaatsarchiv befindlichen Strafakten über den verstorbenen Schriftsteller Karl May an dortiger Amtsstelle in Gegenwart von Frau Clara May vernichtet werden.

Es hat hierbei ausdrücklich festgestellt, dass dieser Ausnahmefall den sonst von der Direktion des Hauptstaatsarchivs beobachteten und allgemein anerkannten Grundsätzen keinen Abbruch tuen soll, nach denen eine Vernichtung oder Herausgabe von Akten, die sich im Hauptstaatsarchiv befinden, überhaupt nicht stattfinden darf und nach denen im übrigen dem Leiter des Hauptstaatsarchivs die alleinige lediglich durch die geltenden allgemeinen Richtlinien beschränkte Verfügungsgewalt über die Akten des Hauptstaatsarchivs zusteht und insbesondere keine irgendwie geartete Rücksicht dazu führen kann, dass der Archivdirektor von der

---

[767] Sächsische Staatskanzlei: Erlass an die Direktion des HStA Dresden vom 15.6.1922. HStA Dresden, 10707 Sächsisches HStA, Nr. 3772, Bl. 9.

Regierung angewiesen wird, in Abweichung von den allgemeinen Grundsätzen einzelne Akten herauszugeben oder zu vernichten.

Wegen des Zeitpunkts der Vernichtung der Akten wolle sich die Direktion des Hauptstaatsarchivs mit der Frau Clara May in Verbindung setzen.

Die Staatskanzlei
i.A.
(gez.) Dr. Woelker[768]

SÄCHSISCHE STAATSKANZLEI AN ERICH WULFFEN * 15. Juni 1922
Brief, ms.

Die Staatskanzlei

Dresden, den 15. Juni 1922

Abschriftlich
an Herrn Ministerialrat Dr. Wulffen, Justizministerium, mit der Bitte um gefällige Kenntnisnahme.

Die Staatskanzlei.
I.A.
(gez.) Dr. Woelker.

Wie sich intern innerhalb der Ministerien und der mit dem casus May befassten Beamtenschaft die ungewöhnliche Entscheidung manifestiert hat, Mays Strafakten entgegen archivaler Normen und Übung auf Antrag Klara Mays zu vernichten, lässt sich mangels Akten nicht mehr ohne weiteres rekonstruieren. Die Entscheidung wird jedoch gewiss unter Mitwirkung Wulffens durch diskrete direkte Verhandlungen mit den Mitgliedern des Gesamtministeriums herbeigeführt worden sein. Darüber, wer letztlich die für Klara May positive Entscheidung zur Vernichtung getroffen hat, ist nur zu spekulieren. Aufzeichnungen über die Entscheidung oder Diskussionen im Gesamtministerium sind anscheinend nicht überliefert. Es ist gewiss eine politische Sonderentscheidung, bei der Wulffens Votum und Einsatz maßgeblich gewesen sein muss, aber auch die auf seinen Rat hin

---

[768] Friedrich Wilhelm Konrad Woelker (1875–nach 1941): Promovierter sächsischer Ministerialbeamter, seit 1919 Hilfsarbeiter im Ministerium des Innern und Referent, seit 1921 später Ministerialrat beim Gesamtministerium (Staatskanzlei), ab 1923 als Ministerialrat der Staatskanzlei Verwalter des sächsischen Ministeriums für Volksbildung, anschließend bis mindestens 1927 Ministerialdirektor im sächsischen Ministerium für Volksbildung tätig. Nach Beginn des Ruhestands 1935 fungiert Woelker ab 1941 als Vorsitzender des Aufsichtsrats der Halvor Breda AG Berlin sowie als Reichskommissar und Treuhänder der Sächsischen Bodencreditanstalt Dresden.

erfolgte Spende von 100.000 Reichsmark. Die Aktenvernichtung ist de facto „erkauft".

Da es sich um einen ungewöhnlichen Akt ohne Präzedenz handelt, der gegen die Verwaltungs- und Archivpraxis verstößt, wird das mit größter Wahrscheinlichkeit nur auf höchster Ministerialebene entschieden worden sein können. Im Ergebnis kann Klara May nun triumphieren. Sie wird sich noch zehn Jahre später in ihrem kontroversen Briefwechsel mit Wulffen daran erinnern und ihn mit Verweis auf den damaligen gemeinsamen Erfolg beschwören, die später zerrüttete alte Freundschaft wieder aufleben zu lassen.

WOLDEMAR LIPPERT AN KLARA MAY * 19. Juni 1922[769]
Brief, ms.

Frau Clara May,
Radebeul
Villa Shatterhand

den 19. Juni 1922

Euer Hochwohlgeboren beehre ich mich in Kenntnis zu setzen, daß mir vom Gesamtministerium nachstehende Verordnung übermittelt worden ist: „Das Gesamtministerium hat sich damit einverstanden erklärt, daß in anbetracht der vorliegenden besonderen Verhältnisse die bei dem Hauptstaatsarchiv befindlichen Strafakten über den verstorbenen Schriftsteller Karl May an dortiger Amtsstelle in Gegenwart von Frau Clara May vernichtet werden. Wegen des Zeitpunktes der Vernichtung wolle sich die Direktion des Hauptstaatsarchivs mit Frau Clara May in Verbindung setzen."

Indem ich diesem Auftrage hiermit nachkomme, bitte ich um Ihren baldigen Besuch im Hauptstaatsarchiv, um das Weitere persönlich besprechen zu können. Wenn Ihnen daran liegt, die Angelegenheit bald abgeschlossen zu sehen, dürfte es sich empfehlen, die Besprechung baldigst vor sich gehen zu lassen, da Sie wohl den Wunsch hegen werden, die erforderlichen Schritte mit mir selbst zu erledigen; kommenden Donnerstag oder Freitag könnte ich von 10-1 Uhr zur Verfügung stehen. Im Juli werde ich voraussichtlich einige Wochen verreist sein.

Mit vorzüglicher Hochachtung
Der Direktor des Hauptstaatsarchivs
Dr. Lippert, Geh. Regierungs-Rat.

---

[769] Woldemar Lippert: Brief an Clara May vom 19.6.1922. HStA Dresden, 10707 Sächsisches HStA, Nr. 3772, Bl. 10. – Der Brief ist bereits wiedergegeben in: Maschke: *Bausteine zur Klara-May-Biographie*, S. 220-244 (242).

Nach der Anweisung durch das Gesamtministerium vereinbart Lippert einen Besuchstermin mit Klara May, die noch in der zweiten Junihälfte 1922 in Begleitung von Erich Wulffen im Archiv erscheint. Im Dienstzimmer des Archivdirektors lösen alle Beteiligten die beiden Bände, welche die Strafakten Karl Mays enthalten, auf und zerreißen die einzelnen Blätter. Anschließend trägt Lippert die Papiere in das Heizhaus des Hauptstaatsarchivs, wo sie in Anwesenheit von Klara May und Erich Wulffen verbrannt werden.[770] Lippert beschreibt in einem Aktenvermerk das Autodafé: [771]

„Am Mittwoch[772] erschien bei mir Frau May u. H[err] Min[isterial]-Rat Wulffen; ich legte ihnen in meinem Zimmer die beiden Aktenbände vor; wir lösten sie auf, zerrissen die Blätter, wobei einige eigenhändige Schriftstücke Karl Mays, so Aufzeichnungen literarischen Charakters u. ein Brief an seine Eltern (nicht aber von den eigentlichen Prozeßschriftstücken) ausgeschieden und Frau May auf ihre Bitte ausgehändigt wurden; desgleichen auch die 2 Exemplare der Photographie Karl Mays, die die böhmische Gerichtsbehörde in Leitmeritz hatte anfertigen lassen und die zur Identifizierung Mays an die sächsische Behörde geschickt worden waren. Die Akten selbst habe ich persönlich zusammen mit den oben Genannten in das Heizhaus des HStA getragen, wo Obermaschinist Günther in der Werkstatt ein Feuer anzündete, dem nach und nach sämtliche Papiere überantwortet wurden, wobei Sorge getragen wurde, daß alle Reste wirklich vom Feuer verzehrt wurden."

Was Klara May nicht weiß, ist, dass Lippert vor der Aktenvernichtung auszugsweise Abschriften der Untersuchungsakten hat anfertigen lassen, sodass zumindest Teile des Inhalts der verbrannten Schriftstücke erhalten bleiben.[773] Auch Wulffen dürfte dies angesichts der Ernsthaftigkeit, mit der er die Aktenvernichtung mitbetrieb, nicht bekannt gewesen sein. Andernfalls wäre in der Folgezeit eine Intervention des Ministerialrats an höherer Stelle auf Lippert zugekommen.

****

---

[770] Vgl. HStA Dresden, 10707 Sächsisches HStA, Nr. 3772, Bl. 10 und 11.

[771] Ebd.

[772] Es handelt sich entweder um den 21. oder den 28.6.1922.

[773] Die Dokumente werden erläutert wiedergegeben bei Steinmetz: *Schatten der Vergangenheit*, S. 194-274.

Blick auf die damalige König-Albert-Straße (heute Albertstraße)
mit Staatsarchiv und angrenzender Bebauung der Inneren Neustadt
(Luftbild September 1924)

ERICH UND CAMILLA WULFFEN AN KLARA MAY * 15. August 1922
Ansichtskarte

     [Poststempel] Radonbad Oberschlema, 15. 8. [19]22

Frau Klara May aus Radebeul
z. Z. Nassau [von Erich Wulffen in lat. Handschrift hinzugefügt: (Sash-
sen)] [!]
bei Bienenmühle, Gasthof Zschommler

Schneeberg, bei Herrn Bagge, Liegenschleppe 315, wohnen wir seit 2 Tagen und haben auch hier Ihre lieben Zeilen mit Dank erhalten. Die andere Wohnung oben auf dem Berg war sehr nett auch, aber zu weit. Der Arzt
verbot das Bergesteigen nach dem Bade. Hier fühlen wir uns sehr wohl,

es ist gemütlich. Sonst ist alles hier im primitiven Zustand im Ort. Das Bad ist ganz nett eingerichtet, sehr sauber, neu. Ich muß auch mit baden auf dringenden Rat des Arztes. Schmerzlich für mich u. den Geldbeutel. Herzl. Grüße Ihnen, Liebste, Beste, auch Herrn Sanitätsrat [Bilse?], Ihre Illa Wulffen.

Ihnen beiden herzlichste Grüße Wulffen

ERICH UND CAMILLA WULFFEN AN KLARA MAY * 18. August 1922
Ansichtskarte

Schneeberg i. Erz. (Sachsen/Ziegenschleppe 315, b. Bagge)
den 18. August 1922

[Erich Wulffen]

Sehr verehrte liebe gnädige Frau!

Zur Rückkehr aus dem nassen aber auch sonnigen Nassau herzlichen Willkommensgruß. Hoffentlich haben Sie die Regentage gut überstanden und die Sonnentage schön genossen. Wir sind ganz Carl May und ich überfalle Sie gleich mit einer Bitte. Ich habe mir u. a. „Ardistan und Dschinnistan"[774] (2 Bände, mehr besitze ich nicht) mitgenommen und merke nun zum Ende des sehr wirkungsvollen 2. Bandes, daß mindestens noch ein 3. Band sein muß, der die Reise in Dschinnistan selbst schildert. Ebenso liest meine Frau „Im Reiche des Mahdi"[775][!]. Auch da besitze ich nur den 1. Band. Da namentlich ich gerade hier und leider nur hier freie Zeit habe zu lesen, frage ich an, ob Sie bzw. Dr. Schm[id] uns nicht <u>recht schnell</u> die zugehörigen Bände hierher schicken und wenigstens leihweise überlassen könnten. Wir müssen mögl. gern hier den Aufsatz für das Jahrbuch noch schreiben und den ganzen Eindruck von dem großen Werke „Ardistan und Dschinnistan" haben. Sonst geht es uns gut. Die Bäder (nur meine Frau nimmt solche) bekommen uns gut und scheinen ihre Wirkung zu tun. Hier sind viele Dresdener da. Seit gestern kann man endlich im Freien lagern. Am 4. September kehren wir heim.

Herzliche Grüße Ihr getreuer Wulffen

[Camilla Wulffen]

Einen herzlichen Gruß füge ich bei, Ihnen liebste, beste Frau May. Endlich Sonne und Wärme. Können Sie nicht noch hierher? Die Bäder sind

---

[774] May: *Ardistan und Dschinnistan I* und *II.*

[775] *Karl May's Gesammelte Werke* Bd. 16, *Im Lande des Mahdi. 1. Band.* Radebeul bei Dresden 1913.

köstlich. Wir lesen eifrig Karl May. Finden „Im Reiche des Mahdi"[!] glänzend.

Tausend Grüße auch an Direktor [?] Nettke [recte: Netcke[776]].

Ihre Illa Wulffen

ERICH UND CAMILLA WULFFEN AN KLARA MAY ∗ 27. August 1922
Ansichtskarte

Schneeberg, den 27. Aug. [19]22

[Camilla Wulffen]

Liebste, beste Frau May!

Das war ja eine liebe Überraschung, die Sie uns mit den Büchern schickten. Tausend, tausend Dank. Das Obst ist ein Genuß. Man kann sich ja das hier nicht leisten. Schade, daß ich die schönen Birnen nicht einsetzen kann. Daß Sie sich nicht recht wohl fühlen, liebe Frau May, ist mir so leid. Sie hätten wirklich mit hierher kommen sollen. Es geschehen hier Wunder. Die Kur strengt sehr an, man verschläft die halbe Zeit, das ist schon die halbe Erholung. Bei dem schlechten Wetter und dem wenig interessanten Ort hat man auch nichts Besseres zu tun. Viel stecken wir in Karl May. Mein Mann schwimmt augenblicklich mit ihm in dem Wasser des Nils. Ich werde ihn dann herausholen, damit er Ihnen einen Gruß mit schreibt.

Große Sorge macht mir die Dienstbotenfrage. Ich setzte hier zweimal ein Gesuch nach einem Mädchen in die Zeitung. Gänzlich erfolglos. Frau Engler in Radebeul hat auch nichts von sich hören lassen. Ich habe nun nicht den geringsten dienstbaren Geist, wenn wir Montag, den 3. Sept. heim kommen. Bin ganz ratlos. Mein altes Mädchen kann mir nicht aushelfen, da sie sonst ihre gute Arbeit in der Fabrik verliert. Wir wollen ja gern 500-600 *M* Lohn geben. Die Preise steigen hier täglich. Man weiß nicht, was verlangt wird, wenn man sich zu Tisch setzt. Wir essen nun nur einen Tag um den anderen im Restaurant, sonst koche ich selbst etwas. Es muß eben sein, Deutschland geht aus allen Fugen. Was wird noch werden.

Nochmals herzlichen Dank, liebste, beste Frau May, für alles Liebe.

In herzlichem Gedenken

Ihre Illa Wulffen

[776] Rechtsanwalt Netcke gehörte der Dresdner Sozietät Wetzlich und Netcke an.

Klara-May-Gemälde von Arthur Fedor Förster

[Erich Wulffen]

Wegen der May-Sache[777] haben Sie keine Bange, der kann die Baste! [sic] gar nichts antun. Sie müssen sich nur selbst prüfen, ob Sie Zusage geleistet haben oder nicht. Eine Bürgschaft ist übrigens nur gültig, wenn sie schriftlich gegeben! Wegen der Bezahlung an die Baste! seien Sie vorsichtig. Wenn Sie nun noch zahlen, wird sie sagen, daß Sie wegen Ihrer angeblichen Schuld <u>zu Unrecht</u> abgeleugnet haben. Das wird Ihnen schaden.

ERICH WULFFEN AN KLARA MAY * [31. August 1922]
Brief, hs.

[Poststempel] 31. 8. 1922

Sehr verehrte liebe gnädige Frau!

Herzlichen Dank für Ihre gütige Sendung. „Friede auf Erden"[778] besaß ich schon von Ihnen. Prachtexemplar mit Karl Mays Handschrift. Sehr schön! Auch die Erzgebirgischen Novellen[779]. „Aus dunklem Tann"[780] habe ich hier gelesen. Wäre May auf diesem Wege fortgefahren, so wäre er ein Rosegger[781] geworden. Mein Aufsatz „Der Läuterungsgedanke bei Karl May"[782] ist schon zur Hälfte fertig und soll hier noch vollendet werden.

Heute bekommen wir einen Brief von Förster[783], der uns schreibt, daß Netcke ihm für 1100 M 2 Landschaften abgekauft hat. Also doch! endlich! ist nett von ihm. Förster prophezeit übrigens für 8. September einen Unglückstag für Deutschland.

Herzlichste Grüße

Ihr Wulffen

---

[777] Der Hintergrund der Angelegenheit ließ sich leider nicht ermitteln.

[778] *Karl May's Gesammelte Werke* Band 30, *Und Friede auf Erden!* Radebeul bei Dresden 1913.

[779] May: *Erzgebirgische Dorfgeschichten.*

[780] *Karl May's Gesammelte Werke* Band 43, *Aus dunklem Tann.* Radebeul bei Dresden 1921.

[781] Peter Rosegger (eigentlich Roßegger, 1843–1918) war ein österreichischer Schriftsteller und Poet.

[782] Erich Wulffen: *Der Läuterungsgedanke bei Karl May* (→ Wulffen: *Läuterungsgedanke*). In: *KMJb 1923.* Radebeul bei Dresden 1923, S. 109-122.

[783] Arthur Fedor Förster (1866–1939): Dresdner Maler, der ursprünglich mit seiner Familie in unmittelbarer Nähe zum Münchmeyer-Verlag wohnte. Förster arbeitete zunächst als Porzellanmaler (1882 bis 1885). Anschließend studierte er an der Kunstakademie Dresden (1886 bis 1896). Fortan arbeitete er als freischaffender Künstler und erteilte privaten Mal- und Zeichenunterricht. Er war vor allem als Porträtmaler für die vornehme Dresdner Gesellschaft tätig; er schuf Blumenstillleben und Landschaften sowie Dorf- und Stadtansichten. Er signierte mit „arthurfedorförster" oder mit „A. F. Förster". 1933 schuf Förster ein Ölgemälde von Klara May, das sich im „Klara-May-Zimmer" im Radebeuler Karl-May-Museum befindet. Möglicherweise kam der Kontakt über Wulffen zustande, mit dem Förster auch korrespondierte. Das Gemälde ziert auch das Titelblatt der *KMHI* Nr. 22/2009; vgl. zu Förster auch Karl B. Thomas: *Die Kunst als soziale Leiter. Arthur Fedor Förster, ein Dresdner Porträtmaler in der ersten Hälfte des 20. Jahrhunderts.* In: *Mitteilungen des Landesvereins Sächsischer Heimatschutz e.V.* Nr. 1/2005.

ERICH UND CAMILLA WULFFEN AN KLARA MAY * 2. September 1922

Ansichtskarte

[Poststempel] 2. 9. 22 Radiumbad Oberschlema

[Camilla Wulffen]

Liebste, beste Frau May!

Ich habe Sehnsucht nach Frau May, sagte ich, als wir vorgestern an diesem herrlichen Waldsee standen. Einzig schön, wir waren begeistert. – Montag geht es heim zur Wirtschaft, die jetzt bestimmt keine Erbauung ist. Ich bringe ein Mädchen mit, ein nettes Ding von 19 Jahren, die ich hier gemietet habe. Gott sei Dank. Ich schreibe gleich die ersten Tage den Aufsatz meines Mannes ab.

Tausend warme herzliche Grüße
Ihre Illa Wulffen

[Erich Wulffen]

Der Carl-May-Aufsatz ist fertig, meine Frau wird ihn sofort abschreiben. Bitte, benachrichtigen Sie Herrn Dr. Sch[mid], daß im Jahrbuch Platz für mich bleibt, etwa 10 bis 12 Druckseiten.

Herzlichste Grüße bis zum Wiedersehen
Ihr ergebener
Wulffen

ERICH WULFFEN AN KLARA MAY * 10. September 1922

Brief, hs.

Dresden, den 10. 9. 1922

Sehr verehrte liebe gnädige Frau!

Endlich bin ich in der Lage, Ihnen den Aufsatz zu überreichen. Es hatte mir ja schon so lange am Herzen gelegen, gerade diesen Gedanken zu verwirklichen. Aber ich mußte doch erst noch mehr von May gelesen haben, um die Nachweise für mein „Gefühl", das mich leitete, in seinen Schriften zu finden. Wie glücklich ich war, alles bestätigt zu finden, wie ich es vorgefühlt habe. Möchte der Aufsatz seine Wirkung tun. Ich habe ihn mit ganzer Seele und mit ganzem Gemüte geschrieben.

Mit herzlichsten Grüßen auf baldiges Wiedersehen
Ihr ergebenster Wulffen

****

ERICH WULFFEN AN KLARA MAY * 22. November 1922
Brief, hs.

Dresden, den 22. November 1922

Sehr verehrte liebe gnädige Frau!

Heute will ich Ihnen die Mitteilung machen, daß ich nach reiflicher Überlegung mich entschlossen habe, die Obliegenheiten Ihres Vertrauensmannes in dem abgeschlossenen Vertrage zu übernehmen. Wenn ich Ihnen die Gründe für meinen Entschluß sagen darf, so sind es folgende: Ich habe im Laufe der Monate, so langwierig die Verhandlungen und der Gegner waren, die Karl-May-Sache innerlich liebgewonnen. Ich will es als Schicksal nehmen, daß ich für Ihren toten Gatten, der, wie Sie mir sagten, schon bei seinen Lebzeiten meinen Rat und Beistand wünschte, und für Sie selbst tätig werden soll und kann. Ich fühle, nachdem wir den Vertrag zustandegebracht haben, zu weiterem Beistand eine gewisse – freudige – Verpflichtung. Denn es will mir scheinen, als wäre all unsere bisherige Mühe umsonst, wenn Sie nicht den richtigen Vertrauensmann finden. Und da ich sonst nirgends noch einen sehe, so möchte ich mir wünschen, daß ich der richtige bin. Endlich ziehen mich gewichtige Interessen, mit einem so tätigen Verlage in Verbindung zu sein. Auch die Filmsache interessiert mich, obwohl ich nicht die Absicht habe, als Filmschriftsteller in Zukunft – abgesehen von meinen Romanen – tätig zu werden.

Ihre realistische [?] Anfrage im übrigen bringt mich in einige Verlegenheit. Mir ist augenblicklich nicht gegenwärtig, was Sie durch Prof. Schalke[784] Herrn Dr. Schmidt [!] über die Entschädigungsfrage mitteilen wollten. Was mich anbetrifft, so bin und bleibe ich Idealist und gedenke der diesjährigen Sommerreisen. Im abgeschlossenen Vertrage steht, daß die Entschädigungssache Angelegenheit jeder Partei ist. Ich habe nicht die Absicht, mit Herrn Dr. Fl[eischhauer] zu konkurrieren und möchte nicht, daß diese Frage vor der Gegenseite aufgerollt wird.

Wir haben nächsten Sonntag nichts vor und kämen sehr gern zu Ihnen, würden uns auch freuen, die Herren Bagschinsky[785] [!] und Förster[786] bei Ihnen zu sehen. Am Freitag ist die Erstaufführung vom „Indischen Grabmal"[787]. Wenn wir Karten bekommen, sehen wir uns gewiß schon da.

Und so, liebe gnädige Frau, hoffe ich, daß Sie mit allem zufrieden sind. Ich bin von der innigen Aufrichtigkeit erfüllt, für die Karl-May-

---

[784] Näheres ließ sich leider nicht ermitteln.

[785] Gemeint ist Leo Bayczinsky.

[786] Gemeint ist Arthur Fedor Förster.

[787] Das indische Grabmal ist ein Monumentalfilm des Regisseurs Joe May in 2 Teilen. Der 1. Teil trägt den Titel Die Sendung des Yoghi, der 2. Teil heißt Der Tiger von Eschnapur. Das Drehbuch schrieben Fritz Lang (1890–1976) und Thea von Harbou (1888–1954) nach dem gleichnamigen Roman von Thea von Harbou (Berlin u. a. 1918). Die Uraufführung fand am 22.10.1921 (1. Teil) und am 19.11.1921 (2. Teil) im Ufa-Palast am Zoo in Berlin statt.

Sache zu tun, was in meinen Kräften steht. Möchte es zum Segen gereichen!

Mit meiner Frau grüße ich Sie herzlichst
Ihr ergebenster Erich Wulffen.

****

Zu den verheerenden Folgen des Ersten Weltkriegs gehört eine im gesamten Deutschen Reich herrschende Wohnungsnot. Die Wohnungsausschüsse von Städten und Gemeinden prüfen in ihren Verwaltungsbereichen die vorhandenen Wohngrundstücke dahingehend, „ob noch wohnungssuchende Bürger einquartiert werden können. Die Akte über das Grundstück Kirchstraße 5"[788], die Adresse der Villa „Shatterhand", ist am 27. Januar 1920 dem Gemeindevorstand Robert Werner „zwecks Prüfung wegen Aufnahme von Zivileinquartierung"[789] vorgelegt und von diesem zum Wohnungsausschuss weitergeleitet worden. Am 14. Februar 1920 verhandelte Werner mit Klara May in der Villa „Shatterhand", wo er sich von der Inneneinrichtung überzeugte und feststellte: „Das Haus (Flur und Treppe) ist reich mit äußerst wertvollen Museumsgegenständen ausgestattet, die zu verpacken schade u. schwierig sein würde."

Angesichts der drohenden Gefahr einer Zivileinquartierung hatte Klara May am 23. Februar 1920 ohne vorherige Abstimmung mit E. A. Schmid gegenüber Werner erklärt, „daß sie vom 1./7. ab den Karl-May-Verlag in ihr Grundstück aufzunehmen gedenke". Diese Reaktion Klara Mays ist ein Beispiel dafür, daß „sie aus einem plötzlichen Gefühl heraus auch impulsiv, unlogisch und ohne Rücksicht auf etwaige Folgen handeln"[790] konnte.

Infolge dieser Erklärung hatte der Wohnungsverband Dresden-N.-Land am 12. April 1920 entschieden, dass „auf Grund der ihm gegebenen Ermächtigungen im Grundstück Roonstraße 23 in Radebeul (Karl-May-Verlag) die gesamte Erdgeschosswohnung zur Unterbringung Wohnungsloser in Anspruch genommen und diese Räume der Gemeinde Radebeul zur weiteren Verfügung zugewiesen" hat. Nur unter großen Anstrengungen war es E. A. Schmid schließlich gelungen, dass die Gemeinde Radebeul von der

---

[788] Hans-Dieter Steinmetz: *Die Villa „Shatterhand" in Radebeul.* In: *JbKMG 1981.* Hamburg 1981, S. 300-338 (325). – Die nachfolgenden Darlegungen beruhen auf diesem Aufsatz.

[789] Rat der Stadt Radebeul. Abth. 18, Abschn. 1, Nr. 666 (später: Sachgruppe 2331, Nr. 466): Akten des Gemeinde-Amtes zu Radebeul über den Gebäude-Complex Nr. 103 D des Brandversicherungs-Catasters, Abt. A. Parzelle Nr. 570 des Flurbuchs. Ergangen im Jahre 1896, S. 7. Die Darstellung der Bemühungen des Karl-May-Verlags und Klara Mays in den Jahren 1920–1925 zur Abwendung der Zivileinquartierung stützt sich auf diese Akte (S. 7-47 und 67-68b), der auch folgende Zitate ohne Quellenangabe entnommen wurden.

[790] Rudolf Beissel: *Wie das Jahrbuch 1918 entstand.* In: *KMJb 1978.* Bamberg/Braunschweig, S. 7-20 (17).

Verfügung keinen Gebrauch machte und die Räume auch weiterhin dem Karl-May-Verlag überließ.[791]

Doch die Gefahr einer Zivileinquartierung in der Villa „Shatterhand" ist damit nicht endgültig gebannt. Infolge einer „Landesverordnung des Ministeriums des Innern über Maßnahmen gegen Wohnungsmangel" vom 6. Januar 1921 wird von der Gemeinde Radebeul erneut Zivileinquartierung in die Villa „Shatterhand" beabsichtigt. Klara May hatte am 16. September 1921 erklärt, dass sie den Gedanken einer Schenkung des Grundstücks schon zu Lebzeiten erwägen wolle. Mit der Ausarbeitung des Schenkungsvertrags betraut Klara May ihren Rechtsbeistand Erich Wulffen. In der Zwischenzeit trennt der zuständige Wohnungsverband Dresden-N.-Land auf Antrag des Wohnungsamts Radebeul mit Verfügung vom 18. Oktober 1922 die im Obergeschoss der Villa „Shatterhand" gelegenen Räume als selbständige Wohnung ab und weist sie der Gemeinde Radebeul zur weiteren Verfügung zu.

Ein Vermittlungsversuch Wulffens zwischen dem Gemeinderat und Klara May scheitert. Auch eine Beschwerde gegen die Beschlagnahmeverfügung der Witwe wird vom Mieteinigungsamt Radebeul am 4. Januar 1923 schließlich als unbegründet zurückgewiesen. Zuvor hat die Witwe im November 1922 bereits ein Inserat[792] aufgegeben:

„Zahle 100 000 Mark Abstand für Ueberlassung einer Wohnung von 3 Zimmern und Küche. Angeb. u. B. 67 an die Geschäftsstelle."

Hintergrund des Inserats ist die Absicht Klara Mays, „eine so gewonnene Wohnung der Gemeinde Radebeul im Tausch für die Befreiung von einer Zivileinquartierung anzubieten. Tatsächlich meldet sich auf die Anzeige hin der Rentner Friedrich Reinhold Lochmann (1856–1937), wohnhaft Kötzschenbroda, Gartenstraße 14, 2. Stock."[793]

Wulffen bereitet für Klara May die notwendigen Schriftstücke vor.

ERICH WULFFEN AN KLARA MAY * 12. Dezember 1922
Brief, hs.

Dresden, d. 12. 12. [19]22

Sehr verehrte, liebe gnädige Frau!

Durch Frau Starke habe ich Ihnen sagen lassen, Sie möchten morgen Mittwoch Vormittag zu mir auf's Amt hereinkommen. Es erledigt sich aber, da ich noch dazu komme, Ihnen alles zu schreiben.

---

[791] Schmid: *Mein Leben und Streben*, S. 20.

[792] *Radebeuler Tageblatt*, 51. Jg., Nr. 262 vom 10.11.1922, S. 4. Das Inserat ist eingeklebt in den Akten des Gemeinde-Amtes zu Radebeul über den Gebäude-Complex Nr. 103 D des Brandversicherungs-Catasters, Abt. A. Parzelle Nr. 570 des Flurbuchs. Ergangen im Jahre 1896, S. 19.

[793] Steinmetz: *Die Villa „Shatterhand" in Radebeul*, JbKMG 1981, S. 300-338 (325).

Herr Amtshauptmann rief mich gestern an, und läßt Ihnen folgendes sagen. Sie müßten folgende beide Schriftstücke sich verschaffen:

1. Es soll der Kötzschenbrodaer Herr folgende schriftliche Erklärung ausstellen:

„Gegen an mich von Frau Klara May zu zahlende einhunderttausend Mark verpflichte ich mich spätestens am 31. Mai 1923 meine in Kötzschenbroda … straße … Nr. … im Staat (ausfüllen!) gelegene Wohnung dergestalt zu räumen und aufzugeben, daß der zuständige Wohnungsverband darüber völlig frei verfügen kann. Insbesondere erkläre ich, daß ich im Deutschen Reich keinerlei andere selbständige Wohnung, auch nicht im Tauschwege, in Anspruch nehmen werde.

(Unterschrift, Ort, Datum)"

2) soll derselbe Kötzschenbrodaer Herr auch weiter folgendes Schriftstück ausstellen:

Der Kötzschenbrodaer Gemeindebehörde erkläre ich hiermit der Wahrheit gemäß, daß ich meine hiesige … straße … Nr. … im Staat (ausfüllen!) gelegene Wohnung lediglich deshalb aufgebe und keine andere selbständige Wohnung (im Deutschen Reich) in Anspruch nehme, auch nicht im Tauschwege, weil sich Frau Klara May verpflichtet hat, mir hierfür einhunderttausend Mark zu bezahlen."

(Unterschrift, Ort, Datum)

Beide Urkunden wollen Sie sich sobald als möglich ausstellen lassen (der Herr soll auch den Text selber schreiben) und dem Herrn Amtshauptmann überbringen, er wird Ihnen dann das weitere sagen. Es wäre möglich, daß die Gemeinde Kötzschenbroda für Annahme und Billigung der Erklärung eine Abfindungssumme verlangt. Sie werden ja hören. Also …? [2 Worte unleserlich] Kein anderer Wortlaut als ich geschrieben habe in den Urkunden.

In Eile vor meiner Fahrt nach Reichenbach
grüßt Sie herzlichst
Ihr Wulffen

Am 15. Dezember 1922 unterschreibt Lochmann die (später widerrufenen) notwendigen Erklärungen für Klara May und die Gemeindebehörde Kötzschenbroda, wonach er bereit ist, seine Wohnung zu Gunsten der Gemeinde Radebeul gegen Zahlung von 100.000 Mark Abfindung abzugeben.[794]

[794] Alternativ bietet Klara May am 15.1.1923 der Gemeindeverwaltung Radebeul eine Abfindungssumme von 500.000 Mark für die Aussetzung der Belegung der beschlagnahmten Räume für die Dauer ihres Aufenthalts in Radebeul an. Der zuständige Wohnungsausschuss beschließt am 5.2.1923, dass er „nicht geneigt ist, die Verantwortung für eine Befreiung auf Lebenszeit der Öffentlichkeit gegenüber zu übernehmen. Er ist bereit, in jährlichen Zwischenräumen über die weitere Befreiung von der Belegung Beschluß zu fassen. Für die zurückliegende Zeit und das Jahr 1923 zahlt Frau May 300.000 M zur Behebung der Wohnungsnot an die Gemeindekasse Radebeul. Anfang 1924 wird

1923

Anfang 1923 kommt es zu einem Vorfall, der einmal mehr belegt, wie unmöglich für Klara May irgendeine Auseinandersetzung mit dem Thema der Vorstrafen Karl Mays ist. Der junge Dramatiker Anton („Tono") Kaiser bietet dem Karl-May-Verlag ein Manuskript mit dem Titel *Geächteter Hakawati. Die Tragödie Karl May* an, in dem er das Leben Karl Mays inklusive der dunklen Vergangenheit in Form eines Dramas schildert und deutet. Nachdem Klara May das Werk gelesen hat, lehnt sie eine Publizierung ab, was sie umgehend dem Verfasser als auch E. A. Schmid mitteilt. Letzterer wiederum setzt den Mitherausgeber der Jahrbuchreihe, Ludwig Gurlitt[795], hiervon in Kenntnis:

EUCHAR ALBRECHT SCHMID AN LUDWIG GURLITT * 10. Januar 1923
Brief, ms.

10. Januar [192]3.

Herrn
Prof. Dr. Ludwig Gurlitt
<u>München.</u>

Lieber, hochgeehrter Herr Professor,
    leider hat Frau Klara May Tono Kaisers Drama abgelehnt, wie Sie

---

nach Verhandlungen mit Frau May in der Angelegenheit erneut Beschluß gefaßt." (Quelle: Akten des Gemeinde-Amtes zu Radebeul über den Gebäude-Complex Nr. 103 D des Brandversicherungs-Catasters, Abt. A. Parzelle Nr. 570 des Flurbuchs. Ergangen im Jahre 1896, S. 21b). Klara May stimmt der Regelung am 8.2.1923 zu. Am 16.1.1924 unterbreitet E. A. Schmid dem Wohnungsamt Radebeul u. a. den Vorschlag: „Sofern wir binnen Jahresfrist Goldmark 15.000,- (Fünfzehntausend) zu leisten vermögen, soll die Befreiung endgültig und dauernd sein [...] Mit der Abfindung verbänden wir aber gleichzeitig eine Schenkung an die mildtätige Karl May-Stiftung, sodass also nicht Frau May oder wir Hypothekengläubiger würden, sondern vielmehr die Karl May-Stiftung selbst." Das Wohnungsamt stimmt diesen Vorschlägen zu, und die am Ende der Verhandlungen zur Verfügung gestellten 10.000 Mark werden mit je 5.000 M an zwei Grundstücken der Stadt Radebeul sichergestellt (Quelle: Grundbuch für Serkowitz, Blätter 832 u. 833). Neuaufbau eines Doppel-Reihenhauses (Eisoldstraße 20/22, seit 1946 Gohliser Straße 20/22). Ferner bestätigt E. A. Schmid am 5.1.1925 die Annahme des Darlehens und „dass dafür das Grundstück Kirchstraße 5 endgültig und dauernd von der Belegung mit Zivileinquartierung befreit ist". (Steinmetz: *Die Villa „Shatterhand" in Radebeul*, S. 300-338 (326f.).

[795] Ludwig Gurlitt (1855–1931): Deutscher Reformpädagoge, der sich seit Anfang 1912 mit Leben und Werk Karl Mays auseinandersetzte. Auf Alfred Kleinbergs diffamierenden Nekrolog *Karl Friedrich May*, veröffentlicht im *Biographischen Jahrbuch und deutschen Nekrolog*, 18. Bd. (1917), S. 265-270, reagierte Gurlitt mit der Streitschrift *Gerechtigkeit für Karl May!* Dieser Text ist bis heute in Band 34 von *Karl Mays Gesammelten Werke* enthalten. Gurlitt engagierte sich in zahlreichen Aufsätzen in den *Karl-May-Jahrbüchern* von 1918 bis 1933 für May, und wurde nach dem Tode von Max Finke neben E. A. Schmid Mitherausgeber dieser Jahrbücher. – Zur Verbindung der Familie Gurlitt mit der Familie Gerlach siehe Albrecht Götz von Olenhusen: *„Hitlers Kunsthändler. Hildebrand Gurlitt 1895–1956. Die Biographie.* – Die Biografie des Kunsthändlers Hildebrand Gurlitt. Zusammenhänge mit Karl May und Oskar Gerlach".* In: *KMG-Nachrichten* Nr. 190, 2016, S. 37-38.

aus anliegendem Schreiben ersehn, das sie mir vor 4 Tagen übermittelte. Ich selbst hatte die Drucklegung mit aller Entschiedenheit befürwortet, und bin deshalb nochmals hierwegen an Frau May herangetreten. Aber auch diese meine neuerlichen Ausführungen sandte sie mir mit Randbemerkungen zurück, die ich Ihnen anbei in Kopie vorlege und um deren Rücksendung ich Sie bitte. Ich bedaure sehr, diese Entschließung Frau Mays an Herrn Kaiser weiterleiten zu müssen, und bitte Sie, die Sache mit ihm zu besprechen, weil sie auf diesem Weg wohl weniger scherzhaft und verletzend wirkt.

Herzlich Ihr
Dr. Schmid

LUDWIG GURLITT AN KLARA MAY * [ohne Datum] Mitte Januar 1923
Brief, ms. [Abschrift]

Frau
Klara May
Radebeul. Villa Shatterhand.

Sehr geehrte, gnädige Frau!

Herr T[ono] Kaiser, München teilt mir mit, daß Sie sein Drama ablehnen. Das ist Ihr gutes Recht, aber ich mißbillige gleichwohl ihre Entscheidung und den Ton, in dem Sie eine offenkundig ernste und wohlmeinende künstlerische Leistung kritisieren. Der Herr hätte meiner Meinung nach wärmeren Dank für sein warmes Eintreten für das Andenken ihres Mannes verdient und für seinen Versuch, sein Lebensschicksal als ein allgemein menschliches darzustellen im Kampf gegen die niedrigziehenden Mächte.

Die Nachlassenschaft eines Schriftstellers gehört nicht dessen Gattin, sondern der ganzen Welt, die sich nicht Gesetze vorschreiben läßt, wie sie diese werten soll und darf. Ich bedaure, daß ein junger Dramatiker, der sich mit ganzer Kraft für ihren Gatten einsetzt, eine solche Ablehnung von Ihnen erfahren hat, und möchte Ihnen nahelegen, sich Ihre endgültige Entscheidung doch lieber noch vorzubehalten, und zwar in Ihrem eigensten Interesse.

Mit vorzüglicher Hochachtung
Ergebenst
gez. Prof. Gurlitt.

KLARA MAY AN LUDWIG GURLITT * 18. Januar 1923
Brief, ms. [Abschrift]

Radebeul, d. 18.1. [19]23.

Hochgeehrter Herr Professor!

Der Mensch kann nun mal nicht aus seiner eigenen Haut heraus. Auch mir gelingt es nicht. Ich empfinde Schmerzen bei gewissen Berührungen und muß leider jedem, der nicht in meiner Haut steckt, entgegnen, daß er meine Empfindungen nicht zu teilen vermag. Grad jetzt wieder, anlässlich der „Phantom"[796]-Aufführung sah ich an den Kritiken, dass unter huntertausend Menschen nicht einer den Kernpunkt faßt und glaubt. Ich sandte Dr. Schmid eine Kritik. Grad was wahr an der Sache ist und Hauptmann vielleicht aus tiefster Seele an sich durchlebte, und was mir mein Mann genau so schilderte, wird verlacht, verworfen. So erkannte ja schon Goethe das Wesen der Masse.

Ich kenne Herrn Kaiser nicht, habe auch nichts von ihm gelesen. Bei all seiner Begabung, und sicher warmen Hingabe an die ihm gut erscheinende Sache, tat er mir weh. Bei mir löste die Arbeit nur Qualen aus und bittere Erinnerungen. Ich sehe immer wieder meinen unglücklichen Mann gefoltert zur Unterhaltung eines sensationslüsternen Publikums. Niemals wird der nicht selbst gepeinigte die Pein des Andern verstehn. Glauben Sie mir, ich habe mich viel mit diesen Problemen beschäftigt und das vollkommen Nutzlose eingesehn. Das Gros der Menschen ist oberflächlich, und die zu sensationellen Schaustellungen laufen, sind die Schlimmsten. Die sich still bei einem ernsten Buch belehren lassen, lasse ich mir noch gefallen, obgleich auch die nur Wenige ganz zu verstehn vermögen, denn die Zeiten haben sich genau so geändert, wie die Geldwerte. Damals, vor 50 Jahren, als mein Mann auf dem Ambos der „Geisterschmiede" lag, standen Indolenz und Grausamkeit so hoch im Preise, wie die Butter heute. Die von damals würden sich heute ebenso wenig zurecht finden, wie die Heutigen in jene Vergangenheit. Darum stehe ich allen diesen Bemühungen, hier einen Wandel schaffen zu wollen, ablehnend gegenüber. Daß ich mit meinem Urteil nicht allein stehe, mag Ihnen auch die beifolgende Kritik[797] des wohl jetzt als größten Psychologen auf kriminalistischem Gebiet, des Geheimen Rats Dr. Erich Wulffen, beweisen, der, ganz unbeeinflußt von mir, vorher, ehe ich K's Arbeit studierte, das Werk gelesen hat. Diesen Mann dürfen wir doch als Kapazität ansprechen?

---

[796] Gerhart Hauptmann: *Phantom. Aufzeichnungen eines ehemaligen Sträflings.* Berlin 1923. Bereits im Jahr zuvor war der Roman in der *Berliner Illustrirten Zeitung* erschienen. Klara Mays Hinweis bezieht sich möglicherweise auf eine Verfilmung des Stoffs (Kinostart: 20.11.1922) oder eine Theateraufführung in Dresden.

[797] Die Kritik hat sich nicht erhalten.

An meiner Auffassung ändern auch Drohungen nichts. Leider kann ich nicht alles und für immer hindern, wenn wertvolle Menschen ihre kostbaren Gaben nach einer Richtung hin verwenden, die mir persönlich unsympathisch ist, das Leben selbst birgt da Trost in sich, denn es ist wie ein Strom, der sich im Laufe selbst reinigt und alles Trübe versinken läßt.

Dr. Schmid hatte schon Bedenken, daß Ihnen meine Ablehnung nicht recht sein werde. Ich entgegnete ihm: „Prof. G[urlitt] steht zu hoch, als daß er mich nicht verstehn würde." Lassen Sie nicht umsonst auf Ihre gütige Nachsicht gebaut haben.

Ihre dankbar ergebene
gez. K. May.

Es bleibt bei Klara Mays Veto.[798] Immerhin erscheint in diesem Jahr ein erster Aufsatz aus der Feder von Erich Wulffen[799] im Karl-May-Verlag. Es handelt sich um den ersten von vier Aufsätzen für die Karl-May-Jahrbücher. Doch nur dieser erste, *Der Läuterungsgedanke bei Karl May*, setzt sich explizit mit den Vorstrafen Mays auseinander.

****

ERICH WULFFEN AN KLARA MAY * 14. Juni 1923
Brief, hs.

Dresden, den 14. Juni 1923

Sehr verehrte, liebe gnädige Frau!

Vor unserer Abreise noch einen herzlichen Gruß.

In der Aktenangelegenheit ist dieses Mal alles viel leichter gewesen. Ich nahm mit Polizeipräsident Menke[800] persönlich Rücksprache. Er erklärte mir ohne weiteres, ich solle mir die Akten geben lassen und sie unter Zustimmung des Ministerpräsidenten gleich im Justizministerium vernichten lassen. Da ergab sich, daß die Akten im Polizeipräsidium überhaupt nicht mehr vorhanden, sondern bereits voriges Jahr vernichtet worden sind. Es hängt das damit zusammen, daß Anordnung bestand, die

---

[798] Eine kleine Passage des Dramas findet sich einige Jahre später in: Tono Kaiser: *Dem Gerechtfertigten!* In: *KMJb 1932*. Radebeul bei Dresden 1934, S. 54. Erst 1967 kommt es schließlich zu einer Veröffentlichung des Dramas (Anton Kaiser: *Geächteter Hakawati. Die Tragödie Karl May*. Kehl: Verlag der Wegweiser-Bibliothek 1967).

[799] Wulffen: *Läuterungsgedanke*, S. 109–122.

[800] Bernhard Menke (1876–1929): Polizeipräsident von Dresden vom 01.05. bis zum 05.12.1923; vgl. Joachim Unger: *Die sächsische Schutzpolizei zwischen 1919 und 1933. Historischer Abriss und Bestandsaufnahme*. In: *Oranienburger Schriften* 1/2015, S. 66-85, S. 71, FN 45.

Akten aller bis 1913 gestorbener Personen zu vernichten. Bei der Vernichtung ist glücklicherweise übersehen worden, daß die Akten event. für das Hauptstaatsarchiv geeignet wären. So sind sie Gott sei Dank Herrn Lippert entgangen. Ich habe die schriftliche Mitteilung des Polizeipräsidiums in der Hand, daß die Akten vernichtet sind.

Um aber ganz sicher zu gehen, war ich selbst im Polizeipräsidium und habe mit dem betreff. Beamten selbst gesprochen, der mir die Richtigkeit bestätigte. Sogar das Grundblatt im Register ist vernichtet, so daß <u>keine Spur</u> ehemaliger Akten mehr vorhanden ist. Ich hoffe, liebe Frau May, Sie sind über diese Angelegenheit nunmehr auch beruhigt. Ich freue mich, daß ich auch in diesem Falle zu des Toten ehrendem Gedächtnis habe tätig werden können. Also, leben Sie wohl und gehen Sie auch selbst auf die Reise. Schönen Dank für Erdbeeren und Rosen!

Herzlichste Grüße
Ihr ergebenster
Wulffen

****

ERICH UND CAMILLA WULFFEN AN KLARA MAY * 4. August 1923
Brief, hs.

Tegernsee, d. 4. August. 1923

[Camilla Wulffen]
Liebste, beste Frau May!

So herzlich haben wir uns über Ihre lieben Zeilen gefreut, über das so wohl gelungene Bild. Mein Mann will sehen, ob es zu vergrößern geht. Bin sehr gespannt auf die anderen Aufnahmen. Daß Sie, liebste Frau May, Ihre Reise zu K. H.[801] aufgegeben haben, ist uns sehr Leid. Sie freuten sich doch so sehr auf den Besuch. Wir tun gern mit bei den geplanten Unternehmungen. Meißen liebe ich sehr. Vielleicht eine Schifffahrt dorthin, glänzend. –

Hier ist es dauernd himmlisch schön. Wir baden fleißig, essen, trinken, gehen spazieren und faulenzen unheimlich. Dieses alles nimmt so viel Zeit in Anspruch, daß wir nicht zum lesen kommen! Nun treten wir die letzte Woche hier an. Sehr schmerzlich. Kann meine Wirtschaft vollständig erwarten, besonders da ich kein Mädchen habe. Muß dann erst suchen. Meine Schwägerin konnte mir nicht suchen, da sie erst mit uns heimfährt. Sie ist mit ihren beiden Töchtern und Enkeln seit 6 Wochen in einer malerisch schönen Besitzung in Schliersee, die dem Onkel und

---

[801] Nähere Einzelheiten zur Identität ließen sich leider nicht ermitteln.

der Tante ihres Schwiegersohnes gehört. Wir verlebten einen reizenden Tag dort. Unsere Nichten waren auch einen Tag hier bei uns, sind auch begeistert von Tegernsee.

Erika [Wulffen][802] schreibt sehr vergnügt von ihrem Rittergut. Ende der Woche geht es nach München. Sonntag, den 12. August fahren wir nach Dresden. Mein Mann muß am 13. wieder in den Dienst. Die Preise für Lebensmittel in Dresden sollen ja ins Unermeßliche gestiegen sein.

Ich darf nicht bis runter schreiben, er paßt ganz genau auf, darum Schluß. Nochmals Dank.

In herzlichem Gedenken
Ihre Illa Wulffen.

[Erich Wulffen]
Liebe, verehrte Freundin!

Vielen Dank für Ihre ausführlichen Zeilen und die beiden Druck-sachen, die ich noch nicht kannte. „Wolfsgeheul um Wulffen"[803] hat mich sehr belustigt. Nur so weiter! Ich beabsichtige, wieder mal „von mir hören zu lassen". Das Gruppenbild ist ganz reizend in Ihrem wunderschönen Garten aufgenommen. Daß mein Aufsatz im Jahrbuch so gefällt, freut mich sehr. Übrigens ist es doch erfreulich, daß Dr. Schmidt [!] so belesen ist und aus anderen Schriften den Läuterungsgedanken weiter spinnen kann. Ich bin gern bereit, für das nächste Jahrbuch wieder einen Auf-satz zu schreiben. Thema schon gefunden, näheres mündlich. Wenn die Chemnitzer Akten noch vorhanden sind, hoffe ich sie zuversichtlich

---

[802] Die Tochter Erika Wulffen (1905–unbekannt).

[803] N.N.: *Wolfsgeheul über Wulffen*. In: *Dresdner Rundschau* vom 28.7.1923. – In diesem Artikel heißt es u. a.: „Was doch der Parteidünkel fertig bringt! Weil der ehemalige Staatsanwalt und verdiente Forscher über das Seelenleben, Dr. Erich Wulffen, im monarchistischen Staate s. Zt. strafversetzt, jetzt Ministerialdirektor in unserm Justizministerium ist, haben viele rechtsstehende Leute, die ihn früher – ohne ihn und seine Werke zu verstehen, also bloß, weil's Mode geworden war – oft über's Bohnenlied mit loben halfen, alle und jede Erinnerung an Wulffens weltgerühmte Verdienste um die Menschheit wissentlich vergessen. So sah sich Dr. Wulffen in der Sitzung des Landtags vom 10. Juli, als er gegen Schluß der Besprechungen über das Gnadenerlaßgesetz in Sachen der Verurteilungen wegen Abtreibungsvergehen nochmals das Wort nahm, mit dem höhnischen Zurufe empfangen: ‚Jetzt kommt der Schauspieler!' Außerdem unterbrachen ihn in dieser, wie auch bei seiner Tags zuvor und der schon am 21. Juni in gleicher Angelegenheit gehaltenen Rede ganze Reihen recht törichter Zwischenrufe von Abgeordneten beider Rechtsparteien, besonders aber der so. Deutschnationalen. ‚Wolfsgeheul über Wulffen' wollen wir dieses Gebaren nennen, weil uns die Rufer vorkommen, wie der Wolf in der Fabel. [...] Jedenfalls dürfen wir Dr. Wulffen beipflichten, wenn er zum Schlusse seiner letzten Rede seiner Verwunderung darüber Ausdruck verlieh, daß gerade die beiden im Land-tage sitzenden Angehörigen des Reichsgerichts so wenig auf die Stimme des Volks zu lauschen ver-stehen, und dann betonte: ‚Die Republik Sachsen tut mit ihrem Amnestiegesetz bewußt einen Schritt in die Zukunft des Strafrechts und will Aufklärungsarbeit leisten im Geiste einer neuen, auch aus einer Umwälzung geborenen Menschlichkeit.' Daß auch diese Worte das ironische Wolfsgeheul der Rechten begleitete, versteht sich am Rande!"

zu erfassen. Ich kann mir aber eigentlich nicht vorstellen, daß gerade Personalakten 55 Jahre lang (vor 1870!) aufbewahrt bleiben. Bei Ihren geplanten Ausflügen werden wir wenigstens teilweise uns gerne beteiligen. Aber auch Sie müssen wieder mal einen kleinen Luftwechsel vornehmen und wäre es auch nur bis in die sächs. Schweiz. – Hier ist es herrlich. Die Höhen groß u. schön. Das Herz geht einem auf. Herzlichste Grüße bis zum Wiedersehen

Ihr dankbarer
Wulffen.

Ende 1923 äußert Klara May den Wunsch, in den Besitz zweier Originalzeugnisse Karl Mays zu gelangen.[804] Zuständig für die Herausgabe der im behördlichen Besitz befindlichen Dokumente ist das Ministerium für Volksbildung. Die Dichterwitwe wendet sich mit Unterstützung von Erich Wulffen, auf dessen Einfluss sie baut, unmittelbar an den sozialdemokratischen Minister für Volksbildung Hermann Fleißner[805]:

KLARA MAY AN HERMANN FLEISSNER * 18. November 1923[806]
Brief, hs.

Radebeul, Kirchstr. 5, d. 18.11.1923

An
das Ministerium für Volksbildung
Dresden N.
zu Händen des Herrn Ministers.

Hochzuverehrender Herr Minister!

Die Unterzeichnete Frau Klara May, die Witwe des bekannten Schriftstellers Karl May, hat, wie dem Ministerium aus der von ihm verwalteten „Karl May-Stiftung" bekannt ist, sich die Aufgabe gesetzt, ganz dem Andenken ihres Gatten zu leben. In diesem ihrem Bestreben ist es schon seit Jahren ihre Sehnsucht gewesen, die Prüfungszeugnisse zu erlangen, die der Verstorbene als Seminarist (Seminar Waldenburg und Plauen) erhalten hat. Karl May hat ihr selbst oft von diesen Zeugnissen und ihren

---

[804] Der nachfolgende Vorgang ist dokumentiert in Acta: den Schulamtscandidaten Carl Friedrich Mai aus Ernstthal betr. (1863-1921). In: HStA, Sig. Nr. 20024. Bl. 5-7, enthalten in: Seminarist und Lehrer, S. 137-145.

[805] Hermann Fleißner (1865-1939): Sozialdemokratischer Politiker, der zwischen Dezember 1920 bis Januar 1924 dem sächsischen Kultusministerium (seit September 1923 Ministerium für Volksbildung) als Minister vorstand.

[806] Klara May: Brief an Hermann Fleißner vom 18.11.1923. In: *Seminar und Lehrer*, S. 138-140.

guten Zensuren erzählt und erklärt, daß es ihm zu seinem Schmerze unbekannt sei, wohin diese Schriftstücke gekommen seien.

Durch Zufall hat Frau May erfahren, daß 2 Zeugnisse aus dem Jahre 1861 in den Akten des Ministeriums für Volksbildung, den Schulamtskandidaten Karl Friedrich May aus Ernstthal betreffend ergangen 1863 (Archiv […] 26 M. 63) sich befinden. Zweifellos sind diese Zeugnisse die schon lange, auch vom Verstorbenen selbst herbeigewünschten.

Die Unterzeichnete bittet inständig, diese beiden Originalzeugnisse aus den Akten auszuheften und ihr dauernd überlassen [sic]. Nicht nur, daß sie dabei einen Wunsch des Todten erfüllt, sie möchte die Zeugnisse in Karl Mays Heim, Radebeul, Kirchstr. 5, das zu einer Art Karl May-Museum schon jetzt dient und immer mehr umgewandelt wird, für die Zukunft aufbewahren und damit auch gegenüber Karl Mays Gegnern den Nachweis erbringen, daß er ein ganz besonders befähigter Schulamtskandidat gewesen ist.

In der Hoffnung keine Fehlbitte getan zu haben, in größter Dankbarkeit

ehrerbietigst

Klara May.

ERICH WULFFEN AN HERMANN FLEISSNER * 1. Dezember 1923[807]
Brief, hs.

Hochzuverehrender Herr Minister

Der nebenstehend vorgetragenen Bitte der Frau Clara May schließt sich der Unterzeichnete auf das wärmste an, [sic] Er hat schon einmal (1922) die Güte des Herrn Ministers für Volksbildung zu Gunsten von Frau May erbeten und dessen Zustimmung erlangt, als es sich darum handelte, alte Strafakten Carl Mays zur Vernichtung zu bringen. Die gegenwärtige Bitte der Frau May erscheint gegenüber der früheren nur gering.

Der Unterzeichnete ist überzeugt, dass die Erfüllung ihrer Bitte die Witwe des Schriftstellers innerlich tief beglücken und mit stetem Danke erfüllen wird. Es ist ihr, der rastlos für das Andenken des Verstorbenen bestrebten Frau, von ganzem Herzen zu gönnen, daß sie in den Besitz der beiden Zeugnisse gelangt, die einen schönen und wertvollen Befähigungsnachweis aus Mays Jugendzeit darstellen.

Ehrerbietigst

Dresden, den 1. Dezember 1923

Dr. Wulffen

Ministerialdirektor

---

[807] Erich Wulffen: Brief an Hermann Fleißner vom 01.12.1923. In: *Seminar und Lehrer*, S. 141-143.

Der Bitte um Aushändigung der Zeugnisse wird, nachdem Fleißner zuge-stimmt hat, entsprochen. Die betreffenden Zeugnisse werden den Akten, bei denen Abschriften verbleiben, entnommen. Amtlich vermerkt wird:

„Zwei Originalzeugnisse des † ehem. Lehrers May zur Aushändigung an die Gesuchstellerin vom Min. f. Volksbildung erhalten zu haben bekennt
Dresden am 29. Dez. 1923
Dr. Wulffen
Min.-Direktor"

1924

Nicht nur für Claus Roxin ist der bereits erwähnte Journalist, Schriftsteller, Verleger und Politiker Rudolf Lebius „die verhängnisvollste Erscheinung in der Biographie Karl Mays".[808] In allen Karl-May-Biografien gilt das berühmte Charlottenburger Urteil vom 12. April 1910[809], als der betagte und in seiner juristischen Befähigung offenbar schon leicht derangiert agierende Amtsgerichtsrat Gerhard Wessel den angeklagten Lebius freisprach, obwohl dieser Karl May einen „geborenen Verbrecher" genannt hatte, als einer der tragischen Höhepunkte in der Lebensgeschichte des Schriftstellers. Erst in der Berufungsverhandlung am 18. Dezember 1911 vor dem Berliner Landgericht in Moabit war Lebius schließlich wegen dieser Beleidigung zu 100 Mark Geldstrafe verurteilt worden.

Seit 1910 ist Mays Intimfeind Inhaber einer eigenen Verlagsgesellschaft: der Spreeverlags G. m. b. H., mit angeschlossener Druckerei in Berlin-Mitte, Breite Str. 4. Im Jahr 1911 hat er für sich und seine Familie eine Villa in Berlin-Frohnau („Haus Belt-Adria") in der Welfenallee 47[810] bauen lassen, die seit 1911 auch Sitz des Spreeverlags ist. An dieser Adresse pflegt Lebius ein reges,

---

[808] Roxin: *Ein ‚geborener Verbrecher'*, S. 9-36 (22).

[809] Siehe Volker Griese: *Nimbus zerstört. Der Charlottenburger Prozeß und das Urteil der Presse*. In: *Jb-KMG 1998*. Husum 1998, S. 40-83; Seul: *Old Shatterhand vor Gericht*, S. 467-487. – Zur Person von Lebius siehe ferner: Jürgen Seul: *Karl May und Rudolf Lebius: Die Dresdner Prozesse*. Mit einem Geleitwort von Prof. Dr. Claus Roxin. Juristische Schriftenreihe der Karl-May-Gesellschaft Band 4. Husum 2004; ders.: *Rudolf Lebius ./. Karl May – Die Lu-Fritsch-Affäre*. Juristische Schriftenreihe der Karl-May-Gesellschaft Band 3. Husum 2009; ders.: *Rudolf Lebius und der Fall Karl März*. In: *Karl-May-Welten IV*. Bamberg 2013, S. 94-108; Sudhoff/Steinmetz: *KMC I-V*.

[810] Das Haus Lebius – so die amtliche Bezeichnung – im Bezirk Reinickendorf, Ortsteil Frohnau, ist heute unter der Objekt-Dokument-Nr. 09012451 denkmalgeschützt. Der Architekt des 1911 errichteten Gebäudes war Heinrich Straumer (1876–1937). Straumer war Mitglied im Deutschen Werkbund und Mitbegründer des Volksbundes Deutsche Kriegsgräberfürsorge. 1928 erhielt er von der Technischen Hochschule Dresden den Ehrendoktortitel. Zu seinen bekanntesten Bauwerken gehören der Berliner Funkturm, das „Deutschlandhaus" und „Amerikahaus" am Theodor-Heuss-Platz in Berlin-Westend und das Savoy Hotel in Berlin-Charlottenburg.

Rudolf Lebius

Wohnhaus von Lebius in Berlin-Frohnau,
Welfenallee 47 (Aufnahme 2015)

gesellschaftliches Leben. Der Spreeverlag gibt einige Blätter[811] mit politischen und medizinischen Inhalten heraus. Hierzu gehört auch die 1913 übernommene nationalistische und antisemitische *Staatsbürger-Zeitung*, die Lebius mit seinem bereits bestehenden eigenen Blatt, dem *Nationaldemokrat*, vereinigt hat. Sicherlich nicht zufällig verkündet Lebius ausgerechnet am Montag, den 25. Februar – dem Geburtstag des verstorbenen Karl May – auf dem Titelblatt seiner Zeitung[812]: „Aus dem Doppelleben Karl Mays".

Im Innenteil der Ausgabe folgt dann ein Artikel mit dem Titel: *„Der Indianerschriftsteller Karl May. Ein Beitrag zur Kriminalgeschichte unserer Zeit von Rudolf Lebius"*

Es handelt sich bei dem Artikel um die ersten Seiten des 1910 verbotenen Buches von Rudolf Lebius *Die Zeugen Karl May und Klara May*. In den folgenden Ausgaben der *Staatsbürger-Zeitung*[813] wird der wortidentische Abdruck des Buches – sieht man einmal von Setzfehlern ab – fortgesetzt.

Dass sich Lebius – ungeachtet der rechtlichen Problematik seines Vorgehens – erneut mit May auseinandersetzt, obwohl diese Thematik ganz und gar nicht in das sonstige Themenfeld der *Staatsbürger-Zeitung* passt, die vorrangig dem Antisemitismus huldigt, gegen Pazifismus und den Versailler Vertrag agitiert und sich eifersüchtig mit dem politischen Aufkommen Hitlers beschäftigt, hat vermutlich damit zu tun, dass Lebius ständig Schwierigkeiten hat, sein Blatt mit Lesestoff zu füllen. In fast jeder Ausgabe der *Staatsbürger-Zeitung* ruft er daher seine Leser dazu auf, ihm Material etc. zuzusenden.

Der Wiederabdruck des verbotenen Buches von 1910 bleibt auch in Radebeul nicht unentdeckt und hat entscheidende Bedeutung für den von E. A. Schmid schon lange gehegten Plan einer juristischen Studie über Mays Vorstrafen. Bereits seit einiger Zeit verfügt der Verlagsleiter über ein ausformuliertes Konzept mit dem Titel *Karl Mays Inferno*, in dem er die aus seiner Sicht notwendigen Inhalte skizziert und sich Gedanken um die möglichen Autoren macht. Er präferiert dabei ein dreiköpfiges Autorengremium unter der Oberleitung von Erich Wulffen.

---

[811] *Lazarus*. Monatsschrift; *Erkenne Deine Krankheit*. Monatsschrift für Kranke und Gesunde; *Deutscher Bürger*. Nationaldemokratische Monatsschrift (später: Wochenblatt); *Nationaldemokrat*. Monatsblatt (später: Wochenblatt).

[812] Rudolf Lebius: *Der Indianerschriftsteller Karl May. Ein Beitrag zur Kriminalgeschichte unserer Zeit von Rudolf Lebius I*. In: *Staatsbürger-Zeitung*, Nr. 8 vom 25.2.1924.

[813] *Der Indianerschriftsteller Karl May. Ein Beitrag zur Kriminalgeschichte unserer Zeit von Rudolf Lebius*. In: *Staatsbürger-Zeitung*, 1. Fortsetzung, Nr. 9 vom 3.3.1924; 2. Fortsetzung, Nr. 10 vom 10.3.1924; 3. Fortsetzung, Nr. 11 vom 17.3.1924; 4. Fortsetzung, Nr. 12 vom 24.3.1924; 5. Fortsetzung, Nr. 14 vom 7.4.1924; 6. Fortsetzung, Nr. 15 vom 14.4.1924; 7. Fortsetzung, Nr. 16 vom 21.4.1924; 8. Fortsetzung, Nr. 17 vom 28.4.1924; 9. Fortsetzung, Nr. 18 vom 5.5.1924; 10. Fortsetzung, Nr. 19 vom 12.5.1924; 11. Fortsetzung, Nr. 20 vom 19.5.1924. – Bei den insgesamt 12 erscheinenden Beiträgen handelt es sich um die ersten 40 Seiten des 1910 verbotenen Buches des Lebius-Buches *Die Zeugen Karl May und Klara May*. Nach der 11. Fortsetzung in der *Staatsbürger-Zeitung* bricht die Wiedergabe des Buches ab und wird nicht mehr fortgesetzt. Die Gründe für diesen Abbruch sind nicht bekannt.

Die Zeugen
Karl May und Klara May

Ein Beitrag zur Kriminalgeschichte unserer Zeit

von

Rudolf Lebius.

Berlin-Charlottenburg

Spreeverlag G. m. b. H.

Mommsenstr. 47.

1910.

Rudolf Lebius: Die Zeugen Karl May und Klara May *(1910)*

Nr. 8. – 1924.

Preis 20 Goldpfennig

Staatsbürger-Zeitung

Verlag: Schloßdruckerei G. m. b. H., Berlin C. 2, Breite Straße 4.
Postscheckkonto der Schloßdruckerei Berlin 679 38.
Fernsprecher: Merkur 714 und Tegel 555.

1864 begründet
Druck: Schloßdruckerei G. m. b. H.
Berlin C. 2, Breite Straße 4

Bezugspreis monatlich bei der Post: 40 Goldpfennig.
Anzeigenpreis: Für die achtgespaltene Kleinzeile 50 Goldpfennig

Aus dem Doppelleben Karl Mays

Vae soli!

Die bisherige Politik Pôincarés war von dem Gesichtspunkt aus zu verstehen, daß er glaubte, die Zeit arbeite für Frankreich. Immer wieder wurde Deutschland von Paris nahegelegt, Frankreich neue Reparationsvorschläge zu machen. Kamen die neuen Vorschläge wirklich an, so wurden sie abgelehnt. Auf diese Weise vergingen Monate und Jahre. Der scheinheilige Engländer stand dabei und äußerte sein Mißfallen über diese Art französischer Politik. Franzose wie Engländer spekulierten mit dem wirtschaftlichen Verfall Deutschlands. Deutschland sollte eine Wüste werden wie Rußland. Die deutsche Konkurrenz sollte wie der Russe dahinsiechen.

Aber es ist anders gekommen. Gewiß, das deutsche Wirtschaftsleben liegt totkrank darnieder. Millionen deutsche Arbeiter sind erwerbslos. Indessen, die Rache des Schicksals hat nunmehr auch den Franzosen erfaßt. Der französische Frank gilt immer weniger auf dem Weltmark. Jetzt hat Poincaré das Gefühl, daß die Zeit nicht mehr für Frankreich arbeitet. Die französische Regierung drängt die sachverständigen Ausschüsse des Völkerbundes, schnelle Arbeit zu machen. Der Pariser Temps hat nun schon mehrfach gemahnt: Il faut faire vite pour faire bien.

Poincaré bangt für seinen Ministersitz. In seinen Reden hat er jetzt immer mehr das Bedürfnis, sich zu entschuldigen. Am 14. ds. erklärte er: „Wir selbst haben die Ruhe Europas nie gestört. Wir sind kein Volk von Verrückten." Wer sich verteidigt, klagt sich an. Die Mehrheit im Parlament, über die Poincaré verfügt, bröckelt immer mehr ab. Die Pariser Zeitungen machen einen führerlosen Eindruck.

Man lese nur die verschiedenen Anschauungen, die der Temps zum Besten gibt. Da heißt es: Wir haben nichts gegen die Aufnahme Deutschlands in den Völkerbund. Aber wenn Deutschland aufgenommen wird, so anerkennt es damit aufs neue den Versailler Friedensvertrag ... Frankreich, Belgien und Italien sind arm. Deutschland ist reich. Beweis? Die Vossische Zeitung sagt es. Deshalb keine Kreditbewilligung für Deutschland, bevor Deutschland neue Pfänder gibt ... Alle Welt beschäftigt sich damit, wie Deutschland zu helfen ist. Wer aber hilft Frankreich? Wenn Deutschland gerettet ist, wird es seine Verpflichtungen leugnen ... Deutschland darf nicht gesund werden, denn ein gesundes Deutschland ist eine Bedrohung Frankreichs.

Ueber diese fadenscheinige französische Zeitungsschreiberei macht sich jetzt auch die Londoner „Times" lustig. Das Blatt sagt z. B., die Franzosen sind erschreckt über die von den Deutschen in Pirmasens gezeigte Angriffskraft. Sie schieben die militärische Aktion einem Heidelberger Geheimbund in die Schuhe. Dabei sind aber alle Tote Bürger aus Pirmasens.

Die Engländer vermerken es auch übel, daß die Pirmasenser Zeitung verboten wurde — lediglich, weil das Telegramm Clives gegen die Separatisten in dem Blatt erschien.

Im französischen Parlament erklärte ein Abgeordneter: „L'epi sauvera le franc." Nur die Aenderung der politischen Richtung kann den Franken retten. Da der Idiot Poincaré sich nicht ändern wird, so muß mit seinem Sturz gerechnet werden.

Und die nächste französische Politik? Der Temps vom 14. ds. M. faßt sie in die beiden Worte zusammen: „Vae soli." Wehe dem Einsamen! Nach dem Wunsche des „Temps" soll Frankreich weiter mit England halten. Und wie steht es mit Deutschland? Gilt [illegible] dieses nicht auch das Wort „Vae soli"?

Was die Separatisten ausplaudern.

D. E. K. In Rheinhessen wird gegenwärtig ein separatistisches Flugblatt verteilt, das sehr interessante Enthüllungen enthält. Es heißt da: Als Dorten ehrlich und offen im Verfolg der Umwälzungen vom Nov. 1918 seinen Rheinstaat schaffen wollte, arbeitete das Zentrum hinter den Kulissen für ein großes katholisches Mittelreich, das mit Hilfe der katholischen Geistlichkeit auf dem diplomatischen Umwege über Rom geschaffen werden sollte als Pufferstaat zwischen Frankreich und Deutschland mit katholischer monarchischer Spitze. Ein katholisches monarchisches Bayern-Oesterreich sollte im Süden neu erstehen und so das protestantische Norddeutschland und lutherische Preußen völlig isoliert werden. Der Bannerträger dieser Ideen ist der Führer des christlichen Bauernvereins Dr. Heim in Regensburg, der das berühmte Bamberger Programm der bayrischen Zentrumspartei, die sich bekanntlich als bayrische Volkspartei vom reichsdeutschen Zentrum losgelöst hat, Dorten in Wiesbaden zur Genehmigung vorlegte, damit es allen separatischen Wünschen und Hoffnungen Tür und Tor offen lasse. Ein Freund Dr. Heims, ein katholischer Geistlicher des Rheingaus, schrieb in der Weihnachtsnummer des „Rheinischen Herold" Dez. 1922: „Gebt uns Kloster Eberbach wieder zu eigen, dann könnt Ihr Euch die Riesendame vom Niederwall wieder holen und an der Spree aufstellen! Denn in unserm katholischen Gau wirken solche Götzenbilder auf die Dauer lächerlich." Ein katholisches Kaplänlein in Mainz prophezeite schwere Gewissenskonflikte für diejenigen katholischen Akademiker, die bei Schaffung des katholischen Mittelreichs nicht dem Habsburger Karl den Eid der Treue schwören würden. Wollte man in Mainz Januar 1919 Auskunft über gewisse deutsche Persönlichkeiten haben, so rief man bei Geh. Justizrat Schmidt an. Dieser Führer der Mainzer und hessischen Zentrumspartei hatte sich in seinem freudigen Eifer für die rheinische Republik sogar ausbedungen, in Aachen bei der Gründungsfeier der rheinischen Republik die — Festrede zu halten. Da seine geheime rechte Hand in politischen Dingen, der Zentrums Generalsekretär Dilldegg, sie bereits verfaßt hatte, sollte sie in der nächsten Nummer der „Rheinischen Staatszeitung" veröffentlicht werden. Zu der Naturgeschichte dieses merkwürdigen Zeitgenossen, ehedem Streichholzfabrikant in Mainz-Rostheim, soll im nächsten Flugblatt noch einiges weiteres mitgeteilt werden. Er ist allerdings ausgewiesen worden. Auch eine politische Schiebung! Er ist der patriotische Konzessionsschulze der Mainzer Zentrumspartei und des Journals. Schrieb doch das Journal am Tage nach dem Separatistenputsch in Nr. 234 vom 22. 10. 1923 über die separatistische Bewegung: „Man mag Freund oder Gegner der Sache sein, man muß sich damit abfinden." So haben sich Zentrum und Journal auch mit der Revolution 1918 schnell und leicht abgefunden. Gesinnungslumpen? O nein! Omnia ad maiorem dei gloriam. Alles zur größten Ehre Gottes. Aber man stellt sich auf den Boden der Tatsachen. Würden Zentrum und Journal auch so schnell und leicht sich mit der Abschaffung des Papsttums abfinden? Ja Bauern, das ist etwas anderes. Sonderbarerweise, aber selbstverständlich wie zufällig und nicht aus brüderlicher Gesinnungsverwandtschaft, hatten in den ersten Tagen des Separatistenputsches die Sonderbündler ihr Hauptquartier im katholischen Vereinshaus aufgeschlagen. Wo alles liebte — gaben sich doch bei der Mainzer Fronleichnamsprozession deutsche und französische Geistliche den Friedenskuß — konnte ein hessischer Uhulleriech allein nicht hassen."

Alfred Kerr und der „Judenknabe"

Herr Dr. Kerr (Kempner) erzählt im „B. T." folgendes: Ein süddeutscher Judenknabe, zehnjährig, raucht in der Straßenbahn. Der Schaffner: „Wia'r i zehn Johr' war, hab' i net rauch'n gedurft. Naa, i hab' mein Vatter'n pariert — pariert!!!" — Der Judenknabe: „Nu, und was sind Se schon geworden? — Konduktör ...!"

Drucksachen

moderne geschmackvolle Ausführung
für Privat, Handel, Gewerbe, Industrie
liefert zu zeitgemäß billigen Preisen

Schloßdruckerei G. m. b. H.
Berlin C. 2, Breite Straße 4 — Fernruf: Merkur 714
Auf Wunsch unverbindlicher Vertreterbesuch

Zeitspiegel

22. 2. 1924

Gegen den Reichsbund jüdischer Frontsoldaten ist ein Ermittelungsverfahren wegen Geheimbündelei und Anlegung von Waffenlagern eröffnet worden.

•

Im Berliner Polizeipräsidium amtiert jetzt ein Amtsrichter, dem auf der Tat ertappte Verbrecher, die geständig sind, sofort zur Aburteilung vorgeführt werden. So kann ein Taschendieb vielleicht schon eine Stunde nach der Tat seine gerichtliche Strafe weghaben und bereits seine Freiheitsstrafe antreten. Die schnelle Justiz soll die Gerichte entlasten.

•

Das gesamte preußische Notgeld wird am 18. 3. 24 außer Kurs gesetzt.

•

Der englische Hafenarbeiterstreik wurde am 21. 2. beendigt.

•

Ab 1. April sollen die Gehälter und Löhne der Reichs- und Staatsbeamten erhöht werden — wenn die Finanzlage es gestattet.

•

Das bayerische Generalstaatskommissariat ist aufgehoben worden. Kahr und Lossow haben ihre Aemter niedergelegt.

•

Die Ruhrindustriellen wollen die sie ruinierenden Micum-Verträge mit der französischen Regierung nicht wieder erneuern. Die Verträge erlöschen am 15. April. Infolge dieser Nachricht fiel der Frank auf 103 für das englische Pfund.

Der Mord im Freikorps Oberland

Das preußische Justizministerium hat, nachdem es die Akten in dem Mordprozeß Samson eingefordert hat, nunmehr dem Oberstaatsanwalt die Anweisung gegeben, daß Ermittlungsverfahren, das bis jetzt nur gegen Bär geschwebt hat, auch auf den damaligen Hauptmann Kiefer, den Privatdozenten Dr. Arnold Ruge und alle anderen in Frage kommenden Persönlichkeiten auszudehnen. Die Vorgeschichte dieses Prozesses ist bekannt: Der Berliner jüdische Handlungsgehilfe Fritz Bär war in das in Schlesien stehende Freikorps Oberland eingetreten und hatte es dort bis zum Leutnant gebracht. Später führte er auf Befehl eines Feme-Gerichts des Korps Oberland den Mord an dem Feldwebel Samson aus, der einer Verbindung mit proletarischen Organisationen verdächtig war. Später wurde Fritz Bär als Jude im Korps scharf verfolgt und kam insbesondere durch Ruge in eine gefährliche Lage. Er wurde selber zum Tode verurteilt und im Auto zum Richtplatz geführt, jedoch durch herankommende Gendarme befreit. Bär bekundete hierauf vor Gericht, daß er den Mord an Samson auf Befehl des Hauptmanns Kiefer, des Privatdozenten Dr. Adolf Ruge und anderer ausgeführt hat.

Titelblatt der Staatsbürger-Zeitung, *Nr. 8 vom 25.2.1924*

Sie sind immer dabei.

Ein Hofrat Hartmann hat sich entschlossen, die Mittel zur Verfügung zu stellen, die nötig sind, um vorläufig für die Dauer von drei Monaten 1500 Hilfsbedürftige aus den Kreisen der Schriftsteller, bildenden Künstler und Musiker, sowie Aerzte und Anwälte zu verpflegen. Dem Ehrenausschuß gehören an: Dr. Ludwig Fulda, Georg Engel, Justizrat Dr. Pinner, Dr. Eloesser, G. Bernhard, sowie Hofrat Roesch und Professor Schünemann, und als Vertreter der Aerzteschaft Geh. Sanitätsrat Davidsohn.

Wir erinnern uns, daß bei der Organisierung der Ludendorf-Spende für die Kriegsopfer Herr Bernhard auch an der Spitze stand. Er war mit der Vergebung der Inserate an die Presse beauftragt. Natürlich wurde infolgedessen die Staatsbürger-Zeitung übergangen. In ähnlich jüdischvölkischem Sinne dürfte wohl auch bei der Hartmann-Spende verfahren werden — wenigstens entsteht der Argwohn, wenn man den Ausschuß näher prüft.

Herr Bernhardt, der damalige Vertrauensmann Ludendorfs, bewahrt seinem ehemaligen Gönner heute nicht mehr die deutsche Treue, die er ihm geschworen. In einer jüdischen Volksversammlung sagte er neulich: „Gerade ein Mann wie Ludendorf würde in jedem andern Lande schon lange am Galgen hängen."

Der „Ausländer" Hitler.

Im Wahlkreise Potsdam I hat die Wahlarbeit begonnen. In Hohen Neuendorf sprach der Landtagsabgeordnete Ebersbach-Pankow. Er hielt es für angebracht, gegen die deutschvölkische Bewegung vom Leder zu ziehen. Er sagte: „Hitler? Der ist ja Ausländer und Sozialist." Herr Ebersbach ist Vorstandsmitglied der Deutschnationalen Volkspartei. Anscheinend hält man in diesen Kreisen unsere Brüder in den besetzten Gebieten, die Sudeten-Deutschen, die Pfälzer, die Rhein- und Ruhr-Deutschen, die Deutschen in Danzig und Polen auch für Ausländer.

Ebenso wie diese Hitler-Entgleisung wirkte auf die Zuhörer das Eintreten des Redners für den ehemaligen Kronprinzen. „Was kann der Kronprinz denn dafür, wenn ihm die jüdische Firma Benz Werke ein Automobil schenkt."

Nein, Herr Ebersbach, er kann nichts dafür. Aber er hätte die Annahme verweigern können.

Walter Weinhöbel,
Berlin-Hohenneuendorf.

Zeichen der Zeit.

In Nordhausen (Harz) schlossen hintereinander drei Bäckereien ihren Betrieb. Sie waren von jüdischer Seite aufgekauft worden. Jetzt wird in den ehemaligen Bäckereien ein Bankgeschäft, eine Zigarrettenfabrik und ein Wollwarengeschäft betrieben. Wo bleiben die Ausgemieteten? Man gehe einmal auf die Landstraßen. Man trifft da ganze Truppe von Heimats- und Arbeitslosen. Hier kann man Studien über die deutsche Volksnot machen. Reinecke.

Eine gesinnungstüchtige Monarchistin.

Allgemeines Schmunzeln erregt die Findigkeit einer städtischen Angestellten, die es fertig gebracht hat, sich bei drei politischen Parteien als Mitglied einschreiben zu lassen und dadurch deren Protektion zu erlangen. Durch einen Zufall wurde diese Geschichte beim Abbau bekannt, wobei ferner erzählt wurde, daß diese „intelligente", dem heutigen Zeit- und Parteigeist Rechnung tragende „Dame" heute auf Antisemiten und morgen auf die Juden tüchtig schimpfe. Sie wird aber trotz ihrer zeitgemäßen Einstellung dem Abbau kaum entgehen.

Der Indianerschriftsteller Karl May.

Ein Beitrag zur Kriminalgeschichte unserer Zeit von Rudolf Lebius.

I.

Mays Jugend und seine ersten Mannesjahre.

Wie mir Karl Mays eigene Schwester, die Hebeamme Selbmann, mitgeteilt hat, war Karl Mays und ihre Mutter Hebeamme in dem erzgebirgischen Städtchen Hohenstein-Ernstthal. Sie wird als sehr fleißige und rührige Frau geschildert. Da sie beruflich viel mit dem Stadtpfarrer zu tun hatte, so nutzte sie diese Beziehung aus und verschaffte ihrem einzigen Sohne Karl durch Fürsprache des Pfarrers eine Freistelle auf dem Lehrerseminar in Waldenburg. Von dem Vater Mays haben mir die Ernstthaler Bürger keine günstige Schilderung entworfen. Er soll Weber gewesen sein. Vom Arbeiten hielt er angeblich nicht viel und ließ sich lieber von seiner Frau ernähren. Seine Lieblingsbeschäftigung war Vogelstellen.

In der Dittrich'schen Broschüre[1] über Karl May, die Karl May zum größten Teil selbst geschrieben hat, heißt es:

„Mays Wiege stand im Weberlande des Elbkönigreiches . . . Seine Eltern, blutarme Webersleute[2]), lebten damals noch, doch arbeitete sein Vater nicht mehr hinter dem Stuhle, denn die schlimmen Zeiten des Lebens waren nun vorüber . . . . May ist als Kind blind gewesen, ein schwacher, beinahe elender Knabe bis in das sechste Jahr. Dann trat ein Umschwung ein in das gerade Gegenteil, fast wie ein Wunder."

Der Waldarbeiter Richard Krügel in Hohenstein-Ernstthal teilte mir über die weiteren Lebensschicksale Mays mit, daß dieser vom Lehrerseminar in Waldenburg entlassen wurde und zwar wegen verschiedener Diebstähle. Von einer Anzeige nahm man Abstand. May gelang es, auf einem andern Seminar anzukommen und dort das Lehrerexamen zu bestehen, worauf er angestellt wurde. Als der neugebackene Lehrer zum Weihnachtsfest nach Hause kam, brachte er seinem Vater als Geschenk eine Uhr und eine Meerschaumpfeife mit: beide Geschenke hatte er seinem Logiswirt entwendet. Wegen dieses Diebstahls wurde er schon am zweiten Weihnachtstage im Hohensteiner Gasthof zu den drei Schwanen, wo er gerade Billard spielte, vom Brigadier verhaftet und erhielt sechs Wochen Gefängnis.

May hat sich über diese Diebstahlsangelegenheit selbst ausgelassen. In der vom Kgl. Landgericht Dresden gegen May und Genossen geführten Untersuchung wegen Meineids findet man im dritten Band (2 V 21. 07) auf Seite 45 folgenden Schriftsatz Mays:

Meine Beichte.

Ich bin der Sohn blutarmer Websersleute. Man hielt mich für begabt. Man wünschte, ich sollte studieren. Aber für Gymnasium und Universität gab es keine Spur von Mittel. Da hungerten und kümmerten meine Eltern und Geschwister jahrelang, um mir durch den Seminarbesuch zu ermöglichen, Lehrer zu werden. Ich ward es, war aber dann so arm, daß ich nicht einmal die allerbilligste Taschenuhr besaß, die Zeit des Unterrichts zu regeln. Ich lehrte an einer Fabrikschule und wohnte mit dem Buchhalter in einem Zimmer und einer Schlafstube zusammen. Er hatte beides vorher allein gehabt und zürnte mir darüber, daß er nun nicht mehr der alleinige Herr seiner Räume und Besuche war. Er war sehr wohlhabend. Er besaß zwei Uhren. Eine neue, gute, und eine alte, sehr billige, die er nicht mehr brauchte. Sie hing unbenutzt an der Wand. Ich bat ihn, mir für die Zeit des Schulunterrichtes doch diese alte zu borgen, bis ich mir eine kaufen könne. Er tat es. Ich steckte sie täglich ein, wenn ich zur Schule ging. Ich steckte sie auch einmal ein, als ich zu Weihnachten meine Eltern und Geschwister besuchte, die sich undendlich freuten, nun ausgehungert und ausgekümmert zu haben und in mir die Hoffnung auf eine bessere Zukunft erblicken zu dürfen. Es waren meine ersten Ferien als Lehrer, nicht nur äußerlich, sondern auch innerlich wahre Weinachtsferien. Es war mir, als ob ich mich diesen armen, hoffnungsfreudigen Anverwandten als Christgeschenk zu bescheeren habe. Sie sollten ihre Ehre und Freude an mir erleben und nur Gutes von mir erfahren. Kaum war ich bei ihnen angekommen, so wurde ich von einem mir nachgeschickten Gensdarm arretiert und, weil ich mich in meinem maßlosen Entsetzen wie ein wirklicher Dieb benahm, wegen Diebstahls mit 6 Wochen Gefängnis bestraft.

Dieses Entsetzen hat mich nicht wieder verlassen; es gab mich nicht wieder frei. Es krallte sich in mir fest und fraß mich innerlich mitten auseinander. Der Gedanke an die mir widerfahrene Schande und an das Herzeleid meiner armen Eltern und Geschwister bohrte sich so tief und so vernichtend in meine Seele ein, daß sie schwer und gefährlich erkrankte. Es entwickelte sich eine jähe seelische (nicht etwa geistige) Depression, in deren Tiefe wahnsinnige Erwägungen entstanden. Ich begann, nicht mich, sondern Andere zu beschuldigen, den hinterlistigen grausamen Eigentümer der Uhr, den Staatsanwalt, den Untersuchungsrichter und alle anderen Personen, die in dieser Sache gegen mich zu tun gehabt hatten. Ich sann auf Rache, und zwar auf eine fürchterliche Rache, auf etwas noch niemals Dagewesenes. Diese Rache sollte darin bestehen, daß ich, der durch die Bestrafung unter die Verbrecher Geworfene, nun wirklich auch Verbrechen beging. Nach meiner Ansicht hatte man mich dann auf dem Gewissen, und am jüngsten Tage war Gott dann gezwungen, die ganze verruchte Schwefelbande, die mich und die Meinen so elend gemacht hatte, in die Hölle zu schleudern. Der Laie wird solche Gedanken wohl kaum für möglich halten, ich aber weiß, daß es nicht nur möglich, sondern wirklich ist, denn ich habe es erlebt!

In der ersten Zeit sah ich noch ein, daß solche Grübeleien Irrsinn seien. Ich kämpfte gegen sie, in heißer Angst, viele Monate lang, ohne Jemandem etwas davon zu sagen, doch vergeblich! Vater und Mutter merkten es dennoch. Sie baten mich unter Tränen, mich zu fassen; aber ich hatte nicht die Macht zu widerstehen. Unser Pfarrer hatte mich während der Schuljahre mit Hunderten von „Taktätlein" gefüttert und überspannt, und auf dem Seminar wurde ich für die damalige, selbstgerechte, starre, salbungsvolle und muckerische Schulmeisterreligiosität dressiert, die meiner Wahnidee das beste Nährfeld bot. Das Phantom setzte sich fester; es wuchs; es gewann an Macht. Es raunte mir immerwährend zu: „Ewige Verdammnis für die Schurken, die dich angeklagt, verurteilt und zum Verbrecher gemacht haben! So sei also einer! Und je zahlreicher und größer nun Deine Verbrechen sind, um so größer ist denn auch die ewige Strafe für sie!" Das waren die Gedanken, gegen die ich mich in hunderten von Tagen und Nächten vergeblich wehrte. Ich war noch nicht gefestigt gegen einen Schicksalsschlag; ich war noch zu jung, zu unerfahren, zu schwach, erst neunzehn Jahre alt! Dazu der Sohn nicht nur der leiblichen, sondern auch der geistigen und seelischen Armut! Der Irrsinn siegte!

Erst nach Jahren kam ich wieder in den Besitz meiner Seele, nicht plötzlich, sondern nach und nach. Sie kehrte auf demselben Wege zurück, auf dem ich sie verloren hatte, auf dem Wege der Religion. Ich, der Lutheraner, wurde in den letzten Jahren meiner Detention Organist für den katholischen Gottesdienst in der Anstaltskirche. Bei den Klängen der Orgel fand ich mich wieder zu mir zurück. Und die edle, rührende Humanität und psychologische Einsicht des katholischen Anstaltskatecheten hielt meine zurückgekehrte Seele fest, aus reiner Menschlichkeit, ohne den geringsten Versuch, sie für den Papismus zu gewinnen. Wie unendlich hoch steht die praktische Psychologie dieses einfachen Mannes, der meine Seele rettete, über der [illegible]psychologie jenes sächsischen Staatsanwalts, der jetzt, nach vierzig Jahren, in seinem neuesten Werke mir meine Seele öffentlich vernichtet und einen literarischen, moralischen und materiellen Mord an mir begeht, dessen Widerrechtlichkeit geradezu zum Himmel schreit![1]) Darum klingt aus den Büchern, die ich nun schreibe, noch heutigen Tages zuweilen ein Orgelton heraus, den man für katholisch hält, obgleich er nur dem natürlichen Register der vox humana entstammt. Als ich entlassen wurde, war ich geheilt, vollständig geheilt! Nur durch den Orgelklang und durch die psycho-

[1]) Karl May und seine Schriften. Eine literarisch-psychologische Studie für Mayfreunde und Mayfeinde von Max Dittrich. Dresden 1904. E. Weiskes Buchhandlung (Gg. Schmidt).

[2]) Daß seine Mutter Hebeamme war, verschweigt May bezeichnenderweise.

[1]) Siehe Wulfen, „Kriminalpsychologie".

Der Indianerschriftsteller Karl May.
Ein Beitrag zur Kriminalgeschichte unserer Zeit von Rudolf Lebius.
In: Staatsbürger-Zeitung, *Nr. 8 vom 25.2.1924*

28. März [192]4.

„Karl Mays Inferno."

I.

Es ist nötig, den dunklen Teil von Karl Mays Vergangenheit an der Hand
von Urkunden vom kriminalistischen, psychologischen und psychiatrischen Standpunkt aus zu behandeln und zwar aus drei Gründen:

a) weil Lebius in seinem weit verbreiteten Buch diese Urkunden wohl
zum allergrößten Teil und zwar rücksichtslos, und vermutlich auch unter
Streichung entlastender Gesichtspunkte, veröffentlicht hat. Das Verbot
dieses Buches geschah nur im Wege einer einstweiligen Verfügung, weil
Karl May und Klara May darin beleidigt wurden. Dieses Verbot gilt also
nur noch bis zum Ableben Frau Mays, dann kann jedermann sonst und
Lebius die darin enthaltenen Urkunden neu abdrucken. Lebius tut dies
übrigens schon jetzt wieder und hat in seiner „Staatsbürgerzeitung" bis
zur Stunde 5 Fortsetzungen eines wörtlichen Abdrucks aus diesem seinem
Buch gebracht.

b) es ist aber auch noch deshalb nötig, daß diese belastenden Urkunden, die nun doch einmal in die Öffentlichkeit gedrungen sind, von
wissenschaftlicher, freundschaftlicher, menschenliebender und wohlwol-
lender Seite erläutert werden, weil es literar-historisch ganz unmöglich
ist, 8 Jahre aus Karl Mays Leben einfach unbeachtet zu lassen. Da sind
beispielsweise die Literaturgeschichten, der „Brockhaus", der „Meyer" gezwungen, diese Lücke ihrerseits auszufüllen, finden sich aber dabei lediglich auf die Enthüllungen von Mays Gegnern angewiesen. Was ich für die
Konversationslexika anstrebe, lautet ungefähr wie folgt:

„durch diesen Mißgriff der Schulbehörde vom Aufstieg abgedrängt
und wieder ins heimatliche Elend zurückgestoßen, ist Karl May gescheitert, und wurde wegen verschiedener Verfehlungen mit Freiheitsstrafe belegt. Dies sein Vorleben wird aber von sachverständiger Seite sehr mild
und nachsichtig beurteilt, vergleiche Wulffen, Hellwig, Aschaffenburg ‚In
Karl Mays Inferno', sowie ‚Gurlitt, Gerechtigkeit für Karl May' …"

c) Im Übrigen bin ich der Meinung, daß die Behandlung dieser trüben Zeit dem Dichter sogar bei seinen eigenen Lesern und Anhängern nur
nützen kann. Die Tatsache seiner Bestrafung ist ja überall bekannt, und
zwar aus seiner eigenen Lebensbeschreibung, die jetzt schon 50 000 Auflage hat. Aber das Nähere weiß niemand, und die abstrakt ausgedrückten
Straftaten „Betrug, Unterschlagung" klingen sehr peinlich.

Betrachtet man aber die konkreten Vorfälle, die als solche Straftaten gewertet werden, genau, so zeigt sich dabei eine versöhnliche Abenteuerlichkeit. In exotischer Umgebung würde man die gleichen Dinge ganz anders beurteilen, ja sogar Witz, Humor und Schalkhaftigkeit herauslesen. Rechnet man dazu Zeugung und Erziehung des Dichters, sowie den pathologischen Einschlag, so kommt man zum „Tout comprende s'est tout pardonner!"[814]

II.

Es ist kein Wort darüber zu verlieren, dass für eine solche Monographie Ministerialdirektor Dr. Wulffen der bestgeeignete Mann ist. Von allen Gelehrten, die ich sonst kenne, käme an nächster Stelle Landgerichtsdirektor Dr. Hellwig in Betracht, der mich ja ohnehin vor einigen Jahren gebeten hatte, ihm zu solchem Behuf die Genehmigung Frau Mays zur Akten-Einsicht zu verschaffen. Aber nicht nur, weil wir also ohnehin schon zwei Kriminaljuristen in Bereitschaft hätten, bin ich dafür, beide zu einer gemeinsamen Arbeit zu bitten. Mein Gedankengang ist vielmehr so, dass die Schlagkraft und Ueberzeugungswirkung einer solchen Schrift sich im Quadrat steigert, wenn mehrere bedeutende Männer für die gleiche Sache eintreten. (Das beweist ja auch der Erfolg unserer Jahrbücher). Es ergibt sich dann ohne Weiteres, dass man neben den beiden genannten Herren auch noch einen berühmten Psychiater zur Mitarbeit heranziehen sollte. Als Beispiel habe ich oben Aschaffenburgs Namen eingesetzt. Es gibt aber noch viele andere, und der bekannteste wäre vielleicht Kraepelin[815]. Am besten ist jemand zu wählen, der schon zu Dr. Wulffen oder zu Dr. Hellwig in Beziehungen steht.

Mein Plan geht also am liebsten auf mindestens eine Dreiheit von Personen aus, deren jeder einen bestimmten Abschnitt der Monographie zu schreiben hätte. Ob dann Herrn Dr. Wulffen, der wohl die Oberleitung übernehmen wird, seine Mitarbeit noch weiter ausdehnen will, stelle ich vorläufig anheim. Man könnte nämlich auch noch an Handschriftendeutung und Schädelforschung denken wie dies Gurlitt bereits in seinem Buch tat.

III.

Den obigen Gedanken such ich schon seit Jahren in die Tat umzusetzen, beziehungsweise mit vor allem Frau Mays Erlaubnis dazu einzuholen.

---

[814] (frz.) Alles verstehen heißt: alles entschuldigen.

[815] Kraepelins sozialdarwinistische und konservative Ausrichtung wird nicht unbedingt der liberalen Haltung Wulffens entsprochen haben. Zu Kraepelin siehe: Irmtraud Götz von Olenhusen: *Blinde Flecken. Psychiatrische Krankenakten als historische Quellen. Ein Beitrag zur Geschichte psychosozial bedingter Mentalitäten.* In: Christian Bachhiesl/Sonja Maria Bachhiesl/Stefan Köchel (Hg.): *Die Vermessung der Seele. Geltung und Genese der Quantifizierung von Qualia.* Wien 2015, S. 167-194.

Ich würde es als einen unserer größten Erfolge betrachten, wenn uns die Drucklegung in „Karl Mays Inferno" glücken würde; es wäre vor allem der schönste Abwehrsieg über Lebius und über alle Lebiusse.

Frau May würde aber meines Erachtens ihrem verstorbenen Gemahl den höchsten Liebesdienst erweisen, der ihm erwiesen werden kann, und zwar schon deshalb, weil sie, wie ich gar wohl weiß, mit ihrer Einwilligung ein schmerzliches persönliches Opfer bringt.
Dr. Euchar Albrecht Schmid

ERICH UND CAMILLA WULFFEN AN KLARA MAY * 29. März 1924
Ansichtskarte
[Poststempel] 29. 3. 1924

[Camilla Wulffen]
Liebe Frau May!

Ehe wir nach Mittenwald gehen, sind wir für einige Tage in Füssen gelandet, und senden Ihnen, liebste beste Frau May, die herzlichsten Grüße. Das Wetter ist himmlisch, sonnig. Nächstens mehr.
In herzlichem Gedenken
Ihre dankbare Illa Wulffen

[P.S.:] Erika ist einstweilen bei meiner Schwägerin mit Familie zusammen auf der Haydnstr. 29. III.

[Erich Wulffen]

„Seltsam ist Prophetenlied, doch gilt seltsam, wenn's geschieht". Wie sie
voraussagten, so schreiben wir in dankbarem Gedenken. Nächstens ausführlicher!

Ihr ergebenster
Wulffen

[P.S.:] In Dr. Schmidts [!] Vaterland ist es sehr schön!

EUCHAR ALBRECHT SCHMID AN ERICH WULFFEN * 1. April 1924
Brief, ms. Kopie

1. April 1924.

Herrn
Ministerialdirektor Dr. Erich Wulffen,
<u>Dresden.</u>

Hochgeehrter Herr Ministerialdirektor,

mit der Brandstiftung, die Karl May in seiner Selbstbiographie erwähnt,
verhält es sich folgendermaßen:

a.) <u>Band „Ich", Seite 431-435</u>[816]: Karl May streift tagsüber ein-
sam durch Wald und Feld und kommt u. a. in die Nähe einer Feuers-
brunst; er sieht das Feuer und die Rauchschwaden, auch den Zusam-
mensturz des Hauses, ohne sich aber dieser Dinge bewußt zu werden.
Als er spät nachts heimkehrt, erwartet ihn seine Mutter und sagt ihm,
daß man ihn als Brandstifter suche, denn sein aufgeregtes Herum-
irren in der Nähe der Brandstelle sei beobachtet worden. Voller Angst,
hier wieder – unschuldig – verhaftet zu werden, flüchtet er und begeht
dann, um sich seinen Unterhalt zu schaffen, die Straftaten, die ihn nunmehr ins Zuchthaus bringen, aber mit der Brandstiftung nichts zu tun
haben.

b.) <u>Band „Ich", Seite 446/447</u>[817]: Nach Rückkehr von dieser Strafverbüßung zeigt ihm sein Vater von Ernstthal aus ein „alleinstehendes
neu gebautes Haus beim nächsten Dorf" und macht ihn aufmerksam,
dies sei jene frühere Brandstelle. „Einige Tage nachdem Du fort warst,
kam es heraus, wer es angezündet hat. Es wurde mit dem Täter sehr rasch
verfahren. Er ist noch eher in das Zuchthaus gekommen als Du". Sonst

---

[816] *Karl May's Gesammelte Werke* Band 34, „*Ich*". 10. Aufl., Radebeul bei Dresden [1926], S. 431-435.
[817] Ebd., S. 446-447.

kommt in der Selbstbiographie nichts über diese rätselhafte Brandstiftung vor und auch mir ist nichts weiter darüber bekannt.

Mit vorzüglicher Hochachtung
Ihr ergebenster
Dr. Schmid

EUCHAR ALBRECHT SCHMID AN ERNST FLEISCHAUER * 14. Mai 1924
Brief, ms.

14. Mai [19]24.

Herrn

Rechtsanwalt Dr. Ernst Fleischhauer,

<u>Dresden.</u>

Lieber, hochgeehrter Herr Doktor,

auf Ihre gestrige telefonische Mitteilung betreffend Ihre Besprechung mit Herrn Ministerial-Direktor Dr. Wulffen erwidere ich. Es lag insofern ein Missverständnis vor, als ich von Anfang an <u>niemals beabsichtigte, in irgendeine Polemik mit dem Angreifer Rudolf Lebius zu treten,</u> und dadurch etwa gar seiner Sensationslust und seinem Reklamebedürfnis Nahrung zu geben. In den sämtlichen Jahrbüchern und ebenso in meiner „Lanze" und im „Gurlitt-Buch"[818] wurde Lebius überhaupt nicht genannt. Dies war nämlich von jeher mein Grundsatz, und ich habe seinen Namen in vielen Beiträgen einfach gestrichen. Auch in der von mir angestrebten Monographie sollten sein Name und seine Angriffe niemals Erwähnung finden.

Im übrigen gliedre ich das Ergebnis Ihrer Besprechung und das, was ich aus dem eben erwähnten Gesichtspunkt nachzutragen habe, in zwei Teile:

I.

Lebius druckt also in Fortsetzungen sein berüchtigtes gelbes Buch der Reihe nach ab, hat auf diese Weise bereits die harten Tatsachen aus den Strafakten Karl May veröffentlicht, desgleichen die Sache mit dem Doktordiplom, und jetzt steht er mitten in der „Ehescheidung". Gegen den Abdruck kann man leider überhaupt im Beleidigungsweg nicht vorgehn, denn der § 189 StGB reicht naturgemäß nicht aus. Hierüber spreche ich weiter unten unter II, denn mit dieser Sache hängt mein Plan zusammen.

---

[818] Gurlitt: *Gerechtigkeit.*

In der Diplomsache und noch mehr in der Ehescheidungssache wird auch May in immer stärkerem Maß angegriffen, und hier würde meines Erachtens eine Beleidigungsklage aus § 185 und teilweise wohl auch aus § 186 (nicht: § 187) in Erwägung kommen. Ich entnahm Ihrer Mitteilung, dass Frau May zum mindesten nicht gegen den Abdruck in der „Staatsbürgerzeitung" vorgehn soll und diesen Standpunkt anerkennen.

Bedenklich erscheint mir dieser Standpunkt bereits, wenn eine Veröffentlichung dieser Dinge in einem Buch kommt, denn erfahrungsgemäß stürzen sich die Leser sofort auf ein solches Werk. Immerhin werde ich mich auch nach dieser Hinsicht ohne weiteres dem Ermessen des Herrn Dr. Wulffen fügen, denn Frau May und er haben allein die letzte Entscheidung, ob die Angegriffene zur rechtlichen Abwehr schreiten soll oder nicht.

Vollständig einig gehe ich mit Ihnen allen, dass eine literarische Antwort auf die gegen Frau May gerichteten Angriffe außer Erwägung steht. Ebenso bin ich schärfster Gegner jeden Versuchs, uns durch Geldangebote und dergl. der Erpressung auszusetzen. Es wäre mir lieb, wenn Herr Dr. Wulffen gerade die letztere Gefahr und ihre Folgen Frau May deutlich veranschaulichen würde.

– – – – – – – –

Wie Sie sehen, scheue ich also hinsichtlich der auf Frau May bezüglichen Angriffe vor allem die <u>Buch</u>form. Da Karl May meiner festen Überzeugung nach der Weltliteratur angehört und es sich also nicht um eine vorübergehende Sache handelt, würde eine starke Verbreitung solcher Dinge sein Ansehn auf die Dauer schwer schädigen. Ich meinerseits bitte also zum mindesten, dass Herr Dr. Wulffen die Sache ernsthaft im Auge behält, sodaß ich nicht allein vor folgenschweren Entschlüssen stehe, falls das Unglück eines solchen Buchs über uns hereinbricht. Die Gefahr scheint mir nicht gering, da Lebius wahrscheinlich den kostspieligen und umfangreichen Satz stehn lassen wird, also ziemlich billig zu einem Buch käme.

Abgesehn von einer <u>Verbots-</u> und <u>Beleidigungsklage</u> gegen ein solches Buch wäre beispielsweise wohl auch noch die Möglichkeit einer <u>Urheberrechtsklage</u> gegeben. Lebius druckt doch hier allerlei Briefe und dergl. ab, und zwar vor allem auch die berühmte „Beichte"[819] Karl Mays, die Herr Dr. Wulffen sicherlich kennt. Diese selbstbiographische „Beichte" birgt zweifellos ein Urheberrecht in sich, und ich werde sie vorsichtshalber im nächsten Jahrbuch abdrucken, um im Bedarfsfall sagen zu können: „Lebius hat unsere Urheberrechte verletzt, hat eine Schrift von May nach-

---

[819] May: *Meine Beichte*, Lebius-Reprint, S. 4-7.

gedruckt, das Buch muss verboten werden." (Vergl. Sie damit den Prozeßfall Wilhelm II. contra Bismarcks „Erinnerungen"[820]!)

Den May-Lesern, den Literarhistorikern und überhaupt allen, die sich mit Karl May befassen, ist es nun meistens weniger um die Ehescheidungsdinge usw. zu tun, als vielmehr um die Frage: was hat der Mann denn eigentlich in jungen Jahren begangen? Jeder weiß aus Mays Selbstbiographie und noch mehr aus den Angriffen, daß er hart und schwer bestraft wurde, aber die Einzelheiten und auch die Verteidigung fehlen. Wäre diese Frage beantwortet, dann würde einem Buch des Lebius der größte Teil seiner Wirkungskraft genommen. Ich meine, daß mit der Behandlung der Strafsachen die auf Frau May mitbezüglichen Angriffe ohne weiteres unter den Tisch fallen, und daß dann Lebius vielleicht selbst vor der Veröffentlichung eines solchen Buchs mangels Absatzfähigkeit zurückschrecken würde.

II.

In Abschnitt I habe ich die Nicht-Strafsachen, also diejenigen Dinge, die in der Zeit nach 1900 spielten, behandelt. Und nun spreche ich genauer über die <u>Strafsachen</u>, also über Karl Mays Jugendzeit, und eben um diejenigen Dinge, über die ich ein Buch anstrebe. Von allen Seiten, besonders von meinen näheren Mitarbeitern, aber auch von Literarhistorikern und von zahlreichen Lesern werde ich seit Jahr und Tag bestürmt, die ungeklärte Frage der Vorstrafen literarisch zu erörtern. Vielfache unsicher stammelnde Antwortbriefe (mit dürftigen Ausflüchten) muß ich hierwegen schreiben. Schon vor drei Jahren habe ich in Ihrer und Frau Mays Gegenwart zu Herrn Dr. Wulffen hiervon gesprochen; Sie erinnern sich, daß damals Landgerichtsdirektor Hellwig, dessen Jahrbuchbeitrag („Die kriminalpsychologische Seite des Karl-May-Problems") von den Lesern und der Kritik sehr günstig aufgenommen wurde, um die Erlaubnis gebeten hatte, die Strafakten Karl Mays durchsehn zu dürfen. Da ich jetzt und später nach dieser Richtung immer wieder den Angriffen seitens des Lebius und der vielen anderen Maygegner, aber auch dem Forschungsdrang der May-Freunde ausgesetzt bin, wollte ich dies alles durch eine wissenschaftliche Monographie „Karl Mays Inferno" aus der Welt schaffen. Anbei die Abschrift einer Darlegung des Gedankens, wie ich sie auf Frau Mays Wunsch kürzlich für Herrn Dr. Wulffen zusammenstellte. Wenn Sie das lesen, werden Sie erkennen, daß von einer Auseinandersetzung

---

[820] Otto von Bismarcks *Gedanken und Erinnerungen* (Band 1 und Band 2. Stuttgart 1898) sind Memoiren, die der ehemalige Reichskanzler seinem engsten, erfahrensten und sachverständigsten Mitarbeiter Lothar Bucher ins Stenogramm diktierte. Der dritte Band zur Entlassungskrise 1890 und zu den Unarten Kaiser Wilhelms II. erschien wegen seiner politischen Brisanz und gegen den Widerstand der Familie Bismarck erst 1919.

oder Polemik mit Lebius keine Rede ist, sondern daß es sich vielmehr um eine kriminalpsychologische und psychiatrische Studie von Dauerwert handeln soll.

Natürlich bildet aber eine solche Schrift indirekt auch eine Abwehr gegen Lebius, denn sie windet ihm die ganze Sensation aus den Händen, sodaß meines Erachtens die oben unter I erörterten Angelegenheiten (die ich nicht behandelt haben möchte!) wahrscheinlich einfach unter den Tisch fallen. Die Ehescheidungsdinge Karl Mays und dergl. kümmern ja schließlich unsere lieben Mitmenschen viel weniger und würden durch die Strafsachen-Monographie des größten Teils ihrer Wirksamkeit beraubt.

Sehr wesentlich ist nun übrigens der Umstand, dass doch tatsächlich die Strafsachen, wenn man sie unter Ausschöpfung aller mildernden Umstände, aller pathologischen Züge, aller Entschuldigungen aus Zeugung und Erziehung darstellt, nach vieler Richtung zu Karl Mays Gunsten ausgewertet werden. Leider weiß ich ja selbst von den Strafsachen nur, was Lebius veröffentlichte, will aber aus der Fülle von Milderungsgründen, die ich bisher entdeckte, nur zwei aufzählen. Ich finde diese beiden in einem kurzen Auszug, den mir Frau May vor wenigen Tagen übermittelte.

a) Die ärztliche Untersuchung bei der Einlieferung bezeichnete ihn als unterernährt, daß er täglich ein Pfund Brot extra erhielt. – „Die ganze Persönlichkeit des Angeklagten machte in der Hauptversammlung den Eindruck eines komischen Menschen, der gewissermaßen aus Uebermut auf der Anklagebank zu sitzen scheint. Und auch in den Akten kennzeichneten sich die meisten seiner Verbrechen in der Ausführung mehr als leichtsinnige Streiche wie als böswillige Verbrechen.“[821]

b) Für die Straftaten wurde laut Urteil die Strafe von 2 Jahren Arbeitshaus als angemessen erachtet. „Da aber Rückfall in Betracht kommt, und er ein ‚gebildeter‘ Mann ist, wird die Strafe auf 4 Jahre Zuchthaus verdoppelt!“[822]

Ich brauche wohl nicht zu erklären, weshalb schon lediglich diese beiden Merkmale für eine Entlastung bedeutsam sind. Lebius erwähnt sie natürlich nicht, sondern bricht auf Seite 17 seines Buchs ausgerechnet an dieser Stelle ab.

Ich bitte Sie, hochgeehrter Herr Doktor, die anliegende Kopie vorliegenden Schreibens an Herrn Dr. Wulffen weiterzuleiten, und mit ihm die Angelegenheit nochmals zu besprechen. Wenn ich, der ich doch vollständig in der May-Sache, so stark für einen derartigen Plan eintrete, dann

---

[821] Kgl. Sächsisches Oberappellationsgericht Dresden: Strafverfahren ./. Karl May. Berufungsverfahren, Urteil vom 16.5.1870; vgl. Plaul: *Alte Spuren*, S. 195-214 (176f.).

[822] Ebd. – Die Zitierung aus der Strafbemessung folgt offenkundig der Urteils-Abschrift Wulffens, die bis dato nicht veröffentlicht worden ist und die leider auch den Herausgebern nicht vorliegt.

324

müssen doch wohl zwingende literarische Notwendigkeiten gegeben sein. Ich kann einfach die trübe Jugendzeit Karl Mays nicht zudecken, und ich kann ihn nicht völlig auf die ihm gehörige Literaturstufe emporheben, wenn ich mir immer wieder „Mangel an Bekennermut"[823] (sic! vergl. meine „Lanze" Seite 11, Zeile 1), vorwerfen lassen muß. Die Strafsachen lassen sich nicht totschweigen, und deshalb bedürfen sie wenigstens der Erläuterung und Milderung. Wenn wir nichts zu sagen haben, dann füllen die Literaturhistoriker und die Konversationslexika diese Lücke in seinem Leben einfach aus dem ohnehin schon vielverbreiteten (frühen) Lebiusbuch aus! Und das ist für Karl May und seine Witwe umso schmerzlicher. Also auch wenn Lebius das befürchtete neue Buch gar nicht veröffentlichen würde, würde ich die erwähnte Monographie dennoch für literarisch unerläßlich halten.

Nach wie vor wäre mir die Uebernahme der Abhandlung durch Herrn Dr. Wulffen am willkommensten. Hellwig hat sich wiederholt zur Mitarbeit bereit erklärt und zwar neuerdings, als ich ihn auf Frau Mays Wunsch den Plan übermittelte, durch den in Abschrift mitfolgenden Brief. Frau May meinte in den letzten Tagen, ich solle mich doch auch zu Gerlach, also an Mays früheren Gegner wenden, weil er der Karl-May-Frage seine volle Teilnahme entgegenbringt; ich tat es, und er erklärte sich grundsätzlich bereit, auf Wunsch diese Sache an erster Stelle zu behandeln und sich bei der Durchsicht und Überprüfung Herrn Dr. Wulffen unterzuordnen. Mir selbst ist der <u>Weg zum Ziel</u>, also die Wahl der Mitarbeiter <u>gleichgültig,</u> das <u>Ergebnis</u> selbst aber scheint mir <u>überaus wichtig</u> für unser Wohl und Wehe!

Herzlich Ihr
Dr. Schmid

Es ist bemerkenswert, dass sich Klara May mit dem Plan anfreunden kann, den früheren Gegner Gerlach aus der Reihe der ursprünglichen Widersacher jetzt in die Gruppe der Unterstützer einzubinden. Und umgekehrt scheint Gerlach bereit zu sein, einen ersten Teil der Monografie zu schreiben, sich jedoch der Endredaktion Wulffens unterzuordnen. Für E. A. Schmid steht, wie schon früher, die Abwehr gegen weitere Anti-Karl-May-Veröffentlichungen im Vordergrund. Auch fürchtet er, nicht ohne Grund, dass Lebius wieder ein Buch veröffentlichen könne bzw. einen leicht herzustellenden Reprint seines Pamphlets *Die Zeugen Karl May und Klara May*. Seine Strategie, Lebius nicht durch eine Diskussion seiner Beiträge oder durch Erwähnung aufzuwerten, geht auf. Noch im Jahr 1924 ist Wulffen der deutlichen Meinung,

---

[823] Schmid: *Lanze*, S. 11.

dass eine wissenschaftliche Studie auch Mays Kriminalität nicht verschweigen kann. Wulffen warnt daher davor, weil er Mays Lebensweg in dieser Hinsicht weder glorifizieren, noch ihn von Schuld freisprechen kann.

ERICH WULFFEN AN KLARA MAY * 14. Mai 1924
Brief, hs.

Dresden, den 14. Mai 1924

Liebe verehrte Freundin!

Den Schmerz und Kummer Ihrer schlaflosen Nächte begreife ich und fühle ihn nach. Es ist unerhört, daß L[ebius] diese Aufsätze veröffentlicht. Aber auch, nachdem ich sie gelesen habe, rate ich von jedem Schritte und auch von dem geplanten Unternehmen dringend ab. Ich kann nicht ernstlich genug davor warnen. Was L[ebius] schreibt, geschieht unter Ausschluß der Öffentlichkeit. Kein Mensch wärmt sonst diese Dinge auf und druckt sie auch. Kein Mensch hat heute an diesem alten Streite ein Interesse. Die Akten Karl Mays sind geschlossen, der Tote hat über den Lebenden den Sieg davon getragen. Der Lebende kann ihm nichts mehr anhaben.

Wenn Sie aber jetzt selbst durch einen Aufsatz oder gar ein Buch zur Sache Stellung nehmen und die Streitaxt ausgraben wollten, dann könnte es allerdings geschehen, daß der Streitstoff wieder allgemeines Interesse gewönne. Dann könnte L[ebius] sein Buch bringen und auf Ihre Schrift kämpfend Bezug nehmen, Sie widerlegen usw. Dann wird es auch heißen: Ihre Arbeit sei bestellte Arbeit, gefärbt usw. Zumal, wenn der frühere Gegner G[urlitt][824] das Buch schreiben soll.

Ich kenne G[urlitt] zu wenig, um sagen zu können, ob er der Aufgabe gewachsen wäre. Mein Material könnte ich schon zur Verfügung stellen. Aber dieser Aufgabe kann sich mit Erfolg nur ein hervorragender Psychologe entledigen. Bringen Sie eine fehlerhafte oder eine mittelmäßige Arbeit, so werden Sie ausgelacht. Aber vor allem eins: Das Kriminalproblem Karl May ist niemals zu Gunsten des Toten zu lösen. Wenn bei der Wissenschaft und der Wahrheit geblieben werden soll, muß Karl May hier unbedingt verlieren. Auch deshalb soll die Arbeit nicht geschrieben werden!

[824] Cornelius Gurlitt (1850–1938): Deutscher Architekt und Kunsthistoriker, Bruder des Pädagogen Ludwig Gurlitt und Schwager des Rechtsanwalts Oskar Gerlach. Im Jahr 1904 trat er erstmals als May-Gegner auf, als er Details zum unrechtmäßigen Doktortitel des Schriftstellers in Form einer Erklärung am 9.2.1905 im *Dresdner Journal*, Nr. 33, und zwei Tage darauf im *Dresdner Anzeiger*, Nr. 42 wortidentisch veröffentlichen ließ („Von dem Rektor der Königl. Technischen Hochschule geht uns folgende Erklärung zu […].") Gurlitt war 1910 auch von Lebius als Zeuge in einem seiner zahlreichen Verfahren mit May benannt worden, ohne allerdings aussagen zu müssen; vgl. Steinmetz: *„Is das nich der Dres'ner Doktor …?* In: *KMHI* Nr. 13, S. 1-23 (11-14).

Die Akten Freitag u. Gen.[825] sind noch vorhanden, sie werden erst 1937 zur Vernichtung freigegeben. Es ist nicht daran zu denken – leider – jetzt ihre Vernichtung zu erreichen. Ich für meine Person möchte sie gar nicht lesen, denn ich weiß, welche Unliebsamkeiten sie enthalten.

Ich möchte mich nicht mit diesen Tatsachen befassen, sondern meine Neigung für das Haus Karl May völlig ungetrübt lassen.

Die Eingaben in den Schulakten stehen Ihnen selbstverständlich gern zum Abschreiben zur Verfügung.

Und nun will ich schließen und bitte Sie, liebe Freundin, überzeugt zu sein, daß ich Ihnen meinen besten aufrichtigsten Rat gegeben habe. In demselben Sinne schreibe ich auch an Dr. Schmidt [!].

Der letzte Sonntag und Abend bei Ihnen waren reizend, wir denken noch viel daran.

Mit den herzlichsten Grüßen, auch von Weib und Kind

Ihr getreuer

Wulffen

ERICH WULFFEN AN EUCHAR ALBRECHT SCHMID * 25. Mai 1924
Brief, hs.

Dresden, den 25. Mai 1924

Sehr geehrter Herr Verlagsdirektor,

für die freundliche Uebersendung des interessanten homosexuellen Materials[826] spreche ich Ihnen meinen besten Dank aus. Sollte ich es literarisch verwerten, wird es selbstverständlich ohne Nennung von Namen geschehen. Die vertraulichen Beilagen reiche ich Ihnen beiliegend wieder zurück. –

Frau May sagte mir, Sie möchten den unerhörten neuesten Veröffentlichungen von Lebius entgegentreten und eine wissenschaftliche Studie von Karl Mays Kriminalität ausarbeiten lassen. Ich kann hiervor nur nachdrücklich genug warnen und befinde mich hierbei in voller Uebereinstimmung mit Ihrem Rechtsbeistand, Herrn Dr. Fleischhauer. Was Lebius schreibt, davon nimmt niemand Notiz; kein Blatt druckt die Sache nach. Die deutsche Presse hat eingesehn, dass sie sich mit der Mayhetze kein Ruhmesblatt gepflückt hat. Es hat kein Mensch ein Interesse daran, die Jugendsünden Karl Mays beleuchtet zu sehen. Der Tote hat über den

---

[825] Kgl. Landgericht Dresden: Strafverfahren ./. Karl May & Genossen beim LG Dresden (wegen Meineid und Verleitung zum Meineid im ersten „Münchmeyer"-Prozess) – 2 V. 21/02. Letztlich kommt das Verfahren am 26.9.1909 nach einem Beschwerdeverfahren vor dem Kgl. Oberlandesgericht Dresden „m a n g e l s B e w e i s e s" zur Einstellung; vgl. Seul: *Old Shatterhand vor Gericht*, S. 303-316.

[826] Näheres ließ sich nicht ermitteln.

Lebenden gesiegt. Wenn Sie aber die beabsichtigte Studie herausbringen, dann könnte es geschehn, dass der Widerspruch oder das Interesse die alte Frage aufleben lässt. Dann könnte Lebius sein Buch herausgeben usw. Wenn die beabsichtigte Studie nicht eine bestellte und bezahlte sein soll, sondern auf wissenschaftlicher Grundlage und genauer Kenntnis ruhen, dann muß Karl May unbedingt verlieren, und kann weder geachtet noch freigesprochen noch glorifiziert werden. Seine Schuld ist unwiderlegbar. Und wozu das alles? Lassen wir den Toten in Frieden, den er sich durch seine Läuterung so schön verdient hat.

Das ist meine tief überzeugte Meinung von der Sache.

Mit hochachtungsvollem Gruß!

Ihr sehr ergebenster

Erich Wulffen

Zwischen Klara May und Erich Wulffen hat sich inzwischen ein tiefes freundschaftliches Verhältnis entwickelt. Neben Briefen, Ansichtskarten und Telefonaten wird der enge Kontakt auch durch häufige persönliche Treffen, meist in der Villa „Shatterhand", gepflegt. Einen Höhepunkt dieses persönlichen Kontaktes bildet Wulffens aktive Mitwirkung bei den Feierlichkeiten zum 60. Geburtstag der Dichterwitwe am 4. Juli 1924[827], über die das *Radebeuler Tageblatt* berichtet:

„In dem prächtigen parkähnlichen Garten ihres Heims bewirtete in ihrer liebenswürdigen gastlichen Weise Klara May die erlesene Schar ihrer Gratulanten und der Garten war der Schauplatz einer künstlerisch und literarhistorisch einzigartigen Ehrung, die die Gäste ihrerseits dem Geburtstagskinde darbrachten. Ministerialdirektor Geheimrat Dr. Erich Wulffen vor allem gab der Gartenfeier ihren bedeutsamen geistigen und dichterischen Gehalt. Auf dem von Blumen und wundervollen Bäumen umrahmten Grasplan vor dem Brunnenengel wurde Wulffens köstliches einaktiges Lustspiel ,Tasso in Darmstadt' von den künstlerischen Laienspielen in Dresden zur Aufführung gebracht."

Das Bühnenstück[828] hatte fast drei Jahrzehnte zuvor seine ersten Aufführungen erlebt. Dabei war auch Wulffen selber eine Zeitlang in der Rolle des Goethe als Schauspieler aufgetreten.

[827] Vgl. Einladung von Klara May an Max Welte (1877–1934) vom 24. Juni 1924 unter Hinweis auf Wulffens Theaterstück (Andreas Barth: *K. & K. May: Handschriftliches und Bildliches*. In: *Karl-May-Haus Information* Nummer 4/1990, S. 1-49 [27, 43, 44]).

[828] Vgl. u.a. auch zu Wulffens „Tasso"-Stoff: Thomas Plagwitz: *Zerreißproben aufs Exempel. Der Dichter als Weltschmerzler in Tasso-Dramen nach Goethe*. In: *Torquato Tasso in Deutschland. Seine Wirkung in Literatur, Kunst und Musik seit der Mitte des 18. Jahrhunderts*. Hrsg. von Achim Aurnhammer. Berlin 1995 (Quellen und Forschungen zur Literatur- und Kulturgeschichte 3 [237]), S. 172-204.

Akteure der Tasso-*Aufführung am 4. Juli 1924*

Im *Radebeuler Tageblatt* heißt es weiter:

Das von inniger Poesie erfüllte und von tiefem Humor gewürzte Stück
zeigt den jungen Dr. Goethe in Darmstadt, wohin er zum Besuch des
väterlichen Freundes, des Kriegszahlmeisters Merck, gekommen war [...].
Vor dem Spiel, das ausgezeichnet von der Dresdner Vortragskünstlerin

Käte Preval, von K. W. Streit, Fritz Feise und allen übrigen Schauspielern und Schauspielerinnen dargestellt wurde, richtete Erich Wulffen folgenden tief empfundenen Vorspruch an Klara May, die inmitten ihrer Gäste vor der Naturbühne Platz genommen hatte:

Heraus in eines Dichters lichten Garten,
Darin er selber schaffensfroh gewandelt
Lädt Euch dies Fest am vierten Julitag.
Der Herrin dieses gastlich weißen Hauses,
Das sich der Bauherr nach der Kirche wählte,
Eilt unser Gruß! Im Wendelauf des Jahres
Schließt sich der Kreis des ruhmgeschmückten Lebens
Ihr heute wiederum, und ein Jahrzehnt,
Das sechste ihres Seins, liegt hinter ihr.
Wohl dem, der solchen Ehrentag begeht
Zu einer Zeit, da die Natur in Blüten
Und Wundern prangt und sommernächtig
Mit ihrem Hauch die tiefste Seele grüßt!

Da läßt sich leicht des Lebens Blüte deuten,
Wenn schon die Frucht, wie hier im Garten, treibt!
Denn reich an Früchten ist ihr schlichter Wandel,
Da sie des Gatten Lebenswerk behütet
Und ihm allein ihr ganzes Dasein weiht.
Der Brunnenengel unter grünen Wipfeln,
Den als Symbol der Schaffende errichtet
Zum Zeichen dessen, daß im Wüstensande,
Auch in des Lebens Wüste, tief verborgen
Der kühle Quell sich Wissenden erschließt.
Der Brunnenengel ist ihr stummer Zeuge,
Wie sie des Gatten Haus, sein Werk verwaltet.
Und heute sei er Zeuge, wie die Freunde
Des Hauses sie am Jubeltag verehren!

Auf dieser Fläche von smaragdnem Grün,
Dem schönsten Bühnenteppich der Natur,
Zu Füßen des geweihten Brunnenengels
Erhebe sich ein heiteres Dichterspiel.
Des Dichters Garten zieht die Künstler an,
Ein Fabler lockt die andern leicht herbei,
Und Tespis Maskensöhne fehlen nicht.

So möge sich ein Spiel vor Euch entfalten,
darin der Dichterjüngling Wolfgang Goethe
In seines Lebens dunklem Drange sich
Des rechten Weges fühlend wird bewußt.

Schon nach dem Vorspruch und dann wiederum nach dem Festspiel wurden Klara May, ebenso Wulffen und den mitwirkenden Künstlern herzliche Huldigungen dargebracht, die ihren Höhepunkt erreichten, als Dr. M ä r z , der Syndikus des Verbandes Sächsischer Industrieller und treuer Freund des Hauses May, dem Geburtstagskind in ergreifender Ansprache Glück und Segen für die Zukunft wünschte."

Gruppenbild vom Gartenfest zu Klara Mays 60. Geburtstag am 4. Juli 1924 (Ausschnitt); in der vorderen Sitzreihe (3. und 4. von links) Klara May und Dr. Erich Wulffen

Erhalten hat sich von den Festlichkeiten jenes Tages auch ein Tafellied , das ebenfalls aus der Feder von Erich Wulffen stammte:

Tafellied
(4. Juli 1924)
Melodie: „Strömt herbei, ihr Völkerscharen.“

Klara May ist sie geheissen,
Die im Juli kam zur Welt;
Lasst uns singen und sie preisen,
dass der Mai sie stets erhält.
Nicht mehr in der Jahre Blüte,
Nicht mehr in den Lebens Mai,
Maienhaft doch ihre Güte,
Ihre Seele licht und frei!

Alle Freunde sind gekommen
Nach dem gastlich weissen Haus,
Haben freudig Platz genommen
Heute zum Geburtstagsschmauss.
Seid gegrüsst zur guten Stunde,
Habt für Eure Wünsche Dank,
Lasst der Tafel lust Euch munden
Und Euch laben kühlen Trank!

Edle Sänger sah ich glänzen,
Maler, Dichter auch dabei,
Wollen ihre Kunst kredenzen
Der Mäcenin Klara May.
So in Farben, Worten, Tönen
Dem Geburtstagskind sei Lob,
Dem aus Gutem, Wahrem,
            Schönem
Einen Kranz Fortuna wob.

Klärchen liebt sich zu umgeben
Mit belebtem Geisterkreis,
Deren jeder zu umschweben
Sie zur rechten Stunde weiss.
Einer prüft ihr die Bilanzen,
Zweiter ist ihr Rechtsbeistand,
Dritter öffnet ihr Instanzen,
Vierter ist Billetlieferant.

Hinter ihrer Geister Rücken
Wirkt sie noch mit eigner Kraft,
Denn es bleibt ihr still Entzücken,
Dass sie immer tut und schafft.
Manchen kleinen Interessen
Gibt sie im Verborgnen statt
Und erzählt erst von Prozessen,
Wenn sie sie verloren hat.

Und auch sonst ist unser Klärchen
Viel geschäftig noch dabei,
Macht aus Freunden gern ein
            Pärchen,
Ob es hochbetagt auch sei.
In das Kino zu spazieren
Täglich neu ihr Herz entbrennt
Und um sicher zu verlieren
Spekuliert sie in Zement.

Lasst des Liedes Ton uns senken
Wie zu Paradieses Ruh
Und des Mannes still gedenken,
Der ihn schuf den Winnetou.
Der den Friedensweg gewiesen
Aus dem Tal von Ardistan
Nach den heil'gen Bergesriesen
In das Reich von Dschinnistan!

Priesterin an seinem Werke.
Schutzgeist von Old Shatterhand.
Klara May in Seelenstärke
Ihres Lebens Ziele kennt;
Deutsche Jugend sass zu Gaste
Kürzlich hier im weissen Haus.
Dass den tiefen Sinn sie fasste
In der Fabeln bunten Strauss.

Doch nun lasst die Gläser klingen.
Geb es einen guten Klang.
Wie im Trinken so im Singen
Findet sich Zusammenhang.
Möge das Geschick ihr geben
Viele Maienjahre noch:
Klara May, sie möge leben,
Klara May, sie lebe noch!

Erich Wulffen.

Der Tag belegt eindrucksvoll das enge Band, das zwischen Klara May und Erich Wulffen zu diesem Zeitpunkt bestand.

ERICH UND CAMILLA WULFFEN AN KLARA MAY * 28. August 1924
Ansichtskarte

[Poststempel] 28.8.[19]24

[Camilla Wulffen]

Liebste, beste Frau May!
    Wir sind hier im Wendelsteinhaus [gedruckt] eingeschneit, regelrecht eingeschneit. Es ist aber himmlisch hier oben, 1840 m über dem Meere u. über all die Verdrießlichkeiten des täglichen Lebens. Käme am liebsten mit meinem Manne nicht gleich wieder herunter. Es ist natürlich verflixt kalt, aber himmlisch. Da heute leider Nebel, übernachten wir hier. Sind gestern früh von Wiessee weg, nach beendeter Kur, fuhren bis Rosenheim. Gestern bei warmer Sonne Fahrt auf dem Chiemsee. – Montag, den 1. Sept. landen wir Abends in Dresden. Hoffentlich dort ohne Schnee. –
                    Tausend warme herzliche Grüße
                        Ihre Illa Wulffen.

[Erich Wulffen]

Auf umstehender Karte sehen Sie, was wir nicht sehen!
                    Herzlichst Ihr Wulffen.

ERICH UND CAMILLA WULFFEN AN KLARA MAY * 2. September 1924
Brief, hs.

Dresden, den 2. Sept. 1924

[Camilla Wulffen]

Meine verehrte, liebe, liebe, gute Frau May!

Am liebsten käme ich gleich selbst geeilt, fiele Ihnen um den Hals in Dankbarkeit für Ihre Güte und Liebe. Aber erstens würde ich Ihnen vielleicht gar keinen Gefallen tun, liebste Freundin, mit dieser Überrumplung, und dann erwarte ich morgen Erika und das neue Mädchen. So muß ich denn zur Feder greifen, um Ihnen, meine liebe Frau May, zu danken. Diese herrlichen Früchte sind ein Genuß. Und die süßen Blumen, solche Mengen. Sie stehen überall in den Zimmern herum. Vielen, vielen Dank für Ihren liebevollen Willkommensgruß.

Ich komme Anfang nächster Woche einen Nachmittag auf ein ½ Stündchen zu Ihnen. Frage erst telephonisch vor. Ich habe keine Ruhe, ich sorge mich zu sehr um Sie, liebste Freundin, ich muß nach Ihnen sehen. –

Ich kann Ihnen gar nicht zu einem Badeort raten. Denn bei dieser Witterung nützen die Bäder, nach denen man gleich ins Freie gehen muß doch nicht so ganz. Wir sind in diesem Jahr nicht so recht zufrieden, es müßte denn die Besserung noch kommen. Für heute lassen Sie sich im Geiste innig umarmen.

In herzlichem Gedenken
Ihre Illa Wulffen.

[Erich Wulffen]

Verehrte Freundin!

Herzlichen Dank für freundliches Gedenken. Ihre Mitteilung von Ihrem Nervenzusammenbruch hat uns erschreckt. Sie muten sich zu viel zu. Sie müssen sich schonen und ruhiger leben! Ja, ja! Was eine anstrengende Badekur bedeutet, davon kann ich ein Lied singen. Ich konnte in Wiessee nur ganz schlecht und unter großen Schmerzen und Qualen laufen. Das soll aber ein Zeichen der beginnenden Wirkung sein.

Also gute Besserung und beste Wünsche.
Ihr getreuer Wulffen.

Brunnenengel im Garten der Villa „Shatterhand"[829]

<hr>

[829] Brunnenengel im Garten der Villa „Shatterhand". Der von Wulffen erwähnte Brunnenengel wurde
   1918/19 von dem Bildhauer Paul Peterich (1864–1937), einem Freund Sascha Schneiders, geschaffen und stand seit März 1920 (bis 1974) im Garten der Villa „Shatterhand" in unmittelbarer Nähe
   des chinesischen Pavillons. Vorbild war Karl Mays „Brunnenengel" aus dem Roman *Der Mir von
   Dschinnistan* (May: *Ardistan und Dschinnistan I* und *II*).

EUCHAR ALBRECHT SCHMID AN ERICH WULFFEN * 30. September 1924
Brief, ms. Kopie

30. Sept. [192]4.

Herrn
Ministerial-Direktor Dr. Erich Wulffen,
<u>Dresden.</u>

Hochgeehrter Herr Ministerial-Direktor,

anbei zwei Abzüge Ihres Aufsatzes mit der Bitte, sie durchzusehn und mir einen davon möglichst bald mit Ihrem Imprimator zurückzustellen. Ich drucke dann zuerst das Jahrbuch (Auflage 3.200) und dann den vereinbarten Sonderdruck in hübscher Aufmachung.

Gern hätte ich schon bald wieder einen Beitrag aus Ihrer Feder für das Jahrbuch 1926, daß ich, da ich viel Stoff zurückstellen mußte, schon im nächsten Frühjahr vorbereiten möchte. Ich habe Frau May schon einmal Unterlagen für Sie gegeben und erinnere daran: „Der Flug aus dem Kerker"[830] ist wirklich und bildlich gemeint. Die Phantasie, die den Gefangenen, und zwar auch den gefangenen Geist, aus der Zelle befreit.

Jener Ihnen bekannte Homosexuelle[831] hat mir unterm 27. Juli wieder einen Brief nebst einer Abhandlung: „Eine lyrische Geschlechtsumwandlung bei Walt Whitman" von Eduard Bertz[832] gesandt und ferner ein Bildchen seines Geliebten, des wiederholt erwähnten Franzosen, vorgelegt. Ich gebe Ihnen beides anbei vertraulich in verschlossenem Umschlag mit der Bitte um verschlossene Rücksendung.

Mit ausgezeichneter Hochachtung
Ihr ergebenster
Dr. Schmid

2 Anlagen

---

[830] Näheres ließ sich leider nicht ermitteln.

[831] Um wen es sich hierbei handelt, ließ sich aufgrund der diskreten Erwähnung nicht ermitteln. Der Gedanke liegt nahe, dass es um Sascha Schneider gehen könnte, zumal sich dieser in zwei Briefen an Klara May (19.9.1923 und 24.9.1923) wandte und um juristische Hilfe Wulffens für seinen Mäzen Johannes Mühlberg (1869–1949) bat – siehe May: *Briefwechsel mit Sascha Schneider*, S. 443-444 und S. 449-452.

[832] Eduard Bertz: *Eine lyrische Geschlechtsumwandlung bei Walt Whitman*. In: *Jahrbuch für sexuelle Zwischenstufen* Band 22, S. 55-58.

Klara May 1924

ERICH WULFFEN AN EUCHAR ALBRECHT SCHMID * 8. Oktober 1924
Brief, ms.

Dresden, d. 8. 10. [19]24

Sehr geehrter Herr Verlagsdirektor!

Beigeschlossen erhalten Sie die Korrekturen zurück. Ich freue mich, meine Ausführungen gedruckt zu sehen, sie werden ihre Wirkung tun. Auch die Fußnote ist gut. Ich habe die Litterarische Gesellschaft in Dresden ausdrücklich genannt, damit erkenntlich ist, daß diese Ausführungen vor einem litterarischen [!] also nicht gewöhnlichen Publikum gehalten wurden. Das wird ihnen mehr Bedeutung geben.

Wegen der gewünschten weiteren Aufsätze bliebe ich gern mit Ihnen in Verbindung.

Für Briefe des Homosexuellen[833] besten Dank.

Mit ergebensten Grüßen
Ihr Wulffen.

ERICH WULFFEN AN EUCHAR ALBRECHT SCHMID * 9. November 1924
Brief, ms.

Dresden, den 9. 11. [19]24

Sehr geehrter Herr Verlagsdirektor!

Durch Vermittlung von Frau May erhielt ich Ihren Vorschlag, den Vortrag „Im Reiche der Schelme" für das nächste Jahrbuch zurechtzumachen. Auch mir ist der Gedanke sympathisch und ich bin mit Ihren Vorschlägen über Fußnoten und Weglassung der Stellen, die schon in „Kunst und Verbrechen"[834] vorkommen, ganz einverstanden. Also ich werde den Aufsatz rechtzeitig liefern. Hat es bis Neujahr Zeit?

Auch den Gedanken über „Karl Mays Inferno" lasse ich mir nun durch den Kopf gehen. Wenn auch Frau May überzeugt ist, daß der Plan ausgeführt werden müßte, werde ich mich wohl noch dazu entschließen. Aber Voraussetzung: Ich bin Alleinbearbeiter des Stoffes. Nur ein Psychiater von Ruf und Bedeutung wird zur Abgabe des psychiatrischen Gutachtens herangezogen.

Wieviel Lagen etwa sollen es werden? Format Jahrbuch? Ich könnte erst nach Ostern 1925 an die Arbeit gehen.

Mit hochachtungsvollen Grüßen auch an Frau Gemahlin
Ihr ergebenster Wulffen

---

[833] Näheres ließ sich, wie bereits erwähnt, nicht ermitteln.
[834] Wulffen: *Kunst und Verbrechen*, S. 267-318.

[P.S.] Gurlitts Karte mit Dank zurück. Wann erscheint das jetzige Jahrbuch?

ERICH WULFFEN AN KLARA MAY * 21. November 1924
Ansichtskarte

[Poststempel] 21.11.[19]24

Liebe verehrte Freundin!

Einen herzlichen Gruß aus dem schönen schon südlichen Graz. Hier und in Wien große Triumpfe gefeiert. Wiener und Grazer Presse sind voll des Lobes. Gestern der 1. Vortrag wurde[?] verkauft [?]. Herrn Dr. Rosegger habe ich noch nicht aufsuchen können, es soll ihm finanziell nicht sehr gut gehen. Haben Sie auch meine „bessere" Hälfte mal in ihrer Einsamkeit getröstet?? Es geht weiter nach Salzburg und Innsbruck. Dann Zürich!

Ihr getreuer Wulffen

EUCHAR ALBRECHT SCHMID AN ERICH WULFFEN * 28. November 1924
Brief, ms.

28. November [192]4.

Herrn
Ministerialdirektor Dr. Erich Wulffen,
Dresden – A.

Hochgeehrter Herr Ministerialdirektor,

ich bitte um Verzeihung, wenn ich Ihren liebenswürdigen Brief vom 9. d. M., der mich überaus erfreute, mit starker Verspätung beantworte: der Weihnachtsmarkt und mehrfache wichtige Reisen, darunter nach Prag, ließen mich mit literarischen Briefen in Rückstand kommen.

Ja, ich freue mich sehr auf die Übermittlung Ihres Vortrags „Im Reiche der Schelme"[835] und wäre Ihnen dankbar, wenn ich ihn schon bis Weihnachten, oder doch wenigstens bis Neujahr in Händen hätte. Ich mußte nämlich viel schönen Stoff für den nächsten Jahrgang zurückstellen. Während der Weihnachtsferien besuchen mich einige Mitarbeiter, und bei dieser Gelegenheit wollen wir bereits an den neunten Jahrgang gehen, der möglichst schon gegen Ostern vorliegen soll.

Mit dem achten Jahrbuch bin ich längst fertig und es hat sich durch Verschulden des lässigen Stuttgarter Druckers verzögert. Er soll nun in

---

[835] Erich Wulffen: *Im Reiche der Schelme*. In: *KMJb 1926*. Radebeul bei Dresden 1926, S. 63-130.

den nächsten acht Tagen versandfertig sein, und an diesem Tag geht Ihnen ein Freistück ab Stuttgart zu, wie immer eingeschrieben, weil gewöhnliche Drucksachen, bei denen der Name Karl May aufgedruckt ist, besonders häufig abhanden kommen.

Die größte Freude des ganzen Jahres 1924 ist mir Ihre neuerliche Erklärung, dass sie sich nun doch an „Karl Mays Inferno" zu machen gedenken. Falls Sie diese Aufgabe übernehmen, haben selbstverständlich Sie zu bestimmen, wer mitarbeitet. Ich selbst würde es ja sehr begrüßen, wenn Sie Hellwig, mit dem ich früher im Auftrag von Frau May mehrfach verhandelte, irgendwie beiziehn würden, daneben vielleicht auch Gerlach. Aber: all dies überlasse ich Ihnen ohne weiteres.

Das Format würde wohl am besten ähnlich sein wie meine „Lanze" oder das Gurlitt-Buch. Also etwas größer als die Jahrbücher. Die Bogenzahl schätze ich auf mindestens 8, doch würden mich auch 16 und einige mehr nicht verdrießen, sofern der Stoff dies erfordert.

Ich bitte Sie sehr, mir wieder ein Lebenszeichen zu geben, wenn der neue Gedanke Form annimmt und wenn irgend welche Fragen zu beantworten sind.

Mit verbindlichen Grüßen, auch von meiner Frau, bin ich

Ihr sehr ergebenster

Dr. Schmid

Wulffen, der ursprünglich aus welchen Gründen auch immer die Biografie Mays nicht zu schreiben gedachte, hat sich offenbar wohl auf Drängen E. A. Schmids und Klara Mays anders entschieden. Wulffen steht bei der Witwe sicherlich schon seit seiner Veröffentlichung *Der Läuterungsgedanke bei Karl May*[836] hoch im Kurs. Dass er sich dann durch seine Tätigkeit für Klara May in den Kontroversen mit dem Verleger als Schiedsrichter beliebt gemacht haben muss, steht ebenfalls außer Frage.

Sein Einsatz bei der Aktenvernichtung muss in Klara May den sicheren Eindruck verfestigt haben, dass der Jurist bei der Biografie vor allem *ihre* Interessen berücksichtigen und die kriminelle Vorgeschichte ganz außen vor lassen werde. Wie anders ist sonst zu erklären, dass offensichtlich doch mit ihrer ausdrücklichen Billigung Wulffen als May-Biograf autorisiert wird. Von Hellwigs und Gerlachs etwaiger Mitwirkung ist nicht mehr die Rede.

Wulffen, der nicht nur May ein würdiges Denkmal setzen, sondern seine eigenen erfolgreichen literarisch-wissenschaftlichen Werke mit einem neuen

---

[836] Wulffen: *Läuterungsgedanke*, S. 109-122.

Aufsehen erregenden, erfolgreichen Buch krönen will, wird deren Beteiligung schwerlich in ernsthafte Erwägung gezogen haben. Zwischen ihm und E. A. Schmid kommt es im Folgenden zu ausgedehnten Überlegungen, wie vor allem mit den frühen Straftaten umzugehen sei. Der Briefwechsel zeigt, dass der Verleger durchaus eigene Vorstellungen dazu entwickelt hat und sie gegenüber Wulffen auch kundtut. Ob Schmid weiß, dass Wulffen auch auf Abschriften aus den May'schen Strafakten sitzt, die aus seiner staatsanwaltschaftlichen Zeit am Landgericht Dresden stammen, ist nicht bekannt. Es spricht vieles dafür, dass Wulffens Bereitschaft zur Abfassung von *Karl Mays Inferno* auch auf den nun seit einigen Jahren bestehenden intensiven persönlichen Kontakt zu Klara May zurückzuführen ist. Dass die Intentionen für ein solches Buchprojekt dennoch in unterschiedliche Richtungen gehen, ist allen Beteiligten offenbar nicht wirklich bewusst. Während die Witwe die Exkulpation, Tabuisierung und Tilgung der Straftaten Karl Mays im Auge hat, sieht Wulffen in May einen ehemaligen Straftäter, dessen Fall einen interessanten Forschungsgegenstand darstellt, dem er sich objektiv wissenschaftlich zu nähern beabsichtigt. Für E. A. Schmid wiederum, gleichfalls Jurist wie Wulffen, geht es darum, aus der Feder eines bekannten Kriminologen ein publizistisches Verteidigungsmittel gegen gegenwärtige und künftige Karl-May-Gegner in die Hand zu bekommen.

EUCHAR ALBRECHT SCHMID AN ERICH WULFFEN * 16. Februar
1925
Brief, ms. Kopie

16. Februar [19]25.

Herrn
Ministerialdirektor Dr. Erich Wulffen,
<u>Dresden.</u>

Hochgeehrter Herr Ministerialdirektor,
anbei Ihre Handschrift „Im Reich der Schelme" nebst zwei Korrekturabzügen mit der Bitte, einen davon als druckfertig an mich zurückzusenden. Ich will schon jetzt, also vor Erscheinen des nächsten Jahrbu-
ches selbst wieder einen Sonderdruck davon anfertigen lassen, wovon ich
Ihnen dann unverzüglich eine Nachricht übermittle.
Im Einzelnen habe ich noch folgende Fragen:
a) Im „Reiche der Schelme" oder „Im Reich der Schelme"?
b) <u>Fahne 9.</u> Ignaz Straßnoff[837]. Ich vermute, dass dieser Ihnen
hauptsächlich Modell zu dem „Mann mit den sieben Masken" stand.
Wenn ja, könnten und sollten Sie Ihren Roman in diesem Zusammenhang erwähnen: möglichst nicht in einer Fußnote, sondern im
Text, doch immerhin mit Angabe des Verlags.
c) <u>Fahne 15/16</u> (rot angestrichen). Der letzte Teil des Schlußsatzes ist
nicht ganz verständlich. – Bei dieser Gelegenheit weise ich darauf hin,
daß Ihre Erklärung, die Phantasie sei eine weibliche Komponente des
Dichters, eine Stütze in Gurlitts Buch findet. Beispielsweise hat dort
auf Seite 172 der Gutachter Dr. Klages, der nicht wusste, dass es sich
bei seiner Andeutung um Karl May handelte, den „stark weiblichen
Einschlag" betont. Auch die Schädeldeutung findet an Karl Mays
Kopf teilweise weibliche Züge.
d) <u>Fahne 18.</u> An dieser Stelle empfinde ich eine Lücke, nämlich die
Darstellung, daß die Mappe <u>hinterher</u> geöffnet wurde. In der Handschrift hatten Sie ursprünglich einen ergänzenden Satz, der aber m.
E. die Aufeinanderfolgende der Ereignisse nicht ganz deutlich zeigt.
e) <u>Fahne 20.</u> „…ohne mich ihrer Gegenliebe zu versichern…". Falls
es hier nicht ohnehin heißen muß „…nicht ohne mich ihrer Gegenliebe zu versichern…" schlage ich vor „…allerdings ohne mich ihrer
Gegenliebe zu versichern…". Dieser Satz lässt ferner den Hinweis auf
den späteren Wahnsinns-Tod der jungen Dame vermissen, von dem

---

[837] Richtige Schreibweise: Ignatz Straßnoff.

Sie im Vortrag sprachen. Es dürfte sich empfehlen, diesen tragischen Ausgang auch hier zu betonen.

f) Fahne 22. „Marschall". Wer ist damit gemeint?

— — — — — — — —

Bei dieser Gelegenheit möchte ich Sie, hochgeehrter Herr Ministerialrat, auch bitten, in Ihren nächsten Notierungen für den Kürschner sowohl „Kunst und Verbrechen"[838] und „Im Reiche der Schelme" unter Ihren „Schriften" aufzuführen.

Mit verbindlichsten Grüßen
in vorzüglichster Hochachtung
Dr. Schmid

[P.S.:] Soeben erfahre ich von Frau May, dass Sie noch Ergänzungen anbringen wollen. Dies kann natürlich unschwer geschehn. Ich werde Ihnen dann nochmals Abzüge vorlegen.

EUCHAR ALBRECHT SCHMID AN ERICH WULFFEN * 25. Februar 1925

Brief, ms. Kopie

25. Februar [19]25.

<u>Herrn Ministerialdirektor Dr. Erich Wulffen, Dresden.</u>

Hochgeehrter Herr Ministerialdirektor,

in Ergänzung meiner Sendung vom 16. d. M. überreiche ich Ihnen anbei Ihre Handschrift nebst 2 Korrekturabzügen Ihrer nachträglichen Einschaltung.

Mit verbindlichsten Grüßen und
in vorzüglicher Hochachtung
Dr. Schmid

ERICH WULFFEN AN EUCHAR ALBRECHT SCHMID * 28. Februar 1925

Brief, ms.

Dresden, den 28. Februar 1925

Sehr geehrter Herr Verlagsdirektor!

Beigeschlossen sende ich die korrigierten Druckfahnen bestens zurück und habe dabei allen Ihren Vorschlägen entsprochen. Die Einschiebung des Nachtrags ist auf Fahne 8 erfolgt.

---

838 Wulffen: *Kunst und Verbrechen*, S. 267-318.

343

Nachträglich spreche ich Ihnen noch meine Freude über die Aussöhnung zwischen Frau May und Ihnen aus. Ich habe ihr ja immer zu diesem Schritte geraten.

Ich stehe vor der Vollendung meines neuen wissenschaftlichen Werkes und komme dann zum Inferno. Sehr interessante, bisher unbekannte Akten habe ich schon gefunden und hoffe, noch weitere zu entdecken.

Mit besten Grüßen und in vorzüglicher Hochachtung
Dr. Wulffen

ERICH WULFFEN AN EUCHAR ALBRECHT SCHMID * 15. April 1925
Brief, ms.

Dresden, Münchnerstr. 9. II, 15.4.[19]25

Sehr geehrter Herr Verlagsdirektor!

Ich habe Ihrem Wunsche entsprochen und noch eine Episode eingefügt. Weshalb ich gerade sie wähle und gerade an der gekennzeichneten Stelle einfüge – als Übergang zum „Inferno" – brauche ich nicht weiter zu erklären.

Auf Druckfehler den Umbruch zu lesen, hatte ich wohl nicht nötig? Erwarte noch den letzten Umbruch.

Mit besten Grüßen
Ihr ergebenster
Wulffen

EUCHAR ALBRECHT SCHMID AN ERICH WULFFEN * 27. April 1925
Brief, ms. Kopie

27. April [192]5

Hochgeehrter Herr Ministerialdirektor,

anbei erhalten Sie die letzte Korrektur Ihres Sonderdruckes „Im Reich der Schelme", der auf S. 25 die Einschaltung eingefügt wurde. Der Umbruch wird bei uns sehr genau gelesen, doch wäre es uns immerhin lieb, wenn auch Sie wenigstens die Namen und seltenen Ortsbezeichnungen nochmals nachprüfen würden.

Mit vorzüglicher Hochachtung
Dr. Schmid

Rückporto anbei.

ERICH WULFFEN AN KLARA MAY * 16. Mai 1925
Brief, hs.

Dresden, den 16. 5. [19]25

Sehr verehrte, liebe Freundin!

Beifolgend sende ich Ihnen die kurze Einfügung in den Aufsatz „Im Reich der Schelme" und bitte Sie, dieselbe an Dr. Schmidt [!] weiter geben zu wollen.

Es war gestern ganz reizend bei Ihnen, meine Frau und ich kamen sehr vergnügt zurück. Aber – wir haben zuviel gegessen!

Kann man Ihnen denn nicht noch am Eisenbahnwagen zum Abschied die Hand drücken?

Im übrigen steht Ihnen auf dem Opernball eine Überraschung bevor! Schauen Sie sich mal um!

Mit herzlichen Grüßen zugleich von meiner Frau
Ihr getreuer Erich Wulffen

ERICH WULFFEN AN EUCHAR ALBRECHT SCHMID * 28. Mai 1925
Brief, ms.

Dresden, den 28. Mai 1925

Sehr geehrter Herr Verlagsdirektor!

So bin ich noch früher dazu gekommen, die Korrekturen zu lesen und sende sie Ihnen unmittelbar mit der Post. Auf Bogen 3 habe ich noch einige Druckfehler gefunden.

Ich habe nun auch mein großes neues wissenschaftliches Werk abgeschlossen und das Manuskript an den Verleger gesandt. Ich bin nun freier und möchte mich mit dem Stoff für „Inferno" vertraut machen und noch mehr einfühlen. Bitte senden Sie mir doch noch vor Ihrer Abreise – vielleicht durch Frau May, die am Pfingstsonntag zu uns kommt – das gesamte gedruckte Tatsachenmaterial, das Mays Gegner, vor allem Lebius, veröffentlicht haben. Ich glaube, damit habe ich das Tatsachenmaterial eines der Gegner nach den Gerichtsakten wiedergegeben haben, am übersichtlichsten beisammen.[839] Das wird einmal eine Grundlage bilden. Ich selber besitze ja z. B. über die Mittweidaer Hauptakten Auszüge über alle psychologischen Feinheiten des Falls. Wenn Sie von Ihrer Reise zurück sind, will ich Ihnen auch gern einmal die Akten des Kultusministeriums (Seminarakten) zeigen.

---

[839] Mit dem etwas konfusen Satz dürfte wohl gemeint sein: „Ich glaube, damit habe ich das Tatsachenmaterial, das die Gegner [Mays] nach den Gerichtsakten veröffentlicht haben, am übersichtlichsten beisammen."

Weiter werde ich Mays „Ich"[840] genau studieren. Können Sie mir sonst noch Fingerzeige geben?

Inzwischen beste Wünsche für Ihre Badereise
und verbindliche Grüße
von Ihrem ergebenen
Erich Wulffen

Es ist interessant, dass Wulffen immerhin die „Hauptakten" aus Mittweida hatte. Bei den „Seminarakten" des Kultusministeriums handelte es sich um jene Archivalien (insbesondere zu Mays Verfehlungen), die Klara May 1937 mit Unterstützung von E. A. Schmid vernichten ließ.[841]

EUCHAR ALBRECHT SCHMID AN ERICH WULFFEN * 29. Mai 1925
Brief, ms. Kopie

29. Mai [192]5

Herrn
Ministerialdirektor Dr. Erich Wulffen,
<u>Dresden.</u>

Hochgeehrter Herr Ministerialdirektor,
voller Freude empfing ich heute ihre Korrektursendung und habe die Druckfehler-Sache sofort nach Stuttgart weitergeleitet. Unverzüglich nach der Revision, die Sie natürlich nicht mehr zu lesen brauchen und die der Verlag selber erledigt, wird der Sonderdruck in einer Auflage von 500 Stück hergestellt. Sie selber erhalten dann 60 Stück und wie vereinbart noch 20 Stück von „Kunst und Verbrechen"[842].

Alle auf die trübe Vergangenheit Karl Mays abzielenden Veröffentlichungen stammen, soweit sie irgendwie beachtenswert sind, nur von Rudolf Lebius. Da die ganze Angelegenheit vor meiner Verlagstätigkeit spielte, besitze ich die Unterlagen großenteils überhaupt nicht. Lebius hat aber alles, was mir je bekannt wurde, und wahrscheinlich seine gesamten Enthüllungen ohne Ausnahme, in dem Buch „Die Zeugen Karl May und Klara May" vereint und ich nehme auch an, daß Sie dieses Werk in Händen haben. Wenn nein, würde ich Ihnen mein eigenes Handstück

---

[840] Gemeint ist May: *Mein Leben und Streben. Karl May's Gesammelte Werke* Band 34, *„Ich".* 10. Aufl., Radebeul bei Dresden [1926].

[841] *Der Seminarist und Lehrer*, S. 146-173.

[842] Es handelt sich um einen Sonderdruck des Beitrags von Wulffen: *Kunst und Verbrechen*, S. 267-318.

davon leihen und wäre Ihnen in diesem Fall für einen telefonischen Anruf sofort nach Empfang dieses Schreibens verbunden.

Frau May dürfte wohl auch die vorherigen Veröffentlichungen von Lebius besitzen und Sie können ja mit ihr darüber sprechen. Ich muß aber wiederholen, dass meines Erachtens dabei nichts Wesentliches mehr gefunden werden kann.

Wir selber haben uns auf die heiklen Punkte bekanntlich sehr wenig eingelassen. Alles was je von unserer Seite darüber gesagt wurde, finden Sie in den Karl-May-Jahrbüchern, die Sie wohl sämtlich besitzen, sowie im Gurlitt-Buch und in meiner „Lanze".

Anbei unsere Verlagsliste. Falls Ihnen irgend etwas davon fehlt, erbitte ich mir gleichfalls Ihren Bescheid, damit ich Ihnen die betreffenden Stücke umgehend zusenden lassen kann.

Für Ihre Forschungen beachtenswert sind wohl die Aeußerungen Hellwigs im Jahrbuch 1920.

Herzlichsten Dank für Ihre freundlichen Wünsche zu unserer Kissinger Reise! Alle wichtigen Zuschriften werden mir nachgesandt, und wir werden auch auf der Reise alles Dringende erledigen.

Schöne Pfingstgrüße an Sie und Ihre werten Angehörigen.

Ihr ergebenster
Dr. Schmid

1 Anlage

1926

In diesem Jahr lässt Klara May im Garten hinter ihrem Haus ein Blockhaus mit dem Namen Villa „Bärenfett" als Museum mit Wohnung für den Artisten Ernst Tobis (1876–1959; Künstlername: Patty Frank) errichten. Tobis hatte sich als Artist jahrelang in Nordamerika aufgehalten und dabei eine umfangreiche Sammlung von ca. 450 indianischen Gegenständen erworben. Nach dem Verlust seiner Ersparnisse während der Inflationszeit bot er bereits im Vorjahr der Witwe seine Sammlung zum Kauf an.

Klara May zieht auch in diesem Fall Wulffen als ihren Rechtsberater heran. Die Einstellung des Juristen zur Errichtung eines Museums unter Verwendung sowohl der von Karl und Klara May erworbenen indianischen Kultur- und Gebrauchsgegenstände als auch der Sammlung von Patty Frank ist kritisch. Auf seine Bedenken[843] erwidert die Witwe:

---

[843] Wulffens Brief zur Thematik liegt den Herausgebern leider nicht vor.

KLARA MAY AN ERICH WULFFEN * 24. Januar 1926
Brief [Druck][844]

[…] Sie dürfen bitte nicht außer Acht lassen, daß es sich um die Er-
werbung einer bedeutenden Indianersammlung handelt, die einen Wert
von über 100 000 M hat [...]. Das Ganze ist eine Illustration zu Mays
Werken [...]. Weil die Museen kein Geld haben, derartige Sammlungen
jetzt zu kaufen, deshalb habe ich die Möglichkeit (wahrgenommen), in
einer Art Abzahlung die Sachen zu erwerben [...]. Ich möchte den Lesern eine Freude machen und die Phantasie, die May anzuregen wußte,
durch die Sammlung eines seiner Leser in die Wirklichkeit hinüberlei-
ten. Ich sah seinerzeit in Amerika die wundervollen alten Indianerarbei-
ten, weiß, wie selten, ja fast unerreichbar sie sind, weil das Verständnis
für diese eigenartige Kultur lange Zeit schlummerte. Ich bin überzeugt,
lange nach dem meinem Tod wird man mir meinen Entschluß danken, denn ich weiß, wie arm die deutschen Museen an solchen Sachen
sind. […]

Am 30. Januar wird der Kaufvertrag mit Zustimmung der Karl-May-Stiftung zwischen Klara May und Patty Frank trotz Wulffens Vorbehalte abgeschlossen. Die Witwe wiederum verpflichtet sich, für Patty Frank ein
Blockhaus zu errichten, ihm darin ein lebenslanges Wohnrecht und einen
monatlichen Unterhalt von 300 Goldmark zu gewähren. Zwei Tage später schließen die Vertragsparteien noch „einen Erbvertrag ab, der im Zusammenhang mit dem Erwerb der Sammlung Patty Franks zu sehen ist.
Darin setzte sie [Klara May] die Karl-May-Stiftung, die nach Klara Mays
Ableben die Villa und das Blockhaus samt Inventar und Sammlung über-
eignet bekommen würde, auch zum Erben ihres persönlichen Vermögens ein. Sie verband damit die Auflage, ‚die Villa „Shatterhand" und
die dazu gehörigen Liegenschaften und Sammlungen im Sinne von Karl
Mays literarischen Schöpfungen zu einem Karl-May-Museum [...] aus-
zubauen.' Im November 1926 konnte Patty Frank seine neue Heimstatt
beziehen."[845]

---

[844] Fragmentarisch zitiert aus: René Wagner: *„Villa Shatterhand" und „Villa Bärenfett" – Zur Geschichte des Karl-May-Museums in Radebeul bei Dresden.* In: Markus Kreuzwieser (Hg.): *Rollenspiele – Karl May in Linz.* Publikation zur Ausstellung in der „Galerie im Stifter-Haus" 12. September bis 28. Oktober 2001. Linz 2001, S. 13-22 (15).

[845] Ebd.

Patty Frank

Villa „Bärenfett" in Radebeul (1926)

EUCHAR ALBRECHT SCHMID AN ERICH WULFFEN * 28. April 1926
Brief, ms. Kopie

28. April [192]6.

Herrn
Ministerialdirektor Dr. Erich Wulffen,
Dresden

Hochgeehrter Herr Ministerialdirektor,
mit bestem Dank bestätige ich den Eingang Ihrer Abhandlung „Das Kriminelle in der Weltliteratur"[846] und überreiche Ihnen beigefaltet die vereinbarte Vergütung von M 600,-. Sobald wir das Werk für unser Jahrbuch 1927 gesetzt haben, stelle ich Ihnen wunschgemäß die Handschrift wieder zu. Selbstverständlich erhalten Sie auch die Druckfahnen zwecks Durchsicht.

> Mit verbindlichen Grüßen v[on] H[aus] z[u] H[aus]
> Ihr ergebenster
> Dr. Schmid

1 Scheck über M 600,- anbei

EUCHAR ALBRECHT SCHMID AN ERICH WULFFEN * 19. Mai 1926
Brief, ms.

19. Mai [192]6.

Herrn
Ministerialdirektor Dr. Erich Wulffen,
Dresden – N.

Hochgeehrter Herr Ministerialdirektor,
in der Anlage habe ich mich bemüht, Vorschläge für das von Ihnen geplante Werk „K a r l M a y s I n f e r n o" niederzulegen. Ich möchte Ihnen bei der Gestaltung des Buches keine Hemmungen auferlegen und stelle Ihnen deshalb die Bemessung des Umfangs weitgehend anheim.
Den Inhalt denke ich mir wie besprochen so, dass Sie alles aus den Akten Erreichbare bzw. Wissenswerte chronologisch (Zeitangaben!), biographisch, juristisch und literarisch darstellen, Karl Mays trübe Vergangenheit aus Zeugung und Erziehung begründen und entschuldigen und

---

[846] Wulffen: *Weltliteratur*, S. 238-295.

gleichsam eine Mittelstufe zwischen Richter und Verteidiger einnehmen. Zweck der Schrift ist, ein gewisses Gegenstück zum Buch des Lebius (das ebenso wie sein Verfasser nicht erwähnt werden soll) zu schaffen und für alle, die es angeht, ein lebendiges und dabei schonungsvolles Bild von Karl Mays Vorleben zu zeichnen.

Ob und wie weit sich mein ursprünglicher Gedanke durchführen läßt, noch einen Anhang durch einen Psychiater beizufügen, mag weiterer Erwägung vorbehalten bleiben.

Was die Auflage angeht, so sei erwähnt, dass von meiner „Lanze", deren Erscheinen in die absatzreiche Inflationszeit (Ende 1918) fiel, bisher rund 3000 abgesetzt wurden, von dem kurz zuvor erscheinenden Gurlitt-Buch (Ende 1919) 2100. Ich glaube nicht, dass es mir möglich wird, vom „Inferno" volle 3000 umzusetzen, obwohl ich mit Freistücken an Literaturkritiker usw. sehr freigiebig zu sein gedenke. Die Jahrbücher haben eine Auflage von je 3200, davon sind die ersten drei ausverkauft, von den übrigen fünf teilweise noch unterschiedliche Mengen vorhanden.

Den Preis will ich, wie bei den eben genannten Schriften geschehen, mässig ansetzen, denn ein Verlagsgewinn wird dabei naturgemäss nicht angestrebt.

Da ich mich jahrelang um dieses Werk bemühe, wird es mir eine grosse Freude sein, mit Ihnen zu einem Abschluss zu gelangen, und ich bitte Sie um Ihren entsprechenden Bescheid bzw. um Ihre Gegenvorschläge.

Mit vorzüglicher Hochachtung
Ihr ergebenster
Dr. Schmid

ERICH WULFFEN AN EUCHAR ALBRECHT SCHMID * 17. August 1926
Brief, ms.

Dresden, den 17. August 1926

Sehr geehrter Herr Verlagsdirektor!

Sie haben mir heute telegrafisch einen tüchtigen Stoß gegeben, sodaß ich gleich alles auf einmal erledige.

Beifolgend ein Dedikationsexemplar der „Walpurgisnacht"; ferner das Verzeichnis der Maybücher in der Gefangenenanstalt Bautzen. Diakon und Oberlehrer werden sich über eine Spende freuen. Seien Sie bitte verschwenderisch, und stiften Sie 10 Bände oder mehr. Sie können ungebunden sein, weil die Anstalt die Bücher selber bindet. Beziehen sie sich ausdrücklich auf meine Vermittlung.

Ich schicke gleich den Vertrag mit meinen Änderungsvorschlägen mit; ich berechne das Buch mit 10 Lagen. Der von mir vorgeschlagene Preis entspricht der Bedeutung der Sache.

Ich möchte die erteilte Zustimmung von Frau May ausdrücklich im Vortrag festlegen, das hat natürlich nur eine ideale und keine wirtschaftliche Bedeutung.

Mit vorzüglicher Hochachtung
Ihr ergebenster Wulffen

EUCHAR ALBRECHT SCHMID AN ERICH WULFFEN * 23. August 1926
Brief, ms.

23. August 1926.

Herrn
Ministerialdirektor Dr. Erich Wulffen,
<u>Dresden.</u>

Hochgeehrter Herr Ministerialdirektor,

mit großer Freude erhielt ich das Widmungsstück der „Walpurgisnacht" und danke Ihnen herzlich dafür.

Den Vertragsentwurf habe ich nun in Reinschrift übertragen lassen, sende Ihnen zwei Stücke davon mit der Verlagsunterschrift und bitte Sie, das eine mit Ihrer Unterzeichnung hierher zurückzuleiten. Die von Ihnen gewünschte Stelle, die ich für sehr gut halte, habe ich eingefügt. Auch zu der erhöhten Vergütung gab ich mein Einverständnis und trage damit dem großen inneren Wert, den ich dem Buch zumesse, Rechnung, denn herauswirtschaften kann ich diese Vergütung auch im günstigsten Fall nicht.

An die Gefangenenanstalt Bautzen schrieb ich laut Anlage und brachte die erwähnten 14 May-Bände auf den Weg.

Das Jahrbuch 1926, das Ihren Beitrag „Im Reich der Schelme" enthält, geht Anfang September an Sie ab. Die Fahnen zum „Kriminellen in der Weltliteratur" folgen alsdann.

Mit vorzüglicher Hochachtung
Ihr ergebenster
Dr. E. A. Schmid

3 Anlagen[847]

---

[847] Die Anlagen haben sich nicht mehr erhalten.

ERICH WULFFEN AN EUCHAR ALBRECHT SCHMID * 20. September 1926
Brief, ms.

Dresden, den 20. 9. [19]26

Sehr geehrter Herr Verlagsdirektor!

Endlich komme ich dazu, Ihnen den vollzogenen Verlagsvertrag „Inferno" zurückzusenden und danke Ihnen für freundliches Entgegenkommen.[848]

Ich erhielt auch das Jahrbuch 1926 und beglückwünsche Sie zu dem reichen Inhalt und der geschmackvollen Ausstattung.

Daß Sie nach Bautzen die Bände geschickt haben, hat mich sehr gefreut!

In diesen Tagen wird nun wohl auch Frau May, hoffentlich gesundheitlich gestärkt, zu unser aller Freude heimkehren.

Mit verbindlichen Grüßen
Ihr ergebener Wulffen.

Hierzu: 1 Vertrag

KARL-MAY-VERLAG, Radebeul bei Dresden, Fehsenfeld & Co. * 20. September 1926
Brief, ms.

20. September 1926

Vertrag[849]

Nachdem Frau Klara May sowohl Herrn Ministerialdirektor Dr. Wulffen, als auch Herrn Verlagsdirektor Dr. Schmid gegenüber ihre ausdrückliche Zustimmung zur Abfassung und Veröffentlichung des geplanten Buches „Karl Mays Inferno" erteilt hat, wird zwischen Herrn Dr. Erich W u l f f e n , Dresden, und dem K a r l - M a y - V e r l a g , Radebeul, folgender Verlagsvertrag geschlossen:

§ 1.

Herr Dr. Wulffen schreibt für den Karl-May-Verlag das mit ihm mehrfach besprochene Werk „K a r l M a y s I n f e r n o ". Der Umfang wird mutmasslich 8 – 12 Bogen vom Format des Gurlitt-Buches ergeben.

---

848 Über dem Wort „Verlagsvertrag" ist nachträglich mit Bleistift vermerkt: „im Geldschrank".

849 Götz von Olenhusen/Seul: *Auf den Spuren von Karl Mays Inferno*, S. 63-79 (67-68).

353

§ 2.

Die Ablieferung der Handschrift soll tunlichst binnen Jahresfrist erfolgen. Falls der Verlag da und dort kleine Änderungs- oder Ergänzungsvorschläge macht, wird sie Herr Dr. Wulffen nach Möglichkeit berücksichtigen.

§ 3.

Der Verlag hat die Abhandlung binnen einem halben Jahr nach Ablieferung in gediegener Ausstattung (kartoniert) herauszubringen, und zwar in einer Auflage von 3000 Stück.

§ 4.

Als Vergütung erhält Herr Dr. Wulffen für jeden Druckbogen M 250,-. Der entsprechende Betrag ist zu zahlen zu ungefähr einem Drittel binnen 14 Tagen nach Ablieferung der Handschrift; zu einem weiteren Drittel 6 Wochen später; der Rest unverzüglich nach Lesung des letzten Korrekturbogens. Sollte sich die Erstauflage von 3000 Stück ausverkaufen und eine Neuauflage möglich werden, so erhält Herr Dr. Wulffen für jedes weitere Tausend nochmals M 500.-, zahlbar bei Beginn der Drucklegung. Für jedes Tausend hat der Verlag ferner je 10 Freistücke an den Verfasser zu liefern.

§ 5.

Das gesamte Urheberrecht des Buches wird Eigentum des Karl-May-Verlags. Etwaige Erlöse aus Uebersetzungen sind zu zwei Drittel an Herrn Wulffen abzuführen.

Dr. Erich Wulffen   KARL-MAY-VERLAG
                                     Fehsenfeld & Co.
                                     Dr. Schmid

1927

EUCHAR ALBRECHT SCHMID AN ERICH WULFFEN * 5. Januar 1927
Brief, ms. Kopie

5. Januar [192]7.

Hochgeehrter Herr Ministerialdirektor,
    endlich habe ich die im Umlauf befindlichen Doppelstücke der Fahnen zu Ihrem Beitrag „Das Kriminelle in der Weltliteratur"[850] zurück-

[850] Wulffen: *Weltliteratur*, S. 238-295.

Dr. Erich Wulffen Mitte der 1920er-Jahre

erhalten, und kann Ihnen nunmehr je 2 Abzüge übermitteln. Alle von mir vorgenommenen Verbesserungsvorschläge, die meist auf Ausmerkung wiederholt angewandter Ausdrücke und dergleichen abzielen, sind auf beiden Fahnen vermerkt. Darüber hinaus befinden sich auf dem einen Teil noch einige Rückfragen über Unklarheiten, die ich jeweils mit einem roten Stern (*) kenntlich machte.

Die letztgenannte Fahnenreihe erbitte ich mit Ihren Wünschen und Ihrem Druckfertigvermerk zurück, worauf ich zur Herstellung des Sonderdrucks schreite. Was Sie (Fahne 15) von Hebbels Tagebüchern[851] sagen, scheint mir sehr wohl für das „Inferno" verwendbar. Auch in meiner „Lanze", deren zweite ergänzte Auflage ich Ihnen anbei überreiche, habe ich auf Seite 29/30 einige Beispiele von krankhaft veranlagten bedeutenden Dichtern erwähnt, die ich noch erweiterte im II. Karl May-Jahrbuch

---

[851] Vgl. Hebbel: *Sämtliche Werke, Tagebücher, Band 1-4.*

(1919), Seite 162[852]. (Hoffmann, Platen, Lenau, Grabbe, Dickens, Poe, Schumann, Scheffel, Reuter, Maupassant, Verlaine, Wilde).

Mit verbindlichen Grüßen und Empfehlungen
Ihr ergebenster
Dr. Schmid

ERICH WULFFEN AN EUCHAR ALBRECHT SCHMID * 9. Februar 1927
Postkarte

Dresden, 9. 2. [19]27.

Sehr geehrter Herr Verlagsdirektor!

Empfing mit bestem Dank die Korrekturen, die bald zurückfolgen. Was machen die Strindberg-Bände?

Heute mache ich von Ihrem freundlichen Anerbieten, mir den Kauf von Büchern zu erleichtern, Gebrauch. Bitte, besorgen Sie mir doch für meine Rechnung:

Hanns Fischer
1. Rhythmus des kosmischen Lebens[853]
Derselbe ⎫ broschiert!
2. Weltwenden[854] ⎭
Verlag: R. Voigtländers Verlag, Leipzig

Die beiden Bücher sollen hochinteressant und lehrreich sein.

Mit den besten Grüßen
Ihr ergebener
Wulffen

KARL-MAY-VERLAG, Radebeul bei Dresden, Fehsenfeld & Co. * 19. Februar 1927
Brief, ms.

19. Februar [192]7.

Herrn Ministerialdirektor Dr. Erich Wulffen,
Dresden – A.

Frei Haus d[ur]ch Boten

---

[852] E. A. Schmid: *Die Münchmeyer-Romane*. In: *KMJb 1919*. Breslau 1919, S. 147-164 (162).

[853] Hanns Fischer: *Der Rhythmus des kosmischen Lebens*. Leipzig 1925.

[854] Hanns Fischer: *Weltwenden / Die großen Fluten in Sage und Wirklichkeit*. Leipzig 1924.

1 Fischer, Rhythmus des kosmischen Lebens geb. M 6,-		4.50
1 " , Weltwenden		4.50
1 Strindberg, Beichte eines Toren[855] brosch.		– . –
1 " , Inferno[856]	"	– . –
1 " , Sohn einer Magd[857]	"	– . –

Die beiden Werke von Fischer sind nur gebunden lieferbar. M 9.–

EUCHAR ALBRECHT SCHMID AN ERICH WULFFEN * 4. April 1927
Brief, ms. Kopie

4. April [192]7.

Hochgeehrter Herr Ministerialdirektor,

anbei das Bamberger Tageblatt mit der erwähnten Mordsache Schilf-Bochum-bezw. Essen.

Ferner überreiche ich Ihnen Maupassant, Band 2[858], enthaltend die Erzählung „Er?". Diese Novelle des 1893 in Paralyse verstorbenen Verfassers gilt als seine berühmteste. Französisch heißt sie „Le Horla"[859].

Band 6[860], mit der Erzählung „Ein Wahnsinniger". Das ist diejenige, von der wir gestern sprachen.

Band 14[861], enthaltend die Erzählung „Die kleine Roque" und „Rosalie Prudent" und Band 19[862], enthaltend die Erzählung „Elternmord".

An den jungen Werner Müller bei Dr. Rohde, Ratzeburg in Lauenberg sandte ich 3 May-Bände.

Schade, daß der gestrige schöne Abend so rasch abgebrochen werden musste. Doch hoffen wir, daß sich in nicht allzuferner Zeit wieder einmal eine Gelegenheit zu solcher Unterhaltung findet.

Mit verbindlichen Grüßen und Empfehlungen, auch an Ihre Frau Gemahlin,

Ihr ergebenster
Dr. Schmid

---

[855] August Strindberg: *Die Beichte eines Toren*. München 1923.

[856] August Strindberg: *Inferno / Legenden*. München 1923.

[857] August Strindberg: *Der Sohn einer Magd*. München 1923.

[858] Guy de Maupassant: *Er?* In: *Gesammelte Werke Band 2: Die Schwestern Rondoli*. Berlin 1924.

[859] Guy de Maupassant: *Der Horla*. Paris 1887.

[860] Guy de Maupassant: *Ein Wahnsinniger*. In: *Gesammelte Werke Band 6: Herr Parent*. Berlin 1917.

[861] Guy de Maupassant: *Die kleine Roque und Rosalie Prudent*. In: *Gesammelte Werke* Band 14, *Die kleine Roque*. Berlin 1917.

[862] Guy de Maupassant: *Elternmord*. In: *Gesammelte Werke* Band 19, *Tag- und Nachtgeschichten*. Berlin 1921.

EUCHAR ALBRECHT SCHMID AN ERICH WULFFEN * 13. April 1927
Brief, ms. Kopie

13. April [192]7.

Hochgeehrter Herr Ministerialdirektor,

erst heute habe ich Frau May telefonisch erreicht und erst heute konnte ich ihr mitteilen, was Sie mir am vergangenen Sonnabend von wegen des Minister-Besuchs auftrugen, und was Sie inzwischen schon durch Sie selber erfahren hat.

Anbei erhalten Sie sechs Werke Zolas aus seiner Reihe „Les Rougon-Marcquart"[863]. Ich sende Ihnen den m[eines] E[rachtens] schwächlichen

Bd. 1 „Das Glück der Familie Pougon" (1869) nur damit Ihnen ein Durchblättern das Einlesen ermöglicht. – Aus dem gleichen Grund den ebenfalls unwichtigen

Bd. 20 „Doktor Pascal" (1893), weil dieser am Schluß die Stammtafel der Rougon-marquarts enthält.

Bd. 2 „Die Jagdbeute" (1871): Mutter und Stiefsohn. Eine unmittelbare Fortsetzung ist das berühmte Buch „L'argent" (1891), der Börsenroman, der aber nichts von Pathologie enthält und den ich deshalb fehlen lasse.

Bd. 7 „Der Totschläger" (1877): Alkohol.

Bd. 13 „Germinal" (1885): Bergwerksroman, der zu den allerbekanntesten zählt.

Bd. 17 „Die Bestie im Menschen" (1890): Lustmord.

Außer dieser Reihe ragen bei Zola noch zwei weitere Gruppen hervor:

a) „Les trois Villes"[864]

„Lourdes" (1894) schildert die wirklichen und ebenso die vermeintlichen Suggestionsheilungen.

„Rom" (1896): stellt in großartiger Weise die ungeheure Macht des Papsttums dar.

„Paris" (1897) für meinen Geschmack ungenießbar.

b) „Les quatre Evangiles"[865]

„Fruchtbarkeit" (1899)

„Arbeit" (1901)

„Wahrheit" (1902)

Der letzte Band:

„Gerechtigkeit" blieb durch den plötzlichen Tod des Dichters (Kohlengasvergiftung am 29. September 1902) im Entwurf stecken.

---

[863] Émile Zola: Les Rougon-Macquart. 20 Bände. Paris 1871-1893. [dt. Die Rougon-Macquart. Die Natur- und Sozialgeschichte einer Familie im Zweiten Kaiserreich u. a. München 1922ff.].

[864] Émile Zola: Trois Villes. Drei Bände. Paris 1894-1898. [dt. Drei Städte, u. a. Budapest 1895-1898].

[865] Émile Zola: Quatre Evangiles. Vier Bände. Paris 1899-1903. [dt. Vier Evangelien, u. a. Stuttgart 1901ff.].

„Wahrheit" übertrifft wohl alles frühere. Es schildert den „Dreifuß-Prozeß"[866] (Antisemitismus) in verhüllter Form, und zwar wird der Jude verantwortlich gemacht für den Lustmord, den ein Priester an einem Knaben begeht.

Die beiden letztgenannten Gruppen a) und b) besitze ich nicht, doch wollte ich sie mir schon längst erwerben und werde dies möglichst bald tun, sofern ich Ihnen durch Leihe erkenntlich sein kann.

Mit verbindlichen Ostergrüßen
Ihr ergebenster
Dr. Schmid

ERICH WULFFEN AN KLARA MAY * 3. Juli 1927
Briefkarte, hs.

Dresden, den 3. Juli 1927

Liebe, verehrte Freundin!

Zu Ihrem morgenden [!?] Geburtstage, den wir nun leider abermals nicht in Ihrem schönen, trauten Garten verbringen dürfen, sende ich Ihnen meine herzlichsten Glückwünsche! Vor allem sei Ihnen Gesundheit im neuen Lebensjahre beschieden und ein wenig Geduld, ihr in Ruhe zu leben. Möchten sie im Gebirge und in der Schweiz, wohin Sie wohl zu reisen gedenken, schöne Erholung finden und auch dann uns, Ihren alten und treuen Freunden, die Sie solange nicht mehr gehabt haben, wieder-gegeben werden.

So sehr wir der lieben Frau Lieberknecht danken müssen, daß sie gerade zur rechten Zeit Sie mit energischer Hand festhält, so sehr fehlen uns doch unsere früheren gemeinschaftlichen Austausche im engen Kreise. Aber wir preisen Sie glücklich und meinen, es sei die schönste Geburts-tagsgabe, die Ihnen das Schicksal auf den Weg streute, daß Sie so viele aufrichtige Freundschaft gefunden haben. Hoffentlich sehen wir uns wenigstens zum Sommerfest in Pillnitz!

Mit den herzlichsten Wünschen und Grüßen bin ich
Ihr getreuer Wulffen.

---

[866] Wegen angeblichen Verrats militärischer Geheimnisse an das Deutsche Reich wurde der französische Hauptmann Alfred Dreyfus (1859–1935) im Jahr 1894 auf der Grundlage von gefälschtem Beweismaterial von einem Militärgericht aus der Armee ausgestoßen und zu lebenslänglicher Verbannung auf die Teufelsinsel (Französisch-Guyana) verurteilt. Die Revisionsverhandlung vor dem Kriegsgericht in Rennes endete 5 Jahre später mit der erneuten Verurteilung von Dreyfus zu zehn Jahren Gefängnis. Er wurde schließlich vom französischen Präsidenten begnadigt. 1906 kam es nach der Aufdeckung des gefälschten Anklagematerials zur vollständigen Rehabilitation von Dreyfuß vor dem Kassationshof. Er wurde wieder in die Armee aufgenommen und mit dem „Kreuz der Ehrenlegion" ausgezeichnet.

ERICH WULFFEN AN KLARA MAY * 9. Oktober 1927
Brief, hs.

Dresden, den 9. Oktober 1927

Hochverehrte liebe Freundin!

Welche Überraschung und Freude, Sie gestern Abend in der Oper zu sehen. Ich glaube, wir haben mit unserem Wiedersehen dem umstehenden Publikum ein kleines Intermezzo in der Oper geboten! Glänzend sahen Sie aus, rundlich im Gesicht! Möchte Sie der liebe Gott uns allen gesund erhalten und Sie selbst mit Ihrer Gesundheit umgehen lassen, wie es solchen nicht mehr ganz jungen Herrschaften geziemt.

Und nun empfangen sie nochmals herzlichen Dank für Ihre warmen Geburtstagswünsche und Ihre freundlichen Spenden an Glasschalen und Obst, die uns Mariechen[867] überbrachte. Schade, daß Sie am 3. 10. nicht unter uns waren, Perron[868] war mit Helene da, er sang – sehr gut – eine ganze Reihe Lieder bis Nachts nach 1 Uhr. Dr. Engländer begleitete, ein Geiger spielte, auch Frl. Helene sang. Erst gegen ½ 4 Morgens entflohen die Gäste. Über das alles müssen wir noch plaudern, auch über unsere schöne Reise, wenn wir wieder zusammen sind.

Gestern war ich zur Feier der Grundsteinlegung vom Hygiene-Museum[869]. Lingner[870] – auch ein Schaffender aus Leid und Tragik, wie sich ergab, dabei eine Künstlernatur, er hatte Musiker werden wollen.

Wir freuen uns sehr auf unser Zusammensein mit Ihnen am nächsten Sonntag und erhalten wohl noch nähere Mitteilung über Zeit und Ort. Meine Frau und ich grüßen Sie mit den innigsten Wünschen von Herzen als Ihre getreuen Wulffens.

KLARA MAY AN ERICH WULFFEN * 21. Oktober 1927
Brief, hs.

Villa Shatterhand, Radebeul bei Dresden,
den 21.10.1927

Hochverehrter, lieber Herr Geheimrat!

Dr. Schmid hat mir mal wieder einige „frohe" Stunden bereitet. Vorwürfe aller Art kamen dazu. Der Grund ist, daß in einer Kna-

---

[867] Gemeint ist Marie Frank-Tobis (1902–1961), die seit 1921 Haushälterin bei Klara May ist und 1941 Patty Frank (1876–1959) heiratete.

[868] Karl Perron (1858–1928): Bariton, Opernsänger, v. a. Richard Strauss und Richard Wagner.

[869] Das 1912 in Dresden gegründete Deutsche Hygiene-Museum war 1912 von dem Dresdner Unternehmer und Odol-Fabrikanten Karl August Lingner nach der I. Internationalen Hygiene-Ausstellung als „Volksbildungsstätte für Gesundheitspflege" gegründet worden. Ziel war die Verbesserung des Gesundheitszustands auch ärmerer Bevölkerungsteile durch zahlreiche (öffentliche) Sanitäreinrichtungen und Schulneubauten.

[870] Karl August Lingner (1861–1916): Deutscher Unternehmer und Philanthrop.

benzeitung, im Briefkasten, auf Anfrage eines Jungen K[arl] M[ay] als Räuberhauptmann bezeichnet wurde und deshalb Freiheitsstrafe erhielt.

Nun sagt Schmid, ich sei daran Schuld, daß Sie das Werk über K[arl] M[ay] nicht schrieben. <u>Sie</u> hätten Hemmungen meinetwegen, um mir nicht Schmerz zu bereiten. Es mag sein. Ich soll Ihnen nun versprechen, das Werk vor Drucklegung nicht zu lesen. Gut, es sei. Denn wie immer es auch ausfallen möge, im Lichte Ihrer großen, edlen Menschenliebe wird es die traurigen Tatsachen immer noch mild behandeln und Sie werden dem Menschlichen, Allzumenschlichen Milde und Verstehen endgegen [!] bringen.

Ich kenne keinen Menschen auf der Welt, dem ich lieber das Richtschwert über den mir teuersten Menschen in die Hand legen würde und so sei es Ihnen in Gottes Namen übergeben.
Ihre, Sie über alle lebenden Menschen verehrende
Klara May.

Dieser Brief zeigt, dass Wulffens Arbeit an der Biografie, die sich hinzieht, zu Auseinandersetzungen zwischen Klara May und E. A. Schmid führt. Die Witwe ist ausdrücklich damit einverstanden, Wulffens Werk nicht vor dem Druck zu lesen. In ihrer Vorstellung behandelt der Jurist die Vorstrafen Mays mit Milde und Verständnis, weshalb sie ihm auch freie Hand lässt. Dass die „jugendlichen Verfehlungen" Teil der Abhandlung sein würden, ist Klara May bekannt. Wulffen führt, wie sich aus dem Briefwechsel ergibt, ausführliche Gespräche mit ihr. Die Witwe wiederum berichtet E. A. Schmid darüber, der dann Fragen beantwortet.

ERICH WULFFEN AN KLARA MAY * 23. Oktober 1927
Brief, hs.

Dresden, den 23. Oktober 1927
Hochverehrte, liebe Freundin!

Herr Dr. Schmid hat nicht Recht getan, Sie in Beunruhigung zu versetzen. Ich empfinde aus Ihrer Person keine Hemmungen, das Buch über Karl May zu schreiben. Das Buch wird in seinem Urteil so rein menschlich über K.M. sein, daß Sie es ruhig lesen können, auch vor der Drucklegung. Es wird kein Richtschwert sein, das ich handhabe. Müßte es das sein, hätte ich die Arbeit nicht übernommen.

Ich will Ihnen den wahren Grund nicht verschweigen, weshalb ich in Verzug geraten bin. Kurze Zeit, ehe ich mit Dr. Schmid über „Inferno" abschloß, hatte ich einen anderen Verlagsvertrag über ein großes Werk, das mich viele Studien kostete, abgeschlossen, deshalb konnte ich am „Inferno" bisher nur stückweise arbeiten. Jetzt ist das andere große Werk im Manuskript fix und fertig und ich bin monatelang nun für „Inferno" frei und werde mich dieser Arbeit einschließlich dem Studium von KMs Werken ganz widmen.

Also wollen Sie, liebe Freundin, bitte ganz ruhig sein und sich nicht bangen. Ich danke Ihnen für Ihre lieben Zeilen und bitte Sie um Ihr frommes Vertrauen. Unser Zusammensein war neulich ganz reizend. Hoffentlich am Freitag im und nach dem Konzert auf Wiedersehen! Freilich noch hat Dr. Wißmann[871] die zugesagten Billets nicht geschickt.
Mit vielen Grüßen und besten Wünschen für Ihr Wohlergehen (auch an
Frau Lieberknecht)
Ihre getreuen Wulffens.

Dieses Dokument ist für die Beziehung von Klara May und Erich Wulffen von großer Bedeutung. Wulffen will die Witwe nicht etwa mit falschen Angaben belügen. Er ist vielmehr ehrlich überzeugt, dass er eine für sie überaus akzeptable Biografie schreiben werde, ein rein menschliches Werk und kein Urteil eines Strafrichters – mit Richtschwert. Ende Oktober 1927 hat Wulffen noch nicht richtig mit der Arbeit begonnen, sondern sich dieser Aufgabe nur „stückweise" gewidmet. Seine Aussage soll also nicht Klara May beruhigen, sondern nur seinen Verzug erklären. E. A. Schmid scheint allerdings eher besorgt gewesen zu sein, dass Wulffens Buch der Mitgesellschafterin nicht gefallen könnte. Deutlich wird hier, dass Wulffen damals noch der irrigen Meinung ist, seine Arbeit stehe ganz im Einklang mit Klara Mays Wünschen.

EUCHAR ALBRECHT SCHMID AN ERICH WULFFEN * 1. Dezember 1927
Brief, ms. Kopie

1. Dezember [192]7.
Herrn
Ministerialdirektor Dr. Erich Wulffen,
<u>Dresden.</u>

Hochgeehrter Herr Geheimrat,
Frau May erzählt mir, daß Sie zurzeit Bd. 55 „Der sterbende

---

[871] Näheres ist nicht bekannt.

Kaiser"[872] lesen. Da haben Sie ausgerechnet einen Band erwischt, der m[eines] E[rachtens] in die dritte oder vierte Wertklasse einzureihen ist, abgesehen davon, daß es sich um den fünften Band einer zusammenhängenden Reihe (Bd. 51-55) handelt; über diesen Roman – das frühere „Waldröschen"[873] – können Sie sich aus meiner mitfolgenden Schrift[874] unterrichten. Es gibt immerhin viele, die gerade diese Werke Mays ganz besonders hochstellen, und ich füge meinem Brief eine Stelle aus einer längeren Abhandlung bei, die soeben in der „St. Pöltener Zeitung" erschien.

Für Karl May's beste Erzählungen halte ich, in guter Gefolgschaft, die Bde 1 bis 6 der Sammlung. Fast ebenso hoch stelle ich die Bde 11. 12. 13. 35. 36. 41.

In die zweite Gruppe möchte ich einreihen Bd. 7-9, weil nämlich dieser Roman, „Winnetou", keine einheitliche Form aufweist, sondern aus verschiedenen Novellen zusammengeschweißt wurde; vergleichen Sie dazu die Jahrbücher 1921 und 1925 („Der werdende Winnetou"[875] und „Winnetous Tod"[876] von Kandolf). Ähnlichen Wert messe ich den Bänden 19 bis 22 bei.

In die dritte Reihe möchte ich setzen die Bände 10. 14-18. 23-29. 31. 32. 34. 37-40. 43. 44.

An letzter Stelle kommen für meinen Geschmack erst die übrigen Bandnummern 30. 33. 42–55.

Erwähnt sei, daß die Novellen-Bände Erzählungen unterschiedlicher Art enthalten; aus Bd. 10 empfehle ich Ihnen zu lesen: Erzählung 1 und 3

aus Bd. 19 Erzählung 1 bis 3
aus Bd. 23 Erzählung 1 und 2
aus Bd. 38 Erzählung 2
aus Bd. 43 Erzählung 1. 2. 6 und 8.
aus Bd. 44 Erzählung 1. 2 und 4.

– – – – – – – –

Ferner ersucht mich Frau May, Ihnen einiges über das Blockhaus zu senden; deshalb überreiche ich Ihnen verschiedene Anlagen, darunter auch

[872] *Karl May's Gesammelte Werke* Band 55, *Der sterbende Kaiser*. Radebeul bei Dresden 1925.

[873] May: *Waldröschen.*

[874] Es ist im Hinblick auf das *Waldröschen* davon auszugehen, dass der Verlagsleiter seine Schrift *Waldröschen*. In: *KMJb 1926*. Radebeul bei Dresden 1926, S. 238-244, als Anlage mitschickte.

[875] Franz Kandolf: *Der werdende Winnetou*. In: *KMJb 1921*. Radebeul bei Dresden 1921, S. 336-360.

[876] Franz Kandolf: *Winnetous Tod*. In: *KMJb 1925*. Radebeul bei Dresden 1925, S. 69-74.

Abschriften dreier Briefe, die von den Herren Fischer[877], Gräfe[878] und Dr. Krykeberg[879] eingegangen sind.

Mit verbindlichen Grüßen und Empfehlungen
Ihr ergebenster
Dr. Schmid

Anlagen.[880]

EUCHAR ALBRECHT SCHMID AN ERICH WULFFEN * 10. Dezember 1927
Brief, ms. Kopie

10. Dezember [192]7.

Herrn
Ministerialdirektor Dr. Erich Wulffen,
Dresden.

Hochgeehrter Herr Geheimrat,

Karl May's erste Frau hieß: Lina Emma Pollmer[881], geboren am 22. November 1856 in Hohenstein-Ernstthal als außereheliches Kind der Tochter eines Barbiers Pollmer[882]; gestorben am 14. Dezember 1917 zu Arnsdorf.

Die von Ihnen gesuchten Akten laufen meiner Erinnerung nach unter dem Namen Freytag[883] und Genossen; doch bemerke ich vorsorglich,

---

[877] Möglicherweise handelt es sich um den Geheimrat und (seit 1915) außerordentlichen Professor für Philosophie an der Ludwig-Maximilians-Universität und (seit 1918) ordentlichen Professor für Pädagogik Dr. Aloys Fischer (1880–1937). Von ihm stammt auch der Beitrag *Karl May als Jugendschriftsteller im Wandel der Generationen*. In: *KMJb 1933*. Radebeul bei Dresden 1935, S. 281-310.

[878] Arthur Graefe (1890–1967): Sächsischer Kulturbeamter; Regierungsrat, ab 1937 Regierungsdirektor im Sächsischen Ministerium für Volksbildung; vgl. Thomas Schaarschmidt: *Arthur Graefe. „Der Sachsenmacher" und das „Heimatwerk Sachsen"*. In: Christine Pieper/Mike Schmeitzner/Gerhard Naser (Hg.): *Braune Karrieren. Dresdner Täter und Akteure im Nationalsozialismus*. Dresden 2012, S. 248-254. – Graefe war auch Autor des Beitrags *Auch die Karl-May-Stiftung. 25 Jahre alt*. In: *25 Jahre Karl-May-Verlag 1913-1938. Schaffen am Werke Karl May's*. Radebeul bei Dresden 1938, S. 19.

[879] Walter Krickeberg (1885–1962): Professor und promovierter Amerikanist, der ab 1924 Assistent und ab 1945 Direktor am Völkerkundemuseum in Berlin war.

[880] Die Anlagen haben sich leider nicht erhalten (Hg.).

[881] Emma Lina Pollmer (1856-1917): Karl Mays erste Ehefrau. Die Eheschließung erfolgte am 17.8. (standesamtliche Trauung) bzw. am 12.9.1880 (kirchliche Trauung), die Ehescheidung wurde am 4.3.1903 rechtskräftig.

[882] Christian Gotthilf Pollmer (1807–1880): Barbier und „Chirurgus" in Hohenstein und Großvater von Emma Pollmer.

[883] Kgl. Landgericht Dresden: Strafverfahren ./. Karl May & Genossen beim LG Dresden (wegen Meineid und Verleitung zum Meineid im ersten „Münchmeyer"-Prozess) – 2 V. 21/02. Letztlich kommt das Verfahren am 26.9.1909 nach einem Beschwerdeverfahren vor dem Kgl. Oberlandesgericht Dresden „m a n g e l s B e w e i s e s" zur Einstellung; vgl. Seul: *Old Shatterhand vor Gericht*, S. 303-316.

Karl May's
Gesammelte Werke

Bisherige Auflage: mehr als 4 Millionen Bände!

Band	
1	Durch die Wüste
2	Durchs wilde Kurdistan
3	Von Bagdad nach Stambul
4	In den Schluchten des Balkan
5	Durch das Land der Skipetaren
6	Der Schut
7. 8. 9	Winnetou. 3 Bände
10	Orangen und Datteln
11	Am Stillen Ozean
12	Am Rio de la Plata
13	In den Kordilleren
14. 15	Old Surehand. 2 Bände
16. 17. 18	Im Lande des Mahdi. 3 Bände
19	Kapitän Kaiman
20. 21. 22	Satan und Ischariot. 3 Bände
23	Auf fremden Pfaden
24	Weihnacht
25	Am Jenseits
26. 27. 28. 29	Im Reiche des silbernen Löwen. 4 Bände
30	Und Friede auf Erden
31. 32	Ardistan und Dschinnistan. 2 Bände
33	Winnetou's Erben
34	„Ich"
35	Unter Geiern
36	Der Schatz im Silbersee
37	Der Ölprinz
38	Halbblut
39	Das Vermächtnis des Inka
40	Der blaurote Methusalem
41	Die Sklavenkarawane
42	Der alte Dessauer
43	Aus dunklem Tann
44	Der Waldschwarze
45	Zepter und Hammer
46	Die Juweleninsel
47	Professor Vitzliputzli
48	Das Zauberwasser
49	Himmelsgedanken (Gedichte)
50	In Mekka
51	Schloß Rodriganda
52	Vom Rhein zur Mapimi
53	Benito Juarez
54	Trapper Geierschnabel
55	Der sterbende Kaiser

Preis geheftet je M. 3.—
grün gebunden mit farbigem Deckelbild je M. 5.—

Karl-May-Verlag, Radebeul bei Dresden

Werkübersicht des Karl-May-Verlags (1925)

daß ich diese späteren Dinge, die ja stets mit Einstellung des Verfahrens endeten, nicht in dem Buch behandelt wissen möchte, im Gegensatz zu den jugendlichen Verfehlungen, die zwecks biographischer Zusammenstellung von Karl May's Lebenslauf unentbehrlich bleiben.

Aus meinen Unterlagen überreiche ich Ihnen wunschgemäß folgende Abschriften:

1.) Akten der Superintendentur Chemnitz 1861

2.) Brief May's an seine Eltern vom 20. April 1869

3.) die beiden Wadenbach-Briefe vom 9. Februar 1870

4.) Brief RA Dr. Gerlach an Frau May, den dieser auf ihr Verlangen an sie richtete.

5.) Auszug, den Frau May aus den Akten angefertigt hat.

Beachten Sie, daß sich ein rührender und sehr wichtiger Brief von Karl May's Vater im Gurlitt-Buch (Seite 33) abgedruckt findet, den ich dem erstgenannten Schriftstück entnahm.

Mit verbindlichen Grüßen

Ihr ergebener

Dr. Schmid

ERICH WULFFEN AN KLARA MAY * 27. Dezember 1927
Briefkarte, hs.

Dresden, 27.12. [19]27

Hochverehrte liebe Freundin!

Anstelle Ihnen durch den beliebten Fernsprecher meinen Weihnachtsdank für Ihre lieben Freundlichkeiten sagen zu können, weil Sie einfach entflohen sind oder entführt worden sind, geschieht es nun in der Ihnen bekannten unleserlichen Schrift!

Haben Sie herzlichen Dank für Ihre Gaben, den schönen Brieföffner und das wertvolle [?] Buch von Engel, das mich neben Gerhart Hauptmanns „Griechischer Frühling"[884] natürlich sehr interessiert. Hoffentlich geht es Ihnen gut und Sie haben die Feiertage freudig [?] verlebt.

Das Werk „Inferno" gedeiht und rückt jeden Tag beträchtliche Seiten vorwärts. Mit herzlichen Grüßen auch an Familie Lieberknecht, die vielleicht die Entzifferung meiner Hieroglyphen übernimmt, bin ich

Ihr getreuer Wulffen.

[884] Gerhart Hauptmann: *Griechischer Frühling* (Reisebericht). Berlin 1908.

1928

Am 1. Februar tritt Erich Wulffen in den Ruhestand. Einige Monate zuvor hatte sein Dienstherr, das Sächsische Justizministerium[885], beantragt, die Pensionierung auf zwölf Monate hinauszuschieben. Begründet war der Antrag, der sehr viel über die Kompetenz und das Ansehen des Juristen besagt, wie folgt: „Das Ausscheiden des Ministerialdirektors Dr. Wulffen Ende Januar 1928 würde für den Justizminister eine um so größere Schwierigkeit bedeuten, als er bei der bevorstehenden Beratung des Staatshaushalts, bei der herkömmlicherweise von den Oppositionsparteien Angriffe auf die Handhabung der Strafrechtspflege erfolgen, auf die besondere Unterstützung eines Mannes angewiesen ist, der durch seine langjährige Erfahrung im parlamentarischen Leben und durch sein Ansehen bei wohl allen Parteien vorzüglich geeignet ist, die Ausstellungen an der Justiz zu entkräften und die Interessen der Rechtspflege im Landtage wahrzunehmen. Aber auch für das Justizministerium selbst erscheint das Ausscheiden des Ministerialdirektors Dr. Wulffen im gegenwärtigen Zeitpunkt als besonders unzuträglich. [...] Die Neuordnung des Strafrechts und vor allem die des Strafvollzugsrechts [...] erfordert seit längerer Zeit Maßnahmen der Vorbereitung und der Umstellung im Gefängniswesen, die eine einheitliche planmäßige Durchführung bedingen. Alle diese Arbeiten sind bisher von Ministerialdirektor Dr. Wulffen geleitet worden, der dazu um so mehr berufen war, als er sich durch seine wissenschaftlichen Arbeiten auf dem Gebiet der Kriminologie einen Namen weit über die Grenzen des Landes hinaus geschaffen hat und als ein Fachmann ersten Ranges gilt. Es kommt hinzu, daß die Neuerungen, die mit der Einführung eines neuen Strafrechts und Strafvollzugsrechts in Kraft treten werden, im wesentlichen auf den Anschauungen beruhen, die Ministerialdirektor Dr. Wulffen seit Jahren vertreten, für die er gekämpft und an deren endgültiger Durchsetzung er verdienstlichen Anteil hat. Es würde nach der Auffassung des Justizministeriums für die Überführung der bestehenden sächsischen Verhältnisse in das neue Recht einen schweren Verlust bedeuten, wenn mitten in den Vorbereitungen dafür ein Mann aus seiner amtlichen Stellung ausscheiden müßte, dessen Leitung sie bisher anvertraut gewesen sind und der wie kein anderer im Lande nach seiner Einfühlung, Erfahrung und wissenschaftlichen Geltung dafür geeignet ist." Dem Antrag des Justizministeriums ist allerdings nicht stattgegeben worden, da die gesetzlichen Bestimmungen[886] gegen eine Aufschiebung des Pensionseintritts standen. Aus diesem Grund tritt Wulffen am 1. Februar 1928 in den Ruhestand.

---

[885] Antrag das Sächsischen Justizministeriums [Datum unbekannt, vermutlich Ende 1927]. In: SLUB Dresden, Msc v. Dresd. App. 1832 Nr. 35.

[886] § 1 Abs. 1 des Gesetzes über eine Altersgrenze usw. vom 29. Mai 1923, GBl. S. 112, in der Fassung des Gesetzes zur Änderung beamtenrechtlicher Vorschriften vom 27. April 1926, GBl., S. 108.

ERICH WULFFEN AN KLARA MAY * [ohne Datum, vermutlich 12. Februar 1928]
Brief, hs.

[Poststempel] 12.2.1928

Liebe verehrte Freundin!

Aus dem Ruhestand sende ich Ihnen und Frau Lieberknecht die herzlichsten Grüße und Ihnen persönlich beste Wünsche für Wohlergehen und glückliche Heimkehr! – Zu tun habe ich wahnsinnig, mehr denn je! Meine einzige Lektüre: Karl May! Ein Band nach dem anderen wird durchgenommen. Sogar auf meinen Vortragsreisen lese ich im Eisenbahnabteil Karl May und errege damit Aufsehen. Sollte das nicht Ihren Satan[887] [E. A. Schmid] veranlassen können, mir für solche Reisen eine Lese-Reklame-Provision zu bewilligen???!

Also wir leben einem freudigen Wiedersehen entgegen

Ihr „alter" Wulffen

EUCHAR ALBRECHT SCHMID AN ERICH WULFFEN * 3. April 1928
Brief, ms. Kopie

3. April [192]8.

Herrn
Ministerialdirektor Dr. Erich Wulffen,
Dresden.

Hochgeehrter Herr Ministerialdirektor,

in der Anlage erhalten Sie, mit der Bitte um baldige Rücksendung:

a) Die „Astrologische Rundschau" enthaltend das Horoskop Karl Mays von Walter Guhlmann[888],
b) Ein weiteres Horoskop des Dichters eingesandt von einem Unbekannten, der mit dem Pseudonym Dr. Eisenbart[889] zeichnete.

Beide hatten sich vorher nach der Geburtsstunde Karl Mays bei uns erkundigt. Der letztere, der anscheinend von Beruf bayrischer Gymnasiallehrer ist, unter dem eben erwähnten Pseudonym, postlagernd.

Ferner überreiche ich Ihnen die Niederschrift einer Besprechung[890],

---

[887] Euchar Albrecht Schmid benutzte damals allgemein bekannt das Pseudonym „Satanello"; vgl. *Deutsche Biographische Enzyklopädie*. Hrsg. von Rudolf Vierhaus. Band 11 *Nachträge/Personenregister*. München 2008, S. 847.

[888] Walter Guhlmann: *Karl May und die Astrologie*. In: *Astrologische Rundschau*, Jg. 1928, Heft 11/12, S. 357-365.

[889] Näheres zu dem Verfasser und seinem Horoskop ließ sich nicht ermitteln.

[890] Vgl. Euchar Albrecht Schmid: *Der Gefängnisschließer von Waldheim. Eine Erinnerung an Karl May*. In: *75 Jahre Karl-May-Verlag*. Bamberg 1988, S. 30-32.

Dr. Erich Wulffen Mitte der 1920er Jahre

die ich am 4. März 1926 mit dem 88jährigen pensionierten Schliesser
Wilhelm Müller[891] des Zuchthauses Waldheim in Leipzig hatte.

Mit verbindlichen Grüssen

Dr. Schmid

3 Anlagen.

[Anlage]

Anfang 1926 schrieb mir ein May-Leser (Herr Otto Reinhold-Leip-
zig), daß in Leipzig-Gohlis, Pariser Strasse 16, ein pensionierter Schliesser

---

[891] Karl Wilhelm Müller (1836–1926) stammte aus Ernstthal und war Schließer während Mays Haftzeit
im Zuchthaus Waldheim.

des Zuchthauses Waldheim, namens Wilhelm Müller, lebe, der Karl May persönlich gekannt habe. Nach vorherigem Briefwechsel besuchte ich am 4. März 1926 mit meiner Frau den 88jährigen Aufseher Müller, und erfuhr von ihm folgendes:

Der greise Herr stammte ausgerechnet aus Hohenstein-Ernstthal und war 5 Jahre älter als Karl May. Er sprach sich sehr lobend über unsern Dichter aus und berichtete, der junge May habe damals in Ernstthal viele Freunde gehabt, weil er so hübsche Märchen und Fabeln erzählen konnte. Er selber, Müller, habe trotz des Altersunterschieds zwischen ihm und May zu jenen gezählt, die den Worten des jüngeren Knaben lauschten. Im übrigen habe er sich allerdings um Karl May nicht weiter gekümmert.

Später, als Müller Schliesser in Waldheim geworden war, hörte er (1870) von einem Kollegen, daß der „May-Karle" aus Ernstthal in Waldheim eingeliefert worden sei, was ihn sehr wunderte, weil er May keine Straftat zugetraut habe. Während der ganzen vier Jahre hat er Karl May in der großen Anstalt niemals gesehn. Von befreundeten Angestellten erfuhr er gelegentlich, May befinde sich in der Visitation XI, 3. Stockwerk, und führe sich sehr gut. Besonders ein Aufseher namens Leistner erwähnte ihn öfters lobend. May habe alsbald die Leitung der aus 1.700 Bänden bestehenden Anstaltsbücherei überantwortet erhalten und diese musterhaft geführt. Besonders beliebt war May beim katholischen Anstaltskatecheten Kochta, der ihn, den Protestanten, zum Orgelspiel in der Kirche heranzog. (vgl. hierzu Band „Ich" Seite 438f. und 571.)[892]

Am 2. Mai 1874 wurde May aus der Anstalt entlassen, und zufällig hatte Müller an diesem Tag Abgangsdienst. Damals hat er seinen Jugendgefährten zum ersten Mal wiedergesehn. Er händigte ihm seine Zivil-Kleider und was sonst dazu gehörte, aus. Um dem Landsmann nicht weh zu tun, machte Müller keine Andeutung, daß sie Beide aus Ernstthal stammten, glaubte aber, May habe ihn erkannt. Wohlwollende Schliesser pflegen bei solchem Anlass möglichst freundlich zum Entlassenen zu sein. Deshalb suchte auch der dem Jugendgefährten durch kleine Scherze die Rückkehr ins bürgerliche Leben zu erleichtern, indem er gutmütig sagte:

„Na, ich bin neugierig, wann wir Dich hier wiedersehen!"
Da wurde May ganz ernst, legte dem Aufseher die Hand auf die Schulter, sah ihm tief ins Auge, und antwortete, langsam und jedes Wort betonend:
„Herr Schliesser, mich sehen Sie hier niemals wieder!"

– – – – – – – – –

[892] *Karl May's Gesammelte Werke* Band 34, „*Ich*". 10. Aufl., Radebeul bei Dresden [1926], S. 438f. und 571.

Herr Müller versprach, in seinem Gedächtnis noch nach Erinnerungen zu tasten. Und wir wollten ihn in einigen Wochen wieder besuchen. Aber schon vierzehn Tage nach unsrer Zusammenkunft erhielten wir die Nachricht, er sei plötzlich an Herzschwäche gestorben.

EUCHAR ALBRECHT SCHMID AN ERICH WULFFEN * 31. Mai 1928
Brief, ms. Kopie

31. Mai [192]8.

Herrn
Ministerialdirektor Dr. Erich Wulffen,
<u>Dresden</u>

Hochgeehrter Herr Geheimrat,

Frau May sagte mir, daß Sie nach dem Temperament Karl Mays gefragt hätten. Nach meiner Ansicht war er unbedingter Optimist, ebenso unbedingter Sanguiniker, vielleicht mit ganz kleiner Neigung zur Melancholie, die aber von seiner Hoffnungsfreudigkeit und seinem Selbstbewusstsein zurückgedrängt wurde.

Anbei überreiche ich Ihnen Abschrift des Zettels, den der Dichter am Fenster neben seinem Arbeitstisch angeklebt hatte. Sobald ich eine Kopie der photographischen Platte habe, lasse ich sie nachfolgen.

Aus der Fülle einströmender Briefe übermittle ich Ihnen – nur als Musterbeispiel, nicht weil es besondrer Würdigung wert ist – den eines uns unbekannten Fräuleins Hildegard Raschke, Berlin, der Ihnen zeigt, wie krampfhaft sich eine Unzahl von Maylesern an seine frühen Reisen klammert. Mein Standpunkt, nichts Unwahres zu bringen, und nichts zu mutmaßen, wovon das Gegenteil unwiderruflich feststeht, ändert sich dadurch nicht.

Im Verlag Ludwig Rath, Regensburg, ist 1927 ein Buch von Dr. Ludwig Hofbauer „Der Pestkrieg"[893] erschienen, worin sich eine gleichfalls in Abschrift mitfolgende Stelle befindet. Dieser Sache ging ich nach und erhielt von Güteradministrator Max Saul, Schwandorf, eine Reihe von Originalbriefen seines im Jahr 1923 zu Los Angelos [sic] verstorbenen Bruders Fritz. In einem dieser Briefe, der sich zurzeit in meiner Verwahrung befindet, steht wörtlich das, was ich in einer 4. Anlage wiedergebe.[894]

[893] Ludwig Hofbauer: *Der Pestkrieg.* Regensburg 1927.
[894] Euchar Albrecht Schmid zitiert im *KMJb 1929*: *Winnetou?,* S. 347-353, aus dem Buch *Der Pestkrieg* von Ludwig Hofbauer (Verlag Ludwig Rath, Regensburg) eine Stelle, in der die reale Existenz Winnetous behauptet wird. Quelle dafür – und damit für eine neue Frühreisenhypothese – waren Briefe des 1869 nach Amerika ausgewanderten Fritz Saul, der seinem Bruder Max schrieb, er hätte Winnetou persönlich gekannt. Schmids Nachforschungen ergaben, dass Saul wohl die Namen Winnetou und Chief Victorio (den auf Cochise folgenden Apachenhäuptling) verwechselt hat.

Endlich ist es mir auch gelungen, jene erwähnte wundervolle Rede Victor Hugos[895] aus dem Jahr 1878 nochmals aufzutreiben, und ich füge sie bei.

Ich hoffe, nächste Woche nach Marienbad und im Anschluß daran geschäftlich verreisen zu können, und werde mich telefonisch bei Ihnen melden, sobald ich zurück bin.

Mit verbindlichen Grüssen und Empfehlungen
Ihr ergebenster
Dr. Schmid

<u>5 Anl.</u>[896]

EUCHAR ALBRECHT SCHMID AN ERICH WULFFEN * 4. Juni 1928
Brief, ms. Kopie

4. Juni [192]8.

Herrn
Ministerialdirektor Dr. Erich Wulffen,
<u>Dresden</u>

Hochgeehrter Herr Geheimrat,

im Nachgang zu meinem Schreiben vom 31. Mai erhalten Sie anbei einen Abzug des Zettels[897], der an Karl Mays Fenster zur linken Hand seines Schreibtischs angeklebt war. Ferner diejenige Karte, auf der der Dichter eine große Ähnlichkeit mit Strindberg aufweist, kennbar als Nummer 1).

Nummer 2) ist ein Bild, das den Verstorbenen wohl am besten wiedergibt und insbesondere auch den schelmischen Humor wiederspiegelt.

Nummer 3) gefällt mir am besten von all seinen Aufnahmen. Bei Herstellung dieser drei Bilder zählte er 67 Jahre (Photograph Erwin Raupp[898], früher Dresden, jetzt Darmstadt.)

Karl May in Port Said zeigt ihn 1899. Links von ihm, klein und

---

[895] Victor Hugos Rede auf Voltaire. – *Centenaire de Voltaire*, Gedenkrede zum 100. Todestag Voltaires von Victor Hugo (1878, dt. *Appell an das Gewissen*, 1918).

[896] Die Anlagen sind leider nicht mehr vorhanden.

[897] Diesen Zettel hatte Karl May am Fenster seines Arbeitszimmers in der Villa „Shatterhand" in Radebeul angebracht. Der in lateinischer Schrift abgefasste Text lautet: „Die Gestalten klar, hell, rein und gross / Vermeide harte, grelle, schmerzhafte Lichter! / Klassische Formen, in erhabener, abgeklärter Ruhe! / Flimmere nicht! Sei nicht theatralisch. / Schlichte Wahrheit! / Hüte dich, zu schulmeistern!" – Eine erstmalige Veröffentlichung der Zeilen erfolgte im Kurzbeitrag: *Zettel an Mays Fenster*. In: *KMJb 1929*. Radebeul bei Dresden 1929, S. 402f.

[898] Erwin Raupp (1863–1931): Hof- und Kunstfotograf in Dresden, von dem die meisten Aufnahmen Mays ab 1903 stammen.

Karl May (1906)

August Strindberg

373

untersetzt mit Tropenhelm, ist Richard Plöhn[899]. Richard Plöhn steht auch neben ihm am Menahouse (1899). Bei den Pyramiden. Links auf dem Kamel Richard Plöhn. Auf dem nächsten Reittier Frau Klara May. Rechts Karl May. Vorn, auf dem liegenden Kamel, Frau Emma Pollmer.

Mit verbindlichen Grüssen

Ihr ergebener

Dr. Schmid

18 Karten

Richard Plöhn und Karl May vor dem „Menahouse" in Kairo

[899] Richard Alexander Plöhn (1853–1901): Radebeuler Kaufmann und enger Freund Mays, der ihn auch gemeinsam mit seiner Frau Klara auf einem Teil der Orientreise um die Jahrhundertwende begleitete.

Eheleute May und Plöhn vor den Pyramiden

EUCHAR ALBRECHT SCHMID AN ERICH WULFFEN * 7. Juni 1928
Brief, ms.

7. Juni [192]8.

Herrn
Ministerialdirektor Dr. Erich Wulffen,
<u>Dresden – A.</u>

Hochgeehrter Herr Geheimrat,
    ...wiederum hat sich das <u>Jahrbuch 1927</u> um mehrere Wochen verspä-
tet, und zwar weil der Blitzschlag in die Papierfabrik und ausgerechnet
in die Papiermaschine schlug, die das Jahrbuch-Papier herzustellen hat.
Diese blöde Ausrede läßt sich nur dadurch entschuldigen, dass sie wahr
ist. Jetzt ist uns das Erscheinen für Anfang Juli zugesichert, dann erhalten
Sie sofort Ihr Belegstück. Inhaltsverzeichnis einstweilen anbei.

Das Jahrbuch 1928, von dem auch schon längst ein großer Teil im Satz ist, wird dem Gedächtnis Sascha Schneiders gewidmet. Dadurch bringt es verschiedene, in diesen Bereich gehörige Abhandlungen zu Karl Mays Symbolik, über seine Gedanken zum Völkerfrieden und Völkerversöhnung und dergleichen, wobei Sie vielleicht einiges noch nachträglich, wenn Ihr Werk im Satz ist, erwähnen können.

Heute aber lege ich Ihnen meine beiden Einleitungssätze vor, denn es wird darin eine, wie ich glaube, wichtige Frage behandelt: die merkwürdige „Zäsur" in Karl Mays Leben, die so ungefähr in die Jahre 1902 bis 1904 fällt (nach Rückkehr von der Orientreise). Damals (1903) wurde Karl May geschieden, und kurz darauf heiratete er Frau Klara Plöhn. Sie hat ihn mit Sascha Schneider zusammengeführt, doch läßt sich sonderbarerweise nicht mehr genau feststellen, ob schon 1902, oder 1903, oder gar erst 1904, in welchem Jahr die Zeichnungen Schneiders zu Karl Mays Werken erschienen. 1902 hatte der Münchmeyer-Prozeß begonnen, der zuerst etwas gemütlich gestaltet wurde, bis ihn dann Frau Mays Anwalt, Rudolf Bernstein[900], übernahm, der zwar in allen Instanzen gewann, aber lauter Pyrrhus-Siege, weil nämlich im gleichen Maß die Presseangriffe zunahmen.

Nun habe ich noch eine Bitte. Es fehlt uns der Titel für das letzte, Ihnen wahrscheinlich bekannte Bild Sascha Schneiders. Bisher hatten wir eingesetzt: „Und dennoch ist er Gottes Sohn!" Da uns das noch nicht behagte, kamen folgende Vorschläge hinzu:

1. „Tod, wo ist dein Stachel? Hölle, wo ist dein Sieg?"
2. „Und erlöse uns von dem Übel!"
3. „Verspielt und verloren."
4. „Weiche zurück, Satanas!"

Die Worte „Satan", „Erlösung", „Licht", „Sieg" und dergleichen fallen weg, weil schon für andere Schneider-Bilder verwendet. Frau May neigt zurzeit der unter 1.) genannten Beschriftung zu, ich der unter 2.) genannten, weil mir jene erste zu lang erscheint und eher als Motto gedacht werden könnte.

Es wäre mir lieb, wenn Sie mir die beigefügten Bilder, von denen ich erst wenige Abzüge habe, bei Gelegenheit zurücksenden würden, zugleich mit Ihrer Ansicht über den Bildertitel.

Mit verbindlichen Grüssen

Ihr ergebener

Dr. Schmid

2 Aufsätze
5 Bilder.

---

[900] Friedrich Rudolf Bernstein (1858–1932): Dresdner Rechtsanwalt, der Karl May bei den Urheberrechtsprozessen gegen den Verlag H. G. Münchmeyer vertrat.

EUCHAR ALBRECHT SCHMID AN ERICH WULFFEN * 15. Juni 1928
Brief, ms.

derzeit MARIENBAD, „Carltonhotel"
Den 15. Juni 1928.

Herrn
Ministerialdirektor Dr. Erich WULFFEN,
<u>DRESDEN.</u>

Hochgeehrter Herr Geheimrat!

Das viele Alleinsein, zu dem ich – nicht ohne Freude – hier verurteilt bin, bringt mich noch mehr zum Nachdenken über Ihr Werk, als es schon während der letzten Wochen geschah.

Es ist mir jetzt eingefallen, dass von mir aus gesehen das Leben Karl Mays auch noch eine Lücke aufweist in der Zeit von 1874 bis gegen das Jahr 1876.[901]

Alle mir aus jener Zeit zugängig gewordenen Veröffentlichungen aus seiner Feder stammen nämlich frühestens aus dem Jahre 1876, nichts aus 1874 und 1875.

Soviel ich mich erinnere, hat Dr. Beissel[902] im II. Jahrbuch (wohl in einer Fussnote) um 1875 eine Reise anzusetzen versucht, ebenso, wie auch May selber in dem Bande „Ich" dergleichen andeutet.

Da aber mein Anhang zum Bande „Ich" schon drei Jahre früher erschienen war, habe ich die Berücksichtigung dieser Ansicht stets hinausgezögert, weil ich ja tatsächlich schon seit all den Jahren damit rechnete, Sie oder Hellwig würden das ganze Fragengebiet wissenschaftlich behandeln.

Was meinen vorherigen Brief anlangt, so weise ich, um Missverständnisse auszuschalten, auf unsere früheren Besprechungen hin, wonach die Münchmeyer-Prozesse, die Ehescheidung und dergleichen nicht etwa dargestellt werden sollen, sondern höchstens gestreift, soweit unumgänglich.

Meine neuerlichen Hinweise waren nur für Sie als Psychologen bestimmt.

---

[901] Die von Schmid angesprochenen Lücken in Mays Leben zwischen 1874 und 1876 sind inzwischen geschlossen; dies gilt insbesondere auch für die dem Verleger bei Abfassung des Briefes unbekannten Veröffentlichungen von 1874 und 1875. Dazu zählen nach gesichertem heutigem Erkenntnisstand u. a. *Old Firehand* (In: *Deutsches Familienblatt,* 1. Jg. 1875, Nr. 1-17), *Wanda* (In: *Der Beobachter an der Elbe,* 2. Jg. 1875, Nr. 26-44) und *Der Gitano* (In: *Der Beobachter an der Elbe.* 2. Jg. 1875, Nr. 52); vgl. die ausführlich Darstellung der fraglichen Lebensjahre bei Sudhoff/Steinmetz: *KMC I,* S. 184-224.

[902] So heißt es bei Beissel: *Ein Schlußstrich,* S. 165-194 (170, FN 24): „1868 war Karl May (vgl. Bd. „Ich", „Weltreisen") m. E. nur im Orient. Die Zeit von fünf Monaten ist für eine Reise nach Amerika u n d in den Orient doch etwas reichlich kurz. Die Gründe, die für die zweite Amerikareise sprechen, teile ich, nur verlege ich diese in die Jahre 1874/5 (vgl. dazu auch Bd. „Ich" S. 447/8)."

In meinen Aufsätzen über Sascha Schneider ist es mir meines Erachtens geglückt, die „Zäsur" folgerichtig darzustellen, ohne auf die heiklen Nebendinge einzugehen. Tatsächlich sind ja die Kämpfe gegen May schon vor dem Münchmeyer-Prozesse entstanden, wurden aber dann allerdings durch diesen immer weiter aufgeputscht und aufgebauscht.

Im Uebrigen ist und bleibt mir selber vieles an der plötzlichen Umstellung Karl Mays rätselhaft.

Mit verbindlichsten Grüssen und Empfehlungen

Ihr ergebener:

Dr. E. A. Schmid

E. A. Schmid wünscht ersichtlich in Absprache mit Wulffen keine ausführliche Vorstellung der Prozesse mit Münchmeyer und der komplexen Ehescheidung. Die Konflikte mit dem Verleger Münchmeyer, seiner Witwe Pauline Münchmeyer wie auch die Verfahren gegen Adalbert Fischer und dessen Erben[903] sind sicherlich für Wulffen von biografischem und juristischem Interesse, würden jedoch eine Reihe von persönlichen oder strittigen Fragen aufwerfen. Letzteres gilt umso mehr für die besonders heikle Beziehung Karl Mays zu seiner ersten Ehefrau Emma Pollmer und die Umstände der Ehescheidung von 1902/03.[904]

ERICH WULFFEN AN EUCHAR ALBRECHT SCHMID * 25. Juni 1928
Brief, ms.

Dresden, dem 25. Juni 1928

Sehr geehrter Herr Verlagsdirektor!

Endlich komme ich einmal dazu, Ihnen zu schreiben, nachdem ich Ihre Zeilen vom 25. d. Mts. aus Marienbad empfing.

„Inferno" ist endlich beendet. Ich habe sehr vieles Beachtliche aus Ihren und Gurlitts Büchern sowie aus den Jahrbüchern zitiert, berücksichtigt, bestätigt, bestritten (zum Teil).

Um in der Frage des Pathologischen genau zu gehen, habe ich noch in Zwickau und Waldheim (hier auch Heil- und Pflegeanstalt, die mit dem Zuchthaus verbunden ist) Nachforschungen anstellen lassen, ob etwa aus den alten Handtabellen, die in Zwickau bis 1860 zurück noch vorhan-

---

[903] Vgl. Hans-Dieter Steinmetz: *Blick hinter die Kulissen. Zur Erstveröffentlichung von Urteilen des Münchmeyer-Prozesses.* In: *KMHI* Nr. 14/2001, S. 3-7 und Abdruck zweier Urteile im Münchmeyer-Prozess auf S. 8-36; Götz von Olenhusen: *Karl May und das Urheber- und Verlagsrecht,* S. 427-450; Seul: *Old Shatterhand vor Gericht,* S. 250-333.

[904] Vgl. Seul: *Old Shatterhand vor Gericht,* S. 195-249.

den sind, hervorgeht, daß May ärztlich behandelt worden ist, im Krankenhaus, Heil- und Pflegeanstalt (für Psychopathen) war. Antwort steht noch aus.

Ein schon in meinen Händen von früher befindlicher Handtabellenauszug besagt interessanterweise, daß May 1865! militäruntauglich war. Die Bilder aus jener Zeit seiner körperlichen Dürftigkeit machen das glaubhaft. Wo blieb da der Amerika- und Orient- oder gar Afrikareisende mit den übermenschlichen Strapazen!

Bis Mai 1876 hatte M[ay] Polizeiaufsicht. Kam kaum aus Deutschland heraus. Er arbeitete ja da für Münchmeyer, setzte alles daran, um in Dresden wohnen zu dürfen! Was ihm auch gelang!

Wie wir besprochen haben, bleiben Münchmeyer-Prozesse, Ehescheidung ganz außer Behandlung.

Ihre Skizze über Sascha Schneider habe ich schon eingearbeitet.

Nun ist das psychologische Bild Mays ganz klar, kein Rätsel, keine „Probleme".

Mir verbliebe nur noch, das ganze Manuskript noch einmal auf seine Einheitlichkeit (Wiederholungen) durchzusehen, die Reihenfolge der Seiten zu bestimmen und zu paginieren. Hoffentlich komme ich dazu noch vor unserer Reise (Ende Juli).

Mit den besten Wünschen für Ihre Kur und

verbindlichsten Grüßen

Ihr ergebener Wulffen

EUCHAR ALBRECHT SCHMID AN ERICH WULFFEN * 26. Juni 1928
Brief, ms.

Marienbad, „Carltonhotel"

Den 26. Juni 1928.

Herrn
Ministerial-Direktor Dr. Erich WULFFEN,
<u>DRESDEN.</u>

Hochgeehrter Herr Geheimrat!

Schönen Dank für die freundlichen Ausführungen vom 23. Juni. Nachdem Ihr Werk so weit gediehen ist, möchte ich hinsichtlich der letzten Abteilung erst recht nicht drängen. Ist es bis zu meiner Rückkehr (ungefähr 20. Juli) abgeschlossen, so wird es mich freuen; zögert es sich noch etwas hinaus, so würde ich mich gedulden. Ich schreibe Ihnen dies, damit Sie sich nicht zu einer Art von Ueberhastung verpflichtet fühlen.

Einige Dinge sind mir wieder eingefallen:

Der wichtigste Aufsatz, der über die Seelenkunde Karl May's bisher geschrieben wurde, ist meines Erachtens der von Dr. Strobl[905] im zweiten[906] Karl May-Jahrbuch: „Scham und Maske". Ganz besonders gefällt mir Strobls Vergleich von Karl Mays Verhalten mit einer Zwiebel; wenn man diese schält, bleibt immer wieder eine neue Haut übrig.

Sehr gern würde ich es sehen, wenn Sie einen ganzen Abschnitt aus Strobls Abhandlung in Ihrem Buch unterbringen könnten.

Ich selber war, unter uns gesagt, stets der Meinung, dass May pathologisch zu werten sei, wenigstens in der Richtung der „Pseudologia phantastica"[907].

Recht beachtenswert erscheinen mir ferner Karl Mays „Geographische Predigten"[908] (Band „Ich"). Ich selber, der ich gar nicht fromm bin, liebe diese Aufsätze sehr, womit allerdings die merkwürdige Art ihrer Auffindung zusammenhängen dürfte, die ich im Jahrbuch 1922 schilderte.

[905] Strobl: *Scham und Maske*, S. 279-303. – Der von Schmid erwähnte Aufsatz von Strobl war bis zur 38. Auflage Bestandteil von *Karl May's Gesammelte Werke* Band 34. *„Ich"*. Bamberg 1992. In dem Aufsatz heißt es u. a.: „Wenn je ein Verbrecher durch inneren Zwang entschuldbar war, dann Karl May [...]". Strobl wollte es „psychologisch glaubhaft vorkommen, daß zu gewissen Zeiten eine Spaltung in ein Doppel-Ich stattfand und die entscheidenden Geschehnisse unter getrübten Bewußtseinszuständen und bei aufgehobener oder wesentlich eingeschränkter moralischer Verantwortung stattfanden." Eine weitere Passage der Strobl'schen Ausführungen erscheint wie eine Ergänzung zu Wulffens Aufsatz *Der Läuterungsgedanke bei Karl May*: „Während der Strafzeit, die er (May) zu verbüßen hatte, war nun etwas Seltenes und Seltsames geschehen. Er wurde ein anderer Mensch, schlug wenigstens den Weg dazu ein, ein anderer zu werden. Gab das so überaus merkwürdige Beispiel eines Sünders, dem die Strafanstalt wirklich zur Läuterung und Besserung dient."

[906] Korrekterweise ist es insgesamt das vierte Jahrbuch, aber erst das zweite, das beim Karl-May-Verlag erschien.

[907] Beachtenswert ist auch die Einschätzung des Verlegers im Hinblick auf die pseudologische Konstitution Mays; eine Auffassung, die erst Jahrzehnte später eingehend von Claus Roxin (vgl. *Karl May, das Strafrecht und die Literatur*, S. 9-36 [23f.]) dargestellt wurde und die noch heute dem anerkannten Forschungsstand entspricht. Der Begriff der pseudologia phantastica ist im Jahre 1891 durch Anton Delbrück (vgl. *Die pathologische Lüge und die psychisch abnormen Schwindler*. Stuttgart 1891) in die psychiatrische Literatur eingeführt worden und hat sich heute allgemein durchgesetzt. In seiner Untersuchung über ‚Die pathologische Lüge und die psychisch abnormen Schwindler' kommt Delbrück nach Darstellung einer Reihe von Krankengeschichten zu dem Ergebnis, dass „schon beim Gesunden die mannigfaltigsten Mischformen von Lüge und Irrtum vorkommen können, daß aber dieses Symptom in einzelnen Fällen eine durchaus pathologische Höhe erreichen kann, wo man dann eher von einer Mischform von Lüge und Wahnidee oder Erinnerungsfälschung sprechen würde. In denjenigen Fällen nun, wo die Mischung der beiden Bestandteile des Symptoms eine annähernd gleichmäßige ist, scheint es mir nicht richtig, noch von einer ‚Lüge' zu sprechen, wenn man an dem gewöhnlichen Sprachgebrauch festhalten will. Denn dieser versteht unter ‚Lüge' eben eine bewußte Unwahrheit [...] Ebenso falsch würde es sein, das Symptom nach seinem anderen Bestandteil als ‚Irrtum', ‚Wahnidee' oder ‚Erinnerungsfälschung' zu bezeichnen, weil diese Worte eben auch nur einen Teil des Begriffs [...] ausdrücken. Da aber für die Beurteilung des ganzen Menschen in manchen Fällen das Symptom eine große Wichtigkeit erlangen kann, so stellt sich das Bedürfnis heraus, ihm einen besonderen Namen zu geben und ich schlage vor, es als ‚Pseudologia phantastica' zu bezeichnen."

[908] Karl May: *Geographische Predigten*. In: *Karl May's Gesammelte Werke* Band 34, *„Ich"*. 1. Aufl., Radebeul bei Dresden [1917], S. 1-192.

Diese „Geographischen Predigten" stammen nachweisbar aus dem Jahre 1876 und waren das Allererste, das May, soweit wir es feststellen können, für M ü n c h m e y e r schrieb (für die Zeitschrift „Schacht und Hütte").

Es ist nämlich, wie ich schon sagte, merkwürdig, dass ich gar keine Unterlagen dafür fand, dass Karl May schon vor 1876 für Münchmeyer tätig war. Man möchte meinen, er habe in der Haft seine ersten Erzählungen erdacht und geschrieben. Gerade das trifft aber für die uns bekannten Schriften nicht zu und für die <u>literarischen</u> Forschungen bleibt eine Lükke von der Haftentlassung bis zum Jahre 1878/79. Abgesehen von den guten „Geographischen Predigten" hatte nämlich May 1876 und 1877 eine Reihe sehr dürftiger Anfängerarbeiten veröffentlicht, die er meist von 1878 an nochmals umarbeitete und die dann in der neuen Fassung die eigenartige Spannung und Darstellungsart aufweisen, durch die er berühmt wurde.[909]

Literarisch gesehen hat man geradezu den Eindruck, als hätte 1878 eine völlige Neugestaltung bei ihm stattgefunden, ähnlich, wie später 1902.

Das Jahrbuch 1927 soll, wie ich aus Stuttgart erfahre, heute ausgedruckt worden sein, sodass wir hoffentlich in der kommenden Woche die ersten Stücke von der Buchbinderei erhalten.

Mit verbindlichen Grüssen und Empfehlungen

Ihr ergebenster

Dr. E. A. Schmid

Am Montag, den 24. September 1928, kommen die Eheleute Wulffen nach Radebeul. Im Gepäck: das fertige Manuskript *Karl Mays Inferno*. Eigentlich soll es E. A. Schmid übergeben werden, doch der ist verreist. Und so erhält Klara May das Werk in der Villa „Shatterhand" ausgehändigt.

ERICH WULFFEN AN EUCHAR ALBRECHT SCHMID * 26. September 1928
Brief, hs.

Dresden, den 26. September 1928

Münchnerstr. 9

Sehr geehrter Herr Verlagsdirektor!

Am letzten Montag waren wir bei Frau May zu Besuch und ich wollte

---

[909] Zu den Phasen der Neuorientierung und literarischen Entwicklung nach 1877 und nach der Jahrhundertwende siehe u. a. Schmiedt *Macht der Phantasie*, S. 65-284; Wohlgschaft: *Karl May 1-3*; [Scheinhammer-]Schmid: *Karl May und sein Verleger Fehsenfeld*.

die Gelegenheit benutzen, Ihnen das Inferno-Manuskript persönlich zu übergeben. Da Sie verreist waren, habe ich das Manuskript Frau May selbst zu treuen Händen zwecks baldiger Ablieferung an Sie persönlich überlassen. Da ich, wie ich Ihnen schon sagte, keine Abschrift des Manuskripts besitze, bitte ich Sie alsbald nach Ihrer Rückkehr sich in den Besitz des Manuskripts zu setzen und mir den Empfang zu bestätigen. Das Manuskript ist versiegelt.

Ich bitte sie, das Manuskript nunmehr in Fahnen absetzen zu lassen. Über Einzelheiten können wir dann, falls nötig, persönlich sprechen.

Das aufgestellte Museum ist ganz großartig. Gratulation!

Mit verbindlichen Grüßen
Ihr ergebenster
Wulffen

EUCHAR ALBRECHT SCHMID AN ERICH WULFFEN * 3. Oktober 1928
Brief, ms.

Einschreiben   3. Oktober 1928.

Herrn
Ministerialdirektor Dr. Erich Wulffen,
Dresden

Hochgeehrter Herr Geheimrat,
am Sonnabend, den 29. September hat mir Frau May Ihre „Inferno"-Handschrift ausgehändigt. Da ich meinem schwachen Augenlicht die Lesung nicht zutrauen darf, habe ich mich nun doch entschlossen, erst mal eine sorgfältige Maschinenabschrift nebst Durchschlag herstellen zu lassen, was allerdings etwa zwei Monate in Anspruch nimmt, da sie hier nur in den Abendstunden bewältigt werden kann, und ich die Handschrift vorsorglich im feuerfesten Schrank aufbewahre.

Natürlich will ich damit nicht etwa die Vergütung irgendwie hinauszögern. Nach flüchtiger Abschätzung dürfte das Werk mindestens 10 Bogen des Gurlitt-Buchs ergeben und deshalb überweise ich Ihnen zunächst anliegenden

Scheck über RMk. 800,--.

In einem Monat folgt die zweite Rate von RMk. 800,-. und Ende März, wie vereinbart, der Rest.

Beiliegenden Brief an die Dresdner Bank, Dresden, bitte ich, gleichzeitig mit dem Scheck dort abzugeben.

Für heute noch herzlichen Dank für die Ausführungen, da Sie es mir durch Ihre Arbeit ermöglichen, endlich selber mal Karl Mays Vergangenheit klar zu sehen und einen abgeschlossenen Lebenslauf des merkwürdigen Mannes zu erzielen.

Ich erlaube mir noch, Ihnen zu Ihrem heutigen Geburtstag meinen und meiner Familie aufrichtigen Glückwunsch auszusprechen.

Ihr ergebenster
Dr. E. A. Schmid

1 Scheck
<u>1 Brief.</u>

Katharina Schmid

Zu diesem Zeitpunkt befindet sich der KMV mit seinem gesamten Mitarbeiterstab in intensiven Vorbereitungen für das Weihnachtsgeschäft. Da Wulffens Handschrift nicht leicht zu lesen ist, muss eine maschinenschriftliche Transkription durchgeführt werden.

Mit dieser Aufgabe betraut der Verlagsleiter seine Ehefrau Katharina Schmid (1898–1974), die seit 1914 zu den ersten Mitarbeitern des Verlags gehört und seit 1921 mit ihm verheiratet ist. Neben der normalen Verlagsmitarbeit ist Katharina Schmid vor allem als Mutter stark beansprucht. So muss sie sich um die drei Söhne[910] kümmern, von denen der jüngste, Lothar Schmid, gerade einmal fünf Monate alt ist. Aus diesem Grund vergeht ein wenig Zeit, bis sie sich an die Arbeit mit dem Wulffen'schen

---

[910] Die Söhne der Eheleute Schmid sind Joachim (1921–2003), Wolfgang (1924–1945), Lothar (1928–2013) und der zu der Zeit noch nicht geborene Roland (1930–1990).

Manuskript begeben kann. Unterstützt wird sie bei der Übertragung von ihrem Bruder Herbert Barthel, der ebenfalls im Verlag tätig ist. Spätestens Mitte Februar 1929 wird die Arbeit (eine Reinschrift nebst Durchschlag) fertiggestellt sein. Wulffen erhält in der Folgezeit in mehreren Raten bereits sein – bis dato – vereinbartes Autorenhonorar überwiesen.

In diesen Tagen hat Wulffen nicht nur sein Inferno-Manuskript beendet. Im Dresdner Paul Aretz-Verlag erscheint sein Buch *Sexualspiegel von Kunst und Verbrechen*[911] – eine enzyklopädische Materialiensammlung –, worin sich der Jurist mit der engen Verflechtung von Kunst und Verbrechen auseinandersetzt. Darin kommt er auch auf Karl May zu sprechen:

„Karl May, der Verfasser des „Winnetou", hatte zufolge Veranlagung, armseliger Verhältnisse und widrigen Schicksals in seiner Jugend das Unglück, Jahre der Abenteuerlichkeit, mit kriminellen Taten und langen Strafen verbunden, durchmachen zu müssen. Es steckte schon damals in dem jungen Manne der Drang in die Freiheit, nach Abenteuern, Gefahren, der sich später in seinen zahlreichen Reiseerzählungen auslebte. Es war dieselbe Lebenstendenz, die ihn erst zu Falle brachte und dann wieder hob und läuterte. Die exotischen Neigungen des späteren Schriftstellers spielen schon in jene Jugendsünden hinein, das läßt sich an feinen Einzelheiten, insbesondere an Briefen aus der Jugendzeit, belegen. Wie Balzac und mancher andere Dichter war und blieb er ein Mythomane. Seine Wandlung vollzog sich – wie bei Verlaine, Wilde u. a. – im Gefängnis."[912] Diese kleine Passage erscheint wie ein kurzes Resümee der *Inferno*-Studie, zeigt aber zugleich, dass sich Wulffens Bild seit Beginn des Jahrhunderts doch wesentlich ins Positive gewandelt hat.

EUCHAR ALBRECHT SCHMID AN ERICH WULFFEN * 6. November 1928
Brief, ms. (Kopie)

Einschreiben   6. November [19]28.

Herrn
Ministerialdirektor Dr. Erich Wulffen,
Dresden

Hochgeehrter Herr Ministerialdirektor,
    die zweite Rate für Ihr „Inferno"-Buch gleiche ich aus wie folgt:

---

[911] Erich Wulffen: *Sexualspiegel von Kunst und Verbrechen*. Mit über 100 Tafeln und Abbildungen in Lichtdruck. Dresden 1928.

[912] Ebd., S. 276-277.

unsre Rechnungen vom 19. Februar und 29. Juli 1927   RMk.   16,80
anbei ein Scheck a/Dresdner Bank, Radebeul   "   783,20
                                                                             RMk.   800,--

Ferner nenne ich Ihnen diejenigen Unterlagen zu Ihrem Werk, die Sie noch in Händen haben und die wir uns zurückerbitten:

am 10. Dezember 1927   erhielten Sie Abschriften der Akten der Superitendentur Chemnitz 1861,
Brief Mays an seine Eltern vom 20. April 1869,
die beiden Wadenbach-Briefe vom 9. Februar 1870,
Brief RA Dr. Gerlach an Frau May, den dieser auf ihr Verlangen an sie richtete,
Auzug, den Frau May aus den Akten angefertigt hat.

am 3. April 1828:   Astrologische Rundschau, enthaltend das Horoskop Karl Mays von Walter Guhlmann[913],
ein weiteres Horoskop des Dichters von Dr. Eisenbart,
Besprechung mit dem Schließer Müller.

Mit verbindlichen Grüßen und Empfehlungen
Ihr ergebenster
Dr. E. A. Schmid

1 Scheck.

Nicht zurückerbeten werden die Bücher, die Wulffen in den letzten Jahren für die Erstellung von *Karl Mays Inferno* vom KMV zur Verfügung gestellt worden sind:

Verzeichnis[914]
der an Ministerialdirektor Dr. E. Wulffen gesandten Bücher.

27. 4.1920 1 Jahrbuch 1920
12. 1.1921 1   "   1921
23.11.   "   1 grün Band 11.16-18.19-22.26-29.3.4.5.15.31.32.
             1   "   "   7-10.35.36.40.41.
11. 1.1922 1 Jahrbuch 1922

---

[913] Guhlmann: *Karl May und die Astrologie*, S. 357-365.
[914] Archiv des Karl-May-Verlags.

7. 2.	"	1	grün Band 19
10. 2.	"	1	Wulffen, Argobast gebd. d. Frau May
		1	grün Band 42.43.44.
29. 9.	"	1	" " 1.2.6.14.49.12.13.23.24.37.38.39.
11. 4. 1923		1	Jahrbuch 1923.
19. 6.	"	1	grün Band 50.
22. 8. 1922.		1	" " 17.18.30 d. Frau May.
4. 6. 1921.		1	Beissel, Nebenluft.
9. 2. 1922.		1	Wulffen, Argobast gebd.
		1	Curtis, Stimmen, "
22. 4. 1924.		1	Sascha Schneider Album
3.12.	"	1	Jahrbuch 1925.
17. 1. 1925.		40	Stck. „Kunst und Verbrechen"
30. V. 1925.		1	Lanze, Gerechtigkeit, Analyse brosch.
		1	Lhotzky, Mensch gebd.
		1	Schröder, Aufruf brosch.
			(sowie 1 Lebius-Buch zur Durchsicht und Rückgabe[)]
2. VI.1925.		1	grün Band 51-55
1. 9. 1926.		1	Jahrbuch 1926
7. 9. 1927		60	Wulffcn, Das Kriminelle in der Weltliteratur
24. 9. 1927		2	Wulffen, Argobast
4. 1. 1928		1	grün Band 10.19.43.50. (für eine Tombola f. Frau Wulffen)
4. 7. 1928		1	Jahrbuch 1927
7.11. 1928		1	grün Band 19.42.43.44. (Volksausgabe) für eine Tombola f. Frau Wulffen
22.10. 1928		1	Jahrbuch 1928.

****

CAMILLA WULFFEN AN EUCHAR ALBRECHT UND KATHARINA
SCHMID * 6. November 1928
Karte (Druck u. hs.)

[Poststempel] 6. November 1928

Herrn Dr. Schmidt [!] und Frau Gemahlin

EINLADUNG ZUM
THEATERFEST

am 17. November 1928, 8 Uhr abends im **Albert-Theater**, veranstaltet von der Ortsgruppe Dresden der Mitglieder und Freunde des EV

Krüppelhilfe **zum Besten der Anstalten des EV Krüppelhilfe-Dresden** ● Erste Künstler der Staatstheater und des Albert-Theaters, sowie zahlreiche Damen und Herren der Dresdner Gesellschaft werden in humoristischer Weise nach Bildern von Trier ‚Die Entwicklung der Mode von Eva bis – Adam' in lebenden Bildern und Tanz darstellen ● Nach der Vorstellung **Ball und gesellige Unterhaltungen** ● **Büffet** ● **Eintrittskarten** sind zum Preise von 10,– Mark zu haben bei

Da eine frühzeitige Übersicht über den Verkauf der Karten unbedingt herbeigeführt werden muß, wird frdl. um möglichst **baldige Bestellung** gebeten

Frau Dr. Wulffen
Münchnerstr. 9[II.]

****

CAMILLA WULFFEN AN KLARA MAY * 12. Dezember 1928
Brief, hs.

Dresden, den 12. Dez. 1928

Meine liebe, liebe Frau May!

Von ganzem Herzen danke ich Ihnen für Ihre liebe, schöne Weihnachtsgabe. Ich habe mich herzlich gefreut. Ja, meine liebe Frau May, Tage grenzenlosester Sorge liegen hinter uns. Mein Mann ist vorgestern von Professor Müller-Rhein[915] im Diakonissenhaus operiert worden. Seit Wochen laufen wir zu den besten Ärzten, die eine Geschwulst in der rechten Nierengegend feststellten. Einer wie der andere sagte: Hier hilft nur eine Operation. Wie schwer die Operation war, ahnte mein Mann nicht, aber mir hatten es die Ärzte gesagt. Ich habe grenzenlose schwere Tage gehabt, und durfte doch meinen Mann nichts merken lassen.

Nun, Gott sei Dank, die Operation ist sehr gut verlaufen, hat allerdings reichlich zwei Stunden gedauert. Der Befund ist sehr günstig. Eine Geschwulst mit anhängendem Wasserbeutel, von 3 ½ l Inhalt. Das war in letzter Zeit so gewachsen, daß es anfing den Magen u.s.w. zu drücken. Daher das so ofte[916] Übelbefinden. Mein Mann ist so ganz gesund, das

---

[915] Prof. Dr. Paul August Müller-Rhein (1870–1942): Chirurg und Leitender Arzt am Diakonissenkrankenhaus in Dresden.

[916] ofte = dänischer Begriff für „häufig". Die Redewendung lässt sich auf die dänische Herkunft der Mutter von Camilla Wulffen, Mathilde von Jessen, zurückführen.

Postkarte mit Klara-May-Gemälde von Rudolf Sternad (1928)[917]

---

[917] Rudolf Sternad (1880–1944): Österreichischer Lithograph und Maler, der u. a. in Dresden, Hamburg und Wien lebte und arbeitete. In Wien ließ er sich nach dem Ersten Weltkrieg als Miniaturporträtist nieder und errang einige Berühmtheit. Sternrad unternahm zahlreiche Reisen und war auf internationalen Ausstellungen vertreten. Von ihm stammt das Miniaturgemälde von Klara May, das sie selbst Ende 1928 auch an die Eheleute Wulffen als Fotopostkarte versandte (Quelle: Hans Grunert [Hg.]: *Karl-May-Handschriften aus der Sammlung des Karl-May-Museums Radebeul* Band 6. Radebeul 2012, S. 169).

hatte schon der Magenarzt Mayer[918] bei der Durchleuchtung festgestellt. Diese Art Geschwülste bringt der Mensch schon vom Mutterleibe mit in die Welt. Der weitere Verlauf ist normal, natürlich war mein Mann gestern sehr schwach. Der gute, liebe Professor strahlt, daß alles so wohl gelungen ist.

Ach, wie bin ich dem Himmel so dankbar. Mein Mann muß 3-4 Wochen im Diakonissenhaus bleiben. Ich bin den halben Tag drüben. Wenn Sie sich erkundigen, meine liebe Frau May, dann bitte nicht im Diakonissenhaus. Und ja keine Besuche eher als wie ich sage. Ich bin früh bis 11 Uhr hier zu Hause anzutreffen. Abends gegen 9 Uhr. Ich gebe dann von hier aus Bescheid.

Nochmals herzinnigen Dank, meine liebe, beste Frau May.
Tausend liebe Grüße
Ihre Illa Wulffen.

1929

CAMILLA UND ERICH WULFFEN AN KLARA MAY * 9. Januar 1929
Brief, hs.

Dresden, d. 9. 1. [19]29

[Erich Wulffen][919]

Innigen Dank für alle Güte und Liebe, die Sie uns in diesen Tagen erzeigt haben! Ihr Bild ausgezeichnet! Wer hat es gemacht?
Ihr Wulffen

[Camilla Wulffen]

Meine liebe, liebe innigste, beste Frau May!

Seit gestern Nachmittag sind wir wieder glücklich daheim, und fand mein Mann auch hier wieder ein so liebevolles Zeichen rührender Fürsorge vor. Mein Mann ist überglücklich über den Wein, und läßt von ganzem Herzen danken. Sie möchten entschuldigen, daß er noch nicht selbst schreiben kann, aber es fehlt doch noch sehr an den nötigen Kräften. Die kommen sehr langsam. Mein Mann ist glücklich wieder daheim zu sein. Ich tue nun alles ihn recht bald zu Kräften zu bringen. Ihr Besuch neulich, liebe Frau May hat meinem Mann unendlich erfreut. So etwas Anregung ist ihm sehr gut.

---

[918] Näheres ließ sich nicht zweifelsfrei ermitteln.

[919] Erich Wulffens Text ist dem Schreiben seiner Frau vorangestellt.

Heute war Landgerichtsrat Böhme[920] da, das war auch eine nette Unterhaltung.

Ich wünschte nur, es würde etwas wärmer, denn die Fahrten einen Tag um den anderen nach der Diakonissenanstalt sind nicht so einfach. Ich bin nur froh, daß mein Mann doch so viele Kräfte hat, daß er gut den Pelz auf den Schultern tragen kann.

Heute habe ich nun endlich meinem Mann Ihr wunderschönes Bild auf den Tisch stellen können. Wir finden es so prachtvoll, so ganz vorzüglich gemacht. Es könnte kein besseres Bild von Ihnen geben, meine Liebe. Verzeihen Sie nur, daß ich nicht eher darüber schrieb, aber ich hatte ja nur so Abends, todmüde die nötigsten Dankesworte. Und ich wagte es nicht das kostbare Bild mit nach dem Diakonissenhaus zu nehmen. Sie haben uns eine große, große Freude bereitet.

Wenn Sie einmal wieder Zeit haben, meine liebe Frau May, dann besuchen Sie uns wieder. Wir sind ja immer daheim, abgesehen einen Tag um den anderen zur Mittagszeit etwa 2 Stunden von 1-3 zum Verbinden.

Nochmals innigen Dank und viele warme Grüße

Ihre Sie so herzlich liebende

Illa Wulffen

KLARA MAY AN EUCHAR ALBRECHT SCHMID ∗ 28. Februar 1929
Brief, hs.

28.2.1929

Lieber Satan!

Ganz ungut muß ich das M[anu]s[kript] über K[arl M[ay] aus der Hand legen. Ich habe nur den einen Wunsch es restlos zu vernichten. Bitte, sprechen Sie mit unserm guten Geheimrat. Er ist ein so grundgütiger Mensch, daß er mir meinen Wunsch nicht versagen wird, zumal diese Arbeit ihm keine neuen Freunde gewinnen kann, so geistvolle Untersuchungen er auch anstellt, es bleibt eine Staatsanwaltsarbeit in schärfster Art, die nichts als eine neue Hinrichtung unseres unglücklichen Opfers bedeuten würde.

Sie sehen nun, wie Recht ich hatte, als ich für restlose Vernichtung all der Schatten aus K[arl M[ay]s unseliger Vergangenheit bemüht war und auch ferner einzig bemüht sein werde.

Kannte doch kein Mensch K[arl M[ay] so wie ich u. kann keiner wie ich beurteilen, daß wie und wodurch es immer gewesen sein möge, an diesem Menschen schwer gesündigt wurde u[nd] er es nie u[nd] nimmer

---

[920] Es handelte sich um Landgerichtsrat Dr. Emil Georg Böhme, mit dem Erich Wulffen auch befreundet war.

Dr. Erich Wulffen und Landgerichtsrat Dr. Emil Georg Böhme (1926)

verdient, daß nach seinem Tode von mir sanktioniert eine nochmalige
so furchtbare, vernichtende Verurteilung geschieht, wie sie der gute Geheimrat zuwege bracht hat. Ich kann mir ja vorstellen, es kann halt kein
Mensch aus seiner Haut heraus und ich nehme es ihm auch nicht übel,
wenn er bei solch einer Sache ganz zum Staatsanwalt wird. Es wäre dasselbe, wollte man der Katze das Mausen verbieten.

Bitte, sprechen Sie mit Herrn Geheimrat und sagen Sie ihm, meine
innige Bitte geht dahin, diese Arbeit als nicht geschrieben zu betrachten.
Um keinen Preis wollen wir sie veröffentlichen, weder jetzt noch nach
meinem Tode. Ich bin so bedrückt über diese Sache, daß ich keine Ruhe
finde, bevor ich weiß, dieser Kelch ist an mir vorüber gegangen.

Ich glaube den Geheimrat gut genug zu kennen, um zu wissen, er
wird in meine Bitte willigen, denn der Grundzug dieses eminent geschei-
ten Mannes ist Güte. Er hat ganz andere Sachen geschrieben, die seine
Unsterblichkeit sichern. Er kann leicht auf diese jammervolle Abhandlung über K[arl] M[ay] verzichten, die ihm sicher keinen Ruhm mir aber

schweres Herzeleid verursacht und die weder er noch ich haben wollte. Nur Sie waren der treibende Punkt, wir wußten, daß hierbei keine Lorbeeren zu pflücken waren.

Klara May

Klara Mays Ablehnung zeigt, dass sie vergessen zu haben scheint, dass E. A. Schmid und sie Wulffens Widerstände zur Übernahme der Biografie überwanden und dass sie selbst Wulffen letztlich freie Hand ließ. Nun will sie sogar E. A. Schmid veranlassen, Wulffen vorzuspiegeln, dass Manuskript sei „aus Versehen" verbrannt worden.

KLARA MAY AN EUCHAR ALBRECHT SCHMID * 28. Februar 1929
Brief, hs.

[ohne Anrede]

28.2.[19]29

Es ist mir unmöglich, W[ulffens] Ausführungen über K[arl] M[ay] zuende zu lesen, ich bekomme eine derartige Wut, daß ich meiner nicht mehr sicher bin.

Es ist eine neuerliche Verurteilung und eine Verurteilung aller, die sich erlauben, auch nur ein gutes Haar an K[arl] M[ay] zu lassen! Kurz, es ist eine bitterböse Staatsanwaltsarbeit! Es wäre mir nicht möglich dem Manne wieder unter die Augen zu treten u[nd] meine Ruhe zu behalten, läse ich weiter.

Ihnen kann ich nur sagen, es muß alles restlos vernichtet werden! Das M[anu]s[kript] ist durch „Versehn" verbrannt, das einzig Gute bei der Sache ist, daß wir Kenntnis von den noch vorhandenen Akten haben. Ich habe mir ein Verzeichnis davon gemacht. Durch die Stiftung müssen wir, zu wissensch[aftlichen] Zwecken, die Herausgabe erbitten, und zuvor sobald als möglich. Dann schreiben Sie die Sache für alle Fälle wenn sie glauben dadurch dem Unglücklichen dienen zu können, was ich nicht glaube u[nd] nie glaubte!

Ich aber verlange von Ihnen im Namen Gottes und im Namen aller und alles, was Ihnen heilig ist restlose Vernichtung der W[ulffen] Arbeit. Sollten Sie es nicht tun und ich inzwischen abberufen werden, wird Unheil Sie verfolgen darauf können Sie sich verlassen. †††

Es ist ein Fluch! Ich hatte ihn getilgt soweit es in meiner Macht stand, Sie haben ihn wieder heraufbeschworen. Entlasten Sie uns alle wieder!

28/2.29

Lieber Vater!

Ganz neugierig mache ich das Mss. über K. M. aus der Hand legen. Ich habe nur den einen Wunsch ...

[handschriftlicher Brief in Sütterlinschrift, teilweise schwer lesbar]

Klara Mays Brief vom 28.2.1929 (erste Seite)

Alles restlos ins Feuer und dann auch die anderen Quellen abgraben. Helfen Sie mir, lassen Sie uns auch hier Hand in Hand gehen, glauben sie mir, es ist K[arl] M[ay]s Wille und sein Wunsch. Segen wird Ihnen und Ihren Kindern daraus erwachsen!

Klara May

EUCHAR ALBRECHT SCHMID AN ERICH WULFFEN * 25. März 1929
Brief, ms. (Kopie)

Einschreiben

25. März [19]29.

Herrn
Ministerialdirektor Dr. Erich Wulffen,
Dresden.

Hochgeehrter Herr Ministerialdirektor,
    inzwischen habe ich den Umfang des ‚Inferno' ermitteln lassen, der, genau wie das Gurlitt-Buch, 176 Druckseiten = 11 Bogen ergibt.

11 Bogen x RM 250,-	= RM	2.760,--
Wir überwiesen Ihnen je Mk. 800.-		
am 3. Oktober und 6. November 1928	= RM	1.600,--
Rest:	RM	1.150,-- , die ich

Ihnen durch anliegenden Scheck übermittle.
    Mit Freude hörte ich, dass Sie von Ihrer Erkrankung wieder genesen sind. Mittlerweile lag ich auch schwer und langwierig an einer vernachlässigten Grippe mit Folgeerscheinungen darnieder, fühle mich erst seit kurzem wieder gesund, kam aber mit meinen Arbeiten so sehr in Rückstand, dass ich Sie bitte, die geplante Besprechung über Inferno weiter hinauszögern zu dürfen.

Mit verbindlichen Grüßen und Empfehlungen
Ihr sehr ergebener
Dr. E. A. Schmid

ERICH WULFFEN AN EUCHAR ALBRECHT SCHMID * 6. April 1929
Brief, ms.

Dresden, den 6. April 1929.

Ministerialdirektor A.D.
Dr. Erich Wulffen

Sehr geehrter Herr Verlagsdirektor!

Mit bestem Danke bestätige ich Ihnen den Empfang Ihres Schecks über 1150 M., der prompt eingelöst wurde.

Mit Bedauern habe ich gehört, dass Sie an einer schweren und langwierigen Grippe darniedergelegen haben, erfreulicherweise aber wieder gesund sind. Auch ich bin über den Berg, erhole mich aber bei dem langen Winter recht langsam. Gleichwohl wäre es mir lieb, wenn die Besprechung über Inferno wenigstens noch im Mai stattfinden könnte.

Mit verbindlichen Grüssen und Empfehlungen
Ihr ergebener
Wulffen

ERICH WULFFEN AN EUCHAR ALBRECHT SCHMID * 14. Oktober 1929
Brief, hs.

Dresden, den 14. Oktober 1929

Sehr verehrter Herr Verlagsdirektor!

Nun der Sommer endgültig zur Rüste gegangen ist, versammelt man sich zu seinen Geistesarbeiten, und ich komme auf unser „Inferno" zurück. Sie haben nunmehr das Manuskript ein Jahr in den Händen. Das dünkt mich reichlich lange. Ich bitte Sie also, den Druck vorzubereiten, denn ich muß als Schriftsteller darauf Wert legen, meine Arbeiten auch gedruckt und verbreitet zu sehen. Auch lockert die Länge der Zeit meinen Zusammenhang mit der Arbeit, die ja in meinem Gedächtnisse ruht. Wenn Sie also Einzelheiten intern zu besprechen hätten, so möchte es bald geschehen.

Mit verbindlichen Grüßen
Ihr sehr ergebener
Wulffen

ERICH WULFFEN AN EUCHAR ALBRECHT SCHMID * 26. Oktober 1929[921]
Brief, ms.

Dresden, d. 26. Okt. 1929.

Ministerialdirektor A.D.
Dr. Erich Wulffen

Sehr geehrter Herr Verlagsdirektor!

---

[921] Erich Wulffen: Brief an Euchar Albrecht Schmid vom 26.10.1929. In: Jürgen Seul: *Erich Wulffen – Ein Leben zwischen Kunst und Verbrechen (II)*. (→ Seul: *Wulffen, Kunst & Verbrechen II*). In: *M-KMG* Nr. 154/2007, S. 10-24 (19-21).

Es hat einige Tage gedauert, ehe ich mich von der Ueberraschung erholt habe, in die Sie mich durch die in unserer Unterredung vom 18. d. Mts. von Ihnen geschaffene neue Lage versetzt haben.

Wenn ich heute auf Ihr Ansinnen mich schriftlich äussere, dann muss ich, wie schon neulich mündlich, zur Beleuchtung der Situation auf die Vergangenheit zurückgreifen.

Ihr Wunsch, ich möchte Karl Mays „Inferno" schreiben, geht nach Ihren mir vorliegenden Briefen bis in das Jahr 1923 zurück und wird von Ihnen 1924/25 immer wieder geäussert, während ich mich anfangs zurückhielt und erst im November 1924 eine unverbindliche Zusage gab. Erst im September 1926 kam, nachdem Frau May ihre ausdrückliche Zustimmung gegeben hatte, der schriftliche Vertrag zustande. Natürlich war die Uebernahme dieser Arbeit für mich eine sehr schwierige Angelegenheit, da ich von vornherein gar nicht sagen konnte, wie mein Gutachten ausfallen würde. Aus diesen Gründen und bei ganz vorsichtigem Arbeiten und Prüfen kam es erst im Oktober 1928 zur Ablieferung des Manuskriptes.

Ueber Ihre Beurteilung meines Manuskriptes kann ich nur wiederholen, was ich Ihnen neulich mündlich sagte. Meine Auffassung darüber, was ich zu leisten hatte, habe ich in der Einleitung des Manuskriptes ehrlich dargelegt. Nur von diesem Standpunkt aus konnte ich eine ernste wissenschaftliche Forscherarbeit übernehmen.

Und nun erfahre ich von Ihnen eine solche Kritik meiner mühsamen, ehrlichen, unparteiischen Arbeit! Viel besser als auf den S t a a t s - a n w a l t , der aus seiner Haut nicht heraus kann (er konnte aber immer sehr gut aus dieser Haut heraus), passt der humoristische Vergleich von der Katze, die das Mausen nicht lassen kann, auf Klara May, die aus dem Dunkel des Unwahren über und um Karl May durchaus nicht heraus will, vielmehr es wieder vernebeln möchte, wie die vor Publikum und Presse erfolgreich gelungene Vermengung der Reiseandenken Karl Mays aus seinen späten Jahren mit der Indianersammlung von Patty Frank[922] beweist, weshalb ich gegen diese Vermengung war. Nach Ihrer neueren Stellungnahme aber möchte ich fragen, was haben Sie und Frau May, die Sie ja die Tatsachen um und über Karl May viel besser als ich kannten, von mir eigentlich erwartet, weshalb haben Sie mich zur Arbeit immer wieder angespornt, ja angetrieben?

---

[922] Am 1.12.1928 war in einem Teil der Villa „Bärenfett" das Karl-May-Museum, das ethnografische Sammlungsstücke von Karl May und der von Patty Frank erworbenen Sammlung zur Kultur und Lebensweise der nordamerikanischen Indianer zeigte, eröffnet worden. Gestaltet wurde die Ausstellung vom Ethnologen Hermann Dengler (1890–1945), der einen Ausstellungsführer erstellte und darin Exponate beschrieb. Eine kleine Ausstellung über May wird später eingerichtet. Im Jahr 1956 erfolgt die Umbenennung in „Indianermuseum der Karl-May-Stiftung". Bis 1961 leiten Patty Frank und seine Ehefrau Maria Frank-Tobis das Museum. Die Rückbenennung in „Karl-May-Museum" erfolgt 1984.

Wie gesagt, ich beziehe mich auf meine mündliche Widerlegung der von Ihnen vorgebrachten Einzelheiten bezüglich der sechs ganzen Lichter (statt Lichtabfall), wegen der mit der Uhr entwendeten Tabakspfeife, wegen der Geschlechtskrankheit, des Angriffs auf eine Frau, der Militärtauglichkeit, der Unmöglichkeit früherer Reisen usw. und habe auf die grösseren Beispiele von Strindberg, Nietzsche, Oskar Wilde, Gustav Wied und Georg Kaiser verwiesen. Der Freund der Wahrheit, der auf einer hohen Warte stehen muss, kann in allen diesen Umständen nichts finden, was das wahre Bild von Karl May – auch als Menschen – ernstlich zu trüben vermöchte, und der Psychologe hat zu beweisen unternommen, dass viele dieser Umstände gerade vielleicht den erfolgreichen Schriftsteller innerlich mit erzeugt haben.

Wenn Sie nun erklären, dass sie den § 3 unseres Vertrages (Drucklegung des Manuskripts in 3000 Exemplaren und Verbreitung) nicht erfüllen wollen oder nicht erfüllen können, so kann ich hierüber nur verhandeln, wenn ich von meiner Stellungnahme zu Karl May absehe und Ihre subjektive Auffassung, ohne sie zu kritisieren, als Verhandlungsbasis gelten lasse. Wenn freilich Frau May in ihrem Brief an Sie vom Februar 1929 gebietet, mein Manuskript müsse vernichtet werden, so kann hiervon schlechterdings keine Rede sein. Steht das an mich gerichtete Ansinnen, auf Drucklegung eines Manuskripts zu verzichten, wohl überhaupt als seltenes Ereignis in der Literatur da, so wohl einzigartig das Verlangen von Frau May, mich dauernd von meiner Geistesarbeit, die ja nun einmal geleistet ist, zu trennen. Das käme ja einem Ketzergericht und einer Verbrennung gleich, einer Austilgung! Ist das der Dank, den ich verdiene? Das wäre ja noch schöner, wenn ich gar nicht mehr wissen sollen dürfte, was ich mit unsäglichem Aufwand von Fleiss und Gewissen geschrieben habe!

Ich bestehe also darauf, dass mein Originalmanuskript mir wieder ausgehändigt wird. Ich bin einverstanden, dass § 5 unseres Vertrages von 1926 aufrecht erhalten bleibt, d. h. dass nicht nur das Verlagsrecht, sondern auch das Urheberrecht an dem Manuskripte, von dem Sie ja Abschrift besitzen, Eigentum des Karl May-Verlages bleibt. Ich bin also nicht berechtigt, das Manuskript oder Teile desselben herauszugeben. Hiergegen sind sie geschützt. Ich habe Ihnen grosses Vertrauen geschenkt, indem ich Ihnen das Originalmanuskript in die Hände gab, ohne von ihm mir eine Abschrift zurückzubehalten. Nun kommen auch Sie mir mit Vertrauen entgegen, indem Sie mein Manuskript mir wiedergeben. Hätte ich mir eine Abschrift behalten, so läge die Sache für Sie nicht günstiger. Vergessen Sie auch nicht, dass ein neuer Vertrag nur möglich werden kann mit Rücksicht auf die freundschaftlichen und guten Beziehungen zwischen Frau May und Ihnen einerseits und mir andererseits. Ich werde in meinem schriftstellerischen Nachlass auf das Manuskript mit roter Tinte deutlich die Bestimmung setzen, dass es niemals gedruckt werden darf. Auch hierfür haben Sie in meiner Persönlichkeit Sicherstellung.

So bleibt der Verzicht auf Drucklegung und Verbreitung. Die von Ihnen angebotene finanzielle Entschädigung habe ich schon mündlich als völlig unangemessen zurückgewiesen und unverbindlich eine Entschädigung in Höhe von mindestens 3000 RM. genannt. Genau wie Sie die Angelegenheit als geschäftlich werten, müssen Sie auch mir gestatten, sie von der Finanzseite anzusehen.

Die Drucklegung und Verbreitung des Buches von 3000 Stücken hätten mir eine weite Verbreitung meines schriftstellerischen Namens in einer Aufmerksamkeit erregenden, eigenartigen literarischen Angelegenheit verschafft. Da mir nach § 4 30 Freiexemplare zuständen, hätte ich auch persönlich Gelegenheit gehabt, mein Buch in massgebenden Kreisen in Erinnerung zu bringen. Dieser ideellen Vorteile gehe ich nunmehr verlustig, sie dürfen aber bei Bemessung der Entschädigung nicht ausfallen.

Durch einen Vergleich der Arbeitskraft und Arbeitszeit lässt sich eine sichere Berechnung aufstellen. Ich will annehmen, dass ich während der vielen Monate, da ich Karl Mays Schriften (mindestens 20 Bände), Ihre Jahrbücher und das sonstige Material lesen und studieren musste, und dann während der Monate der Aufarbeitung nur einen einzigen neuen Kriminalroman geschrieben hätte, wie ihn verschiedene Seiten von mir begehren. Ein solcher Roman bringt für einen Vorabdruck in einer Zeitung (alle meine Romane hatten bisher solche Vorabdrucke) bei meiner schriftstellerischen Qualifikation etwa 5000 RM. (Heinrich Mann, Gerhart Hauptmann erhalten 15 bis 25 000 RM). Nehme ich nun einen mittleren Erfolg für den Buchvertrieb an, so kann man mit einem schliesslichen Absatz von 10 000 Stück rechnen. Bei der üblichen Tantieme von 15 % für das broschierte Buch mit 5 RM. Ladenpreis würde ein schliessliches Honorar von 7500 RM. erstehen. So hätte ich mit dem Kriminalroman insgesamt 12500 RM verdient. Ich beanspruche deshalb als Entschädigung ausser dem bereits empfangenen Honorar von ca. 3000 RM noch den Betrag von 5000 RM und komme Ihnen dabei noch entgegen. Sie sparen ja auch die Herstellungskosten für Inferno.

Der Genauigkeit halber schliesse ich einen Vertragsentwurf an.

Mit hochachtungsvoller Begrüssung

Ihr sehr ergebener

Wulffen

3 Blatt: Brief
1 Blatt: Entwurf.

In Ergänzung ihres Vertrages über „Karl Mays Inferno" vom September 1926 vereinbaren der Karl-May-Verlag und der Autor Dr. Wulffen heute folgendes.

§ 1. Der Autor verzichtet auf die Ansprüche und Rechte, die ihm aus § 3 des alten Vertrages zustehen, und erlässt dem Verlag Drucklegung und Verbreitung des Inferno-Manuskriptes. Als Entschädigung für seine ideellen und materiellen Einbussen zahlt ihm der Verlag den Betrag von 5000 RM. (fünftausend Reichsmark). Dem Verlag steht frei, diese Summe in monatlichen, am 15. November 1929 beginnenden und immer am 15. des nächstfolgenden Monats fälligen Raten von je 1000 RM. (eintausend Reichsmark) zu begleichen.

§ 2. Dem Verlag verbleibt das ausschliessliche Verlags- und Urheberrecht an dem Manuskript. Er ist berechtigt dasselbe im Ganzen oder in einzelnen Teilen jederzeit zu drucken und herauszugeben. Der Autor erhält alsdann keinerlei weitere Entschädigung, ist aber verpflichtet und ebensosehr berechtigt, die Korrekturbogen zu lesen.

§ 3. Der Verlag gibt dem Autor alsbald nach Abschluss dieses Vertrages sein Originalmanuskript als Eigentum zurück. Die Parteien sind sich darüber einig, dass der Autor und seine Rechtsnachfolger nicht berechtigt sind, das Manuskript als Ganzes oder in Teilen herauszugeben. Der Autor wird gewissenhaft dafür sorgen, dass seine Erben hiervon genau unterrichtet sind.

EUCHAR ALBRECHT SCHMID AN ERICH WULFFEN * 5. November 1929
Brief, ms. (Kopie)

5. November [19]29.

Hochgeehrter Herr Geheimrat,
eine Stunde nachdem ich Ihr Einschreiben vom 26. Oktober erhalten hatte, mußte ich auf eine Woche geschäftlich verreisen. Seit drei Tagen zurück, habe ich bisher Frau May, mit der ich über diese Angelegenheit sprechen muß, noch nicht getroffen und bitte Sie deshalb, sich noch etwas gedulden zu wollen.

Mit verbindlichen Grüßen und Empfehlungen
Ihr sehr ergebener
Dr. E. A. Schmid

KARL-MAY-VERLAG, Radebeul bei Dresden, Fehsenfeld & Co. * 14. November 1929
Brief, ms.

Den 14. Nov. 1929.

Vertrag.[923]

In Ergänzung ihres Vertrags über „Karl Mays Inferno" vom September 1926 vereinbaren der Karl-May-Verlag und der Autor, Herr Ministerialdirektor Dr. Erich Wulffen, heute folgendes:

§ 1.

Der Autor verzichtet auf die Ansprüche und Rechte, die ihm aus § 3 des alten Vertrages zustehen, und erlässt dem Verlag Drucklegung und Verbreitung des Inferno-Manuskripts. Als Entschädigung für seine ideellen und materiellen Einbußen zahlt der Verlag den Betrag von RMk. 5.000,- (Fünftausend Reichsmark). Dieser Betrag ist zur Hälfte an den Autor selbst und zur andern Hälfte an dessen Tochter, Fräulein Erika Wulffen, zu entrichten.

§ 2.

Die Zahlung wird geleistet in folgenden Raten:

am 15. Dezember 1929	RMk. 1.000.-
am 15. Januar 1930 ebenfalls	RMk. 1.000.-
und am 15. April 1930	RMk. 500.-
Fräulein Erika Wulffen, zusammen	RMk. 2.500.-

Am 15. Februar 1930, 15. März 1930, 15. Mai 1930, 15. Juni 1930 und am 15. Juli 1930 je RMK. 500,- an den Autor, zusammen Mk. 2.500,-.

§ 3.

Dem Verlag verbleibt das ausschließliche Verlags- und Urheberrecht an dem Manuskript. Er ist berechtigt, dasselbe im Ganzen oder in einzelnen Fällen jederzeit zu drucken und herauszugeben. Der Autor erhält alsdann keinerlei weitere Entschädigung, ist aber verpflichtet und ebensosehr berechtigt, die Korrekturbogen zu lesen.

§ 4.

Das Manuskript bleibt ausschließlich Eigentum des Verlags. Die Parteien sind sich darüber einig, daß der Autor und seine Rechtsnachfolger nicht berechtigt sind, das Manuskript als Ganzes oder in Teilen

---

[923] Götz von Olenhusen/Seul: *Auf den Spuren von Karl Mays Inferno*, S. 63-79 (70-71).

herauszugeben. Der Autor ist berechtigt, bis zum 31. Dezember 1931 das Manuskript wiederholt einzusehen, sei es in den Räumen des Verlags oder in seinen eigenen Räumen, und daraus Abschriften zu entnehmen, die nicht die Tatsachen von oder über Karl May, sondern nur wissenschaftliche Ausführungen allgemeiner Art betreffen. Vom 1. Januar 1932 an steht dem Verlag das ausschließliche Verfügungsrecht restlos und ohne irgendwelche Einschränkung zu.

Dr. Erich Wulffen

KARL-MAY-VERLAG
Fehsenfeld & Co.
Dr. Schmid

Der Entschädigungs- und neue Verlagsvertrag ist ein merkwürdiges Dokument. Einerseits will anscheinend Wulffen mindestens testamentarisch oder auf andere Weise sicherstellen, dass das Werk nie veröffentlicht wird. Damit entspricht er jedenfalls nach dieser Äußerung dem Willen Klara Mays. Als Entschädigung für seinen Verzicht auf die vertraglichen Rechte erhält er eine Summe, die aller Wahrscheinlichkeit nach über seinem zu erwartenden Honorar liegt, wenn der Verlag die Biografie publizieren würde. Auf der anderen Seite sollen die Urheber- und Verlagsrechte für die Zukunft beim Karl-May-Verlag liegen. Und da der Verlag das Original des Werkes und die Abschriften behält, wird sich – diese Annahme liegt sehr nahe – E. A. Schmid insgeheim eine spätere Veröffentlichung gesichert haben. Darüber, ob in dieser Hinsicht Wulffen und Schmid sich im Stillen einig sind, etwa nach Klara Mays Tod die Biografie doch zu publizieren, lässt sich nur spekulieren. Aber welchen anderen Sinn sollte die Übertragung der Rechte auf den Verlag sonst haben.

Denkbar ist allenfalls, dass der vorsichtige und weitsichtige Verleger sicher gehen will, dass Wulffen nicht doch diese Biografie – oder eine andere, auf dem Manuskript basierende – veröffentlichen wird. Andererseits sind Wulffen und E. A. Schmid in den folgenden Jahren durchaus freundschaftlich und geschäftlich verbunden. Daher liegt die Vermutung nahe, dass der Vertrag in erster Linie dem Interesse dient, Klara May zufriedenzustellen und Wulffen zu entschädigen, sich aber für die Zukunft alle Wege offen zu halten. Auffallend ist ja auch, dass das Originalmanuskript im Verlag und in dessen Eigentum verbleibt, nicht etwa (mit einer testamentarischen Klausel der Nichtveröffentlichung in roter Tinte versehen) im Archiv Wulffens. Man kann daran denken, dass Wulffen und Schmid sich intern darüber einig sind, ohne dass dies schriftlich oder sonstwie zutage tritt, erst einmal die Zukunft abzuwarten und den gegenwärtigen finanziellen Zustand zu regeln. Klara May muss bis zu ihrem Tode der festen Überzeugung gewesen sein, mit ihren Vetos und mit der Verhinderung der Publikation der Biografie wiederum ein gutes Werk zur ewigen Ehrenrettung des Ansehens von Karl May geleistet zu haben. Wulffen scheint jedenfalls weder testamentarisch noch in sonstiger Weise seinen urheberpersönlichkeitsrechtlich relevanten Willen bekundet zu haben, die Biografie möge niemals veröffentlicht werden. Man darf annehmen, dass Klara May nicht nur der Entschädigungsvertrag zwischen Wulffen und dem Verlag bekannt ist. Sie hat sicherlich ebenfalls Kenntnis, dass das Manuskript sich in den sicheren Händen von E. A. Schmid befindet, Wulffen hingegen über keine eigene Abschrift verfügt.

EUCHAR ALBRECHT SCHMID AN ERICH WULFFEN * 6. Dezember 1929
Brief, ms. (Kopie)

6. Dezember [19]29.

Hochgeehrter Herr Geheimrat,
     von Frau May höre ich, daß Sie am Sonntag, den 8. Dezember, in der Villa Shatterhand weilen werden, und da möchte ich Sie bitten, mir vielleicht Ihren „Blauen Diamanten" mitzubringen. Da ich selbst am Sonntag vier geschäftliche Besucher zu Gast habe, werde ich zwar kaum bei Ihnen vorsprechen können, doch kann mir Fräulein Mariechen das Buch anderntags durch unsere Verlagsbotin übermitteln. Schon heute sage ich Ihnen meinen herzlichen Dank dafür.
     Der eigentliche Grund meines heutigen Briefes besteht in der Frage, auf welchem Weg ich Mitte Dezember das Geld übersenden soll.
     Ferner überreiche ich Ihnen Abschrift aus einem Brief des Herrn Stütz über den in Frage kommenden Heilmagnetiseur. Frau May hat die gleiche Abschrift erhalten, und Sie können sich am Sonntag darüber besprechen.
     Mit verbindlichen Grüßen und Empfehlungen
Ihr ergebenster
Dr. E. A. Schmid

ERICH WULFFEN AN EUCHAR ALBRECHT SCHMID * 8. Dezember 1929
Postkarte

Sehr geehrter Herr Verlagsdirektor!
     Beifolgend sende ich Ihnen für Ihre Bibliothek den „Blauen Diamant", und bin neugierig, wie er Ihnen gefallen wird. Er erschien und ist geschrieben als Zeitungsroman, erst danach als Buch.

402

Über die am 15. d. Mts. zahlbaren 1000 M bitte ich Sie, mir in der üblichen Weise einen Scheck, ausgestellt auf meine Tochter Erika Wulffen (oder Überbringer/in) geschrieben zu übersenden. Wir werden ihn dann bei der Bank einlösen.

Hoffentlich geht es Ihnen und Frau Gemahlin bei Ihrem Weihnachtsgeschäft gut.

Schade, daß Sie heute Sonntag nicht mit bei Frau May sind, wo es an Männern fehlt.

Mit besten Grüßen
Ihr ergebenster Wulffen

EUCHAR ALBRECHT SCHMID AN ERICH WULFFEN * 13. Dezember 1929
Brief, ms.

13. Dezember [19]29.

Hochgeehrter Herr Geheimrat,

herzlichen Dank für Ihr liebenswürdiges Schreiben vom 8. Dezember und ganz besonders für den „Blauen Diamanten", den ich mit großer Spannung lesen werde.

Anbei erhalten Sie den gewünschten Scheck von RM 1.000,--, und ich erinnere daran, daß bei der Dresdner Bank in Dresden meine Unterschrift bekannt ist, weil wir ja auch dort ein Konto haben, das allerdings klein bleibt, weil die größten Eingänge an die Zweigstelle Radebeul erfolgen. Durch telefonische Rückfrage bei der hiesigen Zweigstelle kann also die Dresdner Bank jeweils feststellen, daß die Schecks gedeckt und infolgedessen auszahlungsfähig sind.

Wenn Sie mir nichts anderes mitteilen, werde ich die künftigen Zahlungen stets in gleicher Weise machen, und zwar die Schecks im Rahmen unseres Anschlußvertrags teils auf Sie selber, teils auf Ihr Fräulein Tochter, ausstellen. Einzelquittungen sind nicht nötig. Es genügt seinerzeitige Schlußquittung.

Da ich nächste Woche nach Berlin reisen muß und nicht weiß, ob wir uns vor den Feiertagen nochmals begegnen, erlaube ich mir, zugleich im Rahmen meiner Frau, Ihnen und Ihrer werten Familie schon heute schöne Festtage zu wünschen.

Mit verbindlichen Grüßen und Empfehlungen.
Ihr ergebenster
Dr. E. A. Schmid

1930

ERICH WULFFEN AN EUCHAR ALBRECHT SCHMID * 17. März 1930
Brief, hs.

Dresden, den 17. März 1930

Sehr geehrter Herr Verlagsdirektor!

Indem ich Ihnen den Empfang Ihres Schecks vom 14. d. Mts. dankend bestätige, möchte ich Sie für die Zahlungen am 14. April und 14. Mai d. Js. um eine Gefälligkeit bitten.

Sie wissen wohl, meine Frau und ich gehen am 1. April für 2 Monate nach Italien, lassen aber unsere Tochter hier zurück, die natürlich mit Bargeld versehen sein muß.

Würden Sie wohl die Freundlichkeit haben und obige 2 Zahlungen an den Fälligkeitstagen nicht mit Scheck sondern in bar mit Postanweisungen zu begleichen? Unsere Tochter ist in Geldsachen wenig versiert. Ich möchte nicht, daß sie auf die Bank ginge und dort die nicht kleinen Beträge einlöste.

Die Postanweisungen bitte ich zu adressieren an unsere Schwägerin Frau Direktor Helene Behrisch[924], Dresden-A., Haydnstraße 29. III, mit dem Bemerken auf dem Abschnitt: „Zahlung für Fräulein Erika Wulffen" (betrifft Zahlung vom 15. April) und „Zahlung für H. Min. Dir. Dr. Wulffen" (betrifft Zahlung vom 15. Mai). Wenn Sie mir meinen Vorschlag mit einigen Zeilen freundlich bestätigen würden, wäre ich Ihnen bestens verbunden. Schönen Dank auch für Ihre Grüße aus Paris.

Mit verbindlichen Empfehlungen
Ihr sehr ergebener Wulffen

ERICH WULFFEN AN EUCHAR ALBRECHT SCHMID * 28. April 1930
Postkarte

[Poststempel] 28. 4. 30

An
Herrn Verlagsdirektor Dr. Schmid,
Dresden-Radebeul,
Roonstr.

Einen schönen Gruß senden wir Ihnen und Frau Gemahlin aus dem herrlichen Neapel. Heute waren wir in Pompei, wo wir den umseitig

---

[924] Emilie Liddy Marie Helene Behrisch (1873–1944). Sie war verheiratet mit Camilla Wulffens Bruder, dem Diplom-Ingenieur Reinhold August Max Behrisch († 1906), dem ersten Direktor des Staatlichen Technikums in Hamburg zwischen 1905 bis 1906.

abgebildeten Isistempel besichtigten. Isis war die Göttin der Liebe! Also Ihr Tempel, mein Herr! Bestätige übrigens bestens den Empfang der Sendung vom 15. d. Mts. Wetter herrlich, blauer Himmel, blaue See. Morgen Vesuvbesichtigung.

Ihr ergebener
Wulffen

1931

ERICH WULFFEN AN EUCHAR ALBRECHT SCHMID * 2. Januar 1931
Druck

DANK FÜR NEUJAHRSGRÜSSE
Herzlichen Glückwunsch zum neuen Jahre
erwidern bestens
Wulffen u. Familie
2. 1. 31

ERICH WULFFEN AN EUCHAR ALBRECHT SCHMID * 10. November 1931
Postkarte

10.11.[19]31

Herrn Verlagsdirektor Dr. Schmid,
Karl-May-Verlag,
Radebeul / Dresden, Roonstraße

Sehr geehrter Herr Verlagsdirektor!
Da ich gerade jetzt endlich einmal freie Zeit habe, bitte ich Sie, mir doch vertragsmäßig mein Manuskript auf 1 Woche zur Ein- und Durchsicht zu überlassen, aber lieber meine Handschrift, da ich mich in ihr besser zurechtfinde.[925] Da ich mich jetzt mit Astrologie befasse, teilen Sie mir doch mit, in welchem Ihrer Jahrbücher von Karl Mays Horoskop die Rede ist.

Mit besten Grüßen von Haus zu Haus
Ihr ergebener Wulffen

---

[925] Ein Mitarbeiter des Karl-May-Verlags überbrachte Wulffen am 11.11.1931 das Originalmanuskript persönlich.

KARL-MAY-VERLAG AN ERICH WULFFEN * 12. November 1931
Brief, ms.

Herrn Ministerialdirektor Dr. Erich Wulffen, Dresden

12. Nov. 1931

Sehr geehrter Herr Ministerialdirektor,
    wir sandten Ihnen heute als Drucksache eine Nummer der „Astro-
logischen Rundschau" (Horoskop), worin sich ein Aufsatz
            „Karl May und die Astrologie"
befindet. Das Heft erbitten wir uns später zurück. In unseren Jahrbüchern ist bis jetzt noch kein Horoskop über Karl May veröffentlicht.[926]

Hochachtungsvoll
Karl-May-Verlag
Fehsenfeld & Co.

ERICH WULFFEN AN EUCHAR ALBRECHT SCHMID * 13. Dezember 1931
Brief, ms.

Ministerialdirektor A.D.   Dresden, d. 13. Dez. [193]1.
Dr. Erich Wulffen   Münchner Straße 9

Sehr geehrter Herr Verlagsdirektor !
    Entschuldigen Sie nur bitte, dass ich Ihnen das Manuskript „Inferno"
noch nicht zurückgegeben habe. Aber es kam, wie es so zu geschehen
pflegt, gerade wieder eine sehr eilige Arbeit dazu. Das Manuskript liegt
aber bei mir zu getreuen Händen.
    Schönen Dank auch für leihweise Ueberlassung der Zeitschrift mit
dem Aufsatz über Karl Mays Horoskop.
    Nun komme ich heute mit der Bitte um eine Gefälligkeit, wie Sie sie
mir schon in den früheren Jahren freundlichst erwiesen haben.
    Ich bedarf zu Weihnachtsgeschenken
    1. H. Grimm „Volk ohne Raum"[927], Roman, neue billige ungekürzte
       Ausgabe in einem Band, RM. 8,50, Verlag Langen;
    2. Fr. Nietzsche „Die Unschuld des Werdens"[928], der Nachlass aus-

---

[926] Das wird erst 1934 der Fall sein mit dem Beitrag von Walter Guhlmann/Mary Ann von der Meden: *Blick in die Sternenwelt. Karl Mays Horoskop.* In: *KMJb 1930.* Radebeul bei Dresden 1934, S. 136-192.
[927] Hans Grimm: *Volk ohne Raum.* München 1926.
[928] Friedrich Nietzsche: *Die Unschuld des Werdens.* 2 Bände. Leipzig 1931.

gewählt und geordnet v. A. Baeumler, 2 Bd. je RM 3, 75, <u>Verlag Kröner</u>.

Ich wäre Ihnen bestens verbunden, wenn ich die Bücher bis Ende dieser Woche haben könnte. Wenn Sie die Güte hätten, mir die Bücher durch einen Gelegenheitsboten ins Haus schicken zu können, so würde ich demselben den Geldbetrag gleich mitgeben.

Im übrigen bin ich mit den herzlichsten Weihnachtswünschen von Haus zu Haus

Ihr sehr ergebener
Wulffen

Wie bereits im Vorwort kurz skizziert, versammelt Klara May am Silvesterabend 1931/32 einige enge Vertraute um sich herum. Im Kaminzimmer der Villa „Bärenfett" halten sich neben ihr Patty Frank, E. A. Schmid und die Eheleute Lieberknecht auf.

Ob zu diesem Zeitpunkt noch weitere Personen anwesend sind, etwa Katharina Schmid oder Freunde ist nicht bekannt. Es ist Richard Lieberknecht, der Wulffens Originalmanuskript *Karl Mays Inferno* schließlich dem Kaminfeuer übergibt.

Das von Klara May initiierte Autodafé ist seinen Motiven nach nicht leicht zu erklären. Man wird darin schwerlich eine pyromanische emotionsbeladene Kurzschlusshandlung sehen können. Vielmehr scheint hier – in ähnlicher Weise wie bei der Aktenverbrennung des Jahres 1922 – eine wohlüberlegte, wenn auch mit symbolischem

Richard Lieberknecht (1936)

Sinn aufgeladene Vernichtungshandlung vorgelegt zu haben. Ohne Genehmigung und ohne Zutun des Verlags wird sich Klara May nicht in den Besitz des in dessen Eigentum stehenden Manuskripts gesetzt haben können. E. A. Schmid wird also vermutlich schon vorher Kenntnis von dieser Buchverbrennung gehabt und sie jedenfalls nicht verhindert haben. Mit dem Jahr 1932 stand ein Karl-May-Gedächtnis- und Jubiläums-Jahr bevor. Nicht ohne Sorgen mag die Witwe dem entgegengesehen haben. Über ihre Motive ist Hinreichendes bekannt. Dass sie sich völlig mit Karl Mays Lebenssicht, seinen tatsächlichen oder auch nur von ihr vermuteten Anliegen, einig weiß, ist nicht zu übersehen. Wie der verstorbene Gatte, dessen Leidensgeschichte des letzten Lebensjahrzehnts auch dadurch geprägt war, dass er sich nicht mehr durch einen Sprung über seine Vergangenheit zu retten vermochte, sondern mehr denn je von dem Umstand gequält wurde, dass die Mehrzahl der düsteren Seiten seines Lebenslaufs in den Kontroversen vor allem negativ bewertet und gnadenlos gegen ihn verwendet wurden, muss auch Klara May von solchen Ängsten und einem vergleichbaren Trauma beherrscht gewesen sein. Karl May und sie hatten zehn schwere Jahre durchlebt. Von Gegnern und Feinden verfolgt, von den schwankenden Gemütsverfassungen und Einstellungen Emma Pollmers gezeichnet, ist auch Klara wie zuvor Karl May von der Furcht beseelt, vieles noch einmal durchmachen zu müssen, die gemeinsam errichteten Fassaden zusammenbrechen zu sehen. Allein die zufällige Begegnung mit Emma Pollmer im Jahre 1907 in einem Konzert hatte die unterschwellig immer virulenten Ängste aktiviert:

„Die alte Angst vor Schwefelsäure, Salzsäure, Gift usw. taucht natürlich sofort von neuem auf! [...] Also der alte Klatsch beginnt von neuem!"[929]

Die alten Leiden an der Seite Karls in den Jahren von 1902 bis 1912 mögen eine Rolle gespielt haben, aber auch ihre eigene Vergangenheit, insofern Teile der öffentlichen Angriffe – namentlich von Lebius – auch gegen sie gerichtet waren, weiter ihre mit Karl und Emma zusammenhängenden Erlebnisse während derer Ehejahre und nicht zuletzt ihre spiritistisch (und möglicherweise auch lesbisch) geprägte Beziehung zu Emma May[930], von der sie sich ja nie völlig frei hatte machen können. Das Autodafé stellt eine Art realer und symbolischer Akt der Befreiung – für den verstorbenen verehrten Schriftsteller und für sie selbst – von den Schatten und den drohenden Gefahren aus der Vergangenheit dar. Für sie scheint sich mit einer solchen oder ähnlichen Biografie über Mays Inferno fast eine Art Wiederholung vergangener Leidenszeiten angedeutet zu haben. Als Karl May mit seiner „psycholo-

---

[929] Karl May: *Frau Pollmer, eine psychologische Studie.* Erstveröffentlichung aus dem Nachlaß Band 1 (→ May: *Frau Pollmer*). Bamberg 1982, S. 945f.

[930] Vgl. Gabriele Wolff: *Ermittlungen in Sachen Frau Pollmer. Monographie über Karl Mays „Frau Pollmer, eine psychologische Studie" (1907).* In: *JbKMG 2001.* Husum 2001, S. 11-307.

gischen Studie"[931] über seine Ex-Frau den Schleier über die vergangene Ehe und seinen schweren Lebensgang mit Emma Pollmer aus seiner Perspektive zu lüften trachtete, schrieb er dieses interessanterweise nicht als für die Öffentlichkeit bestimmtes Dokument. Das taktisch-strategisch nur für den Untersuchungsrichter gedachte Prozesspapier sollte mit seiner faktisch und psychologisch scheinbar rücksichtslosen Schilderung der May'schen Passionsgeschichte an der Seite des „Dämons Weib" Emma Pollmer als Belastungszeugin unglaubwürdig hinzustellen, May selbst jedoch als vielfach zu Unrecht gegeißelten Dulder und nachsichtigen, alle Fehltritte und Perversitäten, jede psychische Misshandlung hilflos nur treu ergeben hinnehmenden Ehemann zeigen.

Auch seine spätere *Beichte*[932] sollte nicht etwa die ganze ungeschminkte Wahrheit seines Lebens verkünden, sondern Öffentlichkeit und Gerichte für ihn einnehmen. Klara May wird also, als sie das Manuskript dem Feuertod übergab, sicherlich in erster Linie im Interesse der von ihr zeitlebens betriebenen Legendenbildung um May agiert haben, aber vielleicht auch im eigenen Interesse, da sie selbst wegen ihrer Beziehungen zu Emma Pollmer und als Karl Mays zweite Ehefrau passiver Teil jener Kämpfe und Hetze des letzten Jahrzehnts vor Mays Tod gewesen war. Es mag sein, dass die Deutung von Roland Schmid[933] zutrifft, die Witwe habe danach getrachtet, mit diesem beispiellosen, allerdings vergleichsweise spät durchgeführten Akt den in Wulffens Werk wohnenden „Geist" symbolisch ein Raub der Flammen werden zu lassen und ausgerechnet um die Jahreswende 1931/1932 (1932 jähren sich ja Geburts- und Todesdatum Mays ‚rund') auf diese Weise für sich selbst und ihre Getreuen ein Signal der unverbrüchlichen Treue zum ungetrübten Andenken an Karl May auszusenden.

Wer die Korrespondenzen, die Archivalien und Ego-Dokumente liest, wird Klara Mays Reaktionen gewiss kritisch hinterfragen müssen, wobei vor allem ihrer selbstgewählten Rolle als Gralshüterin des Karl May'schen Andenkens der entscheidende Aspekt zukommt. Ein Faktum ist freilich, wie sich dem Briefwechsel entnehmen lässt, besonders bemerkenswert. So hatte sich Wulffen das *Inferno*-Manuskript vom Verlag ausgebeten, vielleicht auch, um Teile des Materials wenigstens für einen Aufsatz im Karl-May-Jahrbuch zu verwenden. Am 13. Dezember 1931 schrieb er an E. A. Schmid, mit dem ihn weiterhin herzliche Beziehungen verlegerischer und persönlicher Art verbanden, um sich zu entschuldigen, dass er das Manuskript noch nicht zurückgegeben habe, es liege aber bei ihm „zu getreuen Händen". Tatsächlich hat Wulffen sein Originalmanuskript wenig später zurückgegeben.

[931] May: *Frau Pollmer*, S. 945f.

[932] May: *Meine Beichte*, Lebius-*Reprint*, S. 4-7.

[933] Roland Schmid: Brief an Fritz Maschke [Datum unbekannt]. In: Maschke: *Bausteine zur Klara-May-Biographie*, S. 220-244 (237-242, Zitat findet sich auf S. 239).

Dieser Vorgang wird der Grund gewesen sein, dass Klara, der das alles offenbar nicht entgangen war, vielleicht aus der zwangartigen Sorge heraus, die Handschrift des *Inferno* könne erneut in Wulffens oder irgendwann gar in fremde Hände geraten, den Entschluss fasste, es zu verbrennen. Dass Wulffen davon alsbald erfahren hat, lässt sich der Korrespondenz indirekt entnehmen, und dass Klara May sogar beabsichtigt haben muss, die Abschriften des Originals vernichten zu lassen, ist aus dem Briefwechsel mit Wulffen am Ende ersichtlich. Ihre Verhaltensweisen seit 1912, vor allem ihre Aktivitäten seit Anfang der 1920er-Jahre bis hin zum Jahresende 1931/1932 und bis zur nächsten Aktenvernichtung Ende der 1930er-Jahre (die Wulffen nicht mehr erlebte), verfolgen – trotz mancher taktischer Winkelzüge und scheinbarer Kompromissbereitschaft – eine einzige Linie: Die frühe Biografie Karl Mays soll auf ewig ein Tabu sein und bleiben. Kein noch so bedeutungsloser Hinweis auf May als „Kriminellen" soll verbleiben. Wenn, wie berichtet wird, allein das Wort „Zuchthaus" zu den in ihrer Gegenwart niemals zu erwähnenden Begriffen zählte, wird das Ausmaß ihrer chronischen psychischen Befindlichkeit offenbar.

1932

Die Verbrennung des *Inferno*-Manuskripts hat Erich Wulffen zutiefst erschüttert. Sein Groll richtet sich ausschließlich gegen Klara May, zu der er jeglichen Kontakt abbricht. Dieses Verhalten trifft die Witwe wiederum in ihrer selbstgerechten Befindlichkeit.

KLARA MAY AN ERICH WULFFEN * 27. März 1932
Brief, ms. Kopie

Hochgeehrter, lieber Herr Ministerialrat!
    Ja, „hochverehrter" und „lieber" sind Sie mir auch heute noch, genau wie immer, obgleich <u>Sie</u> mir böse sind. Weshalb? Was tat <u>ich</u> Ihnen? Da hätte doch ich Ursache gehabt, Ihnen schon vor 2 Jahren zu zürnen, daß Sie mir mit Ihrer harten, erbarmungslosen Staatsanwaltsarbeit eine so bittere Enttäuschung bereiteten. Nach Ihren mir vor Jahren gesagten Worten:
    „Wäre er doch zu mir gekommen, ich hätte ihm geholfen," hatte ich Güte und Milde erwartet, nachdem ich Ihnen gesagt hatte, wie K.M.

über Ihre damaligen Ansichten begeistert für Sie war. Da die Arbeit für beide Teile keinen Segen bringen konnte, war doch abgemacht, daß sie am 31.12.1931 still ihr Leben aushauchen sollte. Weder jedes geistige noch körperliche Kind gerät immer, das haben Sie auch erfahren. Deshalb müssen wir doch auch weiter und können nicht zürnen. Ich war im Fieber und bestürmte Dr. Schmid. Ich war nahe daran zu gehen und wollte alles erfüllt haben, was zu erfüllen war. Er verlor den Kopf und behelligte und ärgerte Sie. Ich sollte nun der Sündenbock sein, das ist unrecht. Jetzt, nachdem ich wieder so einigermaßen zusammengeflickt bin, habe ich mit Ruhe Ihre Arbeit noch einmal gelesen. Der Geist, die Ab-

*Klara May vor dem Kamin
der Villa „Bärenfett"*

schrift Ihrer Arbeit, liegt hier vor mir, lebt, wie am ersten Tage, nur das Original Ihrer sowieso fast unleserlichen Handschrift wurde ein Raub der Flammen.

Heute überlege ich noch, ob man nicht doch alles aufhebt, obgleich ich meine Ansicht vom ersten Tage nicht geändert habe. Es spricht aus dem ganzen eine bittere Ablehnung, ein Übelwollen, wie sie eben nur ein starker Gegner aufbringen kann. Sie, aus Ihrem glücklichen Vaterhaus, in wohlgeordneten Verhältnissen können den seelisch verkrüppelten Menschen gar nicht begreifen. Sie haben nie hungern müssen. Sie haben keine Rüben vom Feld gestohlen, um sie vor Hunger zu verschlingen. Sie hatten keine unormale Großmutter und keinen halb oder ganz Verbrecher als Vater. Sie können sich nicht in diese Welt versetzen und Hauptmann mit den „Webern"[934] bringt Ihnen das Leben der Welt auch nicht bei aus dem der Unglückliche stammt, den Sie so erbarmungslos verurteilen.

Sehen Sie, darum kann ich Ihnen nicht böse sein. Daß Sie aber mir böse sind, ist eine Ungerechtigkeit, zu der Sie kein Recht haben und von der ich überzeugt bin, daß Sie sie einsehen werden. Es würde mir bitter leid tun könnten wir die sicherlich nur sehr kurze Spanne Zeit, die uns im Leben bleibt, nicht bis zum Ende in alter Freundschaft gehen. Darum bitte ich Sie, sein und bleiben Sie mir meiner lieber, hochverehrter Freund, wie in alten Tagen.

Immer Ihre alte
gez. Klara May.

Klara Mays Brief an Wulffen vom 27. März wirft ein bezeichnendes Licht auf ihren Seelenzustand oder jedenfalls auf ihre innere Haltung, so wie sie sie ihm zu offenbaren gedachte. Aus ihrer Perspektive ist die Biografie eine „harte, erbarmungslose Staatsanwaltschaftsarbeit", eine gnadenlose Verurteilung eines „seelisch verkrüppelten Menschen", eines Unglücklichen aus schlechten sozialen Verhältnissen, Enkel einer „unormalen Großmutter" und eines „Verbrechers als Vater". Seltsam und wohl nirgends festgehalten mutet Klara Mays Behauptung an, es sei „abgemacht" gewesen, dass die Arbeit, die „für beide Teile keinen Segen bringen konnte", „am 31.12.1931 still ihr Leben aushauchen sollte." Diese Behauptung findet an keiner Stelle der beiderseitigen Korrespondenz eine Stütze, sondern zeigt vielmehr eher, dass Klara versucht, eine Art Abmachung über eine Beseitigung des ominösen Manuskripts zum Ende des Jahres 1931 zu konstruieren. Laut Klaras Brief an Wulffen hat sie die Abschrift des Manuskripts anscheinend vor der Abfassung ihres Briefes, mit dem sie ihre Verbrennungsaktion rechtfertigte, erneut gelesen. Und sie scheint der Ansicht gewesen zu sein, sie sei berechtigt, nicht nur das Original, sondern auch die Abschrift zu vernichten, rückt davon jedoch angesichts der harschen Vorwürfe Wulffens jedenfalls im Brief ab, obwohl sie von Anfang an ihre Ansicht nicht geändert habe. Sie sei, so Klara, wie im Fieber von E. A. Schmid bestürmt worden. Dieser habe den Kopf verloren und so Wulffen behelligt und verärgert. Indirekt ist also wieder E. A. Schmid der „Schuldige". Sie wirft Wulffen vor, die Biografie sei geprägt von „bitterer Ablehnung", von „Übelwollen, wie sie eben nur ein starker Gegner aufbringen kann". Damit zählt Wulffen einerseits zu den verständnislosen Ignoranten und andererseits expressis verbis zu den Feinden Mays. Klara May ist es, die ihm zürnen müsse, nicht er ihr. Sie appelliert – in durchaus scheinheiligen Wendungen – an den hochgeehrten lieben Ministerialrat, an den Freund der alten Tage und

---

[934] Gerhart Hauptmann: *Die Weber*. Schauspiel aus den vierziger Jahren. Berlin 1892.

die frühere Freundschaft. In diesem Sinne instrumentalisiert sie auch Euchar Albrecht und Katharina Schmid, die für eine Aussöhnung sorgen sollen. So gespielt und leicht zu durchschauen ihre Verzweiflung über den Abfall eines treuen Freundes und den Bruch einer einstmals so innigen und erfolgreichen Verbindung auch klingt, wird sie doch in gewisser Weise tatsächlich darunter gelitten haben; womöglich nachhaltiger traf sie aber, wie die Briefe zeigen, der Verlust der langwährenden Freundschaft mit Camilla Wulffen. Ihre Beziehung zu Erich Wulffen mag im Lichte der Korrespondenzen seit 1921 von berechnender Rafinesse bestimmt gewesen sein, die dann in eine herzlichere einmündete, je mehr sie sich der Nützlichkeit und Ergebenheit des Freundes bewusst und sicher sein konnte. Letztlich aber konnte sie, wie ihre zwei Ehen zeigen, zu Frauen tiefere, längerdauernde Freundschaften aufbauen und auch über alle Stürme hinweg sich erhalten. In mancher Hinsicht fühlt man sich bei der Betrachtung des Freundschaftsbundes Karl May und Emma Pollmer sowie Richard und Klara Plöhn an das tragikomische Kaleidoskop der zwei Ehepaare in Ford Maddox Fords *Die allertraurigste Geschichte*[935] erinnert, mit all seinen Harmonien und Disharmonien, mit ehebrecherischem und letalem Ende. Die Beziehung der Eheleute Wulffen zu Klara May (in die der unvermeidliche Anhang ihrer gläubigen ergebenen Gemeinde gelegentlich hineinragt) mutet so gesehen ein wenig wie eine Wiederholung an. Für die Witwe blieb der rückhaltlos verehrte Karl May auch nach seinem Tode ein obsessiv verehrtes Liebesobjekt, gegenüber dem jedes andere männliche Wesen versagte. Die Beziehung zu Camilla Wulffen liest sich dabei aber wie eine schmale, späte Erinnerung an die Fortdauer der Gefühle zu Emma Pollmer.

KLARA MAY AN EUCHAR ALBRECHT UND KATHARINA SCHMID *
7. April 1932
Ansichtskarte

Herrn und Frau Dr. Schmid
Karl-May-Verlag
Dresden-Radebeul
Roonstr.

[Poststempel] 7.4.1932

Meine Lieben!
Gut angekommen, herrliche Wohnung. Kur einzigartig, sicherlich die einzige, die mir helfen kann. Sie müssen auch her! Wetter aber miserabel. Bitte <u>ausführlich</u> schreiben, wie es mit der Heimarbeit steht und

---

[935] Ford Madox Ford: *The Good Soldier*. London 1911 (Dt.: *Die allertraurigste Geschichte*. Freiburg im Breisgau 1915).

wie es mit W[ulffen] ist? Er antwortete nicht, da habt Ihrs nicht gut gemacht.

   Viele Grüße von <u>uns beiden</u> und alles Gute. K[lara] M[ay]

Wohnen Haus Deecke, Haus Thomasstr. 3, B[aden] Baden.

In dieser Ansichtskarte aus ihrer Baden-Badener Kur gibt Klara May den
Eheleuten Schmid die Schuld für Wulffens Schweigen. Schmids Bericht für
Klara über sein Treffen mit Wulffen ist aufschlussreich: Seine Beziehung zu
Wulffen ist offenbar auch seit der Krise des Jahres 1928/1929 ungetrübt geblieben. Wulffens „Erbitterung und Verbitterung" über das Autodafé ist jedoch unverändert. Während Camilla Wulffen an einer Versöhnung gelegen
ist, bleibt ihr Gatte selbst bei einer unnachgiebigen Haltung. Nach dem
Bericht E. A. Schmids an Klara May hält Wulffen sich zwar hinsichtlich seiner letztlichen Entscheidung etwas bedeckt. Er empfindet sich jedoch nicht
nur aufs Tiefste verletzt und brüskiert, sondern auch vor Dritten beschämt;
die Vernichtung der Handschrift sieht er wie das „Hinmorden eines Kindes",
und sein Groll entspringt auch dem Gefühl, er sei von Klara May nur benutzt
worden: „Der Mohr hat seine Schuldigkeit getan, der Mohr kann gehen!"
Wulffen erkannte mit diesen Worten gewiss einen Teil von Klara Mays Charakter und Intentionen, ihre gerissene falsche Freundlichkeit und eigensüch-
tige Pflege einer Freundschaft, der seit Jahren aber die Substanz gefehlt haben
wird. Er verkannte dabei allerdings auch seinen eigenen Anteil an der Entwicklung, worin er selbst auch mal als Saulus, mal als Paulus aufgetreten war
und nicht ohne Heimlichkeiten gegenüber Klara May sich verhalten hatte.

EUCHAR ALBRECHT SCHMID AN KLARA MAY * 9. April 1932
Brief, ms.

   [ohne Anrede]   9. April 1932

Wulffen mit Frau haben uns am vergangenen Sonntag besucht und waren
überaus freundlich. Während der Zusammenarbeit bat mich W[ulffen] in
die Bücherei und ersuchte mich, ihm die Verbrennung der Handschrift in
allen, auch in den kleinsten Einzelheiten zu schildern.
   Er war ganz ruhig, betonte aber erneut seine starke Erbitterung und
Verbitterung und wiederholte, daß ihm diese Art von Vernichtung weh-
gctan habe wie das Hinmorden eines Kindes. Falls Sie und ich das Werk
allein und ohne Hinzuziehung Dritter verbrannt hätten, wäre es nicht so

schlimm gewesen, als nun, wo verschiedne andre Personen davon erfahren hätten. Ich fragte ihn, was er auf Ihren Brief geantwortet habe oder antworten werde. Darauf erwiderte er, dieser Brief sei besser ungeschrieben geblieben.

Nun rückte ich mit meiner Mission heraus, wonach ich Versöhnung zwischen Ihnen und ihm herbeiführen solle. Er erwiderte, davon sei keine Rede, und er könne auch jetzt den angekündigten Aufsatz für das Jahrbuch nicht mehr schreiben. Darauf äußerte ich, das würde wohl vielleicht nicht sein letztes Wort sein, er werde sich die Sache noch überlegen, es werde Gras über den Kummer wachsen usw.; ich möchte aber doch Ihnen gern irgend eine halbwegs günstige Botschaft senden. Da sagte er vor sich hin: „Was wird, weiß man nicht."

Und etwas später fügte er hinzu, ich solle Ihnen diesen Satz schreiben.

Bald darauf war ich mit ihm und seiner Frau Gemahlin allein zusammen, und es bot sich für mich die Gelegenheit, nochmals zu betonen, daß Sie so sehr die Rückkehr der alten Freundschaft wünschen; Frau W[ulffen] erklärte sofort, das sei auch ihr Wunsch, worauf er sagte, er wolle nicht, daß wir dieses Gespräch fortsetzen.

Heute nun kam ich auf den Gedanken, ihn nochmals anzurufen. Seine Frau war am Telefon, und ich fragte, ob ich ihn nicht für alle Fälle Ihre Anschrift in Baden-Baden geben solle. Sie war etwas bedenklich, ließ sich aber dann die Anschrift geben. Dabei erwähnte sie, sein Groll stamme nicht allein von der Vernichtung der Handschrift her, sondern vorher habe er das Gefühl gehabt: Der Mohr hat seine Schuldigkeit getan, der Mohr kann gehen!

Möglich, daß er doch irgendetwas an Sie schreibt. Jedenfalls halten wir es für unbedingt ratsam, daß Sie selber vorerst gar nichts unternehmen.

Im übrigen verlief die Zusammenkunft sehr nett, und beide sprachen davon, daß sie bald wiederkommen wollen. Noch ist nicht aller Tage Abend; nun müssen Sie Geduld haben.

[ohne Unterschrift]

Doch Geduld gehört nicht zu Klara Mays Stärken, weshalb sie noch einmal zu einem Versöhnungsakt ansetzt:

KLARA MAY AN ERICH WULFFEN * [ohne Datum, vermutlich Mai 1932]
Brief, hs. Kopie

Mein lieber, hochverehrter Herr Geheimrat!

Treuer Freund – so darf ich doch sagen? Sie waren es mir in schwerster Zeit, als Sie mir halfen die drückentsten [!] Schatten zu beseitigen, die auf mir lagen.

Leider war der Erfolg nicht restlos. Wir hatten nicht mit der starken, sugestieven [!] Persönlichkeit meines „Satans" gerechnet. In jahrelanger Untermienierarbeit [!] brachte er uns beide zu Fall. Weder Sie noch ich wollten den heutigen Zustand, den Schatten, der nun schon so lange über unsre Freundschaft lagert. Er muß beseitigt werden! Wir wollen das letzte Stück Lebensweg in inniger Verehrung vom meiner Seite für Sie, und in gütiger Nachsicht, Sie für mich, zuende gehen.

Lassen Sie uns das mich Drückende ausschalten und in jenen Aschenhaufen verwandeln, vor dem wir einst im Archiv so innig dankbar standen. Es war ein großer Moment für mich und die so unnütz aufgeflackerte Flamme der Neugier soll nicht einen schwarzen Schatten darüber werfen.

Sie aber sollen alles zurückhaben, was nicht zu jenem Aschenhaufen gehört, denn es sind große, edle Gedanken, die erhalten werden sollen, für die Allgemeinheit und die wirklich dazu dienen, Ihren Ruhm zu vermehren, aber die arme Person, um die sich jene Gedanken formten, die bitte, bitte, restlos zur Asche.

Auf dieser Basis lassen Sie uns verhandeln, noch einmal mit dem Satan, dann aber Herbstsonnenschein!

Ihre dankbare
K[lara] May

Im Folgenden erhält Klara May sowohl von Camilla als auch von Erich Wulffen (mit gleichem Datum) ausführliche Antwortbriefe:

CAMILLA WULFFEN AN KLARA MAY * 14. Mai 1932
Brief, hs.

Dresden d. 14. Mai 1932

Meine liebe, liebe Frau May!

Vielen Dank für Ihre lieben Zeilen aus Baden-Baden. Ich beantworte sie erst heute, da ich Ihre Rückkehr abwarten wollte.

Eigentlich hasse ich alle Schreiben über solch heikle Dinge, Worte klingen immer kalt, man kann sie noch so drehen und wenden. Am liebsten eilte ich ja zu Ihnen, meine Liebe. Meinem Herzen nach müßte alles sofort wieder zur Versöhnung führen, aber wie soll ich diese herstellen.

Ich stehe [sic] da auf der einen Seite die große Anhänglichkeit und Dankbarkeit für all Ihre Liebe und Güte gegen mich, auf der anderen Seite mein Mann, der die Kränkungen so tief empfunden hat, daß ich gar nicht weiß wie ihn zur Überwindung bringen.

Vorerst muß ich jedoch klar stellen, daß wir auch nicht in der geringsten Weise wegen der damals in Oberloschwitz nicht erfolgten Einladung, wie Sie es nennen, liebe Frau May, böse sind. Das haben Sie in ganz falscher Erinnerung. Erstens waren wir mit der Absicht zu Ihnen gekommen, Sie nur ein Momentchen zu überfallen, zweitens sagten Sie uns ja sofort, daß Frau Lieberknecht für den Abend Frauen aus der Brüdergemeinde eingeladen. Sie setzten uns sogar noch das Schöne an dem Glauben der Gemeinde auseinander. Wir haben eingehend darüber gesprochen. Außerdem dürfen Sie wirklich nicht denken, daß mein Mann so kleinlich wäre. Da sind Sie vollkommen auf dem falschen Wege. –

Vor Jahren, ich merkte mir nicht wie lange es her ist, waren wir sehr oft zu der Zeit bei Ihnen, als mein Mann die Akten verbrannt und von Ihnen, liebe Frau May, gebeten wurde, das Lebensbuch über Karl May zu schreiben. Sie persönlich fingen immer wieder davon an, was mir stets unsympathisch war. Daher habe ich mir das so genau gemerkt. Eines Tages bat ich Sie dringend, daß Sie doch davon absehen sollten, denn wenn mein Mann das Buch schreiben müßte, so könnte er ja nur an der Hand der Akten sein, und das könnte doch nichts Gutes bringen. Da meinten Sie, liebe Frau May, daß so ein Buch über Karl Mays Leben unbedingt geschrieben würde, und wenn es mein Mann nicht bald schriebe, so würden sich Karl Mays Feinde darüber machen. „Und weil nun die Akten nicht mehr da sind, so müssen wir etwas in Händen haben über Karl May von einer Persönlichkeit die den Inhalt genau gekannt." So sagten Sie wört-lich. Das leuchtete mir ein und ich gab Sie, meine Liebe, beim Abschied strahlend: „Er schreibt es, nun bin ich beruhigt." So damals. Einstweilen ist das nun alles geregelt worden, Sie haben das Manuskript gekauft, es gehörte Ihnen.

Welche Kränkung nun für meinen Mann, daß Herr Lieberknecht in Ihrem Auftrage, meine liebe, gute Frau May, im Blockhause vor Frank u.s.w. blätterweise das Manuskript, dessen Inhalt er nicht genau kannte, von dessen Vorgeschichte er keine Ahnung hatte, dem Feuer anheimgab.

Was mußte Herr Lieberknecht von meinem Manne denken.

Vor zwei Jahren haben Sie durch einen hiesigen Rechtanwalt einen Vertrag, wonach mein Mann einen Einblick in die Verlagsgeschäfte, ja nur in Ihrem Interesse, nehmen konnte, umgestoßen, und Herrn Lieberknecht eingesetzt. Mein Mann erfuhr davon, wiewohl es vor ihm geheim gehalten werden sollte, auf Ihren extra Wunsch. – Mein Mann hat sich doch nie in Ihre Angelegenheiten hineingedrängt, liebe Frau May. Das liegt ihm gar nicht. Ich muß Ihnen offen sagen ich bin tief erschüttert durch diesen, so schwer es mir auch wird, aber man muß es Vertrauensbruch Ihrerseits meinem Manne gegenüber nennen. Und wie war es einst zwischen Ihnen beiden. Ich kann das gar nicht verstehen. Ich bin so ein Mensch grenzenloser Gerechtigkeit, daß ich gar nicht darüber hinweg kommen kann. Es lag doch zu einer Heimlichkeit im letzten Falle gar kein Grund vor. Sie mußten doch meinen Mann kennen, daß Sie ihm offen sagen konnten, daß für den letzteren Fall Herr Lieberknecht diese Revision, oder wie Sie es nun nennen wollen, im Verlag übernehmen sollte. Er ist Kaufmann, ganz anders geschult in solchen Dingen wie mein Mann. Die Welt ist doch so klein, mein Mann mußte es erfahren und dann war es eine Kränkung für ihn. Wiederum, was muß Herr Lieberknecht gedacht haben. Und Sie wußten, daß mein Mann nie von diesem Rechte Gebrauch gemacht noch je machen würde.

Das sind die Dinge, um die es sich dreht, meine liebe Frau May. Nun wissen Sie die Gründe, warum mein Mann sich so verletzt fühlt, Ihnen böse ist.

Bewegen Sie das alles in Ruhe in Ihrem Herzen und denken Sie zurück an frühere Jahre.

Ich bin ein Mensch der Offenheit und bin der Meinung, daß ich Ihnen die Aufklärung auf Ihre Anfrage hin, weswegen mein Mann böse ist, schuldig bin.

Ich leide ja unendlich darunter, das können Sie sich denken, meine liebe Frau May.

Hoffentlich haben Sie sich in Baden-Baden ganz erholt. Wenn ich während Ihrer Krankheit in Radebeul anfragte, erwischte ich fast stets nur Frank. Als ich dann in Oberloschwitz bat, mich doch einmal zu unterrichten, wie Ihr Befinden sei, bekam ich auf wiederholte Anfrage nie Antwort, sodaß ich schließlich annahm, meine Anfrage sei nicht erwünscht. So hielt ich mich ganz fern.

Nun aber Schluß mit den unangenehmen Dingen. So ein langes Epistel ist's geworden. Schrecklich. Und mein Mann ist ja so tief verletzt. Das tut mir so furchtbar leid.

In herzlichem Gedenken

Ihre Illa Wulffen

ERICH WULFFEN AN KLARA MAY * 17. Mai 1932
Brief, ms. Kopie

Frau
Clara May,
Radebeul,

Erst vorgestern erfuhr ich von Ihrem Briefe an meine Frau.

Daß ich auf Ihren Brief vom Ostersonntag nicht antwortete, mußte Ihnen meine Absicht kennzeichnen. Ich wollte die endgültige Trennung von Ihnen ohne Auseinandersetzung vollziehen, bei der ja doch unangenehme Bemerkungen unvermeidlich sind. Nun wollen Sie es anders.

Es hätte mir nichts lieber sein können, als im „Inferno" alle Fragen zugunsten Karl Mays zu beantworten. Denn dann wäre meine wahrlich nicht einfache, mühevolle Arbeit gedruckt worden, und ich hätte bei der May-Leserschaft Weltruhm geerntet. Stattdessen ergaben das Aktenstudium und die sonstigen erreichbaren Unterlagen in allen entscheidenden Fragen für Karl May eine ungünstige Antwort. Um ganz gewissenhaft vor dem Forum der Öffentlichkeit zu prüfen, wie es meine Aufgabe nicht anders sein könnte, war es nötig, alle Einzelheiten mit größter Sorgfalt ins Auge zu fassen. Das bezeichnen Sie nun als „Staatsanwaltsarbeit"!

Deshalb war es nötig, die Disziplinarsache aus der Seminarzeit heranzuziehen, zu berücksichtigen, daß May nach den Akten militärdienstuntauglich war und er anno 1897 den famosen Lügenaufsatz[936] im „Deutschen Hausschatz" veröffentlichte und anderes mehr. Es war auch erforderlich, zu einzelnen übertreibenden Behauptungen im „Jahrbuch" Stellung zu nehmen.

Es steht Ihnen gut an, meine Arbeit „erbarmungslos" zu nennen, weil der Begriff der unbedingten wissenschaftlichen Wahrheit vor dem Forum der Öffentlichkeit Ihnen nicht geläufig ist. Wie ernst Sie es überhaupt mit meiner Aufgabe der bedingungslosen Wahrheitsforschung gemeint haben, ging ja aus Ihrer mündlichen Kritik mir gegenüber nach der Lektüre des Manuskriptes hervor:

„Wir werden doch der Öffentlichkeit nicht preisgeben, was sie bis jetzt noch nicht gewußt hat!"

Auch verschiedene andere Umstände lassen den Verdacht in mir nicht schweigen, als glaubten Sie in mir ein gefügiges Werkzeug gefunden

---

[936] Gemeint ist die Skizze: May: *Freuden und Leiden eines Vielgelesenen, Deutscher Hausschatz in Wort und Bild*, 1896, Nr. 1-2. – Siehe u. a. Albrecht Götz von Olenhusen: *Positionenwandel: Mit Freuden und mit Leiden. Karl May, der Verlag Pustet und das Publikum. Eine Homestory der Prominenz im ‚Deutschen Hausschatz' von 1896*. In: *JbKMG 2013*. Husum 2013, S. 93-156.

419

zu haben, im Falle Karl May die Wahrheit zu verschleiern. Ich habe als Staatsanwalt die Wahrheit über die deutschen Justizverhältnisse aufgedeckt und dafür gelitten, und sollte nun Karl May willen der Wahrheit untreu werden?!

Ich habe alles, was irgend zugunsten Mays spricht, herangezogen und verwertet, ich habe ihm an keiner Stelle mein Mitgefühl versagt (siehe Einleitung und Schluß), habe ihn auch als durch seine letztwillige Stiftung für entsühnt erklärt. Hätte ich „erbarmungslos" und „übelwollend", wie Sie mir vorwerfen, geschrieben, hätte es ganz anders lauten können. Da hätte es z. B. heißen können: er war im Leben eine wandelnde Lüge und nahm sie sogar mit ins Grab. Dagegen habe ich seine ihm angeborene Unwahrhaftigkeit nach der Forschung der Psychologie in einen wesentlichen und erfolgreichen Faktor seiner Schriftstellerei umgebogen, in dem er sich auslebte. In der Beurteilung Mays als Schriftsteller habe ich mich an die gemäßigten Stimmen der „Jahrbücher" gehalten. Sonst hätte es lauten können, wie es neulich im Dresdner Anzeiger[937] stand: „Karl May gehört überhaupt nicht in die Literatur".

Wie können Sie glauben, daß ich, nachdem Sie mein handschriftliches Manuskript, noch dazu unter Hinzuziehung dritter gar nicht zuständiger Personen, haben verbrennen lassen, jemals wieder mit Ihnen und Lieberknechts eine Gemeinschaft haben könnte? Dafür scheinen Sie weder ein Gefühl noch Verständnis zu haben. Und das nennen Sie überdies eine „arge Ungerechtigkeit"! Dieser Akt der Verbrennung ist ein letztes Glied in einer Kette von Handlungen. Ja, einst war ich gut, Ihnen zu helfen, daß Karl Mays alte Strafakten im Staatsarchiv verbrannt wurden. Als ich dann, stutzig geworden, Ihnen ablehnte, zu weiteren solchen Aktenvernichtungen zu verhelfen, wurde Ihre „Freundschaft" schon lauer. Ja, Sie erinnern sich wohl, wie Sie etwas eigenartig-aufdringlich meine erste Bekanntschaft gesucht haben? Und dann die Komödie mit der Bestellung als Ihr „Beistand" in Ihrer Geschäftsangelegenheit, von der alsbald niemals mehr die Rede war und die Sie ganz überflüssiger Weise, da ich nie auch nur einen Schein des Rechtes daraus mir angemaßt habe, heimlich hinter meinem Rücken notariell aufgehoben haben! Als ich Ihnen schließlich nichts mehr nützen zu können schien, reihten Sie auch mich in die Zahl Ihrer alten „Freunde" ein, die Sie Ihrem freundesuntreuen und eigensüchtigen Charakter gemäß beiseite ließen. Was übrig blieb, war ja nur noch ein Schein. Ich ziehe also nur gerechte Folgerungen, wenn ich nach dem letzten katastrophalen Ereignis jeden Verkehr mit Ihnen und Lieberknechts ein für allemal abbreche und ablehne. Ich wünsche Ihnen niemals wieder zu begegnen und ersuche Sie, keinen Brief mehr an mich

---

[937] Der Artikel ließ sich leider nicht ermitteln.

oder meine Frau zu richten noch mit letzterer zu verkehren, und telefonische Anrufe zu unterlassen.

Sie brauchen die Gründe meines Verhaltens wirklich nicht in Kleinigkeiten zu suchen. Was Sie in Ihrem Briefe an meine Frau von der bei Lieberknechts eingeladenen Brüdergemeinde erwähnen, haben Sie uns ja an jenem Tage bei unserem Besuche, der nur ein gelegentlicher und kurzer sein wollte, tatsächlich erzählt, und wir haben an der Richtigkeit nicht gezweifelt, wollten auch, wie gesagt, gar nicht dazu eingeladen werden.

In jedem Briefe halten Sie mir die Unleserlichkeit meiner Handschrift vor und haben doch gerade mein „unleserliches" handschriftliches Manuskript verbrennen lassen. Und ich muß doch Ihre orthographischen Fehler in Ihren Briefen auch über mich ergehen lassen. So habe ich dieses Schreiben mit der Maschine herstellen lassen.

Dresden, den 19. Mai 1932.
Erich Wulffen

Wulffens „Abschiedsbrief" ist eine deutliche, unversöhnliche Abfuhr für Klara May und das Dokument eines endgültigen Bruchs. Der Jurist scheint auch seine Hilfsaktion bei der Aktenvernichtung von 1922 bereut zu haben. Die Verbrennungsaktion hat auch eine Vorgeschichte: Denn es gab offenbar eine Vereinbarung zwischen Klara May und Wulffen, wonach dieser für sie gewissermaßen als Revisor des Karl-May-Verlags fungieren sollte. 1930 hatte die Witwe dann einen Rechtsanwalt oder Notar eingeschaltet, um Wulffen ohne dessen Wissen als ihren Rechtsbeistand durch ihren Freund Richard Lieberknecht zu ersetzen; ein Vorgang, von dem Wulffen offenbar sehr spät erfahren hat. Und das ausgerechnet sein Nachfolger in dieser Rolle des Rechtsbeistands das *Inferno*-Manuskript in den Kamin geworfen hatte, empört Wulffen vollends und macht den Bruch mit der Schriftstellerwitwe perfekt. Interessant dabei ist, dass Wulffen in seinem „Abschiedsbrief" selbst ausführt, dass sein Studium der Akten ein für May ungünstiges Urteil ergeben habe, dass er jedoch vor oder nach 1926 darüber weder gegenüber Klara May noch bei E. A. Schmid etwas hatte verlauten lassen. Dies zeigt, dass er die Intentionen der beiden ganz falsch eingeschätzt haben muss.

So eigenmächtig und rücksichtslos Klara May auf der einen Seite auftritt, so empfindlich reagiert sie auf Kritik an der eigenen Person. Selbstreflektion ist ihr fremd, wie eine sogenannte „Richtigstellung" belegt, die sie als Reaktion auf Wulffens Abfuhr verfasst:

KLARA MAY AN UNBEKANNT * [19. Mai 1932]
Brief, ms. Kopie

[ohne Anrede]

Richtigstellung zum Brief des Geheimrat Wulffen

Alle seine Anschuldigungen gegen mich sind ungerecht und unwahr!
　　Mein Mann verehrte die Anschauungen W[ulffen]s. Durch ihn war ich auf ihn aufmerksam geworden und teilte und teile heute, nach wie vor, K[arl] M[ay]s Meinung über W[ulffen]; nachdem ich später das Glück hatte, den Mann kennenzulernen, vertiefte sich noch die hohe Wertschätzung.
　　Dr. W[ulffen] irrt, wenn er heute annimmt, daß ich ihn in irgend einer unlauteren Weise ausnützen wollte. Nein! Ich erstrebte die Vernichtung der Akten, die als Mordinstrument für meinen Mann gedient hatten, genau wie sie in hundert und aberhundert Fällen andere Menschen ins Elend stürzten.⁹³⁸ Bahn⁹³⁹ war unser Anwalt. Nach dem Tode meines Mannes wurzelte in mir mehr denn je der Wunsch, diese furchtbare Mordwaffe zu vernichten. Ich wußte, wie human Dr. W[ulffen] über derartiges dachte und erreichte ja auch tatsächlich durch ihn, was allein mein Wunsch war. Nie habe ich damals daran gedacht, den Mann zu irgend einer Arbeit für K[arl] M[ay] zu „benützen". Dr. Schmid muß bezeugen, wie ich mich jahrelang gegen ein solches Ansinnen gewahrt [sic] habe und wie einzig und allein Dr. Schmid meinen Willen umbog, als er durch Dr. H[ellwig] diese Arbeit wollte machen lassen. Wenn es denn unerläßlich sein mußte, so wollte ich diese furchtbare Sache schon lieber in den Händen eines Mannes sehn, dessen humane Gesinnung ich kannte. So kam es, daß ich endlich in diese Arbeit willigte. Nicht aus „Berechnung"!!
　　Ich hatte gehofft, Dr. W[ulffen] würde über die glatten, unausgesprochenen Tatsachen berichten und dann zur Allgemeinheit in der Weise übergehen, daß er seine eigenen Anschauungen über Gefallene, die sich Jahrzehnte wieder gut geführt hätten, als entsühnt erklärte und für die Vernichtung aller Mordwaffen eintreten würde.
　　Nie hatte ich von ihm eine so minutiöse Arbeit erwartet, in der sogar eine Klage von K[arl] M[ay]s Hauswirt in Erscheinung tritt. Solche

---

⁹³⁸ Der aus Ostpreußen stammende Schuhmacher Friedrich Wilhelm Voigt (1849–1922) war als der Hauptmann von Köpenick durch seine spektakuläre Besetzung des Rathauses der Stadt Cöpenick bei Berlin bekannt geworden, in das er am 16.10.1906 als Hauptmann verkleidet mit einem Trupp gutgläubiger Soldaten eindrang, den Bürgermeister verhaftete und die Stadtkasse raubte.

⁹³⁹ Walter Bahn: Rechtsanwalt und Sozius der Berliner Kanzlei Walter Bahn und Willy Beyer in der Rathenowerstraße 8¹.

Dinge braucht die Nachwelt wirklich nicht zu wissen. Dies und das breite Ausrollen aller Nebenumstände erlaubte ich mir als „Staatsanwaltsarbeit" zu bezeichnen, die ich nicht von einem so hochstehenden großzügigen Mann, wie W[ulffen] ist, erwartet hatte.

Es geraten nun einmal nicht alle Kinder, wie der Fall K[arl] M[ay] gezeigt hat. War es nun bei ihm die ungeheure Phantasie, die ihm angeboren und von der Großmutter hochgezogen wurde, oder war es der Sumpfboden, aus dem er erwuchs, diese Fragen hoffte ich gelöst zu sehn, dann die Leidenszeit, in die sich freilich kein Außenstehender versetzen kann. (Das hätte ich wissen müssen.) Das Leben in der Phantasie mit dem nie endenden Nachzittern der Vergangenheit, ein Gemisch von Scheu, Not und Angst. Diese Phasen müssen wohl durchgelebt werden, um sie nachempfinden und über sie schreiben zu können. Da spannte ich meine Erwartungen zu hoch. Nie aber habe ich daran gedacht, etwas Unwahres zu Gunsten meines Mannes zu erwarten, wie mir unterlegt wird.

Soweit die Manuskriptsache, die doch eigentlich schon hinter uns lag. Nun das zweite Kapitel meiner Sünden.

Vor meiner Amerikareise wünschte Dr. Schmid mit Recht alles, was möglich war, in Ordnung zu bringen, da doch bei meinem Alter auch mit meinem Ableben zu rechnen war. Ich unterzeichnete in der Zeit eine Anzahl von Verträgen, die alle Dr. Schmid ausgearbeitet hatte und von welchen ich überzeugt war, daß sie gut und korrekt seien. Unter diesen Sachen war auch jener Vertrag, der leider aus Anlaß eines alten Streits entstanden war und den Dr. Schmid als einen „Schönheitsfehler" in seinem sonst so korrekten Leben bezeichnete. Ohne weiteres willigte ich in die Rücknahme dieses Dokuments und habe dabei nie und nimmer daran gedacht, daß ich dadurch Dr. W[ulffen] zu nahe trete, ebensowenig dachte ich an die anderen Herren, die damals, bei Abfassung jenes Faszikles mir gütig beistanden. So war ich mir keiner Sünde bewußt, lehne auch heute noch jede Verantwortung dafür ab. Wenn hier ein Sünder ist, so ist es Herr Dr. Schmid. Er führt die Geschäfte, nicht ich.

Was nun die Bucheinsichtnahme betrifft, so kam die nie in Frage, weil Dr. März schon von je dieses Amt ausübte, bis zu seiner Krankheit. Herr Lieberknecht aber erst jetzt für Dr. März eintrat, in meiner Krankheit. Davon aber konnte ich bis jetzt Dr. W[ulffen] nicht unterrichten, was ich sonst selbstverständlich getan hätte, bei der ersten Gelegenheit.

[ohne Unterschrift]

Klara May beschwört in ihrer „Richtigstellung" noch einmal die Erinnerung an die Aktenverbrennung des Jahres 1922 herauf. Dass es offenbar nicht nur E. A. Schmid, sondern Klara May selbst gewesen ist, die, angesichts der Hilfe Wulffens bei Vernichtung der zwei Archivaktenbände, ihn zu der Biografie drängte, ist dem Brief Camilla Wulffens an Klara zu entnehmen. Klara May hat sich anscheinend nichts anderes als eine Hagiografie vorstellen können und Wulffen als ihren treuen Verbündeten betrachtet. Mit der Biografie *Karl Mays Inferno* ist diese Vorstellung Klara Mays dahin. Klara Mays „Richtigstellung", die keinen speziellen Empfänger nennt, die aber auch an E. A. Schmid gegangen ist, charakterisiert die ganz unterschiedlichen Erwartungen, die sie bei Wulffens Biografie insgeheim hegte. Dass weder E. A. Schmid noch Wulffen eine hagiografische Vertuschungsaktion bezweckt haben, sondern einerseits ein Gegengewicht gegen die neuerlichen Angriffe von Lebius und darauf basierende verfälschende Diskussionen, andererseits aber auch eine kriminalpsychologische Arbeit im Auge hatten, liegt anscheinend außerhalb der Vorstellungswelt der Witwe oder sie verdrängt, was die wahrscheinlichere Annahme ist, auch im Umgang mit Wulffen und Schmid alle Umstände, die ihren eigenen Intentionen und dem Bild, das sie von Karl May hat und überliefert sehen will, widersprechen. Wulffens Einschätzung, sie habe ihn, wenn es ihr in den Kram passte, benutzt und dann, als ihr andere Interessen oder Personen wichtiger wurden, mehr oder weniger fallen gelassen, dürfte durchaus zutreffen. Klara May hat Wulffens Werke wohl kaum ernstlich studiert. Sonst wäre sie schwerlich dieser gründlichen und für die Beziehung der beiden so fatalen Fehleinschätzung seiner Persönlichkeit und Redlichkeit als Forscher erlegen. Wulffen seinerseits hätte im Lichte seiner eigenen Erfahrungen mit Klara May wohl besser daran getan, ihren und E. A. Schmids drängenden Wünschen nicht nachzugeben. Dass er sich jedenfalls innerhalb der Karl-May-Leser und Verehrer „Weltruhm" versprochen hat, deutet daraufhin, dass der von Eitelkeit und Drang nach wissenschaftlicher und literarischer Anerkennung nicht freie Ministerialrat nach seiner mit dem Werk *Justitias Walpurgisnacht* jäh gestoppten Karriere nicht gegen irrige Vorstellungen über Klara May gefeit gewesen ist. Dass sie ihn in den 1920er-Jahren schon zurückgesetzt und andere Juristen ihm vorgezogen hat, dürfte er schon früher als Kränkung empfunden haben. Mit der radikalen Ablehnung der Biografie, die er selbst als ein Meisterwerk betrachtete, das im Sinne der wahrhaftigen und ehrlichen Forschung geschrieben worden sei, muss er sich am Ende seiner Laufbahn als erfolgreicher Schriftsteller, Kriminalpsychologe und Jurist zutiefst gekränkt und missachtet fühlen.

E. A. Schmids Situation kann in dieser vertrackten Lage seit 1928, wie man sich ausmalen darf, nach dem Eklat mit der abgelehnten und von ihm nicht gegen den Willen seiner Verlagspartnerin zu veröffentlichenden Arbeit gar keine angenehme gewesen sein. Ihm selbst muss, wie die Dinge liegen, an einer einigermaßen ungetrübten Beziehung zu Klara May gelegen sein. Er hat schon zahlreiche Kontroversen mit ihr auf sich nehmen müssen. Dass er auch vertrags- und gesellschaftsrechtlich von ihr abhängig ist, muss ihn veranlassen, sich mit ihr zu verständigen, ohne zugleich Wulffen seinerseits zu verstimmen. Aber auch er hat gewiss Wulffen nicht richtig eingeschätzt, als er 1931/32 die Versuche unternommen hat, seiner „Mission", die Parteien zu versöhnen, zum Erfolg zu verhelfen. Dass dies selbst einem so auf klugen Konsens und Erfolg im Sinne der Arbeit für Karl Mays Werke bauenden Verleger nicht gelungen ist, lag allerdings entgegen Klara Mays Meinung, die allzu gerne allen anderen die Schuld zusprach, keineswegs an ihm, sondern an den von vornherein vertrackten Umständen, in denen sehr differierende Interessen, unterschiedliche subjektive Erwartungen, Wahrnehmungen und Verhaltensweisen von gewiss auch eigensinnigen und obsessiven Charakteren aufeinanderprallten.

Und so bleibt für Klara May allein der Kontakt mit Camilla Wulffen bestehen.

CAMILLA WULFFEN AN KLARA MAY * 9. Juni 1932[940]
Brief, hs.

Frau Klara May
Radebeul
Kirchstr. 5

Dresden, 9. Juni 1932

Meine liebe, liebe, gute, einzige beste Frau May!

So innig danke ich Ihnen für Ihre lieben Glückwünsche am 5. Sie haben mich ja so erfreut. Ich wagte gar nicht zu hoffen von Ihnen einen Gruß zu bekommen. Und doch ich bin ganz unschuldig, kann auch nicht das geringste für diesen Zwist.

Ich hatte mir von meinem Mann als einziges Geburtstagsgeschenk die Versöhnung mit Ihnen gewünscht. Ich bat ihn so innig. Daß er mir diesen Wunsch nicht erfüllt hat, ist nur der Beweis, wie tief die Kränkung in ihm sitzt. Nur die Zeit kann hier Heilung bringen. Aber seien Sie versichert, meine liebe Frau May, daß es meine ständige Arbeit ist diese Verstimmung aus der Welt zu schaffen. Für mich ist es ja so unendlich schmerzlich. Nun ist sicher Frau Lieberknecht auch böse auf mich, aber ich mußte doch neulich meinen Mann erst fragen wegen der Unterredung. Wenn die liebe

---

[940] Auf dem Kuvert befindet sich neben der Adresse mit Bleistift [mit ziemlicher Sicherheit von Erich Wulffens Hand] die Bemerkung: „ihm x meine Antwort zeigen / <u>Sie</u> müssen gutmachen, <u>Sie</u> sind der Sündenbock."

Frau Lieberknecht extra hierher kam und mein Mann war borstig, ich will es zart ausdrücken, das hätte ich nicht ertragen können.

Ich habe nie Streit gehabt mit Menschen, das kann ich gar nicht. Ich bin in meinem Leben immer einen geraden Weg gegangen, immer an das Wort denkend: „Die Güte ist die höchste Vollkommenheit im Menschen.“

Ihnen, meine liebe Frau May, und Frau Lieberknecht herzliche Grüße und Ihnen nochmals Dank für Ihre guten Wünsche.

Ihre Ihnen stets dankbare

sehr betrübte

Illa Wulffen

[Nachtrag:]

Soeben kommt eine Nachricht von meinem Sohn aus Würzburg, daß er bereits am 28. Abends in Chemnitz ankommt, jedoch noch Geld braucht. Ich muß ihm sofort 40 M schicken. Nun bitte raten Sie mir, was ich tun soll? Mutter Stark[941] wird morgen früh zu Ihnen kommen, sich Unkraut holen.

Tausend Dank für alle Bemühungen.

CAMILLA WULFFEN AN KLARA MAY * 30. September 1932
Brief, hs.

Dresden, d. 30. Sept. 1932

Meine liebe, liebe gute Frau May!

Vor einer Stunde kamen wir nach Hause, da gab mir Grete Ihre lieben Zeilen.

Innigen Dank. –

Wenn ich Sie so wie heute treffe und nur im Vorübergehen die Hand flüchtig drücken kann, ist es mir immer so schwer ums Herz. Sie ahnen nicht, meine Liebe, wie ich dann leide. So gar nicht ein paar Worte sprechen. Es ist wirklich schmerzlich. Seien Sie versichert, daß ich nicht ruhe bis mein Mann sich mit Ihnen versöhnt hat. Nie werde ich davon ablassen, bis, so Gott will, doch einmal der Tag kommt, daß ich diese Freude erlebe.

Ihr liebes Präsent baue ich hinter Blumen auf. So gut von Ihnen. Innigen Dank. Ich hoffe wir treffen uns bald einmal auf neutralem Boden in Gesellschaft.

Tausend liebe, warme Grüße Ihnen und Frau Lieberknecht.

In treuem Gedenken

Ihre Illa Wulffen.

Ich las Ihr Buch, welches Schmidt [!] mir einst gab. Bin ganz begeistert.

---

941 Nähere Angaben ließen sich nicht ermitteln.

E. A. SCHMID UND FAMILIE AN ERICH WULFFEN * 3. Oktober
1932
Postkarte

Mscr. Dresd. App. 1832, Nr. 576

Zum
Siebzigsten
herzliche Glückwünsche!

Radebeul, 3. Okt. 1932

Verlegerfamilie Schmid:
Katharina und Euchar Albrecht Schmid
mit den Söhnen Roland, Wolfgang, Joachim und Lothar

1933 bis 1936

CAMILLA UND ERICH WULFFEN AN EUCHAR ALBRECHT UND
KATHARINA SCHMID * 2. Januar 1933
Ansichtskarte

[Poststempel] 2.1.33

An Herrn Dr. Schmid und Frau Gemahlin
Radebeul / Dresden, Roonstraße
Karl-May-Verlag
„Hoch vom Dachstein an, wo …"
senden herzliche Glückwünsche zum Jahreswechsel
ergebenst
Wulffen u. Frau
1. 1. 33.

Zu einer Aussöhnung zwischen Erich Wulffen und Klara May ist es nie mehr
gekommen. In den letzten Jahren hat der Jurist sehr viel mit Erkrankungen
zu tun, über die seine Frau Camilla immer wieder nach Radebeul berichtet.

CAMILLA WULFFEN AN KLARA MAY * 18. Dezember 1934
Brief, hs.

Dresden, d. 18. 12. [19]34

Meine liebe, liebe gute Frau May!

Von ganzem Herzen danke ich Ihnen für ihr liebes Gedenken, für die
süße Sendung mit dem Waldgruß. Ich habe mich ja so gefreut.

Meine Gedanken wandern oft zu Ihnen, meine liebe Frau May, und
ich wünschte so innig, daß der Tag der Versöhnung endlich käme. Es
heißt da eben abwarten bis der Zufall eine gute Lösung bringt.

Ihre Aufsätze von der Weltreise, die ich sammelte, wandern in der
Verwandtschaft herum. Erst gestern bekam ich sie wieder von meiner
Schwägerin aus Ratzeburg, die sie sowohl als auch ihr Mann mit großem
Interesse gelesen. Ich frage mich oft, wie Sie, meine Liebe, diese Anstren-
gungen ertragen konnten? Ich stürbe unterwegs, das ist sicher. –

Fräulein Perron ist oft bei uns. Sie ist ein so lieber, feiner Mensch, ist
dem Bruder recht ähnlich. Dann sprechen wir immer von der guten alten
Zeit, und gedenken auch Ihrer so viel. Leider können wir ihr pekuniär
nicht helfen, da wir ja gar nicht in der Lage sind, aber wir wünschten
so von Herzen, daß sich gute Freunde ihrer etwas annehmen möchten.

Der kleinste, winzigste Betrag ist für ihre bescheidenen Ansprüche eine große Wohltat, die sie von guten Menschen nie kränkend empfinden würde. Der Bruder hatte in jungen Jahren gerade für diese Schwester sorgen wollen, und all das Geld ist natürlich verloren. –

Nun wünsche ich auch Ihnen, meine liebste, beste Frau May, von ganzem Herzen frohe Festtage bei den lieben Lieberknechts, sicher auch im Kreise glücklicher Jugend, gleichzeitig auch ein gesundes, sonniges neues Jahr. Tausend Grüße von Ihrer, in herzlicher Dankbarkeit und treuer Anhänglichkeit gedenkenden

Illa Wulffen.

CAMILLA WULFFEN AN KLARA MAY * 2. Juli 1935
Brief, hs.

Weißer Hirsch, d. 2. Juli 1935

Meine liebste, beste Frau May!

Nun bin ich Ihnen so nahe und muß Ihnen doch schriftlich herzinnigste Glück- und Segenswünsche senden. Es ist mir ganz weh ums Herz, daß es doch noch so sein muß. Aber ich habe ja immer noch Hoffnung, große Hoffnung, nur ist augenblicklich mein Mann noch nicht in der Verfassung, große Aufregungen zu ertragen. Ich habe sorgenvolle Tage hinter mir, und noch sind sie nicht ganz vorüber. Aber hier atmet mein Mann leichter, liegt den ganzen Tag an der frischen Luft, da werden, so Gott will, die alten Kräfte wiederkommen. Nur die schrecklichen Fahrten ins Krankenhaus müssen erst erledigt sein.

Nun aber zu Ihnen, meine liebe, liebe Frau May. Möchte Ihnen alles Glück, alle Freude, rechte Gesundheit im neuen Lebensjahre beschieden sein, so wie Sie es verdienen.

Wenn es wieder kühler wird müssen wir uns beim spazieren gehen im Walde treffen. Wie unendlich freue ich mich darauf.

Ich bin auch jetzt so ganz noch durch die Pflege gebunden.

Für heute innigste Wünsche für einen frohen Festtag.

In alter Liebe und Freundschaft
Ihre Illa Wulffen.

CAMILLA WULFFEN AN KLARA MAY * 28. Dezember 1935
Brief, hs.

Dresden, d. 28. 12. 1935

Meine liebe, liebe, gute beste Frau May!

So von ganzem Herzen danke ich Ihnen für Ihr freundliches Gedenken am Weihnachtsabend. Ihr süßer Gruß erfreute mich sehr.

Nun sind schon so schnell die Festtage verflogen, und das neue Jahr steht vor der Türe. Möchten Sie, meine liebe Frau May, vor allem, gesund bleiben und rüstig und lebensfroh wie bisher. Dann bleibt Ihnen in der Umgebung so lieber treuer Freunde wohl nichts zu wünschen übrig.

Ich bin jetzt fast täglich auf dem Hirsch, suche Wohnung für uns, denn mein Mann will dringend aus dem Stadtlärm hinaus. Es ist aber schwer etwas zu finden, so ganz nach Geschmack. Meist sind es alte heruntergewohnte Wohnungen. Nun ich suche weiter.

Ich erhoffe viel vom neuen Jahre. Ob es mir wohl die Erfüllung bringt?

Nochmals tausend Dank, meine liebe Frau May, und Ihnen und Frau Lieberknecht herzlichste Grüße.

In treuem Gedenken
Ihre Illa Wulffen.

CAMILLA WULFFEN AN KLARA MAY * 9. Juni 1936
Brief, hs.

Weißer Hirsch, Am Bauernbusch Nr. 8,
d. 9. Juni 1936

Meine liebe, liebe, gute, beste Frau May!

Tausend Dank für Ihre so lieben guten Wünsche und die herrlichen Bonbons. Wie freute mich Ihr liebes Gedenken, das kann ich Ihnen gar nicht mit Worten beschreiben.

Bei dem leider so wenig guten Befinden meines Mannes konnte ich an eine große Feier meines Geburtstages nicht denken. Aber meine Schwester und Nichten und Frau Oberst Schurig[942] kamen den Nachmittag zum Kaffee. Zufällig sagten sich Professor Dingeldeys[943] an, und erfrischte meinen Mann die Unterhaltung mit Herrn Professor. Welche Freude wäre das für mich gewesen, Sie, meine liebe, gute Frau May mit hier zu haben. So nahe sind wir uns und sehen uns doch nicht.

Mein Mann hat ja so wenig Kräfte, daß er immer nur ganz kurz Besuch haben kann. Ich habe unsagbar viel Sorgen, meine liebe Frau May, da tut das Gedenken lieber Freunde doppelt wohl.

Seit wir hier oben sind, wo mein Mann Erholung erhoffte, ist es eigentlich von Woche zu Woche rückwärts gegangen. Ich tue alles was in meinen Kräften steht, und kann nicht helfen. Mein Vertrauen zu dem Professor ist ganz geschwunden, wiewohl er mich gestern erst wieder tröstete.

Nun fehlt so Sonne und Wärme, mein Mann kann so wenig auf dem Balkon liegen.

---

[942] In Wulffens Nachlass findet sich der Brief einer Käte Schurig. Näheres ließ sich nicht ermitteln.

[943] Oberstudienrat Professor Dr. Hugo Dingeldey: Mitherausgeber und Mitautor des Buches: *Erich Wulffen. Festschrift zu seinem 70. Geburtstag*. Berlin 1932.

Man muß auf Gott vertrauen, darf die Hoffnung nicht verlieren. Es ist aber unsagbar schwer.

Frau Lieberknecht bitte herzliche Grüße.

Mit nochmaligem innigen Danke, in Liebe und treuem Gedenken
Ihre Illa Wulffen

CAMILLA WULFFEN AN KLARA MAY * 2. Juli 1936
Brief, hs.

Weißer Hirsch, d. 2. Juli 1936

Meine liebe, liebe, gute Frau May!

Von ganzem Herzen beglückwünsche ich Sie zum Geburtstage. Möchten Sie gesund und rüstig bleiben wie bisher. Ich bin in Gedanken bei Ihnen an dem Festtag, und umarme Sie, meine liebe Frau May, im Geiste, mit warmem treuem Herzen. Dabei gedenke ich der heiteren Festtage, die wir dereinst mit Ihnen verlebt haben.

Wo werden Sie wohl in diesem Jahre den Geburtstag feiern?

Die Zeiten haben sich für mich so schmerzlich geändert, die Sorgen um meinen Mann sind groß, er ist recht schwach und elend. –

Ich komme so wenig von zu Hause weg, sonst hätten wir uns sicher schon einmal im Walde getroffen.

Wenn ich nur wüßte, womit ich Ihnen, meine Liebe, eine Freude bereiten könnte, aber nichts fällt mir ein. Blumen haben Sie in Hülle und Fülle.

So nehmen Sie nur noch meine herzlichsten Grüße entgegen. Bitte auch Frau Lieberknecht zu grüßen.

In treuem Gedenken
Ihre Illa Wulffen.

Camilla Wulffens Sorgen bestätigen sich schließlich auf tragische Weise. Am 10. Juli 1936 stirbt Erich Wulffen, der zuletzt in einer vornehmen Villa in Dresden-Bühlau, Am Bauernbusch 8[944], gewohnt hatte. Über die Todesursache ist leider nichts bekannt, aber es war wohl so, dass Wulffen über einen

---

[944] Die unmittelbar zur Dresdner Heide führende Straße *Am Bauernbusch* erinnert an eine frühere Flurbezeichnung. Seit 1870 waren auf dem Areal repräsentative Villen für wohlhabende Zuzügler wie die Wulffens entstanden, weshalb der Volksmund dem Weg den Namen „Millionengässchen" gab. Offiziell hieß die Straße bis 1926 Forststraße. Die Villa mit der Hausnummer 8 beherbergte ab 1909 das Fremdenheim Winde. Während des Ersten Weltkriegs wurde die Pension als Militär-Genesungsheim des Roten Kreuzes für verwundete Soldaten und Offiziere, ab 1921 wieder als Fremdenheim „Uhlenhorst" genutzt. Mit Rückgang der Gästezahlen musste dieses Mitte der 1930er-Jahre geschlossen werden. Wann die Eheleute Wulffen hier einzogen sind, ist nicht bekannt.

Am Bauernbusch 8 (2016)

sehr langen Zeitraum hinweg an einer schwerwiegenden Krankheit laborierte. In einem der zahlreichen Nachrufe heißt es:[945]

„Ministerialdirektor i. R. Dr. Wulffen †
Am Freitag verstarb im 74. Lebensjahre der Ministerialdirektor i. R. Dr. Erich W u l f f e n . Als Sohn eines Verlagsbuchhändlers am 3. Oktober 1862 in Dresden geboren, besuchte Wulffen die Kreuzschule und studierte in Leipzig und Freiburg i. B. die Rechte. 1895 Assessor, 1899 Staatsanwalt in Dresden, während des Krieges Amtsgerichtsrat in Zwickau, kam er 1919 als Landgerichtsdirektor nach Dresden zurück und wurde 1920 als Ministerialrat in das sächsische Justizministerium berufen, wo er von 1923 bis zu seiner nach erreichter Altersgrenze 1928 erfolgten Pensionierung Ministerialdirektor und Leiter der Abteilung für Straf-, Gnadensachen und Gefängniswesen war. Wulffen machte sich vor allem auf dem Gebiete der psychischen Erforschung des Verbrechers und der Berücksichtigung

---

[945] N.N.: *Ministerialdirektor i. R. Dr. Wulffen †.* In: *Dresdner Nachrichten*, Nr. 324 vom 12.7.1936.

Erich Wulffen-Porträt Mitte der 1930er-Jahre

solcher Erkenntnisse der Verbrecherindividualität einen Namen. In zahlreichen Veröffentlichungen ist er für diese Auffassung des Strafrichters
eingetreten. Die umfängliche literarische Beschlagenheit Wulffens führte
ihn im Zusammenhang hiermit zu den Verbrechergestalten der Dichtkunst, die er von diesem seinem Standpunkt aus analysierte. So liegen
von ihm psychologisch-kriminalistische Studien über die Dramen Ibsens,
Hauptmanns und Shakespeares vor. Auch als Romanschriftsteller und
Verfasser von Theaterstücken wurde er bekannt."

Nr. 768.

Dresden, am 11. Juli 1936.

Vor dem unterzeichneten Standesbeamten erschien heute, der Persönlichkeit nach _____ be kannt,

die Heimbürgin Lina Möbius, _____

wohnhaft in Dresden, Veilchenweg 8, _____

und zeigte an, daß der Ministerialdirektor im Ruhestand Doktor der Rechte Wolf Hasso Erich Wulffen, _____

73 Jahre alt, _____

wohnhaft in Dresden, Am Bauernbusch 8, _____

geboren zu Dresden, verheiratet mit Charlotte Pauline Camilla geborenen Behrisch, wohnhaft in Dresden, _____

zu Dresden, Am Bauernbusch 8, _____

am zehn ten Juli

des Jahres tausendneunhundert sechsunddreißig, _____

vormittags um neun einhalb Uhr

verstorben sei, wovon sie aus eigener Wissenschaft unterrichtet sei. _____

Vorgelesen, genehmigt und unterschrieben _____

Lina Möbius

Der Standesbeamte.

In Vertretung: *Weidle*

Sterbeurkunde von Erich Wulffen

E. A. SCHMID UND FAMILIE AN CAMILLA WULFFEN UND FAMI-
LIE * 13. Juli 1936
Trauerkarte

Mscr. Dresd. App. 1932, Nr. 377

Dr. E. A. Schmid
und Familie

Radebeul, 13. Juli 1936

IV. Epilog

In Erich Wulffens Nachlass findet sich eine Skizze mit dem Titel ‚Vorläufer (?): Karl May'[946]. Es handelt sich hierbei um kurze Teilabschriften aus den Akten des Kgl. Bezirksgerichts Mittweida sowie Deutungen des May'schen Handelns:

Vorläufer (?): Karl May

Aus den Akten des Kgl. Bezirksgerichts Mittweida.

29. März 1869 erscheint Karl May bei dem Krämer Reimann in Wiederau, gibt sich für den Polizeileutnant v. Wolframsdorf aus, Reimann stehe mit Falschmünzern in Verbindung, solle seine Kassenscheine zeigen. Reimann legt einen 10 Talerkassenschein vor. Karl May bezeichnet ihn als falsch, ebenso eine Taschenuhr Reimanns als gestohlen, nimmt beides an sich, fordert R. auf, mit zur Gendarmeriestation nach Clausnitz in den Gasthof zu kommen.
Während R. in den Gasthof hineingeht, entwischt May mit der Beute.

Ähnlicher Fall: 10. April 1869

Karl May erscheint bei Seilermeister Krause in Ponitz, gibt sich als Mitglied der geheimen Polizei aus. Krause gebe falsches Geld aus. Er muß seine Baarschaft vorlegen:
23 Taler Kourantbillets, 12 Taler in Münzen. May erklärt das Papiergeld aus 7 Talermünzen für falsch, nimmt es an sich, fordert Krause auf, ihn zum Gerichtsamt Crimmitschau zu folgen. Unterwegs ergreift May mit der Beute die Flucht. Krause holt ihn ein, May bringt ein Doppelterzerol heraus und droht zu schießen, entkommt. 3. Fall: 15. Juni 1869
in Mülsen St. Jacob 28 Taler
Schaffrath, Glauchau
In der Hauptverhandlung vor dem Bezirksgericht Mittweida am 13. April 1870 Karl May unter Gegenüberstellung der Zeugen in vollem Umfange geständig.
Verurteilung: 4 Jahre Zuchthaus, bis zum Letzten Tage verbüßt, da schon vorbestraft.

Karl May transportiert, projiziert diese Räuber- und Detektivstückchen in sein Schrifttum.

---

[946] Erich Wulffen: Vorläufer (?): Karl May. In: SLUB Dresden, Msc v. Dresd. App. 1832 Nr. 1324b. – Erstmals veröffentlicht in Seul: *Wulffen, Kunst & Verbrechen II*, S. 23-24.

Genaue Analyse ergibt: Räuber-, Diebes- und Detektiv-Stückchen (auch in Winnetou) in exotischem Gewand:

Symbolisch

Psychologisch: Flucht aus dem Vaterland, das ihn gebrandmarkt hatte, in ferne Weltteile.

Rollentausch

Aus dem Verfolgten wird der Verfolger. Das Gute siegt, Bösewicht wird bestraft.

Also Doppelrolle: immer noch Freude an den Gaunerstückchen, er verfolgt sich gewissermaßen Selbst, verfolgt seinen Doppelgänger. Also: Ausleben seiner Triebe im Schrifttum, zugleich Selbstbestrafung, Sühne, auch Rehabilitation, in seinem Testament Stiftung zu Gunsten armer Schriftsteller aus Geldern mittels Gaunerstückchen auf dem Papier.

Neben dieser Skizze findet sich in Erich Wulffens Nachlass, der seit 1975 in der Sächsischen Landesbibliothek in Dresden archiviert wird, noch ein kleines Konvolut von Briefen aus den Jahren 1924 bis 1930, die E. A. Schmid an den Juristen gerichtet hat,[947] sowie ein Antwortbriefentwurf Wulffens. Ansonsten enthält der Nachlass des Juristen keine weiteren Schriftstücke im Zusammenhang mit der Entstehung von *Karl Mays Inferno*.

Im Archiv des Karl-May-Verlags befindet sich neben einer Abschrift von *Karl Mays Inferno* eine große Brief- und Materialiensammlung zur Entstehungsgeschichte, die vorliegend die Hauptgrundlage der Darstellung bildet.

Im August 1988 nimmt ein Enkel von Erich Wulffen Kontakt mit dem Karl-May-Verlag auf.[948] Er erwähnt in einem Brief, dass er im Besitz einiger Dokumente (einem längeren Brief von Klara May, einer Abschrift aus dem Strafregister Karl Mays vom 1.1.1863–30.6.1865) sei.

„(Als) Enkel und inzwischen Nachlaßerbe des Ministerialdirektors Dr. Erich Wulffen (Dresden)", heißt es in diesem Brief, „bin ich in den Besitz div. Materialien gekommen, die ich wegen Unvollständigkeit Interessenten anbieten will. [...] Ich biete Ihnen diese Dokumente an, weil ich mir vorstellen könnte, daß sie Ihr Archiv vervollständigen. Ich erwähnte aber auch, daß Interesse von anderer Seite vorliegt, ich aber auch erwäge, sie einer Dokumenten-Auktion z. Vfg. zu stellen. Bitte lassen Sie mich wissen, ob mein Angebt für Sie von Interesse ist."

---

947 Karl-May-Verlag, Radebeul (U: E. A. Schmid) 1924–1930. In: SLUB Dresden, Msc v. Dresd. App. 1832 Nr. 566-580.

948 Dietrich Wulffen: Brief an den KMV vom 23.8.1988. In: Archiv des Karl-May-Verlags.

Aus einer Aktennotiz[949] des Karl-May-Verlegers Lothar Schmid über ein Telefonat mit dem Anbieter gehen die selbstbewussten Preisvorstellungen des Enkels hervor:

„Herr Wulffen möchte nämlich für das in seinem Angebot vom 23.8.1988 genannte Material nicht weniger als DM 1.500,- haben. Es seien auch andere Interessenten an ihn herangetreten [...]"

Zu einem Kauf der Dokumente ist es nicht gekommen.

Nun ist den Herausgebern bekannt, dass sich weitere Briefe zwischen den Hauptbeteiligten (also Erich Wulffen, E. A. Schmid und Klara May) sowie Abschriften aus dem Originalmanuskript wie auch aus den Strafakten Karl Mays im Besitz einzelner Karl-May-Forscher befinden, die leider nicht zu einer Zusammenarbeit oder Unterstützung der vorliegenden Edition bereit waren. Dessen ungeachtet lässt sich jedoch die Geschichte von der Manuskriptentstehung und seiner Vernichtung lückenlos darlegen, sodass das Fehlen dieser Dokumente zwar bedauerlich ist, jedoch wissenschaftlich betrachtet der Gesamtwiedergabe der Ereignisse keinen nennenswerten Abbruch tut, da sich alle wesentlichen Fakten und Äußerungen der Beteiligten dokumentieren lassen.

---

[949] Lothar Schmid: Aktennotiz von 6.9.1988. In: Archiv des Karl-May-Verlags.

V. Zeittafel Erich Wulffen

1862 Wolf Hasso Erich Wulffen wird am 3. Oktober in Dresden als zweites Kind des Buchdruckereibesitzers und Verlagsbuchhändlers Edmund Wulffen und Alma Wulffen geb. Clauß, einer Gutsbesitzertochter aus Wantewitz in Sachsen, geboren.

1879 Die frühe Kindheit und Jugend Wulffens sind von Krankheiten und langjährigen Aufenthalten in einer orthopädischen Heilanstalt in Dresden überschattet. Er leidet über viele Jahre hinweg an den Nachwirkungen einer Rippenfellentzündung. Auch der weitere Schulbesuch auf dem alt-ehrwürdigen Gymnasium zum Heiligen Kreuz in Dresden wird durch Krankheit fast zwei Jahre hindurch unterbrochen. Ein Abgangszeugnis vom 4. April gibt eine kurze Erklärung an, in der es unter anderem heißt:

„Wolf Hasso Erich Wulffen [...] wurde [...] durch andauerndes Fußleiden seit Ostern 1878 vom Schulbesuch abgehalten und aus demselben Grunde zu Ostern 1879 vom Gymnasium abgemeldet um zunächst seine Gesundheit wieder herzustellen."

So verlängert sich die Zeit bis zum Ende der Schulzeit ungewollt, weshalb der junge Wulffen erst sehr spät das Abitur ablegen kann.

1882 Der Neunzehnjährige veröffentlicht beim Piersonschen Verlag in Dresden einen kleinen Band lyrischer Gedichte unter dem Titel *Erstlinge. Poetische Blätter.*

1885 Am 24. März erhält Wulffen nach bestandenem Abitur am Gymnasium zum Heiligen Kreuz sein Reifezeugnis ausgehändigt. Darin heißt es unter anderem:

„Derselbe hat aufgrund seiner Leistungen während der Schulzeit, sowie der mit ihm angestellten mündlichen und schriftlichen Prüfung bezüglich seiner Kenntnisse folgende Censuren:

in der Religion	genügend (III.a)
in der deutschen Sprache und Litteratur	vorzüglich (I.)
in der lateinischen Sprache	gut (II.b)
in der griechischen Sprache	genügend (III.a)
in der französischen Sprache	gut (II.a)
in der Geschichte	genügend (III.a)
in der Physik	gut (II.b)
in der Mathematik	genügend (III.)."

Wulffens Plan ist es zunächst, Literatur und Germanistik zu studieren.

1886 Auf Veranlassung des Vaters ändert Wulffen seine Studienwünsche. Am 3. April erfolgt zur Aufnahme des rechtswissenschaftlichen Studiums seine Immatrikulierung an der Juristischen Fakultät der Universität

Leipzig. Im Frühjahr schreibt er sich zusätzlich an der Albert-Ludwigs-Universität Freiburg ein.

1888 Am 7. August wird Wulffen an der Ruprecht-Karls-Universität Heidelberg der Grad des doctor utriusque juris verliehen. Trotz seiner hervorragenden Studienleistungen wendet sich der nun auch promovierte Jurastudent vorübergehend ganz der Bühnenlaufbahn zu. Im Winter 1888/89 gibt er am Stadttheater zu Stralsund in verschiedenen Stücken den jugendlichen Liebhaber. Zeitgleich absolviert er ein Volontariat am Leipziger Stadttheater.

1890 Vom 5. bis 8. Juli legt Wulffen in Leipzig vor der Königlichen Commission unter dem Vorsitz von Bernhard Windscheid (1817–1892; Mitglied der Ersten Kommission für die Abfassung eines Entwurfs zu einem deutschen *Bürgerlichen Gesetzbuchs* [*BGB*]) die viertägige erste Staatsprüfung ab, die am 8. Juli für „bestanden" erklärt wird.

1891 Anfang Juli tritt Wulffen seinen Vorbereitungsdienst zum Richteramt als Referendar an. Die einzelnen Ausbildungsstationen führen ihn in den folgenden Jahren nach Leipzig, Waldheim, Chemnitz und Dresden.

Während des Referendariats im berühmten Zuchthaus Waldheim, in dem auch Karl May vier Jahre lang einsaß, lernt er Charlotte Pauline Camilla („Illa") Behrisch, die Tochter des Direktors der Strafanstalt, Oberregierungsrat Karl Moritz Behrisch und seiner Frau Mathilde von Jessen, einer dänischen Adligen, kennen. Schon einen Monat nach Wulffens Dienstantritt in Waldheim, Ende Juli, verloben sich die beiden, die sich über das gemeinsame Musizieren kennengelernt hatten.

1893 Wulffen wird zum 1. Oktober der Staatsanwaltschaft beim Landgericht Dresden zur Fortsetzung seines Referendariats zugewiesen.

1895 Erich Wulffen und Camilla Behrisch heiraten am 11. März in Kötzschenbroda. Aus der Ehe gehen zwei Söhne, Hasso Wulffen (1895–1984) und Wolfgang Wulffen (1899–1967), sowie zwei Töchter, Erika (1905–unbekannt) und Ingeborg (1914–1921), hervor.

Im März legt Wulffen erfolgreich seine zweite juristische Staatsprüfung ab.

1896 Mit Rückwirkung zum 1. Januar wird Wulffen vom Dresdner Justizministerium in den sächsischen Staatsdienst aufgenommen. Die Bestallung erfolgt am 6. Juni. Der Assessor arbeitet bei der Staatsanwaltschaft des Landgerichts Chemnitz.

1897 Im Februar kommt Wulffens Lustspiel *Tasso in Darmstadt* am Stadttheater Dresden zur Aufführung.

1899 Wulffen wird am 1. April zum Staatsanwalt beim Landgericht Dresden ernannt.

1900 Wulffen reicht am 22. Februar ein Immediatgesuch bei Kaiser Wilhelm II. ein, in dem er diesen um Annahme eines Buchgeschenks (die Wulffen-Komödie *Die Varusschlacht*) bittet. Dem Gesuch wird stattgegeben und der Kaiser lässt dem Juristen am 26. Juni seinen „Allfälligen Dank" übermitteln.

1901 Es ist ein entscheidendes Jahr für den Juristen: Er beginnt mit dem eingehenden Studium der Kriminalistik. Unter dem Einfluss großer Rechtsgelehrter und Psychiater der damaligen Zeit wie Franz von Liszt und Gustav Aschaffenburg folgt Wulffens Aufstieg zum vielgeachteten Wissenschaftler. Ergebnis dieser Forschungsarbeit werden in den folgenden Jahren zahlreiche Fachbücher und Aufsätze. Daneben schreibt Wulffen für Zeitungen und Fachzeitschriften wie die *Dresdner Nachrichten*, den *Dresdner Anzeiger* und das *Archiv für Kriminal-Anthropologie und Kriminalistik*.

1902 Am 20. Oktober erhält Wulffen das Bürgerrecht der Stadt Dresden verliehen.

1903 Die deutsche Landesgruppe der Internationalen Kriminalistischen Vereinigung (IKV) – eine von 1889 bis 1933 existierende, auf Fragen der Kriminalpolitik und der Strafrechtsreform gerichtete Organisation – hält im Juni ihre neunte Jahresversammlung ab. Wulffen wird nahegelegt, in einer Reihe von Aufsätzen in der Dresdner Presse für die noch wenig bekannte Vereinigung und ihre Ziele bei Juristen und Laien zu werben. Er veröffentlicht in der Folgezeit in der wissenschaftlichen Beilage des *Dresdner Anzeigers* eine Reihe von Aufsätzen.

1904 Zu den Aufsätzen im *Dresdner Anzeiger* gehören u. a. *Gerhart Hauptmanns „Rose Bernd" vom Standpunkte des Kriminalisten* (5. Mai), *Die Berichterstattung über Gerichtsverhandlungen* (4. August) und *Die Beleidigung* (27. November und 18. Dezember).

1905 Zu Wulffens großen Zielen gehört eine Reformierung des Strafvollzugs:
„Erziehung, Psychologie und Innerlichkeit, das sind die drei erhöhten Forderungen, die wir an den Strafvollzug der Zukunft zu stellen haben. Mit militärischer Disziplinierung, bürokratischem Formalismus und Handwerkerkenntnissen allein ist nichts gewonnen", formuliert er in *Reformbestrebungen auf dem Gebiete des Strafvollzugs*. Weitere größere Werke sind das *Handbuch für den exekutiven Polizei- und Kriminalbeamten, für Geschworene und Schöffen sowie für Strafanstaltsbeamte* (zwei Bände) und *Staatsanwaltschaft und Kriminalpolizei in Deutschland*.

1906 Wulffen veröffentlicht das *Strafgesetzbuch für das Deutsche Reich* und publiziert eine Reihe weiterer Fachbeiträge zur kriminalistischen Ausbildung und zu anderen strafrechtlichen Themen in Fachzeitschriften wie dem *Archiv für Kriminal-Anthropologie und Kriminalistik* und der *Monatsschrift für Kriminalpsychologie und Strafrechtsreform.*

1907 Wulffens literarische Produktivität läuft auf Hochtouren: Es erscheinen das *Formularbuch für Brandstiftungsuntersuchungen, Polizeierörterungen von Brandstiftungen, Georges Manolescu und seine Memoiren, Staatsanwaltschaft und Kriminalpolizei in Deutschland, Ibsens Nora vor dem Strafrichter und Psychiater* und *Kriminalpsychologie und Psychopathologie in Schillers Räubern.*

1908 Als konservativer Humanist sieht Wulffen wie viele seiner Kollegen zu Beginn des 20. Jahrhunderts das Rechtswesen als etwas „Künstlerisches" an. Sein Ziel ist eine Modernisierung des materiellen Strafrechts, des Strafprozessrechts und des Strafvollzugs. Einem Vortrag im Gemeinnützigen Verein zu Dresden am 5. Februar gibt er den Titel *Der Strafprozeß – ein Kunstwerk der Zukunft.* Er setzt dabei den Mangel an künstlerischem Sinn von Richter und Staatsanwalt mit Gefühlskälte gleich und stellt zahlreiche Forderungen. So kritisiert der Jurist, dass der Staatsanwalt erst während des Prozesses mit dem Angeklagten und den Zeugen spricht, nicht schon vorher. Außerdem prangert er Inkonsistenzen des Strafrechts und den Ton in Strafprozessen an.

Franz von Liszt lobt Wulffen in einem Aufsatz im *Berliner Tageblatt* vom 13. August:

„Zu den rein kriminalistischen Werken der Staatsanwaltszeit gesellten sich größere Schriften auf literarisch-kriminalistischem Grenzgebiet. In diesen Werken verbanden sich Wulffens Fähigkeiten als profunder Literaturkenner mit denen des Kriminalpsychologen. Heutzutage spricht man angesichts solcher Konstellationen gerne von fruchtbaren Synergieeffekten."

Lob erntet Wulffen auch von literarischer Seite. Der Dramatiker Gerhart Hauptmann, dem der Jurist die Studie *Gerhart Hauptmann vor dem Forum der Kriminalpsychologie und Psychiatrie* widmet, schreibt am 8. Dezember an Wulffen:

„Ich danke Ihnen, für das schöne und anregende Buch, das mit so grossem Scharfsinn meine Arbeiten analysiert und mich noch lange beschäftigen wird."

In seinem Buch *Psychologie des Verbrechers: ein Handbuch für Juristen, Ärzte, Pädagogen und Gebildete aller Stände* (2 Bände) kommt Wulffen auch auf Karl May zu sprechen, dessen Vorstrafen er erwähnt. May empört sich in seiner autobiografischen Schrift *Meine Beichte* über die „Folterpsychologie jenes sächsischen Staatsanwalts sprach, der jetzt, nach vierzig Jahren, in seinem neuesten Werke mir meine Seele öffentlich vernichtet und einen literarischen, moralischen und materiellen

Mord an mir begeht, dessen Widerrechtlichkeit geradezu zum Himmel schreit!"

Wulffen lässt es sich auch nicht nehmen, gegenüber der Forensisch-psychiatrischen Vereinigung zu Dresden im Anschluss an einen Vortrag des Kölner Professors Gustav Aschaffenburg vom 10. Januar „den Fall eines bekannten Mannes" mitzuteilen, „der sowohl ein guter Dichter wie ein ausgezeichneter Schwindler war."

1909 Am 18. Mai verleiht König Friedrich August von Sachsen Erich Wulffen das Ritterkreuz 1. Klasse des Albrechtsordens.

Wulffen leitet gegen Karl May und Klara May das zweite staatsanwaltschaftliche Ermittlungsverfahren wegen betrügerischer Handlungen zur Ermöglichung der Ehescheidung. Bei der Prüfung der Beweismittel hat sich der Staatsanwalt Wulffen vor allem mit der Hauptzeugin, Mays geschiedener erster Ehefrau Emma Pollmer, auseinanderzusetzen. Am 24. September verfügt er die Einstellung des Verfahrens, da die „Gemütsverfassung [der Zeugin], wie der Sachverhalt ergibt, keine ganz normale zu sein scheint."

1910 Eine erneute kurze Schilderung der Vorstrafen Karl Mays findet sich auch in Wulffens Fachbuch *Gauner- und Verbrechertypen* wieder. Der Schriftsteller fordert Wulffen letztlich vergeblich auf, die entsprechenden Passagen aus den Büchern entfernen zu lassen. In seinem Flugblatt *Der Fall May und die Presse* vom 12. Juni verweist Mays Intimfeind Rudolf Lebius auf die wissenschaftlichen Aussagen Wulffens zu Mays Vorstrafen. In dem im November erscheinenden Buch *Die Zeugen Karl May und Klara May* bringt Lebius ganze Passagen aus den Wulffen-Büchern *Psychologie des Verbrechers* und *Gauner- und Verbrechertypen*.

In der Fachwelt erregt Wulffens *Der Sexualverbrecher: ein Handbuch für Juristen, Verwaltungsbeamte und Aerzte: Mit zahlreichen kriminalistischen Originalaufnahmen* Aufsehen.

1911 *Shakespeares große Verbrecher: Richard III., Macbeth, Othello.*

1912 Zu Karl Mays Tod am 30. März schweigt Wulffen. Stattdessen veröffentlicht er weitere Aufsätze wie *Die psychologische Schulung der Gerichtsvorsitzenden*, der in den *Dresdner Neuesten Nachrichten* am 7. Juli und in anderen Tagesblättern erscheint und den Wunsch des Juristen nach einer juristischen Aufklärung des einfachen Bürgers und Zeitungslesers belegt.

1913 In dem Bewusstsein, dass die Strafgesetzgebung und der Strafvollzug auf der einen Seite sowie die psychologischen Ausbildung der Juristen auf der anderen Seite unzulänglich sind, entsteht in diesem Jahr der Roman *Frau Justitias Walpurgisnacht*, der in gerichtlichen Kreisen als

Schlüsselroman aufgefasst wird, weil man in den auftretenden Personen bestimmte Juristen zu erkennen glaubte. Er löst darum in Dresdner Justizkreisen Unruhe und Empörung aus. Die Reaktion dieser Kreise und ihr Einfluss sorgen kurz nach Erscheinen des Buches für ein Disziplinarverfahren und eine Strafversetzung Wulffens als Zivilrichter an das Amtsgericht Zwickau. Zu Wulffens weiteren neuen Werken gehören *Das Kind, sein Wesen und seine Entartung* und *Shakespeares Hamlet, ein Sexualproblem.*

1914 Wulffens Studien und Aufsätze der Zwickauer Zeit behandeln hauptsächlich rein kriminalistische Themen, etwa die Frage, wie weit die Befugnis der Presse zur Vertretung der Allgemeinheit geht. Zudem erarbeitet Wulffen die 5. Auflage des von Friedrich Oskar von Schwarze (1816–1886) erstellten ursprünglich 1874 erschienenen Kommentars zum *Reichspreßgesetz.*

Auch in den Zwickauer Jahren entfaltet der Jurist eine rege Vortragstätigkeit. Ihre Hauptgegenstände sind kriminalistische und psychologische Probleme des Weltkriegs. Andere Vorträge behandeln allgemeine Themen wie bspw. *Jugendliche Verbrecher*, den Wulffen vor einem wissenschaftlichen Auditorium im Februar 1914 in der Wiener Urania hält.

1915 Mit Ausbruch des Ersten Weltkriegs entsteht die Schwierigkeit, wissenschaftliche Werke zu veröffentlichen. Dieser Umstand lässt in Wulffen den Plan entstehen, seine Probleme in einer Reihe von Kriminalromanen (*Die Traumtänzerin*, *Vorgelesen – genehmigt*) der breiteren Öffentlichkeit zugänglich zu machen. Außerdem erscheint das Fachbuch *Kriminalpädagogik: ein Erziehungsbuch.*

1916 Schon im Jahr zuvor hat die *Frankfurter Zeitung* im Rahmen einer Besprechung des Werkes *Das Kind. Sein Wesen und seine Entartung* von dem „verstorbenen Kriminalpsychologen Wulffen" gesprochen. Am 13. Mai dieses Jahres schreibt dann das *Neue Wiener Journal*: „Der verstorbene Staatsanwalt und Kgl. Amtsgerichtsrat Dr. E. Wulffen gehörte bekanntlich zu den bedeutendsten Kriminalpsychologen unserer Zeit, und weit hinaus über das engere Gebiet der Kriminalistik hat sich seine schriftstellerische Tätigkeit, haben sich seine genialen Forschungen und Kombinationen erstreckt."

Auf den Hinweis im *Berliner Tageblatt* vom 18. Mai, dass Wulffen „bereits vor 1½ Jahren das Mißgeschick widerfuhr, von der *Frankfurter Zeitung* zu den Verstorbenen gezählt zu werden", berichtigt das *Neue Wiener Journal* am 21. Mai seinen Irrtum mit den Worten: „Wir freuen uns nicht nur aufrichtig, daß der bekannte geistvolle kriminalistische Schriftsteller und Psychologe sich noch des Lebens und bester Gesundheit erfreut, sondern daß wir von ihm noch viele neue und geistvolle Publikationen erwarten dürfen."

1917 Auch die deutsche Stummfilmindustrie entdeckt schon sehr bald nach Erscheinen von Wulffens ersten Kriminalromanen die Sujets. Es lassen sich bis heute drei Filme nachweisen, die nach den bekanntesten Werken gedreht wurden, für die Wulffen entweder selber die Drehbücher schreibt oder beratend zur Seite steht. Der erste Film, *Die Kraft des Michael Argobast*, stammt aus dem Erscheinungsjahr des Buches. Weitere Buchveröffentlichungen sind *Psychologie des Giftmordes*, *Der Mann mit den sieben Masken* und *Deutsche Renaissance* und *Vorgelesen, genehmigt* (Buchfassung).

1918 Mit *Der Mann mit den sieben Masken* wird ein zweiter Film nach einem Kriminalroman Erich Wulffens noch im letzten Kriegsjahr abgedreht.

1919 Am 1. März wird Wulffen vom sächsischen Justizminister Dr. Rudolf Harnisch (1864–nach 1933) als Landgerichtsdirektor beim Landgericht Dresden zurückbeordert.

Die dritte Wulffen-Verfilmung adaptiert seinen Roman *Die geschlossene Kette*. Wie bei anderen Verfilmungen seiner Kriminalromane wirkt auch bei dieser cinematografischen Umsetzung Wulffen selber mit. Eine Hauptrolle bekleidet auch die damals populäre Schauspielerin Pola Negri (1897–1987).

Einzelnen Kriminalromanen dieser Schaffensphase wie *Der blaue Diamant* liegen wirkliche Strafprozesse aus der juristischen Praxis zugrunde. Weitere Werke sind *Das Haus ohne Fenster* und *Die geschlossene Kette*.

1920 Der Wahlausschuss im 3. Wahlkreis für die Wahlen zur sächsischen Volkskammer stellt in seiner Sitzung vom 15. April fest, dass Wulffen anstelle des Abgeordneten Erich Klühs, der sein Mandat niedergelegt hat, in die sächsische Volkskammer einzutreten hat. Nachdem der Jurist am 19. April die Wahl angenommen hat, wird er bis September Mitglied in der sächsischen Volkskammer.

Am 27. April wendet sich der Mitgesellschafter und Geschäftsführer des Karl-May-Verlags E. A. Schmid erstmals an Wulffen und fragt nach seinem Interesse am Karl-May-Problem. Auch zwischen Karl Mays Witwe Klara und Erich Wulffen findet eine Kontaktaufnahme statt. Wulffen wird Klara Mays Rechtsbeistand in aktuellen gesellschaftsvertraglichen Verhandlungen mit ihrem Mitgesellschafter E. A. Schmid.

In seiner Stellung als Landgerichtsdirektor, als Vorsitzender einer Strafkammer und gelegentlich auch des Schwurgerichts, verbleibt Wulffen bis zum 30. September. Dabei zeichnet er sich vor allem durch eine objektive, formvolle und wohlwollende Verhandlungsleitung und milde Urteilsfindung aus.

Der sächsische Justizminister Harnisch ernennt Wulffen am 30. Juli mit Wirkung zum 1. Oktober zum Ministerialrat im Justizministerium.

1921 Am 6. Februar stirbt Wulffens jüngste Tochter Annerose Ingeborg nach schwerer Krankheit im Alter von 6½ Jahren.

Der Roman *Die Frauen von Loburg* erscheint.

1922 Auf dem VII. Kongress der deutschen Vereinigung für Krüppelfürsorge in Dresden spricht Wulffen über den *Krüppel in der Kriminalistik*. In seinem Vortrag zeigt er den aus seiner Sicht tiefen Zusammenhang zwischen Körperbehinderung und Verbrechertum auf. Danach lasse die Psychopathologie des Behinderten ihn in vielen Fällen zum Opfer seiner unglücklichen Körperbeschaffenheit werden. Weil der Behinderte teils von der Gesellschaft ausgeschlossen würde, teils sich selbst ausschließe, würde er in eine Kampfstellung gedrängt, die leicht zur Ausübung von Verbrechen führen würde. Wulffen erscheint es notwendig, dem Behinderten im Strafrecht eine Sonderstellung einzuräumen.

Im Rahmen eines Schiedsgerichtsverfahrens zwischen Klara May und E. A. Schmid kommt es am 7. Februar zu einer Abschlussverhandlung und notariellen Beglaubigung eines Gesellschaftsvertrags, dessen Entwurf von Wulffen stammt.

Anfang April wendet sich Klara May an das Gesamtministerium in Dresden und ersucht um die Herausgabe der May'schen Strafakten des Amtsgerichts Mittweida.

Auf das maßgebliche Betreiben von Erich Wulffen hin entscheidet die Sächsische Staatskanzlei am 15. Juni: „Das Gesamtministerium hat sich damit einverstanden erklärt, daß in Anbetracht der vorliegenden besonderen Verhältnisse die bei dem Hauptstaatsarchiv befindlichen Strafakten über den verstorbenen Schriftsteller Karl May an dortiger Amtsstelle in Gegenwart von Frau Clara May vernichtet werden."

Am 21. oder 28. Juni werden die erhalten gebliebenen Strafakten Karl Mays im Heizhaus des Hauptstaatsarchivs in Anwesenheit von Klara May und Erich Wulffen verbrannt.

1923 Am 20. August wird Wulffen zum Ministerialdirektor im Justizministerium und Abteilungsvorstand für die Bearbeitung der Gnadensachen, der Strafsachen und des Gefängniswesens ernannt. Die Ministerialtätigkeit bringt es mit sich, dass Wulffen als Regierungsvertreter im Sächsischen Landtag wiederholt seine Reformpläne darlegen kann. Im Strafvollzug, dem er seit jeher seine besondere Aufmerksamkeit zuwendet, bringt der neue Ministerialdirektor durch persönliche Besuche in den Anstalten und durch unmittelbare Fühlung mit den Direktoren und Beamten Ruhe und Vertrauen in die Gemeinschaft der Gefangenen; er führt in der Folgezeit eine Vielzahl von Reformen durch.

Wulffen ist auch Kommissionsmitglied für die zweite juristische Staatsprüfung, wobei er in den mündlichen Prüfungen als strenger Prüfer, mit einer Vorliebe zum Strafvollzug, gilt. Überliefert ist, dass er zur Garnierung der juristischen Prüfungsmaterie literarische Stoffe wie Wilhelm Tell, Ibsens Nora, deutsche Märchen u. a. m. heranzieht.

In dem Werk *Das Weib als Sexualverbrecherin* widmet sich Wulffen einem weiteren Teilaspekt seiner kriminologischen Arbeit. So vertritt er unter Hinweis auf die Praxisbeispiele namhafter Sexualforscher wie Krafft-Ebing, Hirschfeld und Stekel die These, dass sich einzelne von Frauen begangene Verbrechensformen ganz allgemein mit einer speziellen Veranlagung der weiblichen Psyche begründen lassen. Neben weiteren Fachbüchern wie *Psychologie des Hochstaplers* und *Das Weib als Sexualverbrecherin* erscheint auch der Aufsatz *Der Läuterungsgedanke bei Karl May* im *Karl-May-Jahrbuch 1923*.

1924 Am 25. Februar veröffentlicht Rudolf Lebius in der *Staatsbürger-Zeitung* mit dem Beitrag *Der Indianerschriftsteller Karl May* den ersten Teil einer zwölfteiligen Aufsatzserie, die den ersten 40 Seiten des 1910 verbotenen Pamphlets *Die Zeugen Karl May und Klara May* wortidentisch entspricht. In Reaktion darauf legt E. A. Schmid Erich Wulffen am 28. März das Konzept einer juristisch-biografischen Studie mit dem Arbeitstitel *Karl Mays Inferno* vor. Er präferiert dabei ein dreiköpfiges Autorengremium unter der Oberleitung von Erich Wulffen. Am 9. November sagt Wulffen zu – allerdings ohne Beteiligung weiterer Co-Autoren – die Studie zu schreiben.

Im Oktober gründet sich in Dresden die Juristisch-pädagogische Arbeitsgemeinschaft für allgemeine Rechtsbelehrung, deren Vorsitz Wulffen übernimmt.

Der Jurist absolviert im November eine große Vortragsreise durch Österreich, die ihn nach Wien, Graz, Bruck an der Mur, Leoben, Klagenfurt, Linz und Innsbruck führt.

1925 In weiteren Vorträgen kehrt Wulffen zur Untersuchung dichterischer Werke vom kriminalistischen Standpunkt zurück. So führt der Jurist in *Kunst und Verbrechen* aus, dass nicht nur in einer Kraftnatur wie Faust, sondern auch in der Brust des Künstlers zwei Seelen beieinander wohnen, und dass in beiden der Drang nach Betätigung dunkler Triebe zumeist nur deswegen nicht zu asozialem Handeln verleitet, weil er in das Kunstwerk projiziert und durch Selbsterziehung gebändigt wird. Der Vortrag erscheint als Aufsatz im *Karl-May-Jahrbuch 1925*.

Im Sommer beteiligt sich Wulffen als deutscher Delegierter am 9. Internationalen Gefängniskongress in London. Dieser Versammlung folgt auf Einladung der englischen Regierung eine Studienreise zusammen mit den Vertretern der übrigen Staaten zur Besichtigung der wichtigsten Gefängnisse in England und Schottland.

1926 Am 20. September schließen der Karl-May-Verlag und Erich Wulffen einen Verlagsvertrag über die Abfassung der Studie *Karl Mays Inferno*. Das Gymnasium zum Heiligen Kreuz in Dresden rüstet zur Feier seines 700-jährigen Bestehens. Die Bitte an Wulffen, den Ehrentagen seiner alten Schule die künstlerische Weihe zu geben, findet Erfüllung in dem Festspiel *Sieben Jahrhunderte*. Das Festspiel wird am 10. Oktober im Schauspielhaus des sächsischen Staatstheaters in Dresden aufgeführt und am 17. Oktober in öffentlicher Vorstellung wiederholt. Die Aufführungen sind ein großer Erfolg. In diesem Jahr erscheint das Fachbuch *Kriminalpsychologie. Psychologie des Täters*.

1927 Neben dem Fachbuch *Elementarer Rechtsunterricht* erscheint im *Karl-May-Jahrbuch 1927* der Aufsatz *Das Kriminelle in der Weltliteratur*.

1928 Am 1. Februar tritt Wulffen in den Ruhestand, nachdem sein Arbeitgeber, das Sächsische Justizministerium, vergeblich eine Aufschiebung der Pensionierung beantragt hatte.

Im Juni beendet Wulffen seine Niederschrift von *Karl Mays Inferno*, was er E. A. Schmid am 25. Juni in einem Brief mitteilt. Nach einem nochmaligen Durchfeilen übergibt der Jurist das Manuskript am 24. September Klara May in der Villa „Shatterhand“, da er E. A. Schmid zuvor nicht in der Verlagswohnung angetroffen hat. Fünf Tage später erhält der Verleger das Manuskript von Klara May weitergereicht.

Aufgrund der schwer lesbaren Handschrift lässt E. A. Schmid von seiner Ehefrau Katharina Schmid eine maschinenschriftliche Reinschrift nebst Durchschlag anfertigen, wobei sie von ihrem ebenfalls im Karl-May-Verlag mitarbeitenden Bruder Herbert Barthel unterstützt wird.

Es erscheint der *Sexualspiegel von Kunst und Verbrechen*, der auch wieder eine Anspielung auf die Vorstrafen Karl Mays enthält.

Anfang Dezember muss sich Wulffen im Dresdner Diakonissenhaus einer Operation unterziehen. Dabei wird ihm erfolgreich eine Geschwulst in der rechten Nierengegend entfernt.

1929 Nachdem Klara May die Abschrift von *Karl Mays Inferno* gelesen hat, fordert sie am 28. Februar von E. A. Schmid: „Ich habe nur den einen Wunsch es restlos zu vernichten“, da sie in dem Werk eine gnadenlose „Staatsanwaltsarbeit“ gegen Karl May sieht.

Die Stadt Meißen wendet sich angesichts ihrer Jahrtausendfeier an Wulffen, von dem man sich erhofft, dass er sein literarisches Talent für eine Feier zur Verfügung stellt. So entsteht die Bühnendichtung *Meißen. Ein Festspiel zur Jahrtausendfeier in zwei Aufzügen und zehn Bildern*, das in den Tagen vom 1. bis 16. Juni mit Mitgliedern des Meißner

Stadttheaters und zugezogenen Gastkräften in den Hauptrollen mehr als zwanzigmal aufgeführt wird.

Es erscheint *Irrwege des Eros*.

Am 14. Oktober fragt Wulffen brieflich bei E. A. Schmid nach dem Veröffentlichungsstand von *Karl Mays Inferno*. Es kommt daraufhin am 18. November zu einer Unterredung zwischen Wulffen und E. A. Schmid. Der Verleger unterrichtet Wulffen darüber, dass *Karl Mays Inferno* nicht gedruckt werden wird, da Klara May dagegen ist. Wulffen stellt am 26. Oktober in einem Brief an E. A. Wulffen seine Konditionen vor, die er sich für eine Nichtveröffentlichung vorstellt. Der Verlag willigt ein. Es wird am 14. November ein neuer Verlagsvertrag geschlossen, der Wulffen neben bereits erhaltenen 3.000 Reichsmark ein abschließendes zusätzliches Honorar von 5.000 Reichsmark zusagt; umgekehrt verzichtet der Jurist auf Drucklegung und Verbreitung des *Inferno*-Manuskripts.

1930 Wulffen setzt in diesem wie auch im folgenden Jahr seine Referententätigkeit mit Vorträgen bei den Ortsgruppen Dresden und Berlin der Goethegesellschaft fort.

Der Berliner Hanseatische Rechts- und Wirtschaftsverlag übernimmt die Hauptwerke des Juristen. Als Mitherausgeber publiziert Wulffen die *Sittengeschichte der Revolution*.

1931 Im Januar hält Wulffen vor der Berliner ‚Gesellschaft für Ausdruckskunde und Seelenforschung‘ einen Vortrag, der im Fachblatt *Fortschritte der Medizin* im Druck erscheinen wird. Thematisch geht der Vortrag von der These aus, dass alles irdische und menschliche Geschehen, auch das Verbrechen, der Ausdruck kosmischer Vorgänge sei. In weiteren Studien setzt sich der Kriminologe mit der Welteislehre und ihrem Begründer Hanns Hörbiger (1860–1931) auseinander.

Am Silvesterabend versammelt Klara May einige enge Vertraute im Kaminzimmer der Villa Bärenfett. Einer von ihnen, Richard Lieberknecht, verbrennt das Originalmanuskript *Karl Mays Inferno* schließlich im Kaminfeuer.

Als Mitautor veröffentlicht Wulffen *Fritz Ulbrichts lebender Marmor. Eine sexualpsychologische Untersuchung des den Mordprozeß Lieschen Neumann charakterisierenden Milieus und seiner psychologischen Typen.*

1932 Im Hanseatischen Rechts- und Wirtschaftsverlag erscheint auch eine *Festschrift* zu Wulffens 70. Geburtstag. Es handelt sich bei dem Werk um die bis dato einzige umfassende Publikation über den in seiner Zeit bedeutenden Kriminologen.

Ein ab März stattfindender Briefwechsel zwischen Klara May, E. A. Schmid und den Eheleuten Wulffen endet mit Erich Wulffens ausdrücklichem Bruch mit Klara May in einem Brief vom 17. Mai. „Ich wünsche Ihnen niemals wieder zu begegnen und ersuche Sie, keinen Brief mehr an mich oder meine Frau zu richten noch mit letzterer zu verkehren, und telefonische Anrufe zu unterlassen."

1933 Am 4. Februar kommt es zu einer Beschlagnahme des Wulffen-Buches *Der Sexualverbrecher* durch den Berliner Polizeipräsidenten, der Abteilung IV, der Deutschen Zentralpolizeistelle zur Bekämpfung unzüchtiger Bilder, Schriften und Inserate. Von Seiten des Verlages, der Vereinigten Buchgesellschaften m. b. H., protestiert man gegen die Beschlagnahme, was Wulffen am 17. Juni von Verlagsseite mitgeteilt wird. Die Aufhebung der Beschlagnahme erfolgt am 22. September.

1934 Die letzte Veröffentlichung Wulffens zu Lebzeiten ist das Gedicht *Ährenfeld* im *Dresdner Anzeiger* vom 1. Juli.

1936 Im Frühjahr verkaufen die Vereinigten Buchgesellschaften m. b. H. die Wulffen-Werke an die Leipziger Firma P. E. Lindners Verlag und Grossantiquariat.

Am 2. März kommt es auf Veranlassung der Reichsschrifttumskammer und der Kriminalpolizei Leipzig erneut zur Beschlagnahme des *Sexualverbrecher*, weil „auch Werke sexual-wissenschaftlichen Charakters als schädlich und unerwünscht anzusehen sind, sofern die Gefahr besteht, dass die nicht wissenschaftlich interessierte Öffentlichkeit die Schrift oder Teile daraus aus durchsichtigen Gründen zur Lektüre heranzieht", so die Begründung.

Am 12. März legen die Vereinigten Buchgesellschaften bei der Reichsschrifttumskammer Einspruch gegen die Beschlagnahme ein. Der Einspruch wird damit begründet, dass die Werke von Wulffen keine Erotika, sondern wissenschaftliche Werke der Kriminalistik seien. Es wird darauf hingewiesen, dass die Staatsanwaltschaft Leipzig die genannten Schriften nicht als unzüchtig bezeichnet hat.

Am 10. Juni erhält der P. E. Lindner Verlag von der Kriminalpolizei in Dresden, Plauen und Leipzig die Aufforderung, alle Exemplare des *Sexualverbrechers* einzustampfen. Das Landeskriminalamt nimmt die Einstampfung Ende des Jahres vor.

Im Alter von 74 Jahren stirbt Erich Wulffen nach langer Krankheit am 10. Juli. Er wird auf dem Johannisfriedhof in Dresden beigesetzt.

VI. Personenregister

Nicht berücksichtigt wurden die Erwähnung Karl Mays sowie juristische Personen (u.a. Karl-May-Verlag).

452

VII. Quellen- und Literaturverzeichnis

I. Archiv- und Aktenmaterial

Sächsisches Hauptstaatsarchiv Dresden
- → 0706 Disziplinargerichte, Nr. 51: Wulffen, Wolf Hasso Erich; Staatsanwalt in Dresden, wegen Herabsetzung der sächsischen Justiz in einer Veröffentlichung
- → 10707 Sächsisches HStA, Nr. 3772
- → 11401 Landesregierung Sachsen, Ministerium für Volksbildung 1945–1951, 2769 Karl-May-Verlag, Karl-May-Stiftung
- → 10707 Sächsisches HStA 1918–1937, 3772 Strafakten des Schriftstellers Karl May aus Radebeul
- → 11125 Ministerium des Kultus und öffentlichen Unterrichts, Nr. 20023
- → 11125 Ministerium des Kultus und öffentlichen Unterrichts 1914–1945, 20017b Karl-May-Stiftung Radebeul, St. Nr. 238

Archiv des Karl-May-Verlags Bamberg
Sächsische Landesbibliothek – Staats- und Universitätsbibliothek Dresden
- → Nachlass Erich Wulffen (Msc v. Dresd. App. 1832)

Archiv des Karl-May-Museums Radebeul
Archiv des Karl-May-Hauses Hohenstein-Ernstthal
Privatarchiv Albrecht Götz von Olenhusen
Privatarchiv Jürgen Seul

II. Gesamtausgaben von Karl May

Carl May's gesammelte Reiseromane (später: Karl May's gesammelte Reiseerzählungen), 33 Bde. Freiburg 1892–1910 (Reprint Bamberg 1982–84).

Karl May's Gesammelte Werke, 65 Bde. Radebeul bei Dresden 1913–45. Karl May's Gesammelte Werke, 94 Bde. (ab Bd. 91: Karl May's Gesammelte Werke und Briefe). Bamberg (später: Bamberg/Radebeul) 1948ff.

Karl Mays Werke. Historisch-kritische Ausgabe. Hrsg. v. Hermann Wiedenroth, Hans Wollschläger u. a. Nördlingen u. a. 1987ff. (neuerdings hrsg. v. der Karl-May-Gesellschaft. Bamberg/Radebeul 2008ff.).

III. Periodika und Reihen

Jahrbuch der Karl-May-Gesellschaft 1970ff. Hrsg. v. Claus Roxin u. a. Hamburg u. a. 1970ff. (neuerdings hrsg. v. Claus Roxin, Florian Schleburg, Helmut Schmiedt, Hartmut Vollmer und Johannes Zeilinger. Husum 2008ff.).

Karl-May-Haus-Information 1ff. Hrsg. v. Rat der Stadt Hohenstein-Ernstthal u. a. (neuerdings hrsg. v. Karl-May-Haus Hohenstein-Ernstthal/IG Karl-May-Haus e. V). Hohenstein-Ernstthal 1989ff.

Karl-May-Jahrbuch 1918–1933 bzw. 1978, 1979. Hrsg. v. Rudolf Beissel u. a. Breslau u. a. 1918ff. bzw., hrsg. v. Siegfried Augustin u. a. Bamberg/Braunschweig 1978f.

Karl-May-Studien, 10 Bde. Hrsg. v. Dieter Sudhoff/Hartmut Vollmer. Paderborn (später: Oldenburg) 1991–2007 (Erstveröffentlichung von: Karl Mays ‚Winnetou' (Bd. 10) Frankfurt a. M. 1989).

Karl-May-Welten, 5 Bde. Hrsg. v. Jürgen Wehnert/Michael Petzel (neuerdings hrsg. von Roderich Haug/Bernhard Schmid). Bamberg/Radebeul 2005ff.

Materialien zum Werk Karl Mays, 7 Bde., Husum 1999ff.

Materialien zur Karl-May-Forschung, 20 Bde. Hrsg. v. Karl Serden. Ubstadt 1974–1998.

Mitteilungen der Karl-May-Gesellschaft 1ff. Hrsg. v. der Karl-May-Gesellschaft. Hamburg (neuerdings Radebeul) 1969ff.

Sonderhefte der Karl-May-Gesellschaft 1ff. Hrsg. v. der Karl-May-Gesellschaft. Hamburg (neuerdings Radebeul) 1972ff.

IV. Einzelpublikationen

Aischylos: *Der gefesselte Prometheus*. Übersetzt von Heinrich Voß und Johann Heinrich Voß. Heidelberg 1839.

Altendorff, Ernst: *Die Spaltung des Ich*. In: *KMJb 1926*. Radebeul bei Dresden 1926, S. 140-185.

Anonym [Johann Ulrich Schöll]: *Konstanzer Hanß: eine schwäbische Jauners-Geschichte aus zuverlässigen Quellen geschöpft und pragmatisch bearbeitet*. Erhard und Löflund, Stuttgart 1789.

Anz, Thomas: *Literatur der Existenz. Literarische Psychopathographie und ihre soziale Bedeutung im Frühexpressionismus*. Stuttgart 1977.

Aronstein, Philipp: *Oscar Wilde. Sein Leben und Lebenswerk*. Berlin 1922.

Aschaffenburg, Gustav: *Das Verbrechen und seine Bekämpfung*. Heidelberg 1903.

Assing, Ludmilla (Hg.): *Aus dem Nachlaß Varnhagen's von Ense. Tagebücher von Friedrich von Gentz*. 5 Bde., Leipzig 1873–1874.

Avenarius, Ferdinand: *Der Fall May und die Ausdruckskultur*. In: *Der Kunstwart*. 23. Jg. 1910 (1. Mai-Heft).

Avenarius, Ferdinand: *Ein Zusammenbruch?* In: *Der Kunstwart*. 23. Jg. 1910 (1. Februarheft).

Avenarius, Ferdinand: *Karl May als Erzieher*. In: *Der Kunstwart*. 15. Jg. 1902 (2. März-Heft).

Avenarius, Ferdinand: *Zu Karl Mays Tode*. In: *Der Kunstwart*. 25. Jg. 1910 (1. Mai-Heft).

Bachhiesl, Christian: *Zwischenindizienparadigma und Pseudowissenschaft*. Wien u. a. 2012.

Bachhiesl, Cristian/Kocher, Gernot/Mühlbacher, Thomas (Hg.): Hans Gross – ein ‚Vater' der Kriminalwissenschaft. Zur 100. Wiederkehr seines Todestages (= Austria: Forschung und Wissenschaft interdisziplinär, Bd. 12). Wien u. a. 2015.

Balzac, Honoré de: *La Comédie humaine*. Paris 1922–1925 [dt. *Die menschliche Komödie*; u. a. Gesamtausgabe 16 Bände, Insel-Verlag, Leipzig 1908–1911].

Bartsch, Ekkehard: *Und Friede auf Erden!* In: *JbKMG 1972/73.* Hamburg 1973, S. 93-122.

Baumann, Imanuel: *Dem Verbrechen auf der Spur. Eine Geschichte der Kriminologie und Kriminalistik in Deutschland 1880 bis 1980.* Göttingen 2006.

Becker, Peter: *Verderbnis und Entartung. Eine Geschichte der Kriminologie des 19. Jahrhunderts als Diskurs und Praxis.* Göttingen 2002.

Becker, Peter: *Zwischen Tradition und Neubeginn: Hans Gross und die Kriminologie und Kriminalistik der Jahrhundertwende.* In: Albrecht Götz von Olenhusen/ Gottfried Heuer (Hg.): *Die Gesetze des Vaters.* Marburg/L., S. 290-309.

Beissel, Rudolf: *„Und ich halte Herrn May für einen Dichter …". Erinnerungen an Karl Mays letzten Prozeß in Berlin.* In: *JbKMG 1970.* Hamburg 1970, S. 11-46.

Beissel, Rudolf: *Ein Schlußstrich.* In: *KMJb 1919.* Breslau 1919, S. 165-194.

Beissel, Rudolf: *Wie das Jahrbuch 1918 entstand.* In: *KMJb 1978.* Bamberg/Braunschweig, S. 7-20.

Benecke, Sabine/Zeilinger, Johannes (Hg.): *Imaginäre Reisen.* Berlin/Bönen 2007.

Bernstein, Henry: *Der Dieb. Ein Schauspiel.* Deutsch von Rudolf Lothar. Leipzig 1920.

Bertz, Eduard: *Eine lyrische Geschlechtsumwandlung bei Walt Whitman.* In: *Jahrbuch für sexuelle Zwischenstufen* Band 22, S. 55-58.

Bilse, Fritz Oswald: *Aus einer kleinen Garnison. Ein militärisches Zeitbild.* Braunschweig 1903.

Birnbaum, Carl: *Über psychopathische Persönlichkeiten. Eine psychopathologische Studie.* Wiesbaden 1909.

Bismarck, Otto von: *Gedanken und Erinnerungen.* Zwei Bände. Stuttgart [2]1898.

Blaschke, Karlheinz: *Minister des Königreiches Sachsen 1915–1918.* In: Klaus Schwabe (Hg.): *Die Regierungen der deutschen Mittel- und Kleinstaaten 1915– 1933.* Boppard 1980, S. 285-294.

Blaum, [?]: *Das neue Lichtspielhaus in Dresden.* In: *Deutsche Bauzeitung,* 47. Jg. 1913, Nr. 63 vom 6.8.1913, S. 553.

Bleuler, Eugen: *Dementia praecox oder Gruppe der Schizophrenien.* Leipzig/Wien 1911.

Bourdieu, Pierre: *Die biographische Illusion.* In: Erika M. Hoerning/Peter Alheit: *Biografische Sozialisation.* Stuttgart 2000, S. 51-60.

Bourdieu, Pierre: *Die biographische Illusion.* In: Pierre Bourdieu (Hg.): *Praktische Vernunft. Zur Theorie des Handelns.* Frankfurt a. M. 1998, S. 75-82.

Bourget, Paul: *Répertoire de la comédie humaine de H. de Balzac.* Paris 1887.

Brant-Sero, John Ojijatekha: *Ein Indianer-Protest gegen Karl May.* Flugblatt Ende Juni 1910.

Brauneder, Wilhelm: *Die „Leben-Werk-Assoziationen". Eine Kritik insbesondere anhand von Ralf Harders Buch „Karl May und seine Münchmeyer-Romane".* S-KMG Nr. 121/1999.

Buchenau, Arthur: *Karl Friedrich May. Ein Nekrolog.* In: *KMJb 1919.* Breslau 1919, S. 240-248.

Buchwitz, Hans: *Ein Dossier mit Geschichte. Die Leipziger Polizeiakte Karl Mays.* In: KMHI Nr. 11/1998, S. 32-46.

Bürger, Gottfried August: *Des Freiherrn von Münchhausen einzig wahre Erlebnisse zu Wasser und zu Land, zu Pferd und zu Fuß, im Krieg und Frieden, in der Luft sowie in mehrerer Herren Länder / In diesem Jahre ganz neu verfaßt von Ihm selbst. Und versehen mit sehr wunderlichen Zeichnungen nach der Natur aufgenommen von dem Maler August von Wille.* Düsseldorf 1856.

Bürger, Gottfried August: *Wunderbare Reisen zu Wasser und zu Lande, Feldzüge und lustige Abenteuer des Freiherrn von Münchhausen: wie er dieselben bei der Flasche im Zirkel seiner Freunde selbst zu erzählen pflegt.* Göttingen 1786.

Cardauns, Hermann: *Die „Rettung" des Herrn Karl May.* In: *Historisch-politische Blätter für das katholische Deutschland*, Bd. 140, 1907, S. 517-540.

Cardauns, Hermann: *Herr Karl May von der anderen Seite.* In: *Historisch-politische Blätter für das katholische Deutschland,* Bd. 129, 1902, S. 517-540.

Cardauns, Hermann: *Wie denken wir über Karl May?* In: *Die Wacht*, 13. Jg., Nr. 14, 1917, S. 122-123.

Casella, Max: *Dem Freund meiner Jugend.* In: *KMJb 1921.* Radebeul bei Dresden 1920, S. 316-329.

Casella, Max: *Zur Nachprüfung.* In: *KMJb 1922.* Radebeul bei Dresden 1922, S. 324-334 (326).

Cervantes Saavedra, Miguel de: *El ingenioso hidalgo Don Quixote de la Mancha. Teil 1*, Madrid 1605, Teil 2, 1615 [dt. *Don Kichote de la Mantzscha, Das ist: Juncker Harnisch auß Fleckenland / Auß Hispanischer Spraach in hochteutsche vbersetzt. … Durch Pahsch Basteln von der Sohle* (= Joachim Caesar). Götze, Frankfurt a. M. 1648. Weitere Ausgabe: Ilssner, Frankfurt a. M. 1669].

Clave-Lowes, Francis: *Freud's Apostel: Wilhelm Stekel and the Early History of Psychoanalysis.* Gamlingan 2010.

Daudet, Alphonse: *Die wunderbaren Abenteuer des Herrn Tartarin aus Tarascon.* Deutsch von Adolf Gerstmann/Fromont jun. und Risler sen. *Pariser Sittenbild.* Aus dem Französischen übersetzt (und mit einem Vorwort) von Robert Habs. Zwei Bände in einem. Leipzig, 1900.

Delbrück, Anton: *Die pathologische Lüge und die psychisch abnormen Schwindler.* Stuttgart 1891.

Dellwing Reste, Michael: *Die Befreiung des Labeling-Approach von der Befreiung.* In: *Kriminologisches Journal* 2008, S. 162-178.

Depkat, Volker: *The Challenge of Biography: European-American Reflections.* In: *Bulletin of the German Historical Institute 55*, Fall 2014, S. 39-49.

Deutsch, Helene: *Über die pathologische Lüge. Pseudologia phantastica.* In: *Internationale Zeitschrift für Psychoanalyse und Imago.* Offizielles Organ der Internationalen Psychoanalytischen Vereinigung. Hrsg. von Sigmund Freud. Band VIII, London 1922, S. 153-167.

Dienes, Gerhard M.: *„Alles ging über das Durchschnittsmaß".* *Biographisches zu Hans Gross.* In: Christian Bachhiesl/Sonja Maria Bachhiesl/Johann Leitner (Hg.): *Kriminologische Entwicklungslinien.* Wien/Berlin 2014, S. 35-49.

Dienes, Gerhard/Rother, Ralf (Hg.): *Die Gesetze des Vaters.* Wien u. a. 2003.

Dingeldey, Hugo (Hg.): *Erich Wulffen. Festschrift zu seinem 70. Geburtstag.* Berlin 1932.

Dittrich, Max: *Karl May und seine Schriften. Eine literarisch-psychologische Studie für Mayfreunde und Mayfeinde.* C. Weiskes Buchhandlung (Gg. Schmidt) Dresden 1904.

Dostojewskij, Fjodor M.: *Aufzeichnungen aus einem toten Hause.* Übertragung von Alexander Eliasberg. Berlin 1923.

Droop, Adolf: *Karl May. Eine Analyse seiner Reise-Erzählungen.* Cöln-Weiden 1909. (Reprint im Karl-May-Verlag 1993).

Ebert, Hans-Georg/Hanstein, Thoralf (Hg.): *Heinrich Leberecht Fleischer – Leben und Wirkung: Ein Leipziger Orientalist des 19. Jahrhunderts mit internationaler Ausstrahlung.* Leipziger Beitraege zur Orientforschung. Frankfurt am Main 2013.

Edel, Leon: *The Figure under the Carpet.* In: Marc Pachter (Ed.): *Telling Lives.* Washington 1979.

Eggebrecht, Harald (Hg.): *Karl May, der sächsische Phantast.* Frankfurt a. M. 1987.

Eichacker, Reinhold: *Was Karl May mir war.* In: *KMJb 1919.* Breslau 1918, S. 110-125.

Emrich, Hinderk M.: *Welche Psyche hat Karl May? Karl May und sein Zwilling „Zelig": ein Leben aus Phantasie.* IN: *JbKMG 2012.* Husum 2012, S. 125-136.

Engel, Eduard: *Der wertvolle Mensch.* In: *KMJb 1927.* Radebeul bei Dresden 1928, S. 326-355.

Engel, Eduard: *Goethe, der Mann und das Werk.* Hamburg 1909.

Erich Wulffen: *Kriminalpsychologie im Mordfall Hau.* In: Jürgen Seul/Albrecht Götz von Olenhusen (Hg.): *Erich Wulffen – Zwischen Kunst und Verbrechen. Kriminalpsychologische Aufsätze und Essays.* Berlin 2015, S. 126-144.

Etzemüller, Thomas: *Die Form „Biographie" als Modus der Geschichtsschreibung.* In: Michael Ruck/Karl Heinrich Pohl (ed.): *Regionen im Nationalsozialismus.* Bielefeld 2003, S. 71-90.

Fischer, Aloys: *Karl May als Jugendschriftsteller im Wandel der Generationen.* In: *KMJb 1933.* Radebeul bei Dresden 1935, S. 281-310.

Fischer, Hanns: *Der Rhythmus des kosmischen Lebens.* Leipzig 1925.

Fischer, Hanns: *Weltwenden / Die großen Fluten in Sage und Wirklichkeit.* Leipzig 1924.

Fischer, Max: *Karl Mays Kunst der Erzählung.* In: *KMJb 1921.* Radebeul 1921, S. 219-246.

Fischer, Michael: *Kriminalität als Konstruktion. Drei konzeptionelle Probleme des radikalen Definitionsansatzes.* In: *Kriminologisches Journal* 2001, S. 102-115.

Forst-Battaglia, Otto: *Karl May. Ein Leben, ein Traum.* Wien 1931.

Forst-Battaglia, Otto: *Karl May. Traum eines Lebens – Leben eines Träumers. Beiträge zur Karl-May-Forschung* Band 1. Hrsg. von Heinz Stolte. Bamberg 1966.

Forst-Battaglia, Roger: *Nachwort.* In: Otto Forst-Battaglia: *Karl May. Traum eines Lebens – Leben eines Träumers. Beiträge zur Karl-May-Forschung* Band 1. Bamberg 1966, S. 208-215.

Freud, Sigmund: *Das Ich und das Es.* Leipzig 1923.

Frommel, Monika: *Internationale Reformbewegung zwischen 1880 und 1920*. In: *Erzählte Kriminalität* (Hrsg. von Jörg Schönert zusammen mit Konstantin Imm und Joachim Linder), S. 467-495.

Funke, Klaus: *Die Geistesbrüder. Roman einer Künstlerfreundschaft. Karl May und Sascha Schneider*. Husum 2013.

Gatter, Nikolaus: *„Gift, geradezu Gift für das unwissende Publicum": der diaristische Nachlass von Karl August Varnhagen von Ense und die Polemik gegen Ludmilla Assings Editionen (1860–1880)*. Bielefeld 1996.

Giesker, Hans: *Recht an der eigenen Geheimsphäre*. Zürich 1905.

Goethe, Johann Wolfgang von. In: *Goethes Unterhaltungen mit dem Kanzler Friedrich von Müller*. Hrsg. von C. A. H. Burkhardt. Stuttgart 1870.

Goethe, Johann Wolfgang von: *Aus meinem Leben. Dichtung und Wahrheit*. Bd. 2. Tübingen 1812.

Goethe, Johann Wolfgang von: *Der Bürgergeneral*. Ein Lustspiel in einem Aufzuge. Berlin 1793.

Goethe, Johann Wolfgang von: *Der Groß-Coptha*. Ein Lustspiel in fünf Aufzügen. Berlin 1792.

Goethe, Johann Wolfgang von: *Epigramme*. Venedig 1790, Nr. 47. In: *Goethe's Gedichte. Erster Theil*. Stuttgart/Tübingen 1829.

Goethe, Johann Wolfgang von: *Faust*. Eine Tragödie. Tübingen 1808; ebenfalls u. a. in: *Goethe's sämmtliche Werke*. Vollständige Ausgabe in sechs Bänden. Zweiter Band. Stuttgart 1863.

Goethe, Johann Wolfgang von: *Urworte Orphisch*. Gedicht von 1817. In: *Goethe's Werke*. Herausgegeben im Auftrage der Großherzogin Sophie von Sachsen. Abtlg. I–IV. 133 Bände in 143 Teilen. H. Böhlau, Weimar 1887–1919, Weimarer Ausgabe. I. Abteilung, Band 3.

Goethe, Johann Wolfgang von: *Wahrheit und Dichtung. Aus meinem Leben*. Zweites Buch. In: *Goethe's poetische und prosaische Werke. Zweiter Band*. Stuttgart 1837.

Goethe, Johann Wolfgang: *Nausikaa*. Ein Trauerspiel. In: *Goethes Werke*. Vollständige Ausgabe letzter Hand. Stuttgart und Tübingen 1827/28, S. 219-222.

Goethe, Johann Wolfgang: *Unterhaltungen deutscher Ausgewanderten*. In: *Die Horen 1795*: 1. Band, 1. Stück S. 49–78; 2. Stück S. 1–28; 2. Band, 4. Stück S. 41–67; 3. Band, 7. Stück S. 50–76; 9. Stück S. 45–52; 4. Band, 10. Stück S. 108-152 *„Mährchen"*; Bucherstveröffentlichung Tübingen 1795.

Goethes Werke. Hg. im Auftrage der Großherzogin Sophie von Sachsen. Abtlg. I–IV. 133 Bände in 143 Teilen. H. Böhlau, Weimar 1887–1919, IV. Abtlg., Bd. 22.

Gorki, Maxim: *Konowalow*. Sankt Petersburg 1896 [dt. Dresden 1902]; Ausgabe: *Konowalow und andere Erzählungen*. München 1973, S. 391-449.

Götz von Olenhusen, Albrecht/Heuer, Gottfried (Hg.): *Die Gesetze des Vaters*. Marburg/L. 2005.

Götz von Olenhusen, Albrecht u. a. (Hg.): *Karl May und Freiburg. Der Freiburger Karl-May-Verleger Friedrich Ernst Fehsenfeld*. Bamberg 2002.

Götz von Olenhusen, Albrecht /Seul, Jürgen: *Auf den Spuren von Karl Mays Inferno. Erich Wulffen und Karl May*. In: *Karl-May-Welten III*. Hrsg. von Jürgen Wehnert/Michael Petzel. Bamberg/Radebeul 2009, S. 63-79.

Götz von Olenhusen, Albrecht/Seul, Jürgen: *Der Kriminologe Erich Wulffen und „Karl Mays Inferno".* Zum Verhältnis von Kriminologie, Kriminalpsychologie und Literatur. In: Christian Bachhiesl/Sonja Maria Bachhiesl/Johann Leitner (Hg.): Kriminologische Entwicklungslinien. Eine interdisziplinäre Synopsis. Wien/Berlin 2014, S. 325-342.

Götz von Olenhusen, Albrecht: *„Haben Sie Tagträume?" Karl May und Wilhelm Stekel.* In: *M-KMG* Nr. 137/2003, S. 22-30.

Götz von Olenhusen, Albrecht: *Karl May und das Urheber- und Verlagsrecht im 19. Jhdt. Der Münchmeyer-Prozeß.* In: *UFITA 2002,* II, S. 427-450 und in: *M-KMG* Nr. 132/2002, S. 8–20 [gekürzte Fassung].

Götz von Olenhusen, Albrecht: *Karl Mays Erbe und die Gründung des Karl-May-Verlages.* In: *Archiv für Urheber- und Medienrecht 2001.* Band II, S. 535–558, und in: *M-KMG* Nr. 127/2001, S. 24-49.

Götz von Olenhusen, Albrecht: *Positionenwandel: Mit Freuden und mit Leiden. Karl May, der Verlag Pustet und das Publikum. Eine Homestory der Prominenz im ‚Deutschen Hausschatz' von 1896.* In: *JbKMG 2013.* Husum 2013, S. 93-156.

Götz von Olenhusen, Irmtraud: *Blinde Flecken. Psychiatrische Krankenakten als historische Quellen. Ein Beitrag zur Geschichte psychosozial bedingter Mentalitäten.* In: Christian Bachhiesl/Sonja Maria Bachhiesl/Stefan Köchel (Hg.): *Die Vermessung der Seele. Geltung und Genese der Quantifizierung von Qualia.* Wien 2015, S. 167-194.

Götzinger, Ernst: *Reallexicon der Deutschen Altertümer.* Leipzig 1885.

Graefe, Arthur: *Auch die Karl-May-Stiftung 25 Jahre alt.* In: *25 Jahre Karl-May-Verlag 1913–1938. 25 Jahre Schaffen am Werke Karl May's.* Radebeul bei Dresden 1938, S. 19.

Graf, Andreas: *Lektüre und Onanie.* In: *JbKMG 1998.* Husum 1998, S. 84-151.

Griese, Volker: *Karl May – Personen in seinem Leben: ein alphabetisches annotiertes Namensverzeichnis.* Münster 2003.

Griese, Volker: *Nimbus zerstört. Der Charlottenburger Prozeß und das Urteil der Presse.* In: *JbKMG 1998.* Husum 1998, S. 40-83.

Griesinger, Wilhelm: *Die Pathologie und Therapie der psychischen Krankheiten.* Braunschweig ³1871.

Grimm, Hans: *Volk ohne Raum.* München 1926.

Grimm, Jacob/Grimm, Wilhelm: *Kinder- und Haus-Märchen.* Gesammelt durch die Brüder Grimm. Berlin 1812/1815. Zwei Bände. Nr. 33: *Der gestiefelte Kater.*

Groddeck, Georg Walther: *Das Buch vom Es. Psychoanalytische Briefe an eine Freundin.* Leipzig/Wien/Zürich 1923.

Gross, Hans: *Handbuch für Untersuchungsrichter, Polizeibeamte, Gendarmen u.s.w.* Graz 1893.

Gross, Hans: *Kriminalpsychologie.* Leipzig ²1905.

Grunert, Hans [Hg.]: *Karl-May-Handschriften aus der Sammlung des Karl-May-Museums Radebeul.* Band 6. Radebeul 2012.

Guenther, Ekke W.: *Karl May und sein Verleger Friedrich Ernst Fehsenfeld.* In: *JbKMG 1978.* Hamburg 1978, S. 154-167.

Guhlmann, Walter/von der Meden, Mary Ann: *Blick in die Sternenwelt. Karl Mays Horoskop.* In: *KMJb 1930.* Radebeul bei Dresden 1934, S. 136-192.

Guhlmann, Walter: *Karl May und die Astrologie.* In: *Astrologische Rundschau,* Jg. 1928, Heft 11/12, S. 357-365.

Günther, Rolf /Hoffmann, Klaus: *Sascha Schneider & Karl May – Eine Künstlerfreundschaft.* Radebeul 1989.

Günther, Rolf: *Der Symbolismus in Sachsen 1870–1920.* Dresden 2005.

Gurlitt, Cornelius: *Erklärung.* In: *Dresdner Journal,* Nr. 33 vom 9.2.1905; ebenso in: *Dresdner Anzeiger,* Nr. 42 vom 11.2.1905.

Gurlitt, Ludwig: *Gerechtigkeit für Karl May!* Radebeul bei Dresden 1919.

Gurlitt, Ludwig: *Karl May in der zeitgenössischen Kritik.* In: *KMJb 1918.* Breslau 1918, S. 47-63.

Hallmann, Wolfgang/Heermann, Christian: *Reisen zu Karl May. Erinnerungsstätten in Berlin, Sachsen-Anhalt, Sachsen und Thüringen.* Mit einer Einleitung von Franz Hoffmann. Zwickau 1992.

Harder, Ralf: *Karl May und seine Münchmeyer-Romane.* Materialien zur Karl-May-Forschung Bd. 20. Ubstadt 1996.

Harders, Levke: *Legitimizing Biography: Critical Approaches to Biographical Research.* In: *Bulletin of the German Historical Institute 55,* S. 49-56.

Hatzig, Hansotto: *Karl May und Sascha Schneider. Dokumente einer Freundschaft.* In: Beiträge zur Karl-May-Forschung Band 2. Bamberg 1967.

Hau, Carl: *Das Todesurteil. Die Geschichte meines Prozesses.* Berlin 1925.

Hauptmann, Gerhart: *Der Biberpelz.* Berlin 1893.

Hauptmann, Gerhart: *Des großen Kampffliegers, Landfahrers, Gauklers und Magiers Till Eulenspiegel Abenteuer, Streiche, Gaukeleien, Gesichte und Träume (Hexameter-Epos in 18 Abenteuern).* Berlin 1928.

Hauptmann, Gerhart: *Die Weber.* Schauspiel aus den vierziger Jahren. Berlin 1892.

Hauptmann, Gerhart: *Griechischer Frühling* (Reisebericht). Berlin 1908.

Hauptmann, Gerhart: *Phantom. Aufzeichnungen eines ehemaligen Sträflings.* Berlin 1923.

Hebbel, Friedrich: *Sämtliche Werke.* Historisch-kritische Ausgabe. Besorgt von Richard Maria Werner. Zweite Abteilung. *Tagebücher. Zweiter Band 1840–1844. Hamburg, Kopenhagen, Hamburg, Paris, Rom.* Nr. 1866-3277. Berlin 1903.

Hebbel, Friedrich: *Sämtliche Werke.* Historisch-kritische Ausgabe. Besorgt von Richard Maria Werner. Zweite Abteilung. *Tagebücher. Erster Band 1835–1839. Hamburg, Heidelberg, München, Hamburg.* Berlin 1905.

Hebbel, Friedrich: *Sämtliche Werke.* Historisch-kritische Ausgabe. Besorgt von Richard Maria Werner. Zweite Abteilung. *Tagebücher. Dritter Band 1845–1854. Rom, Neapel, Rom, Wien.* Nr. 3278-5265. Berlin 1905.

Hebel, Johann Peter: *Schatzkästlein des rheinischen Hausfreundes.* Tübingen 1811.

Hecker, Manfred /Steinmetz, Hans-Dieter: *Bibliographie der (tschechischen May-) Ausgaben 1919–1944.* In: *M-KMG* Nr. 25/1975, S. 25-29.

Heermann, Christian: *Winnetous Blutsbruder.* Bamberg/Radebeul ²2012.

Hellwig, Albert: *Die kriminalpsychologische Seite des Karl-May-Problems.* In: *KMJb 1920.* Radebeul bei Dresden 1920, S. 187-250.

Henle, Walter/Richter, Peter: *Robert Kraft 1869–1916. Unter den Augen der Sphinx. Eine Biographie.* Leipzig/Wien 2005.

Herodot: *Rhampsinit und der Meisterdieb.*

Hesse-Wartegg, Ernst von: *Die Wunder der Welt.* Stuttgart/Berlin/Leipzig 1912/1913.

Hintz, Hans: *Liebe, Leid und Größenwahn.* Würzburg 2007.

Hitzig, Julius Eduard/Häring, Wilhelm: *Der neue Pitaval. Eine Sammlung der interessantesten Kriminalgeschichten aller Länder aus älterer und neuerer Zeit.* 60 Bände. Brockhaus, Leipzig 1842 bis 1890.

Hoche, Alfred (Hg.): *Handbuch der gerichtlichen Psychiatrie.* Berlin ²1909.

Hofbauer, Ludwig: *Der Pestkrieg.* Regensburg 1927.

Hoffmann, E.T.A.: *Der Artushof.* Urania. Taschenbuch für Damen auf das Jahr 1817. Bucherstveröffentlichung in: *Die Serapionsbrüder. Gesammelte Erzählungen und Märchen.* Hg. von E. T. A. Hoffmann. Erster Band. Berlin 1819. Bei G. Reimer.

Hoffmann, E.T.A.: *Die Elixiere des Teufels. Nachgelassene Papiere des Bruders Medardus eines Capuziners.* Hg. von dem Verfasser der Fantasiestücke in Callots Manier. Berlin: Duncker und Humblot, 2 Bde; Bd. I 1815, und 2 Bl. Verlagsanzeigen; Bd. II 1816.

Hoffmann, E.T.A.: *Fräulein von Scudéri.* In: Taschenbuch für das Jahr 1820. Der Liebe und Freundschaft gewidmet. Bucherstveröffentlichung in: *Die Serapionsbrüder. Gesammelte Erzählungen und Märchen.* Hg. von E. T. A. Hoffmann. Dritter Band. Berlin 1820. Bei G. Reimer.

Hoffmann, E.T.A.: *Der Goldne Topf.* In: E. T. A. Hoffmann: *Fantasiestücke in Callots Manier: Blätter aus dem Tagebuche eines reisenden Enthusiasten.* Band 2, Bamberg 1814.

Hoffmann, E.T.A.: *Vampirismus.* In: *Wiener Zeitschrift für Kunst, Litteratur, Theater und Mode.* Februar/März 1820. Bucherstveröffentlichung: *Die Serapionsbrüder. Gesammelte Erzählungen und Märchen.* Hg. von E. T. A. Hoffmann. Vierter Band. Berlin 1821. Bei G. Reimer.

Hoffmann, Klaus: *Der Lichtwochner am Seminar Waldenburg. Eine Dokumentation über Karl Mays erstes Delikt (1859). JbKMG 1976,* S. 92-104.

Hoffmann, Klaus: *Karl May als „Räuberhauptmann" oder Die Verfolgung rund um die sächsische Erde. Karl Mays Straftaten und sein Aufenthalt 1868 bis 1870, 1. Teil.* In: *JbKMG 1972/73.* Hamburg 1972, S. 215-247.

Hoffmann, Klaus: *Karl May als „Räuberhauptmann" oder Die Verfolgung rund um die sächsische Erde. Karl Mays Straftaten und sein Aufenthalt 1868 bis 1870, 2. Teil.* In: *JbKMG 1975.* Hamburg 1974, S. 243-275.

Hoffmann, Klaus: *Zeitgenössisches über „ein unwürdiges Glied des Lehrerstandes", Pressestimmen aus dem Königreich Sachsen 1864–1870.* In: *JbKMG 1971,* S. 110-121.

Hugo, Victor: *Rede auf Voltaire. – Centenaire de Voltaire.* Gedenkrede zum 100. Todestag Voltaires von Victor Hugo (1878, dt. *Appell an das Gewissen,* 1918).

Ibsen, Henrik: *Peer Gynt.* Ein dramatisches Gedicht. Übersetzt von Christian Morgenstern. In: Volksausgabe in fünf Bänden, Band 2. Berlin 1907.

Ilmer, Walther: *Karl May – Mensch und Schriftsteller. Tragik und Triumph*. Husum 1992.

Jacta, Maximilian: *Zu Tode gehetzt. Der Fall Karl May*. In: *Berühmte Strafprozesse. Deutschland III*. München 1972, S. 9-50.

Jendrewski, Edmund-Kara: *Der Karl-May-Verleger Friedrich Ernst Fehsenfeld*. Eine Biografie und Verlagsbibliografie. Berlin 2015.

Jung, Carl Gustav: *Psychologische Typen*. Zürich 1921.

Kaemmel, Otto: *Sächsische Geschichte*. Göschen, Leipzig 1899. Neuauflage basierend auf der 2. Auflage bei Göschen 1905. Dresden 1995.

Kahl, Friedrich Wilhelm: *Karl May, ein Verderber der deutschen Jugend*. Berlin 1908.

Kaiser, Anton: *Geächteter Hakawati. Die Tragödie Karl May*. Verlag der Wegweiser-Bibliothek. Kehl 1967.

Kaiser, Georg: *Der Brand im Opernhaus*. Berlin/Potsdam 1919.

Kaiser, Georg: *Die Bürger von Calais*. Berlin 1912/13.

Kaiser, Georg: *Die Koralle*. Berlin 1917.

Kaiser, Georg: *Gas*. Berlin 1918.

Kaiser, Georg: *Oktobertag*. Potsdam 1928.

Kaiser, Georg: *Zweimal Oliver*. Berlin 1926.

Kaiser, Tono: *Dem Gerechtfertigten!* In: *KMJb 1932*. Radebeul bei Dresden 1934, S. 54.

Kalidasa: *Sakuntala*. Drama in sieben Akten. Deutsch von Camillo Kellner. Leipzig 1890.

Kandolf, Franz: *Der werdende Winnetou*. In: *KMJb 1921*. Radebeul bei Dresden 1921, S. 336-360.

Kandolf, Franz: *Die „finsteren und blutigen Gründe" einst und jetzt*. In: *KMJb 1927*. Radebeul bei Dresden 1928, S. 403-493.

Kandolf, Franz: *Winnetous Tod*. In: *KMJb 1925*. Radebeul bei Dresden 1925, S. 69-74.

Keller, Gottfried: *Der grüne Heinrich*. Band 1. Braunschweig 1854.

Keller, Gottfried: *Der grüne Heinrich*. Band 4. Braunschweig 1855.

Keller, Gottfried: *Frau Regel Amrain und ihr Jüngster*. Vorabdruck in der *Berliner Volkszeitung* im Herbst 1855. Erste Buchveröffentlichung im Sammelband *Die Leute von Seldwyla*. Braunschweig 1856.

Keller, Gottfried: *Sieben Legenden*. Gesammelte Gedichte. In: *Gottfried Kellers Gesammelte Werke*. Fünfter Band. Berlin/Wien 1923.

Kleinberg, Alfred: *Karl Friedrich May*. In: *Biographisches Jahrbuch und deutscher Nekrolog,* 18. Bde. Berlin 1917, S. 265-270.

Kleist, Heinrich von: *Das Käthchen von Heilbronn oder Die Feuerprobe*. Berlin 1910.

Kleist, Heinrich von: *Prinz Friedrich von Homburg oder die Schlacht bei Fehrbellin*. Berlin 1821.

Klußmeier, Gerhard/Plaul, Hainer: *Karl May und seine Zeit. Bilder, Dokumente, Texte*. Eine Bildbiografie. Bamberg/Dresden 2007.

Kocher, Gernot: *Das K.k. kriminalistische Universitätsinstitut in Graz*. In: Christian Bachhiesl/Sonja Maria Bachhiesl/Johann Leitner (Hg.): *Kriminologische Entwicklungslinien*. Wien/Berlin 2014, S. 21-33.

Kohler, Josef: *Das Recht an Briefen.* In: *Archiv für bürgerliches Recht.* Band VII, 1893, S. 94ff.

Kohler, Josef: *Urheberrecht an Schriftwerken und Verlagsrecht.* Stuttgart 1907.

Kraepelin, Emil: *Psychiatrie: ein Lehrbuch für Studirende und Aerzte.* II. Band. Sechste, vollständig umgearbeitete Auflage. Leipzig 1899.

Kraepelin, Emil: *Kriminologische und forensische Schriften: Werke und Briefe.* Hrsg. von Wolfgang Burgmair/Eric J. Engstrom/Matthias M. Weber/Paul Hoff. München 2001.

Krafft-Ebing, Richard von: *Lehrbuch der Psychiatrie auf klinischer Grundlage für praktische Aerzte und Studirende*, Stuttgart ⁶1897.

Kraft, Robert: *Detektiv Nobody's Erlebnisse und Reiseabenteuer. Nach seinen Tagebüchern bearbeitet.* 11 Bände. H. G. Münchmeyer. Dresden-Niedersedlitz 1904ff.

Kramer, Thomas: *Karl May. Ein biografisches Porträt.* Freiburg i. Breisgau 2012.

Krapp, Lorenz: *Das Problem Karl May.* In: *Literarische Beilage zur „Augsburger Postzeitung",* Nr. 52 vom 27.11.1906.

Krauss, Friedrich S.: *Karl Mays Selbstbiographie.* In: *Anthropophytheia. Jahrbücher für folkloristische Erhebungen und Forschungen zur Entwicklungsgeschichte der geschlechtlichen Moral.* Band VIII. Leipzig 1911, S. 501.

Kunz, Karl-Heinz: *Kriminologie.* Bern u. a. ⁶2011.

Lanzenauer, Reiner Haehling von: *Angeklagt wegen Mordes: Rechtsanwalt Karl Hau.* In: *Jahrbuch der juristischen Zeitgeschichte* Band 7 (2005/2006). Berlin 2006, S. 389-414.

Lanzenauer, Reiner Haehling von: *Das Strafverfahren gegen den Rechtsanwalt Karl Hau.* In: *Zeitschrift für die Geschichte des Oberrheins.* Band 153. Stuttgart 2005, S. 545-568.

Lebius, Rudolf: *Atavistische und Jugend-Litteratur.* In: *Die Wahrheit. Freies Deutsches Wochenblatt,* 2. Jg., Nr. 26 vom 30.6.1906, S. 2-3.

Lebius, Rudolf: *Der Indianerschriftsteller Karl May. Ein Beitrag zur Kriminalgeschichte unserer Zeit von Rudolf Lebius.* In: *Staatsbürger-Zeitung,* 1. Fortsetzung, Nr. 9 vom 3.3.1924; 2. Fortsetzung, Nr. 10 vom 10.3. 1924; 3. Fortsetzung, Nr. 11 vom 17.3.1924; 4. Fortsetzung, Nr. 12 vom 24.3.1924; 5. Fortsetzung, Nr. 14 vom 7.4.1924; 6. Fortsetzung, Nr. 15 vom 14.4.1924; 7. Fortsetzung, Nr. 16 vom 21.4.1924; 8. Fortsetzung, Nr. 17 vom 28.4.1924; 9. Fortsetzung, Nr. 18 vom 5.5.1924; 10. Fortsetzung, Nr. 19 vom 12.5.1924; 11. Fortsetzung, Nr. 20 vom 19.5. 1924.

Lebius, Rudolf: *Die Vorstrafen Karl Mays.* In: *Pilatus. Sachsenstimme.* Sächsische Sonntagszeitung. Dresden, 1. Jg., Nr. 48 vom 25.12.1904, S. 2.

Lebius, Rudolf: *Die Zeugen Karl May und Klara May: ein Beitrag zur Kriminalgeschichte unserer Zeit* / Rudolf Lebius. – Reprint der Ausgabe Berlin-Charlottenburg 1910 / mit einer Einführung von Jürgen Wehnert. Lütjenburg 1991.

Lebius, Rudolf: *Herr Rudolf Lebius, sein Syphilisblatt und sein Indianer* (Flugblatt). o. O. 1910; Neudruck in *JbKMG 1979*, S. 314-320.

Lebius, Rudolf: *Hinter die Kulissen.* In: *Der Bund,* Nr. 54 vom 19.12.1909.

Leuze, Dieter: *Die Entwicklung des Persönlichkeitsrechts im 19. Jahrhundert, zugleich ein Beitrag zum Verhältnis allgem. Persönlichkeitsrecht – Rechtsfähigkeit.* Bielefeld 1962, § 11, S. 103-111.

Liszt, Franz von: *Der Zweckgedanke im Strafrecht. Marburger Universitätsprogramm 1882.* In: *Strafrechtliche Aufsätze und Vorträge.* Band 1 (1875–1891). Berlin 1905.

Liszt, Franz von: *Die Grenzgebiete zwischen Privatrecht und Strafrecht.* Berlin/Leipzig 1889.

Lombroso, Cesare: *L'uomo delinquente. In rapporto all'antropologia, alla giurisprudenza ed alle discipline carcerarie.* Turin, Bocca, 1876. [dt: *Der Verbrecher in anthropologischer, ärztlicher und juristischer Beziehung.* Hamburg 1887].

Lorenz, Christoph F.: *Karl Mays zeitgeschichtliche Kolportageromane.* Frankfurt am Main 1981.

Lowsky, Martin: *Karl May.* Stuttgart 1987.

Ludwig, Klaus/Kosciuszko, Bernhard (Hg.): *Der Seminarist und Lehrer Karl May. Eine Dokumentation der Aktenbestände.* Eine Veröffentlichung des Fachausschusses „Sicherung von Dokumenten zu Leben und Werk Karl Mays" der Karl-May-Gesellschaft. Hamburg 1999.

Mahrholz, Werner: *Karl May.* In: *Das literarische Echo – Halbmonatsschrift für Literaturfreunde,* 21. Jg. 1918, Sp. 134.

Mann, Thomas: *Bilse und ich.* München 1906.

Mann, Thomas: *Die Buddenbrooks.* Berlin 1901.

Manolescu, Georges: *Ein Fürst der Diebe.* Berlin 1905.

Maschke, Fritz: *Bausteine zur Klara-May-Biographie,* 2. Teil. In: *KMJb 1979.* Braunschweig 1979, S. 220-244.

Maschke, Fritz: *Karl May und Emma Pollmer. Die Geschichte einer Ehe.* Beiträge zur Karl-May-Forschung. Band 3. Bamberg 1972.

Maupassant, Guy de: *Der Horla.* Paris 1887.

Maupassant, Guy de: *Die kleine Roque* und *Rosalie Prudent.* In: *Gesammelte Werke* Band 14, *Die kleine Roque.* Berlin 1917.

Maupassant, Guy de: *Ein Wahnsinniger.* In: *Gesammelte Werke* Band 6, *Herr Parent.* Berlin 1917.

Maupassant, Guy de: *Elternmord.* In: *Gesammelte Werke* Band 19, *Tag- und Nachtgeschichten.* Berlin 1921.

Maupassant, Guy de: *Er?* In: *Gesammelte Werke* Band 2, *Die Schwestern Rondoli.* Berlin 1924.

May, Karl: *„An die deutsche Presse" und andere Flugblätter.* Mit Einleitung und Anmerkungen von Ekkehard Bartsch. In: *JbKMG 1979.* Husum 1979, S. 314-320; und in: *Karl May's Gesammelte Werke* Bd. 85: *Von Ehefrauen und Ehrenmännern. Biografische und polemische Schriften 1899–1910.* Bamberg/Radebeul 2004, S. 257-264.

May, Karl: *„Freuden und Leiden eines Vielgelesenen.".* In: *Deutscher Hausschatz in Wort und Bild.* XXIII. Jg. (1896/97) Nr. 1, S. 1-6, Nr. 2, S. 17-21.

May, Karl: *An die 4. Strafkammer des Königl. Landgerichtes III in Berlin.* Erstveröffentlichung aus dem Nachlaß. Bamberg 1982, und in *Karl May's Gesam-*

melte Werke Bd. 83: *Am Marterpfahl. Karl Mays Leidensweg.* Bamberg/Radebeul 2001, S. 294-486.

May, Karl: *Ange et Diable* [ein Fragment]. In: *JbKMG 1971*, Hamburg 1971, S. 128-132, und in *Karl May's Gesammelte Werke* Bd. 79: *Old Shatterhand in der Heimat.* Bamberg/Radebeul 1997, S. 267-271.

May, Karl: Capitain Ramon Diaz de la Escosura [Pseudonym]: *Waldröschen oder die Rächerjagd rund um die Erde.* Großer Enthüllungsroman über die Geheimnisse der menschlichen Gesellschaft. Dezember 1882 bis August 1884. Münchmeyer-Verlag Dresden.

May, Karl: *Das Geldmännle.* In: Karl May: *Erzgebirgische Dorfgeschichten.* Karl Mays Erstlingswerke. Autorisierte Ausgabe. Band I. Dresden-Niedersedlitz o.J. [1903], S. 439-648.

May, Karl: *Der Gitano. Ein Abenteuer unter den Carlisten.* In: *Der Beobachter an der Elbe: Unterhaltungsblätter für Jedermann.* Jg. 1875, Nr. 52, S. 822-828, und in: *Karl May's Gesammelte Werke* Bd. 48: *Das Zauberwasser.* Bamberg/Radebeul 2000, S. 294-486.

May, Karl: *Der Krumir.* In: *Karl May: Gesammelte Reiseromane* Bd. XX: *Orangen und Datteln.* Freiburg 1893, S. 213-426.

May, Karl: *Der verlorne Sohn oder Der Fürst des Elends.* 101 Lieferungen. Dresden 1884–1886.

May, Karl: *Der Weg zum Glück.* Roman aus dem Leben Ludwig des Zweiten. 109 Lieferungen. Dresden 1886–1888.

May, Karl: *Deutsche Herzen, Deutsche Helden.* 109 Lieferungen. Dresden 1885–1887.

May, Karl: *Die Liebe des Ulanen.* Original-Roman aus der Zeit des deutsch-französischen Krieges. In: *Deutscher Wanderer.* 8 Bde. Dresden 1883–1885.

May, Karl: *Erzgebirgische Dorfgeschichten.* Karl Mays Erstlingswerke. Autorisierte Ausgabe. Band I. Dresden-Niedersedlitz o.J. [1903].

May, Karl: *Frau Pollmer, eine psychologische Studie. Erstveröffentlichung aus dem Nachlaß* Band 1. Bamberg 1982, S. 945f.; auch in: *Karl May's Gesammelte Werke* Band 85, *Von Ehefrauen und Ehrenmännern.* Bamberg 2004, S. 25-143.

May, Karl: *Geographische Predigten.* In: *Schacht und Hütte,* Hefte 15-24, 26-46, Dresden 1875/76. Buchveröffentlichung: Karl May: *Geographische Predigten.* In: *Karl May's Gesammelte Werke* Band 34, *„Ich".* 1. Aufl., Radebeul bei Dresden. Karl-May-Verlag [1917], S. 1-192.

May, Karl: *Herrn Professor Dr. Paul Schumann vom 18.11.1904.* In: *Dresdner Neueste Nachrichten* vom 20.11.1904; Wiederabdruck im *JbKMG 1972/73.* Hamburg 1972, S. 134-143.

May, Karl: *Mein Leben und Streben. Band I.* Freiburg i. Br. o.J. [1910]; ebenso u. a. in: *Karl May's Gesammelte Werke* Band 34, *„Ich".* 4. Aufl., 16. bis 20. Tausend. Radebeul bei Dresden. Karl-May-Verlag [1919]; *Karl May's Gesammelte Werke* Band 34, *„Ich".* Radebeul bei Dresden 1917, S. 267-506; *Karl Mays Werke.* Historisch-kritische Ausgabe. Abt. VI Bd. 1: *Mein Leben und Streben und andere Selbstdarstellungen.* Hrsg. von Hainer Plaul/Ulrich Klappstein/Joachim Biermann/Johannes Zeilinger. Bamberg/Radebeul 2012, S. 9-265.

May, Karl: *Meine Beichte.* In: Rudolf Lebius: *Die Zeugen Karl May und Klara May,* S. 4-7; in: *KMJb 1927.* Radebeul bei Dresden 1928, S. 77-83; auch in: *Karl May's Gesammelte Werke* Bd. 34: *„Ich".* 11. Auflage. Radebeul 1931, S. 217-224. Abdruck der 2. Version in: *Karl May's Gesammelte Werke* Bd. 34: *„Ich".* 29. Auflage Bamberg 1975, S. 13-24, und in: *Karl May's Gesammelte Werke* Bd. 85: *Von Ehefrauen und Ehrenmännern.* Bamberg/Radebeul 2004, S. 329-334; in: *Karl Mays Werke.* Historisch-kritische Ausgabe. Abt. VI Bd. 1: *Mein Leben und Streben und andere Selbstdarstellungen.* Hrsg. von Hainer Plaul/Ulrich Klappstein/Joachim Biermann/Johannes Zeilinger. Bamberg/Radebeul 2012, S. 309-315.

May, Karl: *Old Firehand.* In: *Deutsches Familienblatt,* 1. Jg. 1875, Nr. 1-17, und in: *Karl May's Gesammelte Werke* Bd. 71: *Old Firehand.* Bamberg 1967, S. 20-158.

May, Karl: *Wanda.* In: *Der Beobachter an der Elbe,* 2. Jg. 1875, Nr. 26-44, und in: *Karl May's Gesammelte Werke* Bd. 72: *Schacht und Hütte.* Bamberg 1996, S. 38-193.

May, Karl: *Winnetou Band IV.* Reise-Erzählung. In: *Augsburger Postzeitung* (Beilage *Lueginsland*) zwischen 6.10.1909 und 27.4.1910; und in Karl May: *Gesammelte Reiseromane* Bd. XXX: *Winnetou 4. Band.* Freiburg o. J. [1910].

May, Karl: *Zettel an Mays Fenster.* In: *KMJb 1929.* Radebeul bei Dresden 1929, S. 402f.

May, Klara: *Am Grabe Beecher-Stowes.* In: *KMJb 1924,* Radebeul bei Dresden 1924, S. 162-165.

May, Klara: *Bunte Blätter aus Karl Mays Leben.* In: *KMJb 1918.* Breslau 1918, S. 64-71.

May, Klara: *Das Geburtshaus meines Mannes.* In: *KMJb 1919.* Breslau 1919, S. 330-338.

May, Klara: *Die Niagara-Fälle.* In: *KMJb 1925,* Radebeul bei Dresden 1925, S. 92-95.

May, Klara: *In den Ruinen von Baalbek und Palmyra.* In: *KMJb 1922,* Radebeul bei Dresden 1922, S. 89-96.

May, Klara: *In Konstantinopel.* In: *KMJb 1923,* Radebeul bei Dresden 1923, S. 131-134.

May, Klara: *Inserat.* In: *Radebeuler Tageblatt,* 51. Jg., Nr. 262, S. 4 vom 10.11.1922.

May, Klara: *Rosen aus dem Süden.* In: *KMJb 1926,* Radebeul bei Dresden 1926, S. 354-356.

Meier, Bernd-Dieter: *Kriminologie.* München [4]2010.

Meyers Großes Konversations-Lexikon, 6. Auflage, Leipzig 1905–1909, Bd. 12.

Mittermayer, Josef: *Karl Mays Beziehungen zu Linz.* In: *Historisches Jahrbuch der Stadt Linz 1962.* Linz 1963, S. 554-565.

Moderow, Hans-Martin: *Volksschule zwischen Staat und Kirche. Das Beispiel Sachsens im 18. und 19. Jahrhundert.* Köln u. a. 2007.

Morel, Benedict Augustin: *Traite des Maladies Mentales.* Paris, 1852–1853; 2nd edition, 1860.

Mühlbauer, Thomas: *Die Ausbildung des praktischen Juristen (reloaded). Die erste Lehrtätigkeit von Hans Groß im Rahmen von Kursen über Kriminalistik.* In:

Christian Bachhiesl/Sonja Maria Bachhiesl/Johann Leitner (Hg.): *Kriminologische Entwicklungslinien*. Wien, Berlin 2014, S. 51-65.

N.N., Allgemeine Zeitschrift für Psychiatrie und Psychisch-Gerichtliche Medizin. Bd. 66, 1909.

N.N., Amtliches Kreisblatt für den Stadt- und Landkreis Trier vom 9.12.1920.

N.N., Ministerialdirektor i.R. Dr. Wulffen †. In: *Dresdner Nachrichten*, Nr. 324 vom 12.7.1936.

N.N., Vossische Zeitung vom 24.1.1922.

N.N., Wolfsgeheul über Wulffen. In: *Dresdner Rundschau* vom 28.7.1923.

N.N.: Leben und Thaten des Colophanius Cipripinus. In: *Meyers Volksbücher*. Leipzig/Wien 1891f., Nr. 805-808, S. 82ff.

Neubacher, Frank: *Kriminologie*. Baden-Baden 2011.

Nicolai, Otto: *Die lustigen Weiber von Windsor* (komisch-fantastische Oper in drei Akten nach der gleichnamigen Komödie von William Shakespeare); Uraufführung am 9.3.1849 am Königlichen Opernhaus zu Berlin.

Nietzsche, Friedrich: *Die fröhliche Wissenschaft. Drittes Buch*. Chemnitz 1882, Nr. 222.

Nietzsche, Friedrich: *Die fröhliche Wissenschaft. Fünftes Buch*. Chemnitz 1882, Nr. 361.

Nietzsche, Friedrich: *Die Unschuld des Werdens*. 2 Bände. Leipzig 1931.

Nietzsche, Friedrich: *Jenseits von Gut und Böse. Vorspiel einer Philosophie der Zukunft*. Leipzig 1886.

Noll, Richard: American Madness: *The Rise and Fall of Dementia Praecox*. Cambridge 2011.

Opitz, Silke (Hg.): *Sascha Schneider – Ideenmaler & Körperbildner*. Weimar 2013.

Ott, Karl-Heinz: *Tumult und Grazie. Über Georg Friedrich Händel*. Hamburg 2009.

Ozoroczy, Amand von: *Karl May und sein Orient*. In: *KMJb 1918*, Breslau 1918, S. 164-180.

Petzel, Michael: *Karl-May-Filmbuch. Stories und Bilder aus der deutschen Traumfabrik*. Bamberg/Radebeul 1998.

Petzholdt, Julius (Hg.): *Johann Paul Freiherr v. Falkenstein. Sein Leben und Wirken nach seinen eigenen Aufzeichnungen*. Dresden 1882.

Plaul, Hainer: *„Besserung durch Individualisierung". Über Karl Mays Aufenthalt im Arbeitshaus zu Zwickau von Juni 1865 bis November 1868*. In: *JbKMG 1975*. Hamburg 1975, S. 127-199.

Plaul, Hainer: *Alte Spuren. Über Karl Mays Aufenthalt zwischen Mitte Dezember 1864 und Anfang 1865*. In: *JbKMG 1972/73*. Hamburg 1972, S. 195-214.

Plaul, Hainer: *Auf fremden Pfaden? Eine erste Dokumentation über Mays Aufenthalt zwischen Ende 1862 und Ende 1864*. In: *JbKMG 1971*, Husum 1971, S. 144-164.

Plaul, Hainer: *Redakteur auf Zeit. Über Karl Mays Aufenthalt und Tätigkeit von Mai 1874 bis Dezember 1877*. In: *JbKMG 1977*, Husum 1977, S. 114-217.

Pleticha, Heinrich/Augustin, Siegfried (Hg.): *Karl May. Leben, Werk, Wirkung*. Ein Handbuch. Stuttgart 1996.

Pollak, Stefan/Thieraus, Annette: *Hans Gross und seine Zeitschrift. Die Geburt der wissenschaftlichen Kriminalistik.* In: Christian Bachhhiesl/Gerhard Dienes/ Albrecht Götz von Olenhusen/Gottfried Heuer/Gernot Kocher (Hg.): *Libido & Macht. Psychoanalyse & Kriminologie.* Marburg 2013.

Pöllmann, Ansgar: *Ein Abenteurer und sein Werk.* In: *Über den Wassern,* 3. Jg., Münster i. W. 1910, S. 61-69, 91-101, 125-132, 166-174, 235-245, 271-280, 306-319, 493-495.

Poppe, Werner: *Die Fred-Sommer-Story. Untersuchungen über eine angebliche Frühreise Karl Mays in die USA.* In: *S-KMG* Nr. 2/1975.

Prüfer, Fritz: *Die Zensuren des Schulamtskandidaten Karl May.* In: *KMJb 1925,* Radebeul bei Dresden 1925, S. 26-38.

Prüfer, Fritz: *Old Shatterhands Milde.* In: *KMJb 1927.* Radebeul bei Dresden 1928, S. 356-363.

Range, Annelotte: *Zwischen Max Klinger und Karl May.* Bamberg/Radebeul 1999.

Raspe, Rudolf Erich: *Baron Munchhausens Narrative of His Marvellous Travels und Campaigns in Russia.* London 1785.

Richard von Kralik: *Der abenteuerliche Tag.* In: *KMJb 1919.* Breslau 1918, S. 252-269.

Röder, Hans-Gerd: *Sascha Schneider – ein Maler für Karl May.* Bamberg 1995.

Rody, Heinrich: *Karl May's gesammelte Reiseerzählungen.* In: *Die Wahrheit.* Leutkirch 1900, S. 221-228.

Rölleke, Heinz (Hg.): *Brüder Grimm: Kinder- und Hausmärchen.* Stuttgart 2009, Nr. 5: *Der gestiefelte Kater.*

Rosenow, Emil: *Kater Lampe.* Komödie in vier Akten. Leipzig 1902.

Rousseau, Jean-Jacques: *Les Confessions. (Die Bekenntnisse).* Genf 1782 (1. Band, Buch I–VI) und 1789 (2. Band, Buch VII–XII). Aus dem Französischen übersetzt. 2 Theile. Leipzig o.J. [ca. 1895].

Roxin, Claus: *Die Zeugen Karl May und Klara May* (Rezension). In: *Neue Juristische Wochenschrift.* 45. Jg. 1992, S. 1299.

Roxin, Claus: *Ein ‚geborener Verbrecher'. Karl May vor dem Königlichen Landgericht in Moabit.* In: *JbKMG 1989.* Husum 1989, S. 9-36.

Roxin, Claus: *Karl May, das Strafrecht und die Literatur.* In: *JbKMG 1978.* Hamburg 1978, S. 9-36. Auch in: *Karl May's Gesammelte Werke* Band 34 „Ich". *Karl Mays Leben und Werk.* Bamberg/Radebeul [43]2014

Roxin, Claus: *Mays Leben.* In: Gert Ueding (Hg.): *Karl-May-Handbuch.* In Zusammenarbeit mit Klaus Rettner. Würzburg [2]2001, S. 61-66, 67-111.

Roxin, Claus: *Vorläufige Bemerkungen über die Straftaten Karl Mays.* In: *JbKMG 1971.* Hamburg 1971, S. 74-109.

Rüther, Werner: *Abweichendes Verhalten und Labeling Approach.* Köln u. a. 1975.

Sarkiss, Amira: *Karl May und die Frühreisenlegenden.* In: *Karl May's Gesammelte Werke* Bd. 82: *In fernen Zonen. Karl Mays Weltreisen.* Bamberg/Radebeul 1999, S. 13-32.

Schaarschmidt, Thomas: *Arthur Graefe. „Der Sachsenmacher" und das „Heimatwerk Sachsen".* In: Christine Pieper/Mike Schmeitzner/Gerhard Naser (Hg.): *Braune*

Karrieren. Dresdner Täter und Akteure im Nationalsozialismus. Dresden 2012, S. 248-254.

Schaper, Rüdiger: *Karl May. Untertan, Hochstapler, Übermensch.* München 2012.

Scheible, Johann (Hg.): *Der Aufschneider.* In: *Das Schaltjahr: welches ist der teutsch Kalender mit den Figuren, und hat 366 Tag.* Stuttgart 1847, S. 119-126.

Scheinhammer-Schmid, Ulrich: *Karl May und sein Verleger Fehsenfeld.* In: *Das Werk Karl Mays 1895–1905. Erzählstrukturen und editorischer Befund.* Materialien zur Karl-May-Forschung Band 12. KMG-Presse Ubstadt 1989.

Schiller, Friedrich: *An die Freunde.* In: *Schillers Sämmtliche Werke.* Erster Band. Stuttgart 1879, S. 135-136.

Schiller, Friedrich: *Briefwechsel zwischen Schiller und Goethe.* Zweiter Band. Stuttgart. Vierte Auflage 1881, Nr. 642.

Schiller, Friedrich: *Demetrius* [Dramenfragment]. In: *Aus dem Nachlasse des Verewigten. Morgenblatt 1815*, Nr. 258 und 259.

Schiller, Friedrich: *Der Geisterseher (Aus den Memoiren des Grafen von O.).* In: *Thalia*, erster Band, 4. Heft (1788), S. 68–94, und zweiter Band, Heft 5 (1788), S. 67–132. Bucherstveröffentlichung Leipzig 1789.

Schiller, Friedrich: *Der Verbrecher aus verlorener Ehre – eine wahre Geschichte* (zunächst unter dem Titel: *Verbrecher aus Infamie*). In: *Thalia,* erster Band, Heft 2 (1786), S. 20–58. Bucherstveröffentlichung Leipzig 1786.

Schiller, Friedrich: *Die Räuber.* Neue für die Mannheimer Bühne verbesserte Auflage. Schwanische Buchhandlung. Mannheim 1782.

Schiller, Friedrich: *Gedanken über den Gebrauch des Gemeinen und Niedrigen in der Kunst.* In: *Schiller's sämtliche Werke.* Zwölfter Band. Stuttgart/Tübingen 1836.

Schirach, Ferdinand von: *Der Fall Collini.* München 2011.

Schirach, Ferdinand von: *Verbrechen.* München 2009.

Schmid, Euchar Albrecht: *Aus Sascha Schneiders Werkstatt.* In: *KMJb 1928.* Radebeul bei Dresden 1928, S. 16-19.

Schmid, Euchar Albrecht: *Dem Andenken Sascha Schneiders.* In: *KMJb 1928.* Radebeul bei Dresden 1928, S. 7-15.

Schmid, Euchar Albrecht: *Der Gefängnisschließer von Waldheim. Eine Erinnerung an Waldheim.* In: Roland Schmid (Hg.): *75 Jahre Karl-May-Verlag 1913–1988. Verlagsarbeit für Karl May und sein Werk.* Bamberg 1988, S. 30-32.

Schmid, Euchar Albrecht: *Die Münchmeyer-Romane.* In: *KMJb 1919.* Breslau 1919, S. 147-164.

Schmid, Euchar Albrecht: *Ein Doppelgänger.* In: *KMJb 1920.* Radebeul bei Dresden 1920, S. 276-296.

Schmid, Euchar Albrecht: *Eine Lanze für Karl May.* Radebeul bei Dresden 1918.

Schmid, Euchar Albrecht: *Henrystutzen und Silberbüchse.* In: *KMJb 1923.* Radebeul bei Dresden 1923, S. 216-227.

Schmid, Euchar Albrecht: *Karl May's Tod und Nachlaß.* In: *Karl May's Gesammelte Werke* Bd. 34, „Ich". Aus Karl May's Nachlaß. Radebeul bei Dresden 1926, 10. Aufl., 46. bis 50. Tausend, S. 531-590.

Schmid, Euchar Albrecht: *Mein Leben und Streben.* In: *50 Jahre Karl-May-Verlag.* Bamberg 1963, S. 13-22.

Schmid, Euchar Albrecht: *Waldröschen*. In: *KMJb 1926*. Radebeul bei Dresden 1926, S. 238-244.

Schmid, Euchar Albrecht: *Winnetou?* In: *KMJb 1929*. Radebeul bei Dresden 1929, S. 347-353.

Schmid, Lothar: *Zum Nachlass Karl Mays – Eine Erwiderung*. In: *N-KMG* Nr. 107/ 1996, S. 10-14.

Schmiedt, Helmut: *Der Schriftsteller Karl May*. Husum 2000.

Schmiedt, Helmut: *Karl May oder Die Macht der Phantasie*. München 2011.

Schmitt, Carl: *Gesetz und Urteil. Eine Untersuchung zum Problem der Rechtspraxis*. Berlin 1912.

Schneider, Sascha: *Titelzeichnungen zu den Werken Karl Mays*. Mit einführendem Text von Prof. Dr. Johannes Werner. Freiburg im Breisgau 1905; später unter dem Titel: *Sascha Schneider: Empor zum Licht! Zeichnungen zu Karl May's Werken*. Mit einführendem Text von Johannes Werner. Radebeul bei Dresden ²1924.

Schönert, Jörg: *Bilder vom „Verbrechermenschen" in den rechtskulturellen Diskursen um 1900. Zum Erzählen über Kriminalität und zum Status kriminologischen Wissens*. In: *Erzählte Kriminalität* (Hrsg. von Jörg Schönert zusammen mit Konstantin Imm und Joachim Linder). Tübingen 1991, S. 497-531.

Schumann, Paul: *Karl May. (Was unsere Quartaner lesen)*. In: *Dresdner Anzeiger* vom 09.11.1904.

Seul, Jürgen/Götz von Olenhusen, Albrecht (Hg.): *Erich Wulffen – Zwischen Kunst und Verbrechen*. Kriminalpsychologische Aufsätze und Essays. Berlin 2015.

Seul, Jürgen: *Erich Wulffen – Ein Leben zwischen Kunst und Verbrechen*. In: *M-KMG* Nr. 153/2007, S. 6-23 und *M-KMG* Nr. 154/2007, S. 10-24.

Seul, Jürgen: *100 Jahre Karl-May-Verlag*. In: Bernhard Schmid/Jürgen Seul (Hg.): *100 Jahre Verlagsarbeit für Karl May und sein Werk 1913–2013*. Bamberg/Radebeul 2013, S. 10-203.

Seul, Jürgen: *Karl May im Urteil der „Frankfurter Zeitung"*. Materialien zum Werk Karl Mays Band 3. Husum 2001.

Seul, Jürgen: *Karl May und Rudolf Lebius: Die Dresdner Prozesse*. Mit einem Geleitwort von Prof. Dr. Claus Roxin. Juristische Schriftenreihe der Karl-May-Gesellschaft Band 4. Husum 2004.

Seul, Jürgen: *Karl Mays Zivilprozesse und Honorare. Die Aufstiegsjahre*. Juristische Schriftenreihe der Karl-May-Gesellschaft Band 5. Husum 2013.

Seul, Jürgen: *Old Shatterhand vor Gericht. Die 100 Prozesse des Schriftstellers Karl May*. Bamberg/Radebeul 2009.

Seul, Jürgen: *Rudolf Lebius ./. Karl May – Die Lu-Fritsch-Affäre*. Juristische Schriftenreihe der Karl-May-Gesellschaft Band 3. Husum 2009.

Seul, Jürgen: *Rudolf Lebius und der Fall Karl März*. In: *Karl-May-Welten IV*. Bamberg 2013, S. 94-108.

Shakespeare, William: *König Heinrich der Sechste*. In: *William Shakespeare's sämmtliche dramatischen Werke und Gedichte*. Wien 1826.

Shakespeare, William: *Shakespeares sämtliche Dramatische Werke in 12 Bänden*. Übersetzt von August Wilhelm von Schlegel und Ludwig Tieck. Sechster Band: *Komödien I – Maß für Maß*. Berlin, o. J. um 1900, S. 14.

Shudraka: *Vasantasena* (dt.: *Das Tonwägelchen*). U. a. übersetzt und bearbeitet von Lion Feuchtwanger: *Vasantasena. Ein Schauspiel in drei Akten (sieben Bildern).* München 1916.

Sindbad der Seefahrer und andere Erzählungen. Leipzig 1920.

Sommer, Robert: *Kriminalpsychologie und strafrechtliche Psychopathologie auf naturwissenschaftlicher Grundlage.* Leipzig. J. A. Barth. 1904.

Stadtarchiv Radebeul (Hg.): *Stadtlexikon Radebeul. Historisches Handbuch für die Lößnitz.* Radebeul ²2006.

Starck, Christiane/Röder, Hans-Gerd: *Sascha Schneider und Karl May. Zwei Künstler des deutschen Symbolismus.* Jubiläumsausgabe zum 140. Geburtstag Sascha Schneiders. Bamberg/Radebeul 2010.

Steinmetz, Hans-Dieter (Hg.)*: Karl May in Hohenstein-Ernstthal 1921–1942. Ein Beitrag zur Wirkungsgeschichte anhand des Briefwechsels zwischen Hans Zesewitz und Euchar A. Schmid.* Bamberg/Radebeul 2016.

Steinmetz, Hans-Dieter: *„Ein unglückliches Opfer der Verkennung". Unbekanntes Dokument zur Meinhold-Affäre gefunden.* In: *KMHI* Nr. 10/ 1997, S. 5-10.

Steinmetz, Hans-Dieter: *„Is das nich der Dres'ner Doktor?" Zu Karl Mays freiem Umgang mit dem Doktortitel.* In: *KMHI*, Nr. 13/2000, S. 1–27.

Steinmetz, Hans-Dieter: *„Plauen is mir nämlich sehr ans Herz gewachsen". Zum Aufenthalt Karl Mays am Lehrerseminar der Vogtlandstadt.* In: *KMHI* Nr. 17/ 2003, S. 1–54.

Steinmetz, Hans-Dieter: *Blick hinter die Kulissen. Zur Erstveröffentlichung von Urteilen des Münchmeyer-Prozesses.* In: *KMHI* Nr. 14/2001, S. 3-7.

Steinmetz, Hans-Dieter: *Die Villa „Shatterhand" in Radebeul.* In: *JbKMG 1981.* Hamburg 1981, S. 300-338.

Steinmetz, Hans-Dieter: *Die zweite Chance. Zum Aufenthalt Karl Mays am Lehrerseminar Plauen.* In: *JbKMG 2004*, Husum 2004, S. 11-104.

Steinmetz, Hans-Dieter: *Erich Wulffen über Karl May (1921).* In: *KMHI* Nr. 31/ 2016, S. 56-58.

Steinmetz, Hans-Dieter: *Karl Mays Testamente.* In: *M-KMG* Nr. 100/1994, S. 8-12.

Steinmetz, Hans-Dieter: *Schatten der Vergangenheit. Die Mittweidaer Untersuchungsakten Karl Mays.* In: Christian Heermann (Hg.): *Karl May auf sächsischen Pfaden*, Bamberg/Radebeul 1999, S. 194-274.

Steinmetz, Hans-Dieter: *Zwischen Skepsis und Glauben. Karl Mays Weg zum Spiritismus.* In: *KMHI* Nr. 18/2004, S. 15-50.

Stekel, Wilhelm: *Die Träume der Dichter. Eine vergleichende Untersuchung der unbewußten Triebkräfte bei Dichtern, Neurotikern und Verbrechern.* Wiesbaden 1912.

Stolte, Heinz: *Einführung des Herausgebers.* In: Otto Forst-Battaglia: *Karl May. Traum eines Lebens – Leben eines Träumers.* Beiträge zur Karl-May-Forschung Band 1. Bamberg 1966.

Strasser, Peter: *Verbrechermenschen. Zur kriminalwissenschaftlichen Erzeugung des Bösen.* Frankfurt am Main 1984. Neuausgabe: Campus, Frankfurt am Main 2005, S. 60-84.

Strindberg, August: *Der Sohn einer Magd.* München 1923.

Strindberg, August: *Die Beichte eines Toren.* München 1923.

Strindberg, August: *Inferno, Legenden*. München 1923.

Strindberg, August: *Inferno, Legender*. Stockholm 1897.

Strindberg, Johan August: *Paria*. Zit. nach: Johan August Strindberg: *Elf Einakter*. Deutsche Gesamtausgabe. Unter Mitwirkung von Emil Schering als Übersetzer vom Dichter selbst veranstaltet Band IV. München/Leipzig ³1910.

Strobl, Karl Hans: *Scham und Maske*. In: *KMJb 1921*. Radebeul bei Dresden 1921, S. 279-303.

Strobl, Karl-Heinz: *Das Tragische im „Karl-May-Problem"*. In: *KMJb 1919*. Breslau 1918, S. 222-239.

Strobl, Karl-Heinz: *Scham und Maske*. In: *KMJb 1921*. Radebeul bei Dresden 1921, S. 279-303.

Sudhoff, Dieter/Steinmetz, Hans-Dieter: *Karl-May-Chronik* Bände I-V Bamberg/Radebeul 2005–2006.

Thomas, Karl B.: *Die Kunst als soziale Leiter. Arthur Fedor Förster, ein Dresdner Porträtmaler in der ersten Hälfte des 20. Jahrhunderts*. In: *Mitteilungen des Landesvereins Sächsischer Heimatschutz e.V.* 1/2005.

Uhland, Ludwig: *Des Sängers Fluch*. Cotta'sche Verlagsbuchhandlung, Stuttgart und Tübingen 1814.

Unger, Joachim: *Die sächsische Schutzpolizei zwischen 1919 und 1933. Historischer Abriss und Bestandsaufnahme*. In: *Oranienburger Schriften* 1/2015, S. 66-85, S. 71, FN 45.

Urban, Gustav: *Fährten von Karl Mays erster Amerikareise*. In: *KMJb 1925*. Radebeul bei Dresden 1925, S. 76-84.

Urban, Gustav: *Karl May ist gereist!* In: *KMJb 1922*, Radebeul bei Dresden 1922, S. 153-161.

Urban, Gustav: *Zeitenfolge und Wahrheitsgehalt der amerikanischen Erzählungen*. In: *KMJb 1926*. Radebeul bei Dresden 1926, S. 411-422.

Vierhaus, Rudolf (Hg.): *Deutsche Biograhische Enzyklopädie*. Band 4 Görres – Hittorp. München 2006, S. 24.

Vierhaus, Rudolf (Hg.): *Deutsche Biographische Enzyklopädie*. Band 11 *Nachträge/Personenregister*. München 2008, S. 847.

Villon, François: *Ballade von den Gehenkten* (1463); in Deutschland erschienen als *Das Lied der Gehenkten* in: *Aber die Liebe*. Ein Ehemanns-und- Menschenbuch von Richard Dehmel. Mit Deckelzeichnungen von Hans Thoma und Handbildern von Fidus. München 1893, S. 170-171.

Voltaire: *Mahomet, tragédie par M.* de Voltaire. Représentée sur le théatre de la Comedie-Francoise, le 9 août 1742. À Bruxelles, 1742 (dt.: *Die Schwärmerey, oder Mahomet der Prophet*. Anonyme Übersetzung. Braunschweig 1748).

Vulpius, Christian August: *Rinaldo Rinaldini, der Räuberhauptmann*. Leipzig 1798.

Wagner, Heinrich: *Karl May und seine Werke*. Eine kritische Studie. Passau 1907.

Wagner, René: *„Villa Shatterhand" und „Villa Bärenfett" – Zur Geschichte des Karl-May-Museums in Radebeul bei Dresden*. In: Markus Kreuzwieser (Hg.): *Rollenspiele – Karl May in Linz*. Publikation zur Ausstellung in der „Galerie im Stifter-Haus" 12. September bis 28. Oktober 2001. Linz 2001, S. 13-22.

Wahl, Volker: *Der Dresdener Kriminalpsychologe und Schriftsteller Erich Wulffen (1862–1936) in seinen Beziehungen zur Goetheforschung sowie zu Karl und Klara May*. In: *N-KMG* Nr. 143/2005, S. 13-22.

Wassermann, Jakob: *Der Fall Maurizius*. Berlin 1928.

Wedekind, Frank: *Frühlings Erwachen. Eine Kindertragödie*. Zürich 1891; ebenso: Frank Wedekind: *Frühlings Erwachen: eine Kindertragödie*. Mit einem Kommentar von Hansgeorg Schmidt-Bergmann. Frankfurt am Main 2002.

Wehnert, Jürgen: *Einführung*. In: Rudolf Lebius: *Die Zeugen Karl May und Klara May: ein Beitrag zur Kriminalgeschichte unserer Zeit* / Rudolf Lebius. – Reprint der Ausgabe Berlin-Charlottenburg 1910 / mit einer Einführung von Jürgen Wehnert. Lütjenburg 1991, S. VII-XVI.

Weigl, Franz: *Karl Mays pädagogische Bedeutung*. In: *Pädagogische Zeitfragen*. München 1908.

Wellhausen, Julius: *Wüstenfeld, H. Ferdinand*. In: *Allgemeine Deutsche Biographie* (ADB). Band 55. Leipzig 1910, S. 139f.

Wetzell, Richard F.: *Inventing the Criminal. A history of German criminology 1880–1945*. University of North Carolina 2000.

Wilde, Oscar: *Der Verfall der Lüge*. 1891. Zit. nach: Oscar Wilde: *Zwei Gespräche von der Kunst und vom Leben*. Leipzig 1907.

Wilde, Oscar: *Ein idealer Gatte*. Ins Deutsche übertragen von Isidore Leo Pavia und Hermann Freiherrn von Teschenberg. Leipzig ca. 1920.

Wohlgschaft, Hermann: *Karl May. Leben und Werk*. Biographie. Karl Mays Werke. Historisch-kritische Ausgabe. Abt. IX Materialien. Bd. I.1 – I.3. Bargfeld 2005.

Wolff, Gabriele: *Ermittlungen in Sachen Frau Pollmer. Monographie über Karl Mays „Frau Pollmer, eine psychologische Studie" (1907)*. In: *JbKMG 2001*. Husum 2001, S. 11-307.

Wolgast, Heinrich: *Zum Karl-May-Skandal*. In: *Jugendschriften-Warte*. Hamburg, Januar 1905.

Wollschläger, Hans: *„Weltreisen". Glanz und Elend einer biographischen Legende*. In: *Karl May*. Dresden 1990.

Wollschläger, Hans: *„Die sogenannte Spaltung des menschlichen Innern, ein Bild der Menschheitsspaltung überhaupt". Materialien zu einer Charakteranalyse Karl Mays*. In: *JbKMG 1972/73*, Hamburg 1973, S. 11-92.

Wollschläger, Hans: *Anmerkungen zu Klara May*. In: Klara May: *Die Lieblingsschriftsteller Karl Mays*. Mit Anmerkungen von Hans Wollschäger. In: *JbKMG 1970*. Hamburg 1970, S. 149-155.

Wollschläger, Hans: *Karl May. Grundriss eines gebrochenen Lebens*. Göttingen 2004 (Reinbek 1965).

Wollschläger, Hans: *Meine Beichte*. In: Gert Ueding (Hg.): *Karl-May-Handbuch*. Würzburg 2001, S. 452f.

Wulffen, Erich: *Cesare Lombrosos Lehre vom Verbrecher*. In: Seul/Götz von Olenhusen (Hg.): *Erich Wulffen – Zwischen Kunst und Verbrechen: Kriminalpsychologische Aufsätze und Essays*, S. 71-76.

Wulffen, Erich: *Das Kind. Sein Wesen und seine Entartung*. Berlin 1913.

Wulffen, Erich: *Das Kriminelle in der Weltliteratur.* In: *KMJb 1927.* Radebeul bei Dresden 1928, S. 238-295.

Wulffen, Erich: *Das Weib als Sexualverbrecherin.* Ein *Handbuch für Juristen, Verwaltungsbeamte und Ärzte.* Mit kriminalistischen Originalaufnahmen. Enzyklopädie der modernen Kriminalistik, 1.-3. Auflage, Berlin 1923 und Hamburg 1931 [Nachdruck Flensburg 1993].

Wulffen, Erich: *Der blaue Diamant.* Leipzig 1919.

Wulffen, Erich: *Der Läuterungsgedanke bei Karl May.* In: *KMJb 1923.* Radebeul bei Dresden 1923, S. 109-122.

Wulffen, Erich: *Der Mann mit den sieben Masken.* Dresden 1917/Berlin 1928.

Wulffen, Erich: *Der Sexualverbrecher: ein Handbuch für Juristen, Verwaltungsbeamte und Aerzte.* Mit zahlreichen kriminalistischen Originalaufnahmen. Enzyklopädie der Kriminalistik, hrsg. von Paul Langenscheidt, 1.-11. Auflage Groß-Lichterfelde 1910–1928 und Hamburg 1931.

Wulffen, Erich: *Die Schäden in der Berichterstattung der Presse über Gerichtsverhandlungen.* In: *Deutsche Juristen-Zeitung.* XI. Jg., 1906, Nr. 22, Spalten 1231-1235. In: Seul/Götz von Olenhusen (Hg.): *Erich Wulffen – Zwischen Kunst und Verbrechen,* S. 51-52.

Wulffen, Erich: *Frau Justitias Walpurgisnacht.* Berlin 1913.

Wulffen, Erich: *Gauner- und Verbrechertypen.* Groß-Lichterfelde 1910.

Wulffen, Erich: *Georges Manolescu und seine Memoiren. Kriminalpsychologische Studie.* Mit mehreren Porträts und Facsimiles. Berlin 1907.

Wulffen, Erich: *Gerhart Hauptmanns Dramen vor dem Forum der Kriminalpsychologie und Psychiatrie.* Naturwissenschaftliche Studien, Breslau und Leipzig 1908 und Berlin 1911.

Wulffen, Erich: *Ibsens Nora vor dem Strafrichter und Psychiater.* Halle 1907.

Wulffen, Erich: *Im Reiche der Schelme.* In: *KMJb 1926.* Radebeul bei Dresden 1926, S. 63-130.

Wulffen, Erich: *Kriminalpädagogik: ein Erziehungsbuch.* Leipzig 1915.

Wulffen, Erich: *Kriminalpsychologie und Psychopathologie in Schillers Räubern.* Hrsg. von Jürgen Seul. Juristische Zeitgeschichte, Abteilung 6: *Recht in der Kunst – Kunst im Recht,* Band 32. Hg. der Reihe Thomas Vormbaum, Berlin 2007.

Wulffen, Erich: *Kriminalpsychologie. Psychologie des Täters. Ein Handbuch für Juristen, Justiz-, Verwaltungs- und Polizeibeamte, Ärzte, Pädagogen und Gebildete aller Stände.* Enzyklopädie der modernen Kriminalistik, Berlin 1926 und Hamburg 1931.

Wulffen, Erich: *Kriminalpsychologisches bei Richard Wagner.* In: Seul/Götz von Olenhusen: *Erich Wulffen – Zwischen Kunst und Verbrechen,* S. 191-205.

Wulffen, Erich: *Kunst und Verbrechen.* In: *KMJb 1925.* Radebeul bei Dresden 1925, S. 267-318.

Wulffen, Erich: *Psychologie des Hochstaplers.* Leipzig 1923. Nachdruck der Ausgabe u. a.: Elektrischer Verlag, Berlin 2013.

Wulffen, Erich: *Psychologie des Verbrechers: Ein Handbuch für Juristen, Ärzte, Pädagogen und Gebildete aller Stände.* 2 Bände. Berlin 1908/1913; „billige, ungekürzte

Ausgabe“: *Verbrechen und Verbrecher*. Hanseatischer Rechts- und Wirtschaftsverlag, Berlin 1925.

Wulffen, Erich: *Sexualspiegel von Kunst und Verbrechen*. Mit über 100 Tafeln und
Abbildungen in Lichtdruck. Dresden 1928.

Wulffen, Erich: *Shakespeares große Verbrecher: Richard III., Macbeth, Othello*. Berlin
1911.

Wulffen, Erich: *Tasso in Darmstadt*. Lustspiel in 1 Aufzug. Chemnitz 1897.

Wulffen, Erich: *Vorgelesen, genehmigt!* Berlin 1917.

Wulffen, Erich: *Vorläufer (?): Karl May*. In: Sächsische Landesbibliothek – Staats-
und Universitätsbibliothek Dresden, Msc v. Dresd. App. 1832 Nr. 1324b.

Zeilinger, Johannes: *Autor in fabula: Karl Mays Psychopathologie und die Bedeutung
der Medizin in seinem Orientzyklus*. Husum 2001.

Zimmermann, Felix: *Sascha Schneider*. Dresden 1924.

Zola, Émile: *Les Rougon-Macquart*. 20 Bände. Paris 1871–1893. [dt. *Die Rougon-
Macquart. Die Natur- und Sozialgeschichte einer Familie im Zweiten Kaiserreich*
u. a. München 1922ff.].

Zola, Émile: *Quatre Evangiles*. Vier Bände. Paris 1899–1903. [dt. *Vier Evangelien*,
u. a. Stuttgart 1901ff.].

Zola, Émile: *Trois Villes*. Drei Bände. Paris 1894–1898. [dt. *Drei Städte*,
u. a. Budapest 1895–1898] Zuckmayer, Carl: *Schinderhannes*. Berlin 1927.

VIII. Abbildungsverzeichnis

Sächsische Landesbibliothek – Staats- und Universitätsbibliothek Dresden (SLUB) /
Deutsche Fotothek, S. 47, 233, 355, 369, 391, 427 (1), 427 (2), 433, 435

Karl-May-Haus Hohenstein-Ernstthal, S. 329, 331, 335

Karl-May-Museum Radebeul, S. 296, 388

Karl-May-Verlag, S. 242–245, 260, 312 (1), 319, 337, 349 (1), 365, 373 (1), 374,
375, 383, 393, 407

Karl-May-Wiki, S. 257, 261

Wikipedia, S. 255, 269, 274, 283, 373 (2)

Stadtwiki Dresden, S. 276

Privatarchiv Joachim Biermann, S. 314

Privatarchiv Dr. Christian Heermann, S. 411

Privatarchiv Jürgen Seul, S. 247, 272, 293, 312 (2), 315, 316, 349 (2), 432, 434